JN336827

ペーパーバック普及版

スポーツ筋損傷 診断と治療法

編集

ハンス - ヴィルヘルム・ミュラー - ヴォールファート
Hans-Wilhelm Müller-Wohlfahrt

ペーター・ユーベルアッカー
Peter Ueblacker

ルッツ・ヘンゼル
Lutz Hänsel

監訳

福林 徹
Fukubayashi Toru

Copyright © of the original German language edition 2010 by Georg Thieme Verlag KG, Stuttgart, Germany
Original title: Müskelverletzüngen im Sport
by Hans-Wilhelm Muller-Wohlfahrt, Peter Ueblacker, Lutz Hänsel
Drawings: Markus Voll, München; Andrea Schnitzler, Innsbruck
Photos: Dirima/Shutterstock.com
Cover & Slipcase Photos & Drawings: Amy/Myers/Andrey/Yurlov/biletskiy/biletskiy/Daniel/Padavona/DenisNata/Frank/Wasserfuehrer/Ipatov/matthaeus/ritsch/Pete/Saloutos/Pressmaster/sainthorant/daniel/Sean Nel/Stefan Schurr/Stefan Schurr/Shutterstock.com angel digital/Brocreative/Christos/Georghiou/Goran J/Leremy/opel/Bokica/sabri deniz kizil/sabri deniz kizil/Shutterstock.com

免責事項：著者ならびに出版者は、本書が正確かつ最新に、出版時点で広く受け入れられている標準に沿うようできる限り努めています。しかし、基礎研究および臨床研究は、日々進歩しており、新たな科学的知見が得られたとき、推奨される治療や薬物療法は変わります。本書に紹介されている全ての方法は、各状況で適用する独自の環境に関する治療の専門家が標準としている方法に合わせて適用してください。読者は必ず、薬剤の投与前に用量および禁忌に関する変更や新しい情報について、製品情報（添付文章）を確認してください。新たにまたは稀に処方される薬剤を使用する際は、特に注意してください。著者、編集者、出版者は、本書の内容を適用した結果に責任を負わず、本書の内容に関して保障を負わないことをお断りします。

監訳者序文

　本著は数あるスポーツ医学書のなかでも、下肢の筋損傷に着目し、サッカー選手によく見られる、大腿部とふくらはぎの損傷を中心に書かれた名著である。

　本著はヨーロッパのスポーツ医学で高名なミュラー・ヴォールバルト先生、P ユーベルアッカー先生、L. ヘンゼル先生の三先生を中心に編纂されている。従来の文献では筋損傷についてシステム的な情報が欠けているため、分類の章、臨床経験、治療等はドイツの各分野でご活躍の先生が最新の医科学的知識・経験に基づいて記載をされている。その内容は筋の分子レベルの解剖生理から、筋の運動生理学的機能、肉離れや筋挫傷の受傷メカニズム、さらには超音波エコー、MRI を用いた画像診断学、今日的な保存的、外科的治療法・予防策、高いパフォーマンスが要求されるスポーツについての特別なケースにまで、全てに及んでいる。

　この中で特に注目すべきは、一般的に言われている「肉離れ」に新しい定義と分類を持ち込んだ事である。本著では筋に対する損傷の程度を科学的に、筋硬化、筋線維断裂、筋束断裂、筋断裂と分けて考えており、それに対しての治療法を明快に提示している。またその根拠となる超音波エコーや MRI の画像もきわめて鮮明であり、最新の、一段と進んだ画像所見を読者に提供してくれている。

　第1章から第3章については一部、分子生物学的記載もなされている。医学的基礎知識がしっかりしていないと、難解な部分が多い第1章では機能的な筋肉の解剖について解説があるが、第7章、第8章の画像診断は大腿部を中心とした筋の局所解剖を十分に理解していないとわかりづらい部分もある。一方第11章の最後の部分で保存療法の病巣性中毒症の原理は、東洋医学の概念が入ってきており、従来の西洋医学では理解しづらい面もある。

　このように各部分では、新しい包括的な区分に従っており、従来の文献では語られなかった筋損傷の新しい側面を含んでいる。現在のスポーツ医学における先端的な内容が語られているので、読者はさっと読み流すだけでなく、その内容を一つ一つ理解して行く必要があると思われる。全体を通して見ると、本著はサッカー好きのヨーロッパの国柄を反映し、サッカー選手を対象とした診断と治療が大部分を占めている。

　スポーツドクター、理学療法士、トレーナーには最良の一冊となるであろう。

福林　徹
早稲田大学スポーツ科学学術院　教授
日本サッカー協会スポーツ医学委員会　委員長

本書によせて

老若男女を問わず、スポーツは一般的な体調の向上に貢献するのはもちろんのこと、それに加えて心循環系に関連するほぼすべての疾患、さらに糖尿病や肥満症、あるいは数多くのがん疾患に対する極めて優れた予防措置でもある。このことは科学的にも実証されており、疑いの余地はない（Blair SN. Br J Sports Med 2009: 43（1); 1-2）。人びとの健康の改善および真の意味での医療費の削減を考えるならば、あらゆる年齢層における大衆スポーツの振興に勝る措置はない。

ただし、競技スポーツや余暇スポーツを通じて健康の促進を実現するためには、けがのリスクを極力抑え込む必要がある。特に人気のあるスポーツでは考え得るあらゆるけがおよび後遺症の予防対策が実施されなければならない。この予防対策には、適切な初期検査、予防的観点を特に意識したウォームアップ、そしてフェアプレーが含まれる。そしてそれでもけがが発生した場合には、その適切な治療が欠かせない。

サッカーは、疑いなく世界で最も人気のあるスポーツであり、競技人口は2億6000万人を越えるという。このような巨大競技において予防や治療措置が正しく機能しなければ、その影響は計り知れないものがある。

国際サッカー連盟FIFAの医療評価研究センター（F-MARC）の試算によると、各サッカー選手は平均して年に2度けがをしていることが分かった。これは直接的にそのけがの治療により、さらに間接的には治療に伴う欠勤などにより甚大な経済的打撃でもある。最も多いけがは筋の損傷であり、当然のことながらこれが繰り返されると、大きな障害へと発展することがある。世界最大の国際スポーツ連盟であるFIFAが、第一に可能な限りのけが予防に、そして第二にそれでも発生したけがに対する適切な診断および治療に対し大きな関心を寄せるのは当然のことである。また、余暇スポーツやアマチュアスポーツのトレーナー、物理療法士や医師も最適な診断および治療を実践するだけの知識を身につけておく必要がある。

本書の編集者H.-W. ミュラー・ヴォールファート、P. ユーベルアッカーおよびL. ヘンゼル、ならびにその他の共同執筆者は皆、数十年にわたる実践経験を有し、プロアマ問わず数多くのスポーツ選手の健康管理に携わってきた。したがって本書には、第一線で活躍するスポーツドクターの観点から見た診断・治療の「最前線」からの見知が集約されている。本書に新しく提唱された筋損傷の分類法は既往歴と触診、さらに機械的検査すべての総体としての臨床検査に基づいている。本書の中心テーマは当然、発生直後、あるいはその後のリハビリ中における手術を用いないけがの保存療法である。本書の執筆陣は、過去数十年の経験の中から最善かつ最も重要な知識を本書に編集した。すべての負傷したスポーツ選手の迅速な治癒を願ってのことであり、本書を手にする読者にもこのことを感じ取っていただけるであろう。

この序文の筆者自身は、ファンクションサークル論における病巣性中毒症あるいはキルリアン診断に関しあまり多くの知識を持ち合わせないが、それでもなお本書のこれらのテーマに関する章における論述は、より批評的な観点からなされるべきであったと思われる。

本書は素晴らしい図を豊富に含み、予防措置に関する章で締めくくられている。サッカーを題材とした学術研究（Soligard T, Dvorák J et al. BMJ 2008; Dec 9; 337）によると、予防措置が練習や試合前のウォーミングアップの一部として適切に実施されれば、けがの発生率は30-50％減少すると考えられている。つまり、首尾一貫した予防措置は少なくとも治療と同程度、あるいはそれ以上に重要な要素であると結論づけることができる。

本書を精読し、ここで提示される専門家の実践的な提言を日常の活動に取り入れることを、あらゆるスポーツ、特にサッカーにおいて選手の健康管理に携わる人びとに強く推奨する。

ユルジ・ドヴォルザーク
医学博士・教授／FIFAチーフドクター

はじめに

「筋骨格医学」の統一的診断について画期的な書

トップアスリートが被る負傷の大部分が、筋損傷であることに疑いの余地はない。サッカーで発生するけがの3分の1が筋に関連し、陸上競技やほかのスポーツで、最も頻繁に診断される負傷は大腿筋損傷であるとされている。余暇スポーツにおいても同様で、ここでは特に見落とされた、あるいは誤診された負傷が、長期的な障害につながることもある。

骨格筋の損傷はしばしば誤診や過小評価の対象となり、不適切な治療法が採用されることが多い。この問題の原因としては、この分野におけるトレーニングや継続教育の不十分さ（一般的な教育機関における例症の不足がその根底にある）や研究の少なさ、筋損傷の有意義で普遍的かつ実用的な分類法が存在していないこと、統一的な用語がいまだ存在していないことなどを挙げることができる。さらに、臨床診断や画像診断においても統一的な方法論がまだ確立されていないことも原因の1つである。

負傷したスポーツ選手のためにも、この状況は改善される必要がある。

これまで、筋損傷の診断や治療に関する専門知識を身につけるには個別の論文などに頼らざるを得なかった。骨格筋に関し、その解剖学的および生理的側面に始まり、臨床診断、画像化法や治療法、さらにはリハビリテーションや予防策までを包括的に網羅した専門書が存在しなかったからである。

我々本書の編集者は、このような包括的な専門書を製作しようと決心するに至った。こうして生まれたのが本書である。本書にはプロサッカー選手、あるいは陸上競技やそのほかのスポーツのトップアスリートたちのサポートを通じて得られた30年を越える経験を集約することに務めた。

骨格筋に関連する生理的あるいは病理学的事象は多種多様にわたり、このことがその正しい診断評価を困難にしている。骨折などとは違い、筋肉の損傷の場合には明確な境界というものがなく、そのため包括的な分類法を確立するのは非常に難しい。

実際のところ、筋損傷に関してはこれまでまだ十分な研究が行われておらず、本書における分類法、臨床診断法あるいは治療法などなどを中心とした情報も、科学的なエビデンスに基づく研究よりもむしろ経験知識をその根拠としている場合が多い。しかし、研究が十分でなく、エビデンスに基づく分類が確立していない医学分野は、ほかにもたくさんあるのではないだろうか。

本書の著者は皆、日常的にトップアスリートの筋損傷を診断、そして治療している。その数は膨大であり、これが本書の経験学的データの基礎となっている。

興味深いことに、筋組織は人間の軟組織の中では最大で、成人の体重の約40％を占めるにもかかわらず、過去さほど重要と見なされることがなかった。しかし、最近になってようやく、筋組織が近年研究や専門文献あるいは報道などで脚光を浴びることが増えてきている。筋は数多くの障害や疾患を引き起こすと同時に、治療による介入が可能な中心的器官として認識されるようになってきた。

したがって本書は、これまで主に関節、靱帯、腱、ならびに骨を集中的に研究してきたいわゆる「筋骨格医学」が、その興味の対象を筋組織に対して拡大し始めるのと同時期に出版されたことになる。非常に頻繁に発生する筋の問題に対する関心をさらに高め、診断、治療あるいは予防法に関する既存の知識の改善、あるいは新しい認識の獲得の手助けをすることが本書の目的である。

本書は、2010年の6月、まずドイツで初版が出版され、長年このような書籍を待ちわびていた筋の診断・治療に従事する医師やセラピストの多くから、極めて好意的な評価を得ることとなった。

2011年の初頭、英語圏における「筋損傷用語」の使用もまた極めて不統一であるという仮定を裏付けるため、我々はある調査を実施した。この調査では、30名の英語を母国語とする学者とプロサッカー一部リーグのチームドクターに対し、筋損傷用語に関するアンケートを実施した。その結果、我々の予想が正しく、筋損傷に関連する医学用語の使用が極めて不統一であることが証明された。この経験をもとに、我々筆者と編集者は、ドイツ語のオリジナル版を拡大した本書の英語版を作成することを決め、現在その準備に当たっている。

さらに2011年3月3日には、スポーツ医学専門家の国際会議が開催され、上記調査結果の評価とスポーツ筋損傷の実用的かつ科学的な定義と包括的な分類システムについて話し合いが行われた。

この会議では、スポーツ筋損傷のための実用的で体系的な専門用語が取り決められただけでなく、以下に示す包括的な分類システムが新たに提案された：

－**機能的筋損傷**（1型＝過伸展による障害、2型＝神経筋性の筋障害）：巨視的な筋線維断裂が確認されない障害
－**構造的筋損傷**（3型＝部分断裂、4型＝（亜）完全断裂／腱剥離）：巨視的な筋線維断裂が確認できる構造損傷

それぞれのタイプに対して、いくつかのサブタイプも設定されている。

我々自身は、この再分類をドイツ語のオリジナル版で公表された旧分類を部分的に改善した発展型と見なしている。

この会議の結果は、医学雑誌 British Journal of Sports Medicine に提出され、公表されることになっている。

現状の日本語版は、初版ドイツ語版に基づいているため、この会議で得られた共通見解は反映されていない。我々にはドイツ語の専門用語が直接日本語に翻訳可能であるか知るよしもなく、日本語への翻訳においていくつかの定義問題が発生することは想像に難くない。我々自身、本書を英語に翻訳する際、この問題に直面した。例えば英語の strain という単語は広く使われているが、厳密な定義は存在せず、機能的なあるいは構造的な損傷も含む解剖学的なあるいは機能的なさまざまな筋肉の問題に対して、区別なく使用されている。これが、我々が合意会議を開催した理由であり、そこで英語では筋の構造的損傷に対してはこの単語を使わずに、かわりに tear を用いることを推奨するに至ったきっかけとなった。

産調出版が本書の日本語版の出版に最善を尽くしたことに疑いはないが、それでも用語の使用や定義が困難であったことも考えられる。そしてその原因はやはり、用語の使用における統一化がなされていないことにあると思われる。日本語においても専門用語の統一化を図る合意会議の開催が必要となるかも知れない。

我々の分類法は UEFA チャンピオンズリーグの負傷調査と、プレミアリーグクラブによる調査に採用されることとなった。我々はこのことを非常に誇りに思っている。今後数年間の調査で、個別の筋損傷がどのタイプに属するものなのか、明るみに出るだろう。さらに追加の研究により、治療法の改善や標準化の可能性も模索されるだろう。

本書は医師、スポーツ学者、理学療法士、ならびに競技スポーツや余暇スポーツ選手の健康管理や治療に携わるあらゆる人びとを対象としている。筋肉の損傷は頻繁であるばかりでなく医学的にも興味深い分野である。本書が、その診断や治療をより確実とする一助となることを願っている。

ハンス‐ヴィルヘルム・ミュラー‐ヴォールファート
ペーター・ユーベルアッカー
ルッツ・ヘンゼル

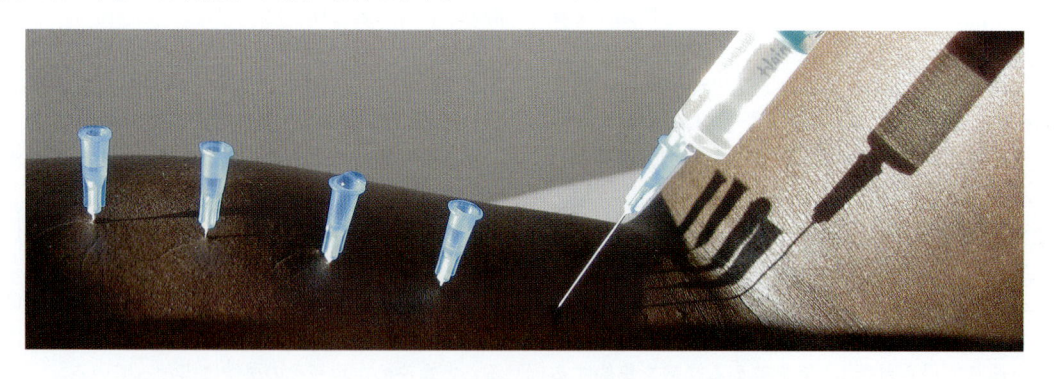

謝 辞

本書の発行責任者である Thieme 出版のアルブレヒト・ハウフ博士（Dr. Albrecht Hauff）には、骨格筋の負傷に関する包括的な専門書を編集するというアイデアを即座に受け入れ、惜しみない援助と知恵をお貸しいただいた。ここに厚く御礼を申し上げる。

また、Thieme 出版の全チーム、とりわけプロフェッショナルで円滑なプログラム計画を担当いただいたスザンネ・ゼーガーさん（Susanne Seeger）、アンゲリカ・フィントゴットさん（Angelika Findgott）に対し、またこのプロジェクトの実行に際し献身的にたゆまぬ援助をしていただいたアネ・ランパーターさん（Anne Lamparter）に対しても感謝の意を表したい。

Thieme 出版のチーム全体が、本プロジェクトに献身的に尽力いただき、困難な問題に直面した際も必ず何らかの解決策を見いだしていただいた。この素晴らしい協力なしに、このようなプロジェクトの実現は不可能であったことに疑いの余地はない。

最後に、本書の共著者も皆、高度な専門能力をもって本書の出版に注力いただいた。彼らによる、そして特に本書の翻訳編集に携わっていただいた方々によるこのプロジェクトに対する献身的な参加に対しても感謝の言葉を述べさせていただく。このような素晴らしいチームと共に仕事ができたことを誇りに思っている。

本書内の用語の定義

〈注〉

　筋傷害は多岐にわたり、世界でも明確な識別や分類、用語の統一がなされていません。
本書は、スポーツにおける筋傷害について、解剖学的な観点を見直し、新しい分類を提案することをテーマとしています。
　そのため、日本の臨床現場では使用されていない用語も、筆者の目的を尊重して原書の直訳を用いています。

〈本書内の用語の定義〉

- **筋線維**：個別の線維（P.33 図1.22 参照）

- **筋束**：複数の筋線維が集まったもの（P.33 図1.22 参照）

- **一次筋束**：（成人では）約250の筋線維が束になったもの（P.33 図1.22 参照）

- **二次筋束**：いくつかの一次筋束が集まったもの（P.33 図1.22 参照）

- **筋束断裂**：筋線維断裂や筋部分断裂とも呼ばれるが、本書では筋の大きさとは関係なく、一定の規模で筋束が断裂することを指し、ほぼ完全に断裂することを筋部分断裂とする。（P.138 参照）

- **いわゆる肉離れ**：筋トーヌスを調節する紡錘装置の傷害により筋の神経筋機能が不全になる障害のこと。一般的に使われている肉離れとは異なった意味として使用している。

- **筋膜と筋筋膜**：骨・内臓器官・血管・神経などの身体のあらゆる構成要素を包み支えている白い膜のことで、日本では筋膜と呼ばれることが多い。本書では、章ごとに変わる筆者によって「筋膜」と呼んだり「筋筋膜」と呼んだりしている。

- **浸潤療法**：本書の筆者らが自身で開発した特定の治療法。特殊な注入針を用いて、薬剤を筋の局所に注入し、トーヌス（筋の緊張）を調節するもの。日本では行われていない。

- **筋筋膜痛症候群**：P.231以降で説明されるある特定の形態の筋痛のことで、一般にいう筋痛とは別物。筋筋膜痛症候群は「筋筋膜性疼痛症候群」とも呼ばれ、日本にも『筋筋膜性疼痛症候群研究会』という学会も存在している。

- **骨盤隔膜**：本書では横隔膜と区別してこの用語を使っている。体の中にはいくつかの「隔膜」があり、その中で最も大きいのが「横隔膜」である。それ以外の隔膜の存在はあまり知られていないようだが、解剖学的には確認されており、「骨盤隔膜」もそのうちの一つである。ドイツ語の「Diaphragma」は厳密に言うと「隔膜」という意味なのだが、基本的に隔膜と言えば誰もが横隔膜を連想するので、この「Diaphragma」だけで「横隔膜」を意味している場合もある。ただ、本書（原書）では首尾一貫して厳格・厳密な解剖学用語を用いているので「Diaphragma」で「横隔膜」を表すことはない。「respiratorisches Diaphragma」という用語を使い、これを直訳すると呼吸隔膜となり、呼吸に関係する隔膜＝横隔膜のことを意味している。「骨盤隔膜」は原書では「Diaphragma pelvicum」とドイツ語でなくラテン語で表記されており、直訳すると「骨盤の隔膜」となるので「骨盤隔膜」と表している。

- **MED GCN**：本書だけの意味付けによる略語。"MEDial GastroCNemius" → MED GCN ＝ 内側腓腹筋ということなのだと思われる。（P.193 図7.36）

略語

A., Aa.	動脈（単数・複数）	MIF	マクロファージ遊走阻止因子
ADP	アデノシン二リン酸	MIP	マクロファージ炎症性タンパク質
AMP	アデノシン一リン酸	MRI	磁気共鳴断層撮影
ATP	アデノシン三リン酸	mTOR	哺乳類ラパマイシン標的タンパク質（エムトール）
BWS	胸椎	MyHC	ミオシン重鎖タンパク質
CGRP	カルシトニン遺伝子関連ペプチド	N., Nn.	神経（単数・複数）
CK	クレアチンキナーゼ	nAChR	ニコチン性アセチルコリン受容体
CPM	持続受動運動	NADA	（ドイツ）国立アンチドーピング機構
CPT	カルニチンパルミトイルトランスフェラーゼ	NADH	ニコチンアミドアデニンジヌクレオチドの還元型
CRP	C反応性タンパク質	NADPH	ニコチンアミドアデニンジヌクレオチドリン酸
EMG	筋電図	NFAT	活性化T細胞核内因子
		Nm	ニュートンメートル（単位）
FGF	線維芽細胞増殖因子	PDGF	血小板由来増殖因子
GABA	γ-アミノ酪酸	PECH	安静（Pause）、冷却（Eis）、圧迫（Kompression）、挙上（Elevation）
GCSF	顆粒球コロニー刺激因子		
Gy	グレイ（吸収線量単位）	P_i	無機リン酸
		p.o.	経口（per os）
HGF	肝細胞増殖因子		
HWS	頸椎	R., Rr.	枝（単数・複数）
		REM	急速眼球運動
IE	国際単位	RICE	安静（Rest）、冷却（Ice）、圧迫（Compression）、挙上（Elevation）
IFN	インターフェロン		
IGF	インスリン様成長因子	RNA	リボ核酸
IL	インターロイキン		
i.m.	筋肉内	TGF	トランスフォーミング増殖因子
IMP	イノシン一リン酸	Tm	トロポミオシン
ISG	仙腸関節	Tn	トロポニン
i.v.	静脈内	TNF	腫瘍壊死因子
LIF	白血病抑制因子	V., Vv.	静脈（単数・複数）
Lig., Ligg.	靱帯（単数・複数）	VEGF	血管内皮細胞増殖因子
LWS	腰椎		
		WADA	世界アンチドーピング機構
M., Mm.	筋肉（単数・複数）		
MCP	単球走化性タンパク質		
MCSF	マクロファージコロニー刺激因子		
MGF	メカノ成長因子		

目次

監訳者序文　福林 徹	III
本書によせて　ユルジ・ドヴォルザーク	IV
「筋骨格医学」の統一的診断について画期的な書	V
謝辞	VI
本書内の用語の定義	VII
略語	VIII

第1章　骨格筋の機能解剖学

D. ブロットナー

1. 運動器官と骨格筋の仕組みと機能　2
〈1〉骨格筋の解剖学　2
　用語　2
　筋線維のタイプ　5
　　I型繊維とII型繊維／中間型
〈2〉構造原理としての機能的筋コンパートメント　6
〈3〉スポーツ傷害リスクが高い筋コンパートメント（神経支配と血液供給）　8
　体幹の筋　8
　　腹部の筋／背中の筋
　上肢の前方および後方コンパートメント　10
　腰・臀部・下肢のコンパートメント　13
　腰と臀部のコンパートメント　13
　大腿の前方コンパートメント　15
　大腿の内側コンパートメント　16
　大腿の後方コンパートメント　17
　下腿　18
　筋間中隔・腹直筋鞘・腸脛靱帯　22
〈4〉骨格筋と典型的な運動パターン　22
　線維の走行方向　23
　骨格筋の解剖学的および生理学的断面　23
　等張性および等尺性収縮　24

2. 筋組織の機能組織学　25
〈1〉平滑筋　25
〈2〉横紋筋　26
　心筋　26
　骨格筋　27
〈3〉骨格筋線維の分子微細構造（サルコメア）　27
　アクチンフィラメントとミオシンフィラメント　28

　縞構造　28
　筋小胞体　28
　調節タンパク質トロポミオシンとトロポニン　28
　アクセサリータンパク質チチンとネブリン　30
　筋疲労　30
〈4〉衛星細胞（緊急細胞）　31
〈5〉骨格筋の微小血管と毛細血管　31
　虚血　32
〈6〉骨格筋の結合組織（筋筋膜補助）　32

3. 骨格筋の構造原理　34
〈1〉骨格筋　34
　筋筋膜と筋間中隔／二次筋束と一次筋束／筋線維
〈2〉筋腱　35
　仕組み／働き
〈3〉筋と腱の接続（筋腱接合）　36
〈4〉腱と骨の接続（腱骨接合）　36
〈5〉骨格筋の補助装置　38
　腱鞘と支帯／種子骨
〈6〉筋の能動的不全と受動的不全　39

4. 骨格筋の神経支配　40
〈1〉運動単位および神経筋シナプス　41
〈2〉運動終板（神経筋接合部）　41
〈3〉筋紡錘（ゴルジ紡錘器官）　43
　仕組み／紡錘密度
〈4〉ゴルジ紡錘器官　44
〈5〉筋反射の機能解剖学的基礎　44
　反射弓　45
　　単シナプス反射弓／多シナプス反射弓
　スポーツにおける律動運動　46

5. 運動器官の神経支配　47
〈1〉脳と脊髄　47
〈2〉神経叢と末梢神経（触診）　48
　神経叢　48
　　頸神経叢／腕神経叢／腰仙骨神経叢
　脊髄の症候群　50
〈3〉運動神経根の筋節とインディケーター筋（指標筋）　51

参考文献　54

第2章 生理学の基礎とスポーツ生理学的側面 　55

B. ブレンナー、N. マーセン

1. 生理学の基礎 …… 56
〈1〉サルコメア・筋力・筋収縮 …… 56
〈2〉筋収縮とその調節の基本原理 …… 57
　運動単位 …… 57
　神経筋終板（運動終板） …… 57
　運動ニューロンから骨格筋線維への刺激伝達 …… 58
　収縮の誘発（電気収縮連関） …… 58
　　筋形質内カルシウムイオン濃度の上昇／調節タンパク質によるミオシン結合部位の制御
　ミオシン頭部による牽引力の生成 …… 60
　　筋肉の弛緩時と活動時のミオシン頭部／目に見える筋収縮／筋力の発生
　筋肉の弛緩 …… 61
　筋収縮の時間的経過（メカノグラム） …… 61
　　単収縮／スーパーポジション重畳
〈3〉随意運動における筋力の調節 …… 62
〈4〉筋収縮の形態 …… 65
　静止張力曲線 …… 65
　等張性（アイソトニック）収縮 …… 65
　等尺性（アイソメトニック）収縮 …… 65
　増張力性（オークソトニック）収縮 …… 65
　後負荷収縮と停止収縮 …… 65
　　後負荷収縮／停止収縮
　筋仕事量 …… 66
　筋の負荷と収縮速度の関係 …… 66
　求心性／遠心性収縮 …… 66
　必要に応じた収縮時間の調節 …… 66
〈5〉神経筋制御機序 …… 67
　随意運動の階層構造 …… 67
　　運動の微調節（標的運動と姿勢運動）／あらかじめプログラミングされている運動コンポーネント／規制の回避／神経筋規制・操作の標的組織としての運動単位
　筋長の調節（固有反射） …… 68
　　筋紡錘／筋紡錘の遠心性神経支配／筋紡錘の放電／求心性神経と回路／相反抑制／反回抑制（レンショウ抑制）／γループとα-γ共活性化
　筋肉の力および緊張の制御（自原抑制） …… 71
　　腱器官／求心性神経と回路
　律動運動パターン …… 71
　脊髄レベルにおける神経回路のプライミングと抑制 …… 72

2. 運動生理学的側面 …… 73
〈1〉筋線維のタイプ …… 73
〈2〉筋の代謝－概観 …… 74
　無酸素性・非乳酸性エネルギー供給 …… 74
　ホスホフルクトキナーゼの活性化 …… 75
　グリコーゲン分解の活性化 …… 75
　乳酸の産生 …… 75
　有酸素代謝 …… 76
　脂肪それとも炭水化物？ …… 76
〈3〉ウォーミングアップ …… 77
　温度効果 …… 77
　血流 …… 78
　興奮性 …… 79
　ウォーミングアップの代替としてのクーリングダウン …… 79
〈4〉疲労 …… 79
　アシドーシス …… 80
　ATP再合成 …… 80
　リン酸作用 …… 80
　興奮性 …… 82
　グリコーゲンの枯渇 …… 82
　フリーラジカル …… 82
　温度 …… 83
　中枢性疲労 …… 83
〈5〉回復 …… 83
〈6〉トレーニングへの順応 …… 84
　シグナル鎖 …… 84

参考文献 …… 85

第3章 筋再生における栄養・補助食品の役割 　87

M. フリュック

1. 筋の損傷と再生 …… 88

2. 筋活動に対する補助食品の役割 …… 90
〈1〉アミノ酸 …… 90
　必須アミノ酸 …… 90
　スポーツ選手が必要とするタンパク質量 …… 92
　　グルタミン／クレアチン／タウリン・アラニン・カルノシン
〈2〉代謝不全 …… 93
　pH値 …… 93
　クレアチンキナーゼ・ミオグロビン・尿素 …… 93

			予防と治療 ……………………	94
	〈3〉	酸化防止剤 ……………………………	94
			作用機序 ………………………	94
			補給 ……………………………	95
			スポーツにおける意味 ………	96
	〈4〉	ミネラル ………………………………	96
			筋肉における役割 ……………	96
			不均衡により生じる障害 ……	97
			けいれん／治療	
	〈5〉	微量栄養素 ……………………………	98
			作用機序 ………………………	98
			欠乏症状 ………………………	98
			鉄／亜鉛／シリコン	
			補給 ……………………………	99
			スポーツにおける意味 ………	99
	〈6〉	ビタミンD ……………………………	99
			代謝と調節 ……………………	100
			補給 ……………………………	100
			スポーツにおける意味 ………	101

3. 結論 …………………………………… 101

参考文献 ……………………………………… 101

第4章　生理学的観点から見た筋の治癒とその妨げ　103

W. ブロッホ

1. 筋組織における機能と構造の変化 …… 104
〈1〉 筋の硬化／肉離れ ………………………… 105
〈2〉 筋線維断裂 ………………………………… 105
〈3〉 筋束断裂／筋断裂 ………………………… 105

2. 筋損傷のメカニズム ………………… 106
〈1〉 第1傷害相 ………………………………… 107
　　　細胞損傷のメカニズム ……………… 107
　　　細胞外損傷のメカニズム …………… 107
　　　収縮タイプおよび線維の種類と損傷の関連 …… 107
　　　神経筋の誤操作 ……………………… 108
〈2〉 第2傷害相 ………………………………… 108

3. 再生機序とその時間経過 …………… 108
〈1〉 破壊相 ……………………………………… 109
　　　マクロファージの遊走 ……………… 109

　　　好中球の遊走 ………………………… 110
〈2〉 修復相 ……………………………………… 110
　　　筋線維の再生 ………………………… 112
　　　衛星細胞の分裂／衛星細胞の調節
　　　細胞外マトリックスの形成 ………… 114
　　　コラーゲン生成／過剰瘢痕
　　　血管新生 ……………………………… 116
　　　神経再支配 …………………………… 117

4. 診断と治癒過程のマーカー ………… 117

5. 治癒の影響因子 ……………………… 118
〈1〉 栄養 ………………………………………… 118
　　　抗酸化剤／炭水化物とタンパク質
〈2〉 年齢 ………………………………………… 119
　　　貪食作用への影響／シグナル経路への影響／成長因子への影響／細胞外マトリックスと抗酸化能への影響
〈3〉 トレーニング ……………………………… 120
　　　筋損傷の重傷度に応じたアプローチ …… 120
　　　筋硬化に対する早期モビリゼーション／筋線維断裂後の固定化
　　　トレーニングの効果 ………………… 121
　　　細胞外マトリックスへの影響／筋の成長への影響
〈4〉 薬物療法 …………………………………… 122
　　　非ステロイド性抗炎症剤 …………… 122
　　　グルココルチコイド ………………… 123
　　　治療の新しいアプローチ …………… 123
〈5〉 物理療法 …………………………………… 123
　　　冷却療法 ……………………………… 123
　　　圧迫法 ………………………………… 123
　　　マッサージ …………………………… 124
　　　超音波および電気療法 ……………… 124

参考文献 ……………………………………… 124

第5章　サッカーにおける筋損傷の疫学　125

J. エクストラント

1. 研究デザイン ………………………… 126
〈1〉 調査資料 …………………………………… 127
〈2〉 方法 ………………………………………… 127
　　　定義：傷害 …………………………… 127

XI

定義：傷害の程度 ……………………… 127
定義：再発傷害 ………………………… 127

2. 結果 …………………………………………… 127
〈1〉サッカー選手の負傷部位 ………………… 127
〈2〉負傷発生頻度 ……………………………… 128
〈3〉負傷のリスク ……………………………… 129
筋損傷と年齢 …………………………… 130
試合経過による負傷リスクの変化 …… 130
接触やファウルによる負傷 …………… 130
〈4〉負傷の程度 ………………………………… 130
〈5〉再発 ………………………………………… 131
〈6〉MRI／超音波検査 ………………………… 131
ハムストリングスの負傷 ……………… 131
大腿四頭筋の負傷 ……………………… 132
〈7〉データの評価 ……………………………… 132

参考文献 …………………………………………… 132

第6章　筋損傷の識別と新しい分類　135

H.-W. ミュラー・ヴォールファート、
P. ユーベルアッカー、A. ビンダー、L. ヘンゼル

1. 新分類法の必要性 …………………………… 136
〈1〉専門文献や研究における筋損傷の扱い … 137
〈2〉触診の重要性 ……………………………… 137

2. 筋損傷の識別と分類 ………………………… 138
〈1〉従来の分類 ………………………………… 138
〈2〉新しい分類法 ……………………………… 138
基礎 ……………………………………… 138
軽傷／「いわゆる肉離れ」／挫傷（打撲傷）／損傷の位置／年齢／フィールド（床）の変化
筋硬化（I 型損傷） …………………… 142
疲労による筋硬化（Ia 型損傷）／神経性の筋硬化（Ib 型損傷）
「いわゆる肉離れ」（II 型損傷） ……… 143
筋線維あるいは筋束の断裂（III 型損傷） …… 144
筋線維断裂(IIIa 型損傷)／筋束断裂(IIIb 型損傷)
筋断裂・腱裂離（IV 型損傷） ………… 148

3. 既往歴 …………………………………………… 149

4. 筋損傷の診察 ………………………………… 149

〈1〉診察技術 …………………………………… 149
触診 ……………………………………… 149
超音波診断 ……………………………… 151
MRI 撮影 ………………………………… 151
検査室診断 ……………………………… 151
まとめ …………………………………… 152
〈2〉診察所見 …………………………………… 152
筋硬化（I 型損傷） …………………… 152
疲労性筋硬化(Ia 型損傷)／神経性筋硬化(Ib 型損傷)
「いわゆる肉離れ」（II 型損傷） ……… 152
筋線維断裂（IIIa 型損傷） …………… 153
筋束および筋断裂（IIIb 型および IV 型損傷）… 153
〈3〉そのほかの筋損傷と原因 ………………… 154
筋挫傷 …………………………………… 154
機能性コンパートメント症候群 ……… 155
筋痛 ……………………………………… 155
剥離骨端 ………………………………… 156
その他 …………………………………… 156

5. 合併症 …………………………………………… 156
〈1〉ストレス後症候群 ………………………… 156
〈2〉再断裂／再発 ……………………………… 156
〈3〉水腫と嚢胞 ………………………………… 156
〈4〉線維化／瘢痕 ……………………………… 157
〈5〉外傷性コンパートメント症候群 ………… 157
〈6〉骨化性筋炎と異所性骨化 ………………… 157
〈7〉筋ヘルニア ………………………………… 157

参考文献 …………………………………………… 159

第7章　超音波診断　161

L. ヘンゼル、P. ユーベルアッカー、A. ベットホイザー

1. 序論 ……………………………………………… 162

2. 関連物理現象とアーチファクト ………… 162
〈1〉吸収と減衰 ………………………………… 163
〈2〉反射と反射アーチファクト ……………… 163
〈3〉拡散 ………………………………………… 163
〈4〉音響陰影 …………………………………… 163
〈5〉増幅 ………………………………………… 164
〈6〉残響 ………………………………………… 164
〈7〉ミラーアーチファクト …………………… 164

3. 骨格筋の超音波検査 ……………… 166
〈1〉正常筋組織の超音波検査／超音波解剖学 …… 167
　　画像に影響する要因 ……………… 167
　　超音波検査の実施 ………………… 168
　　下肢の超音波検査 ………………… 171
　　　大腿部腹側／大腿部背側／内転筋群／ふくらはぎ
〈2〉患部の超音波検査 ………………… 177
　　痛みを伴う筋の硬化 ……………… 177
　　いわゆる肉離れ …………………… 178
　　筋線維断裂 ………………………… 178
　　筋束断裂 …………………………… 180
　　筋部分断裂・腱部での裂離 ……… 182
　　挫傷 ………………………………… 182

4. 合併症 ………………………………… 187
〈1〉水腫／嚢胞 ………………………… 187
〈2〉線維化／瘢痕 ……………………… 187
〈3〉骨化性筋炎 ………………………… 189
〈4〉異所性骨化 ………………………… 190
〈5〉コンパートメント症候群 ………… 191

参考文献 ………………………………… 194

第8章　MRI撮影　195
J. ベック、P. ムンディンガー、G. ルトケ

1. 解剖学的微細構造の基礎 ………… 196

2. MRI診断技術と正常所見 ………… 196
〈1〉診断法 ……………………………… 196
〈2〉正常筋肉のMRI撮影 ……………… 197

3. 筋腱損傷のMRI撮影 ……………… 200
〈1〉痛みを伴う筋硬化（I型損傷） …… 200
〈2〉いわゆる肉離れ（II型損傷） ……… 200
〈3〉筋線維断裂（IIIa型損傷） ………… 200
〈4〉筋束断裂（IIIb型損傷） …………… 201
〈5〉筋断裂、腱断裂、筋腱移行部における腱のみの完全断裂（IV型損傷） ……………………… 203
〈6〉筋挫傷、裂傷 ……………………… 203
〈7〉筋ヘルニア ………………………… 205
〈8〉神経障害の影響 …………………… 205
〈9〉慢性腱炎、腱断裂 ………………… 207

4. 合併症 ………………………………… 207
〈1〉水腫／嚢胞 ………………………… 207
〈2〉線維化／瘢痕 ……………………… 207
〈3〉骨化性筋炎 ………………………… 207
〈4〉異所性骨化 ………………………… 208
〈5〉コンパートメント症候群 ………… 208

5. 鑑別診断が困難なケース ………… 208
〈1〉筋浮腫像 …………………………… 208
〈2〉脂肪萎縮像 ………………………… 208
〈3〉占拠性病変像：血腫、腱剥離骨折 … 209

6. 筋損傷の予後評価に有意なMRI画像サイン … 209

7. MRIによる筋再損傷の危険因子の検出 … 209

8. 特殊な筋損傷 ……………………… 212
〈1〉大腿四頭筋 ………………………… 212
〈2〉ハムストリングス ………………… 212
〈3〉長内転筋 …………………………… 212
〈4〉腓腹筋 ……………………………… 212
〈5〉まれな筋肉 ………………………… 212

9. まとめ ……………………………… 212

参考文献 ………………………………… 217

第9章　筋の痛みの識別診断　219
B. ショーザー

1. 診断の特異性 ……………………… 220
〈1〉筋痛の問診 ………………………… 220
〈2〉クレアチンキナーゼ ……………… 220
　　マクロクレアチンキナーゼ ……… 221
　　健常者とスポーツ選手におけるクレアチンキナーゼ … 221
　　横紋筋融解症 ……………………… 221
〈3〉筋生検の指標 ……………………… 222

2. 神経障害 …………………………… 223
〈1〉臨床症状とトポロジー …………… 223
〈2〉上位および／または下位運動ニューロンの損傷 … 224
〈3〉末梢神経の損傷 …………………… 224
〈4〉けいれん …………………………… 225

XIII

3. 筋痛を伴う遺伝性筋疾患 …… 226
- 〈1〉変性ミオパチー …… 226
- 〈2〉遺伝性代謝性ミオパチー …… 226
  - 糖原病（グリコーゲン貯蔵病） …… 226
  - 脂肪酸酸化（β酸化）障害 …… 226
  - プリン代謝障害・ミオアデニル酸デアミナーゼ欠損症 … 227
  - ミトコンドリアミオパチー …… 227
- 〈3〉非ジストロフィー性およびジストロフィー性ミオトニー … 227

4. 筋痛を伴う後天性筋疾患 …… 227
- 〈1〉筋痛を伴う炎症性筋疾患 …… 227
  - 細菌感染性筋炎 …… 227
  - 免疫原性炎症性ミオパチー：皮膚筋炎 …… 228
    - 臨床／鑑別診断／病因
- 〈2〉内分泌性ミオパチー …… 229
- 〈3〉筋痛を伴う中毒性ミオパチー …… 229
  - エチル中毒性ミオパチー …… 230
  - ステロイドミオパチー …… 230
  - 高脂血症治療薬誘発性ミオパチー …… 230
- 〈4〉リウマチ性の臨床像 …… 231
  - リウマチ性多発筋痛症 …… 231
- 〈5〉筋筋膜痛症候群（筋筋膜性疼痛症候群）…… 231
  - 臨床／頻度／病因／病理

5. 各種筋損傷分類の試み …… 234
- 〈1〉Ia 型筋損傷(痛みを伴う筋硬化)と筋痛の区別 … 234
- 〈2〉Ib 型筋損傷(痛みを伴う筋硬化)と筋筋膜トリガーポイントの区別 …… 234
- 〈3〉II 型筋損傷(いわゆる肉離れ)と筋筋膜トリガーポイントの区別 …… 235
- 〈4〉III 型筋損傷(筋繊維断裂)と筋筋膜トリガーポイントの区別 …… 235

参考文献 …… 235

第10章 スポーツにおける行動神経学と神経心理学　237
J. M. フーフナーゲル

1. 筋に対する脳の働き …… 238
- 〈1〉脳と筋の相互作用 …… 238
- 〈2〉行動神経学と神経心理学 …… 238
- 〈3〉世界の中心としての時間、場所、観点 …… 238

2. 脳の機能 …… 239
- 〈1〉注意力 …… 240
- 〈2〉覚醒 …… 241
- 〈3〉記憶 …… 241
  - 陳述記憶／非陳述記憶
- 〈4〉知覚 …… 242
- 〈5〉思考 …… 242
- 〈6〉言語とコミュニケーション …… 243
- 〈7〉自律機能 …… 243
- 〈8〉情動と感情 …… 243
  - 大脳辺縁系／不安
- 〈9〉予測 …… 244
- 〈10〉目的の選択 …… 245
- 〈11〉計画 …… 245
- 〈12〉モニタリング …… 245
- 〈13〉階層的脳機能の相関関係と衝動 …… 245
- 〈14〉意識 …… 246
- 〈15〉運動学習 …… 246

3. モチベーションと目標設定 …… 248
- 〈1〉動機 …… 248
- 〈2〉内因性モチベーションと外因性モチベーション … 248

4. パフォーマンスの創出と最適化 …… 248
- 〈1〉複雑さの増加に伴い増える負担 …… 249
- 〈2〉チームスポーツ …… 250
  - チームのまとまり …… 250
  - 社会的能力 …… 250
  - 筋損傷のチームへの影響 …… 251

5. けがに対する脳の反応 …… 251

6. リラクゼーション法 …… 252
- 〈1〉効果と可能性 …… 252
- 〈2〉すべての方法に共通の前提条件と機序 …… 252
- 〈3〉リラクゼーション法の例 …… 253
  - シュルツ式自律訓練法 …… 253
  - ジェイコブソン式プログレッシブリラクゼーション法 … 253
  - ヨガ …… 253
  - 太極拳と気功 …… 253
  - 瞑想 …… 254
  - フェルデンクライスメソッド …… 254
  - 催眠法 …… 254
- 〈4〉さまざまな状況下におけるリラクゼーション法の適用 … 254
- 〈5〉スポーツ能力に対するメンタルトレーニングの影響 … 255

〈6〉メンタルへの影響と「ドーピング」など …… 255

7. サッカーからの例 …… 256
〈1〉ペナルティーキック：特殊なヘッドプレー … 256
〈2〉相互作用過程としての認知と感情 …… 257

参考文献 …… 258

第11章 筋損傷の保存療法　259

H.-W. ミュラー・ヴォールファート、L. ヘンゼル、
P. ユーベルアッカー、A. ビンダー

1. 医学的チャレンジ：筋損傷 …… 260

2. プライマリケア …… 260

3. 浸潤療法 …… 261
〈1〉治療に使用される薬剤（アルファベット順）… 261
　アクトベギン／エスシンとブロメライン／アルニカまたは微量元素とミネラル／ディスクス・コンポジトゥム／ラクトプルム／マグネシウムと亜鉛／メピバカイン／非ステロイド性抗リウマチ剤／多血小板血漿／ステロイド／トラウメールＳ／ツェール／ビタミンＡ・Ｃ・Ｅ
〈2〉方法 …… 263
　筋の浸潤療法 …… 263
　脊椎の浸潤療法 …… 264
　浸潤の作用機序 …… 265
　腰部浸潤療法の実施 …… 266
　　硬膜外注入／椎間関節周囲の浸潤／仙骨孔S1の浸潤／腰神経叢の浸潤／仙腸関節の浸潤／腰椎に対する浸潤療法の臨床効果

4. 血液パラメータ異常の予防と治療 …… 270

5. 理学療法と物理医学 …… 271

6. 損傷タイプ(I-IV型)に応じた治療計画 … 271
　疲労による痛みを伴う筋硬化（I型損傷）… 271
　神経性の痛みを伴う筋硬化（I型損傷）… 271
　「いわゆる肉離れ」（II型損傷） …… 272
　筋線維断裂（IIIa型損傷） …… 273
　筋束断裂（IIIb型損傷） …… 275
　筋断裂（IV型損傷） …… 275
　　遠位腱剥離／近位腱剥離

〈1〉その他の筋損傷の治療 …… 277
　筋挫傷 …… 277
　機能性コンパートメント症候群 …… 277
〈2〉合併症の治療 …… 278
　骨化性筋炎 …… 278
　再断裂 …… 278
　患部内嚢胞形成 …… 279

7. 病巣性中毒症の原理（障害源診断） …… 279
〈1〉障害源 …… 279
　定義／中耳炎／副鼻腔炎／扁桃炎／顎関節（顎咬合障害源）／頭蓋下顎機能障害／歯／虫垂炎／腸内毒素症・腸真菌症／胆嚢炎／慢性炎症性痔核／生殖器官障害の源／瘢痕／物質不耐性
〈2〉グレディッチ式ファンクションサークル論 …… 281
〈3〉マンデル式キルリアン診断 …… 282
　肺／リンパのコロナ／大腸／神経変性のコロナ／三焦／精神のコロナ／胆汁／脂肪変性のコロナ／第2趾と第3趾下の個別放射

参考文献 …… 288

第12章 筋機能障害および筋損傷時における脊柱の役割　291

B. ショーザー、P. ユーベルアッカー、L. ヘンゼル、H.-W. ミュラー・ヴォールファート

1. 脊柱と骨格筋の関係 …… 292

2. 筋機能障害の機能的原因 …… 293
〈1〉脊柱前弯過度 …… 293
〈2〉仙腸関節の閉塞 …… 294
〈3〉機能的脚長差 …… 294
〈4〉関節機能障害 …… 294
〈5〉仙骨のゆがみ …… 295

3. 筋機能障害の構造的原因 …… 295
〈1〉骨盤傾斜／脚長差 …… 295
〈2〉脊椎管狭窄症 …… 296
〈3〉陥凹狭窄症／神経孔狭窄症 …… 296
〈4〉椎間板突出／椎間板脱出 …… 296
〈5〉脊椎分離症／脊椎すべり症 …… 297
〈6〉腰仙靱帯 …… 299

XV

4. 偽根性症状と根性症状 ……………… 299
〈1〉偽根性症候群の症状 ……………………… 299
〈2〉根性症候群の症状 ………………………… 299
〈3〉偽根性症候群と根性症候群の区別 ……… 300

参考文献 …………………………………… 300

第13章　筋損傷の外科治療　301

W. E. ギャレット Jr.

1. 序論 ……………………………………… 302

2. 遠心性負荷による筋損傷 …………… 302
〈1〉概要 ………………………………………… 302
〈2〉受傷機序 …………………………………… 302
　受動的過伸張による受傷 ………………… 302
　能動的収縮時における過伸張による受傷 …… 303

3. 筋内の断裂 …………………………… 303

4. ハムストリングスの負傷 …………… 304
〈1〉遠位の負傷 ………………………………… 304
〈2〉近位の負傷 ………………………………… 305
〈3〉ハムストリングスの剥離 ………………… 306

5. 大腿四頭筋の負傷 …………………… 307
〈1〉挫傷 ………………………………………… 307
　大腿四頭筋挫傷の外科治療 ……………… 307
〈2〉大腿四頭筋の断裂 ………………………… 308
　大腿四頭筋断裂の治療 …………………… 309
　　大腿四頭筋の手術
〈3〉予後 ………………………………………… 310

6. 結論 ……………………………………… 311

参考文献 …………………………………… 311

第14章　物理・理学療法的処置とリハビリテーション　313

K. エーダー、H. ホフマン

1. メディカルチームの要件 …………… 314

2. セラピーの観点から見た筋筋膜系障害の大きさと影響 ……………………… 315
〈1〉サッカーに見る特定スポーツにおける運動器官の変化や適応 ……………………… 316
　ボールコンタクトによる蹴り足の変化 …… 316
　　ボールの大きさ、空気圧、接触時間、および速度の影響／ボールと体の大きさの関係／典型的負荷の回数の影響／足首と脛骨における適応／左右非対称の筋変性による運動器官の適応／神経生理学的変化による運動器官の適応
　シュートによる軸足の変化 ……………… 319
　骨盤－脚軸の適応 ………………………… 321
　筋筋膜系に対するスポーツ生理学的影響 …… 321

3. 治療・検査戦略 ………………………… 322
〈1〉臨床・治療的検査 ………………………… 322
〈2〉臨床動作分析 ……………………………… 324
　運動学的筋電図検査（EMG）…………… 325
〈3〉メディカルトレーニングセラピーの方法：リハビリパフォーマンスのチェック ……… 325
　等速性テストシステム／等速性トレーニングシステム … 327
　　基礎／計測結果の評価

4. 筋損傷後の治療戦略 ………………… 330
〈1〉応急措置 …………………………………… 330
　装備 ………………………………………… 330
　初診 ………………………………………… 331
　フィールド脇やロッカールームにおける治療 … 331
　　冷湿布
　診断 ………………………………………… 332
　テーピング ………………………………… 332
〈2〉筋損傷治療における治療技術の一般的側面 … 334
　筋損傷後の適応および変化 ……………… 334
　誇張反応 …………………………………… 335
　治癒期 ……………………………………… 335
　筋損傷後の複合的治療戦略 ……………… 336

5. 治療法 …………………………………… 336
〈1〉物理的療法 ………………………………… 336

電気療法 ……………………………… 336
　ハイボルト治療／中周波治療／マイクロアンペア治療／高周波・コンデンサフィールド・深部加温／超音波
冷却療法 ……………………………… 338
　局所冷却／全身冷却
〈2〉理学療法 …………………………… 339
筋筋膜リリース法 …………………… 339
　頸筋膜／横隔膜／骨盤隔膜と尿生殖器隔膜／膝隔膜／足底隔膜
関節靭帯リリース法 ………………… 343
　腰痛の際の仙骨に対する関節靭帯リリース法／腸腰靭帯、脊柱起立筋、広背筋の靭帯と筋筋膜リリース法／内腹斜筋、外腹斜筋と仙骨神経叢の筋筋膜リリース法／骨盤大転子筋組織と仙骨神経叢の筋筋膜リリース法／絞扼性神経障害
ストレイン・カウンターストレイン法 ………… 347
スプレー・アンド・ストレッチ法 ………… 347
筋リリース法（神経筋療法 1-3）……………… 350
　神経筋療法 1：作動筋の直接的筋力を利用したモビリゼーション／神経筋療法 2：拮抗筋のポストアイソメトリックリラクゼーションを活用したモビリゼーション／神経筋療法 3：拮抗筋の相反抑制を活用したモビリゼーション
テンダーポイントとトリガーポイント ……… 351
　腸腰筋／梨状筋／大腿二頭筋／外側半月／肩甲下筋
〈3〉伸縮性テーピング（キネシオテーピング法）… 353
ふくらはぎの緊張緩和法 …………………… 355
アキレス腱の筋膜法によるふくらはぎの緊張緩和法の応用 ……………… 355
ふくらはぎに対する緊張緩和法とリンパ法の併用 … 355
〈4〉メディカルトレーニングセラピー ………… 356
代謝中心のトレーニング法 ………………… 357
収縮と制御を中心としたトレーニング法 …… 358
　単関節性（開放運動連鎖／OKC）運動と複合関節性（閉鎖運動連鎖／CKC）運動／トレーニングエクササイズの最適な順序

参考文献 ……………………………………… 361

第 15 章　予防法　363
A. シュルムベルガー

1. 筋損傷の機序 ……………………………… 364

2. 予防的トレーニング戦略 …………………… 365
〈1〉神経筋機能の予防的最適化のためのトレーニング法 … 365
柔軟性とストレッチング ……………………… 365
　研究結果／予防的ストレッチプログラム
求心性の筋機能と求心性のトレーニング …… 366
遠心性の筋機能と遠心性のトレーニング …… 367
力と長さの関係 ……………………………… 368
筋間の協調 …………………………………… 369
腰・骨盤部のコントロールと安定性のトレーニング … 369
　研究結果／腰・骨盤安定性の改善のための予防的エクササイズ
〈2〉基礎フィットネスの最適化 ………………… 371
スタミナ ……………………………………… 373
　疲労の影響／スタミナの改善
協調 …………………………………………… 374
ウォーミングアップの重要性と方法 ………… 375
　ステップ1：身体中核と筋温度、血行、神経活性の最適化／ステップ2：筋肉と関節の準備／ステップ3：より集中的な運動によるエクササイズ

参考文献 ……………………………………… 377

第 16 章　トップアスリートにおける特殊症例　379
P. ユーベルアッカー、L. ヘンゼル、H.-W. ミュラー‐ヴォールファート

1. 序論 ………………………………………… 380
2. ケース 1：左大腿直筋 中央部の損傷 … 380
3. ケース 2：右大腿部に突然の痛み …… 385
4. ケース 3：シュートを放った時、突然突き刺すような痛み ………………………… 386
5. ケース 4：左内転筋の負傷 ……………… 389
6. ケース 5：トレーニング中に左大腿部背側の中央に引きつり ……………………… 394
7. ケース 6：ジョギング後の右下腿部に激しい痛み ……………………………………… 394
8. ケース 7：左ふくらはぎに相手選手のアタックを受けた ……………………………… 396
9. ケース 8：構造的損傷が筋内に見つかった … 398

索引 …………………………………………… 397

第 1 章

骨格筋の
機能解剖学

D. ブロットナー

1. 運動器官と骨格筋の仕組みと機能 *2*
2. 筋組織の機能組織学 *25*
3. 骨格筋の構造原理 *33*
4. 骨格筋の神経支配 *40*
5. 運動器官の神経支配 *47*

1. 骨格筋の機能解剖学

1 運動器官と骨格筋の仕組みと機能

　骨格筋は、受動的な運動器官である骨格系（体重の10％）と並んで、人体の能動的運動器官の大部分を占め、平均的な男性（約70kg）の総体重の約40％（約28kg）を占める。新生児では出生時体重の約20％が、よくトレーニングされた重量挙げ選手などでは体重の65％までが筋である。

　人体にはおよそ220の名称を持つ個別の筋を含む合計640を超える数の筋が存在し、その形や大きさ、あるいは線維構造はさまざまである（Kunsch & Kunsch 2005）。非常に長い筋もあれば（大腿部の縫工筋、約40cm）、幅が広いもの（背中の広背筋）や肉厚のものもある（大殿筋）。最も小さい筋はアブミ骨筋（長さ1mm以下）である。アブミ骨筋は収縮することにより中耳内に並ぶ3つの耳小骨の1つであるアブミ骨の可動性を制御する。すなわち、反射収縮を通じて蝸牛の卵円窓に到達する音波を抑制（弱音化）する働きを持つ。筋のうちいくつかは持久力に優れ力強い（下腿三頭筋、咬筋）。一方、絶え間なく繊細な動作の制御にかかわる筋もある（外眼筋、手の骨間筋）。また、筋のうちいくつかは能動的な運動には直接関与しないため、骨格筋の特殊例と見なすことができる。例えば舌やのどの筋、あるいは繊細な線維からなり非言語的コミュニケーションに欠かせないさまざまな感情表現を可能とする表情筋などがそれである。

> **MEMO**
> 競技スポーツでは、集中的なトレーニングを通じて特定の筋（僧帽筋、広背筋、大腿四頭筋、内転筋群など）の筋量が増加する（活動筋の肥大）。この習性を競技における瞬間的な最大出力（スプリント、重量挙げ、高跳び）、あるいは持久力（中・長距離走、マラソン、水泳、トライアスロン、球技）などに活用することができる。

　骨格筋は、骨や関節と共にてこや回転部位を構成する筋骨格系運動器官の一部である。例外なく起始部と停止部を有し、真の関節（可動関節や滑膜関節、例えば膝関節）や偽性の関節（不動関節や軟骨結合、例えば椎間板、肋骨胸骨関節）をまたいで骨と骨を結ぶ。人間の骨格には220を越える関節があるとされている（Kunsch & Kunsch 2005）。骨格筋は1つのあるいはそれ以上の関節の動きを可能とする（上腕筋などの単関節筋、または上腕二頭筋などの多関節筋）。筋は関節において屈曲（橈側手根屈筋）、伸展（総指伸筋）、回内（円回内筋）、または回外（回外筋）のうちのいずれかの運動を実行することができる。

　位置、形状やサイズと同様、筋の動作もまたその名称に反映されることが多く、骨格筋の解剖学的名称の効果的な学習にとって、有益な情報を提供している（表1.1、および下記参照）。

⟨1⟩ 骨格筋の解剖学

■ 用語

> **HINT**
> 解剖学においては、骨格筋はその大きさや形状、あるいは位置などに基づきラテン語で命名されている（表1.2）。そのため、骨格筋の解剖学的名称は長くなることが多く、またしばしば発音や記憶が非常に困難であるが、一方では運動器官の個別筋群の位置や機能の理解に役立っている（表1.3から1.11までを参照）。

- 位置：いくつかの名称はその筋の位置を反映している。例えばM. brachialisは上腕に位置し（上腕筋：ラテン語brachium＝上腕）、Mm. intercostalesは肋骨の間に位置することを表している（肋間筋：ラテン語costa＝肋骨）。M. flexor digitorum superficialis（浅指屈筋）は解剖学上M. flexor digitorum profundus（深指屈筋）の上に位置している（ラテン語profundus＝深部の）。
- 形状：筋によっては、その形状を基準に命名がなされている。M. deltoideus（三角筋）の形は三角形（ギリシャ文字のデルタ「Δ」）を、M. trapezius（僧帽筋）はその左右を合わせると台形（＝trapezius）の形をしている。M. gracilisは細く繊細な形を持ち（薄筋：ラテン語：gracilis＝細い、薄い）、M. serratus anteriorは肋骨への肉厚な付着部がのこぎりのような形をしていることから名付けられた（前鋸筋：ラテン語serra＝のこぎり）。Platysmaは頸部前面の広範囲にわたる皮筋である（広頸筋：ギリシャ語platys＝平面の）。
- 大きさ：M. gluteaus maximus（大殿筋）やM.

glutaeus minimus（小殿筋）などのように、単語 maximus（ラテン語：最大の）、minimus（ラテン語：最小の）、longus（ラテン語：長い）やbrevis（ラテン語：短い）が付加的に用いられることもある。

- 線維の方向：筋腹や線維束の流れの向きが名称に反映される場合もある。例えば名称にrectus（ラテン語：まっすぐな）という単語を持つ筋は体の中心線（正中線）に平行に走る。一方、transversusあるいはobliquusという単語はそれぞれ、その筋が体の中心線を横切る、あるいは斜めに走っていることを意味している（腹斜筋：M. obliquus abdominisや腹横筋：M. transversus abdominis）。

- 起始と停止の部位：骨格における起始（ラテン語：origo, punctum fixum）や停止（ラテン語：insertio, punctum mobile）の位置を名に持つ筋もいくつか存在する。一般的な慣習では、関節（四肢関節）に対して筋の近位側の付着点が起始（Punctum fixum）、遠位側の付着点が停止（Punctum mobile）と呼ばれる。肩帯部の筋では胴側が起始、肩側が停止とされている。脊柱起立筋および頭部の動きに関連する筋では停止に対し起始が下方に位置し、ほとんどの腹部の筋では上方を起始とする。筋の命名では起始が常に最初に呼ばれる。例えばM. brachioradialis（腕橈骨筋）は上腕（brachium）の上腕骨を起始とし、前腕（antebrachium）の橈骨（radius）に停止する。

- 共通筋頭（Caput commune：ラテン語caput＝頭）：いくつかの筋は、その起始腱が互いに重なり合うように骨端に付着している。これらは機能解剖学的に起始部を共有している筋群と見なされる。例えば前腕部の伸筋や屈筋は上腕骨の外側上顆あるいは内側上顆を共通の起始としている。ほとんどの内転筋（Mm. adductores）は恥骨（Os pubis）の内側、恥骨結合の近位を共通起始とし（例外：閉鎖筋）、大腿骨の粗線内側唇に付着する。

- 起始部あるいは筋頭の数：用語biceps（二頭）、triceps（三頭）、およびquadriceps（四頭）は、その筋がそれぞれ2つ、3つ、または4つの起始部（筋頭）を有していることを表す。例えば、M. biceps（二頭筋）は2つの筋頭、すなわち2カ所の起始（長頭と短頭）を有している。一方、大腿部の四頭筋M. vastus lateralisvastus（外側広筋）などに用いられる、vastusという用語は特に大きな筋頭を意味している。いくつかのケースでは、pars（ラテン語：部分）という用語を用いて筋の特定部位を表すこともある。僧帽筋のPars descendens（下行部）、Pars ascendens（上行部）、Pars transversa（横部）などがその例である。

表1.1 方向と運動の解剖学用語、体軸

	ラテン語	意味
組織配置	anterior	前の
	posterior	後の
	dexter	右の
	sinister	左の
	distal	遠位の
	proximal	近位の
	dorsal	背側の
	ventral	腹側の
	externus	外の
	internus	内の
	inferior	下の
	superior	上の
	kaudal	尾（側）の
	kranial	頭（側）の
	lateral	側面・側方の
	medial	中間・中央・内側の
	profundus	深部の
	superficialis	表層の
運動	Abduktion	外転
	Adduktion	内転
	Anteversion	前傾
	Retroversion	後傾
	Extension	伸展
	Flexion	屈曲
	Pronation/Inversion	回内
	Supination/Eversion	回外
	Rotation	軸回転
	Zirkumduktion	循環・回旋
	Elevation	90°以上の上昇
人体の面と軸	矢状面（正中面）：矢状軸	
	前額面と冠状面：前額軸	
	水平面：水平軸	

1. 骨格筋の機能解剖学

表 1.2　解剖学用語

ラテン語	意味
Angulus	角度
Apertura	開口部
Aponeurosis	腱
Antebrachium	前腕
Arcus	弓（アーチ）
Articulatio	関節
Axon	神経突起・軸索
Brachium	上腕
brevis	短い
Bursa	粘液嚢
Calcaneus	踵骨
Capitulum	小頭
Carpus, -alis	手関節
Collum	頸部
Columna	柱
Condylus	関節突起・関節顆
Costa	肋骨
Crista	稜
Crus, -ris	下腿
Diarthrose	可動関節
Discus	軟骨円盤
Epicondylus	上顆
Facies	平面
Fascia	結合組織としての包膜
Faszikel	線維束
Femur	大腿骨
Fibula	腓骨
Foramen	孔
Fossa	窩
Humerus	上腕骨
Incisura	切痕

ラテン語	意味
intermedius	中間の
interosseus	骨間の
intervertebral	椎間の
Kyphose	脊柱後弯
Labrum	唇
Ligamentum	靱帯
Linea	線
longus	長い
Lordose	脊柱前弯
lumbal	腰部の
Margo	縁
Membrum	体肢
Meniscus	半月板
malleolus	くるぶしの
Musculus	筋
Myo-	筋の
Neuron	神経細胞・ニューロン
obliquus	斜めの
Olecranon	肘頭
Os	骨
Palma	手掌・手のひら
Pars	部分
Patella	膝蓋骨
Pecten	櫛
perforans	穿孔性の・穴を開ける
perforatus	穴の開いた
Periost	骨膜
Peritenon	腱鞘・腱膜
Pelvis	骨盤帯
Phalanx	指骨・趾骨

ラテン語	意味
Planta	足底
Plexus	叢・網状組織
Processus	突起
Prolaps	脱出・逸脱
Protrusio	突出
Radius	橈骨
Retinaculum	支帯
Sarko-	肉の
Scapula	肩甲骨
Skoliose	脊柱側弯
Spina	棘
Sternum	胸骨
Sulcus	溝
Synarthrose	不動結合
Synchondrose	軟骨結合
Syndesmose	靱帯結合
Synostose	骨癒合
Talus	距骨
Sustentaculum	支持組織
Tendo	腱
thorakal	胸の
Thorax	胸郭
Trochanter	転子
Tuber, -culum	結節・小結節
Tuberositas	粗面
Ulna	尺骨
vastus	大きな・巨大な
Venter	（筋）腹
Vertebrae	脊椎
zervikal	首（頸）の

- 機能：用語flexor（ラテン語：flexio = 屈折）、extensor（ラテン語：extensio = 伸長）、adductorおよびabductor（ラテン語：adductio = 引き寄せる、abductio = 引き離す）は、特定の筋の主要な運動機能を表現している。例えば、M. adductor longus（長内転筋）は脚を引き寄せ、M. abductor pollicis（母指外転筋）は親指を引き離す役割を持つ。
- 特殊性：筋の付着位置、機能、長さあるいはそれがまたぐ関節などの特異性をもとに、名称が決定されている場合もある。例えばM. extensor carpi radialis longus（長橈側手根伸筋）は橈骨に沿って走り、手関節の背屈に作用する（ラテン語：carpus = 手根、手関節）。さらにこの筋は、ほかの手関節伸筋に比べ長い。対してM. extensor carpi radialis brevis（短橈側手根伸筋）の起始は上腕骨の外側上顆のより遠位側に位置している。

Caution
筋の起始と停止は学術用語として定義されている。しかし、実際の筋の動きという観点から見た場合、Punctum fixum（固定された部位）とPunctum mobile（動きのある部位）は逆となることもある。（例：腕立て伏せ時の上腕二頭筋の機能逆転）。

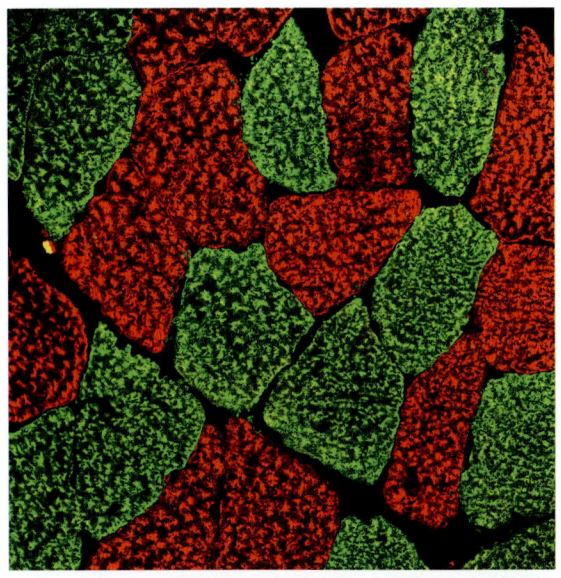

図1.1 遅筋および速筋MyHC抗体を用いた免疫染色後の健常者の骨格筋（ヒラメ筋）における典型的な筋線維分布（断面図、遅筋Ⅰ型＝赤、速筋Ⅱ型＝緑；撮影：M. Salanova. Charité ZWMB）。

筋線維のタイプ

Ⅰ型線維とⅡ型線維

成人の骨格筋は以下に挙げる2種類の筋線維からなる。その構成は該当する筋が持つ体内における特別な役割や配置に従い、遺伝的に決定されている。
- 高速の収縮が可能な（解糖能に優れた、あるいは酸化と解糖能に優れた）速筋線維（Ⅱ型）
- 収縮が遅い（酸化能に優れた）遅筋線維（Ⅰ型）

胎児の筋組織はまず遅いⅠ型線維のみで成り立っている。身体機能の発達（神経支配や筋使用）に伴い出生時期前後になって初めて、すでに存在するⅠ型線維の周りに速いⅡ型線維の形成が開始される（筋線維のクラスター形成）。こうして成人の骨格筋に見られる筋ごとに異なった特徴的な速筋線維と遅筋線維の模様が形成される（図1.1）。典型的な両線維種混在型の運動筋（Ⅱ型約60％、Ⅰ型約40％）としては大腿四頭筋を、遅筋線維が多い持久筋の例としては下腿三頭筋を構成するヒラメ筋を挙げることができる（Ⅰ型とⅡ型線維の比率は約1:1）。

中間型

人体の骨格筋には、筋活性に従い、速筋線維の一部が中間型（Ⅱa型、Ⅱb型、あるいはⅡc/Ⅱx型）として存在している。性別、過去および現在の生活習慣、小児期、青年期、年齢、あるいはスポーツ活動（座位活動や競技スポーツ）などにより筋線維のタイプには変化が生じる。そのため、筋線維のタイプは常に変化にさらされる連続体として理解する必要がある（図1.2）。

MEMO
骨格筋の筋線維組成は不変ではなく、集中的なトレーニングや長期にわたるトレーニングからの離脱、あるいは負傷による固定などの要因により大きく変化することがある（図1.2）。

筋線維タイプは一般に、ミオシン重鎖タンパク質（MyHC）を基準に分類される。このMyHCは収縮性の筋フィラメント機構（サルコメア）の成分であり、歩行や起立、または姿勢の維持に活用される疲労が早いⅡa型筋線維と持久力に優れたⅠ型筋線維にそれぞれ差異的に発現する。第3のタイプであるⅡc/x型線維（出力は高いが疲労が非常に早い）もまた、アスリートに存在し、集中的なトレーニングの際、Ⅱa型線維群の「予備線維」として機能する。Ⅱx型線維群は散発的に使用される限り、例えば跳躍などにおいて、最大の張力を発揮することができる。集中的なパワートレーニングやスプリント

1. 骨格筋の機能解剖学

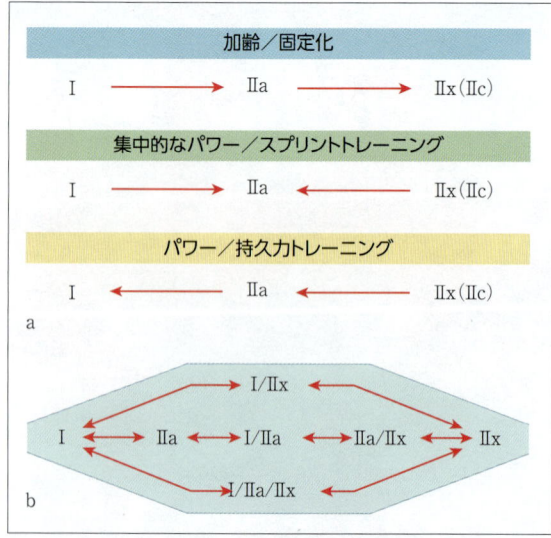

図 1.2a & b　トレーニングや固定後の筋線維の可塑性（Fiber Switch）

a　ミオシン重鎖の種類に従い、筋線維の種類はⅠ型（持久力がある）、Ⅱa型（収縮が早い）、Ⅱx/Ⅱc型（力強いが疲労しやすい）に分類することができる。矢印はトレーニングや固定化の影響による順応の可能性（可塑性）を表す。筋はトレーニングや固定化に対して収縮装置（サルコメア筋フィラメント）内のミオシン重鎖の転換を通じて反応する。

b　ハイブリッド線維Ⅰ/Ⅱa、Ⅱa/Ⅱx、およびⅠ/Ⅱxの割合はトレーニングからの離脱や加齢に伴い増加する。筋の再構築、順応プロセスが活発化する証拠である。

トレーニングにより、線維タイプはⅠ型からⅡa型へと推移し（重量挙げ選手、スプリンター）、持久力トレーニングを積み重ねることで線維タイプはⅡa型からⅠ型へと逆方向に移行する（マラソン走者）ことができる。

ハイブリッド線維（筋線維の移行型）の増加（筋の5-10％）が現れるのは、集中的なトレーニングや長期にわたるトレーニングからの離脱に伴う順応期（筋の可塑性）の後である。骨格筋の可塑性もまた当然のことながら、筋の持久力、疲労、あるいは能力に対し影響する。

MEMO

興味深いことに、高齢者では、あるいは高齢者でなくとも長期にわたる固定化により、Ⅰ型の遅筋線維が優勢な筋組成がⅡa型の速筋線維が優勢な組成へと変化する。しかし力は増加することなく減少し、また能力も著しく低下するため、この現象は筋の順応不全であると理解するのが妥当である（Snobl et al. 1998）。

〈2〉構造原理としての機能的筋コンパートメント

体内の筋は、全身タイツのように頭から足まで浅筋膜により覆われている。浅筋膜のさらに表層には皮下結合組織、腺、皮膚神経および血管を含む皮膚組織が存在している。骨格筋は浅筋膜の下に位置し（表情筋は例外的に顔面筋膜の上）、それぞれ固有の筋膜（深筋膜）で仕切られた筋コンパートメント（筋区画）に分割されている（図1.3）。

コンパートメントを形成する筋膜は、神経や血管と接続したメッシュ状のコラーゲン性結合組織でできた筒と考えると分かりやすい（図1.4）。各コンパートメントには同様の働きを持つ複数の個別の筋がグループとしてまとめられている（伸筋コンパートメント、屈筋コンパートメント、内転筋コンパートメントなど）。これらは各コンパートメント内部では相乗的に、対立コンパートメントに対しては拮抗的に作用する（屈筋対伸筋、図1.12）。コンパートメントは体幹や四肢における位置を基準に区分される（上腕あるいは前腕の背側あるいは腹側コンパートメントなど）。各コンパートメントは個別の管構造を通じて神経や血管とつながっている（血管神経束）。すなわち、それぞれ固有の解剖学的に分別可能な神経束（筋神経、筋枝）と動脈（栄養動脈）を有している。深筋膜、さらに場合によってはその下に位置する筋腹の筋膜もまた、機械受容器（パチニ小体）ならびに侵害受容器（痛覚センサー）を備え、独立した末梢構造として骨格筋組織の痛覚神経支配、そしておそらく固有受容覚（位置や力の感覚）にも関与している。

HINT

筋コンパートメントの区分はまず、機能および位置的観点をもとに行われる。人体における骨格筋組織の機能的な構造やスポーツにおける筋の働きをよりよく理解するための教育的手段として、筋コンパートメントを機能的に観察することは非常に有意義である。神経支配と筋膜構造の間の一般的な、かつ機能および位置的な関係を理解することは、身体各部位における筋の動きのメカニズムの理解にとっても重要である。これらの理解なくして局所的筋損傷の診察における隣接筋への影響や筋の動きの変化、つまり代償的な運動パターン（けがをかばう動き）なども考慮に入れた正確な診断はあり得ない。

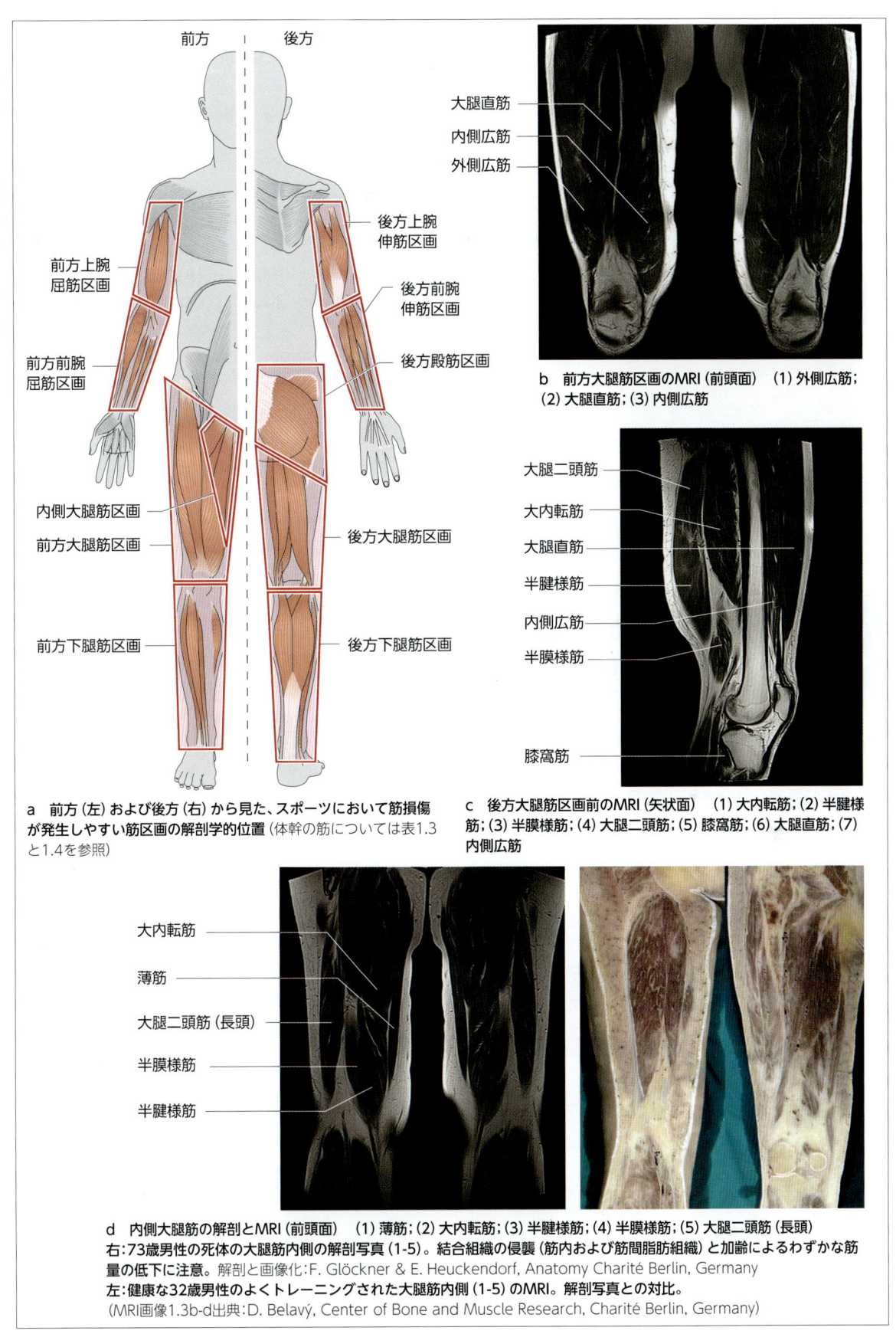

運動器官と骨格筋の仕組みと機能

a 前方(左)および後方(右)から見た、スポーツにおいて筋損傷が発生しやすい筋区画の解剖学的位置 (体幹の筋については表1.3と1.4を参照)

b 前方大腿筋区画のMRI(前頭面)　(1) 外側広筋; (2) 大腿直筋; (3) 内側広筋

c 後方大腿筋区画前のMRI(矢状面)　(1) 大内転筋; (2) 半腱様筋; (3) 半膜様筋; (4) 大腿二頭筋; (5) 膝窩筋; (6) 大腿直筋; (7) 内側広筋

d 内側大腿筋の解剖とMRI(前頭面)　(1) 薄筋; (2) 大内転筋; (3) 半腱様筋; (4) 半膜様筋; (5) 大腿二頭筋(長頭)
右：73歳男性の死体の大腿筋内側の解剖写真(1-5)。結合組織の侵襲(筋内および筋間脂肪組織)と加齢によるわずかな筋量の低下に注意。解剖と画像化：F. Glöckner & E. Heuckendorf, Anatomy Charité Berlin, Germany
左：健康な32歳男性のよくトレーニングされた大腿筋内側(1-5)のMRI。解剖写真との対比。
(MRI画像1.3b-d出典：D. Belavý, Center of Bone and Muscle Research, Charité Berlin, Germany)

図 1.3a-d　人体の筋区画および大腿筋区画の MRI (例)

1. 骨格筋の機能解剖学

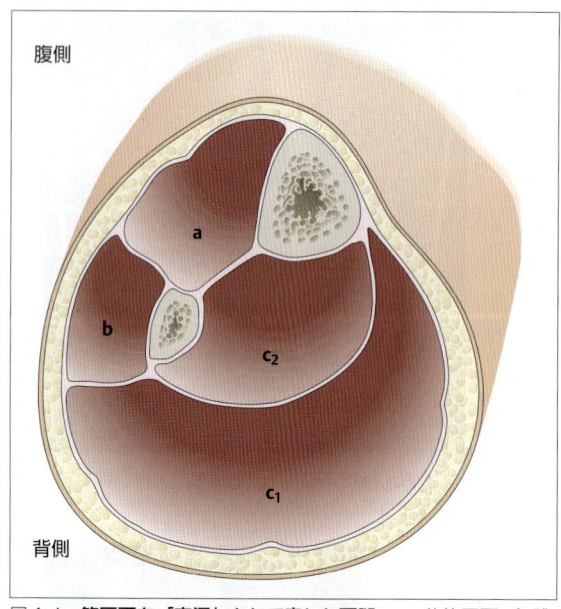

図 1.4 筋区画を「空洞」として表した下腿　a 伸筋区画　b 腓骨筋区画　c₁ 表層の屈筋区画　c₂ 深層の屈筋区画

選抜された局所筋コンパートメント（体幹、上腕、骨盤帯、下肢）に含まれる個別の筋の解剖学的名称、日本語名、それらの起始と停止、神経支配、主要運動などの詳細は表として別記した（表1.3から表1.11）。

> **HINT**
> 負傷による筋コンパートメント内における内出血は急性のコンパートメント症候群に発展することがある。この「コンパーメント症候群」は組織損傷のリスクを伴うため、医師による早急な対処が必要となる（下腿の前方コンパートメントなど）。治療では通常、コンパートメントの内圧を取り除くため皮膚の切開および筋膜の開放（筋膜切開術）が行われる。

体幹の筋

腹部の筋

平坦な腹壁筋群（図1.5および表1.3）は脊髄神経前枝Th12（肋下神経）、あるいは腸肋神経、腸骨鼠径神経といった腹壁神経、またこれらに平行して走る血管（肋下動脈、肋間動脈）と接続している。

腰方形筋（M. quadratus lumborum：図1.5）は腹壁神経の1つ、いわば肋間からあふれた余剰な肋間神経である肋下神経により運動神経支配を受けている。血液供給を担うのは肋間動脈の近位枝である。

⟨3⟩ スポーツ傷害リスクが高い筋コンパートメント（神経支配と血液供給）

以下ではサッカーなどのスポーツにおいて特に負傷のリスクが高い身体部位の筋コンパートメントを個別の筋の図と共に簡潔に紹介する（図1.5から図1.11）。ここに

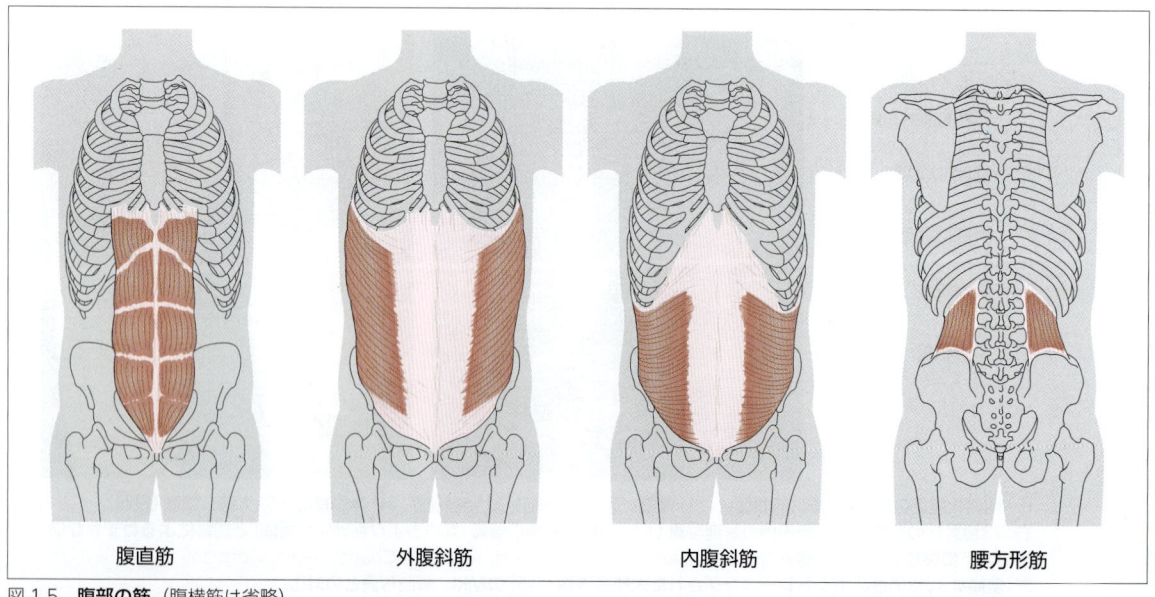

腹直筋　　　外腹斜筋　　　内腹斜筋　　　腰方形筋

図 1.5　腹部の筋（腹横筋は省略）

表 1.3 体幹の筋：前方および側方の腹壁筋（体幹屈曲・回転筋区画）

	筋	特徴（触診）	起始(U)・停止(A)	神経支配（セグメント）	機能
前腹壁筋	腹直筋 M. rectus abdominis	3本の横に走る中間腱および白線（Linea alba）により区分された、複数の筋腹を有し平らで力強い腹部中央の筋	U：第5-第7肋軟骨	肋間神経（Th5-Th12）	●屈曲
	錐体筋 M. pyramidalis (var.)	six-pack（きれいに6つに割れた腹筋）	A：恥骨（恥骨結節、恥骨結合部）		●腰の直立
		脊柱起立筋の最も重要な拮抗筋			●腹圧 ●呼気
側腹壁筋	外腹斜筋 M. obliquus externus abdominis	腹壁筋群に含まれる3つの筋のうち最も表層	U：第5-第12肋骨の外側面	肋間神経（T5-T12）	腹直筋および錐体筋と同様
		脇腹に手を当て、指先を伸ばしズボンのポケットのほうに向けた時の指の方向に線維が走る	A：腹直筋鞘（前葉）	腸骨下腹神経	加えて： ●側方屈曲 ●対側への体幹の回旋
	内腹斜筋 M. obliquus internus abdominis	平らな筋で、外腹斜筋の内側にあり、反対方向へ線維が走る	U：胸腰筋膜（深葉）、腸骨稜、鼠径靱帯	肋間神経（Th8-Th12）	外腹斜筋と同様
		精巣挙筋の線維を形成	A：肋骨弓＋腹直筋鞘	腸骨下腹神経 腸骨鼠径神経	加えて： ●同側への回旋
	腹横筋 M. transversus abdominis（図なし）	線維が水平に走る大型の深筋	U：胸腰筋膜（深葉）、腸骨稜、上前腸骨棘	肋間神経（Th8-Th12）	●腹圧（両側）
			A：腹直筋鞘（後葉）	腸骨下腹神経 腸骨鼠径神経 陰部大腿神経	●回旋（同側）
後腹筋	腰方形筋 M. quadratus lumborum	四角形の筋	U：腸骨稜	肋下神経	●腹圧（両側）
		腹壁と背筋が重なり合う位置、腰椎の両外側に位置する	A：第12肋骨＋第1-第4腰椎肋骨突起	（第12肋間神経）	●側方屈曲（片側）

1. 骨格筋の機能解剖学

● 背中の筋

脊柱起立筋（M. erector spinae：図1.6および表1.4）は脊柱の横を走る大型の筋膜、胸腰筋膜（Fascia thoracolumbalis）に覆われている。この筋膜は仙骨部において強靱な腱膜に始まり大規模な背筋および僧帽筋の下を走り頸部の筋（脊柱起立筋の継続部）へと至り、そこで後頸筋膜として後頭骨に付着する。脊柱起立筋は例外なく脊柱脇の2本のラインを形成する脊髄神経背側枝（Rr. dorsales nn. spinales）によりセグメントごとに脊髄から神経支配されている。深頸筋は第1脊髄神経の背側枝（後頭下神経、C1）により供給されている。脊柱起立筋の血液供給は肋間動脈の背側枝により、深頸筋では後頭動脈により確保されている。

脊柱起立筋はほかの部位から背中へと広がる筋、例えば広背筋や僧帽筋、上下の後鋸筋の棘肋筋群、ならびに左右肩甲骨の間に位置する菱形筋により覆われている。

■ 上肢の前方および後方コンパートメント

上腕の前方コンパートメントの筋群（屈筋コンパートメント：図1.7a、表1.5）は筋皮神経（腕神経叢）と上腕動脈（腋窩動脈からの分枝）により、一方、上腕の後方コンパートメントの筋群（伸筋コンパートメント：図1.7b、表1.5）は橈骨神経および上腕深動脈（鎖骨下動脈からの分枝）、あるいはその側副血管により支配される。

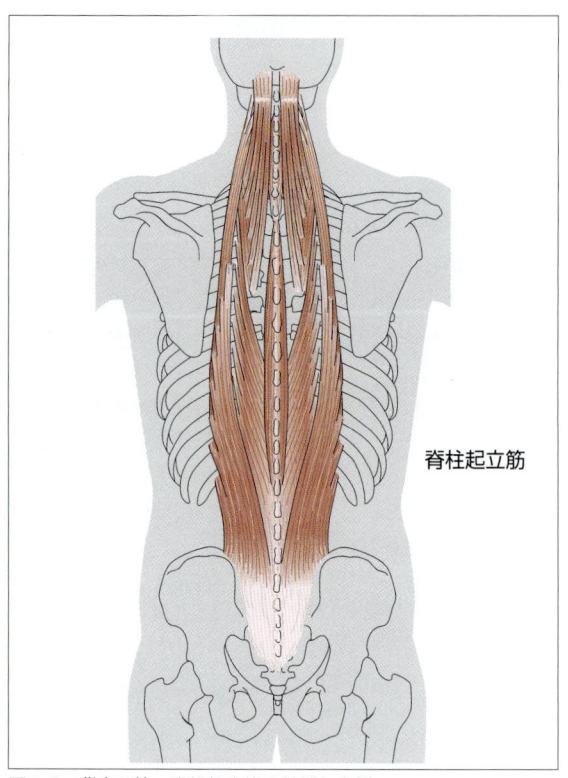

図 1.6　**背中の筋**　脊柱起立筋の外側と内側

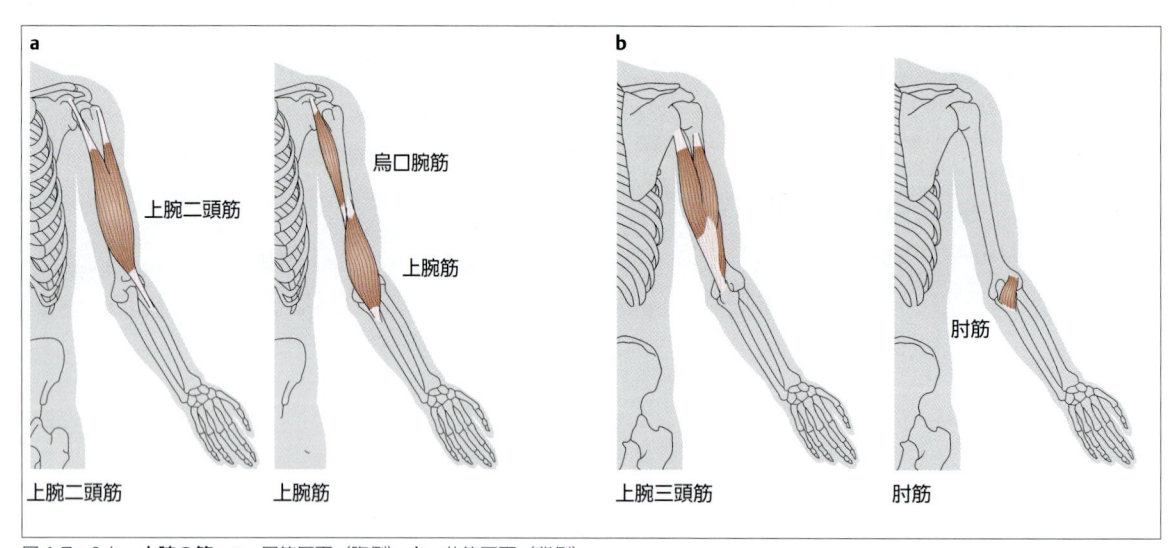

図 1.7a & b　**上腕の筋**　a 屈筋区画（腹側）　b 伸筋区画（背側）。

運動器官と骨格筋の仕組みと機能

表 1.4　体幹の筋：脊柱と頸部の筋（背伸筋区画）

	筋	特徴（触診）	起始（U）・停止（A）	神経支配（セグメント）	機能
脊柱起立筋	脊柱起立筋 M. erector spinae	髄節からの神経支配を受ける内側（深層）および外側（表層）を縦に走る筋群からなる大型で力強い背伸筋 体幹の屈曲と直立の制御に関与 全体が僧帽筋と広背筋に覆われている 多裂筋は胸腰筋膜の下に触れることができる	U：仙骨、腸骨稜 A：椎体と肋骨を経て後頭骨へ	脊髄神経背側枝（C1-L5）	● 伸展（両側） ● 側方屈曲＋回旋（片側）
	外側（表層）： ● 腸肋筋 M. iliocostal ● 最長筋 M. longissimus ● 板状筋 M. splenius（抜粋）		U：仙骨、腸骨稜、第12-3肋骨 A：上部胸椎の横突起、第1-6肋骨と第4-6頸椎の横突起		
	内側（深部）： ● 半棘筋群 Mm. semispinales ● 回旋筋群 Mm. rotatores ● 多裂筋 M. multifidus（抜粋）		U：頸椎・胸椎・腰椎の横突起、仙骨（多裂筋のみ） A：頸椎・胸椎・腰椎の棘突起、および項線（Linea nuchalis）と後頭骨		
頸部筋群（図なし）	大後頭直筋 M. rectus capitis posterior major	頭部と頸部関節の微調節に関与する頸部の深層に位置する短くまっすぐな筋と頭のバランス	U：軸椎の棘突起 A：下項線（中間）	後頭下神経後枝（C1）	● 伸展（両側） ● 頭部の回旋（同側）
	小後頭直筋 M. rectus capitis posterior minor		U：環椎の後結節 A：下項線（内側）	後頭下神経後枝（C1）	
	上頭斜筋 M. obliquus capitis superior	頸部の深い部分にある短い斜筋	U：環椎の横突起 A：下項線（外側）	後頭下神経後枝（C1）	大後頭直筋と同様 加えて： ● 側方屈曲（片側）
	下頭斜筋 M. obliquus capitis inferior		U：軸椎の棘突起 A：環椎の横突起	後頭下神経後枝（C1）	上頭斜筋と同様

1. 骨格筋の機能解剖学

表 1.5 後方および前方コンパートメント（上腕）：肩と腕の運動

	筋	特徴（触診）	起始（U）・停止（A）	神経支配（セグメント）	機能
後方コンパートメント	上腕三頭筋 M. triceps brachii • 長頭 　Caput longum • 外側頭 　Caput laterale • 内側頭 　Caput mediale	上腕後方コンパートメントに属し、共通の停止腱を肘頭に持つ大型の三頭筋	U： • 関節下結節（長頭） • 上腕骨幹中央部（外側頭） • 上腕骨幹下部3分の1（内側頭） A：肘（尺骨）	橈骨神経 (C6-C8)	• 伸展 • 肩の安定化 • 内転
	肘筋 M. anconeus	肘関節側面に位置する小さな三角形の筋	U：上腕骨外側上顆 A：尺骨、肘頭の橈側	橈骨神経 (C6-C8)	• 伸展 • 関節筋
前方コンパートメント	上腕二頭筋 M. biceps brachii • 長頭 　Caput longum • 短頭 　Caput brave	共通の停止腱と表層に位置する腱膜を持つ力強い二頭筋 共通筋頭で前腕屈筋を固定する役割も果たす	U： • 肩甲骨の関節上結節（長頭） • 肩甲骨の烏口突起（短頭） A：橈骨粗面	筋皮神経 (C5-C7)	肘関節： • 屈曲 • 回外 肩関節： • 外転、内転 • 前傾
	上腕筋 M. brachialis	二頭筋の下に位置する力強い筋 強力な肘屈筋	U：上腕骨の遠位半分 A：尺骨粗面	筋皮神経 (C5-C7)	• 屈曲
	腕橈骨筋 M. brachioradialis	側方に位置する腕の屈曲の協力筋	U：上腕骨外側下部 A：橈骨茎状突起	橈骨神経 (C5-C7)	• 屈曲 • 半回内
	烏口腕筋 M. coracobrachialis	上腕・肩内側の細い円筒状の筋 胸筋の協力筋	U：肩甲骨の烏口突起 A：上腕骨幹の腹側正中、中央部	筋皮神経 (C6-C7)	• 屈曲 • 内転

運動器官と骨格筋の仕組みと機能

■ 腰・臀部・下肢のコンパートメント

● 腰と臀部のコンパートメント

骨盤帯の筋コンパートメント（腰部および臀部コンパートメント：図 1.8、表 1.6）は大腿神経（腹側の腰部筋群、腸腰筋）および上殿神経と下殿神経（背側の殿筋、大腿筋膜張筋：図なし）、さらに仙骨神経叢 L5-S2（回旋筋群：図なし）から神経支配されている。血液は骨盤の大動脈から分岐する総腸骨動脈（腹側の腰部筋群）、ならびに上殿動脈と下殿動脈（殿筋）を通じて供給される。

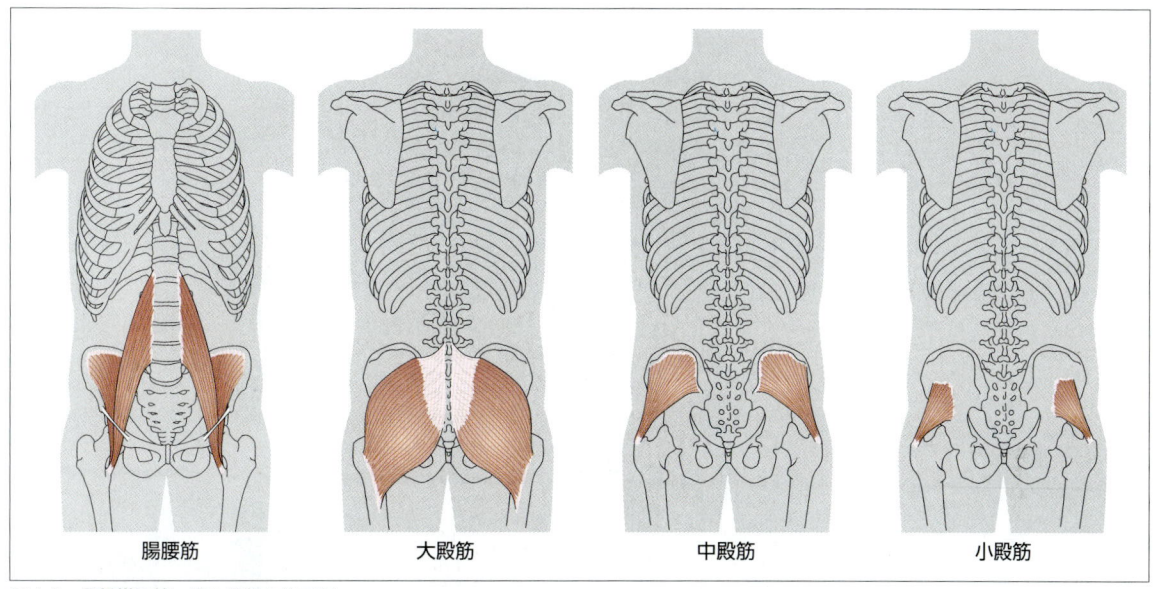

図 1.8　**骨盤帯の筋**　腰と臀部の筋区画

表 1.6　腰部と臀部の筋（殿筋区画）：腰の屈筋と伸筋区画　（続きは次頁）

	筋	特徴（触診）	起始（U）・停止（A）	神経支配（セグメント）	機能
腰部筋	大腰筋と小腰筋 M. psoas major und minor	腹側正中深層を走る長く力強い筋（腸腰筋の一部）	U：第12胸椎と第1-第4腰椎ならびに椎間円板の側面 A：大腿骨の小転子	大腿神経（Th12-L4）腰神経叢の神経枝	● 腰の屈曲 ● 外旋 ● 側方屈曲（一方向） ● 背中の直立
	腸骨筋 M. iliacus	腰内部の扇形の筋（腸腰筋を参照）	U：腸骨窩 A：大腿骨の小転子	大腿神経（Th12-L4）腰神経叢の神経枝	大腰筋と小腰筋と同様
	大腿筋膜張筋 M. tensor fasciae latae（図なし）	腰と脚の移行部外側にあり、独自の「筋膜袋」に包まれた筋	U：上前腸骨棘 A：腸脛靭帯	上殿神経（L4-S1）	● 腸脛靭帯の筋膜の緊張 ● 外転／屈曲／内旋

1. 骨格筋の機能解剖学

表1.6 腰部と臀部の筋（殿筋区画）：腰の屈筋と伸筋区画 （続き）

	筋	特徴（触診）	起始（U）・停止（A）	神経支配（セグメント）	機能
臀部の筋	大殿筋 M. glutaeus maximus	臀部の筋で最大 立位では坐骨神経と坐骨結節、さらに臀部のほかの筋すべてを覆い隠す	U：仙骨、腸骨、胸腰筋膜、仙結節靭帯 A：腸脛靭帯、殿筋粗面	下殿神経 (L4-S2)	● 伸展、外旋 ● 外転（頭側） ● 内転（尾側） ● 矢状面と前額面における腰のスタビライザー
	中殿筋 M. glutaeus medius	大殿筋の下の厚い筋（筋内注射！）	U：腸骨の殿筋面 A：大腿骨大転子	上殿神経 (L4-S1)	● 外転 ● 矢状面と前額面における腰のスタビライザー
	小殿筋 M. glutaeus minimus	最も小さく深層にある殿筋	U：腸骨の殿筋面 A：大腿骨大転子	上殿神経 (L4-S1)	中殿筋と同様
（図なし）	梨状筋 M. piriformis	大坐骨孔から背側へ斜めに走る 梨状筋下孔（坐骨神経の通り道）の仕切りをなす	U：仙骨（骨盤窩） A：転子窩	仙骨神経叢 (L5-S2)	● 外旋 ● 外転 ● 腰の安定化
	双子筋 Mm. Gemelli ● 上双子筋 　M. gemellus superior ● 下双子筋 　M. gemellus inferior	深層の細い筋	U：坐骨棘、坐骨結節 A：転子窩	仙骨神経叢 (L5-S2)	梨状筋と同様
	内閉鎖筋 M. obturatorius internus	双子筋の間、その深層	U：閉鎖膜内面 A：転子窩	仙骨神経叢 (L5-S2)	梨状筋と同様
	大腿方形筋 M. quadratus femoris	短く太い筋 4つの外旋筋の尾側	U：坐骨結節 A：転子間稜	下殿神経 (L5-S2) 坐骨神経	● 外旋（腰）

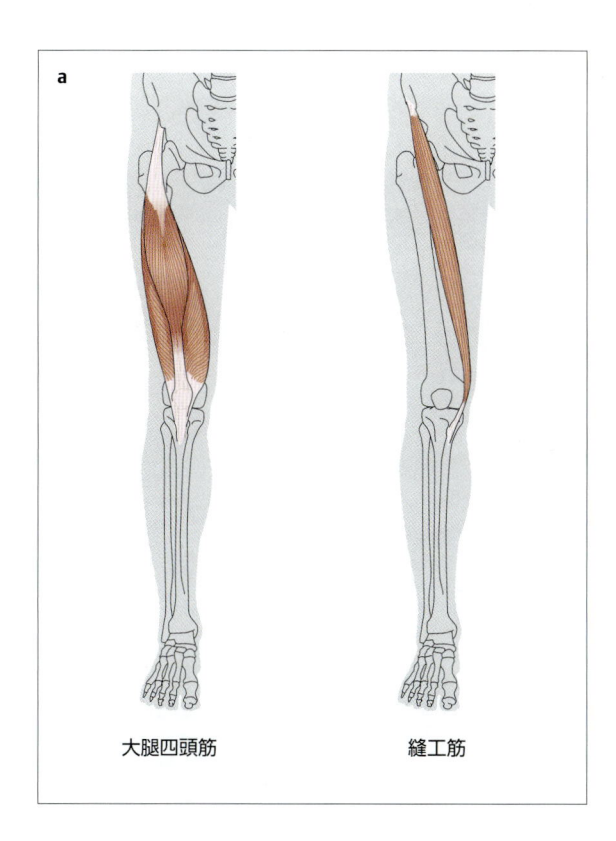

運動器官と骨格筋の仕組みと機能

● 大腿の前方コンパートメント

前方コンパートメントの前筋群（膝伸筋コンパートメント：図1.9a、表1.7）は大腿神経、および外腸骨動脈から伸びる大腿動脈および大腿静脈に支配される。

スポーツを通じて大腿四頭筋に負傷や麻痺が発生すれば、膝を伸ばす力に影響する。これにより座位からの起立や階段の上昇は明確に困難となる。ただし、起立の際に手で膝を押すなどの補助行為は可能なため、これらの動作が不可能になることはない。患者は上体を前傾し、腸脛靭帯を活用することで立位姿勢を保つことができる（重力＝伸張力）。膝蓋骨や脛骨粗面、あるいは上前腸骨棘（縫工筋、大腿筋膜張筋）に痛みを伴う腱付着部傷害が発生することもある。筋萎縮が習慣的な膝蓋骨脱臼につながることもある（対処法：内側広筋の集中的なトレーニングが側方への脱臼傾向に対する予防となる）。大腿筋の強化は膝関節の機能障害（不安定さ）の予防策となる。

MEMO
縫工筋は、軸足、蹴り足にかかわらず、あらゆる運動パターンにおける「グローバルプレーヤー」として中心的役割を担う。

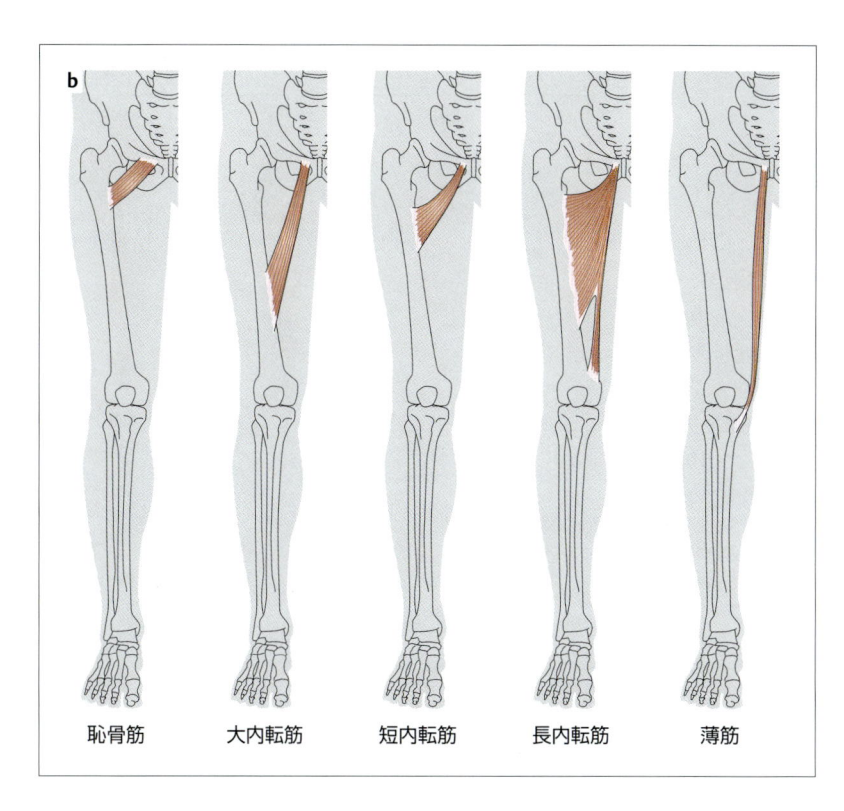

図1.9a & b　大腿の筋、前方および前方内側コンパートメント
a　膝伸筋区画（縫工筋も含む）
b　内転筋区画

（a：大腿四頭筋、縫工筋）
（b：恥骨筋、大内転筋、短内転筋、長内転筋、薄筋）

15

1. 骨格筋の機能解剖学

表 1.7 大腿の前方コンパートメント：膝伸筋区画と縫工筋区

	筋	特徴（触診）	起始（U）・停止（A）	神経支配（セグメント）	機能
膝伸筋区画	大腿四頭筋 M. quadriceps femoris • 大腿直筋 Rectus femoris • 内側広筋 Vastus mediales • 外側広筋 Vastus lateralis • 中間広筋 Vastus intermedius 加えて： • 膝関節筋 M. articularis genus（図なし）	大腿の前面両側にある肉厚の四頭筋 停止腱は膝蓋腱をなす この筋により膝関節が安定化される 付随する小さな膝関節筋（中間線維の遠位分岐）膝関節近位の膝蓋上陥凹を上に引く働きを持つ	U： • 下前腸骨棘（大腿直筋） • 粗線内側唇（内側広筋） • 粗線外側唇（外側広筋） • 大腿骨幹前面（中間広筋） A：膝蓋靭帯、あるいは大腿骨顆部の内側膝蓋支帯および外側膝蓋支帯を経て脛骨粗面に付着	大腿神経（L2-L4）	• 膝伸展 • 膝伸展装置の一部 • 腰の屈曲（大腿直筋のみ） • 膝関節の関節包の緊張（関節筋）
縫工筋区画	縫工筋：鵞足 M. sartorius	大腿を斜めに走りさまざまな動きに関与する人体で最も長い筋 「グローバルプレーヤー」	U：上前腸骨棘 A：脛骨粗面の内側	大腿神経（L2-L4）	• 腰と膝のすべての運動に関与する筋 •「グローバルプレーヤー」

● 大腿の内側コンパートメント

内側コンパートメント（内転筋コンパートメント：図1.9b、表1.8）の筋は閉鎖神経（腰神経叢 L2-L5）および閉鎖動脈（内腸骨動脈の分枝）により支配される。

鼠径部の痛みは起始腱（薄筋、大内転筋、長内転筋）の過負荷による急性あるいは慢性の炎症（腱付着部症）により引き起こされ、恥骨周囲に刺すような痛みを伴う。また、内側コンパートメントが過度に伸張されると、内転筋群や大腿直筋から鼠径部の方向へ向かって（腱やその付近ではなく脆弱な筋腹における微小な損傷に起因する）「紡錘状の痛み」が生じることもある。

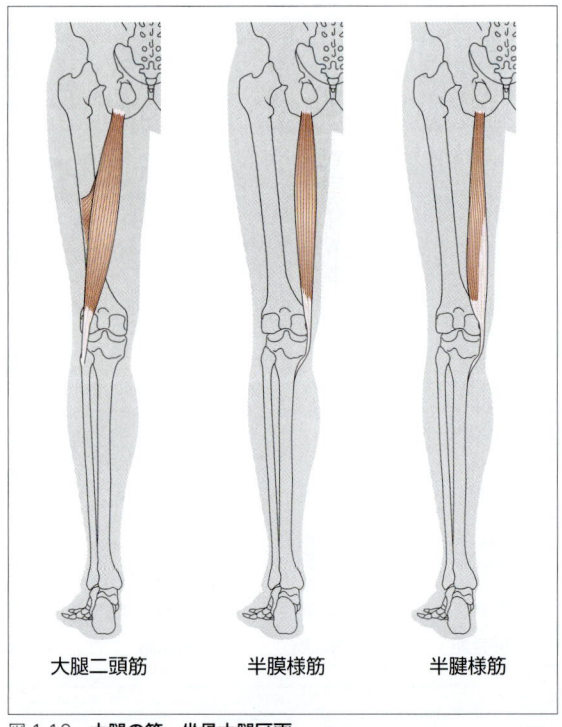

大腿二頭筋　　半膜様筋　　半腱様筋

図 1.10　大腿の筋、坐骨大腿区画

運動器官と骨格筋の仕組みと機能

表 1.8　大腿の内側コンパートメント（内転筋区画）

	筋	特徴（触診）	起始（U）・停止（A）	神経支配（セグメント）	機能
内転筋区画	外閉鎖筋 M. obturatorius externus （図なし）	外側の閉鎖筋 大腿の背面へ走る 恥骨筋により完全に覆われている 短く扁平な表層の筋	U：閉鎖膜 A：転子窩	閉鎖神経 (L2-L4)	● 内転 ● 外旋 ● 骨盤の安定化
	恥骨筋 M. pectineus	恥骨上枝に始まり大腿骨に通じる いわゆる大腿三角内の腸腰筋の内側に位置する	U：恥骨櫛 A：恥骨筋線（大腿骨粗線）	閉鎖神経 (L2-L4) 大腿神経 （変種）	外閉鎖筋と同様
	長内転筋 M. adductor longus	大内転筋の上を斜めに走る 鼠径部痛の原因となることが多い	U：恥骨（上枝） A：大腿骨粗線（粗線内側唇）、中央部	閉鎖神経 (L2-L4)	● 内転 ● 股関節の屈曲 ● 骨盤の安定化
	短内転筋 M. adductor brevis	深層にある短い内転筋 恥骨筋の下	U：恥骨（下枝） A：大腿骨粗線（粗線内側唇）、上部3分の1	閉鎖神経 (L2-L4)	● 内転 ● 屈曲と伸展 ● 骨盤の安定化
	大内転筋 M. adductor magnus	大きく力強い内転筋 表層（腱性）と深層（筋性）の2つの停止部を持つ 遠位で「内転筋裂孔」（大腿動脈と大腿静脈の通路）を形成する	U：恥骨（下枝）、坐骨結節（坐骨枝） A：大腿骨粗線の内側唇（深層）、大腿骨の内側上顆（表層）	閉鎖神経 (L2-L4)	外閉鎖筋と同様 加えて： ● 股関節の伸展
	薄筋：鵞足 M. gracilis	細長い筋 大腿の最内側をなす 鵞足を構成する	U：恥骨結合（下枝） A：脛骨粗面の内側	閉鎖神経 (L2-L4)	● 股関節の内転 ● 股関節の屈曲 ● 膝の屈曲 ● 内旋

● **大腿の後方コンパートメント**

大腿の後方コンパートメント（坐骨大腿コンパートメント：図1.10、表1.9）は脛骨神経（坐骨神経から分岐）に支配される。血液の供給は腹側の大腿動脈から深部へ分岐する大腿深動脈、ならびに内転筋区画を貫いて坐骨大腿区画へと到達する3-4本の貫通動脈によってもたらされる。

坐骨大腿部の筋の機能が麻痺した場合、歩行、直立、起立、階段の昇降などはより能力の高い大殿筋の代用により部分的に補うことができる。膝に過伸張（反張膝）が起こることもある。

1. 骨格筋の機能解剖学

表 1.9 大腿の後方コンパートメント：坐骨大腿区画

	筋	特徴（触診）	起始（U）・停止（A）	神経支配（セグメント）	機能
坐骨大腿区画	大腿二頭筋 M. biceps femoris • 長頭 　Caput longum • 短頭 　Caput breve	短頭と長頭の2つを持つ外側を走る筋 膝窩の外側を形成	U： • 坐骨結節（長頭） • 大腿骨粗線の外側唇（短頭） A：腓骨頭	脛骨神経 （L5-S2）	• 股関節の伸展 • 膝の屈曲 • 骨盤の安定化
	半膜様筋：鵞足 M. semimembra-nosus	大きな起始腱を持つ幅広い筋 半腱様筋の下、大腿二頭筋の内側 膝窩の内側をなす	U：坐骨結節 A：脛骨内側顆	脛骨神経 （L5-S2）	大腿二頭筋と同様 加えて： • 膝関節の内旋
	半腱様筋：鵞足 M. semitendino-sus	（大腿の中央付近から始まる）長い停止腱を特徴とする太い筋 半膜様筋の上に位置する 膝窩の内側をなす	U：坐骨結節 A：脛骨粗面（内側）	脛骨神経 （L5-S2）	半膜様筋と同様
	膝窩筋 M. popliteus （図なし）	膝窩の深層を走る小さな筋 外側半月の固定ならびに背側の血管神経路（膝窩動脈・膝窩静脈・脛骨神経）に対する「クッション」の役割を果たす	U：大腿骨の外側顆、外側半月 A：脛骨近位（背側）、ヒラメ筋腱弓の上部	脛骨神経 （L5-52）	• 膝の屈曲 • 外旋

● 下腿

　下腿の前方コンパートメントの筋（伸筋コンパートメント：図 1.11a、表 1.10）を支配するのは浅腓骨神経、ならびに前脛骨動脈と前脛骨静脈である。下腿の外側コンパートメント（腓骨筋コンパートメント：図 1.11b、表 1.10）は浅腓骨神経と浅腓骨動脈による支配を受ける。一方、下腿の後方コンパートメントの筋（浅屈筋と深屈筋コンパートメント：図 1.11c、表 1.11）を支配するのは脛骨神経ならびに後脛骨動脈（膝窩動脈の分枝）である。

　総腓骨神経が腓骨筋コンパートメントへの進入部（腓骨頸付近）で受傷すると伸筋や回内筋が機能しなくなる。回内筋と回外筋の不均衡は内反変形や内反尖足の原因となる。（深腓骨神経のみに支配される）伸筋群が機能を失うと、屈筋の力が相対的に増し、つま先の底屈を伴う尖足あるいは内反尖足を引き起こす。したがって、歩行時に足が地面にこすれることがないよう、足を踏み出す際には膝が足を軽く持ち上げるようになる（代償的保護動作、ニワトリ歩き）。

　下腿の屈筋が麻痺すると回外運動に支障をきたし、踵足（しょうそく）の発生につながる。また後方の足根管症候群により、屈筋支帯の下方、くるぶし中央に痛みを伴う障害や、脛骨神経の圧迫による足底の知覚異常（感覚や発汗の障害）が発生することもある。またまれではあるが、足底の筋に不全麻痺が生じ鉤爪趾を引き起こすこともある。

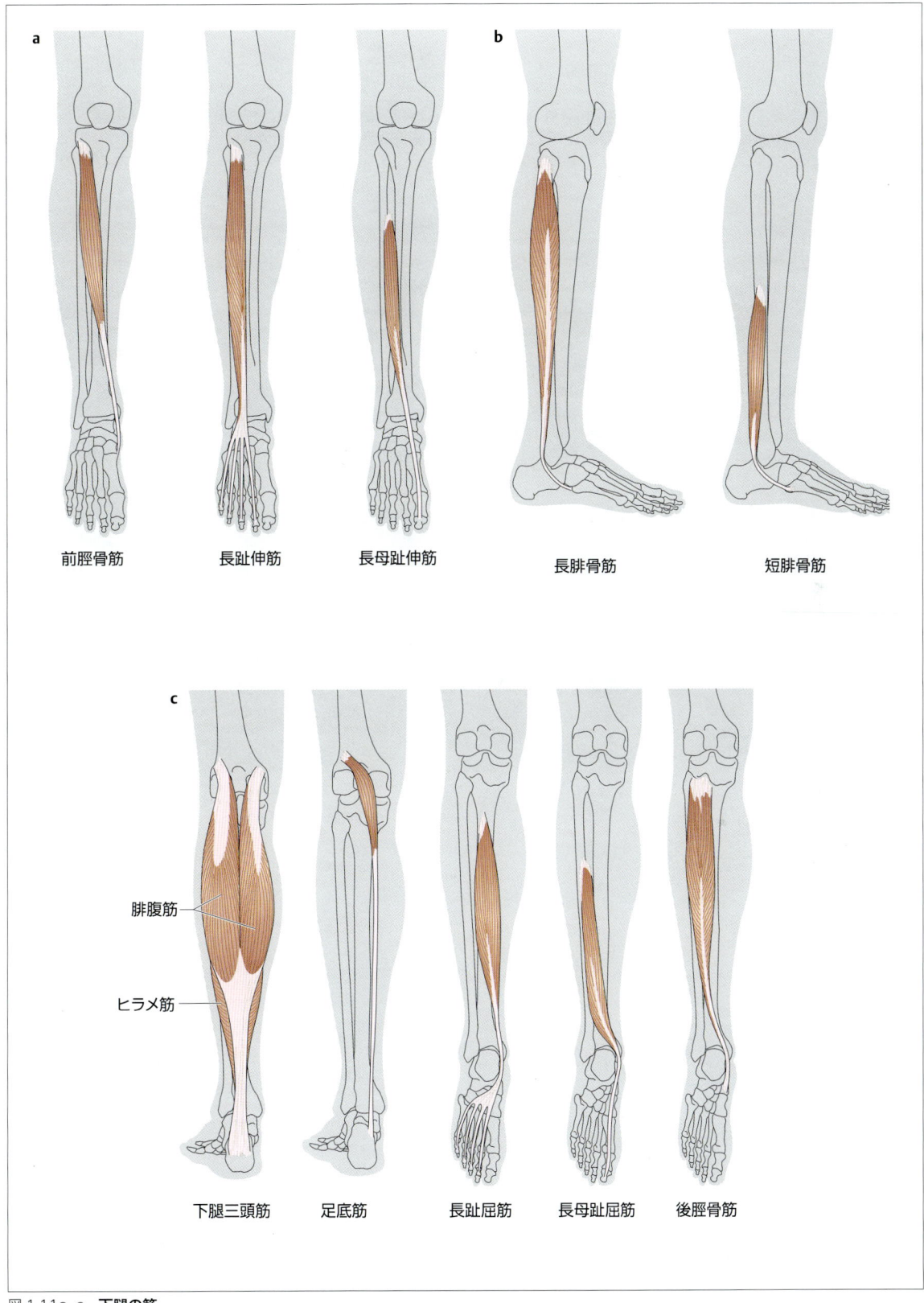

運動器官と骨格筋の仕組みと機能

図 1.11a–c　**下腿の筋**
a　前方コンパートメント、伸筋区画
b　側方コンパートメント、腓骨筋区画
c　後方コンパートメント、屈筋区画

1. 骨格筋の機能解剖学

表 1.10　下腿の前方（伸筋）コンパートメントと側方（回内筋）コンパートメント

	筋	特徴（触診）	起始（U）・停止（A）	神経支配（セグメント）	機能
伸筋	前脛骨筋 M. tibialis anterior	表層の筋 脛骨前縁に平行に走る	U：脛骨外側（下腿骨間膜近位） A：第1中足骨の底（背側）	深腓骨神経（L4-S1）	・伸展（距腿関節） ・内反（距骨下関節） ・回外
	長趾伸筋 M. extensor digitorum longus	長い腱を持つ半羽状筋 前脛骨筋の外側に筋頭を持つ	U：外側脛骨顆、下腿骨間膜 A：第2-第4趾骨の指背腱膜に分岐	深腓骨神経（L4-S1）	・伸展（距腿関節） ・外反（距骨下関節） ・回内
	長母趾伸筋 M. extensor hallucis longus	最深部に位置し、長趾伸筋と前脛骨筋の腱の間に腱を張り出す	U：腓骨幹中央、下腿骨間膜 A：第1趾（母趾）の指背腱膜	深腓骨神経（L4-S1）	・伸展（距腿関節） ・回内／回外（距骨下関節） ・母趾の伸筋
回内筋	長腓骨筋 M. peronaeus longus	外側表層の筋 腓骨を覆う 長い腱が足の外側から足底へ伸びる	U：腓骨頭と腓骨外側面 A：第1中足骨底（足底）	浅腓骨神経（L5-S1）	・足の底屈（距腿関節） ・外反（距骨下関節） ・横足部アーチの緊張
	短腓骨筋／第三腓骨筋 M. peroraeus brevis/M. peronaeus tertius	腱の短い筋頭が腓骨中央に始まり、足の外縁に走る	U：腓骨幹（遠位） A：第5中足骨粗面	浅腓骨神経（L5-S1）	・足の底屈（距腿関節） ・外反（距骨下関節）

表1.11 下腿の後方コンパートメント：表層と深層の屈筋

	筋	特徴（触診）	起始（U）・停止（A）	神経支配（セグメント）	機能
表層の屈筋	下腿三頭筋 M. triceps surae	共通の力強い腱（Tendo calcanei ＝ アキレス腱）を持つふくらはぎの三頭筋		脛骨神経 (S1-S2)	
	腓腹筋 M. gastrocnemius ● 内側頭 　Caput mediale ● 外側頭 　Caput laterale	表層にある一対の筋 ふくらはぎの丸い形を形成 筋頭が膝窩の遠位側境界線をなす	U：大腿骨の内側上顆と外側上顆（内側頭と外側頭） A：アキレス腱に移行し距骨隆起に停止		● 屈曲（距腿関節） ● 膝の内旋／膝の外旋（距骨下関節） ● 二関節筋
	ヒラメ筋 M. soleus	幅広く扁平な筋 腓腹筋の下 歩行・跳躍・舞踏に対する非常に力強い持久筋	U：ヒラメ筋腱弓からヒラメ筋線にかけて（脛骨近位と腓骨骨頭） A：距骨隆起（距骨腱）		● 屈曲（距腿関節） ● 単関節筋
	足底筋 M. plantaris	三頭筋の筋頭の間にある非常に長く薄い腱を持つ小さく細い筋	U：大腿骨の外側上顆 A：距骨隆起（距骨腱）	脛骨神経 (S1-S2)	● 膝窩動静脈を圧迫から保護
深層の屈筋	後脛骨筋 M. tibialis posterior	ふくらはぎ深層の肉厚で平らな筋 脛骨と下腿骨間膜の背側に直接接する 腱は長趾屈筋の下を交差する	U：下腿骨間膜、脛骨と腓骨 A：足根骨と第2と第4中足骨（足底）	脛骨神経 (L4-S1)	● 屈曲（距腿関節） ● 回外（距骨下関節） ● 縦足部のアーチと横足部のアーチの緊張
	長趾屈筋 M. flexor digitorum longus	ふくらはぎ深層の長く力強い筋 停止腱は後脛骨筋の上を交差し（下腿交差）、内くるぶしの後方で足根管を通る	U：脛骨の中央 A：第2- 第4末節骨底	脛骨神経 (L5-S1)	後脛骨筋と同様 加えて： ● 屈曲（足趾）
	長母趾屈筋 M. flexorhallucis longus	最も外側に位置する力強い筋 腱は足底で長趾屈筋の長い腱と交差する（足底交差）	U：腓骨幹背面の3分の2 A：第1末節骨底（母趾）	脛骨神経 (L5-S2)	後脛骨筋と同様 加えて： ● 屈曲（母趾）

1. 骨格筋の機能解剖学

■ 筋間中隔、腹直筋鞘、腸脛靱帯

四肢では背側と腹側の筋区画が直接隣接するが、その境目はより強力な特殊筋膜（筋間中隔：図1.23）により仕切られている。例えば上腕の内側上腕筋間中隔などがそれであるが、これら筋間中隔は骨構造（通常は骨幹）に固定されている。

複数の筋腹を持つ筋の特殊なケース（腹直筋）では、筋が二重の筋膜（肋骨弓から恥骨と腸骨稜にまで広がる腹直筋鞘の前葉と後葉：図1.5）に覆われ、これが筋収縮に対する機械的抵抗土台としての「外骨格」的な役割を担い、収縮を補助する（腹圧）。

大腿部の側面に位置する大型の筋膜、大腿筋膜は特殊な補強構造持つ筋膜である。これは非常に長い腱膜性の線維組織（腸脛靱帯）を形成し、大腿四頭筋（外側広筋）の側方筋頭の機械的抵抗として機能する。

そのほかの補強された筋膜の例としては、棘突起部に付着する僧帽筋および広背筋の近位起始（僧帽筋の腱膜 C4-Th2、胸腰筋膜 Th12-S3）の菱形の筋膜を挙げることができる（図なし）。

〈4〉 骨格筋と典型的な運動パターン

日常生活やスポーツ活動における骨格筋の運動パターンは非常に複雑であるが、基本的にはそれぞれの身体部位（頭頸部、体幹、骨盤帯、上下肢）の解剖学的・機能学的役割に準じている。一部の例外（表情筋）を除いて、動作を行う筋と動作を妨げる筋とが密接に関係しながら、相互に作用する。これには、相対的な相互作用（作動筋と拮抗筋、例えば上腕二頭筋と上腕三頭筋の屈曲と伸展：図1.12）あるいは機能的な筋連鎖を形成して同一方向への動作を共同して行う相互作用（協力筋、例えば屈曲運動における上腕二頭筋と上腕筋）がある。

> **MEMO**
> 日常的に繰り返される運動パターンから理論的な機能原理に基づき筋運動を分類すること（ローカル・スタビライザー・モビライザー、Richardson et al. 2004）は、複雑な筋の働きを一般機能的観点から観察するに有益である。フィットネス運動から余暇スポーツさらには競技スポーツに至るまで、スポーツと筋に関係するセラピスト、スポーツドクターあるいは整形外科にとって、運動器官の機能障害の診断の最初のきっかけとなる。

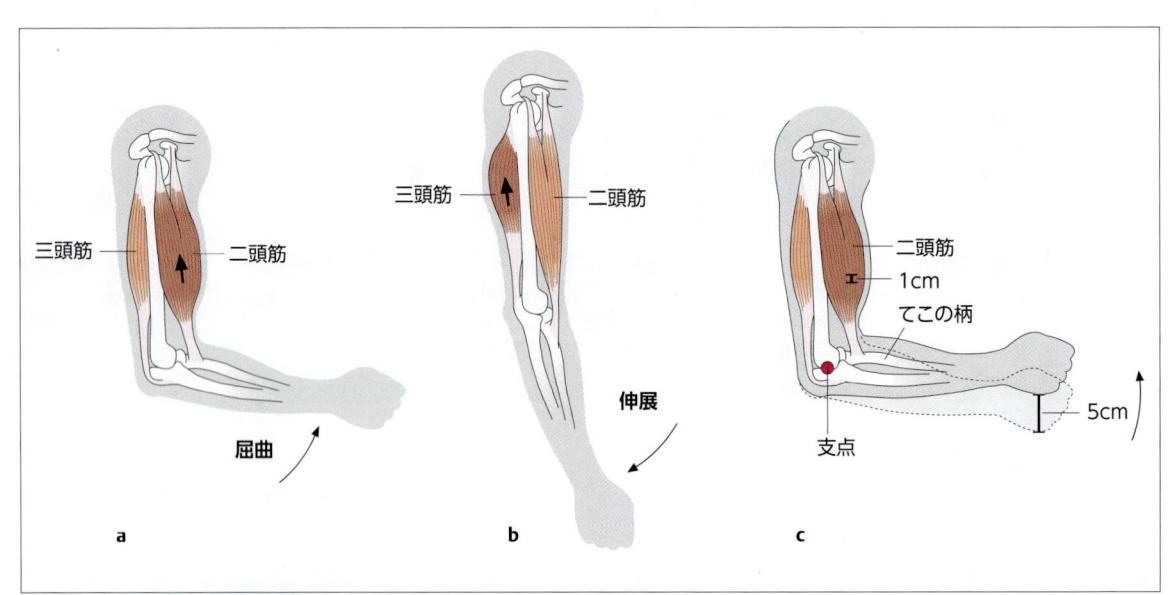

図1.12a–c　上腕の作動筋と拮抗筋
a　屈曲：二頭筋（屈筋）が収縮し、三頭筋が弛緩する。
b　伸展：ここでは三頭筋（伸筋）が収縮し、二頭筋が弛緩する。
c　てこの原理：二頭筋の停止部が支点（旋回点）に近いため、二頭筋を1cm短縮することで手は5cm上昇する。

- ローカル筋：日常生活においては、体幹部の筋群（脊柱起立筋）や主に下半身の運動セグメント（骨盤、脚部）に存在する骨格筋群（ヒラメ筋）は重力に抵抗し（反重力筋／姿勢筋、ローカル筋）、立位や歩行での安定した直立姿勢を可能とする（例えば人間の二足歩行）。
- スタビライザー筋：関節付近あるいは関節をまたぐ筋群（ローテーターカフ、殿筋群など）は主に関節の安定化に関与し、運動器官における解剖学的位置および個別筋の線維の走行角度（筋線維走行あるいは羽状角など：下記参照）などの特性から、比較的短い収縮距離で最大出力（揚力）を得る（ショートストローク筋や骨間筋など。すなわち手あるいは足部の骨格内に起始部と停止部を持つ固有筋、あるいは手あるいは足部に停止部を持つが起始部はその外にある外来筋など）。
- モビライザー筋：そのほかの筋は紡錘状の筋腹を持ち、線維は長く平行に走り、収縮距離もまた長距離になる（ロングストローク筋、上腕二頭筋など）。これらの筋は高速の運動パターンの際（例えばテニス、投てきスポーツ、あるいはスプリントの際の四肢の高速運動）スタビライザー筋やローカル筋と機能的な筋連鎖を形成し、協調する。

通常、スポーツ活動における運動器官の筋は極めて複雑で、選手が個人的に学習した（トレーニングした）運動パターンで動作し（p. 46 を参照）、ほかの要素（遺伝的素因、トレーニングの成果、食生活など）とも関連しながら、力強い、短時間の、常に呼び出し可能な、あるいは持続的なハイパフォーマンスを実現する。

■ 筋線維の走行方向

筋腹における筋線維の走行方向は筋の成り立ちのみならず、機能や張力にとっても重要である（ロングストロークあるいはショートストローク）。たいていの場合、骨格筋の線維は平行的に走っている（図 1.9a の縫工筋や図 1.10 の大腿二頭筋などの坐骨大腿部の筋など）。ほかには単羽状構造（例えば図 1.10 の半腱様筋のような坐骨大腿部の筋や、図 1.11a の長趾伸筋などの下腿部伸筋コンパートメントの筋）を持つ筋、あるいは双羽状構造を持つ筋（下腿の深部屈筋コンパートメントの筋、例えば図 1.11c の長趾屈筋や図 1.11b の腓骨筋）がある。特異的な筋線維走行角（羽状角）の形成例として、半膜様筋と半腱様筋の単羽状あるいは双羽状の筋腹における線維走行を挙げることができる。これらは遠位は比較的短く、近位は長いという複雑な線維構造を持ち、側部に柄を持つ羽毛のように、両側の筋に付属する腱膜として広がる長い腱に対し斜めに放射する。この筋腱接続部には、特にサッカーにおいて、筋損傷（主に線維断裂）が発生することが多い。

> **MEMO**
> 羽状角（Pennation Angle）あるいは成人骨格筋の走行角は筋の収縮や出力にとっても、非常に重要な意味を持つ（Gans & de Vree 1987）。

筋腱連結部（p. 36 を参照）と類似した形で、筋束は中間腱を介して筋の途中で互いに１つに結びついている場合もあり、各々の筋における力の伝達の機械的特性を決定づけている（多腹筋と羽状筋：Chleboun et al. 2001）。最新の研究によると、このような筋内結合は筋線維内のサルコメアと骨格筋の（筋弾性）結合組織構造の間のパワーベクトルの動的伝達に寄与している（Laurent et al. 1991）。筋線維の走行角は安静の筋とよくトレーニングされた筋では明らかな違いがあり、筋収縮による出力および速度に影響する（Gans & de Vree 1987）。

> **HINT**
> スポーツでよくトレーニングされた筋（大腿二頭筋、半腱様筋／半膜様筋、長内転筋腱、腓腹筋）においてけががよく発生するその理由の１つは、複雑な線維構造を持つ筋内における筋束羽状角の誤順応であると思われる。

■ 骨格筋の解剖学的および生理学的断面

筋線維の太さはそれに含まれる筋原線維の数により決定される。そのため、線維断面の大きさを筋の揚力を推測する指標とすることができる。筋力は、一般には断面１平方センチメートルあたり約 5kg あるいは 5 N に相当するとされている（Kunsch & Kunsch 2005）。これに従うと、$10cm^2$ の断面を持つ上腕二頭筋は、最大 500Nm の力を持つことになる（Schünke 2000）。筋腹の最も太い部分の断面を解剖学的断面と呼び、筋線維が平行に走る筋腹ではその断面に対しすべての線維切断面がおよそ垂直に走る。筋線維とその中の力の源である筋原線維のすべてが同じ断面上に含まれているため、この断面は同時に生理学的断面に等しいと見なすことができる。

一方、斜めに筋線維が走る羽状筋では解剖学的断面と生理学的断面とが一致しない。生理学的断面が解剖学的

1. 骨格筋の機能解剖学

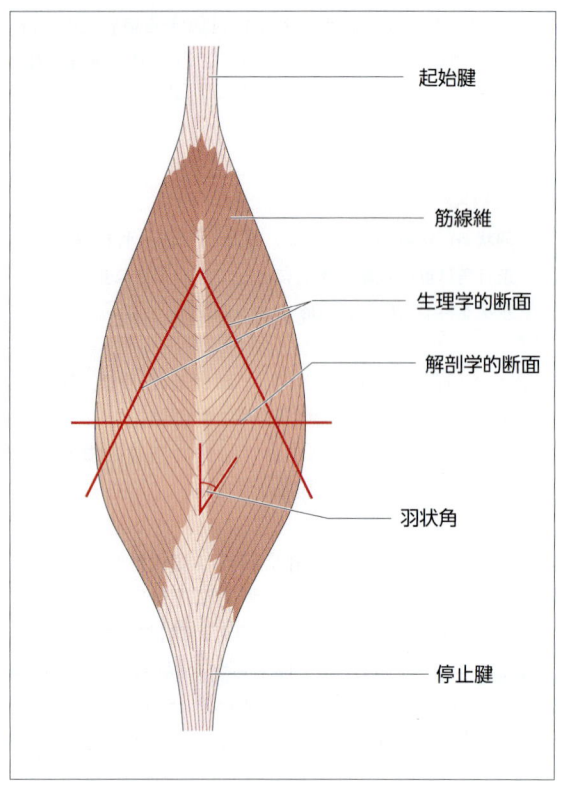

（図中ラベル：起始腱／筋線維／生理学的断面／解剖学的断面／羽状角／停止腱）

図1.13　解剖学的および生理学的断面

断面よりも常に大きくなる。なぜなら、羽状筋における生理学的断面としては通常、線維の走行に対し垂直に横たわり、互いに鋭角に交わる少なくとも2つの断面が想定されるからである。したがって、このような筋は実質的にはより多くの線維を含有するより大きな筋断面を持つことになるので、より大きな出力を有することになる。上に挙げたショートストローク筋とロングストローク筋のように、持ち上げ高さ（筋収縮により移動する距離）が筋の最大出力にとって最も重要な要素であると考えられるため、筋の最大出力をより反映しているのは生理学的断面（図1.13）である。生理学的には、筋はその基準値の最大約40％までの収縮が可能であるとされている（Kunsch & Kunsch 2005）。

■ 等張性および等尺性収縮

運動の際、骨格筋は独自の収縮様式に従い一定の動きを見せる。さらに負荷の動きもまた筋の運動メカニズムに対して影響を与える。

- 等張性（アイソトニック）収縮：おもり（ダンベル）を肘の屈曲により肩の方向に動かすと、等張性（アイソトニック）収縮を実行したことになる（ギリシャ語：isos＝等しい、teinein＝張る）。この動きでは通常、負荷を重力に逆らって移動させることになる（動的収縮）。ここでは上腕二頭筋が求心性（短縮性・コンセントリック）収縮により短縮され、おもり（負荷）が肩の方向へともたらされる。ここでおもりを持つ腕の肘を再びゆっくりと伸ばせば、遠心性（伸張性・エキセントリック）収縮を行ったことになる。したがって、求心性あるいは遠心性収縮は常に筋腹の長さに変化を伴う等張性収縮である。

- 等尺性（アイソメトリック）収縮：腕を伸ばし、おもり（負荷）を動かさずに支持するには、おもり（重力）に抵抗するための筋の緊張（筋力）を創出する必要があるが、筋腹の長さの変化による動きが生じることはない。このような負荷の動きをもたらさない筋の出力運動は等尺性（アイソメトリック）収縮（ギリシャ語：isos＝等しい、metrein＝計る）と呼ばれている。つまり等尺性収縮は、筋力は発揮されるが長さは変わらない収縮である。この収縮では、収縮性の筋構成要素と共に連続的に利用される弾力性の要素（筋膜、腱、結合組織、あるいはサルコメアを構成する弾力性チチン分子）などに筋力が蓄えられ、サルコメアの短縮なしに筋の緊張が可能となる。

- 等速性（アイソキネティック）収縮：上記以外にも筋トレーニング学では「等速性（アイソキネティック）収縮」という用語が用いられている（ギリシャ語：iso＝等しい、kinesis＝動き）。この用語は一定で変化のない運動形態を指しているが、このような運動はコンピュータ制御された機械によってのみ可能である。運動の速度はあらかじめ設定され、一定である。このような機械は、力の測定やリハビリトレーニングなど、医療目的で活用されている（Cybex社など）。

- デスモドロミック収縮：これもまたコンピュータ制御された機械によってのみ可能な筋収縮であり、筋力の完全利用を目的としている。このような機械は競技スポーツのトップアスリートたちに対してのみ使用されている（Schnell社など）。

フィットネストレーニング中、立位におけるヒップの緊張は臀部の筋の等尺性収縮を引き起こす。等尺性および等張性収縮は姿勢筋と運動筋の筋力に非常に異なった形で関与している。筋力トレーニングで遠心性と求心性の筋収縮を繰り返し交互に行うことで、筋線維に関連する分子シグナル経路が機械的に刺激され、これにより筋量の明確な増加が期待できる。等尺性収縮はアジアの運動健康法（太極拳、ヨガ）に採り入れられ、姿勢の強化に活用されている。

筋組織の機能組織学

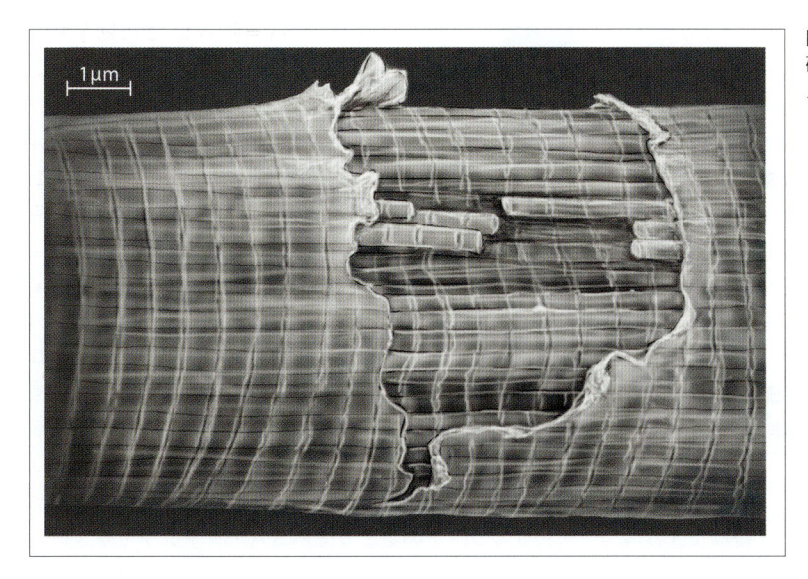

図1.14 **単一筋線維の微小損傷** 細胞膜が破れ、中で筋原線維が破損されているのが見える（走査電子顕微鏡写真、トレース済み）。

MEMO

遠心性収縮は、特に細胞の微細構造の損傷を引き起こす可能性がある。不慣れな（新しい）、あるいは（長期のトレーニング休暇後の）集中的なスポーツ活動を通じて特定の筋群に過剰に負担がかけられた際（例えば山歩きした後の長時間にわたる下山歩行における大腿四頭筋や前脛骨筋）や、あるいは筋における代謝活動の疲労により、微細な線維断裂による痛みを伴う筋痛（遅発性筋痛：Böning 2002）が発生することがある（図1.14、第2章「生理学の基礎とスポーツ生理学的側面」、第6章「既往歴・臨床検査・分類」を参照）。

2 筋組織の機能組織学

〈1〉 平滑筋

平滑筋は、胃腸や膀胱あるいは血管などの内蔵や管腔器官を構成する非常に重要な要素である（図1.15a）。光学顕微鏡で観察すると、平滑筋は核を中心に持つ多数の紡錘形の細胞で構成されていることが分かる。これら細胞はイワシの群れのように密集し、環状や横あるいは縦方向に走る筋層などとして臓器壁（胃腸管など）の一部を構成する。横紋筋ではアクチンおよびミオシンフィラメントが互い違いに並び筋原線維を構成（横紋を形成）するが、平滑筋ではこの2種のフィラメントからなる筋原線維が細胞内で網目のように並んでいる。そのため平滑筋には横紋は見られない。

平滑筋細胞の収縮（狭窄）と弛緩（拡張）は不随意である。主に自律神経系（交感神経と副交感神経）の不随意線維により支配されるが、部分的には臓器壁の植物神経節（壁内神経節、腸神経系など）の支配も受ける。この神経節は平滑筋細胞の間を貫くか、あるいは平滑筋に隣接し、真珠のネックレスのように肥大化した特殊な神経末端から伝達物質（ノルアドレナリンなど）を放出す

1. 骨格筋の機能解剖学

る。ノルアドレナリンはさらに膜内受容体（β受容体）および細胞内シグナル伝達（カルシウム流入）を介して平滑筋細胞の収縮を助長する。この臓器壁の緊張は、内分泌ホルモンと局所拡散性シグナル物質（血管内壁の内皮細胞からの一酸化窒素など）により調節される。

個別の平滑筋細胞は機能的合胞体として働く。つまり、個別細胞の集まりが収縮波や拡張波をなし、例えば腸の環状筋や縦走筋といった１つの総体として機能する。

> **MEMO**
> 合胞体とは、細胞膜がなくなり複数の細胞が結合しより大きな単位として機能する融合体のことである。

動脈壁や気管支壁では平滑筋（筋層）は複雑なメカニズムを通じて必要に応じた緊張（壁緊張）を形成する。これにより血液循環（血管運動、血圧など）、中でも特に骨格筋を含めたすべての臓器における末梢血流（スポーツ時の筋血流）が可能となる。またその一方で上気道と下気道の狭窄や拡張（気管、気管支と細気管支）を通じてスポーツ時の必要に応じた呼吸（肺気量）の調節に関与している。

〈2〉横紋筋

● 心筋

心筋は、平滑筋と横紋筋の両方に似た（あるいは異なった）細胞構造を持ち、横紋筋の特殊形態と見なされている（図 1.15b）。心筋細胞は平滑筋と同様、中心に核を持つ個別細胞である。しかし、心筋細胞は短く分岐した段状の細胞末端を有し、隣接する心筋細胞と立体的なネットワークを構成する。これが心筋の平行かつらせん状に走る心筋線維を形成する。心筋の収縮は、骨格筋と同じく、サルコメアの集まりである（アクチンフィラメントとミオシンフィラメントの重なりからなる）筋原線維によりもたらされる。細胞間には光顕的な明るいスジ（介在板）が存在する。つまり、機械的な細胞間結合（デスモソーム）と、ネクサス（ギャップ結合）と呼ばれる小孔のチャネルを持つ特殊な細胞間結合が存在する。これが、細胞から細胞へと広がる細胞膜の脱分極化の拡大を伴う電気的連関を介したイオンの細胞間移動を仲介し、心筋のほぼ同時的な収縮を可能としている（電気的合胞体）。

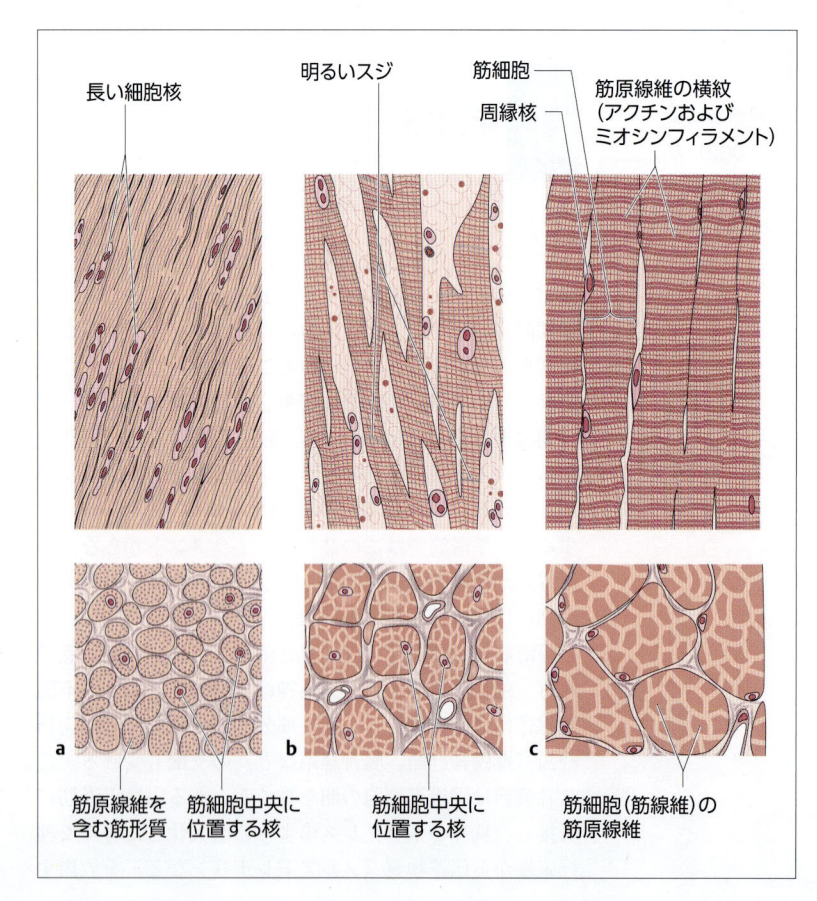

図1.15a-c　筋組織
a　平滑筋
b　横紋心筋
c　横紋骨格筋

（上段ラベル）長い細胞核／明るいスジ／筋細胞　周縁核／筋原線維の横紋（アクチンおよびミオシンフィラメント）

（下段ラベル）
a　筋原線維を含む筋形質　筋細胞中央に位置する核
b　筋細胞中央に位置する核
c　筋細胞（筋線維）の筋原線維

HINT

競技の開始前、突発的な交感神経の継続的緊張の高まりにより、胃腸管や膀胱の平滑筋に制御不能な緊張（胃けいれん、ストレス性尿失禁）をきたし、この緊張が緩和するまでしばらく時間がかかることがある。自律訓練法や公園の散歩などの競技前のリラックス法でこれに対抗することができる。研究室では心臓内の特異的なクレアチンキナーゼ（CK-MB）とそのアイソフォームの量を測定し、その時点における心筋の代謝を評価することが可能である。心不全の場合と同様、トップアスリートにおけるスポーツによる極度な過負荷後の心筋損傷のリスクは、心特異的なタンパク質トロポニンIの血中濃度により評価することができる。

（図1.15c）。骨格筋細胞は人体における最も大きい（長い）細胞構造の1つであり（約40cm）、個別細胞の融合により胎児期に発生する（筋芽細胞→筋細胞）。したがって骨格筋細胞は、形態的に見て真の意味での合胞体である。筋線維あるいは筋細胞はすべて、周縁部に複数の細胞核を持つ長い円筒状の細胞からなる（1線維に付き50-100筋核：Kunsch & Kunsch 2005）。

神経生物学と同じく、筋生物学にも独自の専門用語が多数存在し、その多くは「肉（Sarco・サルコ）」あるいは「筋（Myo・ミオ）」を語頭に含んでいる（表1.2）。

〈3〉 骨格筋線維の分子微細構造（サルコメア）

以下では、筋の収縮装置の分子構造を紹介するが、紙面の都合上、筋細胞の収縮のしくみや働きを立体的に理解するに必要と思われる基本的事項のみに制限する。電気機械的な連関などの詳細な生理学的メカニズムはほかの章で紹介する（第2章「生理学の基礎とスポーツ生理学的側面」を参照）。

■ 骨格筋

骨格筋は、組織学的には個々の骨格筋線維（骨格筋細胞）の集まりからなる。骨格筋線維は、柔軟な結合組織あるいは筋周膜により多数の線維の束（筋束）にまとめられ、これがさらに表面的な筋膜により包まれている

表1.12 骨格筋細胞に関する専門用語

一般用語（描写）	筋学用語
筋細胞	筋線維
細胞膜	筋線維鞘（筋細胞膜）
細胞質	筋形質
修飾型小胞体（endoplasmatisches Retikulum: ER）	筋小胞体（sarkoplasmatisches Retikulum: SR）
指状陥入	横行系・横行小管（T管）：発生した活動電位を迅速に細胞内（カルシウム放出部位や終末槽）に伝達する役割を持つ
筋原線維を直接取り囲む、網状に分岐した管状のER	縦行系・縦行小管（L管）：筋線維のSRと同じ
ERからなる泡状の終末小胞（ベシクル）が密接する細胞外空間の膜により仕切られた深い陥入	トライアッド（三連構造）：SRのT管とその両側に隣接する2つの終末槽からなる（ほとんどの場合Z板部位、カルシウム貯蔵）
細胞核（核）	筋核
ヘモグロビン（赤血球）	ミオグロビン（筋内酸素貯蔵タンパク質）
マイクロフィラメントタンパク質（線維）	アクチン、ミオシンなど（筋フィラメント）
マイクロフィラメント束	アクチン、筋原線維（収縮性）など
2つのZ板の間を走るアクチンおよびミオシンフィラメントからなる横紋	サルコメア：ジグザグに並ぶ2つのZ板により隔てられた筋細胞の最小単位、これが縦列して筋線維をなす
神経接合（シナプス）	神経筋シナプス／ジャンクション

1. 骨格筋の機能解剖学

■ アクチンフィラメントとミオシンフィラメント

　骨格筋の筋線維は、1000を越える筋原線維を含有し、これがいくつかの束を形成する（図1.16a）。この構造は収縮装置と呼ばれ筋細胞の大部分を占めるため、細胞核やミトコンドリアあるいは筋小胞体などのほかの細胞小器官（オルガネラ）にはほとんど場所がない。筋原線維はまず収縮性の微細線維タンパク質であるアクチンとミオシン（モータータンパク質）、調節タンパク質であるトロポミオシンとトロポニン、ならびにアクセサリータンパク質チチンとネブリンで構成される。ミオシンフィラメント（図1.16c）は約250のねじれたミオシンタンパク質からなり、その中間部は柔軟性がなく、両端のミオシン頭部には可動性の突起（頭部）がある。ミオシンフィラメントは分子架橋形成を通じてαヘリックス構造を持つGアクチンフィラメントに接触し、トロポミオシンとトロポニン（カルシウム受容体）の作用を受ける。立体的に見ると、細いアクチンフィラメントとより太いミオシンフィラメントが入れ子状に交互に並び、互いの間に滑り込むことにより筋収縮を引き起こす（図1.16b）。

■ 縞構造

　アクチンフィラメントはその両端をジグザグ型のZ板に固定されている。この部位は光学顕微鏡で明るく見えるI帯（明帯）の中央部にあたる。アクチンフィラメントの長さは2つのZ板間の距離に相当し、その間には太いミオシンフィラメントが平行して横たわり、M線を中心として互いに結びついている。アクチンとミオシンが重なる場所は構造が密になるため、光学顕微鏡では暗い帯のように見える。これはA帯（A = anisotropic：異方性）あるいは暗帯と呼ばれる。2枚のZ板の間にある部位が筋線維の最小構成単位、サルコメア（筋節）と定義されている。暗いA帯と明るいI帯（I = isotropic：等方性）の規則的な連続、形が一定で整列し、かつ隣接する筋原線維のそれともずれることなく並ぶサルコメア、これらの要素が合わさって、光学あるいは電子顕微鏡で観察した時に特徴的な骨格筋線維の縞模様（横紋）が形成される。10cmの線維には約40000のサルコメアが縦列している。これは、ただ1本の筋線維に総数約2億のサルコメアが含まれていることを意味している（Tegtbur et al. 2009）。

■ 筋小胞体

　筋原線維はすべて、縦に長く広がる筋小胞体のネットワークに包まれている（L系：図1.17）。これは細胞内にカルシウムを貯蔵する役割を持つ。さらに小胞体は特異的なカルシウムポンプタンパク質（筋小胞体カルシウムATPアーゼ、SERCAあるいはIP3など）の分子構造を持ち、これにより収縮過程にあるサルコメア内において繊細な細胞内カルシウムバランスの調節が可能となる。

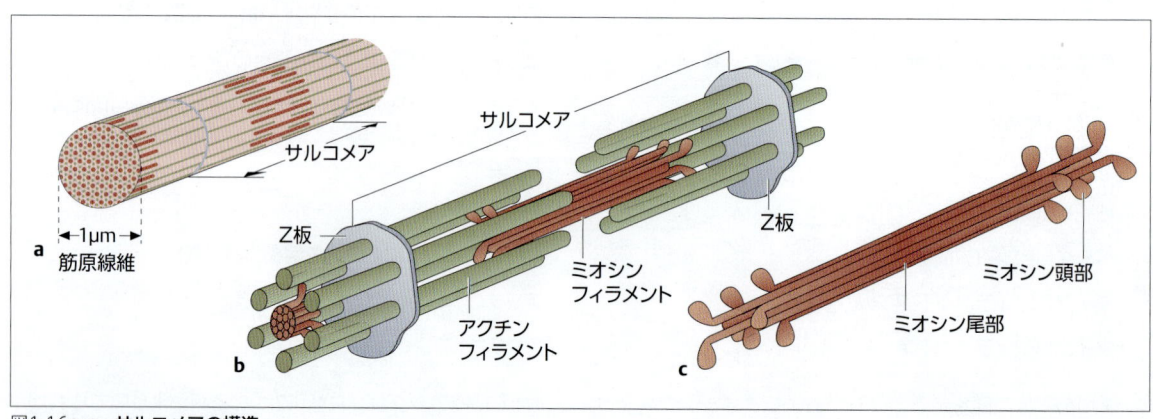

図1.16a-c　サルコメアの構造
a　筋原線維
b　サルコメアの拡大図
c　ミオシンフィラメント

筋組織の機能組織学

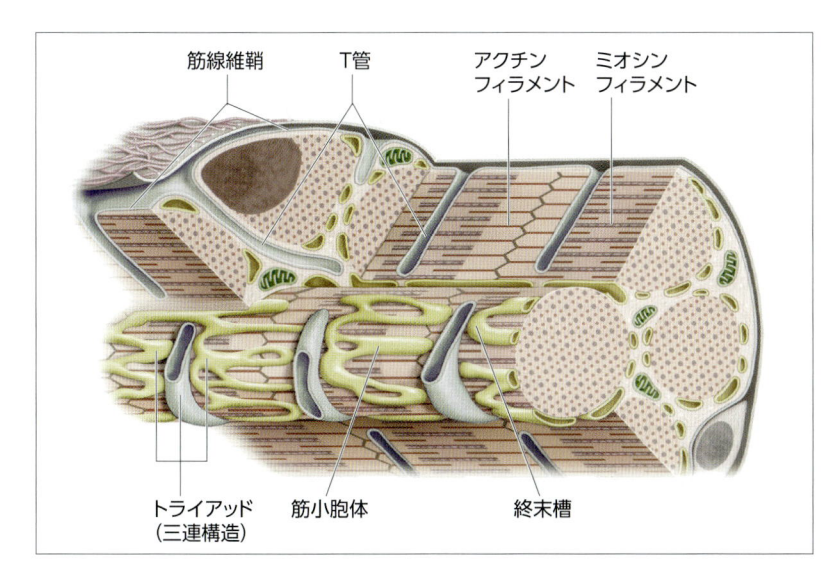

図1.17 **T管と筋小胞体** T管（横行小管）は筋線維の内部に活動電位を伝達する働きを持つ。筋小胞体はカルシウムイオンを貯蔵する。

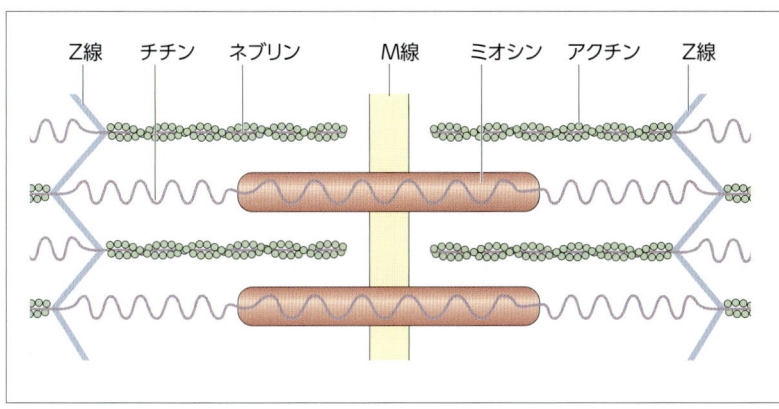

図1.18 **チチンとネブリン** チチンはミオシンフィラメントを安定化させ、その伸縮性により筋弛緩を可能とする。ネブリンはアクチンフィラメントを強直化する。

■ 調節タンパク質トロポミオシンとトロポニン

サルコメアの内部でアクチンフィラメントはそれぞれ、ヘリックス構造を持つ調節フィラメントプロテイン「トロポミオシン」（Tm）により縦方向に引きつけられ、トロポミオシンはカルシウムが存在する場合には三量体のカルシウム受容体トロポニン（TnT、TIおよびTc）を介して、ミオシン頭部に対しアクチンへの結合部位を開放する（Tmスイッチのオン）。結合後、ミオシン頭部がATPを消費し、頭部の角度が変わる。これにより両フィラメントが互いを引き寄せるようにスライドする（フィラメント滑走説）。その後、結合カルシウムがトロポニンから再び遊離し、トロポミオシンは元の位置に戻る（Tmスイッチのオフ）。これによりアクチン上の結合部位がミオシンに対し再び遮断されるため、ミオシン頭部はアクチンから離れる。したがって、この過程を再び繰り返すことが可能となる。

MEMO

意外にも、筋収縮をもたらすスライドの際のアクチン-ミオシン結合は、決して筋原線維内のすべてのサルコメアで均等に起こっているわけではない。専門書の数多くは、ミオシン頭部をアクチンフィラメントを引き寄せるボートのオールに例えているが、このような8人乗りのボートが水上を最高速を得るために規則正しくこぎ進むかのような姿を想像することは、おそらく現実にそぐわない。実際のミオシン頭部の動きはむしろ、地面への接触が決して失われることがないように後から前へと順次波打つムカデの足の動きに似ているものと考えられる。原子力顕微鏡を用いた単離された筋線維の調査では、ミオシン頭部がブラウン分子運動のように、ランダムに移動することができることが観察されている。これにより継続的なアクチン-ミオシン結合が可能となっている。

1. 骨格筋の機能解剖学

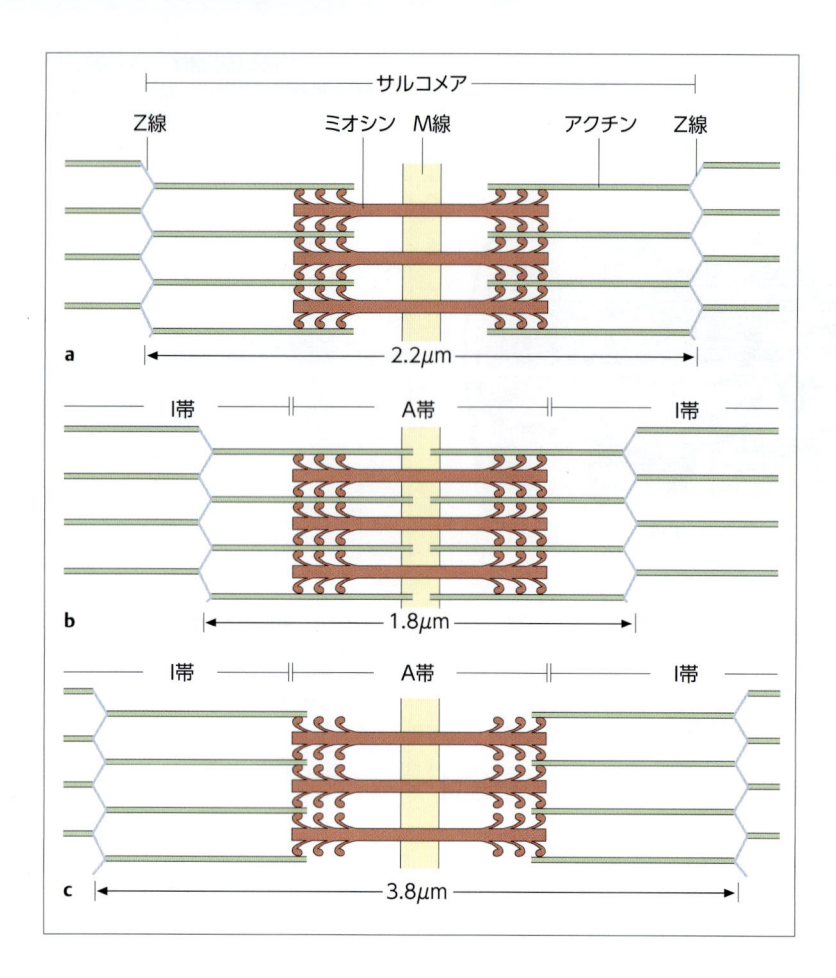

図1.19a-c 収縮・伸張時におけるサルコメア内の横紋構造
a 弛緩状態
b 最大収縮
c 最大伸張

■ アクセサリータンパク質チチンとネブリン

　筋内アクセサリータンパク質チチンはサルコメア内に存在し、ミオシンフィラメントを介してZ板からM線にまで広がる。チチンは収縮プロテインを安定させ、筋伸張時のフィラメントの重なりを確保する働きを持つ一方、その柔軟性を活かして、伸張後の筋が弛緩しリラックスした状態に戻ることに貢献している。アクチンフィラメントに平行して横たわりZ板につながっている巨大タンパク質ネブリンがこのチチンの働きを補佐している。すなわちネブリンが約200のアクチンモノマーを結合させ、アクチンフィラメントを縦方向に整列（強直化）させる（図1.18）。

HINT

サルコメアの横紋模様はその時点における収縮状態により変化する。弛緩した筋では、サルコメアは約2.2μmの長さを持ち、アクチンとミオシンが重なり合う部分は比較的少ない。緊張状態の筋（最大収縮時）ではサルコメアは約1.8μmにまで短くなり、アクチンとミオシンが重なり合う部分は非常に大きくなる。筋の伸展時、サルコメアは最大約3.8μmにまで伸び、アクチンとミオシンの重なりは非常に小さくなる。サルコメアのM帯とA帯は筋の収縮時も変化しない。一方I帯とH帯の幅はサルコメアの収縮状態に応じて変化する（図1.19）。

■ 筋疲労

　筋疲労とは期待された力が生成されなくなる、あるいは保持されなくなる状態のことである。その原因としては次のようなことが考えられる。まず、脳や骨髄におけ

筋組織の機能組織学

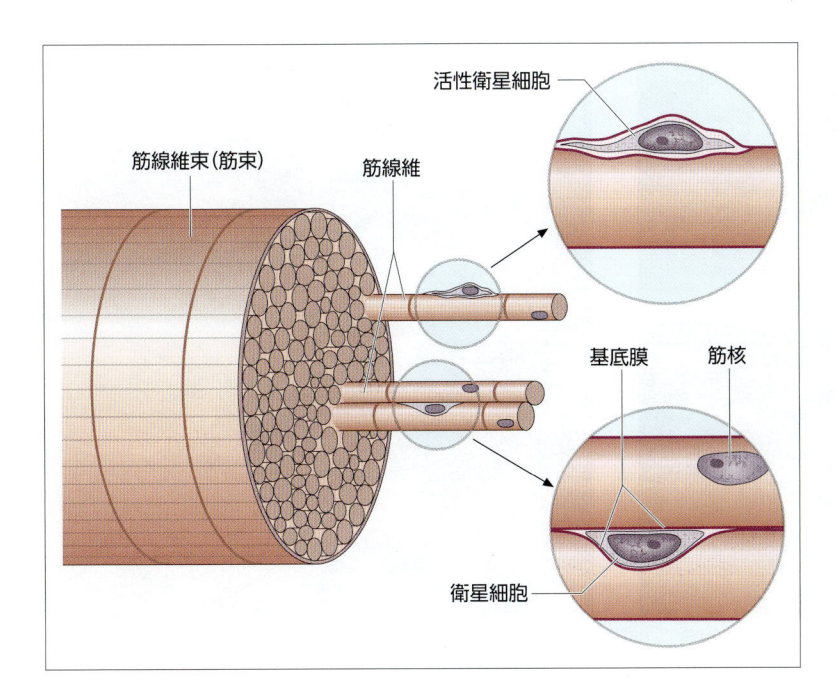

図1.20　**骨格筋の衛星細胞**　現在支配的な理論では、筋線維が断裂した場合、近傍の衛星細胞が活性化され、分裂を開始すると考えられている。これが損傷した筋線維と融合し、受傷の際に失われた周縁核にとって代わる（図1.14を参照）。

る中枢疲労により、精神的な刺激や防衛反射が疲労を引き起こす可能性がある。また、身体運動ニューロンの末梢疲労では運動終板における伝達物質の放出が減少し（伝達物質の枯渇）、あるいは筋線維内での電気収縮連関反応が膜電位の変化により鈍化される。最後に、筋内のカルシウムバランス（カルシウム放出）の変化、クレアチンリン酸、ATP、グリコーゲンの不足、またはプロトン、リン酸、乳酸の過剰なども、早期筋疲労の原因となる可能性がある。

〈4〉衛星細胞（緊急細胞）

衛星細胞は筋の幹細胞として知られ、筋線維の再生時や高度にトレーニングされた筋の組織成長時（肥大化）などにおける筋組織内の「緊急細胞（Emergency Cells）」として機能する。成人の筋では、衛星細胞は個別細胞として筋線維の間に密集し、いわゆる静止状態にある（静止期細胞）。組織学的に見て、衛星細胞と筋線維の周縁部にある筋核とは別のものであり、区別される必要がある（図1.20）。衛星細胞は個別の筋細胞が融合し筋線維（筋管）を形成する過程で派生物として発生し、（静止）常在細胞として筋線維膜外側に密接している。そしてこの衛星細胞が、例えば筋線維断裂（IIIA型）の際、局所的メディエーターにより活性化され、有糸分裂し、さらに損傷線維と融合することにより、筋線維外膜の破損により失われた周縁部の筋核を代替あるいは補充することができると考えられている（図1.14を参照）。あるいは、衛星細胞はヒラメ筋が発達する時、その筋線維の大きさを調節する働きを持つ可能性も示唆されている（ネズミ：Kawano et al. 2008）。その再生能力の高さから、衛星細胞は将来人体の筋組織の幹細胞セラピーへの活用が期待されている（Wernig 2003）。さらに、筋肥大では該当部位の筋線維における筋核の数を衛星細胞が実際に「拡大補強」しているようでもある（Petrella et al. 2008）。ただし、衛星細胞の数そのものは、加齢に伴い減少すると考えられている（Sajko et al. 2004）。

〈5〉骨格筋の微小血管と毛細血管

筋の活動は物質代謝に依存している。酸素や栄養素（グルコース）の供給や代謝産物（CO_2、乳酸などのメタボライト）の排出は筋活動に影響する重要な要素であり、したがって骨格筋の解剖学的、生理的働きには微小血管の存在が欠かせない。

血管神経束を介して筋膜に至る大型の動脈がまず筋腹へ、さらに筋結合組織の内膜へと分岐し、最終的には（弁

1. 骨格筋の機能解剖学

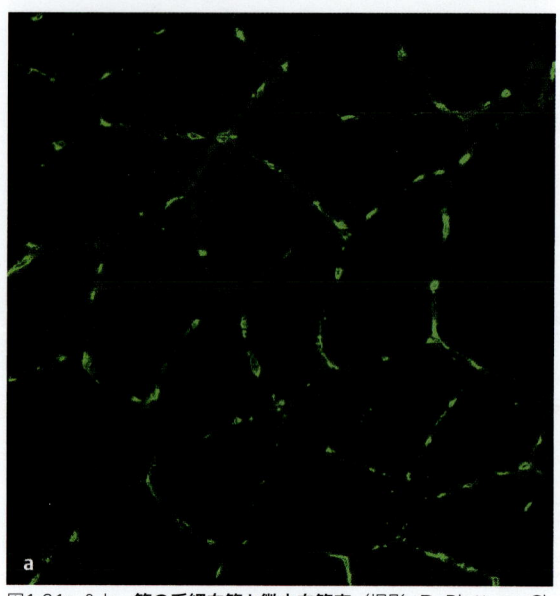

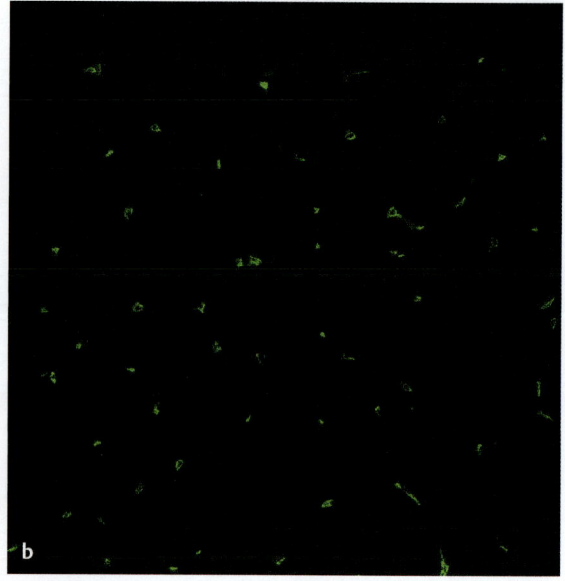

図1.21a & b　**筋の毛細血管と微小血管床**（撮影：D. Blottner, Charité ZWMB）。
a　トレーニングされた骨格筋（生検）
b　トレーニングされていない骨格筋（生検）

機能を持つ）細動脈として一次筋束に到達する。そこからは各筋線維の周りを囲む毛細血管として分岐する。正常な骨格筋では線維ごとに約3-5本の毛細血管が走っている。これは平方ミリメートルあたり300-400の毛細血管に相当する。

安静状態の筋では微小血管床の一部でごくわずかな血液が流れているだけである（セーブモード、スタンバイ）。筋の活動中には筋線維を取り巻く微小血管床の全体が、毛細血管レベルに至るまで、最大血量で満たされる。筋活動が長時間続く場合、予備の毛細血管が動員され微小血管の総量が増加する。筋トレーニングが数週間を超えると、新たに規則的な毛細血管の分岐（微小血管網の新生）が始まる。これにより筋の微小血管密度、つまり筋線維ごとの毛細血管数（毛細血管－筋線維比率）が増大する。このような順応メカニズムを通じて、筋には必要に応じた血流量および代謝能力が確保される（図1.21）。競技スポーツには欠かせない仕組みである。

■ 虚血

筋腹の血流量（かん流量）はその時点における活動状態（ウォーミングアップなど）により左右される。筋は弛緩した状態が適度に活性化した状態であり、そのため、かん流量も上昇する。一方、極度な緊張下における継続的な収縮時では血流量はむしろ低下する。したがって、競技中など筋が長時間極度に緊張し、収縮を続けると、生理的な血流不足（虚血）が発生し、これによる後遺症のリスクが高まる。

横隔膜は、解剖学的に見て特殊な血液供給を受ける。大動脈裂孔の下部、腹大動脈から直接分岐する左右の下横隔動脈により、血液がもたらされる。

MEMO
トレーニング中の呼吸時、極度の収縮および短時間かつ強度の緊張期の繰り返し（継続的な不規則呼吸による横隔膜の拡張）により横隔膜の収縮リズムが崩れると、この平らな筋および上記動脈の血流が減少し、痛みを伴う虚血刺激が生じることがある。これがスポーツ時によく見られる、わき腹の痛みの原因の1つである。

〈6〉骨格筋の結合組織（筋筋膜補助）

強靭な表層の筋膜と並んで、骨格筋の結合組織は格子状に走るコラーゲン線維およびその下層にあるゆるい結合組織からなる。コラーゲン性の結合組織線維は筋内の筋周膜や筋内膜あるいは血管周囲の結合組織としては、主に次のもので構成されている（Laurent et al. 1991）。
- Ⅰ型コラーゲン線維
- 網のように結合した結合組織細胞（線維芽細胞）

筋組織の機能組織学

- コラーゲン線維が走るヒアルロン酸（グリコサミノグリカン、プロテオグリカン）からなる未形成の細胞外マトリックス

筋の結合組織は当然、筋内の筋線維束を結びまとめる働きを持つが、それ以外にも筋の生体力学的な特性やせん断力を筋外に最適に伝達するという重要な役割も持つ。したがって、このコラーゲン線維の複雑なネットワークは筋の働きを補助する機能を持つ重要な構成要素である。

（ラットの前脛骨筋による実験によると）老化した骨格筋においては筋外膜の結合組織が次第に硬化する。したがって高齢者では筋内の力の水平伝達がうまくいかなくなることに留意する必要がある（Gao et al. 2008）。筋筋膜における同様の変化は、筋トレーニングなしの数週間の療養・固定化を受けた被験者においても確認されている。

> **MEMO**
> したがって、筋活動は筋筋膜補助組織の微細形態学的ならびに生化学的分子的性質はもちろんのこと、さらにはスポーツにおける筋出力にも影響を及ぼすと推測することができる。

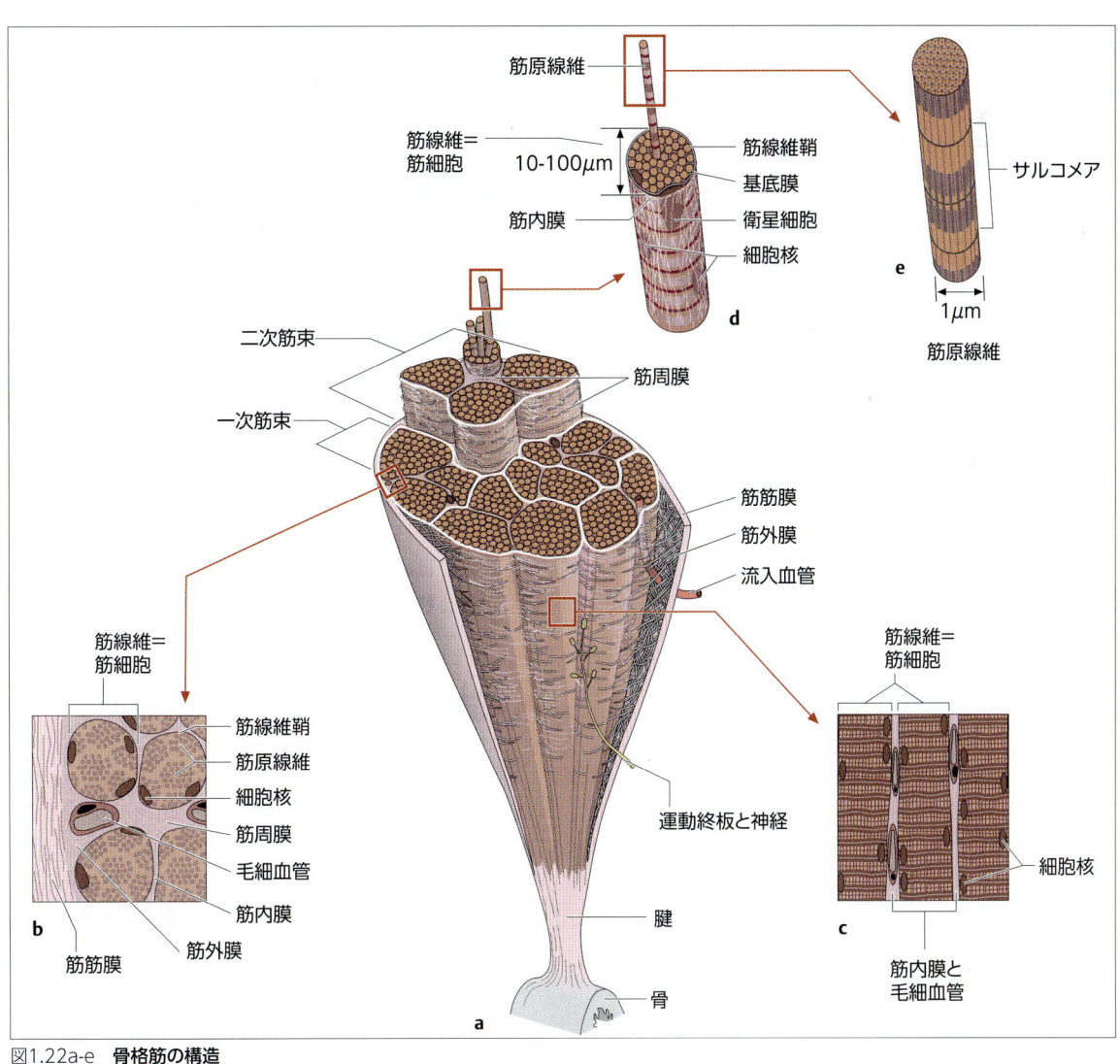

図1.22a-e　骨格筋の構造

1. 骨格筋の機能解剖学

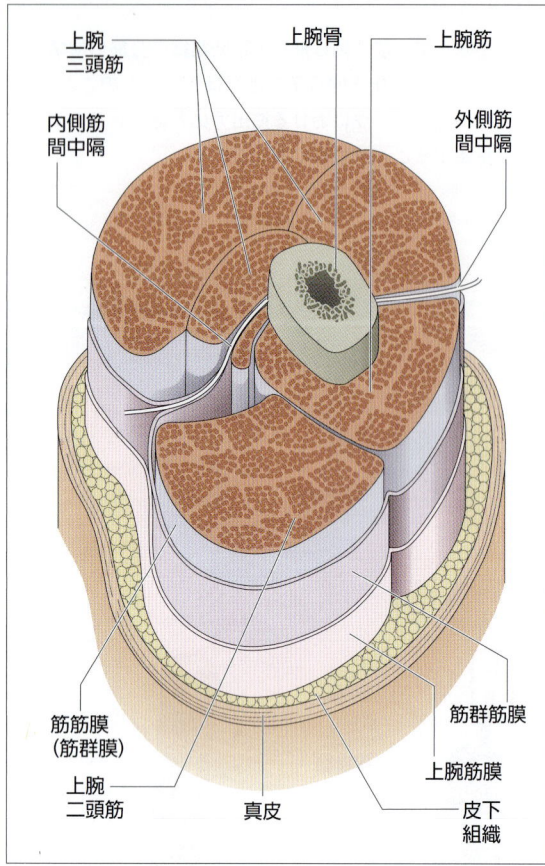

図1.23 筋筋膜とその内部

にとがっていることも多い。筋は全体として紡錘形をしているが、これはおそらく一方では筋線維の形と、もう一方では筋の両端付近では筋腹に比べ線維の数が少ないことと関係していると考えられる。

■ 筋筋膜と筋間中隔

コラーゲン性の結合組織からなる筋筋膜は筋を保護するように包み、周辺構造と筋の摩擦のない円滑な動きを可能としている。筋膜のコラーゲン線維は格子状の網構造を持つため、収縮時と弛緩時に筋の形が変化しても、それに対応することができる。個別の筋はそれぞれ独自の筋膜に包まれているが、複数の筋は筋群膜により、筋区画／筋コンパートメントとしてまとめられている（p.8および図1.23）。筋群膜が接触する部位は筋間中隔が発達し、これが縫い目のように骨に付着する。筋膜の下にはゆとりを持つ結合組織（筋外膜）があり、筋膜と筋腹の円滑な接触を可能としている。ここから血液・リンパ管ならびに神経構造が筋腹へと進入する。

■ 二次筋束と一次筋束

筋の内部は、ゆとりを持つ結合組織により大小の筋線維束（一次筋束と二次筋束）に分割されている。筋外膜から緩結合組織の隔膜（筋周膜）が管構造ともども筋内部へと伸び、数ミリの太さを持つ肉眼で観察可能な筋線維束（二次筋束）を包んでいる。これは経験に富むセラピストやスポーツドクターなら触診可能な大きさである。

この二次筋束はさらに結合組織膜（外筋周膜）により、さらに小さな筋線維束に分けられる。これが一次筋束であり、太さは約 $1mm^2$、成人では約250の筋線維（筋細胞）が含まれている。

■ 筋線維

筋線維自体はクモの糸程度の太さしかなく（約0.2mm、最大でも0.5mm）、断面の平均面積は約1000-7000μm^2である（Tipton 2008、Tegtbur et al. 2009）。筋線維は細胞膜と繊細な結合組織（筋内膜）により包まれ、ここで筋内神経の軸索枝が各筋線維の運動終板へとつながっている。筋内膜内部には微小血管と毛細管のネットワークが筋線維に密接している（図1.21）。

3 骨格筋の構造原理

〈1〉 骨格筋

骨格筋（図1.22）はさまざまな形を持つ筋腹（Venter）および普通は薄くその両端にある腱（Tendo）、さらにそれを包む結合組織（筋膜、筋間中隔）により構成されている。

> **MEMO**
> 基本的に骨格筋線維は、分岐や吻合することはない。例外は顔や舌の筋で、皮膚や粘膜に付着する前に分岐することがある。分岐した個別線維の先が円錐状

34

骨格筋の構造原理

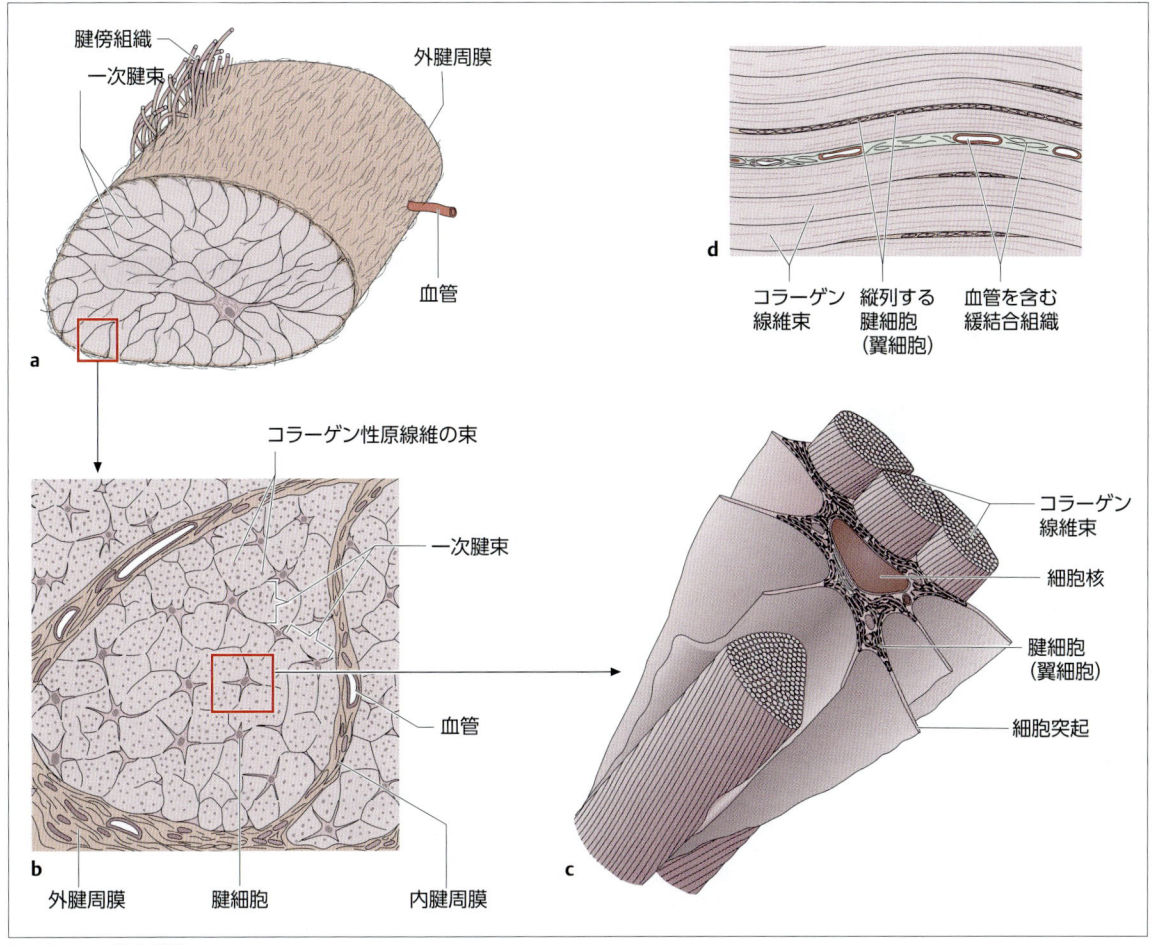

図1.24a-d　腱の構造
a　腱の断面
b　腱断面の腱線維芽細胞部分
c　腱線維芽細胞とその周囲のコラーゲン線維の立体図
d　腱線維の縦断面（組織学的）。

HINT

スポーツに多い「筋線維断裂」の診断では、ほとんどの場合が筋線維（筋細胞）1本のみの断裂ではなく、1本あるいは複数の二次筋束（肉線維）の断裂である。大小の差はあれ、筋内の内出血を伴う組織損傷であり、針やナイフで刺すかのような痛み、あるいは鈍い痛みを持つ（IIIA型およびIIIB型の構造的・機械的軽度および重度損傷、第4章「生理学的観点から見た筋の治癒とその妨げ」を参照）。1本あるいは数本程度の筋線維の損傷は常に突発的に発生する可能性があり、その規模の小ささや受傷細胞数の少なさから、筋に特別な反応や苦痛が生じることはない（図1.14）。二次筋束の受傷は、経験豊かなセラピストやスポーツドクターであれば該当する筋腹内の過緊張を示す（ミリメートル級の）点、あるいはより大きい（指先程度の）線維構造の中断として触診可能であり、非常に正確にその位置を特定することができる。

MEMO

スポーツ医療やマスコミのスポーツ記事において一般用語で用いられる「筋線維断裂」とは機能解剖学的には、20-50本の一次筋束を内包する二次筋束の1本あるいは複数の負傷と見なす必要がある。

⟨2⟩ 筋腱

■ 仕組み

骨格筋の腱は、伸縮性のない平行に走るコラーゲン線維の束（平行線維コラーゲン性結合組織）からなり、筋

35

力を骨に伝達する。コラーゲン線維（太さ1-12μm）は血管を持つ滑らかな結合組織により一次腱束と二次腱束（外腱周膜と内腱周膜）に分けられ、これが基本構造をなす（図1.24）。腱にはコラーゲン線維に加え、エラスチンタンパク質からなる伸縮性の線維（太さ5μm以上）が散在しているため、ある程度の「引き」が可能となっている。コラーゲン線維束の間には結合組織細胞（線維芽細胞）、ならびに結合組織の細胞子孫から分化した腱細胞（腱線維芽細胞）がある。これは扁平な突起を持つため翼のような形をしている。腱は腱膜（腱周膜）に覆われ、これを介して血液とリンパ液の供給がなされる。腱周膜は筋筋膜あるいは骨膜へと移行し、痛覚線維の支配を受ける。平らな腱（腱膜）はコラーゲン線維の格子状の網構造を呈し、筋収縮の際には網が広げられ、その後また元の位置に戻る。

■ 働き

腱はその全長に対して約3-5%のごくわずかな伸張性しか持たず、抗張力は約6kg／mm² である。平均的なアキレス腱（Tendo calcaneus）の断面は約80-100mm² であるが、これは換算すると短時間なら最大500kgを越える負荷に耐えることができることを意味する。さらに腱は3-5mm引き伸ばすことができる。通常は波のように曲がっているコラーゲン線維が引き延ばされることで直線となり互いに平行に走る（Schünke 2000）。引っ張る力を弱めると細胞外マトリックスの柔軟な線維および結合組織部分（プロテオグリカン）が作用し、腱は元の位置に戻る。この際、腱膜の緩結合組織に含まれている脂肪細胞が、腱と近隣組織の間の円滑剤として作用する。過負荷により腱が8-10%伸ばされると、再生不能な腱線維断裂が発生する。

筋トレーニングにより、腱の性質や伸展性を変化させることは可能である。しかし、長期のトレーニングにより腱の太さ自体の増大が証明された例はこれまでほとんど報告されていない。腱は血流量が乏しく、腱線維芽細胞の再生率も低いことから、この腱の太さの変化はむしろ数カ月にわたる筋トレーニングに対する緩やかな順応反応と理解するのが妥当であろう。

MEMO
腱の基本構造は、自動車の牽引ロープのそれに似ている。牽引ロープには強靭な綱に加えて伸縮性を持つ線維が織り込まれている。そのため牽引時、負荷が加わった時や弱まった時にも引張力がロープの全長に均等に作用し、突然の伸張時にもロープのどこか一点が断裂することがない仕組みになっている。

オーストラリアのカンガルーは後肢の腱に伸縮性の線維を多く含み、運動エネルギーを筋だけでなく腱にも蓄え、ジャンプの時などに放出することができる。

⟨3⟩ 筋と腱の接続（筋腱接合）

筋腹の両端、腱のコラーゲン線維が個々の筋線維の（表面面積を拡大するため指を重ね合わせたような形を持つ）細胞質膜の中へ放射する。微小線維が基底膜を織り込み、アンカータンパク質（テネイシン、フィブロネクチン）と中間フィラメントタンパク質（デスミン）により筋線維膜に付着する。これにより筋の緊張時における腱と筋線維の固定が確保される（図1.25）。

> 骨格筋線維は個別の線維あるいは束として、いわば筋筋ジャンクションを介して縦に連続的に並ぶ。その長さは、解剖学的にもまた機能的にも、**骨格筋の全長に及ぶと想定することができる**（Hijikata & Ishikawa 1997）。

分かりやすい例として縫工筋を挙げることができる。人間の縫工筋は60cm程度にまで成長することがあるが、その筋線維の約30%がその全長を貫く（Harris et al. 2005）。また、広背筋にはこれまであまりよく知られていない複雑な微細構造が存在するが、これは広背筋には筋線維束の筋筋および筋腱接合が数多く存在していることと関係していると考えられる（Snobl et al. 1998）。

⟨4⟩ 腱と骨の接続（腱骨接合）

骨格筋は、骨や骨膜の特定部位（大腿骨大転子や小転子などの骨突起、上腕骨大結節や小結節）、突出する骨唇（Labium）、大小の隆起部や櫛状の軸（恥骨櫛）で腱骨接合部を通じて骨に付着している。最近ではこの腱骨接合部は腱付着部（Enthesis）と呼ばれることも多い（Benjamin et al. 2006）。腱付着部は、腱と骨に作用する力を分散するために特殊な構造を持ち（図1.26）、スポーツにおける負傷が多い部位である（腱付着部症など）。

骨格筋の構造原理

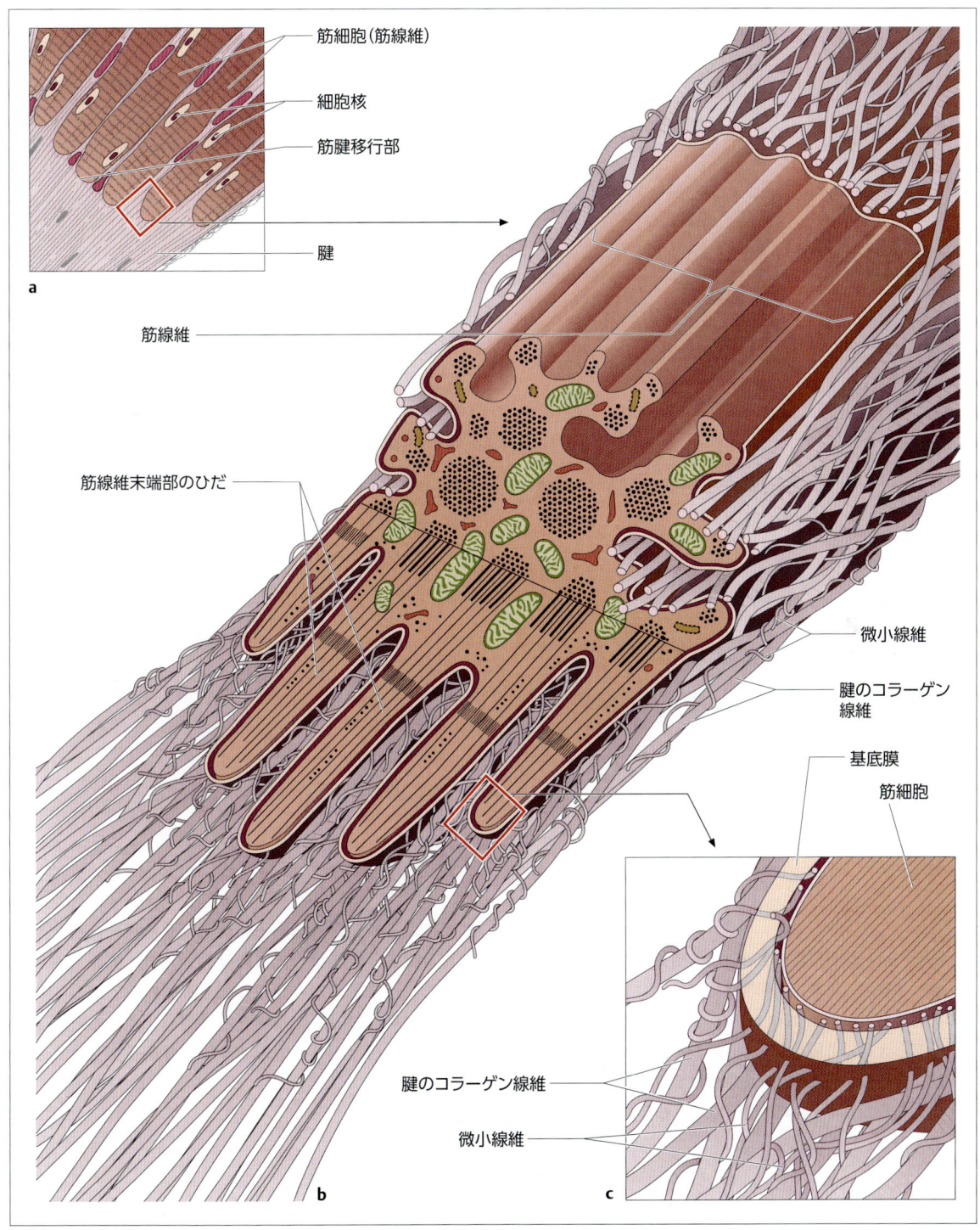

図1.25a-c **筋腱移行部**
a 概略図
b 筋線維末端と腱線維
c 微小線維結合部の拡大図

37

1. 骨格筋の機能解剖学

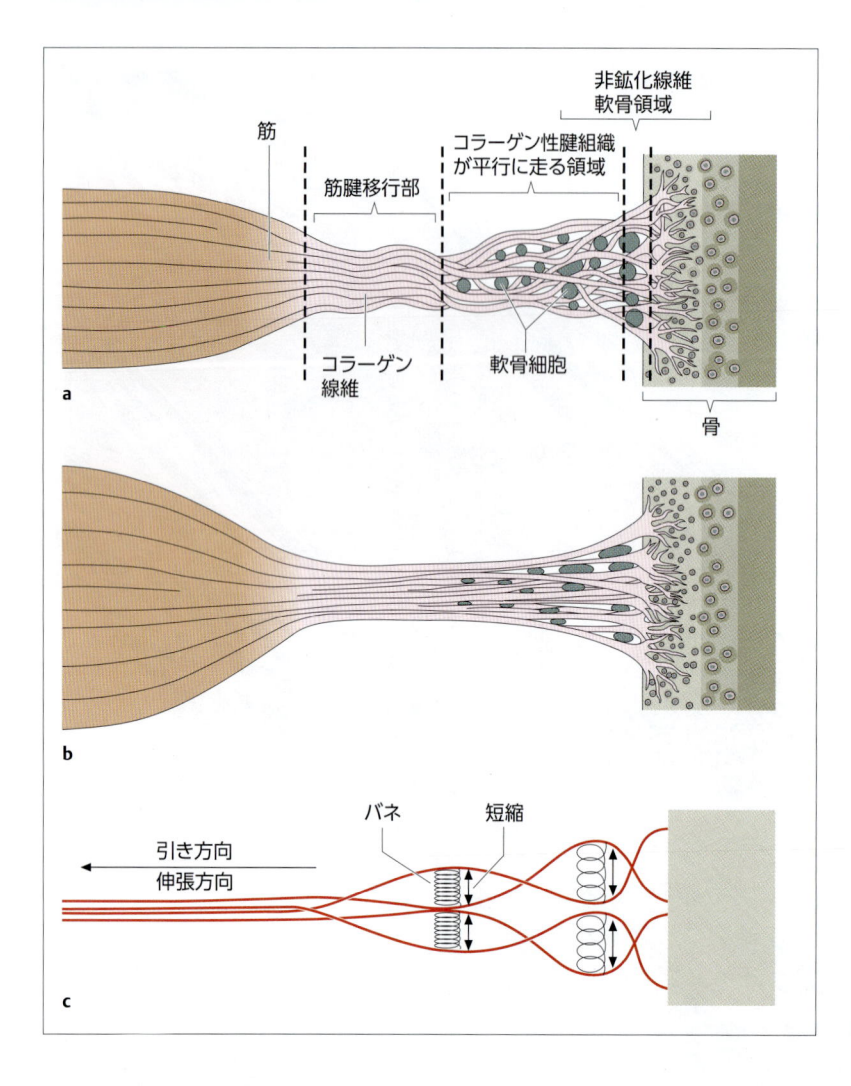

図1.26a-c　腱骨移行部
a　弛緩した筋
b　収縮した筋
c　腱のサスペンション機能の模式図

MEMO

筋膜、腱、結合組織、あるいは筋腱骨接合など、すなわち筋腱・腱骨・筋靱帯移行部を含むすべての筋の付着部（Benjamin et al. 2006）は筋の出力能に対しても大いに影響を及ぼす。筋トーヌスや筋の硬直度に影響し、筋結合組織の柔軟性要素を介して、全出力の推定5-20％が付着部に負うものだと考えられている。

⟨5⟩ 骨格筋の補助装置

骨格筋がその能力を最大限に発揮するには、補助的装置（筋膜、滑液嚢、腱鞘、種子骨）の存在が欠かせない。滑液嚢と腱鞘が、隣接する骨に対する筋や腱の機械的な摩擦による損失を抑制あるいは防止する役割を持つのに対し、種子骨は関節のてこの延長として、関節運動において必要となる筋力の節約に大きく貢献している。筋骨格運動器官において配置される場所や状態に応じて、筋出力全体の約5-20％までの力を種子骨構造が担うとされている。

■ 腱鞘と支帯

円滑な管のような形をした腱鞘は長く伸びる腱を包んでいる。これにより、腱は関節付近および／または骨付着部の付近を「誘導トンネル」の中を滑るように動くことができ、最適な出力を得ることが可能となる（図1.27a）。腱鞘壁の作りは線維膜や滑膜を持つ関節包あるいは滑液嚢に似ている。丈夫な線維膜により腱鞘は骨に固定され、さらに指では輪状靱帯（Ligg. anularia）や十字靱帯（Ligg. cruciformia）などで特に補強されてい

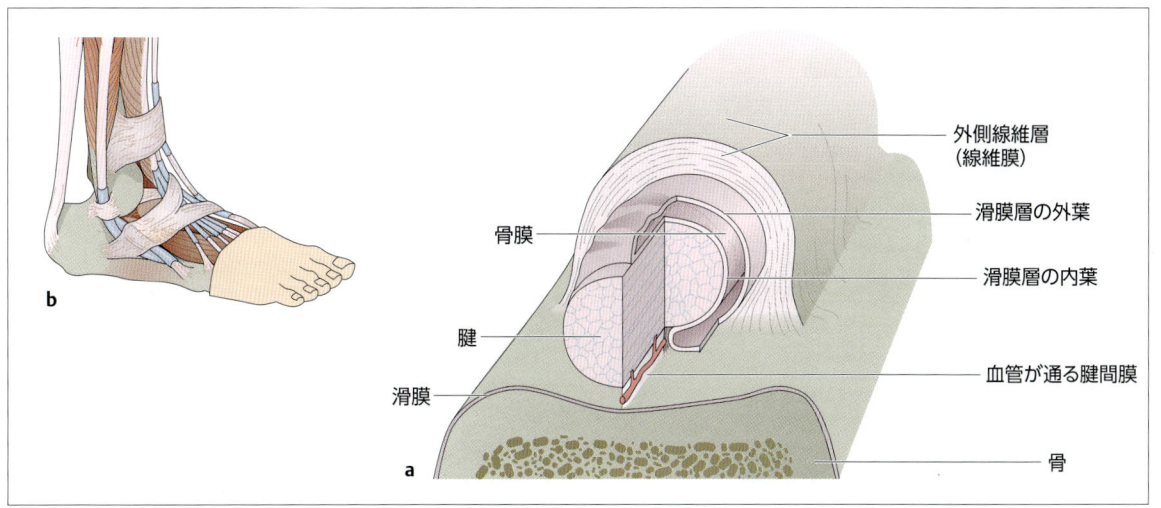

図1.27a & b　**腱鞘**
a　基本構造
b　横から見た腱鞘（青）と支帯（帯）。

る。

手関節では長指伸筋腱が手の背側の伸筋支帯の下を最大6つの腱区画に別れて走り指へと至る。掌側では9本の長指屈筋腱が間仕切りで区分けされた1つの共通の腱鞘で包まれ、屈筋支帯の下を正中神経と共に手根管を通り、指に到達する。

足は、ふくらはぎ深部から伸びる長趾屈筋腱が足関節の内側にある足根管を通り足底へ、さらにつま先へと走る。外側方のくるぶしからは長短の腓骨筋腱が支帯の下を通り、足の外側部あるいは土踏まずから足の内側にかけて走る。下腿から伸びる長趾伸筋腱は、足の背側をZの形をした支帯の下、個別のあるいは共通の腱鞘を通って走り、足の甲からつま先へと至る（図1.27b）。

腱鞘は小さな接続帯（腱間膜）を通じて血管や繊細な神経の支配を受ける（図1.27a）。

■ 種子骨

骨格筋腱は筋が作りだした力を、関節を超えて遠位の停止部へと適切にもたらす役割を担うが、関節によっては大小の丸い骨（種子骨）が中間的な付着部として、この力の方向付けにおける補助的な役割を担う（支点と旋回点）。

最も大型でよく知られた種子骨は触診可能な膝蓋骨である。大腿四頭筋は力強い停止腱を有し、最終的には脛骨プラトーから指2本分下方、脛骨粗面の骨突起に付着するが、この膝蓋骨はこの停止腱（膝蓋上／膝蓋下靱帯）に含まれている（図1.28）。膝蓋骨の存在により膝屈伸の際、てこの原理が最適化され、この運動に関与する筋（大腿四頭筋など）の出力を約20％まで軽減ことができる。加えて膝蓋骨は軟骨に覆われた裏側表面が膝関節腔に直接接触し、膝関節（大腿脛骨関節）の重要な部分関節（膝蓋大腿膝関節）を形成する。したがって膝関節伸展時の力方向を「誘導」する役割も果たす。また膝関節は最大限に伸展すると下腿が回転するが、膝蓋骨はこのような際に膝関節を安定化する働きも持つ。

> **Caution**
> 種子骨は人間の体に本来備わっているものであり、俗に言う「結節腫（ガングリオン）」と混同してはならない。結節腫は慢性の過負荷に起因する起始腱や停止腱部分にできる痛みを伴う軟骨あるいは骨のような病的な塊であり、痛みや「異物感」があるため筋収縮による動きは多かれ少なかれ制限される。

〈6〉 筋の能動的不全と受動的不全

単関節筋の長さは通常、筋収縮に関与する両骨が最も近づいた時を基準に、骨の起始部と停止部の間隔を計測する。例えば上腕二頭筋の最大収縮時には前腕が上腕に近づき肘関節が最後まで屈曲した状態になる。

多関節筋には以下のような特性がある（Schünke 2000）：

- 能動的不全（筋の不完全な収縮能）：複数の関節を越える筋（多関節筋）では、収縮性能が不完全で、

1. 骨格筋の機能解剖学

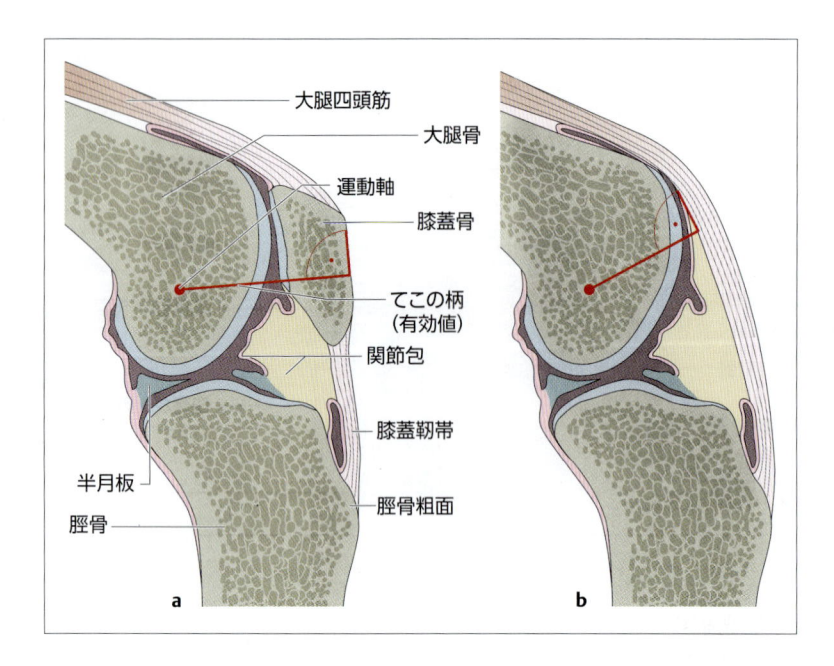

図1.28a & b　種子骨とてこの原理　例：膝蓋骨
a　膝蓋骨が存在することにより、てこの柄の部分（大腿四頭筋の腱とその時点における運動軸の間の想定上の垂直線）が拡大される。
b　膝蓋骨がなければ、てこの柄が短くなる（力の損失）。

関連する関節すべてを最終位置にまで屈曲することができない場合がある。
- 受動的不全（筋の不完全な伸展能）：一方、多関節筋は伸展性能にも乏しく、拮抗筋の働きで関節が伸ばされても最終位置にまで伸展することができない。

HINT
上腕の屈筋区画（上腕二頭筋）や坐骨大腿部の筋群など、筋の収縮能は近隣の軟組織によっても制限される。このことは特にウエイトリフターやボディービルダー（あるいはスプリンター）にとって大きな意味を持つ。例えば、上腕と前腕あるいは下腿と大腿がトレーニングにより鍛えられた筋の塊のため近づくことができず、関節（肘あるいは膝）が最終位置にまで屈曲することが不可能になる。また、手関節が伸展した位置にない場合、すべての指関節が最大限に屈曲する以前に長指屈筋は能動的不全状態になり、そのため力強く手を握りしめることは不可能となる。つまり、手関節の屈曲により長指屈筋腱が伸びた状態となり、握りこぶしが開く（Schünke 2000）。

4 骨格筋の神経支配

骨格筋は、直接あるいは間接的に中枢および末梢神経系（脳、脊髄、末梢神経）により支配され、髄節レベルにおいて神経反射刺激（反射）により収縮と弛緩が繊細に調節される。

MEMO
筋動作（緊張の制御、疲労）および筋内血流（かん流）に対する自律神経系の間接的な作用は、筋微小血管の平滑筋壁内にある自律交感性線維を通じて、蛇行する神経終末の数珠状をした末端からの拡散性シグナル（伝達物質、一酸化窒素）の放出により行われているとされている。自律神経系が神経接合を介し筋細胞に対して直接的に関与するかどうかは、まだ判明していない。

骨格筋運動のコントロールは大脳運動皮質（中心前回、錐体路）と脊髄の運動中枢（上位ニューロン、前角細胞）に始まり、末梢神経路（脊髄神経）もしくは神経叢を経て、最終的に頭・頸・胴・四肢の各筋区画へと到達する遠心性神経支配によりもたらされる（p. 8を参照）。例えば前腕部の大半の筋では、神経進入部は筋腹部の近位側3分の1の付近にある。前腕の筋は主要神経（正中神

骨格筋の神経支配

経、尺骨神経および橈骨神経）の主に側方および深層を走る神経枝により支配されている。骨格筋の内部で神経は血管と共に結合組織膜へと枝分かれし、さらに個々の筋線維束にまで広がる。ここで神経は運動単位の筋線維と神経筋接合を介して連絡している。

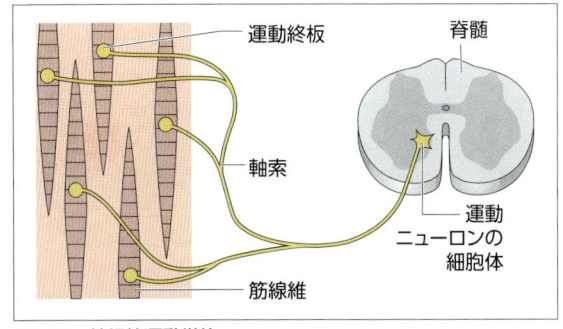

図1.29　神経筋運動単位

HINT

運動点（モーターポイント）とも呼ばれる神経接合部は、一般的な骨格筋において重要な解剖学的指標となる。例えば電気刺激の電極を設置する場所を決定するのに役に立つ。定義上、この運動点は神経枝が筋腹の筋外膜へ進入し筋内へと分岐する場所を指す。四肢の多くの筋は複数の運動点を有している。その数、正確な位置あるいは筋群・筋ごとの分布など、セラピストは把握していることが好ましい。上肢の個別筋群に関する解剖学的な運動点の分布図は既に作成されている（Safwat & Abdel-Meguid 2007）。現在のところモーターポイントとトリガーポイント（圧痛点）は、異なったものと考えられている。後者は例えば筋全体に広がって分布している場合があり、局所的に硬く緊張した筋の点あるいは領域として触診が可能である（筋筋膜トリガーポイントなど）。

つの神経筋運動単位の計算上の最大出力は0.001Nm（眼筋）あるいは0.5Nm（二頭筋）とされている（Kunsch & Kunsch 2005）。

MEMO

骨格筋の収縮力は筋トレーニングを通じて新たな神経筋運動単位を動員することにより、顕著に増大させることができる。

〈1〉 運動単位および神経筋シナプス

〈2〉 運動終板（神経筋接合部）

脊髄から発した運動ニューロンの軸索はまず脊髄前角と末梢神経路を経由して、軸索束として筋へと至り、筋内の軟結合組織（筋周膜）へと広がる。筋線維束レベルでは軸索は筋線維束の間を通る。これら軸索から分岐した神経終末は隣接する筋線維1本のみと、ただ1つの神経接合（神経筋シナプス）を介して接続している。しかし個々の脊髄運動ニューロンとその軸索は、軸索終末分枝を通じて同じタイプの筋線維を複数同時に支配することができる（運動単位：図1.29）。

例えば眼筋や手の骨間筋など、比較的小さな神経筋運動単位を有する骨格筋では1つの脊髄運動ニューロンが5-10程度の筋線維を支配している（眼筋は13運動単位）。外眼筋には約1750の神経筋運動単位があるとされている（Kunsch & Kunsch 2005）。比較的大きな神経筋運動単位を持つ筋では、1つの脊髄運動ニューロンが数百（750の神経筋運動単位を持つ上腕二頭筋）から1000を越える筋線維（大腿四頭筋）を同時支配している。1

成人の神経と筋が接合する部位は、髄鞘化した身体運動ニューロン線維とその結合筋線維の極めて特異的なシナプス結合形態（運動終板）を呈する（運動単位を参照）。神経筋シナプスでは、身体運動ニューロン（例えば脊髄からのα運動ニューロン）から枝分かれした軸索終末が筋線維の膜の深いひだの中に増成されているシナプス後膜が形成する小さなくぼみ（神経下ひだ装置）に接続している。中枢シナプスの間隙とは違い（脳、脊髄：シナプス間隙は約2Nm）、末梢の神経筋シナプスは基底膜を含む比較的広いシナプス間隙（約5-10Nm）を持つ。基底膜はシナプス前膜と後膜の間に広がり、途切れることなく筋線維の基底膜に移行する（図1.30）。軸索終末とシナプス後部位は終末シュワン細胞で覆われている。これによりシナプス部位は周囲の（シナプス外）構造から隔離され、シナプス膜タンパク質の側方への放出やシナプス間隙からの神経伝達物質の拡散が抑制される（「トリガーポイント」に関する「メモ」なども参照）。ニューロンや筋栄養と並んで、このシュワン細胞やシナプス間隙の基底膜もまた、神経筋シナプスの発生、維持および

41

1. 骨格筋の機能解剖学

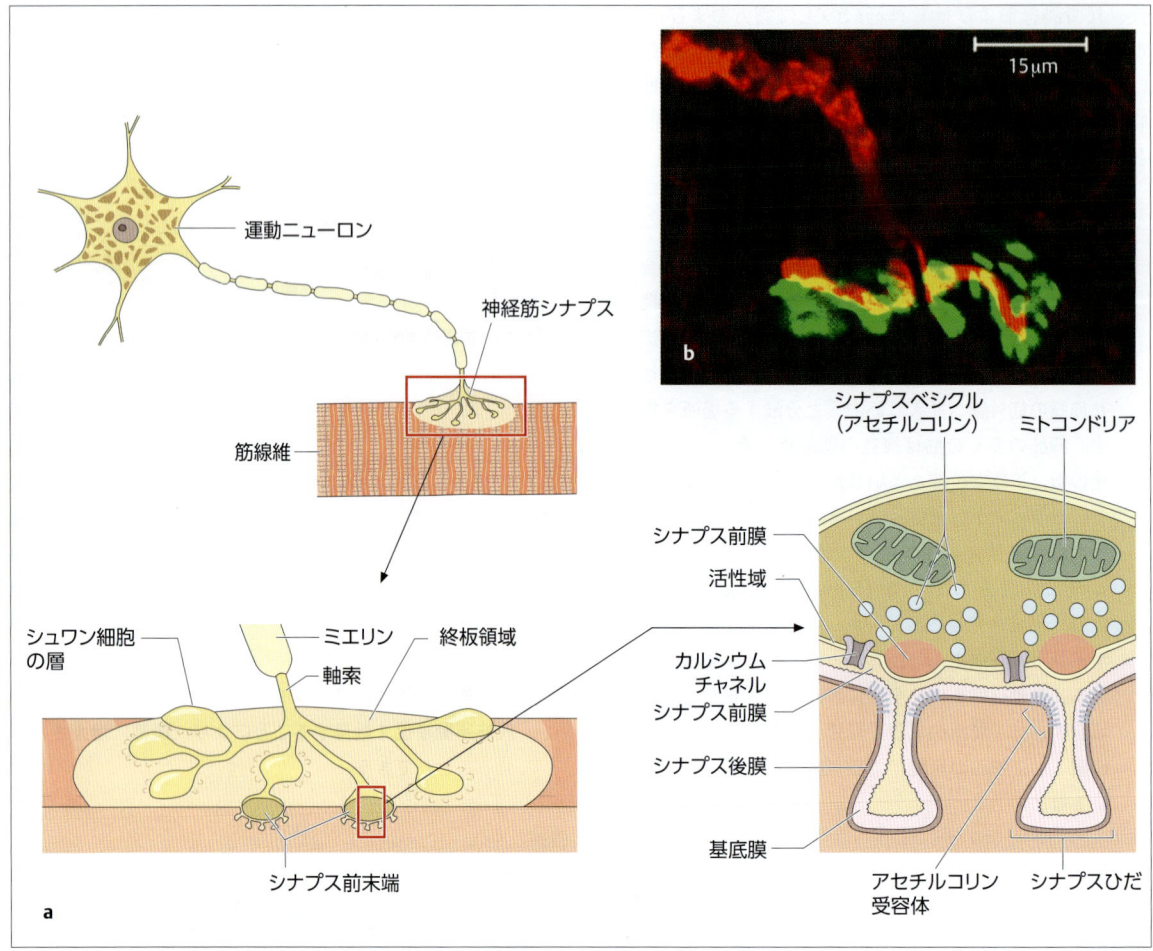

図1.30a & b　神経筋シナプス
a　構造の模式図
b　共焦点レーザー顕微鏡写真（撮影：D. Blottner, Charité ZWMB）。赤は神経、緑はシナプス後膜。筋線維の強調はなし。

再生に深く関与している（Hughes et al. 2006）。このことはシナプス周囲のシュワン細胞が関連する急性の脱神経における軸索発芽の過程を見れば明らかである（Tam & Gordon 2003）。

HINT

通常、神経筋接合部は比較的丈夫な構造および機能を有している。しかし、アスリート（パワースポーツあるいは持久力スポーツ）によく見られるような、あるいは長期の不使用で現れるような適応メカニズム（順応性と可塑性）により直接あるいは間接的に、神経筋接合部に構造的（線維の萎縮や肥大）あるいは生理的な（筋電図）変化が現れる可能性もある（Deschenes et al. 1994）。また、急性あるいは慢性の筋伸張（ストレッチ応答機序）が神経調節に大きく影響することも知られている（Dressler et al. 2005）。現在、筋群ごとの神経筋接合部の解剖学的分布マップの作成が続けられている（例えば下腿三頭筋：Parratte et al. 2002）。これにより、例えば筋注射や筋内浸潤療法のための正確な注入位置の把握などが可能になる（Laurent et al. 1991、Deschenes et al. 1994）。

MEMO

痛みがあり触診可能な筋筋膜トリガーポイントは、形態学的および生理学的に見て、過収縮した個々の筋線維束が集まったものである（いわゆる拘縮）。この痛みを伴うトリガーポイント（つまり活性筋筋膜トリガーポイント）の原因は、その部位の筋束における「過敏な」あるいは「密閉性を損なった」終板から、神経伝達物質アセチルコリンが局所的に過

放出されることではないかとの仮定が立てられているが、その詳細な分子機序はいまだ明らかになっていない（Mense 2003）。

⟨3⟩ 筋紡錘（ゴルジ紡錘器官）

■ 仕組み

筋紡錘は筋の内部にあり筋の長さを計る（感受する）気管である。以下の3つの要素から成り立つ。
- 紡錘内線維
- 髄鞘化した感覚終末（1a求心性神経）
- 運動（遠心性）軸索

特殊な筋線維である紡錘内線維は、筋紡錘のカプセルを通り骨格筋の通常の筋線維（骨格運動系の紡錘外線維）の中に位置している。紡錘内線維はその核の位置に従い、細く短い核鎖線維（Nuclear Chain Fiber）と長く太い核袋線維（Nuclear Bag Fibers）の2種類に分類される。哺乳類の筋紡錘は一般的に、（生理学でいう）動的タイプと静的タイプの核袋線維をそれぞれ1本と複数で変動的な数の核鎖線維（通常は約5本）を含んでいる（図1.31a & b）。

これら線維は横紋を持たず、その中央部には収縮性がない。この非収縮性の部分に感覚終末がらせん状に巻き付き、線維の伸張に反応する。一方、線維の両端は収縮性を持ち、脊髄からの微小なγ運動ニューロン（遠心性紡錘運動系）による支配を受ける。線維の両端が収縮すると中央部では引く力が発生する。この伸張を感覚終末が感知し反応する。

以下のセクションで紹介するゴルジ腱器官と同様に、筋紡錘は固有感覚のフィードバック制御に関与しているため、運動の協調に不可欠である（Chalmers 2002、Windhorst 2007）。

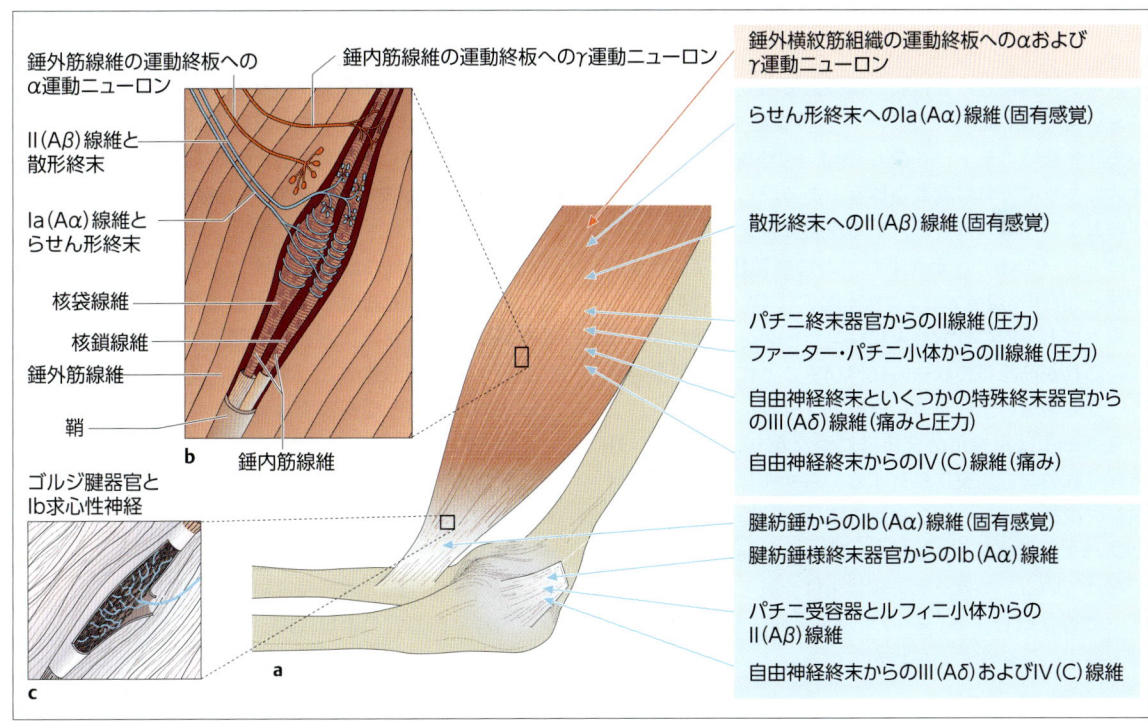

図1.31a-c　**筋と関節の受容器**（青は求心性の、赤は遠心性の神経線維）
a　筋と関節の受容器
b　筋紡錘
c　ゴルジ腱器官

■ 紡錘密度

筋（虫様筋や深頸筋群など）により、その中の筋紡錘器官の数や位置、長さや組織化学的特性はまちまちである（Tegtbur et al. 2009）。興味深いことに、身体部位ごとにそこの筋に含まれる筋紡錘の数（紡錘密度）の差異が確認される。例えば（首や頸部の筋を含む）体軸筋は比較的高い紡錘密度を持ち、逆に肩帯の紡績密度は比較的低い。しかし、筋の大小や、ローカル筋とスタビライザー筋（Richardson & Jull 1995）の間、あるいはそのほかの動的運動に関与する筋（モビライザー筋）との比較では、紡錘密度に違いは見られない。上肢の近位筋群（腕）は遠位筋群（手）に比べて紡錘密度が低いが、脚部（近位）と足（遠位）の間ではこのような相違は見られない（Banks 2006）。このことは、単なる歩行のための手段として発展してきた脚部とは異なり、人間の手は感覚に優れ、繊細な動きが可能な器官として特殊な発達を遂げてきたことと関係していると考えることができる。

〈4〉 ゴルジ紡錘器官

ゴルジ紡錘器官は骨格筋の緊張計であり、スポーツ時において必要に応じた筋トーヌスの調節をつかさどる。つまり弛緩時の筋トーヌスと（緊張下の）高まった筋トーヌスにとって非常に重要な器官である。これは骨格筋の筋腱および筋腱膜接合部にある皮膜に包まれた微小な機械センサーであり、定義上わずかに髄鞘化した1b求心性神経（直径8-12μm）により支配されている（図1.31c）。皮膜カプセル内の軸索終末にはコラーゲン線維がからまり、これが筋線維の収縮時に伸びることにより刺激される。分岐領域の全体が薄い皮膜カプセルに密封され、このカプセルは両端が結合組織につながり、求心性の1b神経線維の神経周膜に移行する。らせん状に走る腱紡錘内部の微細なコラーゲン線維の束は、紡錘外のものほどコンパクトではなく、液体が含まれた空間により分け隔てられている。コラーゲン線維束は分岐し、ねじれ合い、近くで再び融合する。その間のすき間に無髄軸索や1b軸索終末の髄鞘化した分枝が広がる。

MEMO
ゴルジ紡錘器官は厳密に言うと、腱ではなく**筋腱接合部**に存在している。筋の起始と停止、および筋間中隔内にある。

人間のゴルジ紡錘器官は約1mmの長さにまでなる。比較的少数の筋線維だけが、ゴルジ紡錘器官に作用を及ぼす。また、腱器官の近くにはパチニ小体や数多くの自由神経終末があることが多い。筋内には、複数の紡錘外線維からなる運動単位それぞれに対して、少なくとも1つのゴルジ紡錘器官が存在していると考えられている（Jami 1988）。紡錘外線維に直列するように結合するゴルジ紡錘器官は自原生抑制の働きを持つと推測されている。つまり、個別の運動単位の収縮により生じ、スポーツ活動時には維持される必要がある筋緊張を計測する働きを持つ（Chalmers 2002）。

〈5〉 筋反射の機能解剖学的基礎

MEMO
筋の運動は、その目的に合わせて時間的、空間的、および力学的に協調あるいは調整される必要がある。そのため、運動する側の筋（作動筋）と制動する側の筋（拮抗筋）が密接に関連しながら共同する（図1.31 & 1.32）。このことは身体の安定性とそれを土台としている運動プロセスにとって非常に重要である。身体の安定なしに運動（モビリティ）はあり得ない。そして反射運動と感覚運動フィードバック制御こそが安定性を確保する仕組みである。

筋反射は、複雑な協調を必要とする姿勢および標的運動の解剖生理学的基礎をなす。筋反射とは一般に、典型的な刺激に対し意識状態とは無関係に、すなわち無意識に発動する筋の応答のことを指す。運動器官の骨格筋にとって特に重要な受容器官は、以下に挙げる部位に存在している。

- 皮膚内（足底や手のひらなどの皮膚機械受容器）
- 筋内（筋紡錘）
- 腱内（ゴルジ紡錘器官）
- 筋膜と骨膜内（機械受容器）
- 内耳平衡器官の半規管内（前庭器）

筋の刺激応答の種類には運動性（筋収縮など）、感覚性（トーヌス調節、緊張）、あるいは自律性（血管運動）などがある。

骨格筋の神経支配

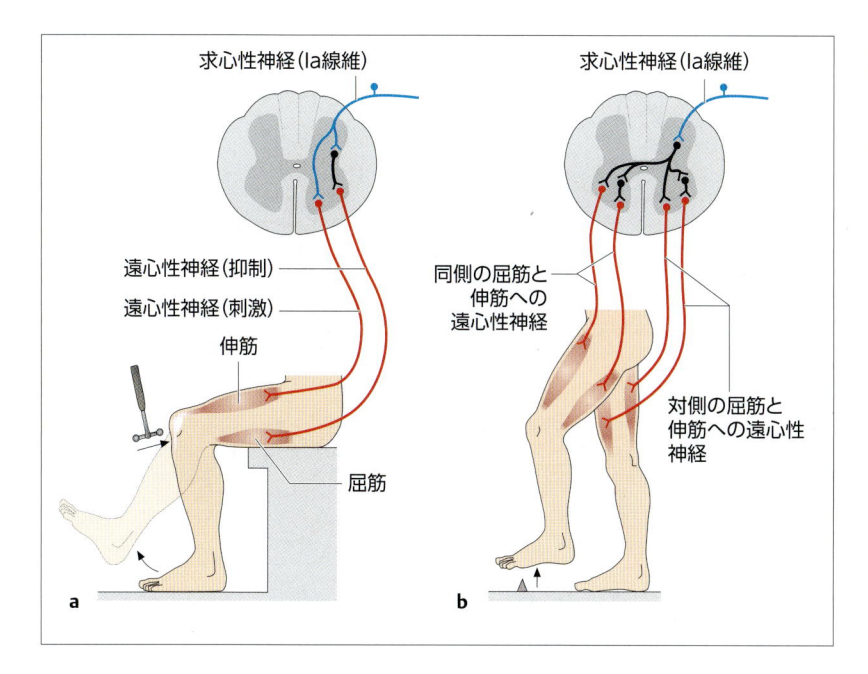

図1.32a & b　固有反射と多シナプス反射
a　固有反射（受容器と効果器が同じ器官内）。例：膝蓋腱反射
b　多シナプス反射（受容器と効果器が別の場所）。例：画びょうを踏んだ時の足の動き

■ 反射弓

　受容器と効果器が同一器官にある反射を自己受容反射あるいは単シナプス反射などと呼び、受容器と効果器が異なる器官にある場合は多シナプス反射と呼ばれている。いずれの場合でも脊髄レベルでの反射は高次の運動中枢の影響を受ける。末梢の神経終末（受容器）で受容された刺激が求心性の神経線維を通じて脳および脊髄の中枢ニューロンへ伝達され処理される。その後、刺激応答として神経インパルスが遠心性神経を通じて筋（効果器）へともたらされる。この機能的な神経径路は神経弓と呼ばれている。

● 単シナプス反射弓

　単シナプス反射弓では、刺激が求心性ニューロンからそれぞれの髄節に到達し、そこで直接2つ目のニューロン、すなわち遠心性ニューロンに伝達される。
　膝蓋腱反射などが単シナプス反射の典型的な例である（図1.32a）。膝蓋腱の遠位をハンマーで軽くたたくと、それに対する応答として大腿四頭筋の筋紡錘（伸張のセンサー）により突然の筋伸張（長さの変化）が引き起こされる。神経インパルスは高速な1a線維により脊髄のα運動ニューロンへともたらされ、これがα1突起を介して作動筋（大腿直筋）の筋線維を刺激する。同時に脊髄介在ニューロンの作用により拮抗筋（屈筋）のα運動ニューロンが抑制され拮抗筋のトーヌスが弱まる（相反抑制止）。これにより引き起こされる大腿四頭筋の収縮ならびに屈筋の弛緩が筋紡錘の伸張と不活化を誘発し、反射的な膝関節の伸展が発生する。
　これ以外にも以下のような反射が医学的に重要である（Duus 1990、Kandel et al. 2000、Rohkamm 2000）：
● 上腕二頭筋反射（髄節レベル：C5-C6）
● 腕橈骨筋反射（C5-C6）
● 上腕三頭筋反射（C7-C8）
● 内転筋反射（L2-L4）
● 大腿四頭筋反射（L2/3-L4）
● 後脛骨筋反射（L5）
● 下腿三頭筋反射（S1-S2）

● 多シナプス反射弓

　多シナプス反射には求心性神経と結びついた一連の介在ニューロンを介した複数のシナプス結合が関与している。
　例えば裸足で画びょうを踏むと、足底の皮膚の痛み刺激により即座に屈筋反射が引き起こされる（図1.32b）。求心性のインパルスが興奮性介在ニューロンを通じて脊髄のα運動ニューロンに伝達される。そして遠心性細胞を介して同側の屈筋が活性化され、さらに介在ニューロンを経由して伸筋が同時に弛緩される。足が反射的に持ち上げられ、大きなけがが回避される。反対側では逆向きの連鎖反射が生じ、伸筋が収縮し屈筋が弛緩する（スポーツで転倒しそうな際の体の伸張も同様）。
　生理的な多シナプス反射の典型例として運動反射（姿

1. 骨格筋の機能解剖学

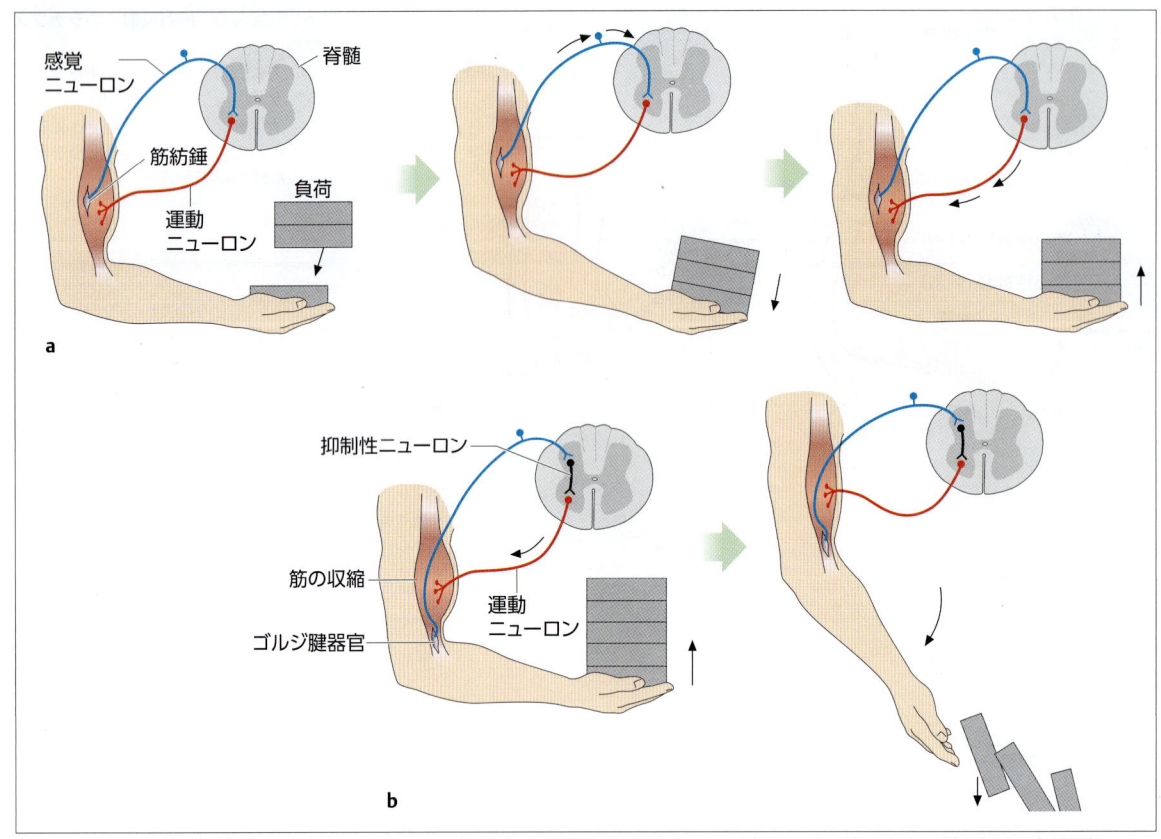

図1.33a & b　**筋伸張反射**

a 筋紡錘反射。負荷の増大により上腕二頭筋が伸びると、筋紡錘も同時に伸張する。これに反応した筋紡錘のIa求心性神経により運動ニューロンが刺激され、二頭筋が反射的に収縮する。こうして腕は元の位置に戻る。同時に筋紡錘のIa求心性神経は介在ニューロンを通じて拮抗筋である三頭筋（図なし）の運動ニューロンを抑制する。

b ゴルジ腱反射。負荷が大きすぎる場合、筋が極度に収縮する。この収縮で、ゴルジ腱器官が伸ばされ、活性化される。これにより運動ニューロンが阻害され、筋が弛緩し、負荷が落下する。

勢反射と起立反射）と自律神経反射（血管拡張反射、内臓運動反射、内臓皮膚反射）を挙げることができる。

単シナプスおよび多シナプス反射は共に原則的に筋伸張反射、つまり筋紡錘反射とゴルジ腱反射を伴う。その経路を図1.33に示す。

■ スポーツにおける律動運動

律動運動（歩行や呼吸、あるいはスポーツ）は随意運動と反射運動の両要素を併せ持つ。基本的には目的を持った行為の一環であり、脊髄上位（脳幹、大脳基底核、運動皮質）の影響を受ける。学習した運動パターンが、基礎的な運動と学習運動の連続体として感覚運動中枢（運動皮質、視床、大脳基底核、小脳）から呼び出される。随意的な運動であり、競技スポーツではもちろん選手の技術、才能を決定づける要因である。このような律動運動には、起立反射に加えて特に視覚、聴覚、前庭感覚、さらに永続的なフィードバックメカニズムが加わ

り繊細な協調運動が可能となる。

MEMO

負傷や有毒物、あるいは長期にわたる静養の後に、複合性局所疼痛症候群（CRPS、交感神経反射性ジストロフィー）と呼ばれる四肢に持続的な焼けるような痛みが発生するが、この症状は感覚、運動、および自律神経性の変性により誘発される。その発症機序や病因についてはまだ解明されていない（Rohkamm 2000）。

5 運動器官の神経支配

〈1〉脳と脊髄

既に述べたように、脳（運動皮質）からの随意運動は神経インパルスとしてまず錐体細胞から下行し(第1のニューロン)、交叉錐体路（外側皮質脊髄路）と不交叉錐体路（前皮質脊髄路）を経由し、それぞれの髄節レベルへと至り、2番目のニューロン（前角細胞、α運動ニューロン）へと伝達される。そこから神経インパルスは軸索を通じて腹側の神経根（前根）と脊髄神経枝（前枝と後枝）を経由し筋へと至る。特殊な神経接合、つまり神経筋終板（運動終板）に到達した電気的神経インパルスは化学的伝達物質（アセチルコリンなど）に変換され放出される。この伝達物質がシナプス間隙を超えて対岸に位置する筋線維の細胞膜へと到達する。伝達物質アセチルコリンの特殊な結合により、nAChRチャネルが開放され、それに続く電気収縮関連反応が筋線維の収縮を引き起こす。筋収縮は脊髄中枢の神経反射制御と特殊な筋内センサー（筋紡錘、腱器官）により制御される。これらはまた、繊細な運動の協調や筋緊張（トーヌス）のコントロールにも関与している（図1.34：p. 43 & 44 も参照）。

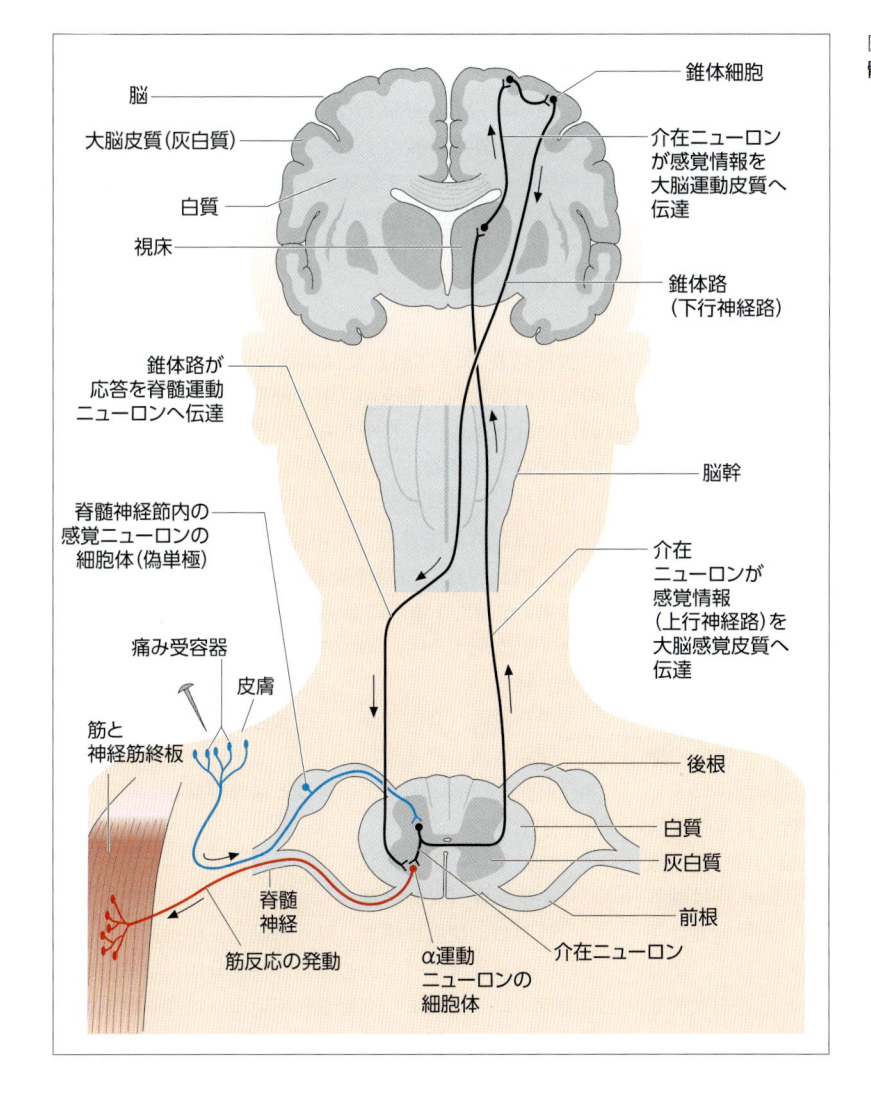

図1.34　骨格筋の神経支配（脳から脊髄を経て標的筋まで）

⟨2⟩ 神経叢と末梢神経（触診）

■ 神経叢

MEMO
解剖学用語 Plexus（網、叢）は神経叢と呼ばれている。神経叢は例外なく頸部（Plexus cervicalis、C1-C4）、肩部（Plexus brachialis、C5-Th1）、腰部（Plexus lumbalis、L1-L5）あるいは仙骨部（L4-S4）の脊髄神経前枝で構成され、これにより四肢の神経支配に常に複数の髄節が関与する仕組みが作られている（図1.35）。

上述のように、脊柱起立筋の神経支配はセグメントに分けられている、つまり髄節およびその側方の椎孔から出る神経と支配部位がほぼ同じ解剖学的レベルに存在している。四肢の神経叢形成はしかし、脊髄のα運動ニューロンの軸索が束として一纏まりになったものであり、これは隣接する複数の髄節の腹側の神経根（前根）から出た頭尾方向に走る腹側運動ニューロン柱が分枝と融合を繰り返したものである。

例えば腕神経叢の場合、上神経幹・中神経幹・下神経幹の3つの神経幹に分岐し、その後、より末梢部で神経束（外側神経束、後側神経束、内側神経束）を形成する。そしてさらなる束形成により腕神経の最終枝、すなわち橈骨神経（腋窩神経）、正中神経（筋皮神経）、尺骨神経が形成される。これらはすべて独自の神経路を持ち、それぞれ上肢の支配筋区画へと通じている（表1.5を参照）。

腰仙骨神経叢からは太い脚神経、つまり脛骨神経と総腓骨神経を含む坐骨神経（背側）および大腿神経（腹側）が伸び、下肢、腰、および骨盤部すべての筋、を支配している。

● 頸神経叢

頸神経叢（C1-C4）は耳の後から後頭部にかけての繊細な皮膚や頸前方および側方、さらには肩峰部位にまで至る肩領域を支配している。頸神経叢に含まれる神経は頸部側方の肩甲舌骨筋が胸鎖乳突筋の後端と重なる位置から出てくる。その位置（Punctum nervosum）は触診も可能でありエルブ点とも呼ばれている。頸神経叢は深頸神経ワナ（C1-C3）により舌骨下筋群の運動を、また横隔神経（C4-C5）により横隔膜の運動と感覚を支配している。

HINT
絡み合った神経叢の神経は、まず斜角筋隙の下方から頭側へと出て胸鎖乳突筋に覆われている。そのため直接触診することは非常に困難である。これが表面に出てくるのがエルブ点であり、これは頸部側方の皮膚の下、胸鎖乳突筋を三等分した中央部の後端部付近にある。横隔神経は、頸椎下部から前斜角筋の筋頭を斜めに超えて胸郭上口の方向へと走る。しかしその大部分は、前斜角筋の前を通る大きな鎖骨下静脈の下に隠されているため直接触れることはできない（Reichert 2002）。

MEMO
横隔膜の神経支配は、隔膜神経が頸部（C4-C5）から始まり胸郭を経由して隔膜に至るという、極めて異例な形態を持っている。その最も単純な理由として、高等な脊椎動物（哺乳類）では口腔底の筋が肺も含めた胸郭・胸腔の発達に伴い胸郭下口へと押しやられ、この転移の時にその神経も頸部から一緒に連れて行かれたものと推測することができる。

両生類が持つ口腔底の筋は呼吸を補助する筋として、その働きを外から観察することもできる。例えばカエルは横隔膜を持たず、空気袋とでも言うにふさわしい単純な肺があるだけで、息を飲み込むような形で呼吸をする。

● 腕神経叢

腕神経叢（C5-Th1）では頸椎の椎間孔から出た5本の神経根が3本の神経幹（上神経幹、中神経幹、下神経幹）に融合する。これがさらに交錯し、第1肋骨のレベルで3本の神経束（外側神経束、後側神経束、内側神経束）に分かれる。腋窩深部でこの3本の神経束から上腕の神経、すなわち筋皮神経、正中神経（外側神経束）、橈骨神経と腋窩神経（後側神経束）、さらに尺骨神経（内側神経束）が発生する。これら神経は以下の筋コンパートメントを支配する。

- 上腕：
  屈筋区画（筋皮神経と正中神経）
  伸筋区画（橈骨神経）
- 前腕：屈筋区画（正中神経と尺骨神経）
- 手：
  拇指筋群（正中神経）
  小指筋群（尺骨神経）
  骨間および虫様筋群（尺骨神経と正中神経）

肩甲帯筋群はすべて腕神経叢の（部分的には独自の名前を持つ）分枝により支配されている（注意：僧帽筋は副神経による支配を受けている）。

運動器官の神経支配

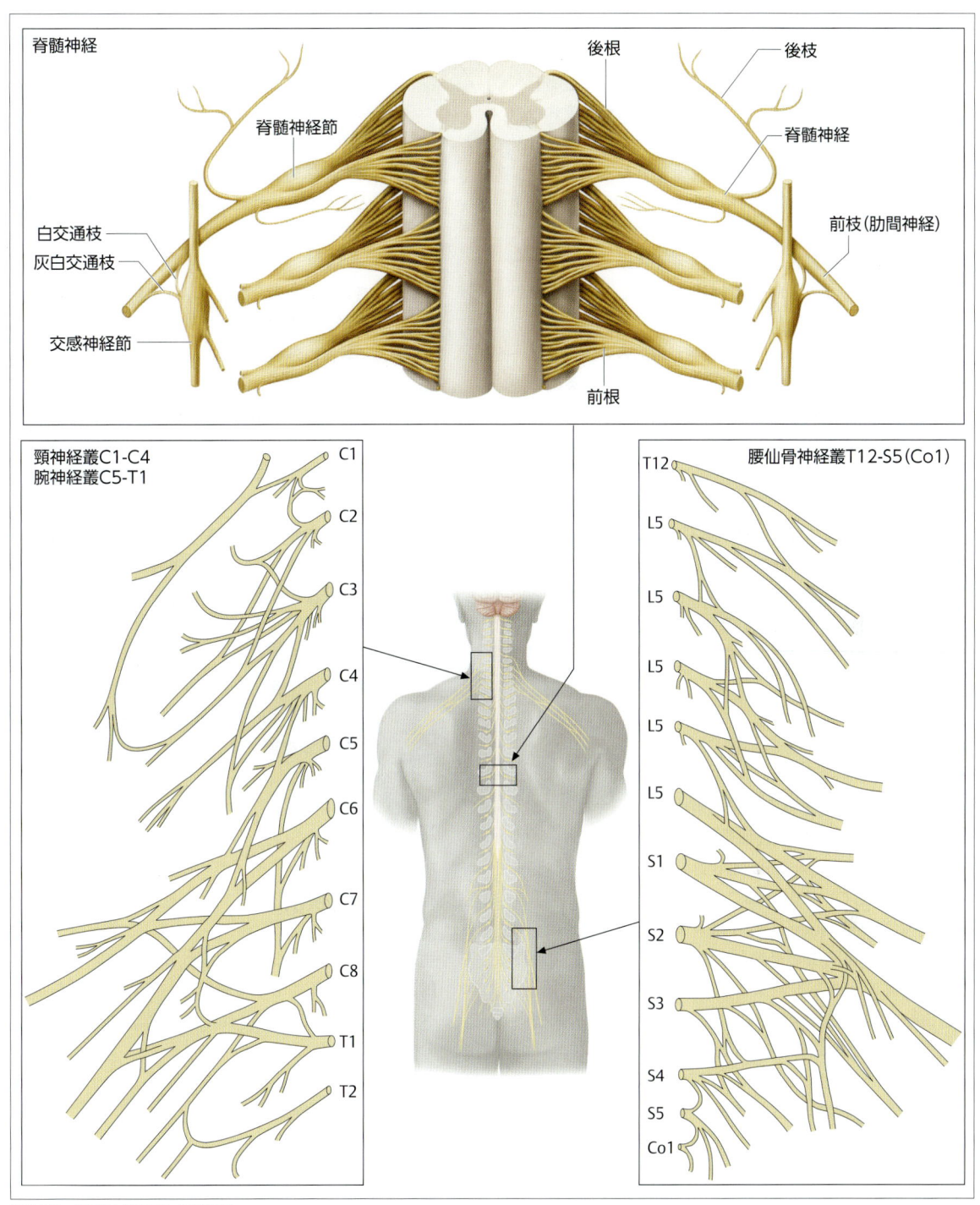

図1.35 **脊髄と神経叢（背側図）**

49

> **HINT**
> - 前斜角筋の後部から出る運動神経も含む腕神経叢は比較的硬く、側方の頸部筋膜の下、広頸筋を超えて鎖骨方向へと走るのが触診で確認できる。
> - 腋窩深部でも腋窩動脈付近の正中神経と尺骨神経の触診が部分的に可能である。
> - 上腕正中の血管・神経路（内側二頭筋溝）の中では（上腕動脈の上を走る）正中神経と（上腕神経の下を走る）尺骨神経に触れることができる。
> - 橈骨神経は上腕骨の上、上腕三頭筋の内側頭と外側頭の間（橈骨神経溝：押すと痛みがあるので注意）、三角筋の停止部から下へ指約2本分の太さの位置（三角筋粗面）に見つけることができる。
> - さらに、その下流の上腕骨の外側上顆の遠位、腕橈骨筋上に押すと軽い痛みが走る部位があるがこれも橈骨神経である。
> - 前腕と手の部分では、3本の腕神経の運動神経部分はすべて筋区画の深層を走るため触診することはほぼ不可能である（Reichert 2002）。

● 腰仙骨神経叢

　脊髄が円錐形に終わる部分（脊髄円錐）である腰椎L1-L2から出る神経根が腰仙骨神経叢を形成する。脊髄円錐は円錐上部（Epiconus：L4-S2）と円錐末端（Conus terminalis：S3-C）に分けることができる。長い神経根が馬尾（Cauda equina）と呼ばれる平行に走る神経線維の形で、脊髄膜内の神経管の中を下行する。その後、さらに下流の腰椎あるいは仙椎の側方の開口部（椎間孔）を経由して腰仙骨神経叢は硬い脊髄膜から出て、末梢腹側（大腿神経と閉鎖神経）あるいは背側（坐骨神経）の神経枝を通じて骨盤部からそれぞれの下肢の標的筋（腰部、臀部、脚部の筋）へと伸びている。

> **MEMO**
> 本来の意味での脊髄は脊柱管の中、椎体L1-L2の高さで脊髄円錐となって終わる。

> **HINT**
> - 大腿神経は大腿動脈と同様、大腿三角（鼠径靱帯と縫工筋と薄筋に囲まれた部分）内部の鼠径靱帯の下、骨盤から出て大腿へと走る位置で大腿筋膜の下に触れることができる（脈圧点）。
> - 閉鎖神経は閉鎖管を通って現れ、直接内転筋区画へとつながる。神経は内転筋の近位筋頭により完全に覆われているため、触診は不可能である。
> - 坐骨神経は大坐骨孔を通り、外旋筋の梨状筋と上双子筋で形成されるすき間（梨状筋下孔）を通って骨盤の外へ出る。この部位は殿筋区画に、その下流も坐骨大腿区画に覆われているため、触れることができない。
> - 脛骨神経は、膝窩動脈と共に膝窩筋膜の下に触診することができる。そこから脛骨神経は下腿の屈筋区画へと伸び、足根管内の後脛骨動脈に沿って足関節の内側へと走る（触診点）。その先、脛骨神経は足底神経（内側足底神経と外側足底神経）に分枝し、足底へと伸びる。
> - 浅腓骨神経だけが表在的な運動神経枝として腓骨骨頭の周りをめぐり、その後下腿側方の内旋筋区画へ下行する。この部分では神経を覆い隠すものがないため、簡単に触診することができる。近位腓骨結節では神経損傷の危険もある（Reichert 2002）。

■ 脊髄の症候群

脊髄が損傷するとさまざまな症候が現れる。
- 円錐上部症候群：この症候群は、その損傷部位のレベル（L4-S2）にしたがって、神経学的・局所的に分類される（Duus 1990）：
  - 腰部筋の不全麻痺および外旋不全
  - 腰伸展の不全麻痺
  - 膝屈曲の不全麻痺
  - 足およびつま先関節の屈曲および伸展不全麻痺
  - アキレス腱反射の欠如
- 円錐症候群（S3-C1）：ここでは問題となるのは骨盤部の器官だけであり、下肢に麻痺が生じることはない：
  - 失禁
  - インポテンツ
  - 肛門反射の欠如
- 馬尾症候群：主にL4-L5およびS1の高さで生じた椎間板突出あるいはヘルニアにより、軽度から重度

運動器官の神経支配

までの神経根障害が発生する。これを馬尾症候群と呼び、その症状には次のようなものがある（Duus 1990、Rohkamm 2000）：
- 障害部位のレベルに応じた感覚あるいは運動不全：
  - 大腿四頭筋（L3）
  - 前脛骨筋（L4）
  - 長母趾伸筋
  - 後脛骨筋反射を伴う短指伸筋（L5）
- 下腿三頭筋反射を伴う腓骨筋と下腿三頭筋の不全麻痺

⟨3⟩ 運動神経根の筋節とインディケーター筋（指標筋）

頭尾方向（体長軸）に沿った神経系の特殊な分節（セグメント化）ならびに筋のさまざまな形態、位置および発達時の転移、さらに神経叢による下肢への神経線維の束形成などの結果として、脊髄髄節とそれが対応する体幹のインディケーター筋（指標筋）は通常同じ高さのレベルに存在している。しかし四肢においては、そのレベルは同等ではなく、尾側方向にずれている。

ある特定の脊髄神経根により支配される骨格筋すべてを総括して「筋節」と呼ぶ。筋節は、複数の隣接する髄節から出る前根（脊髄神経前枝）により支配されることがある。1つか2つの神経枝のみにより支配されている筋節（例外もあり）はインディケーター筋（指標筋）と呼ばれ、神経根診断（筋電図）にとって臨床的に非常に有益であることが知られている。四肢の運動神経根の最も重要なインディケーター筋（指標筋）および髄節と運動の関連を表1.13と1.14にまとめた。人体における最も重要な筋節は図1.36に示してある。運動機能の言及も含めた詳細な髄節支配に関してはほかの文献に詳しい（Duus 1990、Rohen 2000）。

体幹脊椎傍の筋群（脊柱起立筋）は脊髄神経の後枝により支配されている。胸郭および背筋群の体幹近傍に位置する筋節は、その上層に位置する皮膚の皮節と支配分節が一致している。四肢では当然、神経根と対応筋節の位置が大きく離れている（例えば下肢：図1.37）。

表1.13 インディケーター筋（指標筋）と運動神経根
（McKinnon & Morris による）

髄節	インディケーター筋（指標筋）
C4	横隔膜
C5	菱形筋、棘上筋、棘下筋、三角筋
C6	上腕二頭筋、腕橈骨筋
C7	上腕三頭筋、短橈側手根伸筋、胸筋、橈側手根屈筋、円回内筋
C8	短母指外転筋、小指外転筋、尺側手根屈筋、短母指屈筋
L3	大腿四頭筋、腸腰筋、内転筋群（長内転筋・短内転筋・大内転筋）
L4	大腿四頭筋（外側広筋）
L5	長母趾伸筋、前脛骨筋、後脛骨筋、中殿筋
S1	腓腹筋、大殿筋

表1.14 下肢の神経支配と運動
（McKinnon & Morris による）

関節	運動	神経根
腰・骨盤	屈曲 内転 内旋	L1、L2、L3
	伸展 内転 外旋	L4、L5、S1
膝	伸展	L3、L4
	屈曲	L5、S1
足関節（距腿関節）	伸展（背側）	L4、L5
	屈曲（足底）	S1、S2
足関節（距骨下関節）	内反	L4、L5
	外反	L5、S1
足	つま先の伸展	L5、S1
	足底筋	S3
	つま先の屈曲	S2

51

1. 骨格筋の機能解剖学

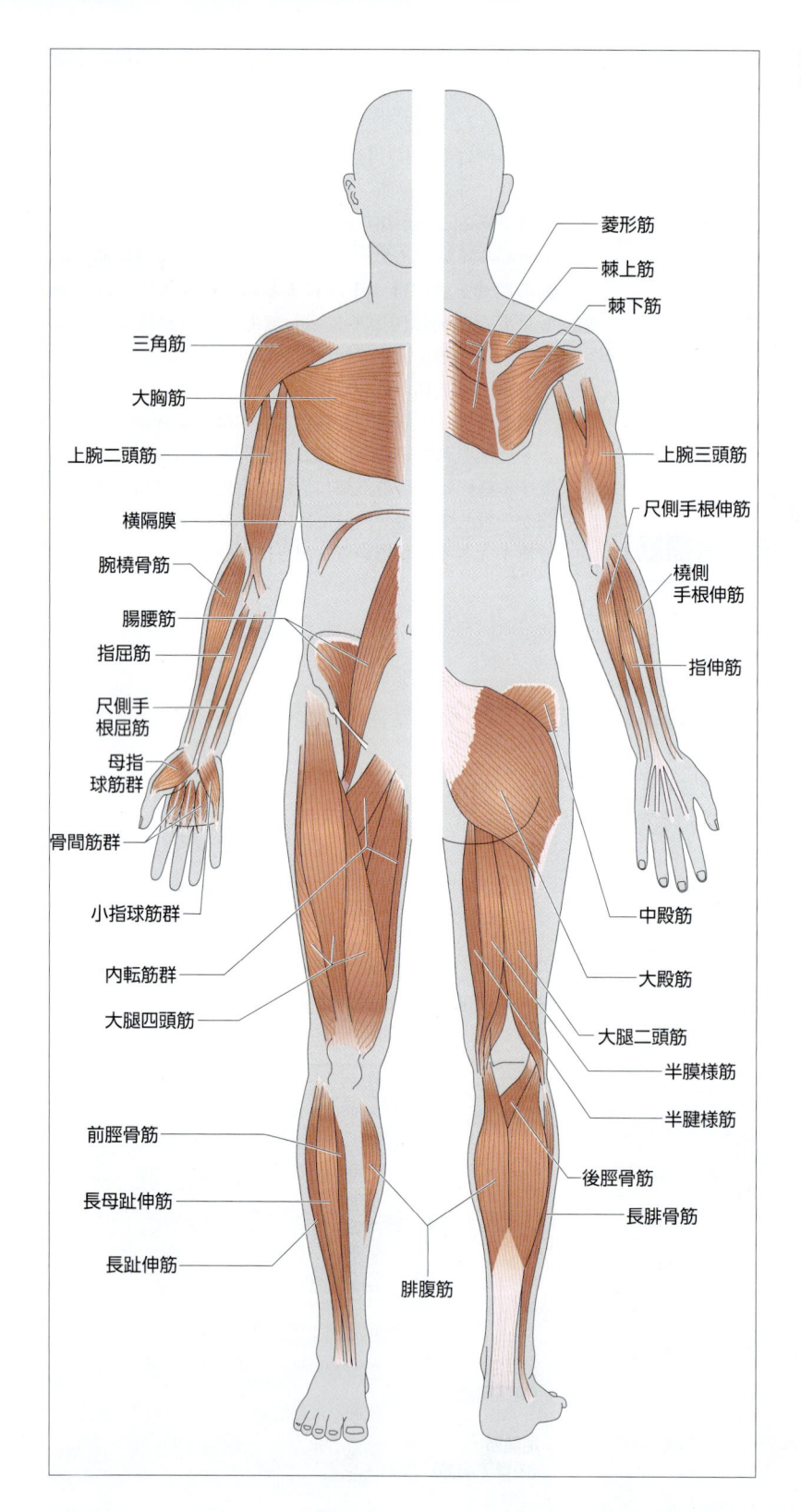

図1.36 **人体運動器官の筋節**（左：正面、右：背面）

運動器官の神経支配

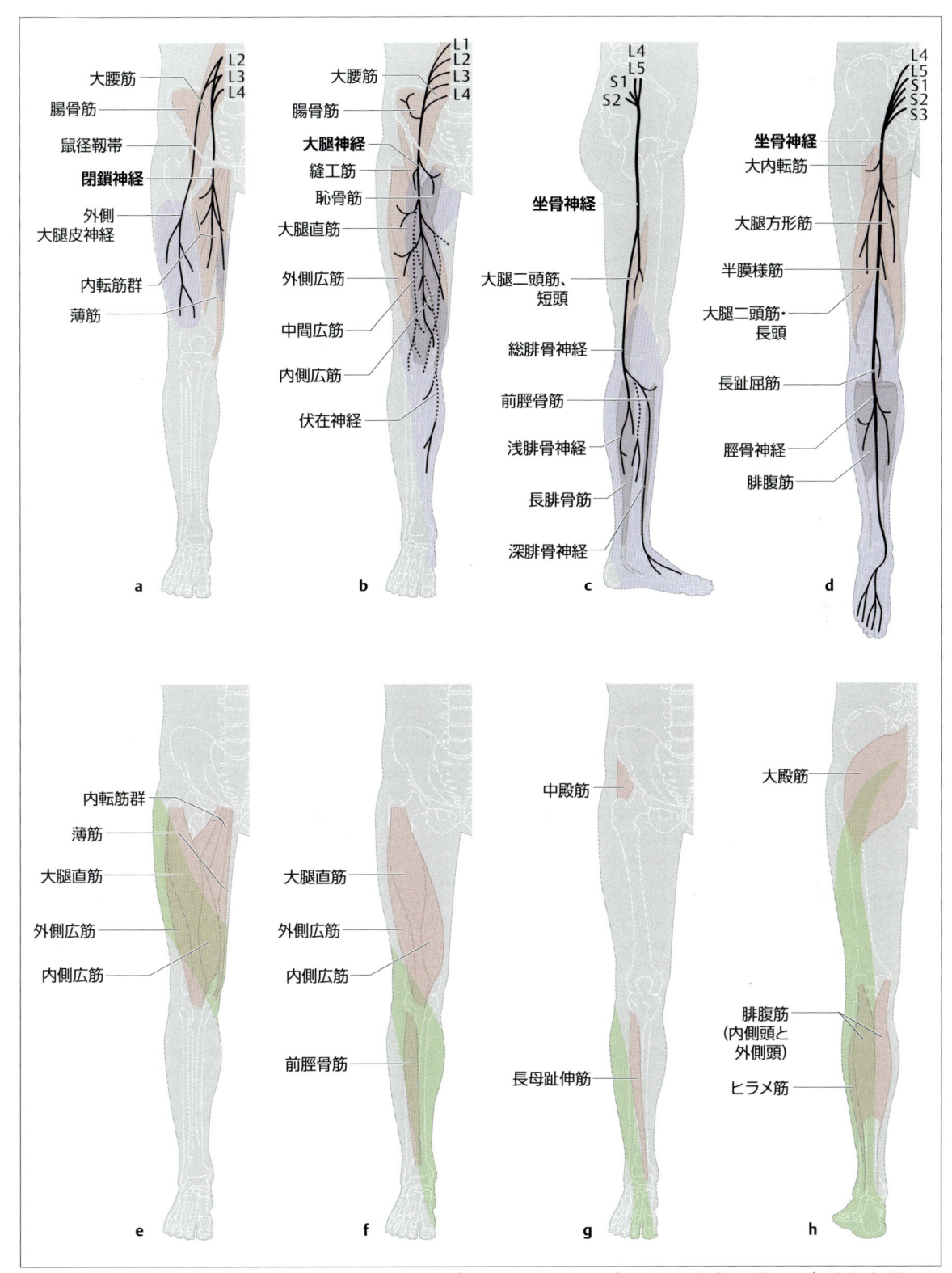

図1.37 **下肢筋節の神経支配** 筋と皮膚の神経支配（a-d）、ならびに皮節（緑色）とインディケーター筋（指標筋）および関連筋（e-h）

参考文献

Bettinzoli F. Anatomie und Radiologie. DVD-ROM WIN/MAC. Montagnola: Bio Media SA; 2005

Duus P. Neurologisch-topische Diagnostik. Anatomie, Physiologie, Klinik. Stuttgart: Thieme; 1990

Fucci S, Michna H, Hrsg. Atlas der Sportanatomie des Bewegungsapparates. Wiesbaden: Ullstein Medical; 1997

Hüter-Becker A, Dölken M, Hrsg. Biomechanik, Bewegungslehre, Leistungsphysiologie, Trainingslehre. Stuttgart: Thieme; 2004

Kandel ER, Schwartz JE, Jessell TM. Principles of neural sciences. 4th ed. New York: McCraw-Hill; 2000

Kunsch K, Kunsch S. Der Mensch in Zahlen. Heidelberg: Spektrum Akademischer Verlag; 2005

McKinnon P, Morris J. Oxford Lehrbuch der klinischen Anatomie. Bern: Hans Huber; 1997

Möller TB, Reif E. MR-Atlas des muskuloskelettalen Systems. Berlin: Blackwell Wissenschaft; 1993

Netter FH, Ciba Geigy Corporation (Ardsley, NY). The Ciba collection of medical illustrations. Bd. 5: Krämer G, Hrsg. Nervensystem I, Neuroanatomie und Physiologie. Stuttgart: Thieme; 1987

Netter FH. Atlas der Anatomie des Menschen. Basel: Ciba-Geigy AG; 1995

Platzer W. Taschenatlas der Anatomie in 3 Bänden. Bd. 1: Bewegungsapparat. Stuttgart: Thieme; 2003

Reichert B. Anatomie in vivo - palpieren und verstehen. Stuttgart: Hippokrates; 2002

Rohkamm R. Taschenatlas der Neurologie. Stuttgart: Thieme; 2000: 32-37

Rohen JW. Topographische Anatomie - Lehrbuch mit besonderer Berücksichtigung der klinischen Aspekte und der bildgebenden Verfahren. Stuttgart: Schattauer; 2000

Schünke, M. Funktionelle Anatomie - Topographie und Funktion des Bewegungssystems. Stuttgart: Thieme; 2000

Schünke M, Schulte E, Schumacher U. Prometheus – Allgemeine Anatomie und Bewegungssystem. Stuttgart: Thieme; 2004

Weineck J. Sportanatomie. Balingen: Spitta; 2008: 84

そのほかの文献

Banks RW. An allometric analysis of the number of muscle spindles in mammalian skeletal muscles. J Anat 2006; 208: 753-768

Benjamin M, Toumi H, Ralphs JR et al. Where tendons and ligaments meet bone: attachment sites ("enthuses") in relation to exercise and/or mechanical load. J Anat 2006; 208: 471-490

Böning D. Muskelkater - Ursachen, Prophylaxe und Therapie. Dtsch Arztebl 2002; 99: A372-A375

Chalmers G. Do Golgi tendon organs really inhibit muscle activity at high force levels to save muscles from injury, and adapt with strength training? Sports Biomech 2002; 1: 239-249

Chleboun GS, France AR, Crill MT et al. In vivo measurement of fascicle length and pennation angle of the human biceps femoris muscle. Cells Tissues Organs 2001; 169: 401-409

Deschenes MR, Covault J, Kraemer WJ et al. The neuromuscular junction. Muscle fibre type differences, plasticity and adaptability to increased and decreased activity. Sports Med 1994; 17: 358-372

Dressler D, Saberi FA, Barbosa ER. Botulinum toxin: mechanisms of action. Arq Neuropsiquiatr 2005; 63: 180-185

Funk DC, Swank AM, Mikla BM et al. Impact of prior exercise on hamstring flexibility: a comparison of proprioceptive neuromuscular facilitation and static stretching. J Strength Cond Res 2003; 17: 489-492

Gans C, de Vree F. Functional bases of fiber length and angulation in muscle. J Morphol 1987; 192: 63-85

Gao Y, Kostrominova TY, Faulkner JA et al. Age-related changes in the mechanical properties of the epimysium in skeletal muscles of rats. J Biomech 2008; 41: 465-469

Harris AJ, Duxson MJ, Butler JE et al. Muscle fiber and motor unit behavior in the longest human skeletal muscle. J Neurosci 2005; 25: 8528-8533

Hijikata T, Ishikawa H. Functional morphology of serially linked skeletal muscle fibers. Acta Anat (Basel) 1997; 159: 99-107

Hughes BW, Kusner LL, Kaminski HJ. Molecular architecture of the neuromuscular junction. Muscle Nerve 2006; 33: 445-461

Jami L. Functional properties of the Golgi tendon organs. Arch Int Physiol Biochim 1988; 96: A363-A378

Kawano F, Takeno Y, Nakai N et al. Essential role of satellite cells in the growth of rat soleus muscle fibers. Am J Physiol Cell Physiol 2008; 295: C458-C467

Laurent C, Johnson-Wells G, Hellstrom S et al. Localization of hyaluronan in various muscular tissues. A morphological study in the rat. Cell Tissue Res 1991; 263: 201-205

Lim EC, Seet RC. Botulinum toxin: description of injection techniques and examination of controversies surrounding toxin diffusion. Acta Neurol Scand 2008; 117: 73-84

Mense S. The pathogenesis of muscle pain. Curr Pain Headache Rep 2003; 7: 419-425

Monti RJ, Roy RR, Hodgson JA et al. Transmission of forces within mammalian skeletal muscles. J Biomech 1999; 32: 371-380

Parratte B, Tatu L, Vuillier F et al. Intramuscular distribution of nerves in the human triceps surae muscle: anatomical bases for treatment of spastic drop foot with botulinum toxin. Surg Radiol Anat 2002; 24: 91-96

Petrella JK, Kim JS, Mayhew DL et al. Potent myofiber hypertrophy during resistance training in humans is associated with satellite cell-mediated myonuclear addition: a cluster analysis. J Appl Physiol 2008; 104: 1736-1742

Purslow PP. The structure and functional significance of variations in the connective tissue within muscle. Comp Biochem Physiol A Mol Integr Physiol 2002; 133: 947-966

Richardson CA, Juli GA. Muscle control-pain control. What exercises would you prescribe? Man Ther 1995; 1: 2-10

Richardson CA, Hodges P, Hides J. Therapeutic exercise for lumbopelvic stabilization. A motor control approach for the treatment and prevention of low back pain. 2nd ed. Edinburgh: Churchill Livingstone; 2004

Safwat MD, Abdel-Meguid EM. Distribution of terminal nerve entry points to the flexor and extensor groups of forearm muscles: an anatomical study. Folia Morphol (Warsz) 2007; 66: 83-93

Sajko S, Kubinova L, Cvetko E et al. Frequency of M-cadherin-stained satellite cells declines in human muscles during aging. J Histochem Cytochem 2004; 52: 179-185

Snobl D, Binaghi LE, Zenker W. Microarchitecture and innervation of the human latissimus dorsi muscle. J Reconstr Microsurg 1998; 14: 171-177

Tam SL, Gordon T. Mechanisms controlling axonal sprouting at the neuromuscular junction. J Neurocytol 2003; 32: 961-974

Tegtbur U, Busse MW, Kubis HP. Körperliches Training und zelluläre Anpassung des Muskels. Unfallchirurg 2009; 112: 365-372

Tipton CM. Historical perspective: the antiquity of exercise, exercise physiology, and the exercise prescription for health. World Rev Nutr Diet 2008; 98: 198-245

Wernig A. Regeneration capacity of skeletal muscle. Ther Umsch 2003; 60: 383-389

Windhorst U. Muscle proprioceptive feedback and spinal networks. Brain Res Bull 2007; 73: 155-202

第2章

生理学の基礎とスポーツ生理学的側面

B. ブレンナー
N. マーセン

1. 生理学の基礎　*56*
2. 運動生理学的側面　*74*

1 生理学の基礎

B. ブレンナー

⟨1⟩ サルコメア・筋力・筋収縮

　ミオシン分子とアクチンフィラメントの周期的な相互作用を通じて筋は収縮し、能動的な力を発揮することができる。可能な限りの出力を得るため、ミオシン分子とアクチンフィラメントは筋組織を構成するサルコメア（筋節）の中に密集して並んでいる（図2.1a；図1.16と1.18も参照）。サルコメアとは、2つのZ板に挟まれた部分を指す。筋原線維が平行に並び筋線維を構成し、さらにこの筋線維が多数平行に並び筋を構成する。これにより巨視的な意味での出力が得られる。鎖のように結びついた数多くのサルコメア（筋線維1mmごとに約500）の1つ1つが微視的な収縮を行うことで、これが総体として目に見える筋の長さの変化となって現れる。

　ミオシン分子（図2.1b）は2つの重鎖が結びついてできている。この重鎖はそれぞれ丸みを帯びた頭部と糸のような尾部からなる。2つの重鎖の尾部が互いに絡み合い、ロッド（軸部分）を形成する。頭部は2つの軽鎖を持つ。ロッドが複数並ぶことにより、両極性のミオシンフィラメントが形作られる（図2.1c）。これがチチン分子の働きにより、可動性を持ったままサルコメアの中央に配置される。一方、アクチンフィラメントは球状のアクチン分子が重合し二重鎖らせん構造をなしたものである。これに調節タンパク質トロポニンとトロポミオシンが付着し（図2.1d）、筋線維の活動を制御する（下記参照）。アクチンフィラメントはZ板に付着し、ミオシンフィラメントの間に並ぶ。サルコメアはすべて、その中央にM線を持つ。このM線はサルコメアの断面に対してミオシンフィラメントとアクチンフィラメントが最も密に並ぶ六方構造（六方最密構造）を構成することに関与している（図2.1a、挿入図）。

　アクチンフィラメントとの周期的な相互作用を通じてミオシン頭部は張力を発揮し、ミオシンフィラメントの間に横たわるアクチンフィラメントを望遠鏡のようにスライドさせる。こうして筋は能動的に収縮する。一方、筋が弛緩する場合、アクチンフィラメントはミオシンフィラメントの間のから引き出される。能動的な収縮や伸張の際、アクチンフィラメントがミオシンフィラメントに沿ってスライドされるが、この時、両フィラメントともそれ自体の長さが変わることはない。外的な要因（持上げる負荷の重さや関節の固定など）によりアクチンフィラメントとミオシンフィラメントのスライドが妨害されると、個々のミオシン頭部の張力が和をなし、総体的な筋力として自覚される。

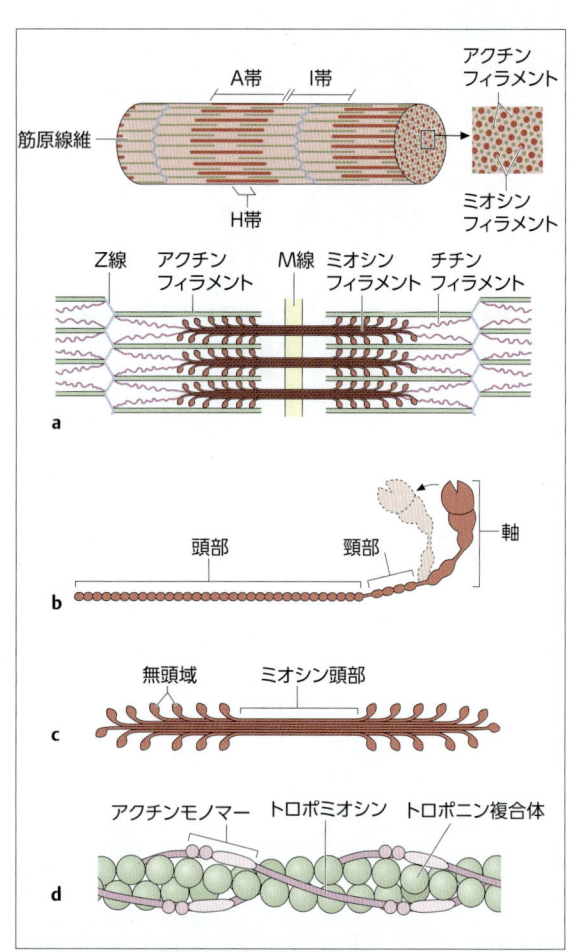

図 2.1a-d　**ミオシンフィラメントとアクチンフィラメントの構造とサルコメア内の配置**

a 　筋原線維の図。光学顕微鏡で確認可能なA帯、I帯、Z線、H帯からなる横紋はサルコメア内におけるミオシンフィラメントとアクチンフィラメントの配置により形成される。柔軟な伸縮性を持つチチンフィラメントがミオシンフィラメントをサルコメアの中央に位置づける。断面を見るとミオシンフィラメントとアクチンフィラメントが六角形に配置されていることが分かる。

b 　ミオシン分子の軸、頸部、および球状の頭部。頭部の頸部への移行部分付近には2つの軽鎖が接合している。この部分がてこの柄の役割を持つ。

c 　ミオシンフィラメントは両端に頭部が集まり、中央部には頭部が存在しない。

d 　アクチンモノマーが縦列し長い二重らせんをなすアクチンフィラメント。トロポミオシン分子とトロポニン分子がこれに付着している。

〈2〉 筋収縮とその調節の基本原理

運動単位

骨格筋が収縮するにはα運動ニューロンと呼ばれる運動神経細胞から刺激を受ける必要がある。α運動ニューロンは脊髄にあり、その軸索は末梢神経を超え筋組織に通じている。これが筋内で分枝し、筋線維の表面に到達する。したがって1つの運動ニューロンにより複数の筋線維が支配されることになる。このような1つの運動ニューロンにより支配される筋線維のグループは「運動単位」と呼ばれている。

> **MEMO**
> 運動ニューロンの軸索はそれが支配する筋内で分枝する。1つの共通の運動ニューロンにより神経支配される筋線維は「運動単位」を構成する。

神経筋終板（運動終板）

軸索の分枝は筋線維の表面でシナプスに似た接合部位を形成する。これは「運動終板」あるいは「神経筋終板」と呼ばれている（図2.2a）。この中には伝達物質アセチルコリンを内包するベシクル（小胞）が存在している。運動終板部位では軸索終末の膜（シナプス前膜）と筋線維の表面膜が、わずかな間隔（いわゆるシナプス間隙）を隔てて対面している。運動終板領域内の筋線維膜にはひだがある（シナプスひだ）。このひだにより実質的な表面面積が拡大し、そのため軸索から筋線維へのシグナル伝達がより確実となる。

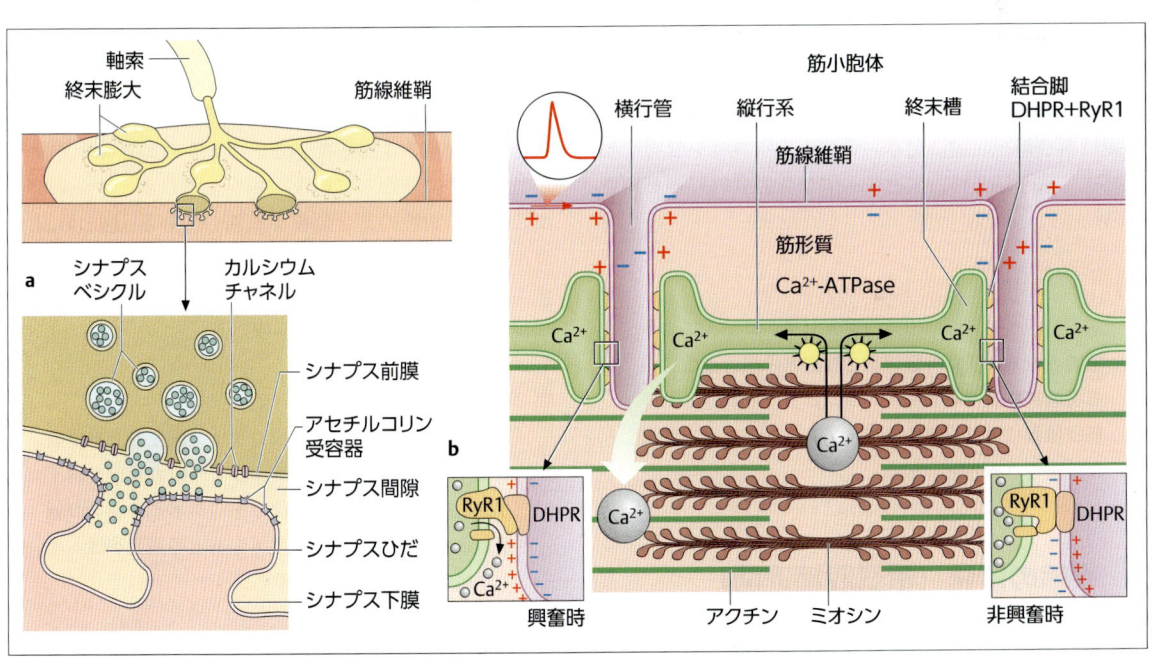

図2.2a、b　神経から筋への刺激の伝達と筋線維の電気刺激による細胞内カルシウム移動
a　シナプス前終末膨大と対側の筋線維膜のひだを含む神経筋終板。このひだにより表面積が拡大する。切り取り拡大図はアセチルコリンを含有するシナプス前ベシクルとそのシナプス間隙への開放（Kandel et al. による）。
b　興奮に伴うカルシウムイオンの筋小胞体からの放出、ならびにその後の筋小胞の縦行系への移動。
　左：興奮時。脱分極によりジヒドロピリジン受容体（DHPR）が転移し、リアノジン受容体（RyR1）が開放され、筋小胞体の終末槽からカルシウムイオンが放出される（左挿入図）。
　右：非興奮時。RyR1 は閉じている。カルシウム ATP アーゼの働きにより筋形質から筋小胞体へのカルシウムイオンの活性輸送が優勢（Alberts et al. による）。

■ 運動ニューロンから骨格筋線維への刺激伝達

活動電位が運動終板に到達すると軸索終末膨大のカルシウムチャネルが開く（図2.2b）。流入するカルシウムイオンが伝達物質を内包するベシクルと筋線維に対面する部位の終末膨大膜との融合を引き起こす。それにより神経伝達物質アセチルコリンがシナプス間隙に放出される。こうして拡散したアセチルコリンは筋線維の表面膜に付着する。この表面膜のシナプスひだへの移行部には数多くのチャネルタンパク質があり、これがアセチルコリンに対する特異的な結合部位をなす。アセチルコリン分子がこれに結合すると、チャネルタンパク質が開き、ナトリウムイオンの流入によりシナプス間隙内の表面膜が脱分極する。通常この脱分極はシナプス部位外の筋線維の表面膜に活動電位を発生させるに十分な強さの作用を持つ。したがって活動電位は骨格筋線維全体へと広がる。つまり、運動終板にもたらされた活動電位はアセチルコリンを介して、神経支配された骨格筋線維の全体に広がる活動電位となる。

シナプス間隙に放出されたアセチルコリンは酵素アセチルコリンエステラーゼにより分解される。これによりシナプス間隙における筋線維膜の脱分極は終息し、筋線維膜は再び静止状態に戻る。分解生成物コリンは再び軸索終末に取り込まれ、アセチルコリンの合成に再利用される。

> **MEMO**
> 運動終板への刺激は伝達物質アセチルコリンにより伝達される。運動神経線維と筋線維の接合部位である神経筋終板でアセチルコリンは放出され、これが筋線維膜にある受容器に結合することにより、刺激が伝達される。

■ 収縮の誘発（電気収縮連関）

● 筋形質内カルシウムイオン濃度の上昇

活動電位は筋線維の表面を広がり、表面膜の管状の陥入を通じてその内部へも到達する。この管状の陥入部は横行小管（T管）と呼ばれ、サルコメア内のミオシンフィラメントの末端部位に例外なく存在している（図2.2）。筋線維の内部でT管はチューブ状の膜構造である筋小胞体の終末膨大（終末槽）に密接している。この接触部にはそれぞれの膜に2種のタンパク質が存在し、相互に作用する。終末槽の膜に付着するタンパク質は特殊なカルシウムチャネルの役割を担う（リアノジン受容体：RyR1）。これらのタンパク質はT管膜にあるジヒドロピリジン受容体の作用により直接開放されることができる（図2.2b、挿入図）。つまり、ここにT管からの活動電位が到達すると、ジヒドロピリジン受容体の形態が変化するのであるが、リアノジン受容体とジヒドロピリジン受容体は直接接続しているため、ジヒドロピリジン受容体が変形するとリアノジン受容体の形も変わり、結果として終末槽膜が開放される。筋小胞体内部で蓄積されたカルシウムイオンは、この開いたチャネルを通じて筋形質へと流れ込む（図2.2b、左挿入図）。こうして、カルシウムイオンがアクチンフィラメントに到達する。T管は骨格筋線維の内部奥深くにまで届いているため、筋線維全体のカルシウムイオン濃度が同時に上昇する。

● 調節タンパク質によるミオシン結合部位の制御

トロポニン分子にはカルシウム結合部位があり、筋小胞体から放出されたカルシウムイオンがここに結合する。トロポニン分子は線維状のトロポミオシン分子と結合し、これがアクチンフィラメントにその全長に渡り付着している（図2.3）。このトロポミオシン分子はアクチンモノマー表面の高親和性結合部位を制御する働きを持つ。この結合部位に、高い親和性を持つミオシン分子の頭部が結合することができる。カルシウムイオンがトロポニン分子に結合していない場合、トロポミオシン分子がこの高親和性の結合部位を遮断している（図2.3b、上）。カルシウムイオンがトロポニン分子に結合すると、トロポニン-トロポミオシン複合体が転移し、高親和性結合部位が開放される（図2.3b、中）。

> **MEMO**
> 筋形質内におけるカルシウムイオン濃度の上昇が筋収縮を引き起こす。トロポニンCへのカルシウムイオンの結合およびそれに伴うトロポミオシンの転移により、アクチンフィラメント上の高親和性ミオシン結合部位が開放される。

生理学の基礎

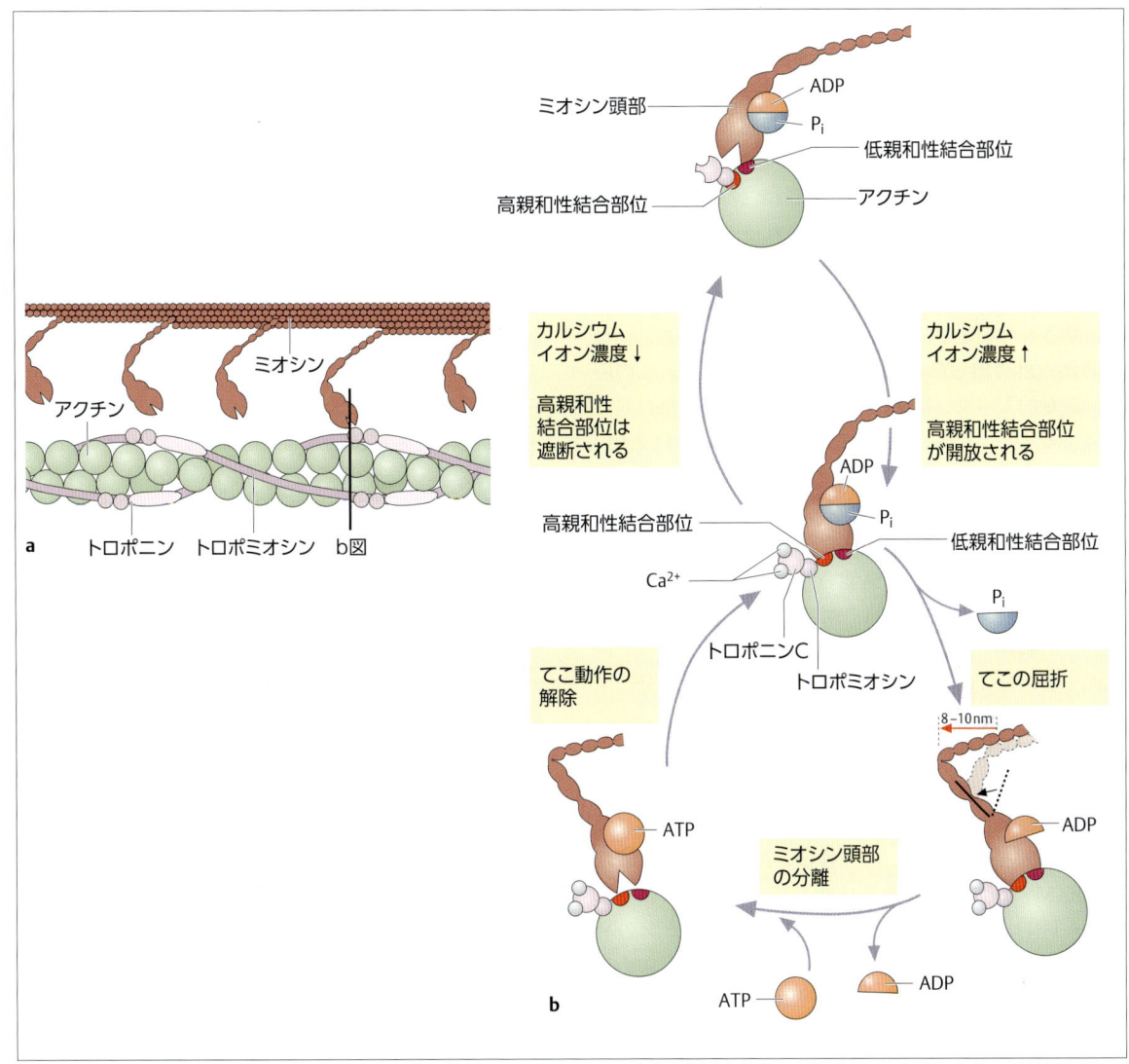

図 2.3a、b　カルシウムに依存する筋収縮の活性化と抑制

a サルコメア内におけるアクチンフィラメントおよび調節タンパク質トロポニンとトロポミオシンに対するミオシン頭部の配置

b アクチンフィラメント上の低親和性および高親和性のミオシン頭部結合部位におけるトロポミオシンの転移とカルシウムの関連（Vibert et al. による）。この転移により、ミオシン頭部とアクチンフィラメントの周期的な相互作用が可能となる。
カルシウムイオンが低濃度：触媒中心には ADP と P_i が結合し、ミオシン頭部は低親和性結合部位にのみ結合できる。
カルシウムイオンが高濃度：ADP と P_i を持つミオシン頭部は高親和性結合部位にも結合することができる。高親和性の結合により P_i が活性中心から脱落し、てこの作動が可能となる（点線と実線はてこの動作による角度の変化）。これによりアクチンフィラメントとミオシンフィラメントが 8-10 n m 近づく。このフィラメントのスライドが妨害されると、ミオシン頭部のてこの部分は弾性を発揮する。その結果、弾力による復元力が筋力として知覚される。ADP が解離し、新たな ATP 分子が結合すると、ミオシン頭部はアクチンフィラメントから分離する。ATP 分子が ADP と P_i に分解し、ミオシン頭部は元の形に戻り、次の周期が開始される。

59

■ ミオシン頭部による牽引力の生成

● 筋の弛緩時と活動時のミオシン頭部

アクチンフィラメントが持つ高親和性のミオシン結合部位がトロポミオシンにより閉鎖されると、ミオシン頭部とアクチンの相互作用は短時間の極めて弱いものとなる。ミオシン頭部の触媒中心ではATPは既にADPとP_iに分解されているが、これら分解生成物はしかし、活性中心から外に出ることはできない（図2.3b上）。この時筋は能動的なパワーは発揮していないため、伸展に対し抵抗することはない、つまり弛緩している。この受動的な伸展の時に働く力は基本的にサルコメア内のチチン分子の伸張により発生するものである（図2.1a）。

トロポニン-トロポミオシン複合体が転移することで、アクチンフィラメントの高親和性結合部位が開放され（図2.3b中）、ミオシン頭部の高親和性結合が可能となる。この過程で触媒中心のP_iが押し出され、ミオシン頭部のてこの部分の屈折が可能となる。このてこ部分の屈折がアクチンフィラメントを約10nmサルコメアの中心へと牽引する張力となる。てこの屈折が終了すると、取り残されていたADPもまたミオシン頭部の触媒中心から脱落する。そして、この空になった活性中心に新しいATP分子が結合する。この過程は、ATPの生理的濃度が1-5mM／lの場合、数ミリ秒で完了する。触媒中心へのATPの結合に伴い、ミオシン頭部とアクチンの高親和性結合が「解除」され、ミオシン頭部はアクチンフィラメントから離れる。その後触媒中心のATP分子がADPとP_iに分解され、ミオシンのてこ部分が元の位置に戻る。ここではミオシン頭部はアクチンと結合していないため、アクチンフィラメントに対し新たな張力が発生することはない。ATPが分解され、てこが元の位置に戻って初めて、ミオシン頭部は再びP_iを排除しアクチンに結合することが可能となる。

● 目に見える筋収縮

この過程1サイクルごとにATP分子が1つ消費され、アクチンフィラメントが約10nm移動する。この運動がすべてのサルコメアで生じるため、筋全体としてはもとの長さに対し約1%の収縮となる。このサイクルが何度も繰り返されることで、より大きなフィラメントの移動、つまりは筋の約10%の生理的収縮が得られる。この際、必ずしもすべてのミオシン頭部がこのサイクルを何度も繰り返す必要があるのではない。高親和性の結合部位が開放されると、数多くのミオシン頭部がボートのオールのように同時に活動を行うわけではない。これは1つの

ミオシンフィラメントに含まれる複数の頭部においても同様である。このサイクルの実行はむしろランダムなものであり、そのためどの時点においてもさまざまな活動段階にあるミオシン頭部が混在している。こうして、1つのミオシン頭部がATP分子と新たに結合し、アクチンフィラメントから分離した時、即座に次のミオシン頭部がアクチンフィラメントに結合しこれを引き寄せることが可能となっている。もちろん、この後続するミオシン頭部によるアクチンフィラメントの連続牽引が可能となるには、その前サイクルのミオシン頭部が屈折後即座にアクチンフィラメントから分離する必要がある。したがって、速筋内のミオシンは、ひときわ素早いADPからの分離と、非常に迅速な新しいATP分子との結合を特徴としている。

● 筋力の発生

ミオシン頭部のてこ部分が、屈折によりアクチンフィラメントを常に約10nmサルコメアの中央方向へ引き寄せることができるとは限らない。大きな負荷を保持する、あるいはこれを持ち上げようとする時には、ミオシン頭部が活動しているにもかかわらず筋の長さは変わらない（等尺性収縮、p. 65を参照）。このような場合、てこ部分は通常通り屈折することができない。その代わりに、屈折（図2.3bの右下に示した点線から実線への移動）の際、触媒中心領域の結合部位において柔軟に変形する。ミオシン頭部はバネのように柔軟に緊張し、アクチンフィラメントに対し弾性の復元力を負荷する。ここでは筋の収縮によってではなく、ミオシン頭部によって筋力が生産されることになる。

てこ部分が屈折しないため、触媒中心に取り残されたADPの排除が困難となり、時間がかかる。好都合なことに、これによりミオシン頭部が緊張し、出力している時間は伸びることとなる。したがって、屈折によりアクチンフィラメントをM線の方向への牽引を通じて筋収縮に貢献するミオシン頭部とは異なり、緊張下にあるミオシン頭部はより長い時間筋力の生産に関与している。ADPの分離が遅れれば遅れるほど、ATPの消費も減り、姿勢筋などで必要とされる持久的な出力が可能となる。

さまざまなミオシンのタイプ（遅いアイソフォーム・速いアイソフォーム）は主にこの特性により分類される。姿勢筋は遅いタイプのミオシンを発現し、高い経済性を持って（少ないATPの消費で）長時間筋力を生産することができるのが特徴である。筋収縮の遅さ、不完全さの代償として、この高い経済性が得られている。ADPの分離に時間がかかり、次のATP分子との結合が遅れるため、ミオシン頭部屈折後の高親和性結合部位の開放も遅くなり、そのため次のミオシン頭部によるアクチン

生理学の基礎

フィラメントの移動が抑制される。そのため、姿勢筋のミオシンは素早い動きには向いていない。

> **MEMO**
> 筋力と筋収縮は共に、同一の分子プロセス、すなわちミオシン頭部とアクチンフィラメントの周期的な相互作用をもとにしている。

■ 筋の弛緩

カルシウムイオンはカルシウムポンプの能動的な働きにより筋形質から筋線維の縦方向に走る筋小胞体の管（縦行系：図2.2b）へと移される。このカルシウムポンプは筋小胞体の膜に存在し、この能動的な輸送にATPを消費する。そのためカルシウムATPアーゼとも呼ばれている。運動ニューロンによる筋線維の刺激が止まると、筋小胞体からリアノジン受容体を経由した筋形質へのカルシウムイオンの流入も止まる。筋小胞体へのカルシウムイオンの逆輸送が活発化し、筋形質内のカルシウムイオン濃度は低下する。そのためトロポニン分子上の結合部位からカルシウムイオンが離脱し、トロポニン-トロポミオシン複合体は再び元の位置に戻り、アクチンフィラメントにあるミオシン頭部に対する高親和性結合部位が遮蔽される。こうして、ミオシン頭部がその周期運動を継続することが不可能となり、筋の出力や収縮ができなくなる。こうして筋は弛緩する。

■ 筋収縮の時間的経過（メカノグラム）

● 単収縮

筋収縮の時間的経過はメカノグラムに記録することができる（図2.4a）。筋収縮が単一の活動電位により引き起こされた場合、これは単収縮と呼ばれる。単収縮の過程にはさまざまな段階が含まれている。

- 潜時：筋活性電位の開始から筋力発動の開始あるいは筋収縮の開始までの時間。筋線維膜の刺激に始まり、アクチン上のミオシン結合部位の開放、さらにミオシン頭部の屈折までの過程がここに含まれる。潜時は数ミリ秒程度の長さを持つ。
- 頂時（ピーク時）：筋の最大出力あるいは最大の能動的収縮が得られる時間。
- 弛緩時：最大出力から完全弛緩に至るまでの時間、あるいは最大収縮から収縮前の状態に戻るまでの時間。この弛緩時間は基本的にカルシウムイオンが筋形質から除去される速度およびミオシン頭部からの

ADPの脱離速度により左右される。一般的に弛緩時は頂時よりも長い（図2.4a）。

メカノグラムによる単収縮の時間測定により、ほぼ全ての骨格筋においてその内部に含まれる遅筋線維と速筋線維の分別が可能である（図2.4aとp.74を参照）：

- 遅筋線維（ヒラメ筋など）：ミオグロビンに富み（赤筋）、高い経済性を持つ（p.60を参照）。遅いタイプのミオシンアイソフォームを発現し、酸化酵素を介して好気性ATPを産生する。
- 速筋線維（腓腹筋など）：ミオグロビンが明らかに少なく（白筋）、経済性が低く速いタイプのミオシンアイソフォームを発現する。筋収縮のスピードが速い。糖分解酵素を通じて無酸素性ATPを産生する。

● スーパーポジション重畳（ちょうじゅう）

単収縮の長さに比べて（50-500ms：図2.4a）、骨格筋の活動電位の長さははるかに短い（数ミリ秒）。そのため、1度の単収縮の最中に次の活動電位が発生することがある。2つの活動電位の間隔が1つの単収縮よりも短い場合、重畳（スーパーポジション）の原理により、機械的応答の増大につながる（図2.4b：二重刺激）。連続する活動電位は反復的な機械的応答を誘発する。活動電位の周波に応じて、個別の反応は部分的にあるいは完全に融合することがある（図2.4b）。この現象はそれぞれ「不完全強縮」または「完全強縮」と呼ばれている。個別の運動単位内では、たとえそれが最大の随意神経支配を受けているとしても、通常は部分的な重畳が得られるのみである。

例えば高周波の電気刺激などによる際だった重畳あるいは完全な強縮は、即座にサルコメアにおける均一性の崩壊を引き起こす。このことはサルコメア中心部のミオシンフィラメントの仕組みを見れば、容易に理解できる。サルコメアの両半分にある活動中のミオシン頭部が生み出す力に差が生じれば、本来サルコメアの中央に位置するミオシンフィラメントの位置にずれが生じるからである。チチン分子が持つ弾性による復元力は、このようなずれを相殺するには弱すぎる。チチン分子の働きによりミオシンフィラメントが本来の位置、つまりサルコメア中央に戻るにはまず、ミオシンフィラメントが完全に弛緩している必要がある。筋線維内における複数のサルコメア間のわずかな力の差異にもまた、同じことがあてはまる。弱いサルコメアは引き伸ばされ、それによりアクチンフィラメントに作用することが可能なミオシン頭部の数が減少する。したがって出力が少なくなる。加えてここでもまた、伸張により増加する受動的な力（受動的

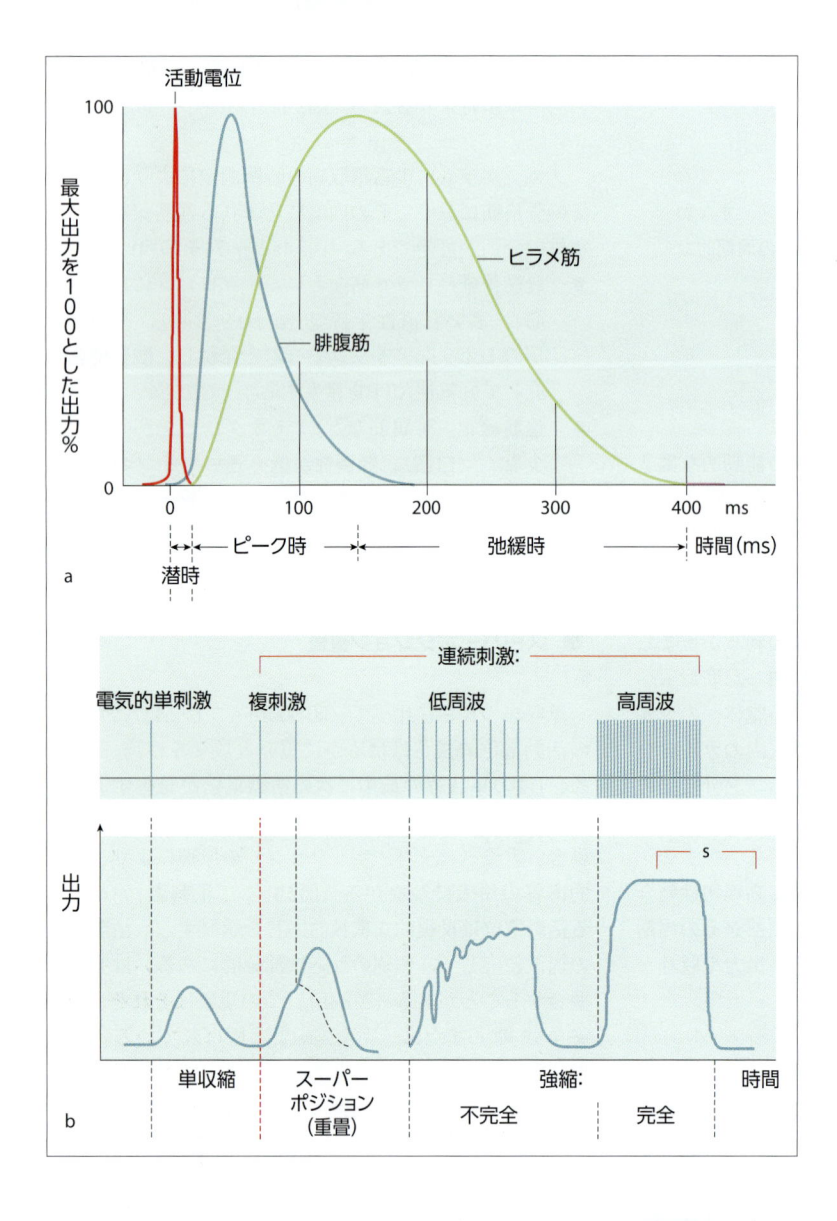

2. 生理学の基礎とスポーツ生理学的側面

図 2.4a、b　メカノグラムと重畳現象
a　活動電位速度と対比した速筋線維（腓腹筋）と遅筋線維（ヒラメ筋）のメカノグラム。
b　直接電気刺激に対する骨格筋線維の機械的応答。単刺激、複刺激、連続刺激など、さまざまな刺激周波に応じて重畳の規模も変化する。

静止張力曲線）は、この能動的出力において生じた差を相殺するには十分ではない。サルコメア対サルコメアの関係における不均一性もまた、完全な弛緩により初めて解消する。

Caution
骨格筋線維に高周波の刺激を与え、個別の活動電位により誘発される単収縮を重畳させることは可能である。これに起因する長時間の収縮はしかし、局部的な過伸張あるいは過収縮による構造的な不均一性を増加させるリスクをはらんでいる。

〈3〉随意運動における筋力の調節

骨格筋では、1つの運動単位における単収縮の振幅は実質的には一定である。運動ニューロンからの1つ1つの活動電位は、その運動ニューロンに支配されるすべての筋線維で反応を呼び起こす。さらに個々の筋線維は刺激に対し、実質常に同じ収縮幅を持って応答する。したがって、運動単位の単収縮は「オール・オア・ナッシング」な動きを見せる。

ところが、随意運動ではさまざまな強度の筋出力や収縮が可能である。弱い随意運動では、運動ニューロンに6-8Hzの活動電位が発生する。個別線維または個別の

生理学の基礎

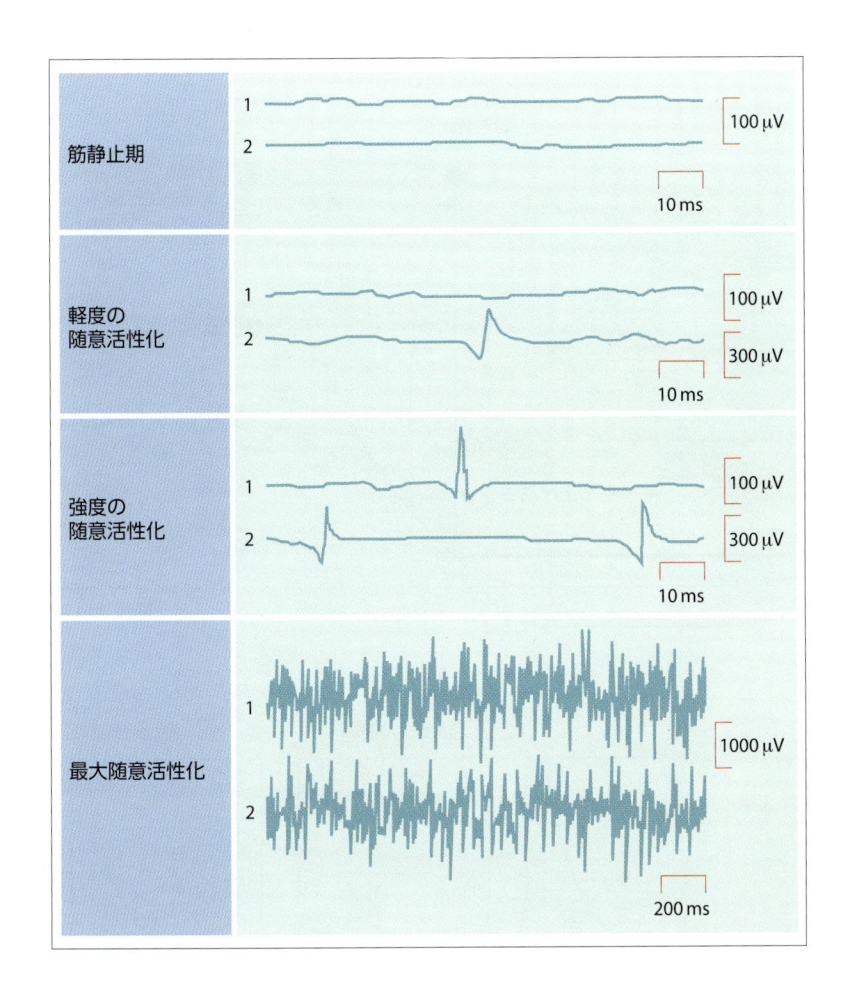

図 2.5　筋静止と随意神経支配の筋電図
2本の針電極を用いて得た2つの運動単位からのシグナル。筋静止時には活動電位が確認されていない。随意活性化が強まるにつれ2つ目の運動単位が動員され、両運動単位において活動電位の頻度が増加する。

運動単位は、これに応じた反復的な収縮を示す。個別の運動単位はそれぞれの運動ニューロンにより非同期的な制御を受けるため、たとえ個別の運動単位が一連の単収縮反応のみを見せるとしても、応答の総和は重なり合い、一定の収縮活動となる。運動ニューロンからのインパルスの増強により、個別の運動単位の収縮頻度が増し、筋全体としては一定の収縮過程における出力の増加となる（時間的加重）。付加的な運動単位の活性化（動員）を通じても、負荷時に発生した筋力や収縮速度を増強することが可能である。運動単位が小さければ小さいほど、つまり個別の運動単位で生じるパワーが小さければ小さいほど、筋機能の段階化（グラデーション）は繊細なものとなる。

　運動単位の活動は筋電図を用いて記録することができる。電極を筋組織に挿入することで（針電極）、個々の運動単位の活動を追跡することが可能である（図2.5）。

Caution
随意的な筋力は、個々の運動単位における活動電位の周波数（頻度）の上昇だけでなく、追加の運動単位の動員によっても増強することができる。活動電位頻度が高くなると個別応答の重畳が増し、骨格筋線維における構造的な不均一性が増加するリスクが高まる。

⟨4⟩ 筋収縮の形態

　筋力および筋収縮と筋の長さとの間の関係をパフォーマンスチャート（長さ-出力グラフ：図2.6）に示した。

63

2. 生理学の基礎とスポーツ生理学的側面

図 2.6　骨格筋収縮形態のパフォーマンスチャート（長さ‐出力グラフ）

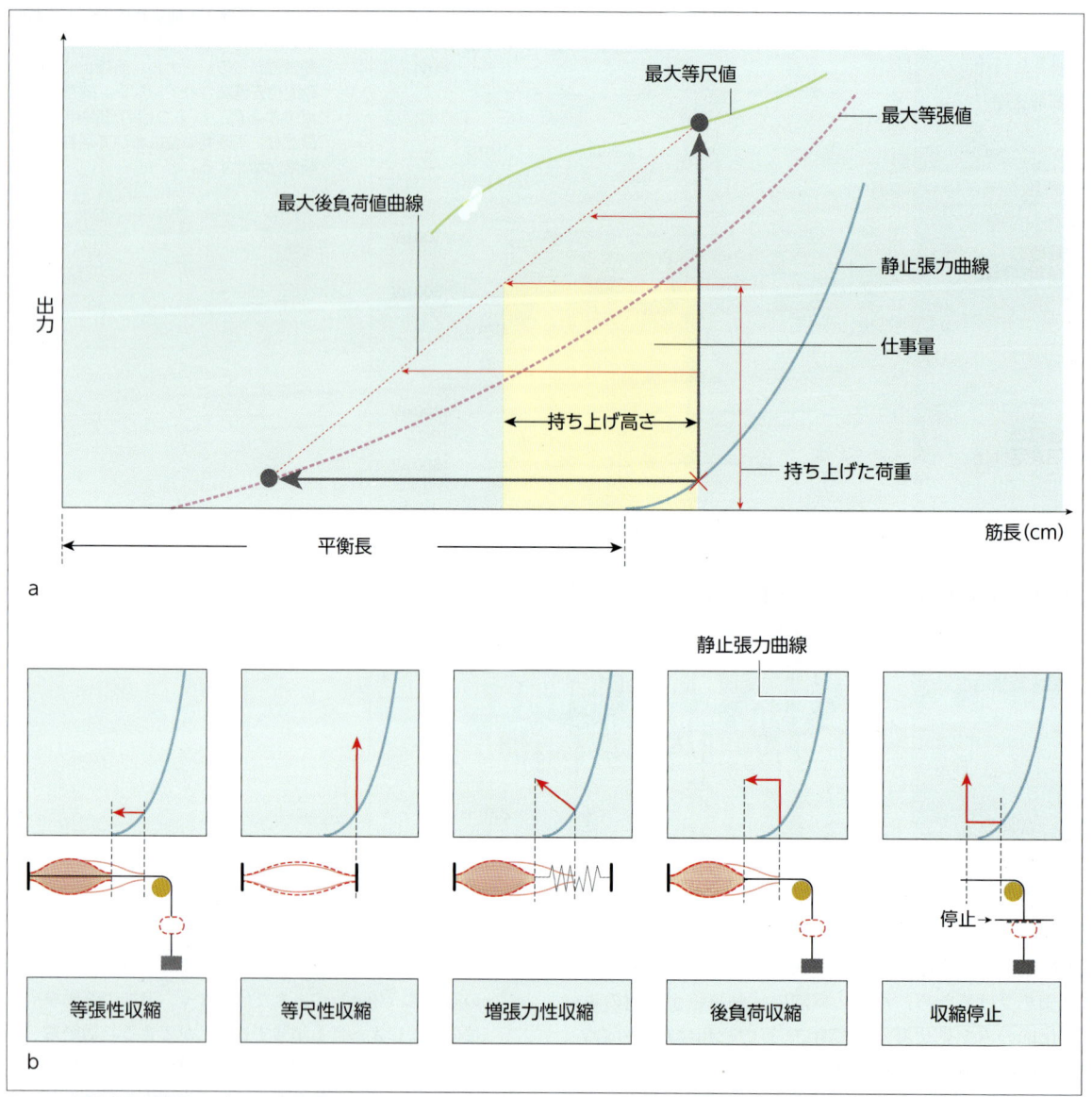

a　静止張力曲線および最大等尺値曲線と最大等張値曲線のパフォーマンスチャート。さらにある1点（x）に対する最大後負荷値曲線も含む。また、この点には3つの異なる荷重に対する等尺性および等張性収縮および後負荷収縮が示されている。後負荷収縮の1つに対しては物理的仕事量も記している。これは持ち上げた荷重と持ち上げ高さの積に、つまり両単位により囲まれた面（黄色）に相当する。

b　等張性収縮、等尺性収縮、増張力性収縮、後負荷収縮、および停止収縮のグラフ。

■ 静止張力曲線

単離した筋が興奮していない状態で持つ長さを平衡長と呼ぶ。平衡長は通常、骨格に結びついた状態での静止位の長さ（筋の静止長）よりもわずかに短い。筋はその平衡長を超えて伸ばされると、その伸張に伴い飛躍的に増加する受動的復元力が発動する。この受動的な出力の主な原因はサルコメア内のチチン分子である（図2.1a）。グラフ内でこの受動的張力を表しているのが静止張力曲線である（図2.6a）。

■ 等張性（アイソトニック）収縮

等張性収縮とは、筋張力あるいは負荷が一定で変化しない時に生じる筋収縮のことである（図2.6b）。この収縮形態が見られるのは、例えば弛緩した単離骨格筋に荷重をつり下げた時であり、この時筋はまず受動的に伸張し、この受動的伸張力がつり下げられた荷重の重量に等しくなった時に静止する。この筋に刺激を与え荷重を持上げる時に働くのが等張性収縮である。能動的な収縮時も荷重の負荷は一定であり、筋は荷重を持ち上げるために、その負荷と同じだけの張力を対立方向に向けて働かせる必要がある。

グラフにおいて、静止張力曲線を基準として、それぞれの筋長ごとに最大限の収縮を横軸（等張性）の左方向（収縮）に記入し、こうして記入された点を結ぶと曲線となる。この曲線は最大等張値を表している（図2.6a）。

■ 等尺性（アイソメトリック）収縮

等尺性収縮では筋の両端が固定されている（図2.6b）。そのため筋の長さに変化はない。姿勢筋の働きなどがその好例である。腱の伸張を考慮に入れない限り、サルコメアの長さが一定であることがこの収縮形態の特徴である。高親和性結合によりてこ部分が屈折すると、ミオシン頭部が（部分的にはアクチンフィラメントとミオシンフィラメントも）弾性に緊張する。こうして生じる弾性の復元力は、外部から筋力として計測可能である。したがって、最大筋力は同時に活動するミオシン頭部の数によって左右され、筋内の全線維の総断面が大きければ大きいほど、強くなる。

筋の平衡長は、その受動的張力（静止張力曲線）と刺激により生じる能動的な等尺性張力の両方の力に対して影響を持つ（図2.6a）。それぞれの筋長において、受動的な力と能動的な力を足したものが等尺性の最大張力と

なる。その理由はチチンフィラメントとアクチンフィラメントの平行配置にあり、この配置が一方では受動的張力を発生させ（チチンフィラメント）、もう一方ではミオシン頭部により生産された能動的張力を伝達する（アクチンフィラメント）。能動的な等尺性張力は平衡長の領域において最大であり、この領域を超えて筋が長くなっても、また短くなってもその力は低下する。グラフ上で静止張力曲線を基準として、産出された能動的等尺性張力を上に（等尺性収縮）記入し、その点を結ぶと最大等尺値の曲線が現れる（図2.6a）。

■ 増張力性（オークソトニック）収縮

増張力性収縮では筋長と張力が同時に変化する（図2.6b）。関節の運動は有効なてこ柄の長さに影響されることが多い。これにより、荷重が一定の場合でも、これを持上げる筋にかかる実質的な負荷が筋収縮に伴い変化する。いわゆる正の（ポジティブな）増張力性収縮では筋収縮に伴い負荷が上昇し（図2.6b）、負の（ネガティブな）増張力性収縮では逆に減少する。

> **MEMO**
> 等張性収縮、等尺性収縮ならびに増張力性収縮が筋収縮の基本形態である。

■ 後負荷収縮と停止収縮

● 後負荷収縮

後負荷収縮は複合的な収縮形態であり、その典型例は物体を持上げる時の筋収縮である（図2.6b）。2つ段階で構成されている。

- 第1段階：第1段階では、筋はまず持ち上げる物体の重さに相当する力を出力する必要がある。筋長は変わらないまま、能動的な張力が上昇する（等尺性段階）。
- 第2段階：第2段階では、筋収縮により物体が持ち上げられる（等張性段階）。健常組織における第2段階は、有効なてこ長さが変化する。したがって厳密には、この段階は等張性ではなくむしろ増張力性の収縮である。

持上げる負荷が小さいほど、後負荷収縮による持ち上げ高さは高くなる（図2.6a）。グラフ上、最大後負荷値曲線で表されているのがそれである。この際、所与の筋長で可能な純粋に等尺性あるいは等張性の収縮が、この曲

線の終点をなす。この曲線は、基本的に対応する等張性および等尺性収縮の終点間を結ぶ直線に相当している。静止張力曲線を基準として、筋長ごとに最大後負荷値曲線を新たに算出する必要がある。

● 停止収縮

停止収縮もまた複合的な収縮である。その典型例は咀嚼運動である（下顎の閉鎖：図2.6b）。
- 第1段階：第1の等張性の段階で筋が停止位置にまで収縮する（顎の閉鎖）。
- 第2段階：第2の等尺性段階では筋長に変化のない等尺性収縮（咀嚼圧）が行われる。

MEMO
後負荷収縮と停止収縮はどちらも、等尺性と等張性あるいは増張力性の段階からなる複合的な収縮形態である。

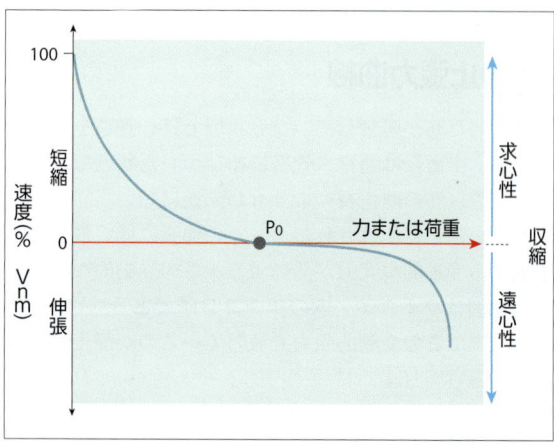

図2.7　骨格筋の筋力あるいは荷重と短縮あるいは伸張速度の関係
外部からの荷重が等尺性最大張力よりも小さい場合、筋は短縮する（求心性収縮）。外部からの荷重が存在しない場合、短縮の速さは最大となる（V_{max}）。荷重が増加するにつれ、短縮の速度が低下する。荷重が等尺性最大張力と等しくなると（P_0）、筋は短縮も伸張もせず、等尺性の収縮を示す。外部からの力や荷重がP_0よりも大きくなると、収縮する筋が伸張される（遠心性収縮）。

筋仕事量

物理的な筋仕事量は負荷と持ち上げ高さの積に相当する。筋が出力する必要がある張力は、持ち上げる負荷に等しい。そのため後負荷収縮における物理的筋仕事量は、長さ-出力グラフの中では持ち上げ高さと持上げる負荷を軸とした四角形の平面として表される（図2.6a）。中程度の負荷の時、仕事量が最大となり、負荷がこれより大きくても小さくても、仕事量が低下する。等尺性の最大出力（持ち上げ高さ＝0）に相当する負荷に対して、あるいは負荷のない状態での収縮（負荷＝0）においては、その積は0となるため、物理的仕事量は0である。にもかかわらず、両収縮の過程においては架橋周期でATPが変換される。ATPの加水分解により生じる化学的エネルギーは熱として放出される。

筋の負荷と収縮速度の関係

後負荷収縮における第2段階（等張性段階）で計測される筋の収縮速度と、持ち上げた負荷あるいは負荷を持ち上げるに必要な筋力とを対比したものが、負荷-速度グラフ、あるいは出力-速度グラフ（図2.7）である。無負荷時、筋の収縮速度は最大となる。負荷の上昇に伴い収縮速度は双曲線を描いて減少する。負荷が等尺性最大張力と等しくなると、収縮速度は0となる。つまり、筋はそれ以上収縮できなくなる（等尺性収縮）。

同じことは筋を引き伸ばす力にも当てはまる。伸張力の上昇に伴い収縮速度が減少する。伸張力が等尺性最大張力を越えると、筋は活性化しながら引き伸ばされる。山下りなどのブレーキ運動、あるいは拮抗筋による運動の微調節などにとってこの機能領域は非常に重要な意味を持つ。伸張下、能動的に収縮する筋により、等尺性最大張力の2倍にまで及ぶ力が創出される（図2.7）。

求心性／遠心性収縮

筋が短くなる収縮はすべて求心性（短縮性）収縮と呼ばれている。負荷が等尺性最大張力よりも小さく、そのため負荷が筋の短縮により持ち上げることができる後負荷収縮などがこれに含まれる（図2.6a & bと図2.7）。筋が収縮時に長くなる（伸張する）場合は、遠心性（伸張性）収縮と呼ぶ（図2.7、伸張）。

Caution
遠心性収縮では活性筋は外からの力（負荷、ブレーキ運動、拮抗筋）により伸張される。この時に生じる高い出力により微小な損傷が発生するリスクが高まる。この微小損傷は修復期に痛みを伴うことがある（筋痛）。

必要に応じた収縮時間の調節

例えば物体を持ち上げる時、運動単位を制御する活動電位の周波数（頻度）の上昇（時間的加重）や運動単位

の動員を通じて総出力を増強することができる。これにより負荷が同じ時は、個々の筋線維にかかる負担が減少する。出力-速度グラフに見て取れるように、より速く物体を持ち上げることができる。同様に、伸張および伸張に対し制御的な拮抗作用を持つ筋の制動的な働きにより、運動の速度も正確に調節することが可能である。

筋収縮速度はさらに、活性筋線維のタイプによっても左右される。たいていの骨格筋は遅筋線維と速筋線維の両方を含んでいるが、その割合は筋によりさまざまである。このことは動員や上記のような調節だけでなく、速いまたは遅い運動単位の選択によってもまた、筋収縮速度の必要に応じた適応も可能であることを意味している。

⟨5⟩ 神経節制御機序

複雑な運動も含めた骨格系の動きはすべて、筋線維の出力と長さの変化をその基礎としている。空間的、時間的に緻密に調節されたたくさんの筋の相互作用が、複雑な運動プロセスを可能としている。したがって運動活動とは、関連筋群に対する運動単位のα運動ニューロンによる極めて綿密に調節された神経支配の産物である。これにはいわゆる運動だけでなく、姿勢のコントロールも含まれている。目的を持った運動（標的運動）は姿勢の適切な適応（姿勢運動）を前提としている。姿勢の適応や変化は、姿勢筋運動単位の協調活動によるものである。

■ 随意運動の階層構造

目的・意図を持った運動は「階層的カスケード」を介して実行される。これには、意図に始まり、計画とプログラミング、さらに関与運動単位のα運動ニューロンによる複雑な活動をもとにした筋組織の適切な操作、すなわち運動の実行までのすべての段階が含まれている。

運動意図が発生するのは脳皮質内（前頭皮質など）あるいは皮質下（辺縁系など）の動機領域である。運動意図の運動計画（決心）への変換は運動連合皮質で行われる。運動実行のためのプログラミングには運動皮質、大脳基底核、運動視床、そして小脳が関与している。そして実行は運動皮質によって開始および制御される。計画された運動の実行に際しては、神経回路を通じて脊髄に保存されている運動サンプルが遠心性神経支配を通じて呼び出される。

> **MEMO**
> 随意運動は中枢で喚起され、制御される。脊髄レベルにプログラミングされている運動サンプルを呼び出すことで随意運動は実行される。

● 運動の微調節（標的運動と姿勢運動）

運動の微調節には姿勢と計画された運動の正確なコントロールが不可欠である。そのためには、関与するα運動ニューロンの活動パターンの変化を通じて、姿勢ならびにさまざまな活性筋線維の緊張や長さが必要に応じて継続的に調節される必要がある。これには例えば拮抗筋の働きにより運動の速度を抑制するなどの、作動筋と拮抗筋の正確な操作が含まれる（p. 66を参照）。また姿勢筋の緊張の維持や、運動時の姿勢の変化に応じた適応などもその例である。これらの働きは、随意運動に抵抗する不適切な制動力の発生を避けるためにも重要である。

組織発達史的観点から見て、このような複合的なコントロールは古小脳および運動脳幹中枢の役割である。これらは骨髄レベルにおける神経回路の活動およびその結果としての運動パターンをリフレッシュする働きを持つ（脊髄反射）。この時、筋長、筋力、関節の位置あるいは触覚の受容器からの求心性感覚神経、またこれに加えて視覚あるいは平衡感覚系からの求心性神経が、計画された運動のその時点における実行状況に関する情報を上位中枢へと伝達する。予定された運動と実行状況の間に隔たりがある場合、脊髄レベルにプログラミングされている運動パターンが遠心性神経路を通じて調整され、最終的に計画と実行の同期が計られる。

> **MEMO**
> 求心性感覚神経の介在のもと、上位の運動中枢が随意運動の実行をコントロールする。遠心性神経路を通じて脊髄レベルにプログラミングされている運動パターンの選択や活性化が必要に応じて修正適応される。

● あらかじめプログラミングされている
　運動コンポーネント

複雑な随意運動には、常に無意識に実行される運動コンポーネントが含まれている。これら運動コンポーネントは個別に調査することができ、一般に「脊髄反射」と呼ばれている。筋組織の長さや出力の制御、あるいは嚥下、呼吸、歩行や走行などの複雑な動きなどで用いられる姿勢および運動パターンのストックとでも言うべきものである。随意的な運動では、これらの基本パターンが複合的な運動に組み込まれ、その原型の認識は不可能となる。同時に、上位中枢はこれら基本パターンの実行に関与する必要がなく負担が減少する。つまり上位中枢は運動全体の制御や矯正に専念することが可能となる。

> **MEMO**
> 固有反射などの脊髄反射、あるいは交叉伸展反射のような多シナプス反射は、脊髄レベルにプログラミングされている運動パターンの例であり、少なくとも部分的には臨床検査が可能である。

● 規制の回避

非常に素早い運動では、時間の短縮のため、求心性感覚神経による運動活動の絶え間ないチェック（規制）を回避することが可能である。操作原理にのっとって、ここでは時間がかかる意図した運動と実際の運動の逐次チェックは省略され、代わりに「練習された」行動パターンが呼び出される。ただし運動の速さを得るために、その精密さや再現性が犠牲にされる。その結果として、拮抗筋の不適切な過緊張など、誤調節のリスクが高まる。特にそのリスクが高まるのは行動パターンが十分に練習されていない場合である（第6章「既往歴・臨床検査・分類」を参照）。

● 神経筋規制・操作の標的組織としての運動単位

極度に複雑な標的運動や姿勢運動ですら、その根本で作用する組織は運動単位である。たとえそれがいかに複雑な動きであっても、その基本は等尺性、等張性および増張力性収縮の組み合わせであり、これらの組み合わせを駆使して正確な筋の長さが確保され、また正確に制御されたスピードでもってこの長さに必要とされる変化が加えられる。また運動中に作用する負荷が変化した場合でも、筋力、筋長そして長さの変化の速度は正確にコントロールされ続ける必要がある。このコントロールの例としては、例えばてこの柄として働く関節の角度の変化を挙げることができる。

脊髄レベルでは2つの重要な神経回路が存在し、一方では筋の長さを、他方では張力を無意識かつ非常に高速に（反射的に）維持し、必要な場合には前もってプログラミングされていた運動を調節する役割を担っている。この2つの回路は機能的に調節回路と見なすことができる。この2つの調節回路（1つは筋の長さ、1つは張力）を通じて、個々の運動単位に属する運動ニューロンの活動が規制され、遠心性運動神経を通じて随意運動の実行がコントロールされる。

■ 筋長の調節（固有反射）

姿勢の維持や目的を持った運動などにおける筋長は必要に応じて調節される。α運動ニューロンの活動パターンの適応を通じて筋長が維持あるいは調節される。そのためには筋の長さが測られ（実際値）、意図した長さ（目標値）と比較される必要がある。この2つの値に差がある時は、実際値が目標値と同じになるようα運動ニューロンの活動パターンが変更されなければならない。

● 筋紡錘

筋紡錘は筋長のセンサーとしての働きを持つ。これは短い特殊な筋線維と紡錘内線維の集まりであり、結合組織のカプセルによって外部の骨格筋の線維（錘外筋線維）から隔離されている（図2.8a、挿入図：第1章「骨格筋の機能解剖学」も参照）。筋紡錘は紡錘外線維に対して平行に配置され、筋周膜に固定されている。

錘外筋線維の長さに変化が生じると、紡錘内線維の長さも変化する仕組みになっている。したがって筋紡錘を通じて、紡錘外線維の実際の長さを検知することができる。紡錘内線維の中央部は収縮性を持たない。その両端部につながる線維が収縮性を持ち、γ運動ニューロンにより神経支配されている。核袋線維あるいは核鎖線維と呼ばれる2種の非収縮性の錘内筋線維は、らせん形終末により取り巻かれている。これは求心性Ia線維の感覚終末であり、「一次感覚終末」と呼ばれることもある。核鎖線維の求心性Ia線維の周辺にはもう1つの感覚終末としてII線維の二次感覚終末がある（図2.8a、挿入図）。

生理学の基礎

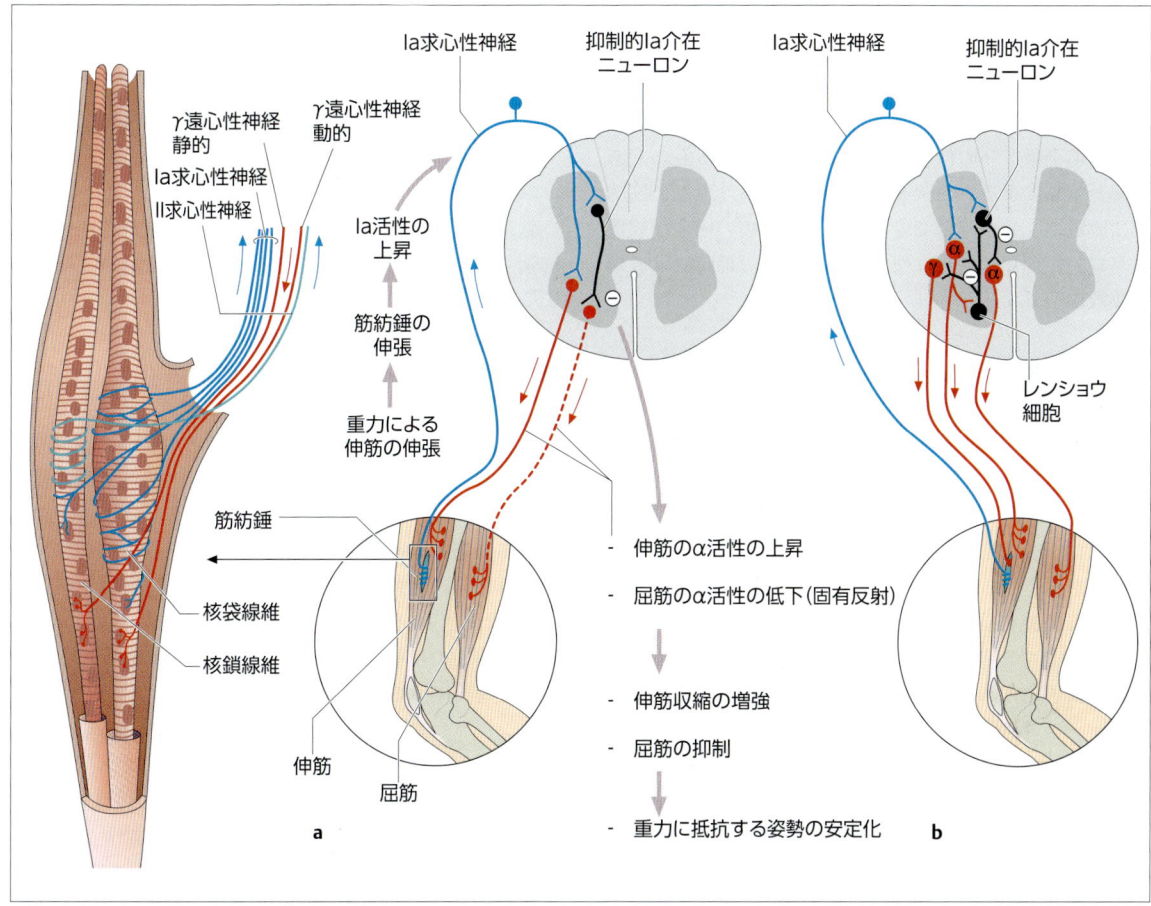

図2.8a、b **筋紡錘の神経支配、相反抑制および反回抑制による骨格筋の長さの制御**

a 抑制的Ia介在ニューロンを介した拮抗的運動ニューロンの相反抑制による筋長の調節回路（筋伸張反射）。
挿入図：筋紡錘の核鎖線維と核袋線維に対する求心性および遠心性の神経支配。それぞれ2種類の求心性感覚神経と遠心性運動神経が存在する。その大部分は動的なIa型求心性神経と静的なII型求心性神経であり、これらは紡錘内線維中央の非収縮性部位から発している。静的および動的なγ遠心性神経は紡錘内線維の収縮性部位につながっている。

b αおよびγ運動ニューロン、さらに付随するIa介在ニューロンからなる機能単位における反回抑制。レンショウ細胞はこの機能単位の活動をコントロールし、活性的および抑制的遠心性神経から影響を受ける。これと平行して中枢からの遠心性神経はαおよびβ運動ニューロンとIa介在ニューロンに対して直接連絡している。

● 筋紡錘の遠心性神経支配

紡錘内線維両端部の収縮性部位は紡錘外の筋組織と同様に運動神経支配を受けている（図2.8a、挿入図）。遠心性神経はα運動ニューロンと共に脊髄前角にあるγ運動ニューロンに発祥している。核袋線維が主に短時間、段階的に活性化される一方で、核鎖線維は長時間持続的に緊張し収縮することができる。γ遠心性神経の放電周波数を通じて、紡錘内線維両端にある収縮性部位の緊張に変化が生じ、筋紡錘の閾値と感受性が設定される。

● 筋紡錘の放電

核鎖線維と核袋線維中央の非収縮性部位における長さやその変化が筋紡錘の刺激となる。IaおよびII求心性神経から脊髄へは、静止時においても活動電位が流れている。筋が静止長から引き伸ばされると、核鎖線維と核袋線維中央の非収縮性部位が、さらにはその状況に応じてIaおよびII軸索の受容膜にも引き伸ばす力が加わり、これにより機械受容イオンチャネルが開放される。そのため膜電位に変化が生じ、結果として求心性活動電位の周波数が上昇する。伸張が終わり元に戻ると、求心性神経の周波数もまた低下する。Ia求心性神経の放電周波数は感覚受容部位の長さ（伸張）に比例する。また、伸張や

その終了時には短時間の過放電（動的、特異的活性）も確認できる。一方、二次終末の放電周波数は常に長さに比例している。

紡錘内線維の収縮性部位に対するγ遠心性神経に変化がない場合は、筋の伸張時、それが弛緩によるものであろうと緊張によるもの（遠心性収縮）であろうと、筋紡錘に放電の上昇が確認できる。等尺性収縮の場合は放電に実質的な変化は見られない。等張性の短縮時には放電周波数が低下する。

● 求心性神経と回路

求心性神経（Ia型とII型）は後根を経由して脊髄に到達する（図2.8a）。そこから後角を超えて直接にあるいは中間ニューロンを経由して、それが所属する同側筋（固有反射）の紡錘外線維運動前角細胞（α運動ニューロン）につながる。

Ia型求心性神経はそれが所属する筋のα運動ニューロンに脊髄で直接接続し、そこで興奮性シナプスをなす。二次終末からのII型求心性神経もまた所属筋のα運動ニューロンに接続するが、通常介在ニューロンを経由している。さらに別の介在ニューロンを経て協力筋のα運動ニューロンにも接続する。筋の伸張に伴いα運動ニューロンは脱分極する。その結果として、遠心性活動電位の周波数が上がり、伸ばされた筋のより強い収縮が促される（図2.8a）。つまり、Ia型とII型の求心性神経により、伸張が抑制される。筋伸張の終了や短縮の場合は逆である。筋長は、錘内筋線維の収縮性部位に接続するγ遠心性神経により規定されている長さで安定する。

● 相反抑制

Ia求心性神経は上記のように脊髄において所属する筋のα運動ニューロン（同側α運動ニューロン）に接続している。しかしそれだけではなく、脊髄内で分枝し、中間ニューロンに至り、さらに抑制シナプスを経て拮抗筋のα運動ニューロンへと通じている（図2.8a）。つまり、筋の伸張時、α運動ニューロンの活性化によってのみ伸張が調節されるのではない。拮抗筋のα運動ニューロンも同時に阻害され（拮抗筋の相反抑制）、作動筋の修正短縮に対する拮抗筋の抑制的な働きが弱まる。

拮抗筋からのIa求心性神経も同様の接続を持つため、外部からの重力によりもたらされる関節位置の変化は合計4つの経路によって伝達される。これらはすべて関節の位置・形状の変化に抵抗する働きを持つ。

- 伸筋内筋紡錘の伸張は伸筋運動ニューロンの興奮を促進する。
- これと連関して、屈筋運動ニューロンの興奮性が相反抑制を介して抑制される。
- 屈筋内筋紡錘の伸張が終了し、元の状態に戻り、屈筋運動ニューロンの活性が弱まる。
- 同様に、伸筋運動ニューロンの相反抑制による作用も低下する（脱抑制）。

結果として、伸筋運動ニューロンの興奮が高まり、屈筋運動ニューロンの興奮が静まる。姿勢は重力に抵抗して安定する。

● 反回抑制（レンショウ抑制）

α運動ニューロンは脊髄に逆行性の軸索側枝を有し、これは介在ニューロンであるレンショウ細胞に興奮性シナプスを形成する。一方、レンショウ細胞はここから再出するα運動ニューロンともシナプスを形成する。レンショウ細胞はそのシナプスに抑制的な伝達物質グリシンあるいはGABAを放出し、この再出運動ニューロンを抑制する。この単純な機構により同一のα運動ニューロンの活性を抑制することができる。

レンショウ細胞はα運動ニューロンだけでなく、拮抗筋の相反抑制作用を伝達するγ運動ニューロン、およびそれと連絡するIa介在ニューロンも抑制する。すなわち、レンショウ細胞は筋の伸張時などにおける対立的調節作用の規模に影響を与える。この調節作用は、同側筋とその作動筋の対立的調節の抑制により、あるいはまた拮抗筋の相反抑制作用の抑制によりもたらされる。制御工学的には、この相反抑制は筋組織における長さ調節操作の減衰作用と見なすことができる。その抑制効果はレンショウ細胞に至る下行路により影響され、変化する。これは「機能単位」の一部であり、同一の関節に作用する作動筋と拮抗筋の活性化と抑制を協調させる働きを持つ（図2.8b）。

レンショウ細胞の働きが弱まると、運動の微調節機能が損なわれることになる。結果として、過剰な対立的調節や拮抗筋の過緊張などが発生する。したがってアスリートはリラックスができず、爆発的な出力などの目的・課題を最適な形でこなすことが不可能となる。運動時には、拮抗筋の過緊張に打ち勝つ必要が生じる。そのためにはまず、付加的な運動単位が動員される必要がある。また一方では、個々の運動単位に対する遠心性神経の周波数が高められなければならない。そのため、重畳の発生率が上昇し、個別の運動単位における緊張が過剰なものとなる。この神経筋のコントロールミスが「いわゆる肉離れ」の原因であると考えることができる（第6章「既往歴・臨床検査・分類」を参照）。協調不全が続くと、サルコメアの均一性不全の増加に始まり、重畳の増加（p. 61を参照）、修復不能な構造的損傷（いわゆる肉離れか

ら筋線維断裂）にまで障害が発展することもある。

● γループとα-γ共活性化

　筋紡錘とその回路を介して、筋の長さは錘内筋線維の非収縮部位の事前伸張により決定される長さで安定する。この筋長安定化機構のもとにおいて、長時間のあるいは持続的な筋長の変化が生じると、目標値の、つまり錘内筋線維の非収縮部位の伸張の再設定が必要となる。この再設定は錘内筋線維の収縮性末端に対する遠心性のγ神経支配により行われる。中枢遠心性神経がγ神経支配だけに変化を与えると、脊髄求心性神経とその回路を介した筋長安定化機構の働きにより、α運動ニューロンの活動が高まる（いわゆるγループ）。反対に、中枢遠心性神経によりαおよびγ運動ニューロンが同時に刺激を受けると（α-γ共活性化）、紡錘外線維の長さと紡錘内線維の収縮性部位の長さが同時に変化する。こうして、筋紡錘からのフィードバックは運動の安定化と微調節に貢献している。

> **MEMO**
> 筋紡錘が筋の長さの目標値と実際値を比較・制御している。脊髄レベルでの神経回路を通じて、筋長は目標値に矯正される。この時、作動筋と拮抗筋が対立的に操作される。拮抗筋による対立調節ならびに相反抑制の程度はレンショウ細胞により抑制される。作動筋のα運動ニューロンとそれに随伴するγ運動ニューロン、ならびに拮抗筋のα運動ニューロンとそのIa介在ニューロンがレンショウ細胞と共に機能単位を構成する。これらが共通の関節に作用する作動筋と拮抗筋の活性化と抑制を共同支配している。

筋の力および緊張の制御（自原抑制）

● 腱器官

　筋腱移行部付近、腱のコラーゲン線維の間に無髄の神経終末がある。これは結合組織のカプセルに包まれ、「腱器官」または「ゴルジ腱器官」と呼ばれている（図2.9a、挿入図：第1章「骨格筋の機能解剖学」も参照）。コラーゲン線維に引く力が加わると、この無髄神経終末が刺激される。その位置に従い、腱器官は複数の錘外筋線維に加わる力あるいは緊張を感知する。この無髄終末は髄鞘化した神経線維であるIb求心性神経の終末分枝である。
　弛緩した筋が静止長になると、腱器官からのIb求心性神経も静止する。受動的な復元力を伴う受動的な伸張、あるいは等尺性収縮などにより筋力が能動的に生産されて初めて、Ib求心性神経のインパルスが上昇する。腱器官はしたがって、受動的筋力と能動的筋力（あるいは緊張）の両方に対するセンサーとして働く。

● 求心性神経と回路

　Ib求心性神経は後根から脊髄に入る。ここで抑制性の介在ニューロン（Ib介在ニューロン）を介してα運動ニューロンに作用する（図2.9a）。その結果、筋力の上昇はα運動ニューロンの抑制の強化につながる（いわゆる自原抑制）。筋力の低下は逆に、同一筋内における抑制の減弱（脱抑制）を意味する。したがって、過負荷からの保護だけが腱器官の役割ではないことが分かる。疲労などによる筋力の低下も脱抑制作用により相殺されることができる。腱器官とその神経経路の役割は、外部からの変化要因に対するコンスタントな筋力（または筋緊張）の維持にあると考えられる。このようなコンスタントな筋力の発動は、例えば等張性収縮にとって非常に重要である。

> **MEMO**
> 能動的筋力（筋緊張）も必要（等張性収縮など）に応じて調節回路を通じて正確な調節が可能である。筋力（筋緊張）を計測する感覚器官は腱器官である。

律動運動パターン

　筋の長さと力のコントロールだけでなく、歩行や走行などのリズミカルな運動もまた脊髄レベルの神経回路によりあらかじめプログラミングされている。律動運動パターンを生成するのは脊髄の神経回路（リズムジェネレーター）の役割である。四肢はそれぞれ独自の半中枢（脊髄の運動中枢）を持ち、各半中枢はほかの半中枢と互いに結びついている。リズムジェネレーターの基礎をなすのは交叉伸展反射を伴う屈曲反射である。（触覚や痛覚に対する）求心性神経は脊髄において、片側の屈筋群を協調的に活性化し、伸筋群を協調的に抑制するような仕組みになっている。逆に反対側では伸筋が活性化され、屈筋が抑制される。石を踏みつけるなどして痛み刺激を受けると、痛みから逃れるためにその脚の屈筋が活動する。この時、反対側の脚が同時に伸展することでこの動きがサポートされる。
　リズムジェネレーターを構成する要素としてのこの神経回路が、スタンドフェーズとスイングフェーズ、つまり伸筋（スタンド）と屈筋（スイング）運動の繰り返し

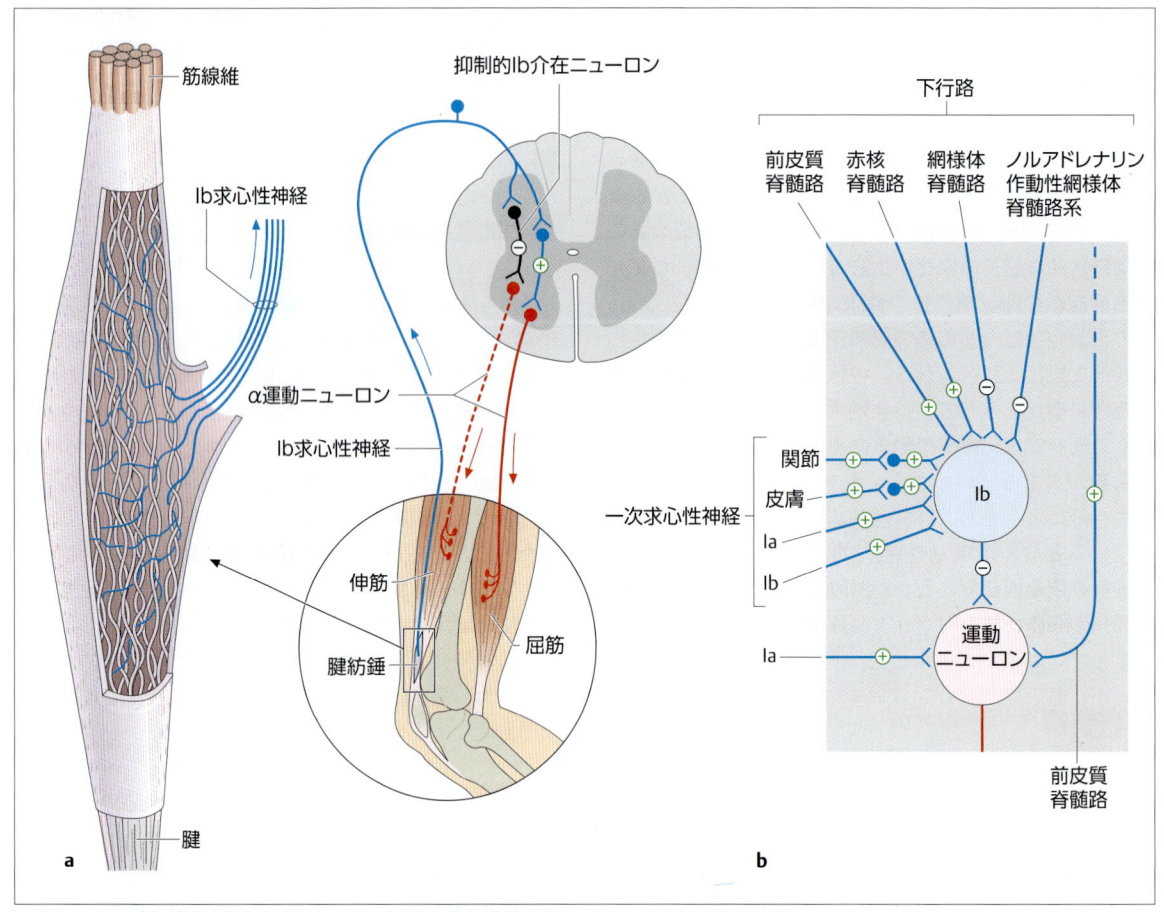

2. 生理学の基礎とスポーツ生理学的側面

図 2.9a、b　ゴルジ腱器官と Ib 介在ニューロンによる骨格筋の緊張の制御

a　筋力（機械的筋緊張）の調節回路。抑制的 Ib 介在ニューロンにより拮抗筋（と協力筋）が自原抑制され、活性的介在ニューロンにより拮抗筋が活性化される。疲労などによる筋力の低下（能動的筋緊張）に伴い拮抗筋の活性が低下し作動筋ならびに協力筋の抑制が弱まる。そのため、作動筋と協力筋への遠心性神経の活性が高まる。その結果、この例では、疲労にかかわらず筋力が保たれる。
挿入図：腱紡錘と腱のコラーゲン線維の間に入り込む Ib 求心性神経の自由終末

b　4 本の下行路と 4 種の末梢受容器が集中する抑制的な Ib 介在ニューロンの回路。一次求心性神経は興奮性の、下行神経路は部分的には活性的な、部分的には抑制的な作用を持つ。ここに示した接続回路は Ib 介在ニューロンを介して多様に接続される数多くの求心性神経と遠心性神経の統合の基礎的なものである。抑制的 Ib 介在ニューロンの活性が、付随する運動ニューロンの抑制と脱抑制を決定する。さらに運動ニューロンは介在ニューロンの介在なしに、つまり皮質脊髄路および筋紡錘の Ia 求心性神経から直接的に刺激を受けることもできる。

により成り立つリズミカルな歩行や走行運動を可能としている。つまり、このような相互協調的な律動活動は上位中枢ではなく、脊髄レベルにプログラミングされている。そして、このリズムジェネレーターのオンとオフを制御するのが中枢からの遠心性神経の役割である。

> **MEMO**
> スタンドフェーズとスイングフェーズの繰り返しで構成される歩行運動のような複雑な運動パターンもまた、脊髄レベルにあらかじめプログラミングされている。上位中枢の役割はこの運動のオンとオフの制御、ならびに意図した運動と実際の運動の比較にある。

■ 脊髄レベルにおける神経回路のプライミングと抑制

相反抑制に関与する Ia 介在ニューロンを励起するのは筋紡錘からの Ia 求心性神経だけではない。ほかの求心性末梢神経や下行神経路の数多くもまたこれに連関している。原則的には、運動ニューロンに接続するすべての求心性神経と下行路が、当該の運動ニューロンに付随する Ia 介在ニューロンにも接続している。こうして、特定の運動に特徴的な運動ニューロン群の操作の際に、付随する Ia 介在ニューロンにも確実に伝達が届くようになっている。これにより、拮抗筋の相互的な同時操作が可能と

なっている。

　同様に、Ib介在ニューロンもまたゴルジ腱器官（腱紡錘）からのIb求心性神経だけでなく、筋紡錘あるいは皮膚や関節の受容器からの一次求心性神経によっても刺激される。さらに下行路や刺激性あるいは抑制性神経路の数多くもIb介在ニューロンに接続している（図2.9b）。その促進作用や抑制効果を通じて、意図された運動にしたがい調節回路は開かれる、あるいは閉じられることができる。さらに、シナプス前抑制機序を介して個々の一次求心性神経を選択的に抑圧することも可能である。したがって、Ib介在ニューロンの領域では多様な形での求心性神経と遠心性神経の統合が実現される。

　下行路の役割の1つは、促通と抑制（脱促通）作用を通じて、運動プログラムに必要な介在ニューロンの数、およびそれにつながる運動ニューロンを選択することにある。さらに下行路はシナプス前抑制による一次求心性神経の開閉を通じて、それぞれの運動に必要な調節回路（長さの調節や力の調節など）を選択する役割も持つ。単シナプス的に直接α運動ニューロンに作用する皮質脊髄路と筋紡錘からのIa求心性神経と共に、それぞれの運動に不可欠な活性運動ニューロンがIb介在ニューロンを介して特異的に刺激され、意図した運動の現状に適応される。

MEMO

Ib介在ニューロンが制御の中心的役割を持つ。末梢からの一次求心性感覚神経ならびに刺激性と抑制性の下行路がここに集まる。Ib介在ニューロンを媒介として、意図された運動ごとに中枢遠心性神経の作用により、調節回路とそれに伴う運動単位が開閉される。Ib介在ニューロンへの進入路におけるシナプス前抑制を通じて、その都度必要とされる調節回路と一次求心性感覚神経（例えば長さのコントロールでは筋紡錘、力のコントロールでは腱紡錘が選択される。

HINT

上記のように、脊髄レベルの神経回路や、あるいは中枢遠心性神経や一次求心性神経によるその選択や調節は非常に複雑な仕組みを持っている。そのため、上位システムにおける障害は当然のこと、例えば床の材質の変化などによる末梢からの求心性刺激の変化もまた、標的運動や姿勢運動に影響を及ぼす（第6章「既往歴・臨床検査・分類」を参照）。その結果、筋組織の正常な緊張、正確に協調された運動プロセス（運動目的）や最大速度（瞬発力）が大きく損なわれることになる。

　一方、相反抑制あるいは反回抑制（p. 70を参照）の障害により、作動筋と拮抗筋の協調において機能的な問題が発生することもある。その結果例えば、随意運動に対する抵抗が強まり、この抵抗に打ちかつため作動筋トーヌスの増強が必要となる。そのため、個々の運動単位の活性の増強や付加的な運動単位の動員が必要となる。疲労により筋力が減退し、Ib脱抑制（p. 73を参照）の働きにより作動筋のα運動ニューロンの活性が高められる。全体的にα運動ニューロンの活性が増し、それにより最終的には重畳現象（p. 61を参照）が増加し、各運動単位の痛みを伴う強縮が発生する。これまでの臨床経験に照らし合わせてみると、神経筋コントロールにおけるこのような誤操作は「いわゆる肉離れ」のもとであり、その紡錘状の拡大を説明するカギであると見なすことができる（第6章「既往歴・臨床検査・分類」を参照）。また筋組織の微小構造における不均一性の上昇による筋線維断裂への移行などもまた、この機序をもとに説明が可能であると推測することもできる。調節回路の回避（p. 68を参照）により可能となる素早い運動や最大限の力を必要とする運動などは、このような微調節機構からの逸脱を誘発し、いわゆる肉離れの発症を促進することがある。

2 運動生理学的側面

N.マーセン

〈1〉 筋線維のタイプ

　筋線維は、赤く遅い筋線維と白く速い筋線維に大別することができる。また、エネルギー代謝に関連する酵素タイプによって、酸化型と解糖型の線維に分類することもある。もう1つの分類法は筋線維のミオシン重鎖に基づくものである。ここでは「I型筋線維」と「II型筋線維」の2つに区別される。II型筋線維はさらにIIaとIIbさらにIIx型に分類される。IIb型のミオシン重鎖が最も速い収縮性能を持つ。筋線維の特徴は表2.1にまとめた。
IIb型筋線維はIIx型筋線維よりも速いが、実際の筋には

ほとんど含まれていない。以前、IIx型はIIb型と呼ばれていた。

上記の区別以外にも各筋線維間には構造的・機能的な違いがある。例えば、筋線維鞘内のナトリウムチャネルの数は、遅筋線維に比べ速筋線維のほうが多い。またT系のサイズも倍近く大きい。さらに速筋線維が持つ筋小胞体のサイズも50%ほど大きくなっている。刺激の拡散が速く、またカルシウム放出も速い。調節タンパク質の拡散経路も短いため、素早い収縮に適している。アクトミオシンATPアーゼの活性は約3倍高い。これらの性質が集まった結果として、速筋線維における出力の最大増幅までにかかる時間は遅筋線維のそれの約25%となっている（p. 60を参照）。弛緩速度もまた速筋線維のほうが速い。弛緩時の半減期までの時間は遅筋線維のそれの約80%である。その主な原因として、筋小胞体におけるカルシウムイオンの吸収率が速筋線維では3倍以上高いことを挙げることができる（p. 61を参照）。

⟨2⟩ 筋の代謝 - 概要

■ 無酸素性・非乳酸性エネルギー供給

筋が収縮する時、架橋サイクルのためだけにATPの形でエネルギーが消費されるわけではない。筋小胞体へのカルシウムイオンの輸送や、ナトリウム・カリウムATPアーゼもまたATPを必要とする。エネルギー転換活性化のシグナルは活動電位とそれに続くカルシウム放出である。カルシウムが架橋サイクルを開始し、これによりATPが加水分解される。サイトゾル（細胞質ゾル）内のATP濃度は約7mmol／lと比較的低く、分解時間が短いため、ATPの再合成が即座に行われなければならない。そのため、複数の代謝経路が用意されている。

- ミオキナーゼ反応：一番早く生じるのはミオキナーゼ反応である。ミオキナーゼ反応では、酵素ミオキナーゼ（アデニル酸キナーゼ）による触媒作用を通じて、2つのADPからATPとAMPが作られる。ATPが再びエネルギー代謝に利用される一方、新しく生じたAMPは、部分的にAMPデアミナーゼによりIMPとアンモニアに分解される。
- クレアチンキナーゼ反応：この反応では、酵素クレアチンキナーゼの働きによりクレアチンリン酸のリン酸類がADPにもたらされる。これにより、ATPとクレアチンが生じ、またATPの分解によりP$_i$が生じる。

この2つの反応をまとめて、無酸素性・非乳酸性エネルギー供給と呼ぶことができる。サイトゾルにおけるクレアチンリン酸の濃度はATPの濃度の4倍ほどでしかないため、この2つの反応によるエネルギーの純獲得量はわずかでしかない。

> **MEMO**
> クレアチン置換を通じて、クレアチンリン酸の筋内濃度を高めることができる。そのためスプリント能力や最大パワーの向上が可能となる。クレアチン置換はしかし、最大酸素吸収量に対しては何の影響も持たず、持久力に対してはネガティブに作用する。

■ ホスホフルクトキナーゼの活性化

上述の代謝経路は、エネルギー供給にとって重要であるだけではない。関与する代謝産物の濃度の変化はほかのエネルギー代謝にも影響を及ぼす。解糖の鍵酵素であ

表2.1 筋線維のタイプ

線維タイプ	I型	IIa型	IIx型
収縮速度	低	高	特高
ミトコンドリア濃度	高	高	中
微小血管密度	高	中	低
酸化能	高	高	中
解糖能	低	高	高
疲れやすさ	低	中	高
最大出力	低	中	高

るホスホフルクトキナーゼはATPとクレアチンリン酸の濃度低下により活性化される。しかしより大きい影響を持つのは遊離ADPと遊離AMP、そしておそらくアンモニアの増加である。つまり非乳酸性・無酸素性代謝経路で生じる代謝産物の濃度の変化が無酸素性解糖を活性化させる。

ここでは特にもう1つの反応を紹介しておく必要がある。クレアチンリン酸が分解される時、プロトン（陽子）もまたサイトゾルから排除される。クレアチンリン酸の分解はつまり、代謝における水素イオンの緩衝作用を持つことになる。これによりpH値が上昇する。これもまた、ホスホフルクトキナーゼの活性化を促す要因の1つである。（図2.10）。この要因は負荷がかかり始める時や負荷の強さが上昇する時に特に重要となる。このようなATP代謝が活性化する時は常にクレアチンリン酸の濃度が低下するからである。この作用によりプロトン濃度も、クレアチンリン酸濃度が再び均衡を取り戻すまで低下し続ける。プロトン濃度は必要とされる最大酸素吸収量のパーセンテージと平行して、高度の負荷領域に至るまで低下し続ける。

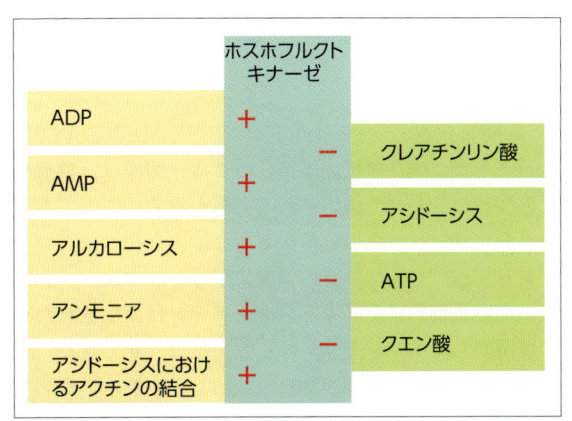

図 2.10　ホスホフルクトキナーゼの調節
詳細は本文を参照。

> **MEMO**
> エネルギーに富むリン酸の分解（無酸素性・非乳酸性代謝）はホスホフルクトキナーゼを活性化する。

グリコーゲン分解の活性化

解糖作用の活性化によりエネルギーを実際に得るには、初期基質がなくてはならない。フルクトース-6-リン酸が活性ホスホフルクトキナーゼに対する基質としての役割を担う。フルクトース-6-リン酸は血液から吸収されたグルコースから生じる（マックアードル病MacArdles Diseaseにとって重要）。また、筋内のグリコーゲンに由来する場合もある。この細胞内貯蔵の解体を調節するのがホスホリラーゼである。この酵素はカルシウムイオンによって（カルモジュリンを介して）活性化される。これは、収縮の情報が到達するとすぐにグリコーゲンの分解も開始され、無酸素性解糖のための基質が提供されることを意味している。ホスホリラーゼは、架橋サイクルに必要なものよりも低いカルシウム濃度で活性化される。カルシウムが重要なのは負荷の開始時のみである。なぜなら、その後はエネルギーに富むリン酸の分解により生じる代謝産物がホスホリラーゼを活性化するからである。負荷が極度に上昇した場合は、アドレナリンもまたグリコーゲン分解を促進する（Watt et al. 2001）。

乳酸の産生

ホスホリラーゼとホスホフルクトキナーゼの活性化により、最終的にはピルビン酸が発生する。発生したピルビン酸の処理はクエン酸サイクルと呼吸鎖の活用の可能性、つまり有酸素性分解に依存している。この可能性が十分でない場合には、ピルビン酸の増加がミトコンドリアにおける代謝分解を上回り、最終的には乳酸塩が発生する。つまり、乳酸の発生の原因は必ずしも酸素の欠乏ではなく（無酸素性・乳酸性エネルギー供給：乳酸塩と共にプロトンも発生し、結果として乳酸が生じる）、細胞質およびミトコンドリアによる代謝における流量（活性）の不均衡もまたその原因となることが分かる。ここでの鍵酵素はピルビン酸デヒドロゲナーゼである。ピルビン酸デヒドロゲナーゼは脱炭酸化を通じてクエン酸サイクルの初期基質である活性酢酸（アセチルCoA）を発生させる。一方ピルビン酸デヒドロゲナーゼはカルシウムが活性化する。高エネルギーリン酸代謝産物の負荷による変化、pH値の低下、およびピルビン酸濃度の上昇もまた活性化作用がある（Parolin et al. 1999）。

さらに乳酸デヒドロゲナーゼが乳酸塩を再びピルビン酸に転換されることができるため、乳酸塩は酸化代謝に対する「ピルビン酸貯蔵庫」としての役割も持つ。線維からの拡散は抑制されているため、この転換は乳酸を産出する線維内で行われる。乳酸塩が（主にII型の）筋線維から放出されると、近接するI型線維により吸収され酸化分解される。ここでは乳酸塩が酸化代謝の基質として働く（乳酸シャトル）。

> **MEMO**
> 無酸素性のエネルギー供給だけでなく酸化代謝にとっても乳酸の産生は重要な役割を担っている。

2. 生理学の基礎とスポーツ生理学的側面

■ 有酸素代謝

「有酸素代謝」、つまりミトコンドリアによるATP産生（ミトコンドリア代謝経路）による代謝率は、負荷による要請に合わせて適応される必要がある。ここでもまたクレアチンリン酸の分解が重要な役割を担う。クレアチンリン酸の分解は負荷の強度に平行し、クレアチン濃度に従い比例的に上昇する。クレアチンは産生されたその場所からミトコンドリアに拡散することができる。ミトコンドリアの二重膜の中にはまた別のクレアチンキナーゼが存在している。ここではクレアチンキナーゼ反応が逆向きに進行する。つまり、リン酸類がミトコンドリア内ATPからクレアチンへと輸送される。新しく生じたクレアチンリン酸はサイトゾルのエネルギー消費プロセスにおいて再び利用される。ミトコンドリアの内部では呼吸鎖の強力な促進物質であるADPの濃度が上昇する。このプロセスはホスホクレアチンシャトルあるいはベスマン（Bessman）サイクルと呼ばれている（Bessman & Carpenter 1985：図2.11）。

この考えを裏付けているのは、クレアチンリン酸分解と酸素吸収の時間的変化（反応動態）が、安静時から負荷時への移行期においても、また負荷後においても共通しているという事実である（Whipp et al. 1999）。ただしベスマンサイクルだけで、酸化的リン酸化反応の活性化を完全に説明することは不可能である。例えばクレアチンキナーゼの抑制によってもATPの変換量が増加する。さらに、ピルビン酸デヒドロゲナーゼの活性化によっても酸素吸収速度が加速される（Parolin et al. 1999）。有酸素性分解に影響するさらなる要因としては次のものを挙げることができる。

- カルシウム
- 細胞質性、遊離ADP
- P_i
- pH値

数値的には、グリコーゲンが無酸素代謝されると、1つの下位単位（グリコシル単位）から3molのATPが生成される。グリコシル単位が二酸化炭素と水に分解されると、線維のタイプによって合計31または33molのATPが生成される。

MEMO

有酸素性と無酸素性の代謝は別のものとして分けて考える、あるいは代替的機序と見なすべきではない。無酸素性・非乳酸性代謝、あるいは無酸素性・乳酸性代謝（最終的には酸素借：図2.12）は、どちらも有酸素代謝を活性化し最適化するには不可欠である。

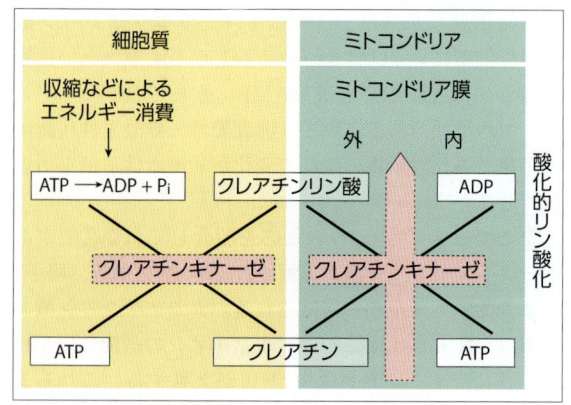

図2.11 ホスホクレアチンシャトル（ベスマンサイクル）の模式図
CK＝クレアチンキナーゼ、KrP＝クレアチンリン酸、ATP＝アデノシン三リン酸、ADP＝アデノシン二リン酸、AMP＝アデノシン一リン酸、P_i＝無機リン酸

■ 脂肪それとも炭水化物？

有酸素代謝で分解されるアセチルCoAの生成源は炭水化物代謝もしくは脂肪代謝の1つであるβ酸化である。β酸化の基質となるのは遊離脂肪酸であり、遊離脂肪酸は脂肪酸結合タンパク質の働きにより血液から筋線維鞘へと輸送されるか、またはホルモン感受性リパーゼの作用を通じてサイトゾル内に産生される。ホルモン感受性リパーゼはおそらくカルシウムイオンにより容易に活性化されるものと思われる。そのため脂肪の分解は炭水化物の分解と同様、負荷の開始後即座に始まる。この2つの分解反応の量的な関係は利用可能な炭水化物と遊離脂肪酸の量によって決定される。ただしこの相互作用に関しては、まだ完全には解明されていない。次のような可能性が示唆されている（Spriet & Watt 2003）：

- ランドル（Randle）サイクル：ランドルサイクルは安静時の骨格筋において機能していると考えられる。ただし、負荷時におけるその意味については、脂肪供給量が増加しても重要な代謝産物（アセチルCoA、クエン酸塩、グルコース-6-リン酸）の濃度がさほど上昇しないことから、異論が出されている。
- 遊離脂肪酸が潤沢な場合：
  - NADHが増加しピルビン酸デヒドロゲナーゼを阻害する。
  - 遊離脂肪酸がピルビン酸デヒドロゲナーゼキナーゼを上向き調節し、ピルビン酸デヒドロゲナーゼを阻害する。
- 炭水化物が潤沢な場合：
  - インスリンに依存して利用可能な遊離脂肪酸の量

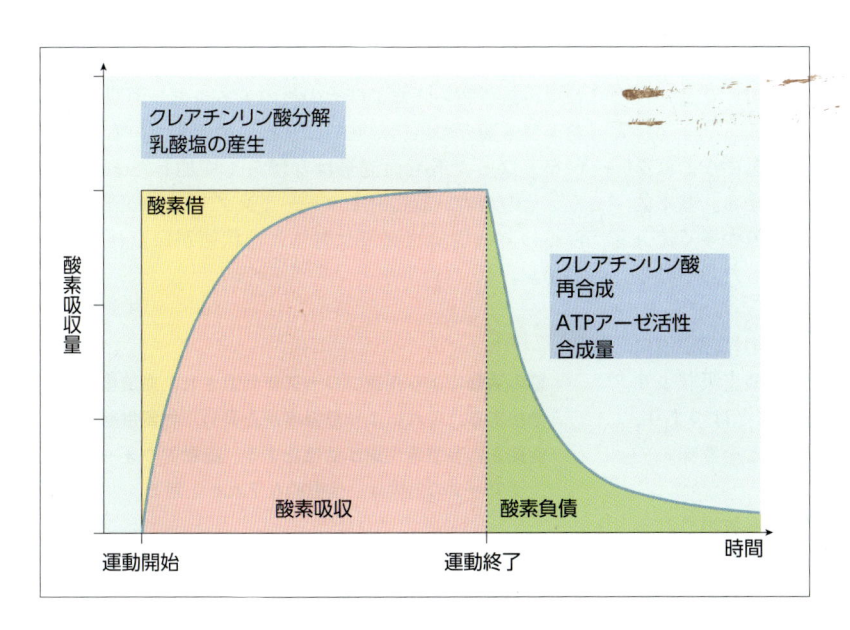

図 2.12　中程度の負荷に対して作動する筋組織における酸素借と酸素負債　図は量的に見て重要なプロセスのみ。

が減少し、それに伴いミトコンドリアへの輸送量も減少する。
- グルコースあるいはグリコーゲンがホスホリラーゼを活性化する。その結果、ピルビン酸および低下するpH値を通じてピルビン酸デヒドロゲナーゼの活性化が促進される。

最近ではもう1つの新しい相互作用が発見されている。負荷が長引くと、筋からIL-6が放出される（Pedersen et al. 2004）。これが脂肪組織内のリポリーシス（脂肪分解）を促進する。さらにコルチゾールも放出され、これにより間接的にも脂肪分解が促進される。この過程が長時間続くと、タンパク質の分解も上昇する。

上に挙げた代謝経路はすべて両タイプの筋線維で機能する。ただしその量と速度に関しては、赤筋線維と白筋線維の間に差が見られる。

MEMO
酸素借は有酸素代謝の必要条件である。すべての代謝経路は、負荷の開始とほぼ同時に始まる。それらの割合は負荷の強さと時間、および基質供給の状況によって変化する。

⟨3⟩ ウォーミングアップ

ウォーミングアップは負荷に対し筋あるいは身体器官を準備し、パフォーマンスを最適化するために（そしてけがを防ぐために）行われる。ウォーミングアップには受動的なものと能動的なものとがある。
- 受動的ウォーミングアップ法：入浴、サウナなど。能動的な筋の働きを伴わない。そのため、体をさすることも受動的ウォーミングアップと見なすことができる。
- 能動的ウォーミングアップ法：筋収縮を利用したウォーミングアップのことを能動的ウォーミングアップと言う。

ウォーミングアップの効果を評価するには、運動効果と純粋な温度効果とを区別する必要がある。

■ 温度効果

サウナなどで筋の温度が上昇（約33℃から37℃）するだけでも、反応速度と温度の規則にのっとり、代謝活動が活発になり筋の粘性が弱まる。静止膜電位は過分極化し、活動電位の振幅は大きく、時間は短くなる。同時に活動電位の伝播速度も上昇し、収縮速度が速くなる。筋への酸素の供給は、温度に依存する酸素結合曲線の右方移動により容易となる。

2. 生理学の基礎とスポーツ生理学的側面

■ 血流

能動的ウォーミングアップの効果は、受動的なそれを上回る。負荷の開始と同時に血流量も増加する。基本的に筋の温度は中核体温よりも低いため、血液が多く流入すると筋の温度が上昇する。代謝によってもたらされる熱が影響を持つのはしばらく時間がたってからである。筋温度が中核体温よりも高くなると、身体中核部が筋により温められる。負荷開始時、筋の血流は酸素吸収よりも速く上昇する（Grassi et al. 2003）。酸素借とはつまり、運動する筋において酸素が不足していることを意味しているのではない（p.75を参照）。

この速い血流の増加は運動筋と赤血球から放出される要素により媒介される。その関連はしかしまだ完全には解明されていない。エネルギー代謝の産物である一酸化窒素と、負荷開始後、間質において濃度が即座に上昇するカリウムもおそらく関与している。この相互関与を通じて、負荷開始時およびその後のエネルギー消費と酸素および栄養分の供給は互いに密接に関連している。負荷がなくなった後も血流量はしばらく増加したままである。そのため、能動的なウォーミングアップの後もしばらくの間は供給状況が改善された状態が保たれる（図2.13）。

> **MEMO**
> 筋の活動により代謝プロセスが刺激され、血流量が増加する。これにより筋温度が上昇し、物質供給が促進され有酸素代謝が活性化する。能動的ウォーミングアップの効果は、受動的なそれを上回る。

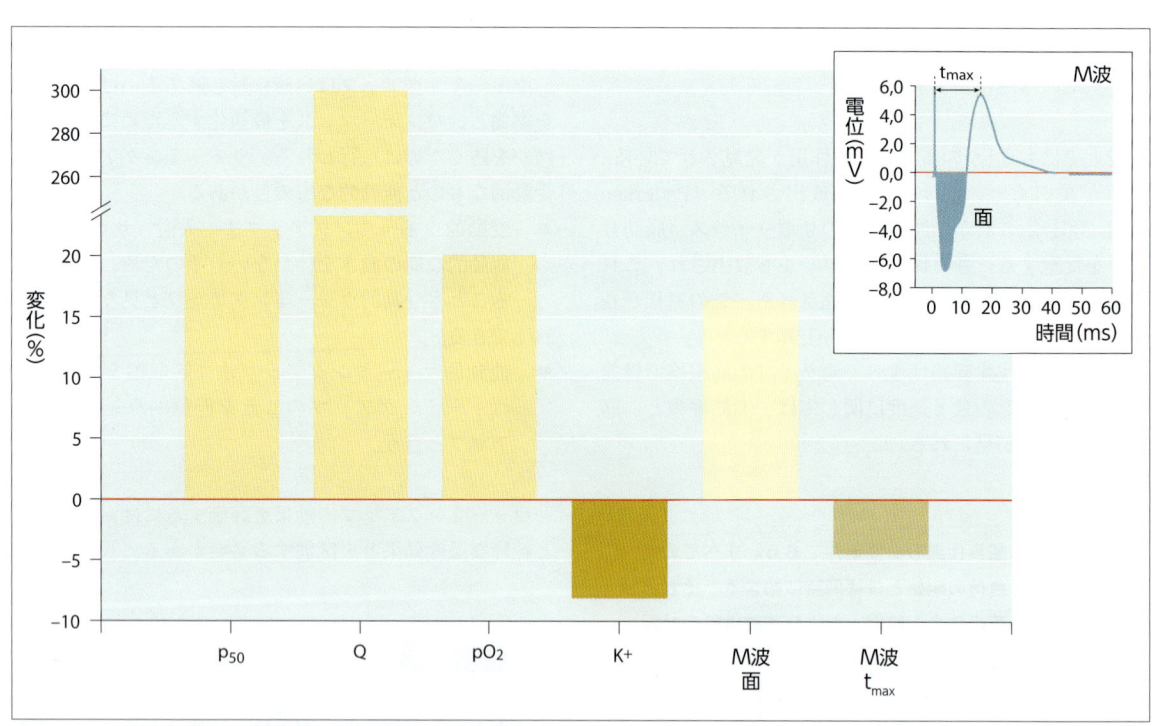

図2.13 **ウォーミングアップの効果** 能動的ウォーミングアップの5分後に前腕の筋を計測。静止時と比較し、変化をパーセンテージで示す。ウォーミングアップの強度は2階段試験の最大パフォーマンスの50％に相当する。

p50 ＝酸素結合曲線の半飽和圧
Q ＝筋血流
pO_2 ＝筋組織内静脈血中の酸素分圧
K^+ ＝静脈血中のカルシウム濃度（濃度の低下はナトリウム・カリウムATPアーゼが活性化していることを示す）
M波 ＝複合活動電位面
t_{max} ＝M波の最大振幅（t_{max}は伝播速度動態の指標となる。t_{max}が低下すると伝播速度が高まる）。
挿入図：筋組織の複合活動電位

■ 興奮性

上記のプロセスに加え、筋電特性も影響を受ける。筋温度上昇のかたわら、活動電位により電解質組成が変化し、ナトリウム・カリウムATPアーゼの活性化につながる。これは起電性であるため、膜に過分極が生じる。結果、活動電位が増幅する。これが電気緊張として筋線維を介して伝播され、電流量の増加により伝播速度が加速する（図2.13）。筋運動によるナトリウム・カリウムATPアーゼの活性化は15-20分後に最大値に達すると考えられている。この時、負荷は必ずしも持続的である必要はない。短時間の集中的な負荷でも十分である。これに加えて、アドレナリンもまたナトリウム・カリウムATPアーゼを活性化することができる。

MEMO
ウォーミングアップにより筋の興奮性が安定する。

図2.13にはこれまでに言及したウォーミングアップの効果のいくつかがまとめられている。

ウォーミングアップは筋における変化だけでなく、それ以上の効果を持つ。例えば、皮膚の温度が上昇し、自由神経終末と皮膚受容器の感覚が増進する。筋紡錘から発する中枢神経系への伝達情報は運動の協調と正確さにとって重要であるが、この筋紡錘の機能もまた最適化される。

単純かつ受動的な伸張では血行に変化は現れない。また上記のようなウォーミングアップ効果を得ることもできない。ストレッチ運動は筋の粘弾性特性には変化を与えず、伸張耐性のみを増強すると考えられている（Thacker et al. 2004）。直接的なけが予防としての効果はまだ証明されていない（Thacker et al. 2004）。ただし、受動的な伸張とほかの手段（遠心性のトレーニング）を組み合わせたトレーニングが長期的に見てポジティブな効果を持つことを否定するわけではない（ストレッチ運動に関しては第15章「予防法」も参照）。

MEMO
ウォーミングアップにおける単純な受動的伸張（ストレッチ）は血行には影響を与えない。ストレッチ運動は伸張耐性を高めるが、筋の粘弾性特性に直接的に影響することはない。

■ ウォーミングアップの代替としてのクーリングダウン

体温を低下させる冷却（クーリングダウン）によってもパフォーマンスの向上がもたらされることは、既に1980年代に確認されていた。人体の約60％を占める水分が高い熱容量を有していることが、おそらくその理由である。運動前のクーリングダウンとそれに伴う体温の低下により、クーリングダウンをしていない場合に比べて、運動時の負荷に伴い温度がクリティカルな領域にまで上昇するのが遅くなる。ただし、パフォーマンスの向上が確認されたのは、比較的単純で周期的な負荷に対してのみである。最近の研究は、身体の部分的なクーリングダウンも有効であることを示唆している。

MEMO
ウォーミングアップにより筋粘性の低下、筋温度の上昇、酸素と栄養分供給の増加、エネルギー代謝の活性化、興奮性の安定化、協調性の改善などの効果が現れ、パフォーマンスの向上につながる。その欠点は温度が上昇しすぎることと、資源の消費の多さである。

〈4〉疲労

「疲労」には大きく分けて2つの定義が存在する。
- 必要なパフォーマンスが得られなくなる時点としての疲労
- 負荷の開始と同時に始まり、時間と共に必要なパフォーマンスが得られなくなるまでのプロセスとしての疲労

上の区別とはかかわりなく、中枢性と末梢性の疲労に分類することもできる。
- 中枢性疲労：中枢神経系から運動ニューロンまでを包括するプロセス
- 末梢性疲労：筋におけるプロセス

ここでは筋におけるプロセスを中心に紹介する。
疲労の機序は、負荷の種類や強さ、あるいは時間的長さに依存している。また筋線維のタイプによっても左右される。その原因は以下のものであるとされている。
- 細胞内アシドーシス

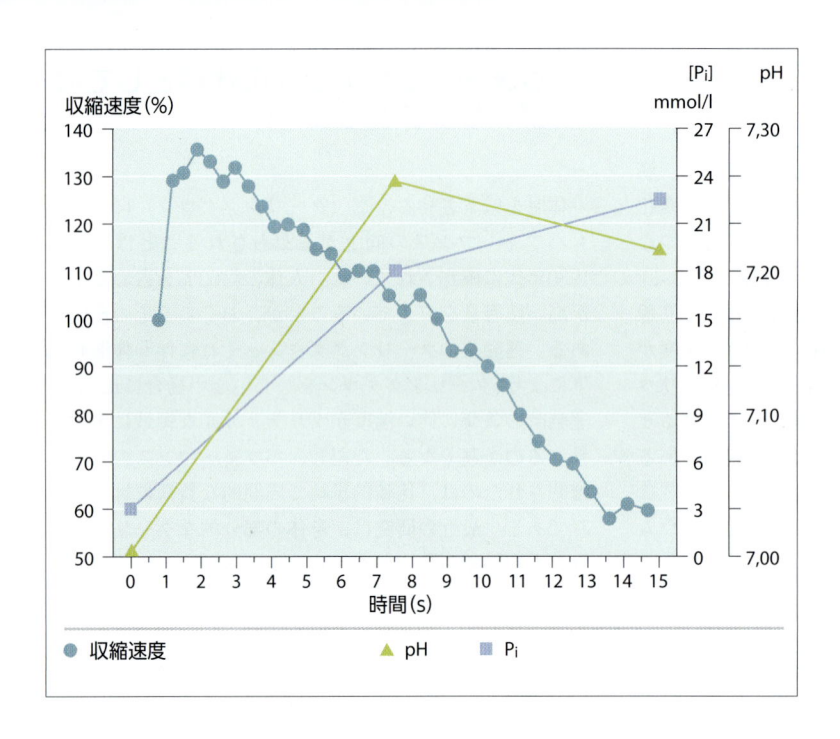

- エネルギー供給の抑制（基質不足）
- リン酸による架橋サイクルの阻害
- 興奮性の減退
- フリーラジカルの作用
- 温度

アシドーシス

今もって、集中的な運動時に発生するアシドーシスが代謝と収縮機序に悪影響を及ぼすという見解は一般的である(アシドーシスの原因についてはいまだに異論が絶えない：Böning et al. 2008)。極度の細胞内アシドーシスは、約40秒から4分までの間に疲労をもたらす負荷下においてのみ発生する。したがって、pH値の低下が重要となるのは、そのような負荷がある場合のみである。

代謝効果は主にホスホフルクトキナーゼの抑制により説明することができる。実際、pH値が低下すると、この酵素のインビトロ活性も低下する。ただしこのような低下はインビボでは観察されたことがない。pH値が下がると、ホスホフルクトキナーゼはアクチンと結合することで、その機能性を維持するが、これがその原因として考えられている（Kraft et all. 2000）。数多くのインビトロ試験で、アシドーシスが増加すれば収縮力も実際に低下することが確認されている。これらの試験はしかし、通常30℃以下の温度で実行されている。恒温動物の筋の温度がそのような試験において生理的温度35℃にまで上げられると、pH値に関連する疲労現象が見られなくなる（Westerblad et al. 1997）。

ATP再合成

短時間かつ最大限の負荷（20秒以内）ではアシドーシスではなく、細胞内アルカローシスが生じる（Zange et al. 2008）。それにもかかわらず、筋の収縮速度は線的に低下する（図2.14）。

このような高い負荷における収縮速度の低下の原因としてしばしば、ATPの合成不足、およびそれによるATP濃度の低下が指摘されてきた。ATP濃度は実際に基準値の約50%にまで低下する。

AMPデアミナーゼが不足する人物では、ATP濃度は極度に集中的な負荷下においても低下しない。しかし、そのパフォーマンスは通常の人物に比べて特に変化はない（Norman et al. 2001）。ここで分かることは2つある。まず、ATPの高濃度は疲労を抑制しないこと、次にATP濃度の低下の原因は、非常に高いATP変換率においても負荷時における再合成能の不全にあるのではなく、AMPデアミナーゼ活性に関連していることである。

リン酸作用

上記のような最大限の負荷時にはP_iと遊離ADPの濃度

運動生理学的側面

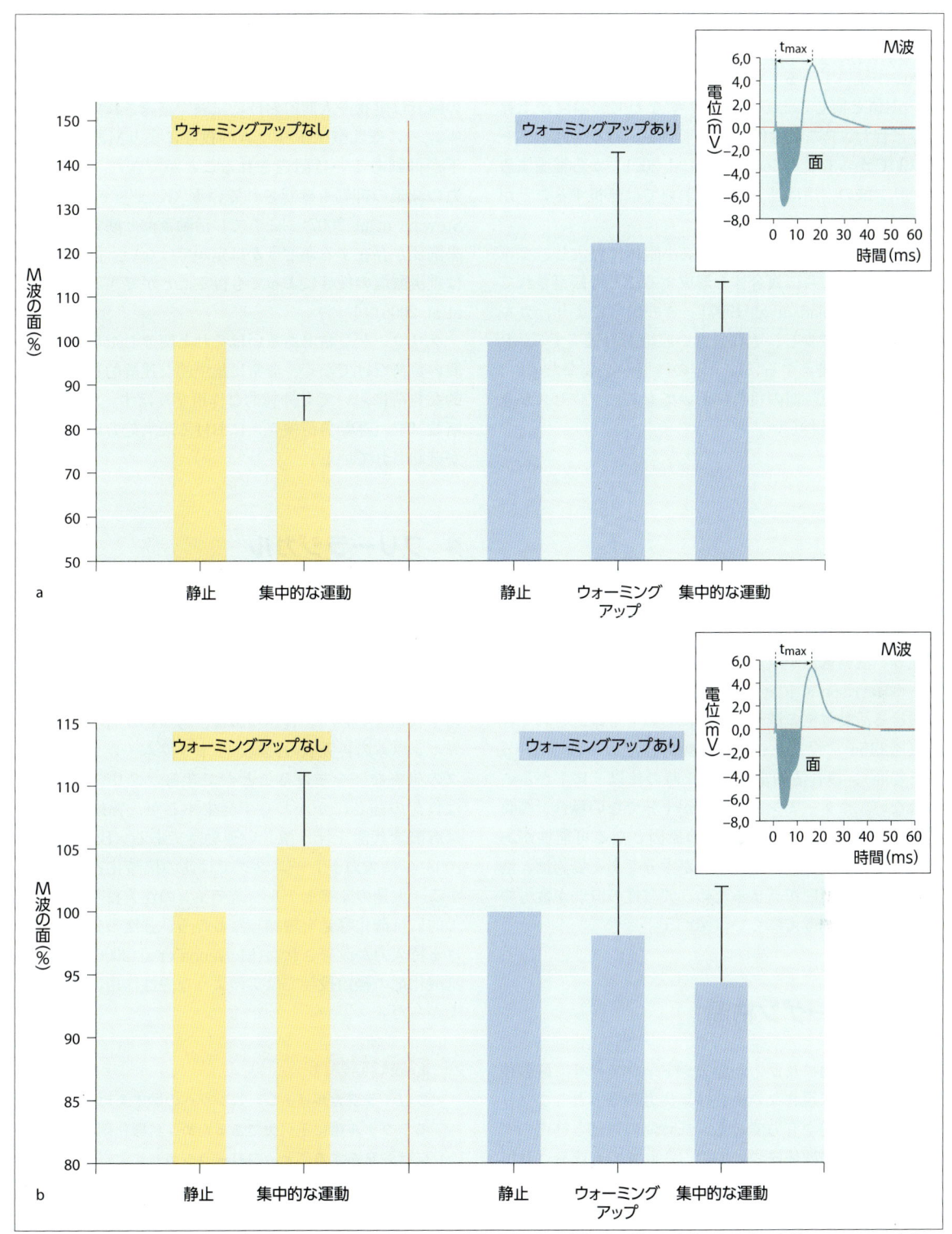

図 2.15a、b **ウォーミングアップの有無による極度の負荷下での複合活動電位の動態（M波）の変化** 集中的な負荷においても、十分なウォーミングアップの後では、興奮性の減弱が疲労の要因にはならないことが分かる。

a 複合活動電位面。この面積は負荷直後、ウォーミングアップなしでは約20％小さい。ウォーミングアップをした場合は、静止時に比べほぼ変化がない。

b 複合活動電位の t_{max}。ウォーミングアップなしの高負荷時に見られる t_{max} の上昇は伝播速度の低下を意味する。ウォーミングアップをすれば、高負荷時においても伝播速度が上昇する。

81

が一気に上昇する。この2つの代謝産物が架橋サイクルを妨害し、疲労を引き起こすことがあり得るか、現在も議論が続いている。収縮力に対するP_iの作用に関しては、pH値と同じことが言える。すなわち、温度が上昇するに伴い、P_iの疲労作用も低下する。ある研究のデータ（30℃から37℃：Coupland et al. 2001）から推測するに、リン酸の作用は速筋線維においては無視することができる。

P_iは細胞質内濃度が高い時、筋小胞体に侵入し、カルシウムイオンと共に複合体を形成することも観察されている（Westerblad et al. 1997）。この働きにより、カルシウム放出が減少し、それに伴い収縮力も低下する。P_iが筋小胞体へ侵入するには一定の時間が必要なため、1分に満たない短時間の負荷においてもこのプロセスが意味を持つかは疑わしい。

■ 興奮性

さらなる疲労の原因として、最大負荷時における興奮性の減弱が考えられる。最大負荷時には活動電位が上昇し、細胞外カリウム濃度が高まる。その結果、脱分極化が進み、活動電位が減衰する。そのため筋収縮力も低下する（Harrison & Flatman 1999）。このような高負荷時における活動電位の減衰は人体においても確認されている（図2.15a）。ただし、筋が能動的に温められると（p.77を参照）、複合活動電位が静止時の値以下に下がることはない。ウォーミングアップが十分でない場合、高負荷による興奮性の減弱は疲労の原因となる可能性がある。逆に、ウォーミングアップが十分である場合は、活動電位と伝播速度が高まるため、興奮性の減弱が疲労の原因であるとは考えにくい（図2.15）。

■ グリコーゲン枯渇

負荷が長時間に及び、かつアシドーシスやリン酸蓄積がさほど顕著に現れない場合は、疲労の原因としてグリコーゲンの枯渇が有力である。長時間の運動と筋内のグリコーゲン量の関係については、これまでも調査されてきたが（例えばBergström et al. 1972）、その機序についてはよく分かっていない。ATP再合成のための基質が不足しているのであれば、負荷の時間が長引くと共にATP濃度も低下するはずである。しかし、実際にはそうならない。ここでもまた、興奮性の減弱が疲労の原因であると考えられている。活動電位の働きにより、カリウムが細胞から流出し、部分的には血液へと輸送される。したがって、負荷が長引くほどに細胞内のカリウム濃度

も低下する。同時に筋に水分が補給されると濃度はさらに低下する。その結果として膜が、さらには活動電位が脱分極する。長時間の負荷におけるこのような活動電位の減衰は動物や人間における試験で確認されている。グルコースや乳酸ナトリウムの投与によりM波振幅の低下が抑制あるいは回避されることができた。同時に筋力の減退の抑制も確認されている（Karelis et al. 2004、Stewart et al. 2007）。ここで、活動電位と筋力の間に因果関係が存在するかどうかは定かではない。同様の効果は重炭酸塩の投与によっても得ることができる（Sostaric et al. 2006）。

グリコーゲン枯渇あるいはそれと関連した事象は長時間の負荷だけでなく、非常に集中的な連続的負荷や間欠的な負荷においても抑制的な作用を及ぼす。マスター2階段試験（運動負荷検査）における最大能力にも悪影響が確認されている。

■ フリーラジカル

数多くの負荷の種類において疲労を引き起こす要因となっているのは、フリーラジカルの作用である。この反応性の高い物質はエネルギー代謝や一酸化窒素代謝により発生し、さまざまな害をなす。例として、膜脂質の損傷や収縮性タンパク質への影響、あるいは筋小胞体へのカルシウムの再吸収の抑制、ナトリウム・カリウムポンプの阻害などを挙げることができる。フリーラジカルは負荷の強さにかかわらず発生するが、特に顕著なのは有酸素代謝を伴う激しい運動時である（Bailey et al. 2003）。持久力トレーニングでは筋の抗酸化容量が上昇する。大量のN-アセチルシステインの注入投与により人工的に抗酸化容量を増加したところ、強度の負荷時における持久力が改善された（McKenna et al. 2006）。しかし、抗酸化剤の経口投与ではこのような急性作用は確認されなかった。

> **Caution**
>
> フリーラジカルはトレーニングへの順応を可能とするシグナル鎖に不可欠であるため、抗酸化剤の使用には注意をすること。フリーラジカルによって、抗酸化容量の増加を導く遺伝子が発現するだけでなく、ほかのシグナル鎖も影響を受ける。

運動生理学的側面

> **MEMO**
> インビボにおける筋疲労の発生機序はいまだ解明されていない。いくつかの可能性のうち、1つだけが正解であるという問題でないことは確かである。負荷の強さや長さあるいは形によって、さまざまな要素が末梢性疲労には関与している。

■ 温度

「全身負荷」においても中核体温が抑制的な働きを持つ。その上限は39-40℃であるが、この程度の温度は筋にとっては何ら問題とならない。マウスを使った実験で、37℃から43℃への筋温度の上昇が赤筋の能力に何の影響も与えなかったことが確認されている。体温の作用はおそらく中枢における機序により説明することができる。同様のことは、少なくとも部分的には、身体の部分冷却により得られる効果にも当てはまる（p. 79を参照）。

■ 中枢性疲労

現在のところ、中枢性疲労の発生機序は以下のように想定されている。中枢がすべての器官からの情報を集め処理する。（呼吸筋も含む）作動中の筋からの情報は求心性神経と血液により脳の中枢へと伝達される。情報の処理段階において一定の（ストレス）レベルに達した場合、処理能力が減退する。これが運動ニューロン活性の減弱という形になって現れる。どの要因が脳へと伝達される情報を誘発するかは、まだ知られていない（Amann et al. 2009）。

しそのためには、負荷後も長時間血流量が増加している必要がある。これを「自動的に」可能とする要因は、乳酸塩とプロトン、あるいはほかのエネルギー代謝産物が示す負荷後も高い間質内濃度である。しかしながら、汗による水分の損失に起因する粘性の上昇が血行を阻害する。水分の補給が非常に重要となるのはそのためである。

体内のナトリウム量は決して少ないわけではないが、それでも負荷後に塩化ナトリウムを通じて補充することは有益である。組織の水分補給が促進され、血量が安定し、さらにナトリウムの供給により腸におけるグルコースの吸収が向上する。したがって、この過程を通じて長時間の高負荷後に有益なグルコース補充が促進されることになる。筋線維膜内の4型のグルコース輸送タンパク質は負荷後に活性化するため、筋組織へのグルコース輸送量が増加する。この効果は、インスリン濃度の上昇によってもまた増強される。回復期におけるグルコースの主な役割はエネルギー供給ではなく、むしろグリコーゲンの分解にある。インスリンは同時にアミノ酸の筋への吸収も促進し、タンパク質代謝において同化作用を持つ。そのため、炭水化物とタンパク質の補充を組み合わせるのも有効である。

グルコースとアミノ酸の吸収と並んで、負荷の後にはカリウムの吸収も上昇する。これは、インスリンがナトリウム・カリウムATPアーゼを刺激するため、インスリン濃度の上昇時に、特に顕著である。こうしてグリコーゲン貯蔵と並行して細胞内カリウム貯蔵も補充される。筋に必要な輸送や合成などの活動は、有酸素供給されるエネルギーを消費する。そのため、酸素の吸収量は高い値を維持し、特に長時間の集中的な負荷の際には酸素負債が酸素借よりも大きくなる。

⟨5⟩ 回復

負荷の終了後は、疲労の原因を取り除くことが重要である。筋を貯蔵物質の補充が可能な状態にし、分解プロセスを止め、修復を開始する必要がある。最も簡単かつ迅速に補充が可能なのはATPとクレアチンリン酸の貯蔵である。この補充は有酸素性のプロセスであり、そのため筋による酸素の吸収量は負荷後もしばらく高いままである。このプロセスは酸素負債の原因の1つとなり得る（図2.12）。有酸素生成されたATPからクレアチンキナーゼ反応を通じてクレアチンリン酸が再合成される。通常は、負荷後も十分なエネルギーが筋内に残っているため、筋には酸素が供給されるだけで十分である。しか

> **HINT**
> 回復をサポートするには「普通の」食事が最も効果的である。含まれる栄養分の数が豊富であり、欠乏症を予防するのに最適である。サプリメントの使用は、強度の負荷が長時間続いた場合や回復に費やすことができる時間が短い時に有益である。サプリメントは栄養密度が高く、その大多数は吸収も早いのがその理由である。

回復期における負荷（アクティブリカバリー）も資源を消費する。そのため、上記のような筋に関連する再生プロセスが長引き、最適な筋パフォーマンスを再度得るまでにかかる時間が延びる。つまり、負荷の後には、筋とそれ以外の事象、例えば循環系や心理的側面などの間の中間点、妥協点を見つける必要がある。マッサージの

ような受動的な措置で回復をサポートすることも有意義である。

⟨6⟩ トレーニングへの順応

　トレーニングが効果を上げるには、筋が順応力（可塑性）を持つことが不可欠である。かつて赤筋と白筋の運動ニューロンを交換した試験が行われ、どの筋線維も両タイプの線維に発展することができることが解明された。電気刺激試験（Pette 1999）を通じて、筋線維のほぼ全ての構造が変化可能であることも分かっている。継続的な刺激により赤筋線維の表現型は次のように発展する。
- 毛細管密度の増加
- ミトコンドリア量の増加とそれに伴う酸化代謝の増大
- 糖分解酵素の減少
- 線維断面の縮小
- 筋線維鞘におけるナトリウム・カリウムATPアーゼ濃度の上昇
- 筋小胞体における遅延性のカルシウムATPアーゼの増加
- I型ミオシン重鎖の増加

　継続刺激が止まると、この表現型から発展した筋線維には新たな変化が生じ、再びII型筋線維の方向へと発展を開始する。このことから、対麻痺患者の麻痺した筋には極めて高い比率で速筋線維が存在し、I型筋線維はごくわずかであることもうなずける。
　もちろん、トレーニングを通じて速筋線維の割合を増やすことも可能である。ただし、遅筋線維とは異なり、速筋線維を増やすことは容易ではない。スプリント・インターバルトレーニング法でII型筋線維が減少し、I型筋線維が増加することが確認されている（Dawson et al 1998）。ほかの特定のトレーニング方法によっても同様の結果が得られている（Friedmann 2007）。近年では、この変化を誘発する細胞内シグナルに関する研究が活発に行われている。

■ シグナル鎖

　筋組織がどの方向へ発展するかは、4つの要因により左右される。
- 代謝状況（筋のエネルギー状況）
- 神経支配
- 機械的負荷
- 栄養状況（基質供給）

　細胞内の変化を誘導するシグナル鎖は以下の経路を通じて作用する。
- AMP活性化プロテインキナーゼ
- HIF-1a（転写因子）
- カルシニューリン／NFAT、カルモジュリン
- mTOR
- MCF／IGF
- ホルモン

　AMP活性化プロテインキナーゼとHIFはミトコンドリアの発達に作用する。AMP活性化プロテインキナーゼは細胞のエネルギーセンサーであり、筋線維の赤筋線維への変化に主に関与する。しかし、AMP活性化プロテインキナーゼはこの転換に必ずしも不可欠でないことを示す証拠も見つかっている。HIFは酸素センサーであり、筋線維の酵素組成を解糖代謝型に変化させる働きを持つ。
　カルシニューリン／NFATは筋活性のセンサーとしての役割を持つ。これは筋線維内のカルシウム濃度の変動として現れる。高いカルシウム濃度が長時間続くと、ミオシン重鎖の組成がI型筋線維の方向へ推移し、ミトコンドリア内酵素が発現する。
　mTORは機械的ストレスにより活性化し、タンパク質合成の増強およびそれに伴う筋肥大を促進する。
　タンパク質合成は成長因子MGFとIGF、あるいはホルモンによってもサポートされる。これらの働きを通じて、一方では（MGFにより）機械的負荷が、他方では栄養状況が把握される。
　これらシグナル鎖は互いに、あるいはここには挙げなかったほかのシグナル鎖と結びつきネットワークを形成している。これらの研究はまだ始まったばかりであるが、その発展は目覚ましい。したがって、その理解は今後大きく変動するものと考えられる。現在のところシグナル鎖に関する知識はまだ乏しく、これをトレーニングに有効に活用するにはほど遠い。スポーツの世界ではむしろ逆に、さまざまなトレーニング形態を調査し、関連するシグナル鎖の働きを推論する試みが主流である。この研究により、将来的には競技スポーツやあるいはリハビリテーションにおけるトレーニング効果の改善につながることに疑いはない。

参考文献

生理学の基礎

Alberts B, Johnson A, Lewis J et al. Molecular biology of the cell. 4th ed. New York: Garland Science; 2002

Bierbaumer N, Schmidt RF, Biologische Psychologie. 6. Aufl. Heidelberg: Springer; 2006

Buchthal F. An introduction to electromyography. Kopenhagen: Gyldendel; 1957

Carlson FD, Wilkie DF. Muscle Physiology. Eaglewood Cliffs: Prentice-Hall; 1974

Jankowska E, Lundberg A. Interneurones in the spinal cord. Trends Neurosci 1981; 4: 230-233

Kandel E, Schwanz J, Jessel T. Neurowissenschaften. Heidelberg: Spektrum; 1995

Klinke R, Pape H-C, Kurtz A et al. Physiologie. Stuttgart: Thieme; 2009

Squire J. The structural basis of muscular contraction. New York: Plenum Press; 1981

Vibert P, Craig R, Lehman W. Steric-model for activation of muscle thin filaments. J Mol Biol 1997; 266: 8-14

Wilkie DR. Muscle. London: Arnold; 1968

運動生理学的側面

Amann M, Proctor LT, Sebranek JJ et al. Opioid-mediated muscle afferents inhibit central motor drive and limit peripheral muscle fatigue development in humans. J Physiol 2009; 587 (Pt. 1): 271-283

Bailey DM, Davies B, Young IS et al. EPR spectroscopic detection of free radical outflow from an isolated muscle bed in exercising humans. J Appl Physiol 2003; 94 (5): 1714-1718

Bergström J, Hultman E, Roch-Norlund AE. Muscle glycogen synthetase in normal subjects. Basal values, effect of glycogen depletion by exercise and of a carbohydrate-rich diet following exercise. Scand J Clin Lab Invest 1972; 29 (2): 231-236

Bessman SP, Carpenter CL. The creatine-creatine phosphate energy shuttle. Annu Rev Biochem 1985; 54: 831-862

Böning D, Maassen N, Lindinger MI et al. Point: Counterpoint "Lactic acid is/is not the only physicochemical contributor to the acidosis of exercise". J Appl Physiol 2008; 105: 358-359

Coupland ME, Puchert E, Ranatunga KW. Temperature dependence of active tension in mammalian (rabbit psoas) muscle fibres: effect of inorganic phosphate. J Physiol 2001; 536 (Pt. 3): 879-891

Dawson B, Fitzsimons M, Green S et al. Changes in performance, muscle metabolites, enzymes and fibre types after short sprint training. Eur J Appl Physiol Occup Physiol 1998; 78 (2): 163-169

Friedmann B. Neuere Entwicklungen im Krafttraining. Muskuläre Anpassungsreaktionen bei verschiedenen Krafttrainingsmethoden. Dtsch Z Sportmed 2007; 58 (1): 12-18

Grassi B, Pogliaghi S, Rampichini S et al. Muscle oxygenation and pulmonary gas exchange kinetics during cycling exercise on-transitions in humans. J Appl Physiol 2003; 95 (1): 149-158

Harrison AP, Flatman JA. Measurement of force and both surface and deep M wave properties in isolated rat soleus muscles. Am J Physiol 1999; 277 (6 Pt. 2): R1646-R1653

Karelis AD, Marcil M, Peronnet F et al. Effect of lactate infusion on M-wave characteristics and force in the rat plantaris muscle during repeated stimulation in situ. J Appl Physiol 2004; 96 (6): 2133-2138

Klinke R, Pape H-C, Kurtz A, Silbernagl S, Hrsg. Physiologie. 6. Aufl. Stuttgart: Thieme: 2009

Kraft T, Hornemann T, Stolz M et al. Coupling of creatine kinase to glycolytic enzymes at the sarcomeric I-band of skeletal muscle: a biochemical study in situ. J Muscle Res Cell Motil 2000; 21 (7): 691-703

McKenna MJ, Medved I, Goodman CA et al. N-acetylcysteine attenuates the decline in muscle Na^+,K^+-pump activity and delays fatigue during prolonged exercise in humans. J Physiol 2006; 576 (Pt. 1): 279-288

Norman B, Sabina RL, Jansson E. Regulation of skeletal muscle ATP catabolism by AMPD1 genotype during sprint exercise in asymptomatic subjects. J Appl Physiol 2001; 91 (1): 258-264

Parolin ML, Chesley A, Matsos MP et al. Regulation of skeletal muscle glycogen phosphorylase and PDH during maximal intermittent exercise. Am J Physiol 1999; 277 (5 Pt. 1): E890-E900

Pedersen TH, Nielsen OB, Lamb GD et al. Intracellular acidosis enhances the excitability of working muscle. Science 2004; 305 (5687): 1144-1147

Pette D. Das adaptive Potential des Skelettmuskels. Dtsch Z Sportmed 1999; 50 (9): 262-271

Sostaric SM, Skinner SL, Brown MJ et al. Alkalosis increases muscle K^+ release, but lowers plasma $[K^+]$ and delays fatigue during dynamic forearm exercise. J Physiol 2006; 570 (Pt. 1): 185-205

Spriet LL, Watt MJ. Regulatory mechanisms in the interaction between carbohydrate and lipid oxidation during exercise. Acta Physiol Scand 2003; 178 (4): 443-452

Stewart RD, Duhamel TA, Foley KP et al. Protection of muscle membrane excitability during prolonged cycle exercise with glucose supplementation. J Appl. Physiol 2007; 103 (1): 331-339

Thacker SB, Gilchrist J, Stroup DF et al. The impact of stretching on sports injury risk: a systematic review of the literature. Med Sci Sports Exerc 2004; 36 (3): 371-378

Watt MJ, Howlett KF, Febbraio MA et al. Adrenaline increases skeletal muscle glycogenolysis, pyruvate dehydrogenase activation and carbohydrate oxidation during moderate exercise in humans. J Physiol 2001; 534 (Pt. 1):269-278

Westerblad H, Bruton JD, Lannergren J. The effect of intracellular pH on contractile function of intact, single fibres of mouse muscle declines with increasing temperature. J Physiol 1997; 500 (Pt. 1): 193-204

Whipp BJ, Rossiter HB, Ward SA et al. Simultaneous determination of muscle ^{31}P and O_2 uptake kinetics during whole body NMR spectroscopy. J Appl Physiol 1999; 86 (2): 742-747

Zange J, Beisteiner M, Muller K et al. Energy metabolism in intensively exercising calf muscle under a simulated orthostasis. Pflugers Arch 2008; 455 (6): 1153-1163

第3章

筋再生における栄養・補助食品の役割

M. フリュック

1. 筋の損傷と再生　*88*
2. 筋活動に対する補助食品の役割　*90*
3. 結論　*101*

3. 筋再生における栄養・補助食品の役割

1 筋の損傷と再生

骨格筋は多種多様な運動に機能的に関与している。運動の際に生じる力やエネルギー需要は筋組織に対して大きな影響を及ぼす。このことはスポーツにおける筋組織の発達や変化にとって特に重要な意味を持つ。筋組織の負荷調節プロセスは、トレーニングや試合による骨格筋のコンディショニングと密接に関連している。

一般によく知られている疾患は、細胞の障害の連続体を反映している。これには、一過性の代謝疲労に始まり、筋細胞（筋線維の）日常的な微小損傷、さらには巨視的に診断可能な筋束の断裂（表3.1）などが含まれる。細胞損傷の大きさにより開始時期に差はあるが、その後異化および同化反応が生じ、これにより損傷した細胞部位が交換され、治癒が進む。この再生過程は、特定栄養素の意図的な投与や局所療法などにより人為的に促進することができる。このような補助（アジュバント）療法の分子生理学的機序を、本章では明らかにする。

筋細胞物質は常に新しいものに取り換えられている。標識実験の結果から、哺乳類では骨格筋の約1％が毎週交換されると推測されている（Schmalbruch & Lewis 2000）。筋組織の再生に必要な物質は、体内にある余剰物質や分解後の細胞物質の再利用、あるいは食物摂取により補充される（図3.1）が、その際、栄養素の組成が組織再生の速度や質を大きく左右する。

> **MEMO**
> 骨格筋の基礎代謝は運動により顕著に活発となる。したがって、アクティブなスポーツ選手においては一般のおよび必須の栄養素に対する需要が増加する。このことは過負荷による負傷後の筋の治癒過程において特に顕著である。

ここで重要なのは、分類済みの筋障害はすべて筋細胞の構造的損傷を原因としていることである。筋硬化といわゆる肉離れではこの損傷は常に微視的である（表3.1）。筋線維（筋線維鞘）の形質膜の一過性の破裂は日常的な現象であり、筋に対し高い負荷がかかれば簡単に起こることが証明されている。（McNeil & Khakee 1992、Mackey et al. 2008）。機械的な負荷の大小により、損傷の範囲は筋線維の微小構造から肉眼で診断が可能な筋線維や一次あるいは二次筋束の断裂にまで至る（第6章「既往歴・臨床検査・分類」を参照）。これにより構造的な崩壊が生じ、当該筋線維の機能構造にも局所的に甚大な障害が発生する（Appell et al. 1992、Allen et al. 2005）。この時、酸化還元勾配と電解質勾配に混乱が生じ、障害が筋全体に広がることもある。結果として生化学反応が阻害され、筋の働きは急激に低下する（Milne 1988）。この代償不全にはさらに、タンパク質分解の増加や炎症などに起因する局所的な代謝不全（代謝亢進）が伴う（図3.2：Belcastro et al. 1998、Sorichter et al. 1998、Smith et al. 2008）。線維損傷の程度によっては、求心性機序を介して筋群全体の興奮性の減退が発生することもある（図3.3：Komi 2000）。

無機物質や、酸化還元電位やタンパク質生成物質を伴う有機化合物は筋の治癒に欠かせない要素である（Meyer et al. 1994）。ここで特に重要なのは微量元素、抗酸化物質、そしてビタミンである（図3.4）。これらは

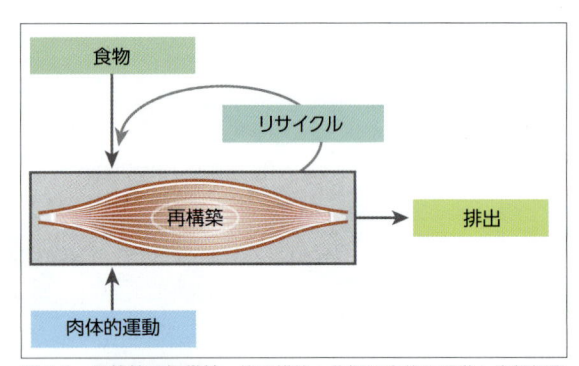

図3.1 骨格筋の恒常性 筋の構築と分解は身体の運動と食物摂取による影響を受ける。

表3.1 筋損傷の形態、およびその原因と規模

名称	原因	規模（mm）
痛みを伴う筋硬化	筋線維の微小断裂	0.05
筋線維断裂	一次筋束から二次筋束にかけての断裂	6未満
筋束断裂	複数の二次筋束の断裂	6以上
筋断裂	筋全体の断裂	50

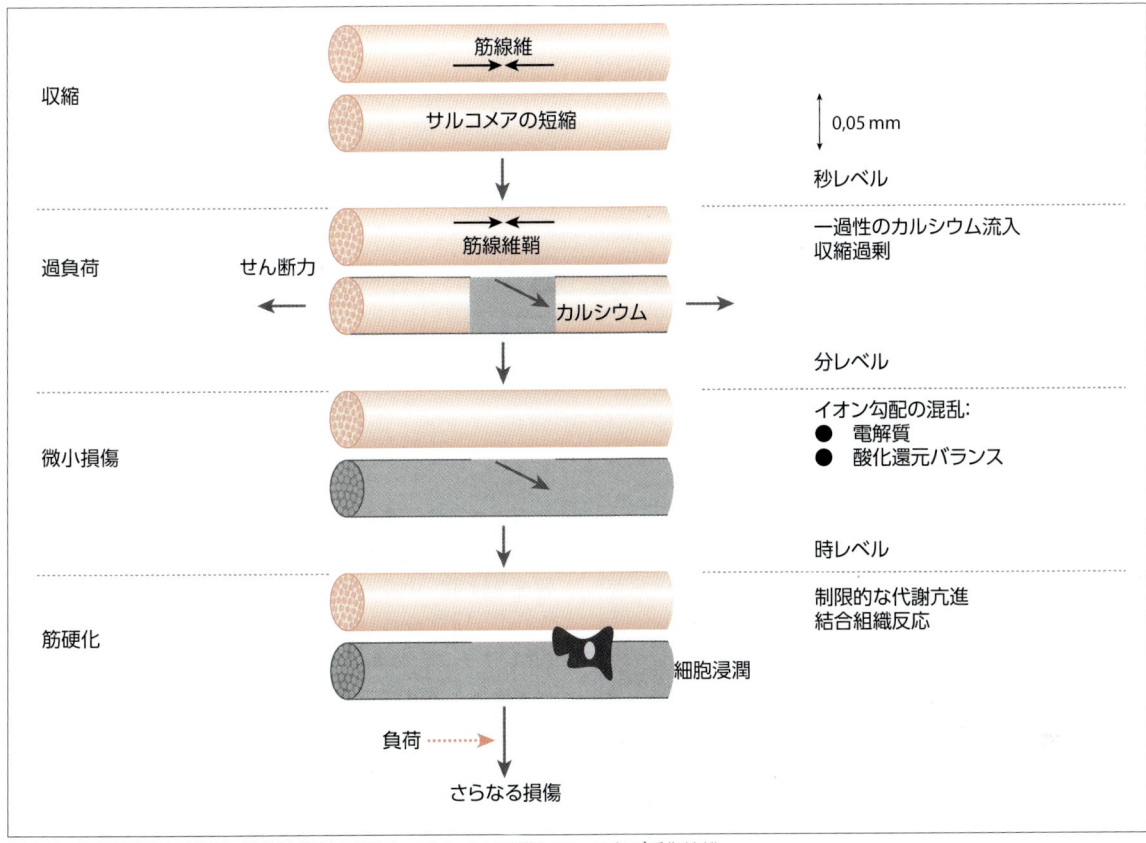

図 3.2　**筋線維損傷の進行**　筋線維損傷の細胞レベルにおける進行図。灰色が受傷線維。

タンパク質およびエネルギー代謝に大きく影響するため、経口あるいは局所投与されることで筋再生を目的とした治療介入の（あるいは予防措置における）中心的役割を果たす。

> **MEMO**
> 治療に有効な物質の多くはさまざまな異なった効果を持ち、体内に貯蔵される量もそれぞれ異なる。

そのため欠乏症や過用量による中毒症に陥りやすい（図3.5）。基準参照値のみを基準に適切な投与量を判断することは困難であるため、血清の検査室診断や長期にわたる症状の観察を通じてそれを判断することが望ましい。

以下では補助食品（食品添加物）を用いた筋損傷の予防と治療に関し、その共通事項や特殊性を説明する。ここに言及する補助食品と細胞再生の関連は、パブリックデータベースの文献検索をもとにまとめたものである（http://www.pubmed.gov）。

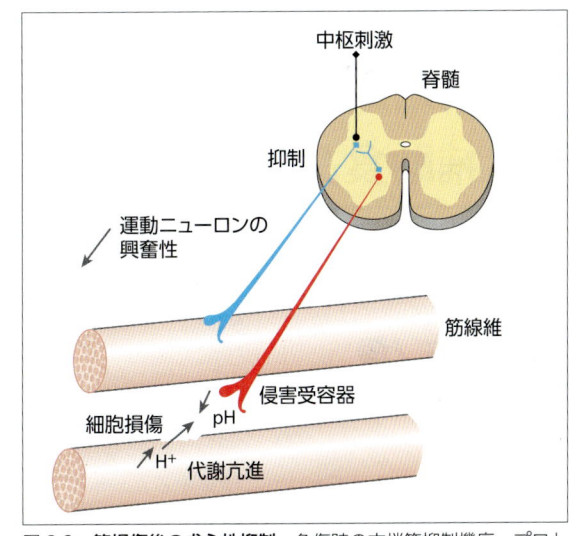

図 3.3　**筋損傷後の求心性抑制**　負傷時の末梢筋抑制機序。プロトン（および乳酸）の細胞外濃度が上昇することにより、神経回路を通じて侵害受容器が活性化され、α運動ニューロンの脱感作が生じる。そのため当該筋群の興奮性が低下する。

3. 筋再生における栄養・補助食品の役割

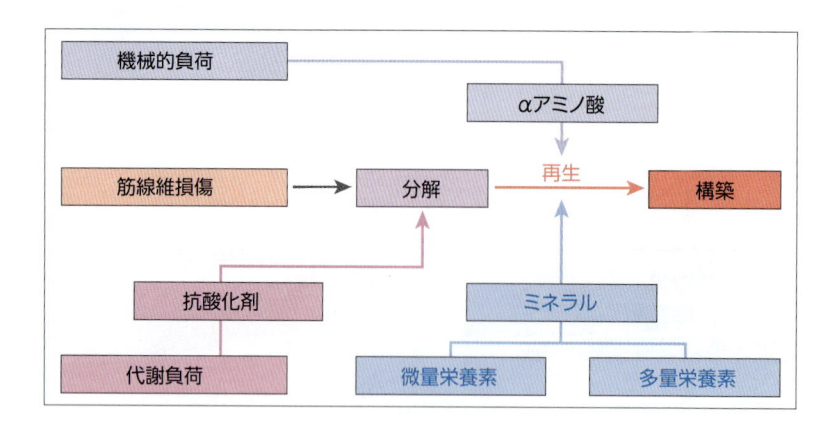

図 3.4　**筋再生に関連する栄養素**　筋再生過程に関与する天然栄養素の見取り図。

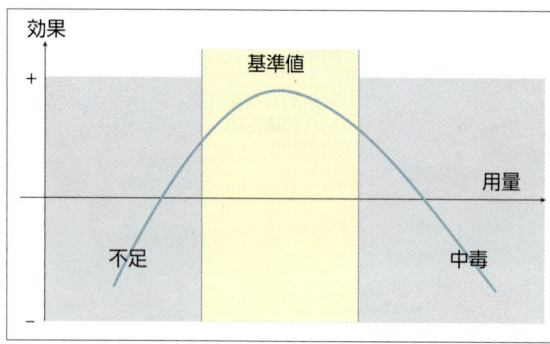

図 3.5　**薬理学的効果**　薬理学的介入の用量効果関係

れる。さらに、タンパク質生成および非タンパク質生成アミノ酸とその代謝産物は、筋の代謝反応にも大きな影響を及ぼす。中でも特に重要なのはアミノ酸誘導体（タウリン、βアラニン）や神経伝達物質のエネルギー供給（クレアチン、カルニチン、カルノシン）に関連するジペプチドとトリペプチドの生合成である。

アミノ酸は、タンパク質分解消化作用を通じて食料中のタンパク質から吸収され、その後肝臓で処理される。タンパク質の分解により生じたアミノ酸は肝臓でリサイクルされ、アミノ酸からタンパク質が再合成される。あるいは尿酸サイクルにおいて脱アミノ化および脱炭酸化され、腎臓を経て尿素として排出される（図 3.7：図 3.6 も参照）。

2　筋活動に対する補助食品の役割

〈1〉アミノ酸

アミノ酸は、アミノ基とこれに隣接するカルボキシル基を持つ有機化合物の総称である。αアミノ酸の一部がタンパク質を構成するもととなる。遺伝子誘発性の重合を通じてタンパク質の生成（図 3.6）に関与する 20 の αアミノ酸が知られている（表 3.2）。そのほかのアミノ酸は、人間では遺伝物質（セレノシステインなど）の再コード化や内包タンパク質の変化（プロリンからヒドロキシプロリン、セリンから O-ホスホセリン）により生成さ

■ 必須アミノ酸

体内で合成されることができない生存に不可欠な αアミノ酸（必須アミノ酸）として 8 種類のアミノ酸が知られている。

- バリン
- メチオニン
- ロイシン
- イソロイシン
- フェニルアラニン
- トリプトファン
- トレオニン
- リシン

> **MEMO**
> 発達期や重傷後の代謝率が高まる期間には、ほかのタンパク質生成物質も食料と共に摂取することが必要である。

表 3.2 筋構築に関与するアミノ酸成分（出典：FAO et al. 1985）

クラス	物質	起源	体重1kgに対する推奨1日用量（mg）	容量増加の適応
αアミノ酸	イソロイシン	必須	10	横紋筋融解症
	ロイシン		14	
	リシン		12	
	メチオニン		13	
	フェニルアラニン		14	
	トレオニン		7	
	トリプトファン		3	
	バリン		10	
	アルギニン	準必須	タンパク質中	
	システイン			
	ヒスチジン			
	チロシン			
	アラニン	非必須		
	アスパラギン			
	アスパラギン酸			
	グルタミン			
	グルタミン酸			
	グリシン			
	プロリン			
	セリン			
βアミノ酸	βアラニン			強度のスポーツ
スルホン酸	タウリン	システインの誘導体	40-400	
ジペプチド	カルニチン	リシンとメチオニンの生合成		持久性スポーツ
	カルノシン	βアラニンとLヒスチジンの生合成		
トリペプチド	クレアチン	アルギニン、グリシン、メチオニンの合成		強度のスポーツ

　これには準必須αアミノ酸のアルギニン、システイン、ヒスチジン、チロシン、および含硫アミノ酸タウリンが含まれる。表3.2に一般的な基準値を示しておく。

　タンパク質生成物質間の依存関係が流動的であるため、人体にとってはこれらαアミノ酸のバランスのとれたミックスが好ましい。ある1種のアミノ酸の量が不足すると、ほかのアミノ酸がタンパク質生成に代用されることはなく、逆に解体されてしまう。したがってアミノ酸比率が食物の生物学的価値を決定する。植物にもすべての種類の必須アミノ酸が含まれているため、植物性食品だけでも、正しく組み合わせれば、人体に必要な量のアミノ酸を摂取することが可能である。

3. 筋再生における栄養・補助食品の役割

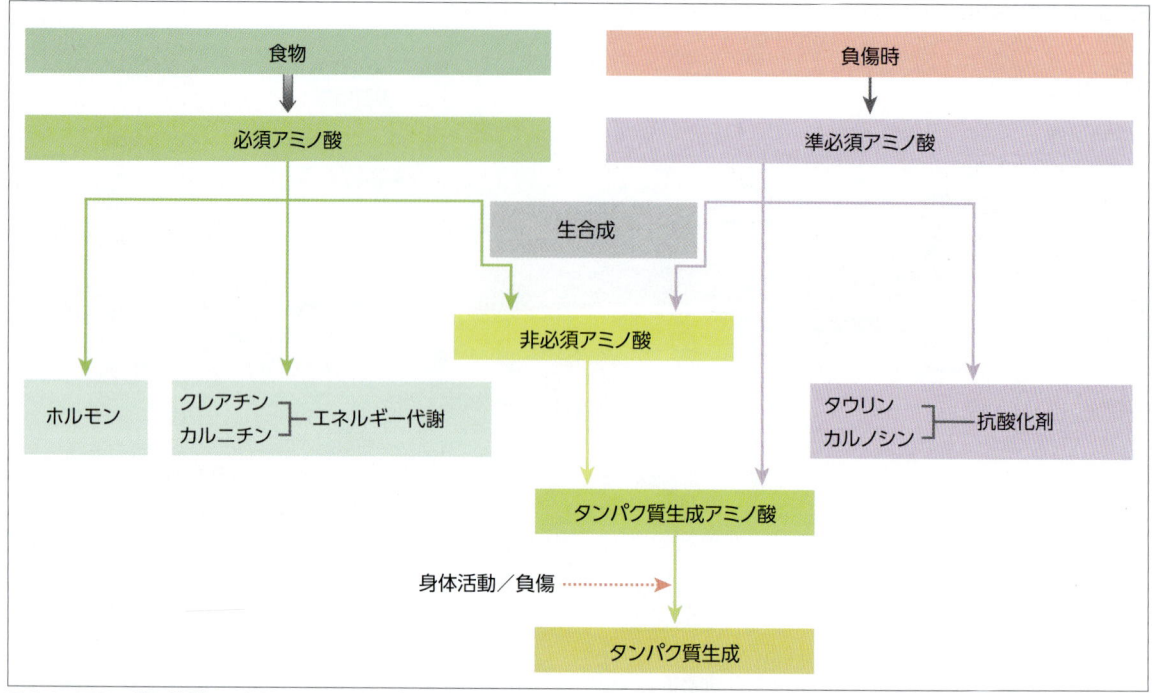

図 3.6　アミノ酸の代謝　骨格筋におけるタンパク質生成アミノ酸とその誘導体の代謝の流れ。矢印は代謝経路の依存関係を示す。

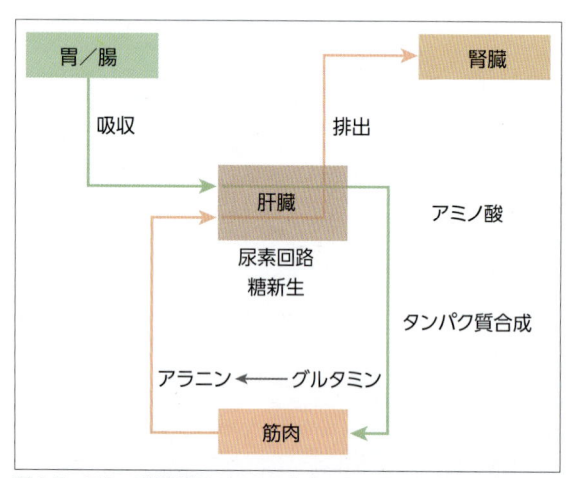

図 3.7　アミノ酸代謝サイクル　筋内アミノ酸の代謝サイクル。骨格筋の主要アミノ酸であるグルタミンとアラニンによる糖新生を介したエネルギー供給への関与が特に重要。

■ スポーツ選手が必要とするタンパク質量

アミノ酸と筋活性の関係はユストゥス・フォン・リービッヒ（Justus von Liebig）とエドワード・スミス（Edward Smith）以来、150年間にわたって研究が続けられてきた。当初、アミノ酸は筋のエネルギー供給に不可欠であると考えられていたが、実際にはこの推測とは異なり、必ずしも必要ではないことが分かってきた。アミノ酸の酸化で生じるエネルギーは代謝で得られるエネルギー全体のごく一部（約10%）でしかない。肉体に高い負荷がかかると骨格筋の構造に変化が生じるが、アミノ酸はむしろこの変化の方に深く関与している。例えばスポーツ活動によりタンパク質の需要が高くなる。今日では、体重1kgにつき1.8-2.0gのタンパク質を摂取するよう推奨されている。これはスポーツを行わない人物の約2倍の量に相当する（表3.2：Lemon et al. 1984）。この需要増加は部分的にはスポーツ時のアミノ酸代謝の活性化によっても裏付けられている。集中的な運動時に高まるエネルギー需要をアミノ酸が補っているのである（Wagenmakers 1998）。

● グルタミン

この時観察される負の窒素バランスの原因で最も主要なものは、最も多く存在するアミノ酸であるグルタミンのアラニンへの変換である。アラニンは筋細胞から血液へ排出され、これにより尿素回路が活性化され、肝臓におけるグリコーゲンの産生が増加する（図3.7）。長時間激しい運動を行うと、このエネルギー供給プロセスを通じて、骨格筋の内部ではアミノ酸が枯渇する。グルタミンの再生成では3種類の必須分枝鎖アミノ酸ロイシン、イソロイシンそしてバリンが特に重要な役割を果たす。また、成長ホルモンおよびインスリン値の上昇後のタンパク質合成の増強によるロイシンの吸収は筋組織に対し

て直接的な同化作用を持つと考えられている。

● クレアチン

アミノ酸代謝産物はさらに、筋組織のエネルギー回復にも深く関与している。例えば、ジペプチドであるクレアチンの服用がスプリントを繰り返す際（短時間かつ最大限に無酸素性の運動、特に繰り返し間隔が短い場合）の筋の働きを著しく向上することが証明されている（Tarnopolsky & MacLennan 2000、Hespel et al. 2006）。

編者による注釈（編者の観察によると）浮腫の形成や筋組織のトーヌスが上昇する可能性があるため、トップアスリートに対するクレアチンの補給は必ずしも適切ではない。

● タウリン・アラニン・カルノシン

タウリンの供給もまた、速筋線維の反復的出力を改善することが動物実験で証明されている（Goodman et al. 2009）。この作用は、筋細胞体（筋形質）内の電解質（カリウムとマグネシウム）勾配の維持に対するタウリンの抗酸化作用に起因している。βアミノ酸のアラニン、およびジペプチドのカルノシンに対しても同様の効果があるとされている（Van Thienen et al. 2009）。

〈2〉 代謝不全

■ pH値

激しい肉体作業時にはエネルギーの必要性が増し、水素イオン（H^+、プロトン）の濃度が上昇する。これはATPの加水分解によるプロトン放出の過度な増強を反映している。無酸素性糖分解（解糖作用）の代謝速度が速くなると、ATP加水分解の速度が内部バッファとプロトンポンプのキャパシティーを上回る（図3.8：Roberts et al. 2004）。その後、pH値が基準値7.35-7.45以下に下がり、代謝性アシドーシスを誘発する。これは血液を分析することで確認することができる。pH値の低下は、プロトンに依存するプロセスにおける酸化還元電位の変化を伴い、細胞環境の生化学反応に影響を及ぼす。

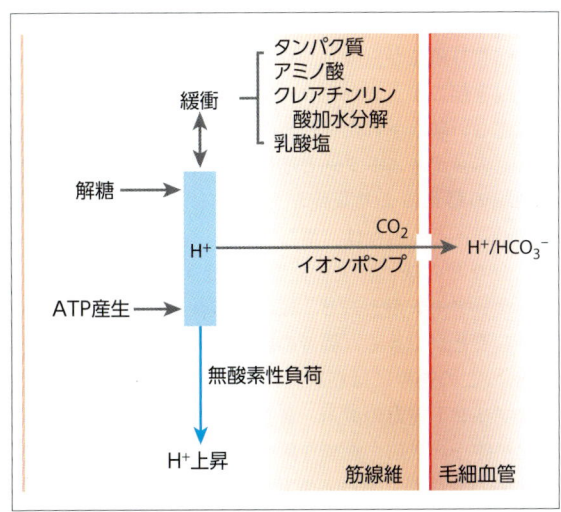

図3.8 **代謝性アシドーシスの発生** 筋収縮時のATP加水分解によるエネルギー供給はプロトンを産生する。このプロトンは緩衝系（主にカルボン酸による仲介）とプロトンポンプの働きを通じてpH値が7.35から7.45の間に維持される必要がある。肉体的負荷により筋細胞の緩衝および輸出能に過剰な負担がかかると、その結果としてプロトンの濃度が下がりpH値が低下する。トレーニングを積んでいない一般人の場合、自転車エルゴメーターの約400Wの運動量でこの現象が現れる。

■ クレアチンキナーゼ・ミオグロビン・尿素

既に述べたように、骨格筋は運動器官を構成し、さまざまな負荷にさらされている。疲労により筋収縮に必要なエネルギー供給が減少し、この機械的な過程を通じて運動に関与する筋群の負傷リスクが著しく上昇する。その証拠として、筋型クレアチンキナーゼ（CK-MM）が活性化し、ミオグロビンの血中濃度が上昇する（Armstrong 1986）。

核酸の分解における最終産物である尿酸の濃度も6mg／dl（＞350μmol／l）を超え、血清中の尿素値は50mg／dl（＞8mmol／l）を越える。これらの数値は筋組織の（微小）損傷が存在することを示唆している（Neumayr et al. 2003、Ascensao et al. 2008）。ただし、このことは必ずしも筋損傷を意味するわけではない。糖新生の活性化のための肝臓におけるタンパク質代謝の増強やタンパク質摂取の増加、あるいは水分不足なども尿酸値を上昇させる原因となる。したがって、尿素に比べ筋細胞タンパク質の血清中濃度のほうが筋内の細胞損傷の度合いをより明確に反映している（図3.1 & 図3.2）。

MEMO
運動後のスポーツ選手では、けがをしていない場合でも傷害マーカーの検査値は標準値よりも高い値を示す。したがってスポーツ選手にとっては、検査診断は筋損傷を評価する直接的な手段とはならない。

筋線維の受傷が大規模になると、カルシウムを豊富に含む細胞外領域からカルシウムが流入し、これが過剰収縮を引き起こす。これがカルシウム依存性プロテアーゼを誘導し、破壊された細胞組織が分解される。そして創傷治癒のメディエーターと筋構成物質が分泌される。免疫細胞の移入により炎症が発生する（図3.2：Allen et al. 2005）。この過程は、激しいトレーニングやサッカーの試合などの後に、主に血漿内で上昇するミオグロビン、クレアチンキナーゼ、尿素のパラメータを通じて追跡することができる（編者の観察およびAscensao et al. 2008）。この過程には筋線維の受傷後数時間以内におけるスプリント能力の減退、貪食細胞の浸入、好中球の活性化が伴う。以前、過酷な耐久競技における集中的な筋運動後の急性期における変化が検査されたことがある。その結果、160ｋｍのトライアスロンの後、CRPの約300％もの増加が記録されている（Taylor et al. 1987）。この肝臓タンパク質の増加は、サイトカインの放出による体温の上昇（発熱）と密接に関連している。

■ 予防と治療

筋のトレーニング状況の改善とアミノ酸代謝産物の服用により、負荷による筋損傷は予防することができる（Armstrong et al. 1991）。最新の研究ではクレアチンの補給が30ｋｍ競走後の筋の受傷と炎症を減少することが確認されている（Santos et al. 2004）。このことから筋組織の損傷発生におけるエネルギー代謝の役割が明らかになる。

筋に対する負担が極めて大きい場合、または外傷的な作用が加わった場合、筋損傷は極めて大規模になる場合がある（Bolgiano 1994）。この時に発生する大量の筋タンパク質の分解（横紋筋融解症）は、重大な代謝障害を引き起こす。腎臓のろ過容量が尿素とアミノ酸であふれると、まれに腎障害を誘発することもある。いずれにせよ、運動器官の重度傷害によりアミノ酸需要が激増する。そのため、アミノ酸剤は外科介入後の治療における重要な要素である（DeBiasse & Wilmore 1994）。しかし、アミノ酸の吸収は血行と機械的負荷に大きく依存しているため、リラックスした筋に対するアミノ酸の補給はあまり効果がない（図3.9）。寝たきり患者におけるアミノ酸供給不足は受動的な伸張により抑制することができる。

> **HINT**
> 短期の固定化により傷口が閉鎖したその後に行われる超音波やマッサージ、運動療法などの物理的な療法の有効性は経験上確かである（Jarvinen & Lehto 1993）。運動ニューロン抑制（図3.3）にはある種の防御作用があり、受傷の1日後に伸張や負荷を伴う物理療法により、この防御作用を解消するべきではない。この意味でも一定期間の固定化は重要である。

〈3〉 酸化防止剤

■ 作用機序

酸化を抑制する有機作用物質を総称して抗酸化剤（抗酸化物質）と呼ぶ。この作用は有機分子と無機物質の負電荷キャリアの損失を阻害する。すなわち、抗酸化剤は生命に不可欠な細胞タンパク質、脂質そしてリボ核酸を不可逆性の修飾および機能変化から保護する（図3.10）。さらに抗酸化剤はラジカルスカベンジャーとしての働きも持ち、生物学的連鎖反応の進行を阻止する。

生物体系におけるラジカル形成は、反応性酸素種によるものが主である。その原因は、主にミトコンドリア内の細胞呼吸あるいは炎症中心における貪食細胞のNADPHオキシダーゼ（酸化酵素）の作用によるものである。抗酸化剤はここでは反応性プロセスの制御を通じて、生体の細胞代謝と機能性に極めて深く関与している。

筋にとっては、以下の抗酸化剤が最も重要である：
- 含硫タンパク質：
  - グルタチオン

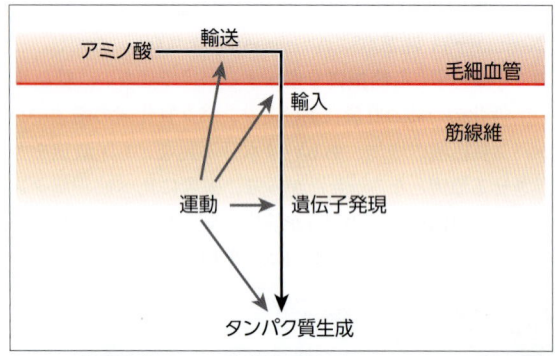

図3.9　**筋運動時のアミノ酸供給**　骨格筋におけるアミノ酸の輸送図。静止筋の筋線維における物質吸収量は非常に少ない。肉体的な負荷がかかると血流量が増え、チャネルが機械的刺激を受け、アミノ酸の輸入量が増加する。これに加え遺伝子発現も活性化し、タンパク質の生成が促進される。

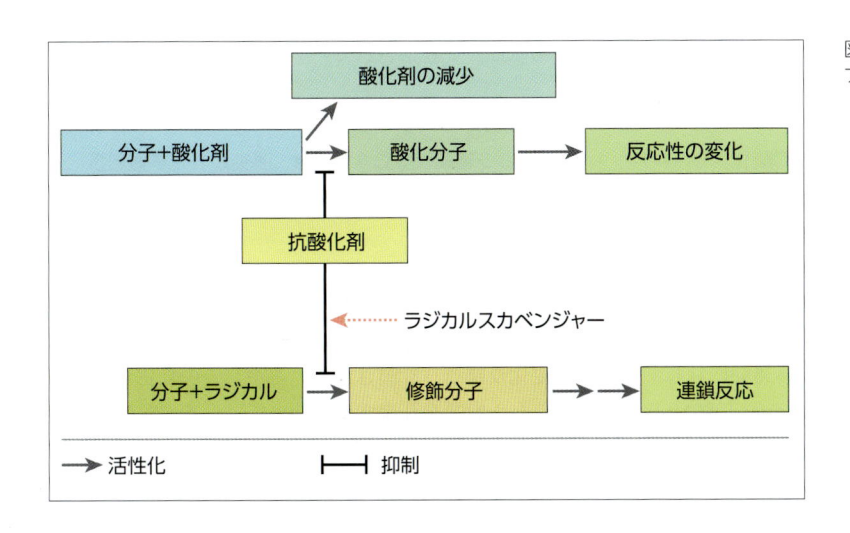

図 3.10 **抗酸化剤の作用機序** 生化学的プロセスにおける酸化抑制剤の働き。

表 3.3 筋に重要な抗酸化剤（出典：WHO Expert Committee 1973、http://www.medics-labor.chflabor/index2.html、http://lpi.oregonstate.edu/infocenterf）

物質	起源	標準量 (mg／日)	適応	治療用量 (mg／日)
グルタチオン	タンパク質合成			
チオレドキシン				
カタラーゼ				
スーパーオキシドジスムターゼ				
ペルオキシダーゼ				
タウリン	システインからの生合成		強度のスポーツ	
L-カルノシン	βアラニンとLヒスチジンの生合成	250-750		
ビタミンC	生合成不可能、食物	60	負傷	500 以上
ビタミンE		15	強度のスポーツ／負傷	100-200

- チオレドキシン
- 酵素：
  - カタラーゼ
  - スーパーオキシドジスムターゼ
  - ペルオキシダーゼ

これらに加えて、最近の研究では酸化還元活性を持つアミノ酸代謝産物タウリンとカルノシン、およびビタミンC（アスコルビン酸）とビタミンE（αトコフェロール）も重要な役割を持つと考えられている（McDonough 1999）。

■ 補給

抗酸化剤はバランスのとれた食事で主にまかなうことができる。中でも植物素材（新鮮な果物と野菜）が重要である。野菜や果物の摂取によりビタミンの需要が満たされるのは当然のこと、酵素性抗酸化物質の合成に必要なミネラルも補給される。その基準値を表3.3に示す（表3.3）。

これら天然の抗酸化物質に加えて、酸化抑制剤が人工的な補助食品として服用されることが増えてきている。

3. 筋再生における栄養・補助食品の役割

■ スポーツにおける意味

その生物学的な有効性にもかかわらず、酸化抑制剤の利用は避けられる傾向にある。しかし、現在では抗酸化剤の作用は筋細胞の調節と機能に重大な影響を与えることが証明されている（Powers & Jackson 2008）。

運動により代謝率が高まると、細胞呼吸の増強により酸素ラジカルが形成され、結果として無症状の筋線維傷害が発生することがある。そのため激しい運動に対しては特に抗酸化剤の役割が重要になる（Shepard & Shek 1996）。ビタミンEとコエンザイムQ_{10}を豊富に含む補助食品には、脂質酸化を阻害し、上記の筋線維傷害を抑制する働きがあると見なされている。ビタミンEやビタミンCの不足は持久力に悪影響を与えることからも、これらが持つ抗酸化剤としての役割が裏付けされている（Witt et al. 1992）。アスコルビン酸が結合組織のコラーゲン成分の合成に関与し、αトコフェロールは脂質と細胞膜の過酸化を防止する働きを持つのがその理由である。このことはまた、（急性の服用ではなく）長期のビタミンC補給が集中的なスポーツ後の筋損傷に対しある程度ポジティブな効果を示すことによっても裏付けされている（Thompson et al. 2001 & 2003）。さらに、筋内に豊富に存在する抗酸化性アミノ酸のタウリンとカルノシンも、（持久）パフォーマンスに対し好ましい作用を発揮するとされている（Van Thienen et al. 2009）。

代謝異常時におけるビタミンの用量効果関係に関しては、まだあまりよく知られていない。ただし、栄養状況のよい集団においては、数少ない種類の抗酸化性物質のみが巨視的に計測可能なスポーツ運動パラメータに対して一定の効果を示すことが知られている（Witt et al. 1992）。一般的な抗酸化剤が効果を示さない理由は、治療用量の抗酸化剤がラジカル代謝の逸脱を防ぐだけでなく、ラジカルを経由する生理的シグナル伝達も抑制するためでないかと推測されている（Jackson et al. 2004）。最近の研究では、2-8週間にわたる毎日400-1000ｍｇのビタミンＣおよび／または400ｍｇのビタミンＥ市販剤の経口服用で、トレーニングにおける適応動態が変化することが示唆されている。この場合、激しいトレーニングにさらされた骨格筋における特定の分子適応を観察の基準としている（Thompson et al. 2001、Jackson et al. 2004、Gomez-Cabrera et al. 2008）。ただし、このケースで使用された用量は通常推奨されている1日量をはるかに超え、ビタミンＣでは16倍、ビタミンＥでは26倍となっている。同様に、ビタミンＣの治療用量がトレーニング下の筋に対しもたらす悪影響も、その服用期間の長さに左右されると思われる（Thompson et al. 2003）。筋損傷の予防と治療に対する抗酸化剤の役割は非常に繊細であることが観察されている。

> **Caution**
> ビタミン補給の有効な効果は、長期にわたる過剰摂取により逆転することがある。

「熱ショックタンパク質」（Jackson et al. 2004）とミトコンドリアタンパク質（Gomez-Cabrera et al. 2008）にも変化が確認、計測されているが、この変化が機能的にいかなる影響を及ぼすかについては、まだ解明されていない。

健常者に対するビタミン療法は必ずしも成功しないが、その理由はビタミンあるいは酸素ラジカル代謝の複雑さで説明することができる（Steinhubl 2008）。まず重要なのは、さまざまな抗酸化剤の反応性や薬理動態あるいは相互作用には、非常にばらつきがあることである（Chen 1989）：例えばビタミンＥは反応性が非常に高く、自ら毒性を持つラジカルを産生する（Tafazoli et al. 2005）。高用量の抗酸化ビタミンの長期補給により死亡率が上昇するという意見もある（Steinhubl 2008）。超えてはならない上限値は、ビタミンＥでは１日に付き400ＩＥ（267ｍｇ）とされている（Miller et al. 2005）。このビタミンＥの（有毒性）作用はビタミンＣなど、ほかの抗酸化剤により部分的に解消される（Chen 1989）。また、ビタミンＥは脂溶性であるため、体内に一定量貯蔵することが可能で、これがスポーツ時における脂肪分解の活性化により再び放出される。逆に水溶性のビタミンＣは実質的には保持が不可能で、腎臓を経由して即座に排出される。

> **HINT**
> 肉体に高い負担がかかっている期間の筋再生を促す手段の１つとして、適切な用量の抗酸化剤を用いることは有効である。外傷が発生し、炎症の兆しが見られる場合には、免疫状態を維持し、結合組織の構築を補助するために、ビタミンＣとビタミンＥの同時服用が推奨される（Shepard & Shek 1996）。

〈4〉 ミネラル

■ 筋における役割

数多くのミネラルが体内の電解質バランスと筋刺激伝

達に関連する現象に対して重要な役割を果たす。これらミネラルには陽イオンとしてカルシウム、ナトリウム、カリウムおよびマグネシウムが、陰イオンとして塩化物およびリン化物が含まれる。運動ニューロンと筋線維鞘の細胞膜付近におけるこれら電解質の濃度の相違は筋組織の興奮性に対し多大な影響を持つ。これは筋線維鞘を隔てたナトリウムイオンとカリウムイオン（Na^+とK^+）の電位差に起因する電気緊張電位の発生と関連している。運動ニューロンの刺激に伴い筋線維鞘のアセチルコリン依存性イオンチャネルが開き、イオン勾配が部分的に解消される。この脱分極化の結果として、電気機械連関を通じてカルシウム貯蔵が放出され、筋細胞内のカルシウム濃度が上昇する。そしてカルシウムの影響でミオシンモーターの構造が変化し、結果として神経刺激から20 m s 以内に筋線維の収縮が起こる。

この時生成される筋緊張の速さと強さは、ミオシンのタイプ、および運動ニューロンからの神経筋シグナルの頻度により左右される。典型的な収縮は運動ニューロンから筋線維に対する高周波の反復刺激によりもたらされる。この反復刺激の個々の刺激が生み出す力が加重され、強縮として筋出力の維持を可能とする。収縮筋が再び弛緩するには、エネルギー依存ポンプの働きによるイオン勾配の再構築が不可欠となる。そして、弛緩がなければ、筋は再び収縮することもできず、動的な運動は不可能となる。このプロセスにかかる時間は通常 20-40 m s である。

不均衡により生じる障害

けいれん

> **MEMO**
> 主要電解質のバランスが極度に崩れた場合、心臓と神経系の電気的プロセスに重篤な機能不全が発生することがある。遺伝子欠陥あるいは長期に及ぶ偏った食生活などに起因する電解質不全はけいれんや麻痺などの筋障害の原因となる。

スポーツにとって重要なのはけいれんである。これは持続的な筋収縮であり、筋線維の脱分極と再分極の障害に起因する神経性の過敏症の現れである（Jerusalem & Zierz 2003）。安静時のけいれんと負荷下のけいれんを区別する必要がある。

- 安静時：安静時における障害は、集中的な負荷の一定時間後に観察される。この場合のけいれんは、長時間にわたる発汗量の上昇による塩化ナトリウムとマグネシウムの損失に起因する電解質の均衡不全を反映している（Buchman et al. 1998）。
- 負荷下：極度の継続的運動などの負荷下におけるけいれん現象は強縮と呼ばれ、その原因は細胞外カリウム濃度の上昇の結果として、電解質バランスの再均衡化に遅延が生じるからではないかと推測されている。その結果、収縮後の弛緩期に遅れが生じ、閾下刺激による強縮発生の可能性が高まるのである（Bentley 1996）。したがって、骨格筋のある筋群に強い収縮が連続すると悪循環に陥ることとなり、これを断ち切るには収縮の中断と拮抗筋のストレッチングをする必要がある。

後者の症状と臨床試験の結果を総合すると、電解質の不足と伸張により誘発される固有感覚反射との間に密接な関連があることが分かる（Schwellnus et al. 1997）。このことは遠心性の伸張と瞬発的な収縮からなるプライオメトリックトレーニングが治療に有効であることによっても裏付けられている（Bentley 1996）。

治療

けいれんに対処するには電解質バランスの回復により正常な刺激伝達を再構築することが最も重要である。

> **Caution**
> 急性のけいれんは必ずしもナトリウムとカリウムの補給により解消するわけではない。

この2種のミネラルは基礎食品に十分含まれている。そのため、ナトリウムとカリウムの補給で、筋線維および神経線維の形質膜に沿った電解質勾配の正常化を加速することはできない。ここでより重要となるのは、「けいれん解消薬」としてのマグネシウムの役割である。マグネシウムは脱分極を抑制する作用を持ち、電解質バランスの崩れで見られる異常な閾下刺激に対し拮抗的な効果を持つ。加えてマグネシウムは筋の新陳代謝にも包括的に介入する。ただし、マグネシウムの補給によりパフォーマンスの向上を期待することはできない（Lukaski 2000）。

電解質の補助的な服用（補給）では、時に腎臓による水分調節が亢進することがあり、注意が必要である。これは、血液量の支障の原因となる浸透圧の変化に対する保護作用である。

> **MEMO**
> マグネシウムの補給は電解質バランスが乱れている場合にのみ推奨できる。

3. 筋再生における栄養・補助食品の役割

表 3.4 筋の微量栄養素（WHO Expert Committee 1973）

物質	作用	1日摂取量	適応
鉄	シトクロム、ミオグロビン、ヘモグロビン	10-15 m g	激しいスポーツ
フッ素	カルシウム蓄積の結晶核	3-4 m g	
銅	酸化還元酵素	1-1.5 m g	激しいスポーツ／低酸素症
マンガン	スーパーオキシドジスムターゼ	2-5 m g	激しいスポーツ／低酸素症
シリコン	結合組織	30 m g	骨折、腱断裂
亜鉛	転写因子、マトリックスメタロプロテアーゼ	7-10 m g	筋損傷／結合組織炎症
クロム	ブドウ糖耐性因子	30-100 μg	
コバルト	ビタミン B12	0.2 μg	
ヨウ素	甲状腺ホルモン	150 μg	
モリブデン	不明	50-100 μg	
セレン	グルタチオンペルオキシダーゼ	30-70 μg	筋損傷
バナジウム	不明	10 μg	

〈5〉 微量栄養素

微量栄養素（微量元素）とは、豊富に存在するミネラルとは異なり、体重 1 k g につき 50 m g 以下しか存在しない無機物質のことである。微量栄養素には以下の物質が含まれる：
- 金属：
  - クロム
  - コバルト
  - 鉄
  - 銅
  - マンガン
  - モリブデン
  - セレン
  - バナジウム
  - 亜鉛
- 半金属：シリコン
- ハロゲン：
  - フッ素
  - ヨウ素

これらはイオン化された形で現れ、部分的には強い反応性を示す（表 3.4）。

■ 作用機序

微量栄養素は酵素の反応中心において無機補因子として働く。酵素に結合した微量栄養素における酸化還元によるイオン価（電荷）の変化は、その酵素による触媒反応に深く関与している。ミトコンドリアに存在するマンガンスーパーオキシドジスムターゼ、鉄を含有するシトクロムであるミオグロビンとヘモグロビン、セレンを含有するグルタチオンペルオキシダーゼ、結合組織内の亜鉛結合型マトリックスメタロプロテアーゼなどがその代表例である。さらに微量栄養素が持つ電荷依存的な性質が酵素の折りたたみに対し非常に重要な役割を果たす。その例としては、DNA 結合酵素の亜鉛依存的三次元構造を挙げることができる。

■ 欠乏症状

動物実験から得た疫学および細胞生物学的根拠に基づき、微量栄養素の推奨1日摂取量が公表されている（表3.4）。必須の微量栄養素が欠乏すると代謝障害が発生し、身体能力の著しい低下につながる。

● 鉄

酸素を運ぶ赤血球が減少（貧血）すると慢性の鉄分不足となり、身体能力は顕著に低下する。

● 亜鉛

亜鉛が不足すると生殖腺の機能低下、発育不全、あるいは貧血症状などが現れる。これらは若者に特に顕著である。免疫力の低下や、脱毛、皮膚の乾燥などの症状も起こりやすくなり、つめも割れやすくなる。

また亜鉛は筋の能力に大きく影響することも、スポーツにとっては重要である。例えば、亜鉛の補給により、動的なアイソキネティック（等速性）張力と等尺性の持久力が向上することが観察されている（Lukaski 2000）。逆に、亜鉛の欠乏には筋の成長力低下が伴う。急性の損傷を受けた筋線維から亜鉛が流出することが亜鉛欠乏の原因であると考えられている。亜鉛の血清中濃度は持久運動後に急速に上昇するが、慢性の持久力トレーニングでは低下することがその証拠である（Lukaski 2000）。

HINT
このことから持久スポーツの選手に長期的な亜鉛の置換療法が必要になると考えられがちである。しかし、銅バランスと高密度リポタンパク質濃度に悪影響が出ることから、1日につき静注で15mg（経口で100mg）を越える亜鉛の補給は避けるべきである（Lukaski 2000）。

● シリコン

シリコンは無毒の半金属であり、体重1kgにつき最大200mg存在している。コラーゲンの合成と弾性に直接的に作用することで、結合組織の形成に深く関与している。シリコンはしたがって骨の形成と成熟に特に重要である（Carlisle 1970、Charnot & Peres 1972）。骨格発育不全を示すシリコンに欠くげっ歯類の試験をもとに算出したところ、人間の結合組織構造を維持するには1日30mgのシリコンが必要であることが分かっている。

■ 補給

亢進した基礎代謝を持つ人物における亜臨床的な再生能の低下は、ビタミンと結合した微量栄養素の不足と関連していることは想像に難くない。微量栄養素の供給は通常、食物摂取量の増加により補うことができる。

HINT
食品の季節変動を埋め合わせるため、植物性食品と動物性食品をバランスよく摂ることが重要である。

地理的な条件によっては、ミネラルの摂取過多になり、時には重篤な中毒症状が発生することもある。このことは特に微量栄養素のセレンとヒ素に対して観察されている。微量栄養素の状態は全血分析により検査することができる。しかしここでの関心の対象である筋内の値は通常の形では計測することができない。

■ スポーツにおける意味

機械的および代謝的パフォーマンスの上昇により細胞の損傷が増えると、それに伴い骨格筋が必要とする微量栄養素量も増加する。触媒過程に関与するため、微量栄養素は筋機能の維持において中心的な役割を果たすことになる。激しい筋運動中や、その後の安静時にタンパク質代謝が活発化している期間は細胞呼吸が増加し、そのため酸化ストレスの緩衝が必要となるからである。これにはさまざまな因子の遺伝子発現の活性化が欠かせないが、これを保証するのは微量栄養素の亜鉛との結合である。このことは特に転写因子メタロプロテイナーゼに該当する（Schmutz et al. 2006）。この関連は筋損傷とその後の結合組織反応において顕著である（Rullman et al. 2009）。このような代謝亢進期には亜鉛、鉄、セレン、およびマンガンを補給し、筋のストレス反応を向上することが好ましい（Konig et al. 1998）。また、水溶性の微量栄養素は皮膚からの排出により失われるため、定期的な激しい肉体運動に対してもこれら微量栄養素の補給は有益である（Buchman et al. 1998）。この意味では、微量栄養素の一般推奨値はトップアスリートには当てはまらない。

HINT
繰り返しの激しい運動時や筋の負傷時には、特定の微量栄養素（特に亜鉛と鉄）およびミネラル（特にマグネシウム）の補充が有効である。その用量は栄養士と相談して決定するのがよい。

⟨6⟩ ビタミンD

ビタミンDはカルシウム・リン酸代謝における脂溶性のメッセンジャーである（Dusso et al. 2005）。ビタミンDには数多くの種類が知られている。ビタミンD_3（カルシオール、コレカルシフェロール）は体内で生合成されるビタミンDである。これには骨化を調節する働き

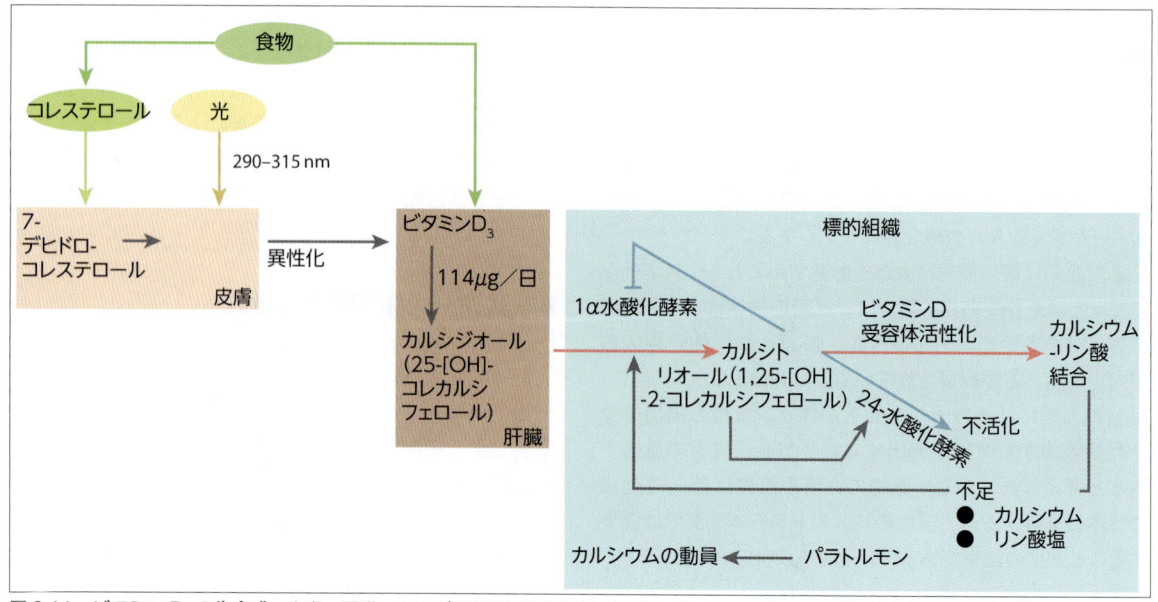

3. 筋再生における栄養・補助食品の役割

図3.11 ビタミンD₃の生合成 皮膚、肝臓、および標的組織におけるビタミンD₃の生合成、ならびにカルシウム-リン酸バランスと調節フィードバック機序に対するその作用。

があり、運動器官の形態形成に直接的に関与している。ビタミンD₃の慢性欠乏は骨成長の障害となって現れる。これは骨の鉱化不全の結果である。その顕著な病例として小児のくる病や成人における骨軟化症がよく知られている。

■ 代謝と調節

カルシオールは光に依存した生合成により、コレステロール誘導体である7-デヒドロコレステロール（プロビタミンの1種）から皮膚内で生成される（図3.11）。また、食料から吸収することもできる。その生物学的活性体カルシトリオール（1,25-[OH]-2-コレカルシフェロール）は、肝臓内でのビタミンD₃のカルシジオール（25-[OH]-コレカルシフェロール）へのC₂₅水酸化、および普遍的な1α水酸化酵素による2度目の水酸化により生成される。ビタミンD₃種はビタミンDを結合するタンパク質により血液を通じて輸送される。ステロイドホルモンと同様、ビタミンD₃は標的細胞（骨芽細胞）に吸収された後、細胞核内のビタミンD受容体と結びつき、遺伝子発現の活性化を通じてその効果を発現する。

カルシトリオールの血清中濃度は厳格に調節されている。カルシウムとリン酸の血清中濃度が下がると、パラトルモン（副甲状腺ホルモン）のフィードバックにより1α水酸化酵素の働きが活性化する（図3.11）。逆に、カルシトリオールとグルココルチコイドが多いと1α水酸化酵素の活性は抑制され、24R水酸化酵素を介してカルシトリオールの不活化が進む。対照的にビタミンD₃とカルシジオールの量は、両者間の変換にさしたる調節機構が存在しないため流動的である。ビタミンD₃とその前駆体は部分的に脂肪組織内に存在しているが、その動態特性により、新たな均衡が得られるまでに数カ月以上かかることも多い。カルシジオールの血清中濃度はしたがって、その時点からさかのぼって3-4カ月前のビタミンD₃供給を反映している。一方、カルシトリオールの濃度は数時間から数日間前の状況を反映している。

> **HINT**
> カルシジオールとカルシオールの血清中濃度の計測によりビタミンD₃の供給状況をさかのぼることができる。カルシジオールは過去数カ月の供給状況を反映するため、その計測は治療・診察にとって特に重要となる。

■ 補給

現在のところ、カルシジオールの血中量は80 nmol／ml（= 32 ng／ml）が正常であるとみなされている。光と食物摂取に依存するビタミンD₃の合成量は、季節や土地状況、あるいは食生活により大きく左右される。例えば、ビタミンD₃の合成は、290から315 nmの間の波長を持つB型紫外線の照射に依存している。緯度が高くなる、高度が下がる、あるいは皮膚色素が増加することにより、皮膚内の生合成が減少し、食物を通じたビタミンD₃の補給が不可欠となる。今日では、114μgのビタミンD（4600 IE）

の摂取が、付加的な光照射を受けることなく1日必要量を補うのに十分な量であると考えられている。

> **MEMO**
> 冬や不足が確認されている場合にはビタミンDを適切な食料、経口サプリメント、およびUV／日光照射により補給するのが好ましい。

　腸や前立腺の癌あるいは乳癌、骨減少症や骨粗しょう症、心血管疾患などの文明病はビタミンD_3の不足と関連していることが証明されている（Spina et al. 2006）。そのため、ビタミンDの推奨量については現在も議論が続けられている。疫学調査を通じて、ドイツ人口の大半においてビタミンDが明らかに不足していることが確認されている。この点からも、上記のビタミンDと疾患の関連は非常に重要な問題である。

> **Caution**
> 毒性を発揮する可能性があることから、ビタミンDの長期にわたる高用量の補給には注意が必要である。

　1日40000IEの長期補給から危険な値が始まると考えられている（Vieth 1999）。この数字は推奨指標値の9倍以上に相当し、体重60kgの人物の推定致死量（1億7600万IE）よりははるかに低い。一般にビタミンDの治療幅は非常に広い（Vieth 1999）。

■ スポーツにおける意味

　ビタミンD_3と運動器官の調節の関係は、負荷により左右される。ビタミンD_3とカルシウムの同時補給により骨折のリスクが約25％低減する（Holick 2006b）。ビタミン濃度が30ng／ml（75nmol／l）を下回ると、筋力が低下し、パフォーマンスが減退する（Pfeifer et al. 2002、Holick 2006a）。このことはビタミンDがスポーツにおける筋張力の必要条件となっていることを示している。したがって、ビタミンDが不足しがちなトップアスリートにはその補給が特に重要である（編者の観察）。

> **MEMO**
> 現在、「ビタミンD」研究に対する関心は非常に高い。ビタミンDにはさまざまな作用があるが、中でも協調能力に対するビタミンDの作用に特に関心が向けられている。研究の成果は高齢者の転倒予防の一環として活用されている。

3 結論

　スポーツ時、エネルギー負荷が上昇することにより筋の代謝ニーズが変化する。ミネラルとアミノ酸の需要も増加するが、スポーツ選手では天然のビタミンや抗酸化剤を補給し、運動器官の構成や再生能を最適に補助することが重要である。必要とされる成分（図3.3）それぞれが持つ作用範囲や相互依存的な複合作用については、これまで主に集中医療の枠組みにおいて研究されてきた（DeBiasse & Wilmore 1994）。健常者においてもスポーツ活動の開始前やトレーニングや試合による変化が生じた時に詳細な臨床化学的検査をし、欠乏を検知し、必要であれば介入することができるようにすることが重要である。

参考文献

Allen DG, Whitehead NP, Yeung EW. Mechanisms of stretch-induced muscle damage in normal and dystrophic muscle: role of ionic changes. J Physiol 2005; 567: 723-735

Appell HJ, Soares JM, Duarte JA. Exercise, muscle damage and fatigue. Sports Med 1992; 13: 108-115

Armstrong RB. Muscle damage and endurance events. Sports Med 1986; 3: 370-381

Armstrong RB, Warren GL, Warren JA. Mechanisms of exercise-induced muscle fibre injury. Sports Med 1991; 12: 184-207

Ascensao A, Rebelo A, Oliveira E et al. Biochemical impact of a soccer match - analysis of oxidative stress and muscle damage markers throughout recovery. Clin Biochem 2008; 41: 841-851

Belcastro AN, Shewchuk LD, Raj DA. Exercise-induced muscle injury: a calpain hypothesis. Mol Cell Biochem 1998; 179: 135-145

Bentley S. Exercise-induced muscle cramp. Proposed mechanisms and management. Sports Med 1996; 21: 409-420

Bolgiano EB. Acute rhabdomyolysis due to body building exercise. Report of a case. J Sports Med Phys Fitness 1994; 34: 76-78

Buchman AL, Keen C, Commisso J et al. The effect of a marathon run on plasma and urine mineral and metal concentrations. J Am Coll Nutr 1998; 17: 124-127

Carlisle EM. Silicon: a possible factor in bone calcification. Science 1970; 167: 279-280

Charnot Y, Peres G. Comparative research on silica metabolism in soft and calcified tissues in mammals. J Physiol (Paris) 1972; 65 (Suppl. 3): 376A

Chen LH. Interaction of vitamin E and ascorbic acid (review). In Vivo 1989; 3: 199-209

DeBiasse MA, Wilmore DW. What is optimal nutritional support? New Horiz 1994; 2: 122-130

Dusso AS, Brown A, Slatopolsky E. Vitamin D. Am J Physiol Renal Physiol 2005; 289: F8-F28

FAO, WHO, UNO. Energy and protein requirements. World Health Organization technical report series 1985; 724

Gomez-Cabrera MC, Domenech E, Romagnoli M et al. Oral administration of vitamin C decreases muscle mitochondrial biogenesis and hampers training-induced adaptations in endurance performance. Am J Clin Nutr 2008; 87: 142-149

Goodman CA, Horvath D, Stathis C et al. Taurine supplementation increases skeletal muscle force production and protects muscle function during and after high-frequency in vitro stimulation. J Appl Physiol 2009; 107: 144-154

Hespel P, Maughan RJ, Greenhaff PL. Dietary supplements for football. J Sports Sci 2006; 24: 749-761

Holick ME. High prevalence of vitamin D inadequacy and implications for health. Mayo Clin Proc 2006a; 81: 353-373

Holick ME. The role of vitamin D for bone health and fracture prevention. Curr Osteoporos Rep 2006b; 4: 96-102

Jackson MJ, Khassaf M, Vasilaki A et al. Vitamin E and the oxidative stress of exercise. Ann NY Acad Sci 2004; 1031: 158-168

Jarvinen MJ, Lehto MU. The effects of early mobilisation and immobilization on the healing process following muscle injuries. Sports Med 1993; 15: 78-89

Jerusalem F, Zierz S. Muskelerkrankungen. Stuttgart: Thieme; 2003

Komi PV. Stretch-shortening cycle: a powerful model to study normal and fatigued muscle. J Biomech 2000; 33: 1197-1206

Konig D, Weinstock C, Keul J et al. Zinc, iron, and magnesium status in athletes - influence on the regulation of exercise-induced stress and immune function. Exerc Immunol Rev 1998; 4: 2-21

Lemon PW, Yarasheski KE, Dolny DG. The importance of protein for athletes. Sports Med 1984; 1: 474-484

Linus Pauling Institute, Oregon State University (http: //lpi. oregonstate.edu/infocenter/)

Lukaski HC. Magnesium, zinc, and chromium nutriture and physical activity. Am J Clin Nutr 2000; 72: 585S-593S

McDonough KH. The role of alcohol in the oxidant antioxidant balance in heart. Front Biosci 1999; 4: D601-D606

Mackey AL, Bojsen-Moller J, Qvortrup K et al. Evidence of skeletal muscle damage following electrically stimulated isometric muscle contractions in humans. J Appl Physiol 2008; 105: 1620-1627

McNeil PL, Khakee R. Disruptions of muscle fiber plasma membranes. Role in exercise-induced damage. Am J Pathol 1992; 140: 1097-1109

Medics Labor AG, Bern (http://www.medics-labor.ch/labor/index2.html)

Meyer NA, Muller MJ, Herndon DN. Nutrient support of the healing wound. New Horiz 1994; 2: 202-214

Miller ER 3rd, Pastor-Barriuso R, Dalal D et al. Meta-analysis: high-dosage vitamin E supplementation may increase all-cause mortality. Ann Intern Med 2005; 142: 37-46

Milne CJ. Rhabdomyolysis, myoglobinuria and exercise. Sports Med 1988; 6: 93-106

Neumayr G, Pfister R, Hoertnagl H et al. The effect of marathon cycling on renal function. Int J Sports Med 2003; 24: 131-137

Pfeifer M, Begerow B, Minne HW. Vitamin D and muscle function. Osteoporos Int 2002; 13: 187-194

Powers SK, Jackson MJ. Exercise-induced oxidative stress: cellular mechanisms and impact on muscle force production. Physiol Rev 2008; 88: 1243-1276

Robergs RA, Ghiasvand F, Parker D. Biochemistry of exercise-induced metabolic acidosis. Am J Physiol Regul Integr Comp Physiol 2004; 287: R502-R516

Rullman E, Norrbom J, Stromberg A et al. Endurance exercise activates matrix metalloproteinases in human skeletal muscle. J Appl Physiol 2009; 106: 804-812

Santos RV, Bassit RA, Caperuto EC et al. The effect of creatine supplementation upon inflammatory and muscle soreness markers after a 30 km race. Life Sci 2004; 75: 1917-1924

Schmalbruch H, Lewis DM. Dynamics of nuclei of muscle fibers and connective tissue cells in normal and denervated rat muscles. Muscle Nerve 2000; 23: 617-626

Schmutz S, Dapp C, Wittwer M et al. Endurance training modulates the muscular transcriptome response to acute exercise. Pflugers Arch 2006; 451: 678-687

Schwellnus MP, Derman EW, Noakes TD. Aetiology of skeletal muscle 'cramps' during exercise: a novel hypothesis. J Sports Sci 1997; 15: 277-285

Shepard RJ, Shek PN. Impact of physical activity and sport on the immune system. Rev Environ Health 1996; 11: 133-147

Smith C, Kruger MJ, Smith RM et al. The inflammatory response to skeletal muscle injury: illuminating complexities. Sports Med 2008; 38: 947-969

Sorichter S, Mair J, Koller A et al. Early assessment of exercise induced skeletal muscle injury using plasma fatty acid binding protein. Br J Sports Med 1998; 32: 121-124

Spina CS, Tangpricha V, Uskokovic M et al. Vitamin D and cancer. Anticancer Res 2006; 26: 2515-2524

Steinhubl SR. Why have antioxidants failed in clinieal trials? Am J Cardiol 2008; 101: 140-190

Tafazoli S, Wright JS, O ´ Brien PJ. Prooxidant and antioxidant activity of vitamin E analogues and troglitazone. Chem Res Toxicol 2005; 18: 1567-1574

Tarnopolsky MA, MacLennan DP. Creatine monohydrate supplementation enhances high-intensity exercise performance in males and females. Int J Sport Nutr Exerc Metab 2000; 10: 452-463

Taylor C, Rogers G, Goodman C et al. Hematologic, iron-related, and acute-phase protein responses to sustained strenuous exercise. J Appl Physiol 1987; 62: 464-469

Thompson D, Williams C, McGregor SJ et al. Prolonged vitamin C supplementation and recovery from demanding exercise. Int J Sport Nutr Exerc Metab 2001; 11: 466-481

Thompson D, Williams C, Garcia-Roves P et al. Post-exercise vitamin C supplementation and recovery from demanding exercise. Eur J Appl Physiol 2003; 89: 393-400

Van Thienen R, Van Proeyen K, Vanden Eynde B et al. Beta-alanine improves sprint performance in endurance cycling. Med Sci Sports Exerc 2009; 41: 898-903

Vieth R. Vitamin D supplementation, 25-hydroxyvitamin D concentrations, and safety. Am J Clin Nutr 1999; 69: 842-856

Wagenmakers AJ. Muscle amino acid metabolism at rest and during exercise: role in human physiology and metabolism. Exerc Sport Sci Rev 1998; 26: 287-314

WHO Expert Committee on Trace Elements in Human Nutrition. Report: Trace elements in human nutrition. World Health Organization technical report series 1973; 532

Witt EH, Reznick AZ, Viguie CA et al. Exercise, oxidative damage and effects of antioxidant manipulation. J Nutr 1992; 122: 766-773

第4章

生理学的観点から見た筋の治癒とその妨げ

W. ブロッホ

1. 筋組織における機能と構造の変化 *104*
2. 筋損傷のメカニズム *106*
3. 再生機序とその時間経過 *108*
4. 診断と治癒過程のマーカー *117*
5. 治癒の影響因子 *118*

4. 生理学的観点から見た筋の治癒とその妨げ

1 筋組織における機能と構造の変化

　筋損傷は筋組織の機能的および構造的な変化を特徴としている。筋機能に障害がある場合、病理学的には筋の微小構造における損傷が必ず発生しているが、筋損傷のすべてが機能障害や痛みとして臨床的に顕在化するわけではない。また、重篤な筋損傷においても臨床像と病理生物学的様相は必ずしも一致しない。本章ではこの問題にスポットを当て、病理生物学的視点と臨床像を対比する。そうすることで、筋の再生機序や現行の治療法に関する理解が深まり、またこれを改善する方法や、病理生物学的見地に基づいた新しい治療法の発見も期待される。

　一般的に筋の損傷は筋硬直に始まり筋の完全断裂までの3つあるいは4つの段階に分類される（図4.1）。その際、筋線維断裂以上の損傷では構造的な障害が臨床的に証明できるが、いわゆる肉離れのレベルまでは不可能である。病理生物学的には、筋損傷には必ず構造変化が伴う。ただし、これを確認するには組織の微小解析が必要となる場合もある。けがではないが、筋組織の負荷への順応なども広い意味で構造的損傷と見なすことができる。生理的な順応プロセスと軽度の筋損傷の正確な区別は困難であり、そのため以下の描写では「生理的」な構造変化から「病態生理学的・生物学的」な構造障害への移行は連続的なものであることを前提としている。

　さらに、筋に損傷を引き起こす原因として直接的外傷と間接的外傷を区別することができる（Best & Hunter 2000, Järvinen et al. 2005）：
- 直接的筋外傷にはすべての挫傷と裂傷が含まれる。
- 間接的筋外傷は負荷下の筋活動における外部からの引張力や虚血再かん流を原因としている。

　この外傷の種類は後遺症や治癒プロセスにとって非常に重要な要素となる。本章では負荷下における筋活動に起因する間接的外傷をもとに、その損傷パターンや治癒プ

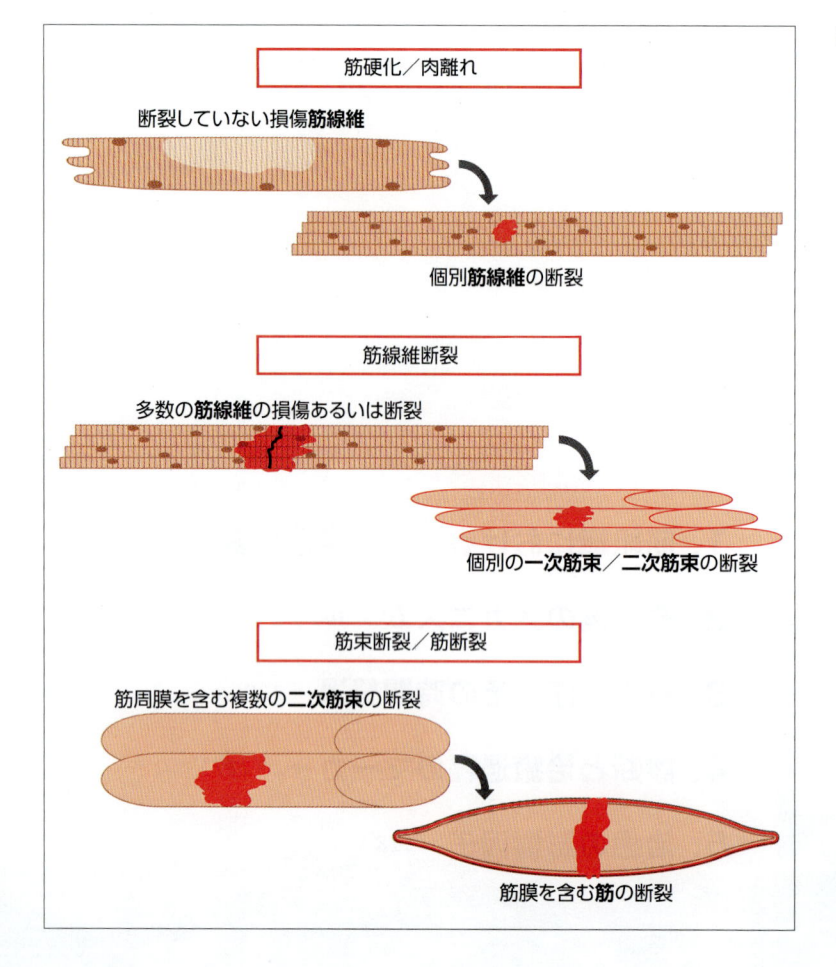

図 4.1　筋損傷の病理生物学的分類

筋組織における機能と構造の変化

ロセス、ならびに影響因子を中心に観察する。さらに、治癒や治療にとって重要となる外傷ごとの損傷パターンの相違を明確にすることに務める。

ここでの関心は急性の筋損傷である。一方、慢性の損傷も重要な問題であるが、本章では紙面の都合上直接取り扱わない。ただし、その機序については以下に記述する。急性の筋損傷およびその治癒に関する議論を始める前に、まず臨床的損傷レベルと病理生物学的損傷パターンの関連について考察する。

〈1〉筋の硬化／肉離れ

筋硬化あるいは肉離れは、臨床的には筋機能の制限および痛みとして現れ、大小の差こそあれ、筋トーヌスの上昇を特徴としている。これらの症状（特に筋硬化）は運動の直後ではなく、数時間から1日後に遅れて出ることも多い。

病理生物学的には、筋の硬化や肉離れは基本的に構造的変化であり、微小損傷であり、組織学的検査によってのみ確認可能である。ここではサルコメアの微小構造に変化が発生している。細胞外マトリックスは、生化学的にのみ検査可能な再構築過程を示し、炎症性サイトカインと血管作動性物質が放出される。その結果、筋は炎症に似た状態となる。炎症細胞（マクロファージと好中球）のわずかな活性化や流入をもたらすことがあり、血管浸透性に変化が生じる（Clarkson & Hubal 2002、Tidball 2005）。時には筋線維の壊死が発生することもある。ここでもし血管も損傷すると、そこから出血し微少内出血が生じる。この期における損傷した線維や細胞は主に壊死により失われることとなる。これにより局所的な炎症性反応はさらに促進される。ただし壊死細胞や線維だけがこの反応を引き起こすわけではない。硬化の原因は基本的に血管浸透性およびそれにより生じる間質の液体蓄積の変化であり、これが結合膜構造（筋周膜と筋外膜）の内部における損傷筋の張り、膨張感を引き起こす。これに加えて、筋線維内におけるカルシウム恒常性の異常に起因する過剰な収縮も筋硬化の要因となる。

MEMO
生理的な負荷に対しても、その強度や期間あるいは筋負荷の種類に応じて、炎症性因子および血管作動性物質が放出される。そのため、筋の生理的反応と筋硬化や肉離れの境界は連続的なものであり、厳格な区分はできない。

さらに、特に筋フィラメントを筋線維鞘に固定する役割を持つZ線やコスタメアなど、筋フィラメントレベルの超微小構造に可逆的な変化が生じることも多い（Hurme et al. 1991、Best & Hunter 2000、Järvinen et al. 2005）。これらの変化が筋再構築の引き金となり、筋の機能・構造的適応（表4.1）を誘発する（表4.1）。

〈2〉筋線維断裂

MEMO
臨床的に見て筋線維断裂は構造的な病変である。

たとえ臨床的に診断がほぼ不可能な断裂であっても、病理生物学的には常に筋線維の破壊、つまり筋フィラメントの一部におけるサルコメアのミオシン‐アクチン結合の損失を確認することができる。この時、受動的な細胞骨格はまだ完全である場合もあれば、既に破壊されている場合もある。個々の線維はこの時点で断裂し壊死していることもある。また細胞膜の破損が発生し、これにより以下で説明するような二次的損傷が誘発される場合もある（Clarkson & Hubal 2002）。

一方、臨床的に診断可能な筋線維断裂では、数多くの筋線維（一次筋束）あるいは二次筋束が断裂している。その過半数は二次筋束の断裂であり、その直径は数ミリメートルに及ぶ。

筋線維断裂、あるいはそれより重度の筋損傷では、構造的損傷の範囲が広がり、筋組織内のほかの細胞内あるいは細胞外構成要素にも形態的変化が生じ、例えば毛細血管、あるいは筋内膜や筋周膜などの構造が破壊される（表4.1：Best & Hunter 2000、Clarkson & Hubal 2002）。

〈3〉筋束断裂／筋断裂

筋束断裂や筋断裂では、筋の連続性の破綻を触診や画像診断により確認することができる。さらに筋筋膜の破損も診断されることがある。

筋束断裂や筋断裂は病理生物学的に見ると、直径数ミリメートルから数センチメートルに及ぶ比較的大型の筋

105

表 4.1　筋損傷重傷度の臨床的観点と病理生物学的観点の比較

原因と部位	筋硬化／肉離れ (I-II 度)	筋線維断裂 (IIIA 度)	筋束断裂／筋断裂 (III B-IV 度)
臨床的観点	● 軽傷 ● 機能的 ● 構造変化なし ● 筋トーヌスの上昇 ● 部位：筋腹全体を含む筋の全長にわたる筋束	● 軽傷 ● 構造機械的 ● 弾性限界を越える伸張 ● 部位：ほとんどが筋腱移行部 ● 筋線維の断裂	● 重傷 ● 構造機械的 ● 筋束あるいは筋全体の断裂による（部分的な）連続性の損失 ● 付随構造の破損：筋膜、血管、神経
病理生物学的観点	● 微小損傷 ● 線維内微細構造の損傷から個別線維の断裂 ● 筋フィラメントと筋小胞体の領域における損傷 ● カルシウム収支の障害 ● 毛細血管の損傷 ● 間質内の液体蓄積 ● 炎症細胞の遊走	● 筋線維の大規模損傷 ● 多数の筋線維から一次筋束あるいは二次筋束までの断裂 ● 血管の損傷、内出血、浮腫 ● 筋内膜と筋周膜の破損 ● 炎症性反応	● 5ミリメートルから数センチメートルの大型筋束、あるいは筋の横断面全体のの断裂 ● 筋内に存在するすべての構造体の大規模な破損（血管、筋膜を含む結合組織膜、神経） ● 血腫、浮腫 ● 炎症

束の断裂であり、筋筋膜も部分的にあるいはその大部分が破壊される。非常に大規模な損傷であるため、実質的には筋内に存在するすべての構造体が被害を受ける。これには毛細血管だけでなく動脈や静脈、軸索終末とシナプス、さらには筋内膜や筋周膜あるいは筋外膜、さらには筋筋膜といった膜構造（結合組織）のすべてが含まれる（表4.1）。

2　筋損傷のメカニズム

筋損傷の原因には挫傷や過伸張、あるいは裂傷などがあるが、筋挫傷では通常筋構造が断裂することはなく、筋線維が圧迫を受けることになる。スポーツにおいては挫傷や引張り荷重が、特に能動的な筋収縮の際に、筋損傷の主な原因となる。

　筋挫傷：筋が突然強力な圧力を受けると発生する障害。他選手との接触により、筋に強力な打撃が加わった際など。
● 引張り荷重と過伸張による受傷：筋に高い引張り荷重がかかるスポーツに多く、筋に遠心性の負荷が働くことにより、筋腱移行部付近の筋線維が断裂する。
● 長時間に及ぶ肉体的負荷に伴う筋損傷：マラソンなどで発生し、筋の微小組織が主に破損される。構造損傷を明確に診断するのは難しい。
● 虚血と再かん流：この種の損傷はスポーツとはあまり関連がない。

　挫傷や裂傷など直接的な外傷の受傷機序は明白である一方で、引張り荷重や過伸張に起因する負傷の機序も基本的には容易に理解できる。つまり、主に筋腱移行部に負荷許容量を超える張力が加わるのがその原因である。この時特に受傷のリスクが高いのは、あらかじめ収縮しているあるいは緊張により血圧が高まっている筋組織である（Best & Hunter 2000、Järvinen et al. 2005）。

　ここで興味深い問題は、なぜある時点において一定の負荷を許容した筋がほかの時点において同じ負荷がかかった時に断裂することがあるのかという疑問である。ここでは筋損傷が始まる部位を観察することが重要であると思われる。筋損傷が始まるのは筋線維の筋フィラメント内であり、自発的な筋収縮あるいは外的な力によりサルコメアレベルに遠心性負荷が加わることにより発生する。

> **MEMO**
> 前もって収縮した筋、あるいは血圧が高まった筋に遠心性負荷が加わった時、受傷のリスクが特に高くなる。

⟨1⟩ 第1傷害相

■ 細胞損傷のメカニズム

　一定で乱れのない筋収縮が進行している限り、サルコメアレベルにおいて上記のような遠心性の負荷が働くことはない。収縮が乱れ不均一となって初めて、個別のサルコメアに遠心性負荷が加わる。その結果として個々のサルコメアが過度に引き伸ばされることになる。この時常にアクチンフィラメントとミオシンフィラメントのオーバーラップが失われ、隣接する筋線維鞘が過度に伸張する。この伸張が拡大し、チチンフィラメントなどの受動的構造が破壊されることにより筋線維は直接的に断裂される。この破壊は、サルコメアの受動的固定構造が結合しているZ線で発生する。

　受動的構造が裂けることなく筋細胞膜が損傷した場合には、筋フィラメントや筋線維の連続性が完全に破壊されることはない。しかし、細胞外からのカルシウム流入量が増え、さまざまな内因性自己変性機序やタンパク質分解メカニズムが誘発されることになる（Best & Hunter 2000、Howatson & van Someren 2003）。この不規則なカルシウム流入によりカルシウム依存性プロテアーゼが活性化され、細胞構造タンパク質、例えば筋原線維やそのほかの細胞骨格のタンパク質の分解が進む。この働きによりデスミンフィラメントとサルコメアフィラメントが切断される。つまり、プロテアーゼは筋線維のあるいは少なくともその一部の自己消化作用と理解することができ、まず筋フィラメント構造が失われ、さらにミトコンドリアの損傷や筋グリコーゲンの損失につながる。また、これにより炎症性の反応が誘発され、好中球とマクロファージが流入する。

　このプロテアーゼに誘発された筋組織の破壊プロセスは筋線維の代謝過多として説明することができる。つまりATPの消費が供給を上回り、そのためATP依存カルシウム輸送機構が崩壊し、細胞質カルシウムが過剰となり上記のプロテアーゼが活性化するのである。I型線維に比べII型線維がこの種の障害に弱いと考えられている（Tee et al. 2007）。

■ 細胞外損傷のメカニズム

　筋線維だけでなく、その周りの細胞外マトリックスも変化を被る。筋線維周囲の細胞外マトリックスの大部分は失われ、筋線維間の間隔が広がると考えられている。この拡大した細胞間の空間にフィブリノゲンやアルブミンなど、典型的な血漿タンパク質が蓄積する。これは毛細血管の働きが損なわれ、内皮の障壁機能が失われていることの証拠と見なすことができる。この時、組織浮腫も発生するが、これは血漿タンパク質の管外遊出時には水分も細胞間に流出することに起因している。これにより、結合組織膜（筋周膜と筋外膜）が破損していない限り、筋内圧力が上昇し、これが筋硬化として自覚される（Smith et al. 2008）。

■ 収縮タイプおよび線維の種類と損傷の関連

　どのタイプの筋収縮がどのタイプの筋損傷を引き起こすかという問題も重要である。

> **MEMO**
> 求心性や静的な収縮に比較して、遠心性収縮の際に負傷リスクが増加することが証明されている。

　遠心性収縮の時に生産される力は等尺性収縮の時に生産される力より1.5から1.9倍大きい（Byrne et al. 2004）。ほかにも何人かの研究者が指摘しているように、上記のような筋線維の細胞内メカニズムを考察する際に最も根本的な問題は、収縮による骨格筋の損傷のすべてが、実質的には遠心性の収縮に起因しているのではないかという疑問である（Howatson & van Someren 2008）。

　上述のメカニズムにより、なぜ筋組織は負荷状況によって、さまざまな負荷耐久力を示すことができるのかも理解することができる。筋線維の細胞内レベルにおいてカルシウム収支や代謝状況に変化が起こると、筋線維内のサルコメアの収縮状態に乱れが生じることがある（Best & Hunter 2000）。例えば細胞内カルシウム濃度に相違が生じ、隣接するサルコメア間の収縮状態がバラバラになる。長時間の負荷がかかる時は特に、筋線維内の代謝に変化が生じ、局所的なATP不足やカルシウム恒常性の異常を引き起こす（Tee et al. 2007）。これにより筋線維間や筋線維内の収縮状態に乱れが生じ、上述のようなサルコメアの過伸張を引き起こす。

エネルギー需要が高くATPを多く消費するII型筋線維は微小な損傷を受けることが多いが、これが上のメカニズムとどう関連しているかは今後の研究の課題である。一方、II型筋線維のZ線は、I型のそれに比べて薄い。このZ線の構造が、II型筋線維の損傷傾向の原因である可能性も考えられる。また、ミオシンフィラメント型の不均一な分布が1つの筋線維内における多様な収縮特性とどの程度関連しているかも、今後解明される必要がある。1つの線維内に速いタイプと遅いタイプのミオシン重鎖の両方が発現するキメラ現象はよく知られているが、複数の研究で筋線維の収縮と代謝の制御に関連するシグナル経路もまた、線維内で相違を示すことが確認されている。これが筋線維機能に影響し、収縮制御や代謝の不均質性の原因となっている可能性もある。

■ 神経筋の誤操作

神経筋制御は筋線維の収縮調節だけでなく、代謝にとっても非常に重要である。また、トレーニングに起因する神経筋制御の変化についてもよく研究されている（Byrne et al. 2004）。ただし、例えば神経筋制御における筋線維の誤操作が筋損傷の発生にいかに関与しているか、その機械的な機序についてはまだ明らかではない。しかし、異常な神経筋活性が筋線維に対する過度な引張り負荷を引き起こすと想定することはできる。これはまた、第1傷害相に続く第2傷害相における重要なメカニズムである可能性もある。既に損傷し不安定となった筋線維はさらなる負傷に対する抵抗性が特に低くなっているためである。受傷した筋の固有感覚の変化が神経筋制御に対しどう影響するかという問題に関しても、これまであまり多くは分かっていない。

〈2〉第2傷害相

負傷の規模を決定づけるのは第2傷害相であると考えられる。第2傷害相の発端は筋線維内のカルシウム恒常性の乱れであり、これが細胞質におけるカルシウム濃度の上昇を引き起こす。上述のように、これは個別線維やサルコメアの収縮過剰を引き起こし、損傷したサルコメアや筋線維、あるいは受動的細胞骨格に対する引張り負荷を高める。この過剰収縮は筋緊張が弱まり始めた後に遅れて発生し、筋の弛緩期に筋線維の大部分が破壊された後に終了する。さらにカルシウム流入によりタンパク質分解酵素が活性化され、筋線維と、さらにその内部および外部環境の「自己消化」も促進される。傷ついた筋線維はさらに炎症性サイトカインとIL-8、TNF-αあるいはTGF-βなどの血管作動性物質を放出する。これにより好中球とマクロファージの流入量も増加し、これらがさらに炎症性サイトカインととりわけ酸素ラジカルを放出する。こうしていわゆる「酸化的バースト（オキシダティブバースト）」が発生し、損傷部位における細胞内外の構造の破壊が拡大する。

筋内の炎症反応と血管浸透性を高めるもう1つのメカニズムは、負傷部位に入り込む補体系と血小板の活性化である。炎症細胞の流入とその副作用と並んで、組織内における浮腫形成もまた、組織内の局所的な供給異常を引き起こし、細胞損傷を拡大する原因となる。したがって筋損傷の応急処置は当然、二次的な損傷のリスクを可能な限り抑えるため、内出血、炎症反応、浮腫形成の軽減、および収縮状態の緩和を目的としている（Howatson & van Someren 2008）。

> **HINT**
> 筋損傷には2つの段階がある。第1相が実際の受傷であり、第2相はそれに対する反応による被害である。第2相が負傷の規模を拡大させないためのポイントと言うことができる。

3 再生機序とその時間経過

急性損傷後の筋の再生・回復を理解するにはこの再生過程をいくつかの段階に区分する必要がある（図4.2）。この回復段階は、負傷の原因により多少の差が生じることはあるものの、直接的あるいは間接的外傷を問わず、基本的には常に一定のパターンを示す。

- 破壊相：最初は破壊相であり、組織構造の崩壊を特徴としている。その規模は細胞内フィラメントに始まり、筋全体の完全断裂にまで及ぶ。その規模に応じて結合組織、血管、神経なども同時に破損する。血管が破損した場合、内出血が生じ、血腫が形成されることがある。損傷線維と細胞は主に壊死により失われることとなる。壊死細胞はまた、局所的な炎症反応を強める要因ともなる。局所炎症に伴い炎症

細胞が流入する時期には上述した第2傷害相が始まり、けがの被害を拡大する。
- 修復相：数日後に始まる第2の段階は修復相と呼ばれ、組織内に流入したマクロファージによる破壊された細胞あるいは細胞外物質の貪食作用を主な特徴としている。筋線維はこの時期に修復・再生される。コラーゲン合成が始まり、細胞外マトリックスが増加し、毛細血管が新生される。この段階の役割は、傷をできる限り早く閉じることにあり、そのために機能的に質の悪い細胞内および細胞外物質が利用される。したがって元の筋構造および機能にまで回復することはない。
- 再構築相：次の段階は再構築相と呼ばれ、瘢痕組織の退縮と再編成、あるいは筋組織の機能性の回復を得るため組織が再構築される（Järvinen et al. 2007）。

MEMO
筋の治癒には3つの相がある：
- 損傷した構造を除去するための破壊相
- 即座に傷を閉じるため未熟な組織を形成する修復相
- 組織を再構築し本来の安定性と機能を回復する再構築相

以下、各修復段階を詳細に観察する。

〈1〉破壊相

筋再生の第1段階としてまず、細胞およびその細胞外マトリックス結合から組織内に放出・活性化されたプロテアーゼと、好中球とマクロファージにより放出された酵素の働きにより、傷ついた細胞内および細胞外物質が分解される。分解された物質は好中球ととりわけマクロファージにより捕食される。

ただし、傷が十分な血液の供給を受けていることがこの浄化過程の前提条件となる。複雑なけがなどにより局所的な血流が破損すると、浄化作用を含めその後の再生過程の開始が遅れ、治癒に時間がかかる。

■ マクロファージの遊走

破損した組織の分解に不可欠なマクロファージの遊走は炎症性反応の1種であるが、筋損傷に対しポジティブな影響のみを持つわけではない。既に述べたように、筋損傷に伴う炎症性反応は二次的な傷害（第2傷害相）に関与しているからである。したがって、炎症性反応の経過や規模は非常に重要な要素であり、非ステロイド性抗炎症剤を用いた治療との関連において議論される必要がある（p.122を参照）。

この治癒期にとって重要な炎症は、損傷した筋線維や内皮細胞、線維芽細胞から形成されるサイトカインや成

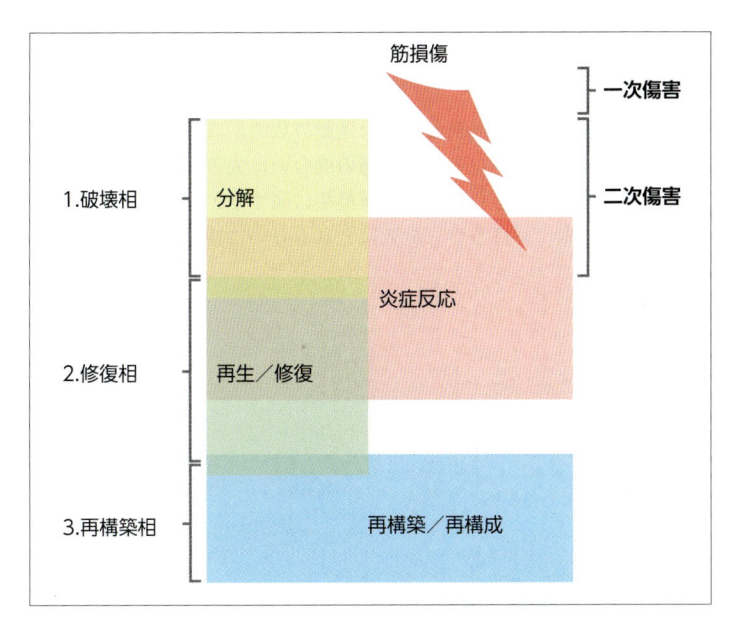

図4.2 **筋再生の3段階と治癒の経過図** 治癒相と一次および二次傷害の発生

長因子などの局所的因子（表4.2）によって引き起こされる。その後、循環免疫細胞が浸潤する。筋損傷の際に放出される局所的因子にはさらに血管の拡大や血管浸透性の上昇を誘発する血管作動性物質も含まれる。これにより血行が増進され、免疫細胞（好中性マクロファージ、単球、好塩基球、好酸球、ナチュラルキラー細胞）の組織への漏出が促進される。血管作動性物質、とりわけ一酸化窒素の放出と血管反応自体は、一方ではサイトカインと成長因子により、もう一方では局所的代謝因子（低酸素、乳酸塩、アデノシン、酸化ストレス）と内出血により活性化された血小板と血小板により放出された因子（セロトニン、ヒスタミン、トロンボキサンA2）により引き起こされる。

　筋損傷の際重要となるもう1つのメカニズムは、細胞外マトリックスを分解するプロテアーゼの活性化である。これにより（マクロファージや好中球の）不特定の防御細胞の浸入が容易になるが、その詳細については、まだあまり研究が進んでいない。マトリクスメタロプロテアーゼは破壊相において（しかもおそらく線維タイプごとに特異的に）放出されることはよく知られているが、我々の研究ではこのような作用は集中的なトレーニング中にも発生することが確認された。しかし、防御細胞の浸潤や破壊相全体に対するこのことの意味は実質的にはまだ調査されていないに等しい。ただし、心臓などのほかの組織の研究から、筋再生において非常に重要な意味を持つと考えることができる。損傷した心筋に関する我々自身の研究においても、虚血や再かん流障害後に細胞外マトリックスの処理が始まることが確認されている。

　このメカニズム以外にも組織への内出血に伴う補体系の活性化が、筋損傷時における防御細胞の化学誘引に関与すると考えられている。

■ 好中球の遊走

　好中球の遊走も炎症性反応の現れである。これが度を超すと、上述した第2傷害相のリスクが高まる。この時、IL-6とTNF-αの放出による炎症の発生は基本的に重要なプロセスであり、これがなければ破壊相が「成功」することもない。なぜなら、このプロセスは不特定の免疫系からのさまざまな防御細胞の時差を伴った遊走の基礎をなしているからである。例えば、マクロファージは貪食作用を持つだけでなく、次にくる修復相の開始にも関与していると想定されている。免疫細胞の浸潤は筋損傷の程度と関連していると考えられるが、その一方で、負傷直後には好中球が優勢であるが、2日後ぐらいからマクロファージの数が増加し、好中球は減少することも観察されている（Best & Hunter 2000、Clarkson & Hubal 2002、Järvinen et al. 2005、Smith et al. 2008）。

> **Caution**
> 受傷直後の損傷組織の除去には十分な血液供給と防御細胞、とくにマクロファージの遊走が欠かせない。内出血と過度な炎症性反応はこの「浄化プロセス」に悪影響を与える。

〈2〉修復相

　さまざまなサイトカインと成長因子の遊走、ならびに細胞外マトリックスのプロテアーゼ依存性分解を伴う炎症が迅速な筋組織再生の基礎となる。ここでは3つの再生プロセスが区別できる：

- 筋線維の再生
- 血管新生
- 細胞外マトリックスの形成

　軸索の成長と新たな運動終板の形成による筋線維の神経支配プロセスは損傷の度合いに大きく左右され、時間的にもむしろ次の再構築相に属すると考えられる。この相におけるプロセスはどれも互いに複雑に関連し合って

表4.2 筋損傷の段階別サイトカイン放出細胞とサイトカイン

	破損構造の破壊	炎症	再生
細胞タイプ	損傷した筋線維 内皮細胞 線維芽細胞 好中球 ナチュラルキラー細胞	損傷した筋線維 内皮細胞 線維芽細胞 好中球 ナチュラルキラー細胞 マクロファージ 筋前駆細胞と新生筋線維	損傷した筋線維 内皮細胞 好中球 ナチュラルキラー細胞 マクロファージ Tリンパ球 Bリンパ球 筋前駆細胞と新生筋線維
サイトカイン	TNF α IL-1 β IL-1 α IL-6 FGF-2	TNF α IL-1 β IL-1 α IL-6 IL-8 VEGF IFN γ G-CSF M-CSF MIP-1 α MCP-1	TNF β IL-1 β IL-2 IL-6 IL-15 VEGF PDGF IFN γ MCP-1 IGF-1 IGF-2 HGF FGF-1 FGF-2 TGF-β LIF MIF HMGP CNTF

CNTF	= 毛様体神経栄養因子	MCP	=	単球走化性タンパク質
FGF	= 線維芽細胞増殖因子	M-CSF	=	マクロファージコロニー刺激因子
G-CSF	= 顆粒球コロニー刺激因子	MIF	=	マクロファージ遊走阻止因子
HGF	= 肝細胞増殖因子	MIP	=	マクロファージ炎症性タンパク質
HMGP	= 高移動度グループタンパク質	PDGF	=	血小板由来増殖因子
IFN	= インターフェロン	TGF	=	トランスフォーミング増殖因子
IGF	= インスリン様成長因子	TNF	=	腫瘍壊死因子
LIF	= 白血病抑制因子	VEGF	=	血管内皮細胞増殖因子

4. 生理学的観点から見た筋の治癒とその妨げ

いる。筋機能・構造の完全な回復にとって、最も重要な要素の1つはこの時期に見られるさまざまなプロセス間のバランスを最適に保つことである（Best & Hunter 2000、Järvinen et al. 2005）。

MEMO
修復相では筋線維が再生され、血管が新生され、細胞外マトリックスが再構築される。損傷の規模が大きい場合には神経の再支配も行われる。

■ 筋線維の再生

● 衛星細胞の分裂

筋線維再生には基本的に基底膜と筋線維鞘の間にある衛星細胞（図4.3）が深く関与している（Charge & Rudnicki 2004、Grefte et al. 2007、Gayraud-Morel et al. 2009、Le Grand et al. 2009）。

まず衛生細胞プールが拡大し、その後衛星細胞は部分的には既に存在する筋線維と融合し、あるいは衛生細胞同士が互いに融合することにより筋管を形成する（図4.4）。基底膜あるいはその構成要素は衛生細胞を活性化する本質的な要因であり、破壊相に損傷組織で生成されたそのほかの因子および既存の細胞やあるいは遊走細胞と共に、衛星細胞の分裂を促進する。つまり筋再生の成功に欠かせない必要条件である（Charge & Rudnicki 2004、Shi & Garry 2006）。したがって、負傷により基底膜がどの程度破壊されているかを知ることは重要である。基底膜が破損していない場合は、これが新しい筋線維の鋳型としての役割を担うことができる（図4.5）。

MEMO
衛星細胞はその環境因子、特に基底膜の構成要素により活性化される。

衛星細胞の分裂は2日から3日後に最大となる（Charge & Rudnicki 2004、Shi & Garry 2006）。ただし、このプロセス自体は受傷の2時間後には遊走好中球から放出される栄養因子により活性化される。その調節にはマクロファージも関与している。いくつかの試験では、マクロファージが枯渇すると筋の治癒は完全に停止することが確認されている（Tidball 2005）。マクロファージは細胞の分裂だけでなく、衛星細胞の分化やその生存に関与している。この分裂期に続いて、分化が始まる。2週間後には正常な細胞構造の再建がなされ、次の再構築相へと移行する（Shi & Garry 2006）。

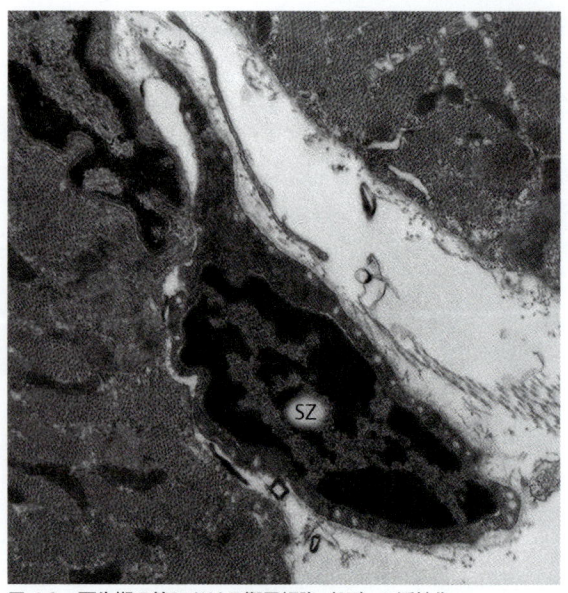

図4.3　再生期の筋における衛星細胞（SZ）の活性化

● 衛星細胞の調節

筋線維の修復は成長因子とサイトカイン、細胞外マトリックスとその構成要素、および機械的あるいは代謝的因子による影響を受け、調節される。この意味では胎児における筋の発達に似ている。この事実により、筋線維の回復や治癒の進行が損傷の種類やその治療によって左右されることも説明できる。

衛星細胞の活性化を誘発するのは損傷部位に放出される成長因子とシグナルタンパク質であり、これらは主に次のようなグループに大別できる（Grefte et al. 2007、Le Grand et al. 2009）：

- 線維芽細胞増殖因子（FGF）
- トランスフォーミング増殖因子（TGF-β）
- インスリン様成長因子（IGF-1と2）
- 肝細胞増殖因子（HGF）
- IL-6ファミリー（LIF）
- Wntシグナルタンパク質（Wnt7a）

衛星細胞による筋組織の回復は厳密に調節された逐次プロセスであるため、成長因子の時間的順序や比率も正確に調節される必要がある（図4.6）。すべての成長因子の逐次放出とその調節に関する詳細は本書では割愛する。以下では、その中でも筋再生にとって特に重要な成

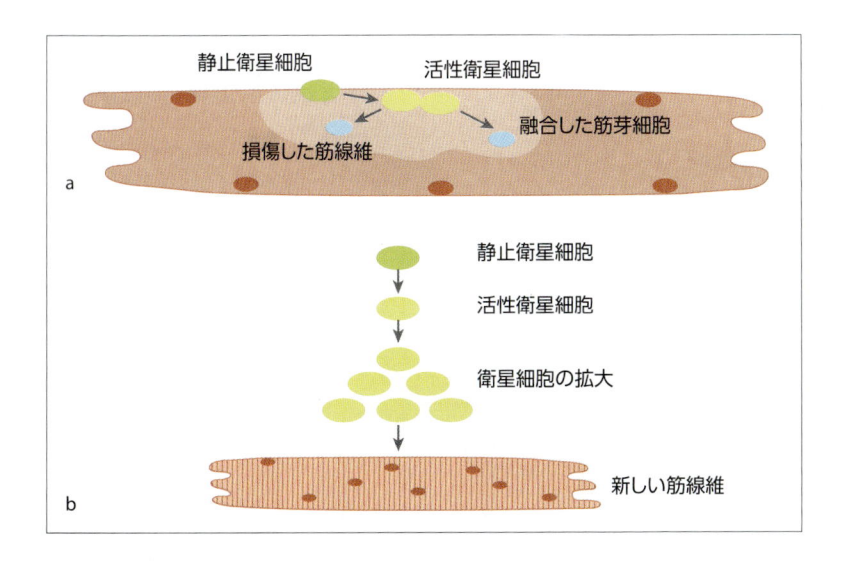

図 4.4 **筋線維の再生** 衛星細胞プールの拡大後、衛星細胞は部分的には既存の筋線維と融合し (a)、部分的にはほかの衛星細胞と融合することで新しい筋線維を形成する (b)。

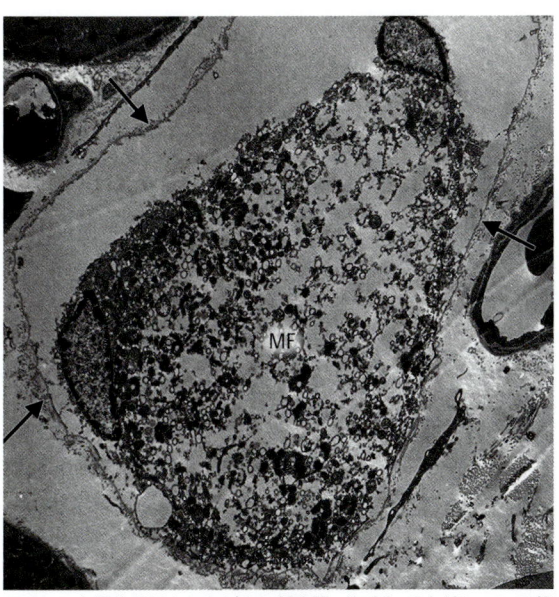

図 4.5 大部分分解されながらも基底膜(矢印)は存続している損傷筋線維(MF)

長因子の役割のみに焦点を絞る。

- FGF と HGF：衛生細胞活性化の初期に関与し、増殖の増強および衛星細胞プールの拡大に重要な役割を果たす。
- IGF-1：衛星細胞の増殖に関与するだけでなく、タンパク質合成にも直接影響し、筋線維の肥大と関連しているとされている。さらに筋原細胞の生存を補助し、筋分化を促進すると推測されている。
- IGF-2：再生の晩期に上向き調節され、分化に関与すると考えられている。
- TGF-β：TGF-βファミリーの働きは複合的である。筋芽細胞融合を調節するファミリーメンバーもあれば、筋芽細胞活性と衛星細胞の増殖を抑制するメンバーもある。中でもミオスタチンが興味深い役割を持つようである。これは衛星細胞の増殖を抑制するため、再生を阻害する働きを持つように見える。しかしこの物質の出現は時間的に極めて繊細に調節され、特に破壊相において上向き調節される。つまり、ミオスタチンは損傷した細胞が除去される間、早すぎる衛星細胞の増殖を阻止する働きを持つと想定することができる。
- LIF：この因子は逆に衛星細胞の増殖を促進する。一方、分化プロセスには関与しない。

衛星細胞の増殖および分化期には一連の転写因子が形成され、これらが筋細胞再生を制御する役割を引き継ぐ。このプログラムは胎児のそれに類似している。再生期初期において、衛星細胞あるいは筋原細胞が増殖し成熟する間、Pax7 と MyoD、そして遅れて Myf5 が形成される。分化過程が始まると Mrf4 とミオゲニンが産生され、これらが分化と筋芽細胞融合の制御を受け持つようになる。これらの因子が正しい順序で規則正しく形成された場合、筋線維の構造は 14 日後には再生する（図 4.6：Charge & Rudnicki 2004、Shi & Carry 2006、Gayraud-Morel et al. 2009）。この時期、筋線維はまだ元の大きさにまで成長しているわけではないが、その構造は成熟した筋線維に等しく、核も周縁にある。この後、筋線維は

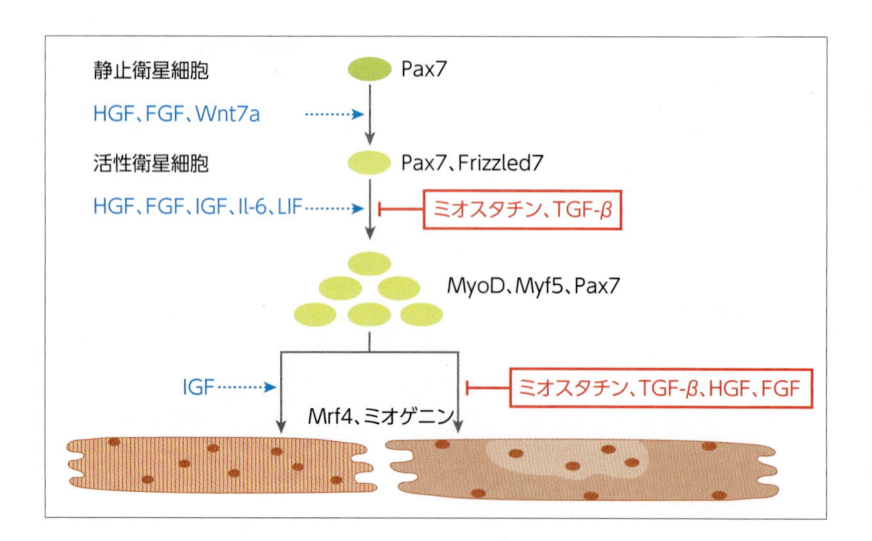

4. 生理学的観点から見た筋の治癒とその妨げ

図 4.6 **衛星細胞の介在による修復プロセスと、この期における衛星細胞／筋芽細胞からの調節因子と受容体の発現の変化** このプロセスは成長因子／シグナルタンパク質（赤）により促進され、成長因子／シグナルタンパク質（青）により阻害される。成長因子／シグナルタンパク質による調節は段階依存的である。

その大きさを増し、再構築され、理想的には筋機能が完全に回復する。

MEMO
治癒過程が正常であれば、筋線維は 14 日後には再生する。ただし、その大きさはまだ完全ではなく、筋線維表現型も適応される必要がある（Shi & Garry 2006）。

再生と再構築の晩期におけるトレーニングによる負荷は筋の治癒にポジティブな影響を持つようである。この点については後にもう一度言及する（p. 120 を参照）。

HINT
筋線維が本来の構造に戻る再生晩期および再構築相における適切な量のトレーニング負荷は治癒を促進する。

■ 細胞外マトリックスの形成

筋線維修復と平行して、受傷部位では細胞外マトリックスも形成される。これは筋再生にとっても重要であるが、同時に筋の構造や特に機能の修復にとって極めて重要なプロセスである。細胞外マトリックスは収縮力の発生や伝達を左右する要素である。したがってその形成は筋組織の機械的能力の再生に重要である。さらに筋線維の再生と維持にとっても細胞外マトリックスは不可欠である（図 4.7）。

● コラーゲン生成

ここで問題となるのは、細胞外マトリックスが過剰に形成される傾向にあることである。線維コラーゲンの過形成が特に顕著であり、治癒を妨げる要因となる。堅固なコラーゲンマトリックスが生成され、これが筋線維が受傷部位を再生する際の妨げとなり、その後再構築相においても分解されることなく存続し続ける。

筋線維の中には主に次の4種類のコラーゲンが存在している。そのタイプとはⅠ型、Ⅲ型、Ⅳ型およびⅤ型であり、Ⅰ型とⅢ型は筋外膜、筋周膜、筋内膜に分布している。健全な筋ではⅠ型コラーゲンは主に筋外膜と筋周膜に、Ⅲ型は主に筋内膜に存在している。Ⅳ型およびⅤ型コラーゲンも主に筋内膜に見つけることができる。

筋の治癒が始まるとすぐ、線維芽細胞の遊走や筋管の生成が始まる前に、特にⅢ型コラーゲンの形成が始まる。Ⅳ型とⅤ型コラーゲンの形成が確認されることもある。Ⅰ型コラーゲンの形成が増強されるのはずっと後のことである。そのため、修復相における受傷部位ではコラーゲンタイプの比率が変化し、Ⅲ型コラーゲンが主要なコラーゲンとなる。再構築相になって初めて、筋内のコラーゲン比率の正常化が始まる。

細胞外マトリックスの大部分の形成に不可欠な線維芽細胞の遊走が始まるのは受傷後 48 時間以内であり、実

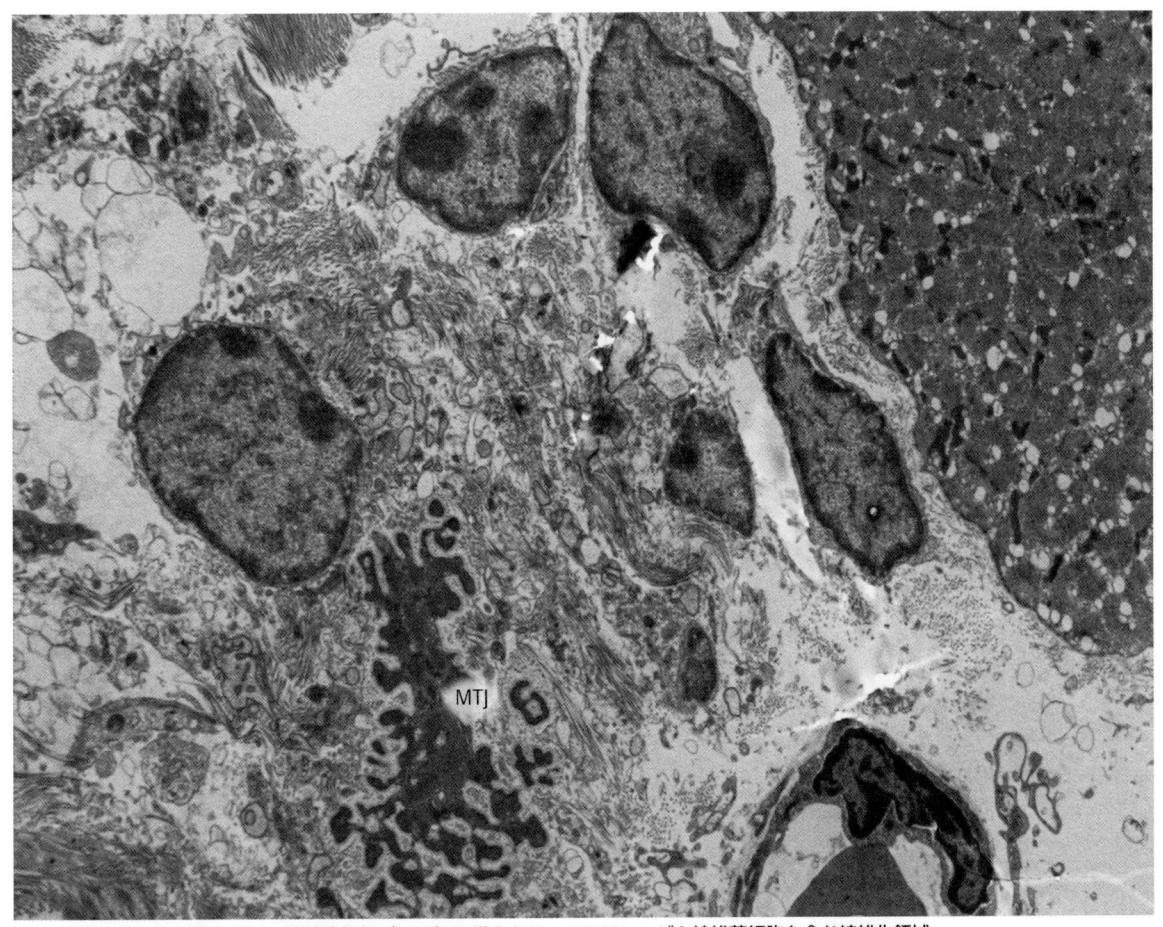

図 4.7　再生中の骨格筋における筋腱移行部（MTJ）に見られるマクロファージと線維芽細胞を含む線維化領域

際の筋管形成よりも先である。受傷後5日間はミオシンの生成よりもコラーゲンの生成のほうが活発である。つまり、筋再生よりも先に細胞外マトリックスの形成がなされる。この現象は筋線維あるいは筋束の断裂が血管の損傷を伴う場合（筋線維断裂以上の重傷度）に特に顕著である。その結果として、内出血が発生し血腫が生じる。血腫にはフィブリンとフィブロネクチンが多く含まれているため、肉芽組織が構成され、これが線維芽細胞の遊走のための骨組みをなす。この線維芽細胞が後に細胞外マトリックスを形成し、肉芽組織の安定化につながる。この肉芽組織の安定化は受傷部位の機械的な安定性に貢献している。

　細胞外マトリックス分子の中で最初に形成されるのはプロテオグリカンのテネイシンCと糖タンパク質のフィブロネクチンであり、これらはIII型コラーゲンよりも先に形成される。これらの初期に生成される細胞外マトリックス分子の特徴は高い変形能と柔軟性であり、この特性のため肉芽組織は高度な収縮能を持ち、瘢痕の縮小が可能となっている。初期細胞外マトリックス分子は数日後にはIII型コラーゲンに、その後数週間以内にI型コラーゲンに取って代わられる。通常、この時瘢痕は明確に縮小するが、長期にわたり固定化されていた筋では受傷部位における細胞外マトリックスの割合が減少しない。つまり、この過程においては機械的な負荷が重要な役割を持つと考えることができる。

　ちなみに損傷部位の安定性の観点から見ると、結合組織からなる瘢痕が損傷した筋全体の安定性を損なうのは最初の10日程度のみである（Järvinen et al. 2005）。

4. 生理学的観点から見た筋の治癒とその妨げ

> **MEMO**
> （重傷）受傷後の10日間、新しく形成される結合組織が筋の安定性を決定づける。その後は本来の筋組織がこの役割を担う。

この10日目以降は、筋の弱点は筋腱接合部であり、新たな負傷はたいていこの部位に発生する。通常数週間後に瘢痕は完全に安定する。このプロセスに介入し、どの程度まで操作することが可能であるかは後に議論する（p. 118を参照）。

● 過剰瘢痕

通常の筋損傷では一過性で形態的にも明確な結合組織性瘢痕が発生するが、これは後に構造的あるいは機能的障害を残すことなく完全に治癒する。しかし時には瘢痕が過剰に形成され、筋線維の再生に悪影響を与える場合もある（図4.8）。過剰な瘢痕形成の原因としては、炎症や内出血、あるいは血管の再生不全などを挙げることができる。線維芽細胞の活性化と細胞外マトリックスからのその生成に重要な役割を持つTGF-β阻害因子が結合組織性瘢痕形成を減弱することが示唆されている。この阻害因子にはデコリン、スラミン、およびIFN-γが含まれている。デコリンはさらにコラーゲン原線維の形成およびⅠ型コラーゲン原線維のクラスター化にも影響する（Järvinen et al. 2005）。理想的な治療戦絡を構築するために、損傷筋における筋線維再生と細胞外マトリックス形成の調節機序を包括的に理解することは、非常に重要な今後の課題である。

> **MEMO**
> 結合組織性瘢痕の形成は、受傷部位における細胞外マトリックスの形成を調節する局所因子に依存している。

■ 血管新生

血液の供給がない限り、筋線維の再生も瘢痕の形成も起こらない。血液の供給には当然、十分な量の血管が必要となる。ほかの組織の再生と同様、ここでも血管の新生は治癒の良しあしを左右する要因となる（Smith et al. 2008）。しかし意外なことに、筋損傷における血管の再生についてはこれまで調査されたことがあまりない。血管新生が始まるのは受傷後3日目のようである。これは皮膚における創傷の血管再生と同等である。

> **MEMO**
> 正しい時期に十分な血管が再生されなければ、筋も再生することはない。

最初の数日に生じる受傷部位の構造的な変化により、血管が成長しやすい環境が構築される。その主な特徴は

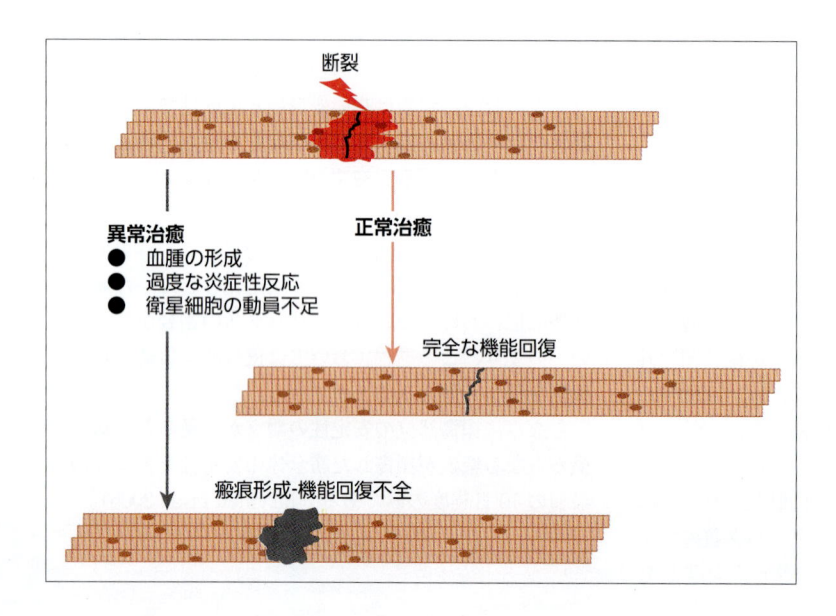

図4.8 **正常な／異常な治癒** 正常な治癒では、瘢痕部位に丈夫な筋腱接合が形成され、筋機能が完全に回復する。一方不全治癒では筋組織が瘢痕組織に交換され、筋機能の回復は不完全に終わる。

特異的な細胞外マトリックスにあり、これには例えば多量のフィブロネクチンが含まれている。フィブロネクチンは内皮細胞の遊走を促進し、これに伴い内皮細胞の発芽と血管構造の形成が活発化する。特異的な細胞外マトリックスだけでなく、受傷部位には血管成長を促進する数多くの成長因子やサイトカインが放出される。新しく形成された毛細血管は創傷の中心部へ向かって成長する。したがって、傷の周縁から血管の再生が始まり、酸素と養分の十分な供給が確保される（Järvinen et al. 2005）。

> **MEMO**
> 血管新生には、血管の成長を促進する特殊な環境が必要である。ここでは結合組織の組成が重要な意味を持つ。

血管の成長が進むにつれ、創傷内で有酸素性の代謝が可能となってくる。このような酸素供給状況の改善は筋再生の後期において特に重要となる。筋線維再生の初期には、筋線維にはミトコンドリアが少なく、そのため有酸素性の代謝能に欠く。したがってこの時期には主に無酸素性の代謝が行われる。成長に伴い、毛細血管により十分な酸素が供給されるようになると、代謝は次第に有酸素性へと切り替えられる（Järvinen et al. 2005、Tee et al. 2007）。

損傷筋内の組織学的な調査と並んで、血管新生因子の発現の時間経過もまた血管新生の経過を知る助けとなる。初期には創傷内に成長因子 bFGF と TCF-β が見られ、これらは主に内皮細胞の遊走を促進する。受傷後3日目から血管内皮細胞増殖因子 VEGF が産生され、5日後には最高値に達する。内皮細胞の分化状況に従って、内皮細胞上には VEGF 受容体1あるいは VEGF 受容体2が産出される。これらがさまざまな細胞生物学的プロセスの調節に関与する。例えば、VEGF 受容体2は主に内皮細胞の分裂と遊走に関与し、VEGF 受容体1は新生された血管の安定化に貢献する。いずれにせよ、一連の血管内皮細胞増殖因子とその受容体の量は受傷後3日から約9日まで明確に増加する（Järvinen et al. 2005、Smith et al. 2008）。

■ 神経再支配

血管の場合と同様、筋内神経の再生が不全であれば、筋の構造および機能の再生にも支障が生じる。再生自体は神経のない筋においても進行する。しかし後に、遅くとも再構築相において、神経に支配されていない筋では萎縮が始まる。筋線維の神経再支配には、近位神経株から新しい軸索が成長する必要がある。しかしこれは基本的に筋内の末梢神経の損傷であるため、新しい軸索が成長により伸びる距離は比較的短い。したがってこの再支配過程が必要とする時間も短く、筋再生を制限するような影響はない（Järvinen et al. 2005）。細胞外マトリックスの局所的因子（アグリン、ラミニン、テネイシンCなど）、および筋線維が放出する因子（IGF-1、FGF-5、一酸化窒素など）が筋線維の運動終板の新生を誘発し、調節する（Sanes et al. 1998、Järvinen et al. 2005）。

4 診断と治癒過程のマーカー

クレアチンキナーゼや遅筋型ミオシン重鎖、ミオグロビンなどの血清マーカーの診断利用は、これらのマーカーがトレーニングや試合での負荷によっても上昇することから、必ずしも有効ではない。負傷による上昇か、負荷による上昇かを見極めることはほぼ不可能である。そのほかの血清因子、特に筋損傷の治癒経過を反映するとされる因子を活用できるかどうかも、まだよく知られていない。

ただし、筋再生の最初の段階では一連のサイトカインや成長因子が放出されるが、これらを治癒の経過を知る指標とみなすことはできる（Cuerro et al. 2008、Smith et al. 2008：表4.2）。例：
- 破壊相：
  TNF-α、IL-1α と IL-1β、IL-6、bFGF
- 炎症：
  MIP-1α、MCP-1、GCSF、MCSF、VECF、IL-8、IFNγ
- 再生：
  IGF-1、HGF、PDGF、VEGF、TGF-β、MIF、LIF

これらのマーカーを用いて治癒プロセスの経過管理が可能であるかは、今後解明される必要がある。経過管理という観点で見た場合、これまでほぼ完全に忘れ去られていた側面が1つある。細胞外マトリックスの分解生成物の血中検出がそれである。細胞外マトリックスの分解およびその後の再構築は筋損傷とその治癒にとって非常に重要な事象である。したがって当然、血中に存在する細胞外マトリックスの分解生成物を検出することで筋損

傷の規模を理解し、その治癒経過を推測することができるのではないかと考えることができる。我々の試みでは、既に1つのトレーニングセット後に、細胞外マトリックスの分解生成物と、筋に由来する細胞外マトリックスの分割に関与するプロテアーゼが血中に検出可能であることが確認されている。ただし全般的に見て、筋損傷と治癒に関する検査室診断の有効性についてはいまだ知られていないことのほうがはるかに多い。

や放出を促進し、さらに創傷治癒の促進作用も持つとされている。抗酸化剤の投与により筋再生に遅延が見られたとする研究もいくつか存在するが、これはこの特性で説明することができる。ここで抗酸化剤投与の効果について、詳細な判断を下すことは時期尚早である。しかし一般的には、二次的な損傷を引き起こす可能性がある酸素フリーラジカルの産生が活発になる破壊相において、抗酸化剤の投与は有意義であると思われる。それ以降の段階における抗酸化剤の投与には問題があるようだ（Goldfarb 1999、Howatson & van Someren 2008）。

5 治癒の影響因子

MEMO
抗酸化剤は治癒の初期段階における投与が好ましい。

■ 炭水化物とタンパク質

炭水化物とタンパク質の投与は筋損傷に対する補助的な治療オプションである。炭水化物とタンパク質の補充が実際どの程度治癒を促進するかはまだ解明されていない。炭水化物もしくはタンパク質、あるいはその両方をさまざまな期間にわたり投与した数多くの調査が存在する。例えば受傷後一度だけ投与されたケースもあれば、数日間続けられたケースもあった。

● 炭水化物

〈1〉栄養

食生活がどの程度まで筋損傷の予防に貢献するか、あるいは損傷の拡大防止や治癒に有効であるかという疑問については、既に古くから議論が続けられている。

■ 抗酸化剤

抗酸化剤が初期の炎症反応に起因する二次的な損傷の抑制に特に効果があるのではないかとされている。破壊相において遊走する炎症細胞、特に好中球は大量の酸素フリーラジカルを生成し、これが損傷筋においてさらに被害を拡大する。しかし酸素フリーラジカルの影響の解明はまだなされていない。

抗酸化剤としてはビタミンCとEが主に用いられる。しかし、その結果報告は決して統一的なものではない。痛みやクレアチンキナーゼのような筋損傷マーカーに対してポジティブな結果を確認した研究もあれば、効果がなかった、あるいはネガティブな作用を報告している研究もある。機械的な観点から見ると、酸素フリーラジカルによる過度の作用を防止することは、脂質、タンパク質、あるいはDNAの損傷にとって重要である。これらは筋線維のさらなる損失につながる可能性があるからである。したがって、初期の段階における抗酸化剤を用いた治療は有効であると考えられる。しかし、フリーラジカルは同時にシグナル分子でもあり、成長因子の産生

損傷した筋ではグリコーゲンの貯蔵と再合成が低下するにもかかわらず、総合的に見ると、単純な炭水化物の投与にはあまり効果がないようである。これまで筋損傷の治癒において好影響が証明されたことはない。損傷した筋に現れるインスリン耐性がその原因であると考えることができる。このインスリン耐性に関しては、さらに筋線維のグルコーストランスポーター（GLUT-4）の減少との関連も示唆されている。また、筋線維は酵素活性（ヘキソキナーゼ、グリコーゲン合成酵素）が低下しているため、吸収したグルコースをその貯蔵形グリコーゲンに変換することができないのではないかとする意見もある。したがって、炭水化物を投与したところで、グリコーゲンの筋内貯蔵が十分増加することはないと推測することができる。

● タンパク質

タンパク質やアミノ酸の補給では少し状況は異なっている。数日間にわたるタンパク質の投与により損傷規

模が減少することが確認されている。これに炭水化物を組み合わせることにより、この効果を増強することができるのではないかという仮説が立てられているが、証明はまだなされていない（Howatson & van Someren 2008）。

〈2〉年齢

加齢に伴い、骨格筋の生理的機能の衰えやサルコペニア（筋量の減少）が始まるだけでなく、筋再生能も低下する。長い間、この再生能の低下の原因は、加齢により衛星細胞の数が減少する、または衰えた筋内では少なくとも衛星細胞の機能が弱まることにあると考えられていた。しかし、高齢者において衛星細胞の数が減少するということはまだ証明されたことがない。それどころか、骨格筋における衛星細胞の割合あるいは絶対数が増加することを証明する研究も散見することができる。ただし、このように学術的にはまだ議論の余地があるとは言え、高齢者の骨格筋においても再生には十分な量の衛星細胞が存在していることは確かである（Carosio et al.2009）。

> **MEMO**
> 高齢者の筋にも再生に必要な量の衛星細胞が十分存在している。

したがって、骨格筋の衛星細胞は加齢に伴いその機能を損失していくのではないかと考えることができる。このことを実証するため、若い動物の骨格筋由来の衛星細胞と、高齢の動物の骨格筋の衛星細胞を互いに入れ替えた交差移植が行われた。衛星細胞自身がその機能を失っているのであれば筋再生に悪影響が出るはずである。しかし試験の結果、再生を妨げるのは衛星細胞自身ではなく、筋組織の方であることが分かった。若い筋組織と比較して、年老いた筋組織は衛星細胞をもとにした筋再生にとって不都合な環境を呈していると見なすことができる。老いたマウスの衛星細胞を若いマウスに移植した場合、筋再生は正常に成し遂げられたが、逆に若いマウスの衛星細胞を老いたマウスに移植した場合、再生結果は変動的であった。この結果は、衛星細胞の正常な活性化と機能に不可欠な身体的要素が高齢のマウスでは変性していることを示唆している。この身体環境の変化は筋組織内の局所的なものであると考えることもできるが、全身的な変化である可能性もある。治療の将来にとって、この加齢による筋内の組織的環境の変化の詳細およびその機序を解明することは、不可欠な課題である。

● **貪食作用への影響**

加齢変化の1つの可能性として、老化した骨格筋では、炎症細胞による血腫と残存細胞の貪食作用が低下することが示唆されている。

> **Caution**
> 高齢者の筋再生は全身的あるいは局所的因子により好ましくない影響を受けるため、治療の際はこれを考慮する必要がある。

このことはまた、筋損傷初期における炎症の生理学的重要性を裏付けている。

● **シグナル経路への影響**

貪食作用と並んで、環境変化に伴いシグナル経路にも変化が現れるとも推測されている。衛星細胞の動員と分化に関与する、したがって筋線維の再生に重要な2つのシグナル経路に高齢の動物では変化が生じる。この2つとはNotchシグナル経路とWntシグナル経路であり、これらは胚性あるいは胎児性筋形成を制御し、筋の生成時には衛星細胞の活性化と制御をつかさどる。

まずNotchシグナル経路が傷ついた筋内に既に存在する衛星細胞の活性化と拡大を誘導し、その後Wntシグナル経路を通じた調節により、衛星細胞が筋芽細胞と筋管へと分化される。加齢に伴い、骨格筋のNotch活性が低下し、衛星細胞プールの拡大が不可能となる。正常かつ十分な筋再生を得るには、この2つのシグナル経路の適切な協調が不可欠である。したがって、Wntシグナルが一方的に優勢となると、十分な衛星細胞プールの拡大がなされないまま、衛星細胞の分化が進み、その結果衛星細胞が不足し、効果的な再生が不可能となる。それ以外にも、Wntシグナル経路を通じて損傷筋内の細胞外マトリックスの形成も調節されている。したがってある特定のWntシグナルの活発化により、損傷筋内の線維化、さらには線維性瘢痕化が発生する（図4.9）。実際、高齢者の骨格筋では特定のWntシグナルの活性化が観察されている。そのため、筋再生を促成し、線維化を助長する環境がそろっている。Wntシグナル経路の実験的な阻害により、線維化が減少し筋再生が改善するか、治療法として興味深いアプローチである。

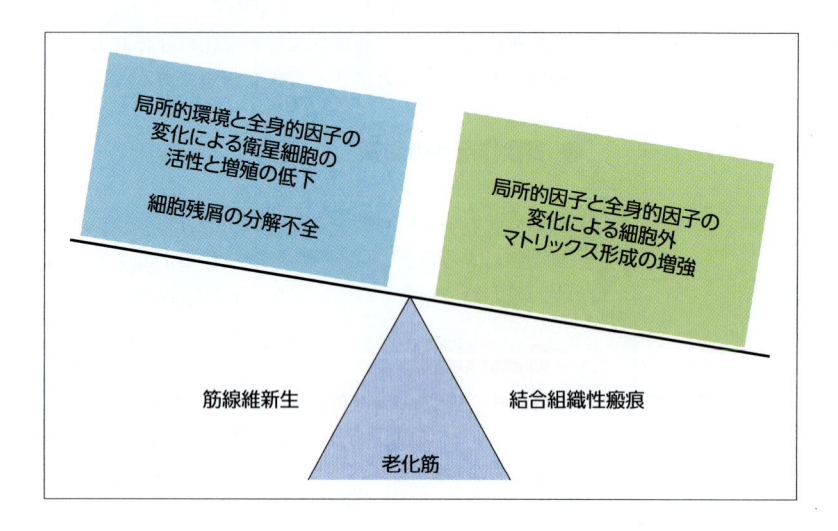

4. 生理学的観点から見た筋の治癒とその妨げ

図 4.9 **筋再生に対する老化の影響** 高齢者の骨格筋では筋組織の構造が（局所的成長因子、細胞外マトリックス、酸化ストレスにより）変化するだけでなく、全身的因子（ホルモン、成長因子）の濃度も変化する。そのため衛星細胞の増加が抑制され、細胞外マトリックスの形成が強まる。貪食性細胞の活性が弱く、細胞残屑の除去が減弱する。

● 成長因子への影響

上述のシグナル経路に加えて、成長因子もまた老化した骨格筋において変化を受け、損傷後の再生の妨げとなる。ここでは衛星細胞プールの拡大と分化の制御に関与する IGF-1 が特別な役割を果たすと思われる。IGF-1 は高齢者では減少するため、これが再生能の低下と関連しているのではないかとの仮定が成り立つ。このことは、動物実験では既に証明されている。

TGF-β ファミリーのもう1つの成長因子ミオスタチンの発現には高齢者の骨格筋でも変化が見られない。しかし、ミオスタチンは高齢者の筋治療における1つの治療オプションとなる可能性があるため、ここに言及する。ミオスタチンの阻害により、老化した骨格筋においても筋の再生が改善するのである。

実際のところ、高齢者の骨格筋における成長因子の変化はここで示したよりもはるかに複雑であり、数多くの成長因子における加齢に伴う変化や筋再生能に対するその影響に関してはまだ明らかにされていない。

● 細胞外マトリックスと抗酸化能への影響

高齢者の骨格筋ではさらに、細胞外マトリックスと抗酸化能にも変化が現れる。これら両方とも骨格筋組織再生の妨げとなるが、特に高齢者の筋治癒に対してこれらの変化がいかなる意味を持つかについてはまだ十分に調査されていない。しかしこのことは高齢者における変化を理解する上でカギとなる要素であると考えられるため、今後より集中的な研究が期待される。

〈3〉 トレーニング

筋損傷の治療方法としての特別なトレーニングが持つ効果についてはさまざまな観点から議論をする必要があり、けがの重傷度や、あるいはトレーニングセラピーのタイミングなども考慮する必要がある。

■ 筋損傷の重傷度に応じたアプローチ

● 筋硬化に対する早期モビリゼーション

軽傷（特に筋硬化）の場合、受傷後の適度な早期モビリゼーションが効果的であり、これによりけがの拡大を防ぎ、痛みを緩和することができる。受傷後数時間から数日間における軽いトレーニングにより、血行が向上し、組織に対し有毒な物質が押し流され、さらに鎮痛作用を持つエンドルフィンの放出が増加すると推測されている（Howatson & van Someren 2008）。

> **HINT**
> 筋損傷後の早期モビリゼーションは有意義であるが、それには重傷度に合わせた負荷の厳密なコントロールが必要である。

しかしその成果についてはまだ明確な結果が出ていない。早期モビリゼーションの意味と早期負荷の方法を明確に規定するには今後の詳細な解明が必要である。

● 筋線維断裂後の固定化

筋線維断裂あるいはそれよりも重傷の場合には、構造に明確な損害が発生する。このような場合、基本的に3日から5日間固定化するのが好ましい。この期間は破壊相（2-3日）と修復相の開始時期と重なり、炎症の最盛期も既に過ぎ去っている。

> **HINT**
> 筋線維断裂以上の損傷に対しては、受傷後3日から5日後、持久運動としてのランニングによりトレーニングを開始するのがよい。通常、この時期には断裂した筋線維の先端部（ほとんどの場合は筋腱移行部に位置する）が、過渡的な瘢痕組織により閉じられ、既に安定化している。

> **MEMO**
> 仮の瘢痕が形成されることにより、筋の負荷耐性が復活する。

このことは、二次的な損害およびそれに伴う筋損傷の拡大を防ぐために重要なポイントである。さらに、受傷後数日以内の早期モビリゼーションにより細胞外マトリックスが過度に形成され、筋組織の成長の妨げとなることがあるとも考えられている。その一方で、3日から5日経過した後のモビリゼーションでは、細胞外マトリックスがまだ成熟していないため容易に分解あるいは押しやることができ、筋線維の新生にとって最適な環境が形成される（Järvinen et al. 2005）。

> **Caution**
> 治療の成功には負荷をかけ始めるタイミングが重要である。3-5日後以降の負荷は筋治癒を早めるが、負荷が早すぎると結合組織性瘢痕の形成へとつながる。

■ トレーニングの効果

● 細胞外マトリックスへの影響

細胞外マトリックスの構成要素と分解生成物は数多くの組織の成長プロセスにも関与している。すなわち、モビリゼーションの効果の1つは細胞外マトリックスの調節にあり、これにより成長を促進する細胞外マトリックスの発達を可能としている。しかし、損傷した筋におけるトレーニングに起因する細胞外マトリックスの変化についてはまだ多くのことは分かっていない。ただし筆者独自の実験的調査から、トレーニングによる介入がマトリックス分解プロテアーゼの放出と関連する細胞外マトリックスプロセスを誘導することが分かっている。

● 筋の成長への影響

トレーニングは筋を肥大化あるいは過形成する。つまり筋の成長を刺激、促進する。ここで疑問となるのは、このような直接的な成長促進作用を持つトレーニングが、筋の機能的および構造的な再生に対していかなる影響を発揮するかという問いである。この問いに対し、毒物誘発性のヒラメ筋の完全損傷を持つ動物モデルを用いた研究においてで、損傷の3日後、つまり破壊相の直後から始め、徐々に運動量を上げていく1-2時間のランニングトレーニングを通じて筋の完全回復にまでかかる時間が8週間から3週間にまで短縮されることが確認された（Richard-Bulteau et al. 2008）。

これは動物を使った実験であり、損傷も毒性のものである。筋線維や筋束の断裂あるいはそれに伴う内出血などといった機械的な損傷とは性質が異なってはいるが、それでもこの実験から、トレーニングによる早期の負荷がいかなる機序を通じて筋の再生を早めることができるのか推論することは可能である。この実験では、トレーニングにより損傷筋における細胞分裂が増強することが確認されたが、ここで増加する細胞は、少なくとも部分的には衛星細胞であると考えられる。衛星細胞は分化や筋線維の形成に利用される。このような衛星細胞プールの拡大は筋内のタンパク質合成をコード化する核の数の増加を意味する。衛星細胞プールの拡大は修復相の初期に始まるため、このトレーニング効果は主にこの時期に得るのが理想的である（p. 112を参照）。したがって、トレーニングはできるだけ早く開始するのがよい。

衛星細胞の活性化とそれに伴う衛星細胞活性化因子の上向き調節はさらに、損傷筋における細胞分裂の長期的な増強にも貢献する。

衛星細胞の活性化だけでなく、mTORシグナル経路の活性化も観察されている。mTORシグナル経路はタンパク質の合成と分解において重要な役割を果たす。まとめると以下のように理解することができる。衛星細胞が活性化されその数が増加する。それにより筋線維核の数も上昇する。そのため、新しいあるいは修復された筋線維の転写能が増強し、タンパク質合成メカニズムの活

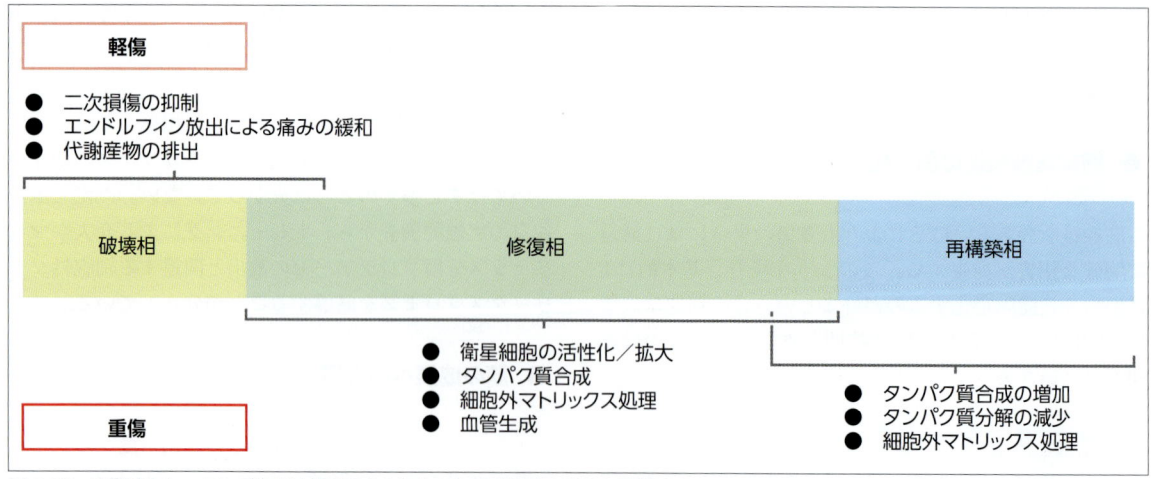

4. 生理学的観点から見た筋の治癒とその妨げ

図 4.10　早期のトレーニング治療は傷害の大小にかかわらず治癒を改善し加速する

性化が進み、結果として筋量の増大が加速される。さらにmTORの活性化により転写因子FoxOが阻害され、タンパク質分解と筋線維のアポトーシスが減少する。これによりタンパク質および筋線維の合成と分解のバランスが崩れ、合成量が相対的に増加する（Gayraud-Morel et al. 2009：図4.10）。

この動物実験の結果は早期のトレーニング負荷は非常に有効であることを示している。しかし、これを直接人間に当てはめるには問題があり、さらなる調査が必要である。この実験で用いられた損傷モデルでは、通常の筋損傷のそれとは異なった組織構造の変化が現れる。例えば、血腫は筋再生の経過に対し非常に重要な影響を持つが、このモデルでは筋内に血腫が形成されることがない。また、損傷した骨格筋が、さらなる破損を被ることなしに、どの時点でどれだけの負荷に耐えることができるかという中心的な問題もまだ解明されていない。早期のトレーニング負荷は重度の筋損傷にとっても興味深い治療オプションであることは確かであるが、その詳細についてはさらなる研究が不可欠である。

〈4〉薬物療法

非ステロイド性抗炎症剤やグルココルチコイドが筋損傷の治療に利用されることが多い。その利用頻度は高いが、その治療効果については大いに疑問が残る（Järvinen et al. 2005、Howatson & van Someren 2008）。

MEMO
筋損傷に対する非ステロイド性抗炎症剤とグルココルチコイドの治療効果は定かではない。

■ 非ステロイド性抗炎症剤

非ステロイド性抗炎症剤の筋損傷に対する効果を証明する研究はほぼ皆無である。ただし動物実験では、破壊相の筋損傷に対して一定の効果を持つことが示唆されている。損傷部位における早期の炎症反応が抑制され、2次的な損傷が回避される。しかし早期の炎症反応は創傷治癒と筋再生の正しい経過に必要な条件でもある。したがって、非ステロイド性抗炎症剤を用いた治療が治癒プロセスにとって効果があるのか、それとも悪影響を与えるのか、その判断は難しい。この状況を反映して、非ステロイド性抗炎症剤の使用に関する多くの試験の結果も

統一的なものではない。そのため現状においては、非ステロイド性抗炎症剤の使用は治療初期（破壊相）のみに制限するべきである（Järvinen et al. 2007）。

> **HINT**
> 現在の見識からは、非ステロイド性抗炎症剤の使用は受傷後数日間（破壊相）に制限されるべきである。

治療の初期に限定された使用において、後の治癒プロセスあるいは筋の抗張力や収縮能に悪影響が報告されたことはない。

■ グルココルチコイド

グルココルチコイドの使用にはさらに問題がある。グルココルチコイドは一般に異化ホルモンと見なされ、治癒を長引かせる作用を持つ。血腫と壊死組織の除去に遅れが生じ、筋組織の再生が妨げられる。また、回復した筋の機械的な特性が劣化するという報告もなされている（Järvinen et al. 2007）。

> **Caution**
> グルココルチコイドにより治癒は明らかに遅延する。

■ 治療の新しいアプローチ

筋損傷後の治癒が遅れるあるいは不完全に終わる場合のメカニズムが明らかになってくるにつれ、新しい治療法の開発も進んでいる。例えばIGF-1などの成長因子を用いた治療法、あるいはミオスタチン阻害剤を用いた治療法などは、筋線維の再生を促進するものとして有望である。一方、結合組織の過剰な形成はデコリンなどのTGF-β阻害剤で抑制することが可能である（Järvinen et al. 2005）。

これらの治療戦略は実際の治療への応用にはまだあまり適していないが、将来的には新しい治療オプションとなる可能性がある。重要なことは、特殊な薬剤を特定の治癒期に対し限定的に使用することである。その実現にはこれらの薬剤の作用機序に関するさらなる知識が不可欠である。

〈5〉物理療法

物理療法は筋損傷の標準的な治療法である。ここでは筋損傷後の二次的な被害を防止するための治療であるか、治癒を促進するための治療法であるかを区別する必要がある。

■ 冷却療法

冷却治療（氷水が最適）は急性の負傷後に行われる最初の処置の1つである。通常、負傷後直ちに実行され、炎症反応を抑え、組織内への内出血を最小化することを目的としている。腫脹や浮腫形成、血腫の形成、および痛みを軽減する働きを持つとされる。

> **HINT**
> 受傷後すぐの冷却療法は腫脹、浮腫、血腫、および痛みを緩和し、その後の治療成果を高め、治癒を早める。

しかし、治療当事者の主観的な評価とは異なり、冷却療法の効果に関する研究試験の客観的な結果はあまりよくない。効果的な冷却の時間や頻度についても明確な答えは出ていない。炎症や浮腫、あるいは血腫に対する上記のような効果を得るには、数時間にわたる間欠的な治療が推奨されている。

冷却療法は酵素反応や細胞代謝、神経伝達および血流を局所的に抑制する。長期間にわたる間欠的な冷却療法がどのような効果を見せるか、臨床的および実験的研究を通じて調査される必要がある。

■ 圧迫法

冷却療法はドイツ語で「PECH」（安静・Pause、アイス・Eis、圧迫・Kompression、挙上・Elevation）、英語では「RICE」（Rest、Ice、Compression、Elevation）と呼ばれる治療戦略の一部である。この処置の2番目に来る物理療法が圧迫法である。圧迫法の効果についてはいまだ議論されているものの、物理的に見て血管の破損を伴う受傷後すぐの圧迫は組織内への内出血を抑制するため、二次的な損傷およびそれによる再生作用開始の遅れを防止するのに役立つ（Howatson & van Someren 2008）。

4. 生理学的観点から見た筋の治癒とその妨げ

> **HINT**
> 受傷後すぐの筋組織の圧迫は大規模な内出血を抑え、二次損傷を予防する。

■ マッサージ

マッサージはあらゆる筋損傷にとって重要な治療処置である。その方法は非常に細分化されている。ここで大切なことは、正しい施術を正しいタイミングで行うことである（第14章「物理・理学療法的処置とリハビリテーション」を参照）。

マッサージには好中球の浸潤を減少させ、炎症を抑制する働きがある。また損傷した筋内におけるプロスタグランジンの放出量を増やし、血管浸透性を低下させる作用もある（Howatson & van Someren 2008）。

■ 超音波および電気療法

さらに超音波や電気療法も物理療法としてよく活用されている。電気療法は筋骨格系の外傷治療によく利用される。電気治療とはすなわち電気による経皮的な神経刺激であり、痛みの緩和と炎症反応の抑制が期待される。経皮的電気刺激により損傷筋内でシナプス前痛覚線維が抑制され、痛みが緩和するものと推測されている（Järvinen et al. 2005、Howatson & van Someren 2008）。

総合的に見て、筋損傷に対する物理療法の効果についての調査はまだ十分ではない。今後、臨床試験は当然のこと、とりわけ個々の療法が示す作用機序の理解を助ける研究が必要とされている。このような研究により、的確な用量や処方時間、さまざまな療法を開始する時期などを定義することができるようになるだろう。物理療法にとっても用量 - 効果関係は重要である。しかしこれが体系的に調査されたことはほとんどないのが実情である。

参考文献

Best TM, Hunter KD. Muscle injury and repair. Sci Pri Sports Rehab 2000; 11: 251-267

Byrne C, Twist C, Eston R. Neuromuscular function after exercise-induced muscle damage. Sports Med 2004; 34: 49-69

Carosio S, Berardinelli MG, Aucello M et al. Impact of ageing on muscle cell regeneration. Ageing Res Rev Epub doi: 10.1016/j.arr.2009.08.11

Charge ABP, Rudnicki MA. Cellular and molecular regulation of muscle regeneration. Physiol Rev 2003; 84: 209-238

Clarkson PM, Hubal MJ. Exereise-induced muscle damage in humans. Am J Phys Med Rehabil 2002; 81: S52-S69

Gayraud-Morel B, Chretien F, Tajbakhsh S. Skeletal muscle as a paradigm for regenerative biology and medicine. Regen Med 2009; 4: 293-319

Goldfarb AH. Nutritional antioxidants as therapeutic and preventive modalities in exercise-induced muscle damage. Can J Appl Physiol 1999; 24: 249-266

Grefte S, Kuijpers-Jagtman AM, Torensma R et al. Skeletal muscle development and regeneration. Stem Cells Dev 2007; 16: 857-868

Guerro M, Guiu-Cornadevall M, Cadefau JA et al. Fast and slow myosins as markers of muscle injury. Br J Sports Med 2008; 42: 581-584

Howatson G, van Someren KA. The prevention and treatment of exercise-induced muscle damage. Sports Med 2008; 38: 483-503

Hurme T, Kalimo H, Lehto M et al. Healing of skeletal muscle injury: an ultrastructural and immunohistochemical study. Med Sci Sports Exerc 1991; 23 (7): 801-810

Järvinen TAH, Järvinen TLN, Kääriäinen M et al. Muslce injuries. Am J Sport Med 2005; 33: 745-764

Järvinen TAH, Järvinen TLN, Kääriäinen M et al. Muscle injuries: optimising recovery. Best Pract Res Clin Rheumatol 2007; 21: 317-331

Le Grand F, Jones AE, Seale V et al. Wnt7a activates the planar cell polarity pathway to drive the symmetric expansion of satellite stem cells. Cell Stem Cell 2009; 4: 535-547

Proske U, Morgan DL. Muscle damage from eccentric exercise: mechanism, mechanical signs, adaptation and clinical applications. Cell Stem Cell 2001; 537: 333-345

Richard-Bulteau H, Serrurier B, Crassous B et al. Recovery of skeletal muscle mass after extensive injury: positive effects of increased contractile activity. Am J Physiol Cell Physiol 2008; 294 (2): C467-C476

Sanes JR, Apel ED, Burgess RW et al. Development of the neuromuscular junction: genetic analysis in mice. J Physiol Paris 1998; 92: 167-172

Shi X, Garry DJ. Muscle stem cells in development, regeneration, and disease. Genes Dev 2006; 20: 1692-1708

Smith C, Kruger MJ, Smith RM et al. The inflammatory response to skeletal muscle injury. Sport Med 2008; 38: 947-962

Tee JC, Bosch AN, Lambert MI. Metabolic consequences of exercise-induced muscle damage. Sports Med 2007; 37: 827-836

Tidball JG. Inflammatory processes in muscle injury and repair. Am J Physiol 2005; 288: R345-R353

第5章

サッカーにおける筋損傷の疫学

J. エクストラント

1. 研究デザイン　126
2. 結果　127

5. サッカーにおける筋損傷の疫学

MEMO
サッカーにおける筋損傷
- 筋の損傷は、サッカーで発生する負傷全体の35％を占める。
- そのうち約55％が大腿部（大腿四頭筋17％、ハムストリングス37％、そのうち86％が大腿二頭筋）、30％が股関節から鼠径部（ももの付け根）にかけて、13％がふくらはぎの筋。
- 個別のけがとして最も多いのはハムストリングスの負傷（12％）。
- 一流の男子サッカーチームでは1シーズンにつき平均18の筋損傷が発生する（ハムストリングス7、大腿四頭筋3、股間／腰5-6、ふくらはぎ2-3）。
- 試合中には負傷のリスクが6倍に高まる。
- ふくらはぎのけがのリスクだけが加齢により上昇する。
- 試合中、時間の経過に伴い大腿部と股関節・鼠径部における負傷のリスクは増加する。
- 筋損傷は8月から4月にかけてよく発生する（リーグ戦が多いため）。
- そのうち96％が他選手との接触なしに発生する。ファウルによる負傷は2％に過ぎない。
- 股関節・鼠径部に比べ太ももとふくらはぎのけがでは重傷度が高いことが多い。

再発
- 筋損傷の約16％が再発（特に股関節・鼠径部に多い）。
- 筋損傷の再発では離脱期間が約30％（時にはそれ以上）長くなる。

ハムストリングスの負傷
- ハムストリングスの負傷のうち86％が大腿二頭筋。
- 試合中は負傷のリスクが11倍に高まる。
- ランニングあるいはスプリントで発生することが多い。
- 試合の前半と後半で発生率は同等。
- 平均的な離脱期間は16日。

大腿四頭筋の負傷
- 大腿四頭筋の負傷のうち88％が大腿直筋。
- 試合中は負傷のリスクが4倍に高まる。
- シュートの時に発生することが多い。
- 試合前半に発生することが多い。
- 平均的な離脱期間は18日。

　サッカーにおいて筋損傷の発生率が高いことはこれまで何度も報告されている（Ekstrand & Gillquist 1983、Hawkins et al. 2001、Askling et al. 2003、Ekstrand et al. 2003、2006 & 2009、Andersen et al. 2004、Hägglund et al. 2005b、2008 & 2009、Waldén et al. 2005a、2005b & 2007、Árnason et al. 2008）。したがって、それを予防し、発生率を低下させることが最大の目標である。

HINT
けがを認識し理解することが負傷予防の第一歩である。

　ファン・メヘレン・モデル（van Mechelen et al. 1992）によるとスポーツ傷害の予防は4つの段階から構成される：
1. 負傷の観察を通じて、問題の規模を評価する。
2. リスクファクターや負傷のメカニズムを解明する。
3. ここで集めた情報を基礎として、予防戦略を構築、実践する。
4. 第1段階の繰り返しによりこの戦略を評価する。したがって負傷予防にとって、負傷の管理調査の実行がその疫学的評価に不可欠な要素となる。

1 研究デザイン

　サッカーのみならず、すべての疫学的データ評価における根本的な問題は、けが、負傷というものの定義が統一されていないにもかかわらず、データが集められ、記録されていることにある（Inklaar 1994、Dvorak & Junge 2000、Junge & Dvorak 2000）。通常、研究者は独自の研究結果をほかの公表されている研究の成果と比較する。しかし、複数の研究における方法論的な相違は、これらの研究で観察される統計学的な相違よりも大きい場合も多い（Ekstrand & Karlsson 2003、Hägglund et al. 2005a）。

　けがのリスクと発生の有意義な比較は、その構成、定義、あるいは方法が大部分において同等の研究間においてのみ可能である。そこで近年、FIFAとUEFAが世界中の研究グループと共同し、サッカー傷害研究の方法論に関するコンセンサスを作成した（Füller et al. 2006）。

　このコンセンサスに基づきヨーロッパの男子プロサッカーに対して実行された研究の結果を本章に紹介する。

⟨1⟩ 調査資料

調査対象は3つのコホートからなる：
- UEFAチャンピオンズリーグ
- スウェーデン・スーパーリーグ
- デンマーク・スーパーリーグ

UEFAチャンピオンズリーグ・コホートは7シーズン（2001年から2008年）にわたり調査された。過去10年間において規則的にUEFAチャンピオンズリーグに参加していた10カ国23チームがこの研究調査の参加チームとして選抜された。

スウェーデンのスーパーリーグ16チームは2001、2002および2005年の3シーズン、デンマーク・スーパーリーグの8チームでは2001/2002年の1シーズン、調査が行われた。各チームの一次メンバー全員が調査の対象とされた。したがって総コホートはのべ134チームシーズン、85万調査時間となった。

⟨2⟩ 方法

その際利用された調査方法は、あらかじめ詳細に定義されていた（Hägglund et al. 2005a. Füller et al. 2006）。各チームドクターは参加プロトコルを受け取り、各選手のトレーニングや試合への参加をこれに記録することを義務づけられていた。参加プロトコルには、すべてのトレーニングユニットと試合が含まれ、トレーナーの指揮のもと行われた肉体的なトレーニングのみが記録された。

■ 定義：傷害

負傷した選手が負傷後何らかの時点でトレーニングまたは試合に完全には参加ができなくなった場合、これを傷害発生と見なし記録した。発生した傷害はすべて、あらゆる傷害の種類が表形式で表示されている特殊なカードに記録された。けがの監視は完全に回復するまで続けられ、選手はメディカルチームからすべてのトレーニングあるいは試合に参加することが許可されるまで故障者と見なされた。

筋の完全あるいは部分断裂、肉離れ、過緊張やけいれんは筋損傷として分類されたが、打撲や血腫、腱の負傷は筋損傷とは見なされなかった。

■ 定義：傷害の程度

傷害の程度は受傷した日からすべてのトレーニングに参加し、一次メンバーに復帰したその日までの日数を基準に決定された：
- 最軽度（1-3日）
- 軽度（4-7日）
- 中度（8-28日）
- 重度（28日以上）

■ 定義：再発傷害

先行する負傷の完全回復から2カ月以内における同側の同じ位置における同種の損傷が再発として定義された。

2 結果

900選手（平均年齢：26 ± 4歳、年齢幅：17-40歳）における2365件の筋損傷が記録された。コンセンサスに基づく分類（Füller et al. 2006）によると、すべての負傷のうち35％が筋損傷であった（対して、捻挫あるいは靭帯の損傷は18％、血腫／挫傷は16％）。

⟨1⟩ サッカー選手の負傷部位

図5.1に見ることができるように、サッカーにおける筋損傷のうち55％が大腿部の損傷であり、股関節・鼠径部は30％、ふくらはぎは13％、大腿部、股関節・鼠径部およびふくらはぎを合わせると97％になる。トップアスリートが最もよく負傷するのはハムストリングスであり、これは12％を占める。

5. サッカーにおける筋損傷の疫学

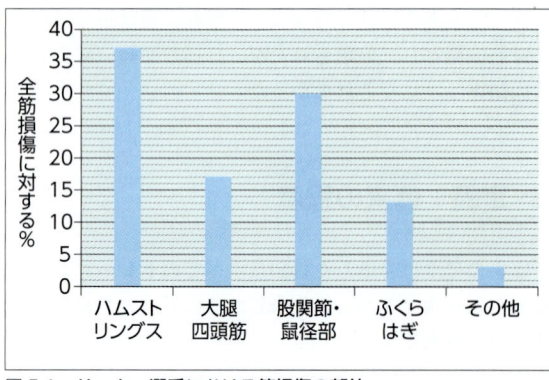

図5.1 サッカー選手における筋損傷の部位

〈2〉負傷発生頻度

　筋損傷の総発生率（負傷／1000時間）は2.8であった。25人の選手が所属する最高レベルの男子チームでは1シーズンあたり平均して18件の筋損傷が発生する計算になる。そのうち10件が大腿部の筋（ハムストリングスが7　大腿四頭筋が3）、5-6件が股関節・鼠径部、2-3件がふくらはぎの損傷である。

　図5.2は秋に始まり春に終わる1シーズン中の筋損傷の分布を示している。筋損傷は主にリーグ戦が開催される8月から4月にかけて発生する。1月は多くのリーグにおいて冬休みの時期であり、試合が行われることはあ

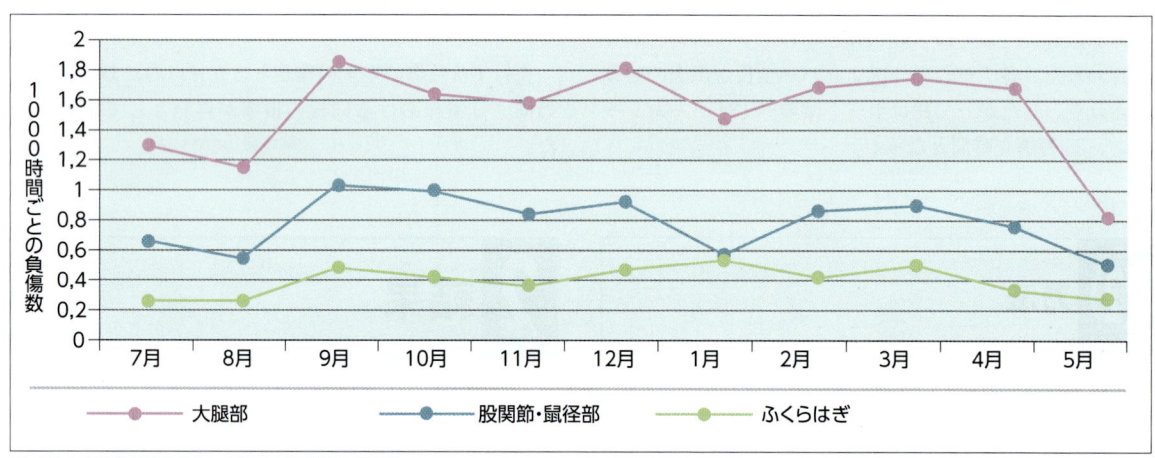

図5.2　主要筋損傷のシーズン分布（秋から春）

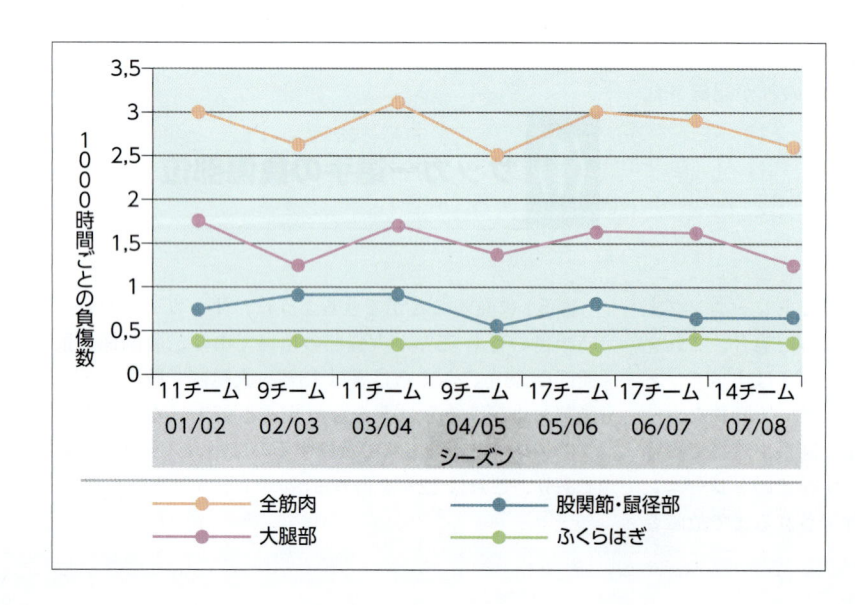

図5.3　7年間のチャンピオンズリーグ参加チームにおける筋損傷の発生数

まりない。したがって、大腿部と股関節・鼠径部の負傷リスクは低くなっている（ただし、ふくらはぎに関してはこの傾向は見られない）。

図 5.3 は UEFA チャンピオンズリーグの 7 シーズンにおける筋損傷発生率のグラフである。シーズン間の発生率に大きな変動はなく、負傷リスクは比較的安定していることが見て取れる。

〈3〉 負傷のリスク

MEMO
試合中は**負傷のリスク**が 6 倍高まる。

総合的に見て、トレーニング時に比べ試合中に負傷するリスクは 6 倍にまで高まる（1000 試合時間につき 9.6 件、一方トレーニング中は 1000 時間につき 1.6 件）。ハムストリングスの全負傷数の 3 分の 2 が、ふくらはぎ損傷の 52％、股関節・鼠径部損傷の 48％、大腿四頭筋損傷の 42％が試合中のものである。

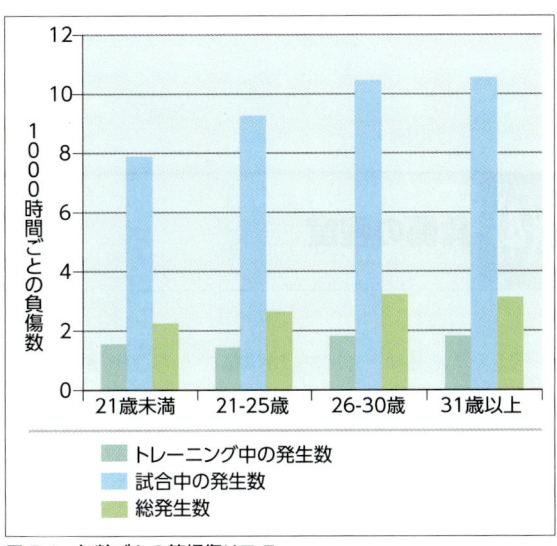

図 5.4 年齢ごとの筋損傷リスク

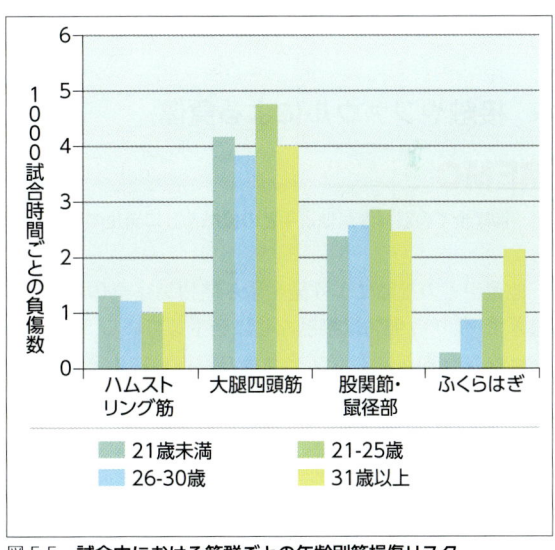

図 5.5 試合中における筋群ごとの年齢別筋損傷リスク

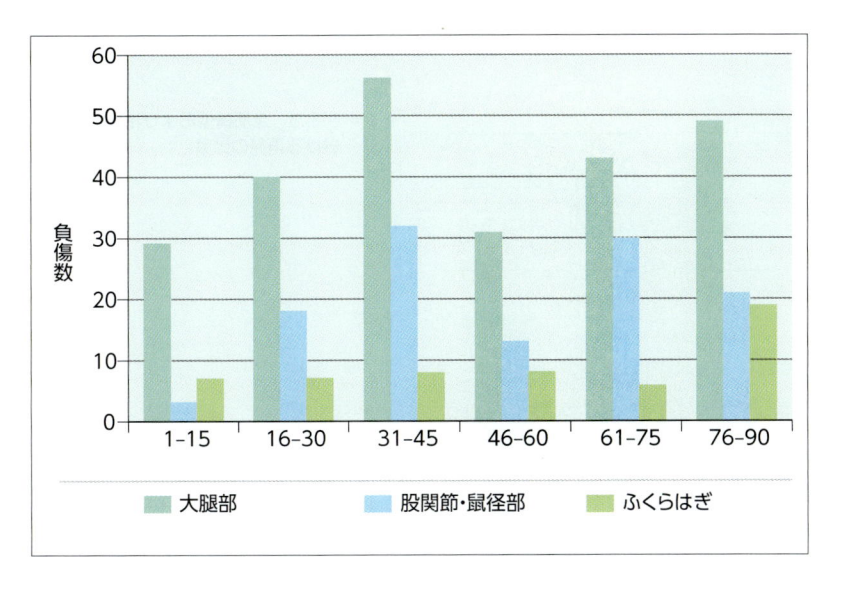

図 5.6 試合中の筋損傷発生分布

5. サッカーにおける筋損傷の疫学

■ 筋損傷と年齢

図 5.4 を見ても分かるように、筋損傷のリスクは一般に年齢の上昇と共に増加する。

試合中の負傷にのみ焦点を当てると、ふくらはぎの負傷は年齢と共に増加するが、大腿四頭筋、ハムストリングス、股関節・鼠径部ではこのような傾向は確認できないことが分かる（図 5.5）。

■ 試合経過による負傷リスクの変化

大腿部の負傷リスクは、試合前後半ともに時間と共に上昇する（図 5.6）。股関節・鼠径部の負傷も試合前半に限っては、同様の傾向を示しているが、ふくらはぎの負傷リスクに関しては、最終の 15 分までは一定でありながら、最後の 15 分には顕著な上昇を示している。

■ 接触やファウルによる負傷

> **MEMO**
> ほぼ全ての筋損傷が他選手との接触なしに発生する！

他選手との接触により発生する筋損傷は全体の 4％に過ぎず、残りの 96％は接触なしに発生している。さらに、ファウル（審判によるファウルの宣告）による負傷は、試合中に発生する筋損傷の 2％のみである。

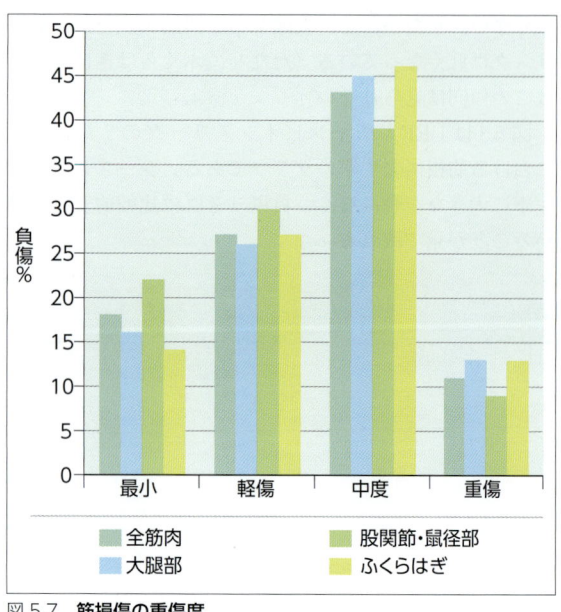

図 5.7　筋損傷の重傷度

〈4〉 負傷の程度

図 5.7 にあるように、全筋損傷のうち 39％から 46％が中程度のものであり、8 日から 28 日間のトレーニング

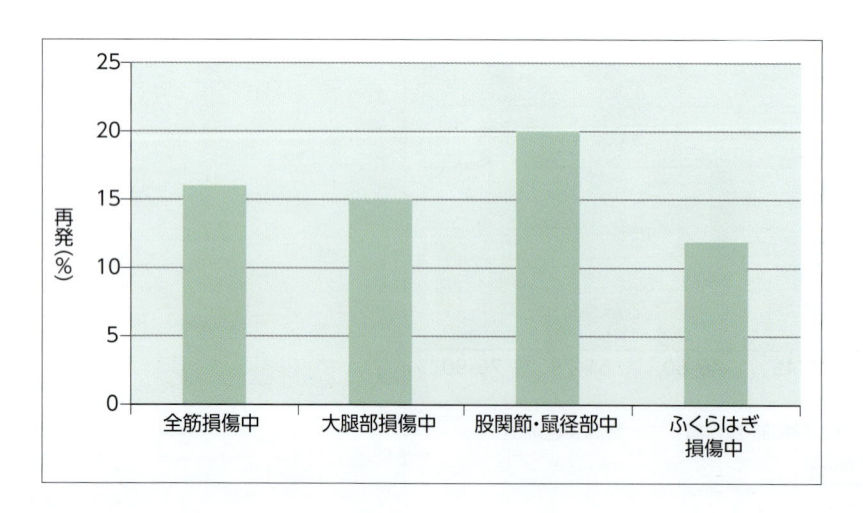

図 5.8　全筋損傷および主要筋損傷における再発の比率

および試合からの離脱を意味している。重傷は9％から13％で、選手は28日以上の休養を余儀なくされる。傾向として、股関節・鼠径部より、大腿部およびふくらはぎにおける負傷のほうが中・重度の損傷となることが多い。

⟨5⟩ 再発

プロサッカーにおける筋損傷のうち、約16％が再発によるものである。

> **MEMO**
> 先行する負傷から選手が完全に復帰してから2カ月以内に同じ位置に発生する同じタイプの損傷を再発損傷と見なす。

調査の結果、再発リスクは大腿部およびふくらはぎよりも股関節・鼠径部において高いことが分かった（図5.8）。最初の負傷に比べ、再発では負傷による戦線離脱が平均30％長くなるという結果が出ている（17日対13日、$p < 0.001$）。

⟨6⟩ MRI／超音波検査

2007／2008年の1シーズン中、UEFAチャンピオンズリーグのコホートでは大腿筋の負傷に対し、複数の診断方法が利用されている。大腿筋の損傷159件のうち72件（45％）がMRI（部分的には超音波と併用）により、70件（44％）が超音波により、11％は臨床検査によってのみ診察を受けた。

このシーズンに参加していた14チームのうち2チームでは大腿部の筋損傷のほぼすべて（90％以上）がMRIによる診断を受けている一方、同時期ほかの2チームではMRI診断が行われることはなかった。7チームでは主にMRIが、ほかの7チームでは主に超音波診断が使用されている。

■ ハムストリングスの負傷

MRI検査の統計によると、プロサッカーにおけるハムストリングスの負傷の86％が大腿二頭筋に発生している。

また、ハムストリングス負傷の3分の2が試合中に発生する。試合中にハムストリングスを負傷するリスクはトレーニング中に比べ11倍高い。ハムストリングスは高速運動（スプリント運動）時に負傷することが多

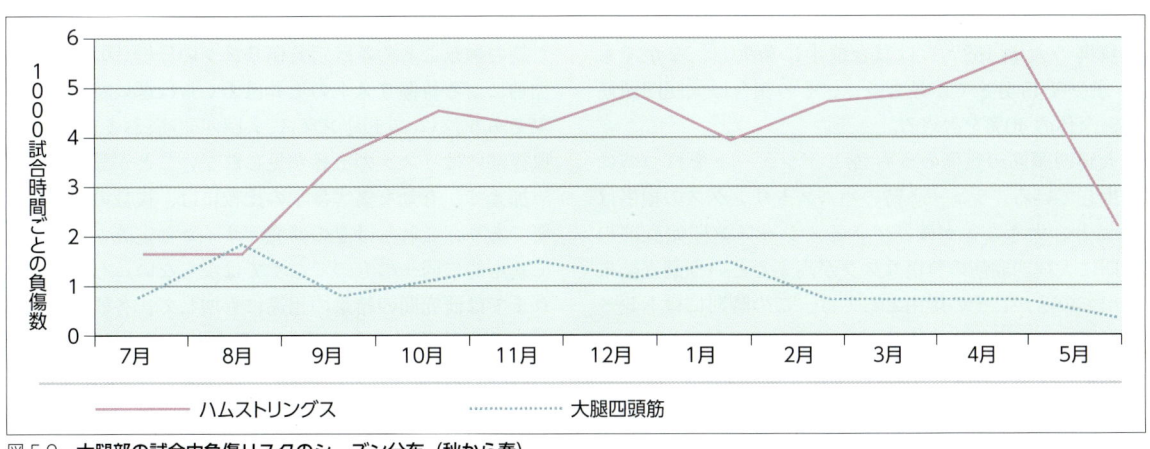

図5.9 大腿部の試合中負傷リスクのシーズン分布（秋から春）

いことがよく知られている。このことは、プロレベルの激しいスポーツにおいてこの種の損傷が多く発生すること関係していると考えることができる（Askling et al. 2007）。一方、試合の前半と後半では発生率に大きな差は見られない（51％と49％）。

ハムストリングス負傷の主な原因はランニングあるいはスプリント（52％）であるが、過負荷によるものも17％確認されている。負傷のほぼ全て（97％）が、ほかの選手との接触なしに発生している。審判がファウルと判定したプレーにより負傷したケースは1.5％に過ぎず、13％が再発である。

図5.9はチャンピオンズリーグ参加チームにおいて大腿部の筋に負傷が発生した時期を表したグラフである。ハムストリングスの負傷はリーグ開催時期（9月から5月）に多く発生することが分かる。ハムストリングスの負傷リスクが高くなるのは、この時期（チャンピオンズリーグの開催時期）に試合数が増え、また試合の激しさも増すことが原因であると考えることができる。

統計的には、例えば25人の選手を抱えるサッカーチームでは、シーズンごとにハムストリングスの負傷が約7件発生し、負傷者の総離脱日数はのべ約110日という計算になる。ハムストリングスの負傷では平均すると16日間の離脱、10回のトレーニングと3試合への不参加という結果になる。約14％が重傷であり、4週間を超える負傷休養を余儀なくされる。トレーニング中の負傷に対し、試合中の負傷は離脱期間が顕著に長くなる（18.3日対11.9日、$p < 0.001$）。

■ 大腿四頭筋の負傷

MRI検査の結果によると、大腿四頭筋の中で最も負傷頻度が高いのは大腿直筋である（88％）。

大腿四頭筋の負傷は主に試合中に発生する。一方、試合中の負傷リスクはトレーニング中の約4倍（1000時間ごとに1.1回対0.3回）である。

負傷の大半（62％）は試合前半に発生し、なかでも16分から45分までが最も多く、その割合は大腿四頭筋負傷全体の40％を占める。

大腿四頭筋の負傷のうち28％がシュートを打つ時に発生している。シュート時のハムストリングスの損傷は1.5％と、大きな差が確認できる。シーズン開始直前の時期に大腿四頭筋の負傷リスクが高まるという調査結果が出ているが、その理由としては、この時期にはトレーニングの一環として集中的なシュート練習が行われることを挙げることができる。

ハムストリングスと同様、大腿四頭筋の負傷もそのほとんど（96％）がほかのプレーヤーとの接触なしに発生している。ファウルに起因する負傷は確認されていない。13％が再発であり、これはハムストリングスと同じ値である。

図5.9は負傷のシーズン分布を示している。リスクが最も高まるのは8月、つまりシーズン開始の直前であることが確認されている。ハムストリングスの場合とは違い、シーズン中にリスクが高まることはない。

統計上、25人の選手を抱えるサッカーチームでは、シーズンごとに大腿四頭筋の負傷が約3件発生し、負傷者の総離脱日数はのべ約50日という計算になる。平均すると18日間の離脱、12回のトレーニングと3試合への不参加という結果になる。約19％が重傷であり、4週間を超える負傷休養を余儀なくされる。ハムストリングスの負傷とは異なり、試合中あるいはトレーニング中に発生した負傷間で、離脱期間に大きな差は見られない（20日と17日）。

〈7〉 データの評価

本章で紹介した筋損傷のデータは、ヨーロッパの一流男子サッカー選手の一部のみから得られたものである。より一般的な筋損傷のデータを収集することが困難であることが、この制限の理由である。どのスポーツにも独自の負傷プロフィールが存在する。また、1つのスポーツの内部においても性別、年齢、競技レベルなどで差が見られる。本章にもその一例として年齢と負傷リスクの関連を示した。プロサッカーにおけるすべての筋損傷を総合すると、年齢の上昇に伴い負傷リスクが増加することが確認できる（図5.4）。同様の結果はほかの文献においても報告されている（Lindenfeld et al. 1994、Dvorak & Junge 2000、Árnason et al. 2004、Junge & Dvorak 2004）。しかし大規模な調査によって初めて可能となった筋の種類ごとの年齢別負傷リスクの分析（図5.5）では、加齢による負傷リスクの上昇はふくらはぎに特異的な現象であり、ハムストリングス、大腿四頭筋、および股関節・鼠径部にはリスクの上昇が見られないことが分かった。

加えて、有効な傷害疫学の比較には、複数の研究が必要であり、これらはその研究デザインと定義、方法の点で基本的に同一のものでなくてはならない。しかし、これまでは研究間の結果の相違にも増して、各研究が基盤とする方法論に大きな違いが見られることが多かった（Waldén 2007）。

筋損傷の比較におけるもう1つの問題は、通常さまざまな種類の損傷が同時に調査されることにある。これに

は定義上区別されるべき筋の完全あるいは部分断裂や肉離れ、過緊張やけいれんなどが含まれている。さらにさまざまなスポーツにおける損傷部位、重傷度や損傷タイプの相違に関してはまだほとんど調査されたことがない（Askling et al. 2007）。

編者による注釈：このテーマに関し今後より詳細な研究を行うには、本書において初めて提案される分類法に基づく筋損傷の区別とそれに従ったデータの収集を行うことが不可欠な課題である。本書のほかの章で解説されているように、いわゆる肉離れと筋束断裂の間など、各筋損傷の間には重大な相違がある。これらの損傷は本章では部分的に厳密に区別されることなく「負傷」として一括されている。

参考文献

Andersen TE, Engebretsen L, Bahr R. Rule violations as a cause of injuries in male Norwegian professional football: Are the referees doing their job? Am J Sports Med 2004; 32: 62S-68S

Árnason Á, Sigurdsson SB, Gudmundsson Á et al. Risk factors for injuries in football. Am J Sports Med 2004; 32: 5S-16S

Árnason Á, Andersen TE, Holme I et al. Prevention of hamstring strains in elite soccer: an intervention study. Scand J Med Sci Sports 2008; 18:40-48

Askling C, Karlsson J, Thorstensson A. Hamstring injury occurrence in elite soccer players after preseason strength training with eccentric overload. Scand J Med Sci Sports 2003; 13: 244-250

Askling CM, Tengvar M, Saartok T et al. Acute first-time hamstring strains during high-speed running: a longitudinal study including clinical and magnetic resonance imaging findings. Am J Sports Med 2007; 35: 197-206

Dvorak J, Junge A. Football injuries and physical Symptoms. A review of the literature. Am J Sports Med 2000; 28 (5): S3-S9

Ekstrand J, Gillquist J. Soccer injuries and their mechanisms: a prospective study. Med Sci Sports Exerc 1983; 15: 267-270

Ekstrand J, Karlsson J. The risk for injury in football. There is a need for a consensus about definition of injury and the design of studies. Scand J Med Sci Sports 2003; 13: 147-149

Ekstrand J, Karlsson J, Hodson A, eds. Football Medicine. London: Martin Dunitz (Taylor & Francis Group); 2003

Ekstrand J, Timpka T, Hägglund M. Risk of injury in elite football played on artificial turf versus natural grass: a prospective two-cohort study. Br J Sports Med 2006; 40: 975-980

Ekstrand J, Hägglund M, Waldén M. Injury incidence and injury patterns in professional football - the UEFA injury study. Br J Sports Med 2009; doi: 10.1136/bjsm.2009.060582

Fuller CW, Ekstrand J, Junge A et al. Consensus Statement on injury definitions and data collection procedures in studies of football (soccer) injuries. Br J Sports Med 2006; 40: 193-201

Hägglund M, Waldén M, Bahr R et al. Methods for epidemiological study of injuries to professional football players: developing the UEFA model. Br J Sports Med 2005a; 39: 340-346

Hägglund M, Waldén M, Ekstrand J. Injury incidence and distribution in elite football - a prospective study of the Danish and the Swedish top divisions. Scand J Med Sci Sports 2005b; 15: 21-28

Hägglund M, Waldén M, Ekstrand J. Injuries among male and female elite football players. Scand J Med Sci Sports 2008 (E-pub ahead of print)

Hägglund M, Waldén M, Ekstrand J. UEFA injury study - an injury audit of European championships 2006 to 2008. Br J Sports Med 2009; 43: 483-489

Hawkins RD, Hulse MA, Wilkinson C et al. The association football medical research Programme: an audit of injuries in professional football. Br J Sports Med 2001; 35: 43-47

Inklaar H. Soccer injuries. I: Incidence and severity. Sports Med 1994; 18: 55-73

Junge A, Dvorak J. Influence of definition and data collection on the incidence of injuries in football. Am J Sports Med 2000; 28 (5): S40-S46

Junge A, Dvorak J. Soccer injuries: a review on incidence and prevention. Sports Med 2004; 34: 929-938

Lindenfeld TN, Schmitt DJ, Hendy MP et al. Incidence of injury in indoor soccer. Am J Sports Med 1994; 22: 364-371

Waldén M, Hägglund M, Ekstrand J. Injuries in Swedish elite football - a prospective study on injury definitions, risk for injury and injury pattern during 2001. Scand J Med Sci Sports 2005a; 15: 118-125

Waldén M, Hägglund M, Ekstrand J. UEFA Champions League study: a prospective study of injuries in professional football during the 2001 - 2002 season. Br J Sports Med 2005b; 39: 542-546

Waldén M. Epidemiology of injuries in elite football. Universität Linköping, Abteilung Gesundheit und Gesellschaft: Dissertation; 2007

Waldén M, Hägglund M, Ekstrand J. Football injuries during European championships 2004-2005. Knee Surg Sports Traumatol Arthrose 2007; 15: 1155-1162

van Mechelen W, Hlobil H, Kemper H. Incidence, severity, aetiology and prevention of sports injuries. Sports Med 1992; 14: 82-99

第6章

筋損傷の識別と新しい分類

H.-W. ミュラー・ヴォールファート
P. ユーベルアッカー
A. ビンダー
L. ヘンゼル

1. 新分類法の必要性 *136*

2. 筋損傷の識別と分類 *138*

3. 既往歴 *149*

4. 筋損傷の診断 *149*

5. 合併症 *156*

6. 筋損傷の識別と新しい分類

1 新分類法の必要性

　知識不足のせいもあり、筋損傷は軽視される傾向にある（図6.1）。「3週間かかろうが6週間かかろうが、いずれ治る」といった考え方が支配的である。しかし、プロサッカー選手のようなトップアスリートはこのような考えを持つべきでない。彼らにとっては負傷休養の期間は選手生命にかかわる問題である。長年積み重ねてきたトレーニングが無駄になり、レギュラーポジションが奪われることもある。経済的な損失も引き起こし、これが選手のやる気にも悪影響となることがある。もちろんアマチュア選手にとっても、負傷の正しい評価、包括的な診察と治療は極めて重要である。

　スポーツ選手は、医者が提示する日程やデータを順守する。これらは従うべき規範であり、同時に目的でもある。治癒がこの日程通りに進まないと、「診断が正しかったのか？」あるいは「治療は正しいのか？」といった疑念が生まれ、患者としての選手に対する指導がより難しくなる。

　筋損傷はスポーツで最もよく発生する傷害であり、サッカーでは全傷害の30％を占める（Järvinen et al. 2005、Waldén et al. 2005、Ekstrand et al. 2009）にもかかわらず、誤診や不適切な治療が日常的に行われている。このことはトップアスリートの世界においても同様である。例えば筋線維断裂の治療に6週間、一方筋束断裂の治療には10日のみの治療期間が提案されるようなことがある。また過去にはギプスが使用されたケースも

図6.1

あった。けがが治ったと自分で判断したら、トレーニングに戻ってくるようにと指示を受ける選手もいれば、筋線維断裂で完全休養を強いられる選手もいる。

このような処置は無知と不安の表れであり、その主な原因として臨床診断あるいは画像診断の方法が統一されていないことと、これまで一般に普及するような有益な分類法が存在していなかったことを挙げることができる。それだけでなく、この分野で使用される用語にも統一性がない。例えば研究者の多くが肉離れにさまざまな段階があると想定し、筋線維断裂を肉離れの一種と見なしている。ほかの傷害とは異なり、筋組織の損傷に対してこれまで統一的なガイドラインが策定されることはなかった（Orchard et al. 2005）。負傷したスポーツ選手のためにも、この状況は改善する必要がある。

する上で非常な障害となっているのがその原因である（Järvinen et al. 2005 & 2007）。これまで行われてきた研究のほとんどは筋線維断裂あるいは筋線維断裂と見なされた外傷の発生に関するものであった。

我々は、今こそ筋組織をテーマの中心に据え、実践的な損傷の分類を確立する必要があると考える。この分類は各損傷の生理的なプロセスに基づいたものでなくてはならない。そしてこれをもとに治療のガイドラインを作成し、詳細な治療コンセプトを提案する。発生件数の多い筋損傷に関する議論を活発化することが本書の目的である。近年、ほかの研究者においても、筋損傷に対する興味が次第に強まってきている（Best 1997）。本書を通じて将来筋損傷の診断、治療および予防処置が改善することを願う。

〈1〉 専門文献や研究における筋損傷の扱い

残念なことに整形外科やスポーツ医学あるいは外傷学の学会において、関節あるいは骨に対する外科手術などに比べ、筋損傷のために割かれる時間はごくわずかである。また筋損傷の診断や治療の分野では教育も不足している。もちろんその理由として、研究対象として十分な数の筋損傷の症例が集まるのは特殊な医療センターに限られることを挙げることができる。しかし、これはほかの種類の外傷でもさほど大きな違いはないであろう。

文献の世界でも同様である。スポーツ整形外科の分野では部分的には無駄とさえ思えるほどの数多くの専門文献が出版されているが、筋組織の負傷やその診断と治療に関した代表的な文献は存在していない（Orchard et al. 2008）。スポーツ整形外科や整形外科、外傷学あるいはスポーツ医学に関する重要な代表的文献においても、筋組織に関して割かれるページ数はごくわずかであり、そこでなされる記述も決して統一的なものではない。したがって我々が文献を利用できる機会は少ない。そのため以下の論述における論拠として、我々執筆陣自身が過去に診察し治療した数多くの筋損傷を挙げざるを得ない。本章執筆陣は1976年以来約3万件の筋損傷を診断そして治療してきた。

また、臨床的に非常に有意義であるにもかかわらず、筋損傷の識別診断、治療および評価に関する研究もこれまでほとんど存在していない（Orchard et al. 2005 & 2008）。筋損傷の重症度に非常に幅があることだけでなく、損傷がさまざまな筋に、また1つの筋内においてもさまざまな場所に発生することが、研究デザインを構築

〈2〉 触診の重要性

すべての医学分野と同様、筋損傷の治療の開始には正確な診断が必要であり、正確な診断があって初めて即座に正しい治療を始めることができる。この診断および損傷の評価にとって重要な情報はすべて、既往歴や機能検査、そして入念な臨床検査により得ることができる。その中心は触診である。触診は負傷の正しい評価および正しい位置に対する適切な治療にとって不可欠である。良質な臨床検査に優る機械やコンピューターを用いた診断法は存在しない（Noonan & Garrett 1999、Bryan Dixon 2009）。骨格筋は数が多く、その質も多様である。そのため触診による正しい評価ができるようになるには、集中的な練習が不可欠である。損傷の規模が小さければ小さいほど、その診断も難しくなる。

> **MEMO**
> 経験に富む医師による触診は機械的診断よりも優れている。二つの手段を併用することで正しい診断が可能となる。

いつスポーツの完全な再開が可能になるかを評価することは、正しい診断と同程度に重要である。そのためには触診の豊富な経験はもとより、初診時における正確な判断とその後繰り返し行われる臨床的コントロールが必要とされる。

ここではFCバイエルン・ミュンヘンのプロサッカー選手のケアを1976／1977年のシーズンに開始した本章

の筆頭著者の経験を手短に紹介する。チームは3度目のヨーロッパカップのチャンピオンになったばかりであった。当時は、スタジアムに設置されてもいなかった機械的な手段を使うことなく、正確な診断と最適な治療の実践が期待されていた。つまり、選手への復活の期待は非常に高かった。これは現在でも変わりはないが、選手の負傷後、トレーナーやチームマネージャーから「問題は何だ？」、「再びプレーできるのはいつか？」といった質問が突然浴びせかけられることが常であった。もちろん、誤った評価を伝えるわけにはいかない。負傷に対する臨床診断、主に触診の腕を磨き、その技を完全なものにすることが避けられない課題だったのである。

2 筋損傷の識別と分類

〈1〉従来の分類

筋損傷は非常に多岐にわたるため、明確な識別や分類は、例えば骨折や靱帯あるいは腱の損傷に比べ、非常に困難である。

既に述べたように専門用語ですらまだ統一されていない。例えば「肉離れ」という単語はさまざまな意味で用いられている。筋束断裂は筋線維断裂と呼ばれ、筋線維断裂は肉離れと呼ばれるなどである。英語においても大差なく "Pulled Muscle"、"Strain"、"Fiber Rupture"、"Tear" などといったさまざまな用語が用いられるが、その使用に統一性はない。

文献においても筋損傷の分類に関する記述はほとんどなく、あっても非常に不統一である。クレーマーとマイフル（Krämer & Maichl 1993）の著書 "Scores, Bewertungsschemata und Klassifikationen in Orthopädie und Traumatologie" ではこの点に関し一切の説明がなされていない。研究者の多くは筋線維断裂を「不完全」と「完全」の2つのカテゴリーに分け、連続性の損失を伴わない肉離れと区別している（Hipp 2003）。しかし、この分類法も問題の本質をとらえていないと思われる。また、「不完全な筋線維断裂」というのも理解しがたい用語と言わざるを得ない。筋痛、筋挫傷、そして肉離れを区別し、そして肉離れの範疇に肉離れ、筋部分断裂、完全筋断裂の3つの等級を想定する研究者もいる（Peterson & Renström 2002、Bischoff 2007）。しかし、肉離れと筋断裂は根本的に違うものと考えざるを得ない。したがって、筋断裂を肉離れの一種とするには無理がある。

比較的一般的な分類法では筋損傷を3つのレベルに分けている（Smigielski 2005）：

- レベル1：5％未満の筋線維における構造損傷を伴う断裂
- レベル2：5％以上の筋線維における連続性の途絶
- レベル3：完全な筋断裂

この分類法の問題は、5％未満あるいは以上の筋線維という、全筋線維との対比における相対的な分量規定が、実際には計測がほぼ不可能であることにある。またパーセンテージを基準にしているということは、それぞれの筋の大小によってその量は相対的に異なることを意味している（縫工筋と大腿二頭筋など）。しかし、筋の解剖学的構成要素、つまり筋原線維、筋線維、筋束の大きさはどの筋でもだいたい同じである。したがって、筋線維や筋束の断裂の規模は筋の大きさとは関係なく、常にほぼ一定の規模となる。筋の大きさが問題となるのは、より大規模な損傷、つまり筋の部分断裂やほぼ完全な断裂などの場合だけである。部分断裂や大規模ながら完全でない断裂では筋の大小により損傷の規模が変化するからである。つまり、これまで提案されてきた分類法はどれも納得のいくものではなかった。

MEMO

筋線維や筋束などの解剖学的構造の大きさは、どの筋においてもほぼ同じであるため、筋線維断裂や筋束断裂はどの筋においても同程度の規模を持つことになり、相対的な大きさで表すことはできない。

〈2〉新しい分類法

■ 基礎

これから提案する新しい分類法は本書において初めて紹介され、今後この分野におけるスタンダードとなるべくものである。また、これにより筋損傷に関する議論が

広範囲に行われるようになることを願っている。独自の分類法を考案するにあたって、次のような考えが背景にあった。筋損傷は間接的あるいは直接的な受傷という観点から分類することもできるし、またその位置や大きさによっても分類が可能である。中でも、解剖学的構造との関連における損傷の大きさ、ならびに筋の質的状態(筋硬化、肉離れ)の2要素が、分類にとって有益な指標となると考えられている。

新しい分類、既往歴および臨床的観点から見た診断指標、治療法(第11章「筋損傷の保存療法」も参照)などをまとめたものが表6.1である。

治療に還元することができない分類法には意味がない。この言葉をモットーに分類が決定された。ちなみに、表の左から右に行くに従い、トップアスリートでない一般のスポーツ選手に対する重要度、損傷の重傷度、および治療の期間が増加するように配列されている。

スポーツで発生する筋の問題は主に痛みを伴う筋硬化、「いわゆる肉離れ」、筋線維断裂であり、まれに筋束断裂や外傷性または機能性コンパートメント症候群も発生することがある。

この新しい分類は、特に軽傷の分類(下記参照)において、極めて斬新であり、そのため本書、特に疫学の基礎に関する章において首尾一貫して活用されているわけではない。新しい分類を考慮に入れた研究を新しく実行することが今後の課題である。

● 軽傷

重傷は段階付けが容易であり、従来の分類法では重傷のみが分類の対象となっていた。しかし、スポーツで重要となるのは、数多く発生する軽傷であり、その分類は重要な課題である。

MEMO
機能的(軽度)損傷は、構造的損傷より数多く発生する。

チームドクターは、フィールド脇やハーフタイム中の診断により、試合続行が可能な無害な問題であるか、それとも選手交代が必要な重大な損傷であるかを識別しなくてはならない。

ここで重要なことは、数日あるいは数週間で完治する軽微な筋損傷はアマチュアスポーツ選手にとってはさほど重要な意味を持たないことである。通常このような場合、治療中も仕事を休む必要はない。一方、プロの選手にとっては数日から数週間の休養は、レギュラーポジションを明け渡す必要が生じるなどして、非常に重要な問題となる。その選手が有力チームの中心的存在である場合、例えばチャンピオンズリーグの試合への出場が危ぶまれるなどして、さらに経済的な負担が発生する。これらのことを考慮した場合、軽傷であっても、可能な限り詳細な分類が不可欠である。

● 「いわゆる肉離れ」

我々の経験から、一般に「肉離れ」と呼ばれる損傷は神経筋領域において発生する。「肉離れ」は数多くの医師、療法士、スポーツ学者、選手、あるいはトレーナーが日常口にする言葉であり、この言葉を使用しないことは有益ではないと考えられる。そのため熟考の末、新しい分類法にも「いわゆる肉離れ」として採用することに決定した。この用語の選択により、「肉離れ」という言葉の意味を活用しながらも、同時にこの用語が実際にはあまり適切でないことを表現した。これは数十年に及ぶ熟考の末の結論である(Müller-Wohlfahrt & Montag 1985)。

● 挫傷(打撲傷)

挫傷は新分類法の枠内にはなく、特殊な例として扱われる。挫傷はほかの研究者の研究(例えばUEFA Champions League Injury Studyなど)においても既に筋損傷とは別種の負傷として扱われている(Waldén et al. 2005, Ekstrand et al. 2009)。

挫傷の発生率は高く、その規模には非常なばらつきがある(Beiner & Jokl 2001)。通常、挫傷では筋線維や筋束が断裂することはなく、筋の圧迫により血管が損傷し、内出血が起こり、この内出血により筋組織が圧力を受ける。広範性あるいは限局性の(場合によっては穿刺吸引、あるいはまれに手術が必要な)血腫が確認される。ひどい場合にはコンパートメント症候群にまで発展する可能性もある。適切な治療や内出血の吸引あるいは穿刺により、迅速な回復を期待することができる。

不慣れな医師にとっては個別の筋障害の識別は困難であることが多い。しかしながら、治療の方法や期間は損傷の種類により大きな隔たりがあるため、細心の注意を持って識別を行う必要がある。正しい診断と治療を行えば、筋硬化は1日から3日、「いわゆる肉離れ」は3日から5日、筋線維断裂は約10日から14日で完治する。条件が整い、治療が適切である場合には治癒がさらに早まることもある。誤診とそれに伴う治療ミスが先行した場合には、治癒には当然より多くの時間を必要とする。

6. 筋損傷の識別と新しい分類

表 6.1 　筋損傷の分類

損傷のタイプ 名称	Ia 痛みを伴う筋硬化（疲労性）	Ib 痛みを伴う筋硬化（神経性）	II 「いわゆる肉離れ」（神経筋障害）
英語	Painful fatigue-induced Muscle Hardening	Painful neurogenic Muscle Hardening	Muscle Strain (neuromuscular)
分類	軽症、機能性	軽症、機能性	軽症、機能性
原因	過負荷や疲労による硬化（激しいトレーニングやフィールド素材の変化など）	腰椎や仙腸関節における構造あるいは機能障害に起因する神経性の筋硬化	神経筋トーヌス調節障害（シナプス刺激伝達系の障害）、不適切なスポーツに特異的なウォーミングアップ
症状	引きつる感覚、緊張感の増大 引きつるような痛みから刺すような痛み、負荷が続けば痛みは強まる 安静時痛なし	引きつる感覚、緊張感の増大 引きつるような痛みから刺すような痛み、負荷が続けば痛みは強まる（特にスプリント時） 安静時痛なし 「筋が閉じる」	引きつる感覚、緊張感の増大、その後けいれんに似た痛み 数時間かけたトーヌスの上昇
発症／既往歴	負荷後24時間まで発症する可能性あり 生理的終末における障害	負荷時に急激な発症 生理的終末における障害	サッカーでは主に開始直後、数分以内の急激な発症 選手は伸張により症状を軽減しようとする
位置	筋の一部から全体にかけて	筋束や筋群の全長に及ぶ	通常筋腹、約15cm
損傷しやすい筋	トレーニングやスポーツの種類による	大腿直筋、内転筋、ハムストリングス、ふくらはぎ	ハムストリングス、ふくらはぎ
触診／臨床診察	過緊張を示す筋部位（左右比較） 触診では「乾燥」している（浮腫形成なし） 我慢可能な広い鈍い痛み 伸張時に防御反応 触診痛	過緊張を示す筋部位（左右比較） 筋と筋膜の間に現れる患部全体にわたる液体のクッションのようなみみずばれ 皮膚が過敏になっていることもあり 伸張時に防御反応 触診痛	紡錘形の緊張、浮腫性の膨張 痛み中心なし 構造損傷なし 血腫なし 治療的伸張による症状の改善 触診痛
治療	保存療法 物理・理学療法 多くの場合局所浸潤 通常1日後から有酸素性ランニングトレーニング	保存療法 物理・理学療法 腰部および限局的な浸潤療法 通常1日後から有酸素性ランニングトレーニング	保存療法 物理・理学療法 局所浸潤療法、時には腰部浸潤療法 通常1日-2日後から有酸素性ランニングトレーニング
（適切な治療による）治療期間	通常1日-3日	通常2日-5日	通常3日-5日
合併症の可能性	ストレス後症候群、つまり同じ筋群内における隣接筋におけるトーヌスの上昇 次第に症状が強まる機能性コンパートメント症候群。痛みを伴い安静時痛も出る。走ると刺すような痛み 線維断裂	ストレス後症候群、つまり同じ筋群内における隣接筋におけるトーヌスの上昇 線維断裂	線維断裂

筋損傷の識別と分類

IIIa 筋線維断裂（幅5mm未満）	IIIb 筋束断裂（幅5mm以上） （特殊形：筋内腱断裂）	IV 筋断裂／腱剥離
Muscle Fiber Tear	Muscle Bundle Tear	Muscle Tear/Tendinous Avulsion
軽症、構造・機械的	重傷、構造・機械的	重傷、構造・機械的
能動的収縮時や過緊張時における弾性限界を超えた縦方向への伸張による構造障害、機械的および／または神経性、十分に治療されていない肉離れや筋硬化後にも発症可能	能動的収縮時や過緊張時における弾性限界を超えた縦方向への伸張による構造障害 機械的および／または神経性、十分に治療されていない肉離れ、筋硬化あるいは筋線維断裂後にも発症可能	弾性限界を超えた縦方向への伸張による構造障害、機械的および／または神経性、十分に治療されていない肉離れ、筋硬化、筋線維断裂、あるいは筋束断裂後にも発症可能 主に腱剥離
刺すような鋭い痛み	ナイフで刺すような鋭いあるいは鈍い痛み 断裂が実感されることも多い	打撲のような鈍い痛み
随時、突発的	突発的、その後転倒することも多い（反射的負荷軽減）	突発的、通常その後転倒（反射的負荷軽減）
主に筋腱移行部	主に筋腱移行部	主に筋腱移行部または腱剥離
ハムストリングス、内転筋、ふくらはぎ	大腿直筋、内転筋、ハムストリングス	大腿直筋近位、ハムストリングス、長内転筋近位
圧痛点 通常、過緊張を示す筋部位における数ミリメートル（5mm以下）の線維構造の断裂 伸張により痛みが増す 血腫（筋膜は破損していないため表層的には不可視） 触診痛	圧痛点 指先程度の大きさ（5mm）の筋構造の断裂 急速に拡大する平面的な血腫 筋膜損傷 運動痛 軽い伸張により痛みが増大 機能不全 受傷部における顕著な血腫 触診痛	圧痛点 数センチメートルに及ぶ筋の間隙 腱剥離：触診可能な間隙／実質的欠損、血腫、筋の退縮 激しい運動痛 機能損失 大規模な血腫 触診痛
保存療法 物理・理学療法 局所的浸潤療法 通常5日後から有酸素性ランニングトレーニング	保存療法 物理・理学療法 局所的浸潤療法	退縮を伴う腱剥離：常に外科手術 保存療法の場合：血腫の吸引、物理・理学療法、局所的浸潤療法
通常10日-14日	通常6週間	通常12週-16週
負荷が早すぎると再発、大規模な損傷の治癒期間は大幅に遅延、骨化性筋炎	負荷の再開が早いと断裂、血腫、骨化性筋炎、筋内嚢胞、瘢痕形成のリスクが上昇	負荷の再開が早いと大規模な再断裂、血腫、骨化性筋炎、筋内嚢胞、瘢痕形成のリスクが上昇 腱剥離：筋退縮、機能損失

● 損傷の位置

損傷の位置もまた重要な問題である。大腿直筋、ハムストリングス、腓腹筋など負傷が頻繁に発生する筋もあれば（Garrett 1996、Noonan & Garrett 1999）、ほとんど発生しない筋もある。負傷しやすい筋は主に二関節筋（大腿直筋は大腿四頭筋の中で唯一の二関節筋）であり、負傷に弱いとされる速筋線維の比率が高い（Noonan & Garrett 1999、第1章「骨格筋の機能解剖学」における羽状角に関する記述も参照）。

ただし、単関節筋でも負傷リスクが高い筋も存在している。長内転筋がその典型例である（Garrett 1996）。例えばハードル走における抜き脚（後脚）の外転、およびその後のハードル上での内転運動により、長内転筋やそのほかの内転筋区画に属する筋に損傷が発生することがある。またサッカーの足の内側でのシュート時の負荷により負傷につながることもある。

サッカー、テニス、ハンドボール、陸上競技、およびそのほかのスポーツにおいて、下肢における損傷の発生率が高いことから、本書の新分類法は下肢の筋損傷を主な対象としている。例えばやり投げの選手やテニスプレーヤーにおいても上肢に比べ下肢にけがをすることのほうが多い。上肢の筋損傷はまれであるが、中でも頻度が高い筋として上腕二頭筋、上腕三頭筋、および大胸筋を挙げることができる。大胸筋の断裂は投擲競技などで発生する。特に高齢者においてスポーツ中に発生しやすいローテーターカフ（回旋筋腱板）の腱断裂も、スポーツ傷害の一種と見なされることが多いが、これに関しては詳細な専門書も数多く存在するため、本書では取り扱わない。テニスでは爆発的なサーブの際に、腹部の筋組織を負傷することもある。

MEMO
スポーツにおいては、下肢の筋損傷発生率が上肢のそれに比べ数倍高い。

● 年齢

年齢もまた重要な観点である。著者らの長年の経験から、約25歳を超えると筋損傷の発生率が顕著に上昇すると考えることができる。

● フィールド（床）の変化

HINT
芝生から硬いあるいは柔らかい床や硬い地盤など、フィールド（床）の素材が変化すると、関節からのインプットを介して筋骨格系に対する要請も変化し、筋緊張に変化が生じる（受容器介在性筋トーヌス変化）：

- γ求心性神経を介して活動電位が関節受容器から脊髄へ送られ、そこからγ2遠心性神経を通じて筋紡錘に至る。核袋線維がγ動的に素早い適応反応を示す一方で、核鎖線維はゆっくりと適応し、筋トーヌスの上昇を引き起こす（γ静的反射応答）。
- II型求心性神経（散形終末）を経由して、活動電位が脊髄へ送られ、そこからα運動ニューロンを経由して作動筋組織へ導かれる。

反射は以下の機序で引き起こされる：
- I型およびII型機械受容器：
  - I型：ゆっくりと適応する受容器。関節位置を測定し、I型筋線維（遅筋線維）、すなわち姿勢筋や緊張筋に作用する。
  - II型：適応の早い受容器。加速検知器であり、脊髄を介して反射的に直接II型筋線維（速筋線維）と連絡している。
- III型ゴルジ機械受容器

これは遮蔽された髄節の産物である。

足元の変化により引き起こされた、関節構造内部における固有感覚の増加は、筋の緊張の増強を誘発し、その結果、筋疲労が早まる。この反応は筋損傷後の治癒プロセスにとって障害となり得る。したがって回復トレーニング（初期）においては、このような足元の変化は絶対に避けるべきである。天然芝ではなく人工芝の上でのウォーミングアップやタータントラック上でのパフォーマンス（スプリント）計測などが、サッカーにおける不注意かつ不必要なフィールドの変化の典型例である。

■ 筋硬化（I型損傷）

筋硬化を「いわゆる肉離れ」と区別することは必ずしも容易ではない。筋硬化は筋（時には筋群）の全長にわたって緊張が見られることを特徴としている。これにより、引きつるような感覚や緊張の増強が感じられ、最終的には痛みを伴う。

筋はこの時硬く柔軟性がなく、短くなったように感じられる。選手は不安になり、サッカーではポジションを

変えるなどして、連続的な長距離のスプリントを避けようとする。つまり、消極的なプレーに陥る。このような時にスプリントをすることで、筋線維断裂のリスクは極めて高くなるが、選手はそのことを予感しているのである。したがって、選手自身が交代を望むこともある。選手はこのような時よく「筋が閉じた」といった説明をするが、これは問題の本質をよく言い当てている。痛みを伴う筋損傷には2つの種類がある：

- 疲労性のもの
- 神経性のもの

● 疲労による筋硬化（Ia型損傷）

まず挙げることができるのは、疲労あるいは過負荷に起因する筋硬化であり、これは激しいトレーニングやフィールド素材の変化の後24時間以内に発生する。その原因にもよるが、軽く引きつるような感覚に始まり、負荷が続けばこれが緊張感覚へと発展する。最終的には激しく引き裂くような、あるいは刺すような痛みが生じる。ほとんどの場合、痛みの中心といったものはなく、安静時痛もない。選手は運動能力が制限されているように感じる。筋周縁に浮腫が発生することもない。つまり「乾いている」。筋を伸張しようとすると、防御反応が現れる。痛みを伴う疲労性筋硬化は物理療法とマッサージの併用で治療することができる。

● 神経性の筋硬化（Ib型損傷）

神経性の筋硬化は疲労性のそれとは明確に区別される必要がある。ここでは運動神経による誤支配が過緊張の原因となっている。運動神経に随伴する自律神経線維がリンパ管系において誤調節を引き起こし、それにより浮腫性のみみずばれのようなものが形成される。これはある種の「クッション」のように当該の筋に沿って走っているのが触診で確認できる。

症状は「いわゆる肉離れ」のそれに似ている。ただし「いわゆる肉離れ」とは異なり、神経性筋硬化の原因は、腰椎や仙腸関節における構造的あるいは機能的障害に見つけることができる（第12章「筋機能障害および筋損傷時における脊柱の役割」も参照）。具体的な原因としては、筋末梢における苦痛を誘引する構造的神経根圧迫あるいは神経根刺激だけでなく、腰部セグメントにおける脊椎傍筋トーヌスの増加（多裂筋群や回旋筋群など）による圧迫も想定することができる。運動障害は通常複数の脊椎関節に害を与えるため、ここでもほぼ常に複数のセグメントが影響を受けると見なすことができる。例えば、脊椎部の深筋の過緊張も複数のセグメントにまたがるのが常である。

神経性筋硬化の患部は、その筋の長さ全体にわたって過緊張を示す。これが筋の一部にのみ症状が出る「いわゆる肉離れ」との大きな違いである。疲労性の筋硬化と同様、負荷が増えるに従い引きつるような、あるいは刺すような痛みが現れる。安静時痛が問題になることはほとんどない。触診の際、患部筋は押すと痛みが走る。触れるだけで痛みが生じることもある。

筋硬化だけでなく、その原因としての該当髄節や仙腸関節の神経障害に対しても、浸潤療法（第11章「筋損傷の保存療法」）が治療法として有効である。

> **Caution**
> 神経性筋硬化の原因は、腰部あるいは仙腸関節における構造障害や機能障害であることを見逃してはならない。

腰関節や仙腸関節の強直などの機能性障害も対応する筋において過緊張を誘発することがあるが、これらも治療が可能である。筋硬化を有する選手自らが、腰や仙腸関節の問題を申し出ることはまずない。しかし医師の側から具体的に問いかければ、否定されることもない。患部関節が動くようになると、選手は自発的な回復を自覚する。

> **MEMO**
> 腰関節や仙腸関節の強直は、それに対応する筋において過緊張を誘発するが、これは関節が再び動くようになれば自然と回復する。

■ 「いわゆる肉離れ」（Ⅱ型損傷）

既に述べたように、「いわゆる肉離れ」では筋の神経筋機能が不全になる。我々の見解では、そのきっかけは筋細胞完全性の不全ではなく、筋トーヌスの調節に関与する紡錘装置の障害であり、神経筋レベルにおけるトーヌス調節障害である（Müller-Wohlfahrt et al. 1992）。「いわゆる肉離れ」が発生すると、数歩あるいは数分以内に即座に筋トーヌスが上昇する。これが、このタイプの損傷の発生にはシナプスを含めた刺激伝達系が関与していると考えられる理由である。この仮定には臨床的な根拠もある。筋は弾力を失い、けいれんに似た痛みが生じる。この痛みは基本的に受傷後すぐには現れないのである（Müller-Wohlfahrt 2001 & 2006）。この考えを裏付ける確固たる証拠はまだ見つかっていないが、今後の臨床活動やこの仮定にのっとった治療の成功により、この考え

が正しいことが証明されるであろう。

　この、選手たちが「肉離れ」と呼ぶけいれん性の痛みの原因に関する仮定は、まだ論証も不十分であり、一般にはあまり知られていない。しかし、この考えに興味を示す選手やメディカルサポーターの数は既に増えつつあり、「神経筋損傷」という言葉が使われることが増えてきている。

　筋の緊張をほぐすために、脚を小刻みにゆする選手は多い。しかし、この方法では緊張や痛みが緩和することはほとんどない。また、選手は始めのうち、ランニングを続けることは可能だと考える。確かにスピードが遅いうちは問題ない場合も多い。しかし、スピードが上がると痛みは急激に強まり、筋トーヌスの異常な上昇が現れ、選手は低酸素によるものと思われる痛みのため走ることができなくなる。この痛みは筋の一部にのみ現れ、痛みの範囲は通常紡錘形をしている。選手は筋を伸ばす必要を感じるが、これで問題が解消されることはない。

MEMO
「いわゆる肉離れ」は通常筋腹に発生する。一方、線維断裂が主に発生するのは筋腱移行部である。

　発症後、筋に対する負荷が長く続けば続くほど、症状もひどくなる。問題を軽視し、例えばスプリントなどを行うと、線維断裂に発展する可能性もある。これもまた、「いわゆる肉離れ」を正しく診断し、ほかの無害な症状から確実に識別しなければならない理由の1つである（「いわゆる肉離れ」の生理学的側面に関する基本的考察については第2章「生理学の基礎とスポーツ生理学的側面」も参照）。

MEMO
「いわゆる肉離れ」では、神経筋機能が障害をきたす。筋の構造は完全に保持されたままである。

　臨床的に見ても、「いわゆる肉離れ」では連続性の途絶や内出血、あるいは線維断裂で見られるような痛みの中心点などは確認されない。確認できるのはむしろ、トーヌスの誤調節に起因する紡錘形にふくれあがった領域であり、これは筋の一部分にのみ見られ、初期に触診で診断するのは難しい。発症後時間してから、コントロール診察によるトーヌス上昇を通じて初めて確実な診断が可能となるケースが多い（第7章「超音波診断」と第8章「MRI撮影」も参照）。

HINT
サッカーでは、筋線維断裂が主に前半の終了時近く、あるいは後半の終了時近くに多く発生するのに対し、「いわゆる肉離れ」は前半に、しかも開始後数分以内に発生することが多い。発症後すぐに適切な治療が施されなかった場合、数時間後にさらなるトーヌスの上昇が確認される。

　「いわゆる肉離れ」の原因としては、不十分なウォーミングアップや、負荷の突然の変化が考えられる。例えば、背走からの急激な前方ダッシュなどである。また、転倒後などの協調性に欠く素早い動きも原因となる可能性がある。そのほかにも、ハードルに引っかかった場合などの急激なリズムの変化が原因として考えられる。このリズムの変化には、トレーニングが不十分であった作動筋と拮抗筋の協調も含まれる。つまり、トレーニングや競技前のウォーミングアップにおいて、当該スポーツに特異的な運動パターンの練習の量や質が適切でなかった場合などである。

　特筆すべきは、ストレッチ運動が試合前の準備における要素として盛んに採り入れられるようになって以来、肉離れの頻度は明らかに減少したということである。ここで言うストレッチ運動とは、長い静止時間を含まず、連続的な短い伸張を繰り返す動的なトレーニングのことであり、これにより当該スポーツで重要となる筋が暖められ、理想的な柔軟性が得られる（第15章「予防法」を参照）。

■ 筋線維あるいは筋束の断裂（Ⅲ型損傷）

● 筋線維断裂（Ⅲa型損傷）

　まず重要ななことは、自覚症状のある筋線維断裂では常に多数の筋線維が破損しているということである。解剖学的には、筋線維は多核細胞であり、その直径は約10-100μmの幅しか持たない。そのため、単独線維の断裂は可能ではあるが、臨床上問題となることはない（図1.22：第1章「骨格筋の機能解剖学」における骨格筋の構造も参照）。約200-250の筋線維が一次筋束を形成し、その中央部の断面は約1mm²の大きさを持ち（Schünke et al. 2007）、結合組織（内筋周囲膜）で包まれている。さらに複数の一次筋束が集まり二次筋束を構成する。これは外筋周囲膜に包まれ、肉眼でも確認できる。この二次筋束は、通常は数ミリメートル（2-5mm、したがって肉眼でも見える）、トレーニングされたアスリートではより大きな直径を持つ。複数の二次筋束が集まり約

10mmの直径をなすが、これには解剖学的名称は付けられていない。

つまり、「筋線維断裂」と呼ばれる傷害は、解剖学的見地から見ると、二次筋束の損傷である。

> **MEMO**
> 二次筋束は肉眼で見ることができる。

> **HINT**
> 単独線維の断裂は臨床的には不顕性である。筋線維断裂と呼ばれる傷害は、解剖学的には二次筋束の損傷である。

筋組織には肥大化したものや萎縮したものなど、さまざまな形態が存在する。そのため、筋線維断裂と筋束断裂を明確に区別することは難しい。しかし、ほとんどの負傷はこれら2つのうちのどちらかに診断される。この診断によりその治療にも影響が出る。上で紹介した解剖学的観点と自身の臨床経験から、我々は筋線維断裂の上限を損傷幅約5mmまでとした。

この大きさだけでなく、周辺構造、特に筋周囲膜、あるいは筋膜が関与しているか否かも基準とした。関与している場合は筋束断裂であり、治療期間が長期化する。外筋周膜の破損は特別な意味を持つ。なぜなら、この結合組織は塩分の拡散に対するバリアの役割を果たすと見なされているからである（Schünke 2009）。すなわち出血時においても筋内バリアの機能を持つと考えることができるからである。外筋周膜の損傷こそが（付加的な筋筋膜の損傷と並んで）、筋束断裂を筋線維断裂から区別する要素であると考えることもできる（Schünke 2009）。

> **MEMO**
> 損傷幅約5mmを基準として、筋線維断裂と筋束断裂を区別する。

筋線維断裂はほとんどの場合完全に治癒する。一方、筋束断裂では治癒が完全にならず、瘢痕が残る場合もある。筋治癒、つまり線維の再生にとって最も重要なのは基底膜に存在する衛星細胞である。この普段は静止している衛星細胞が受傷後、筋線維芽細胞あるいは幹細胞として活性化され、新しい筋芽細胞の源として作用する（Best & Hunter 2000、Shi & Garry 2006：第4章「生理学的観点から見た筋の治癒とその妨げ」も参照）。コラーゲン、特にⅠ型とⅢ型の発現は特定の条件下においては瘢痕や線維化を引き起こす場合がある。

筋線維断裂の原因は主に、過緊張時あるいは能動的な収縮時における弾性限界を超えた過伸張（軸足と跳び脚を素早くスイッチしながらのスプリントなど）である（Garrett 1996）。

筋線維断裂と筋束断裂は主に筋腱移行部において発生する（Garrett 1996、Clanton & Coupe 1998）。その理由はおそらく力の伝達、あるいはこの部位における血流の悪さに起因する。つまり、筋腱移行部は解剖学的「弱点」をなす（第7章「超音波診断」と第8章「MRI撮影」の図を参照）。「いわゆる肉離れ」は逆に筋腹に発生する。

筋線維が断裂すると、選手は受傷の規模に伴い針あるいはナイフなどのとがったもので刺されたような痛みを感じる。まれではあるが、ヒリヒリと焼けるような痛みが知覚されることもある。選手はすぐに患部をかばう動きを始める。プレーの続行が不可能であり、続行した場合には負傷が深刻化することをすぐに悟る。

筋内に出血を伴うことも多い。内出血が大きくなると筋線維の治癒の障害となるため、治療にとって非常に重要な関心事である。内出血は治療の敵である。ただし筋線維断裂により、外から見て取ることができるほどの血腫が現れることはない。しかし、運動により活性化された筋では血流量が増加するため出血量も多い。この観点からも、初期治療としての冷却と圧迫法が欠かせない。

重度の筋線維あるいは筋束断裂では、受傷者が転倒する場合がある。これはさらなる被害を避けるための防御反射と機能不全によるものだと考えることができる（図6.2）。

我々の経験では、腰椎の機能障害あるいは構造障害が原因である場合も非常に多い（図6.3）。しかし残念ながら、この点に関してはまだ競技スポーツにおける調査が十分になされていない。そのため経験医学のみが重要なデータを提供している。脊椎と末梢の筋障害・損傷との間の因果関係に対する興味はしかし強まってきている（Müller-Wohlfahrt 2001、Best 2004、Orchard et al. 2004：第12章「筋機能障害および筋損傷時における脊柱の役割」も参照）。

筋線維断裂の発生における悪循環の可能性は、次のように想定することができる。椎間板突出や脱出、脊椎すべり症、変性変化、関節強直あるいは関節不全などに起因する神経根の刺激により、たとえ腰部には症状が現れなくとも、運動神経線維から筋組織へのインパルスが増強される。これにより脊椎傍や末梢の支配領域における筋トーヌスが上昇する。この過緊張により筋組織は断裂しやすくなる（第12章「筋機能障害および筋損傷時における脊柱の役割」も参照）。

6. 筋損傷の識別と新しい分類

図 6.2a、b　運動中の筋束断裂

● **筋束断裂（IIIb型損傷）**

　筋束断裂では複数の二次筋束が破損される（図1.22）。受傷部は1cm以上になることが多い（筋束断裂の画像に関しては第7章「超音波診断」と第8章「MRI撮影」を参照）。筋束断裂や筋断裂では、筋線維をまとめ固定する結合組織である外筋周囲膜も大規模に損傷する。さらに筋筋膜が被害を受けることも多く、これにより筋間に血腫が生じる。例外は筋膜単独の断裂である。

　大規模な筋損傷は、筋の部分断裂と亜完全断裂に区分することができる。我々の新分類法においても筋に対する相対的な大きさが分類の基準となる。例えば縫工筋の亜完全断裂は大腿二頭筋のそれとは全く違う規模を持つため、この分類は有意義であると思われる。既に述べたように、筋線維、一次筋束と二次筋束に関する解剖学的な理解から、筋線維や筋束の断裂の分類には相対的な大きさ（例えば筋線維の5％前後）ではなく、絶対的な大きさを基準とするべきである。我々の定義では、損傷幅5mmを筋線維および筋束断裂の境界としている。

> **Caution**
> この分類における筋破損の大きさの基準は損傷部位の幅であり、内出血や浮腫の広がりではない。

　筋線維断裂と同様、筋束断裂も主に筋腱移行部に発生する。特殊な例としては筋内における腱断裂を挙げることができる（第1章「骨格筋の機能解剖学」における解剖学的考察を参照）。例えば大腿直筋の中央腱の断裂などである（Orchard et al. 2005）。

　筋束断裂の原因は、主に能動的な収縮時に同時に起こる筋組織の縦方向への弾性限界を超えた伸張である。また完治していない「いわゆる肉離れ」や筋線維断裂も、さらなる負荷により筋束断裂に発展することもある。筋膜が同時に損傷するため、筋内に内出血も発生する。初期治療における冷却や圧迫の有無などにより、出血量は変動的である。内出血は、通常は断裂部の遠位に見られるが、体位などによっては近位に現れることもある。

> **Caution**
> ハムストリングスの大規模な負傷、とりわけ坐骨神経に近い位置での損傷では、特異的な症状が発症することがある。坐骨神経が機械的に刺激され、受傷者はハムストリングスに突発的なけいれん性の痛みを受ける。この痛みはふくらはぎの筋組織にまで広がることがある。このような激しい症状が現れた場合、実際の筋損傷が過大評価されてしまうこともある（図6.4）。

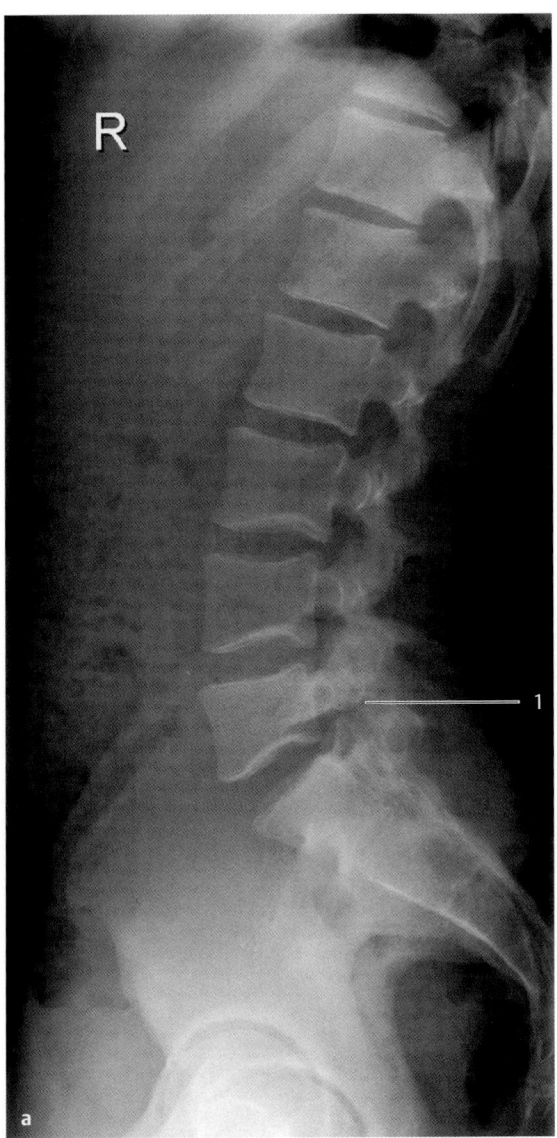

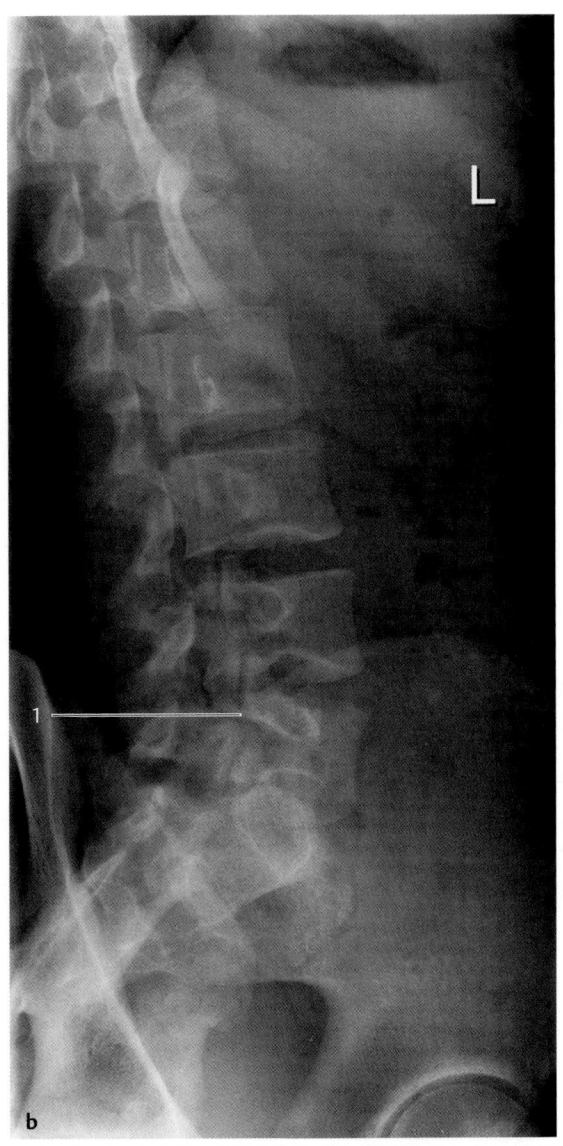

筋損傷の識別と分類

図 6.3a、b　**腰椎と筋障害の関係：ブンデスリーガでプレーする28歳のプロサッカー選手におけるハムストリングスの再発性筋線維断裂**　腰椎の診察時に顕著な可動性が確認されたため、腰部の既往歴には異常がないにもかかわらず、レントゲン撮影が行われた。撮影は側方（a）と45度（b：ここでは斜めからの撮影画像のうち1枚だけを提示）の角度から行われたが、そのなかで脊椎すべり症を伴わない両側性の脊椎分離症（1）が確認された（第12章「筋機能障害および筋損傷時における脊柱の役割」を参照）。腰部の浸潤療法と腰椎の安定化エクササイズ（Core-Exercise）を用いた治療により、筋の問題は解消した。その後この選手は1年以上問題や再発なしにブンデスリーガでプレーを続けている。

147

6. 筋損傷の識別と新しい分類

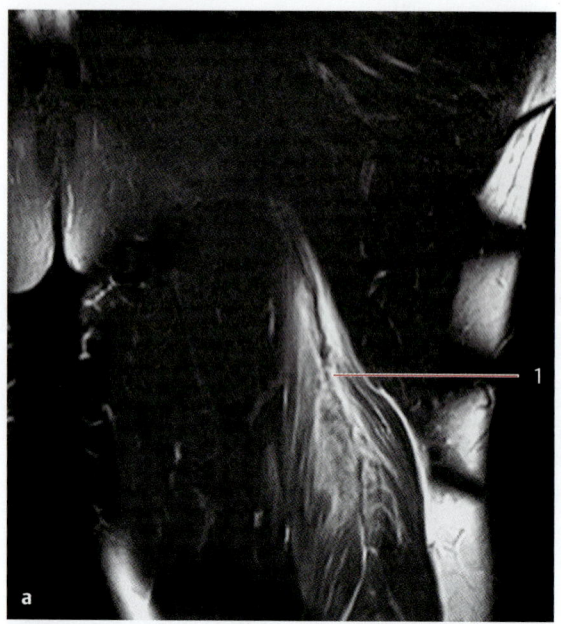

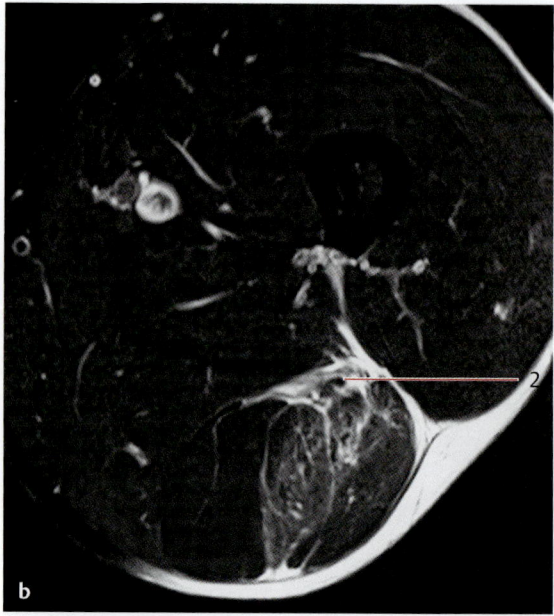

図6.4a、b　イタリア・セリエAでプレーする33歳のプロサッカー選手における大腿二頭筋の筋束断裂（1）と、それに伴う坐骨神経（2）を覆う内出血

　腓腹筋遠位の筋束断裂は、テニスのサーブ後などのジャンプからの着地、あるいは横方向へのダッシュや背走時にかかる遠心性の負荷により断裂が生じることが多いため「テニス脚」と呼ばれている（Lohrer 2007）。特にリスクが高いのは、遠位内側の筋腱移行部である。これはアキレス腱の断裂とは区別されなければならない。

■ 筋断裂・腱裂離（Ⅳ型損傷）

　筋全体で本来の連続性が破壊された場合は、筋断裂と呼ぶ。筋断裂は通常筋腱移行部に発生する。ただしこれは筋束断裂と比較して極めてまれな傷害である。臨床的には、ここでも筋間にかなりの規模の内出血が見られ、早い時期に外側からも見えるようになる。

　筋腱移行部の完全断裂よりも頻繁に見られるのは腱剥離である。筋の近位への退縮を伴う半腱様筋の遠位腱の剥離などがその例である（図6.5：そのほかの図については第7章「超音波診断」と第8章「MRI撮影」を参照）。この種の損傷もしばしば「筋断裂」と呼ばれるが、ここでは筋自体は損傷していないため、この呼び方は誤りである。スポーツの世界では、腱付着部へのコルチコステロイドの局所注入や、タンパク質同化剤のようなパワー増強剤の服用により腱剥離が発生する場合がある。このような薬品の使用により、筋の力と腱の耐久力に不均衡が生じるからである。

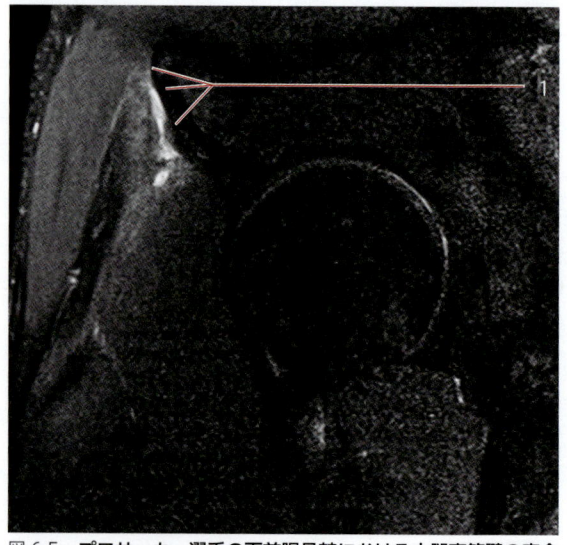

図6.5　プロサッカー選手の下前腸骨棘における大腿直筋腱の完全剥離　手術で治療。1＝剥離部位

3 既往歴

医療全般において一般的なことであるが、この分野においても意図的な既往歴や負傷の発生した時の状況の問診検査が、正しい診断につながることが多い（表6.1）。ここでは数多くの質問が重要となる：

- 負傷が発生したのはいつか。
- 受傷した時、どのような感覚があったか。
- 受傷時に、衝突など、他人との接触があったか。
- 刺すような痛みがあったか。それは針のようなものであったか、ナイフで刺すような痛みであったか。
- 数歩動くことにより生じたけいれんのような痛みであったか、それとも痛みは即座に感じられたか。
- あるいは、引っ張るような痛みであったか。
- 一点だけが痛むのか、それとも筋全体が痛むのか。
- 受傷後、転倒したか、それとも走り続けることができたか。あるいはプレーの続行を試みることができたか。
- 筋疲労の兆候はあったか。
- ウォーミングアップの際、筋は普段通り伸ばすことができたか、それともいつもより時間がかかったか。
- 受傷前、脚は重かったか。
- 不慣れな、あるいは初めてのフィールド（床）上でトレーニングをしたか（固いフィールドや凍った地面など）。
- シューズは交換したか。シューズの中敷きは使用したか。
- 新しいトレーニングを行ったか（よくトレーニングされた敏感な筋では負傷リスクが高まる）。
- トレーナーの交代があったか。
- 過去数日間のトレーニング量はどうであったか。
- どの程度の間隔で何試合出場したか。
- トレーニング中の休憩は十分であったか。
- 過去に隣接する関節や運動系において、筋や腱の負傷を受けたことがあるか。
- 脊椎に異常はないか。
- 感染症にかかっていないか。
- 感染パラメータや尿酸値などのデータに異常はないか。

筋損傷の新分類法をまとめた表を見ても分かるように、これらの質問の多くは、初期識別を行うのに不可欠である。これと合わせて臨床調査や機械を用いた検査を行うことで、確実な診断が可能となり、適切な治療法が決定される。

4 筋損傷の診察

〈1〉診察技術

■ 触診

実際、骨格筋の診察にはある程度の経験と豊かな感受性、および直感力が必要とされる。当然、日常的にトップアスリートの筋を診断やマッサージするために「手にしている」理学療法士やチームドクターは、より早く集中的に筋障害の評価をマスターすることができるに違いない。

筋損傷の触診をマスターすることは心音の聴診術を学習することと似ていると考えることができるだろう。経験のない医師は始めのうち、心音をうまく捕捉できないが、次第に大きな心音を、そして経験を積むうちに静かな（例えば6分の1の）心音を捕捉できるようになる。筋損傷においても同様である。始めのうちは目立った筋束の構造破壊を感知する程度であっても、次第に筋組織間の緊張度の変化や小規模な組織障害が分かるようになり、最終的には微小な液体の集まりを感じ取れるようになる。触診能力の習得に関するもう1つの分かりやすい例えは、点字の学習である。点字もまた指で感じ取られる必要がある構造体であるが、これも素人にはそこから意味をくみ取るには小さすぎ、また非常に複雑でもあるものの代表例である。

診察を開始するにあたり、患者は患部の筋が軽度に緊張するような体勢をとるのが好ましい。そして、次の触診過程において、膝を曲げるなどして筋を弛緩させる（図6.6）。ここでは、膝蓋腱反射が大腿直筋の診察の際には軽度の筋伸張を引き起こし、ハムストリングスの診察では筋を弛緩させる働きがあることを理解しておく必要がある。

では、入念な触診により一体どのような情報を得る必要があるのであろうか。診察者はまず、負傷していない対側の筋トーヌスを詳細に把握することに努める。これにより、人それぞれ大きな違いを示す個人的な生理的緊張度が理解できる。

6. 筋損傷の識別と新しい分類

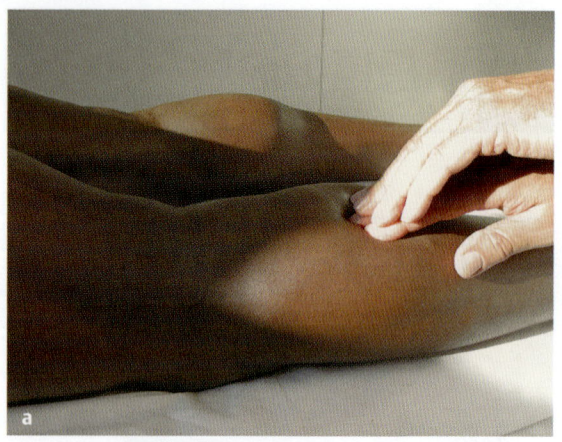

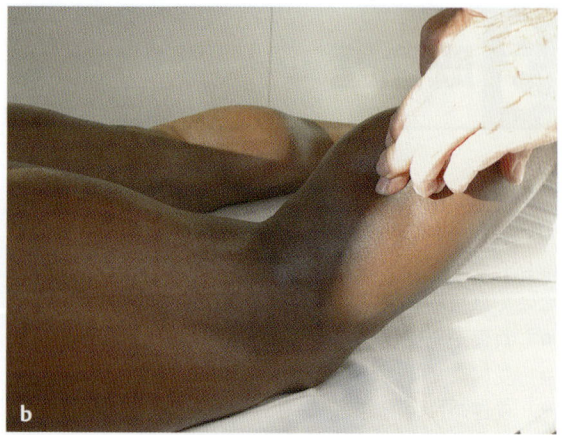

図 6.6a、b　**筋組織の触診**　膝蓋腱反射が大腿直筋の検査の際には筋伸張を、ハムストリングスの検査の際には筋弛緩を引き起こすことに注意。
a　まず軽く緊張した筋の検査から始める。
b　2巡目は弛緩した筋に対して触診を行う。

MEMO
スポーツ選手の生理的筋トーヌスは極めて個人的なものであり、トレーニング量やスポーツの種類（スプリンター、ハードル走者、サッカー選手など）、あるいはそのほかの要素によってさまざまである。左右が非対称な場合もある。

その後、患者が示す受傷部位に繰り返し手を走らせる。この際、触診する領域は少し大きめにとる。皮膚、皮下組織、筋膜、そして筋組織の印象を感じ取る。そして、熱を感じ取る。熱を知覚することにより、帯のように短くなり、周囲の筋組織に比べトーヌスが高まっている部位を探し出す。基本的にこの部位に損傷が発生している。損傷があるにもかかわらずトーヌスが正常であることはほとんどない。

図 6.7　**触診の方法**　中程度の圧力で、皮膚を連れて行くように触診を行う。指先を筋の近位から遠位へ、そして再び近位へと移動させる。さらに線維の走行方向を横切るように触診する。

HINT
損傷している筋部位は通常、帯のような形に短縮し、トーヌスが高まっている。

既往歴の調査および特に触診の際には、痛みに対する感受性は選手によって個人差があること、そしてよくトレーニングされた力強い筋ほど小さな線維断裂は代償される傾向にあることを理解しておく必要がある。

触診では中程度の力（強すぎず弱すぎず）を加え、皮膚を連れて行くような感覚で、指先を筋上にスライドさせる（図6.7）。周囲に比べ高い緊張を示す患部筋束上では、近位から遠位へそして再び近位へ触診し、これを繰り返すことにより受傷部位を探す。また線維の走行方向を横切るように手を走らせることもある。診察者は受傷部位を触診で発見し、これを解剖学的に識別する必要がある。同時に患者にも気を配り、触診に対し体や声でどのような反応を見せるかを観察しなければならない。

MEMO
よくトレーニングされた筋は線維断裂の影響を埋め合わせることができる。

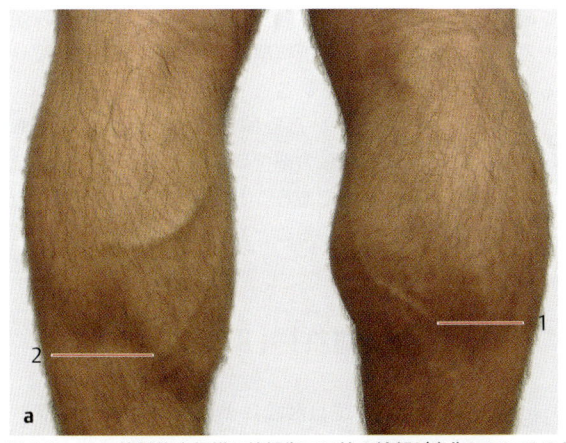

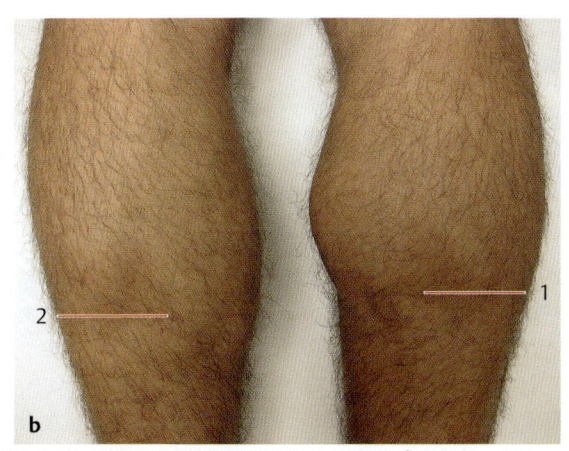

図 6.8a、b　**比較的大規模な筋損傷では筋の輪郭が変化しているのが目視できる**　写真例は腓腹筋内側頭の剥離を持つプロサッカー選手。
1 ＝剥離した腓腹筋の内側頭、2 ＝対側の正常な付着部
a　弛緩状態
b　ふくらはぎの収縮時

HINT

触診の流れとしては、まず左右の比較に始まる。始めは弛緩した、その後軽く緊張した筋組織を近位から遠位そして近位へと移動する。また線維の走行方向に対して横断することも忘れない。

ただ単に押圧を加えるだけでは不十分である。患者の解剖学的な特徴を理解するためにも、この触診過程は時間の制約なしに、落ち着いて実行する必要がある。

経験に富む医師は、触診により得た所見を、過去に同様の負傷を診察した時に得た典型的な所見の記憶と照らし合わせることで、診察を迅速化することができる。

臨床調査では、運動領域全体の受動的および能動的機能診断を行うのが好ましい。医師は患者に、例えば両側の筋組織を緊張させるように指示を出すことで、筋の輪郭の違いを見て取ることができる（図6.8）。該当筋の慎重な受動的伸張により、筋線維断裂の「いわゆる肉離れ」からの識別が容易になることもある。筋線維断裂では伸張が痛みを伴うが、「いわゆる肉離れ」では逆にむしろ痛みの緩和につながるからである。

MEMO

受動的な伸張は筋線維断裂では痛みを伴うが、「いわゆる肉離れ」では伴わない。

■ 超音波診断

触診に加えて行う超音波診断も有益である（第7章「超音波診断」も参照）。その成否は当然、使用機器の品質と検査員の経験にかかっている。もちろん臨床検査、特に触診の代わりには決してならないが、超音波検査は損傷の貴重な画像化手段であり、軽傷と重傷の識別や血腫の有無や場所の確認に役立つ。また、経過の記録手段として利用することもできる。

■ MRI撮影

近年、MRI（第8章「MRI撮影」を参照）が利用されることが増えてきている。しかし、筋線維断裂などの小規模損傷の詳細な画像化にはまだ適していないと思われる。画像自身が不鮮明なことが多く、また実際の損傷が浮腫や内出血などの広がりにより隠されてしまうことも多い。

■ 検査室診断

筋損傷の評価において、検査パラメータはさほど大きな意味を持たない。スポーツ選手の場合、例えばトレーニング後にはほぼ常にクレアチンキナーゼとミオグロビンの値が上昇している。クレアチンキナーゼは数1000 U／lにまで上昇することがある。

MEMO

化学検査パラメータは、筋損傷の評価にはあまり役に立たない。通常、クレアチンキナーゼとミオグロビンはトレーニングにより増加する。

■ まとめ

機械的な検査では、筋の緊張度や機能障害を呈する筋の凝着などを評価することができない。したがって経験に富む医師による触診のほうが一般的に明確に優れている。また、触診法は、負傷した選手がプレー続行可能であるかを医学的に判断するために、医者がフィールド脇やロッカールームでも利用できる唯一の「手道具」である。

負傷者の早急な回復が極めて重要なプロスポーツで、経過のコントロールにおいて特に触診法が非常に重要な位置を占めることは何度も証明されている。触診法だけが、筋のトーヌスや状態、潜在的な癒着などを検出することができる。機械を用いた診断ではこれらは不可能である。超音波検査やMRIは運動能力の評価において補助的な役割を果たすことができるが、触診に取って代わることはできない。

〈2〉診察所見

以下では、個別の筋損傷の所見を可能な限り詳細に記述する。

■ 筋硬化（I型損傷）

● 疲労性筋硬化（Ia型損傷）

左右の筋の比較により、緊張度の強い筋部位が発見される。筋硬化は通常、筋の全長にわたる。鈍い痛みが広範囲に感じられ、伸ばそうとすると、防御反応が現れる。

神経性の筋硬化とは異なり、激しいトレーニングなどを原因とする疲労による筋硬化では、浮腫が発生することはない。このような筋硬化は「乾燥している」と見なされる。選手自身が筋硬化を知覚するのはほとんどの場合、発生の翌日以降である。

● 神経性筋硬化（Ib型損傷）

神経性の筋硬化は、疲労性の筋硬化とは明確に区別されなければならない。患部の筋はその全体において過緊張を示し（左右の比較！）、浮腫性のみみずばれのようなものが筋と筋膜の間に走る。これは超音波検査によって確認されることもある。触診の際、圧迫すると痛みが走る。伸ばそうとすると抵抗感があり、防御反応が現れる。皮膚が過敏になっていることもある。

腰椎と仙腸関節あるいは股関節の検査が不可欠である。障害の原因はこれらの部位にある。強直や機能不全などの髄節の機能障害であることもあれば、椎間板ヘルニアなどの構造障害であることもある。

■ 「いわゆる肉離れ」（II型損傷）

「いわゆる肉離れ」では触診により、10-20cmの長さを持つ紡錘形に凝縮し、浮腫によりむくんだ部位が主に筋腹に確認できる。組織自体に損傷は見受けられない。線維の断裂や血腫、痛みの中心といったものは見つけられない。治療時に伸ばしても、患者は抵抗することがなく、さらに痛みが緩和することもある。

> **臨床例**
>
> ここに「いわゆる肉離れ」を誤診した具体例を紹介する。ある国際試合のハーフタイム、触診と機能テストによりある選手が「いわゆる肉離れ」と診断された。そして即座に筋リリース法（Muscle Release）、ストレイン・カウンターストレイン法（Strain-Conterstrain）、およびスプレー・アンド・ストレッチ法（Spray and Stretch）などの治療が開始された。これにより症状の改善が見られた。その後、浸潤療法が開始された。軟膏包帯が巻かれ、選手には投薬が行われた（非ステロイド性抗リウマチ薬やそのほかの鎮痛剤は使用されなかった）。
>
> 選手が所属するチームには、治療状況が書面で通達された。次の日、チームドクターがMRI検査を実行した。その結果、筋束断裂であると判断された。選手には、数週間の静養が言い渡された。この判断の根拠は、MRI画像に液体の集まりが見られ、これが血腫あるいは浮腫と誤って解釈されたことにあった。実際は、この液体は前日に注入されたものであった。MRIでは筋組織の画像の解像度が低く不鮮明である。にもかかわらず、液体の集まりが筋束断裂と診断する唯一の基準とされてしまったのである。
>
> もちろん、治癒経過は順調で、選手は数日後にトレーニングに参加し、9日後には公式戦に出場することができた。この経過により、MRIをもとにした診断が誤りであったことが証明された。

筋線維断裂（Ⅲa型損傷）

筋線維断裂は、主に筋腱移行部付近に発生する。ここでは過緊張を示す筋内に、線維の連続性の途絶が確認できる。その大きさはさまざまであるが、どれも数ミリメートルの範囲である。

受傷直後、断裂部位はわずかな血液で満たされているだけであるが、しばらくすると内出血が増え筋のすき間にたまる。そのため触診が困難になる。したがって、筋線維断裂の診断は受傷直後が最も容易である。後に行われる重傷度の評価にとって、初期治療が大きな影響を与える。なぜなら初期治療を受けていない場合に比べて、理想的な初期治療（圧迫と冷却）を受けた筋線維断裂の治療は明らかに容易になるからである。

線維断裂は押すと痛みがある。ただし、患者が示す痛みの中心は、必ずしも断裂部位と一致しない。「いわゆる肉離れ」とは異なり、患部筋を伸ばそうとすると、患者選手は抵抗する。

受傷の数時間後、受傷部にはれを伴う炎症反応が現れ、数日間続く。患部筋における断裂部位の前後部分では、その後数時間から数日間、トーヌスが非常に高まることが多い。これは断裂部を守ろうとする防御メカニズムである（保護的けいれん）。つまり触診では、このような周囲筋に比べ高いトーヌスを示す帯状に短縮した筋部位を探すことを目的とすればよい。基本的にこのような部位に損傷が発生している。

筋束および筋断裂（Ⅲb型損傷とⅣ型損傷）

筋束断裂と筋断裂は主に筋腱移行部に発生する。ただし筋断裂の発生率は極めて低い。腱剥離も頻繁に筋断裂と呼ばれるが、これは誤りである。腱剥離では筋組織に損傷はない。

筋束断裂では、診断により圧痛点が確認できる。筋組織の断裂部は１ｃｍ以上の大きさになることもあり、触診で明らかにそれと分かる。筋膜も損傷している場合には筋間にすぐに内出血が広がる。筋膜が破損していない場合には内出血は筋内のみに発生する。その予後は、受傷部位の内出血の状態と初期治療により大きく左右される。

また、患部を動かすと痛みが走り、軽く伸ばすだけでも症状は悪化する。さらに、重度の機能不全と、受傷部位における大規模な内出血が確認できる。筋の部分断裂では筋の輪郭が変わることがあり、左右比較で見つけることができる（図6.9）。

比較的大規模で、かつ看過された筋損傷を触診すると、断裂部の前後が極めて硬くなっていることが多い。鈍化が確認され、完全に硬化している場合もある。水腫が触診されることもある。このような看過された損傷は、ベストなコンディションで健康管理を受けるとされるトップアスリートにおいても発見することができる（図6.10）。

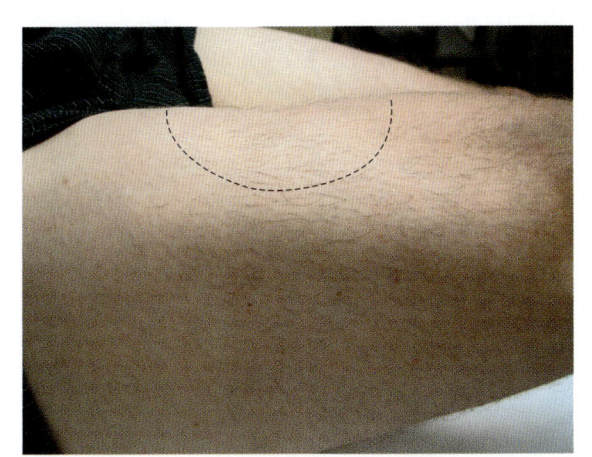

図6.9 アマチュアサッカー選手における大腿直筋の部分断裂　横から見ると筋の輪郭がへこんでいることがよく分かる（点線部）。

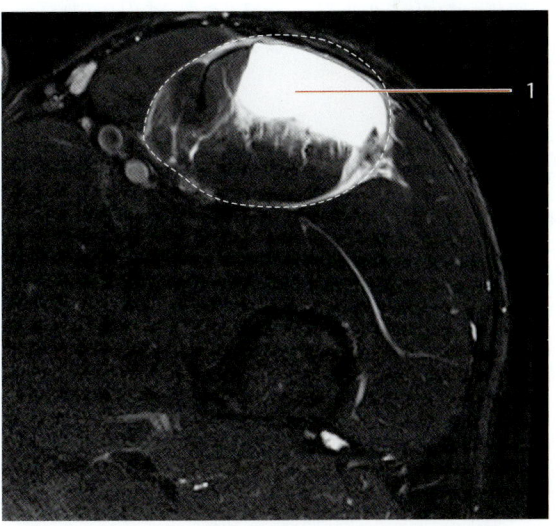

図6.10 プロサッカー選手の大腿直筋における体規模な水腫
この選手はこの負傷にもかかわらずチームのメディカルスタッフからトレーニングへの参加を許可されていた。
1＝水腫；点線部＝大腿直筋の境界

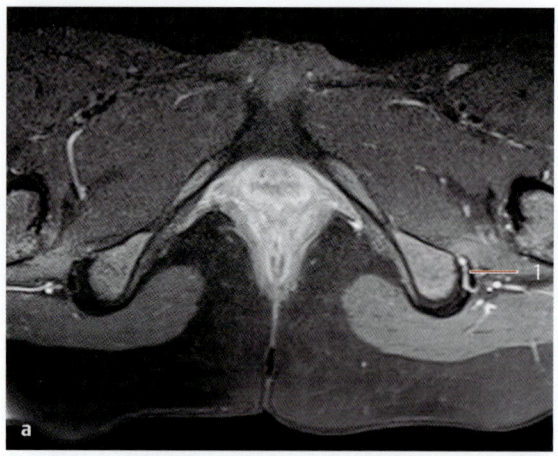

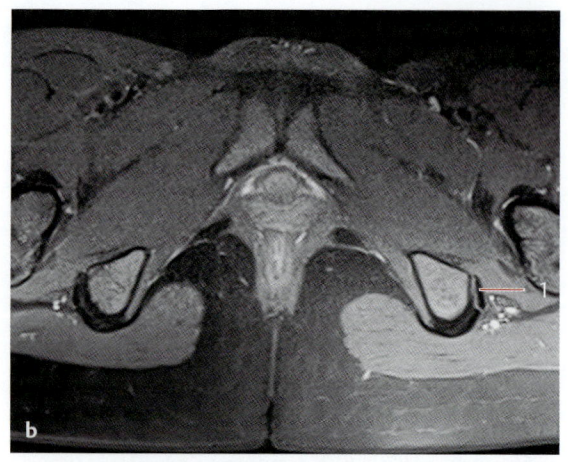

図6.11a、b　**22歳のプロダンサーにおける腱鞘炎を伴う坐骨結節半膜様筋腱の部分剥離（1）**　半腱様筋と大腿二頭筋の腱起始部は正常。
a　違う医師による12週間にわたる成果の出ない治療後の初診における初回MRI。
b　8週間の適切な治療後のMRI。治療には、トーヌスの軽減を目的とした坐骨結節と周辺筋への浸潤療法と物理療法が用いられた。またハムストリングスのストレッチは禁止された。この写真では腱と結節の距離が明確に縮まっているのが分かる（1）。その距離は3.6 mmから1.6 mmにまで近づいたが、正常所見にはまだ至っていない。

腱剥離のケースでは、損傷部位に局部的な痛みが生じる。例えばハムストリングスの近位における腱剥離では坐骨結節付近に痛みが出る。腱の先に触診で触れることができることもある。筋は弛緩している。機能テストでは、筋は収縮することはできるが、その力を腱を通じて開放することができない。そのため関節を動かすことはできない、あるいはその動きは非常に弱いものとなる。

> **HINT**
> 坐骨結節部におけるハムストリングス近位の腱剥離は、そのほとんどが部分剥離である。そのため保存療法による治療が可能である（図6.11）。

〈3〉そのほかの筋損傷と原因

■ 筋挫傷

筋挫傷とは直接的な衝突に起因する外傷であり、サッカー、ハンドボール、アイスホッケーなどでよく見られる。損傷の規模は、打撲時の力の強さや筋の収縮状態、あるいはそのほかの要因に左右される（Beiner & Jokl 2001）。挫傷は主に外側に位置する大腿直筋に発生するが、骨に隣接する中間広筋も、衝突の際には逃げる場所がないため、挫傷を負うことが多い（図は第7章「超音波診断」と第8章「MRI撮影」を参照）。

筋挫傷に対しても触診が最も簡単、迅速、かつ正確な診断法である。近年、超音波診断や、まれではあるがMRIといった機械的な方法が、主に傷害の規模を判断するために用いられるようになってきてはいるが、やはりいまだに臨床診察が負傷の評価にとって最も重要である（Beiner & Jokl 2001）。

挫傷では、筋組織の硬化と膨張が見受けられる。この膨張の程度には、負傷の大きさに従い、大小がある。硬化は広範性あるいは限局性の内出血に起因している。挫傷で発生した内出血により、筋線維は押しのけられることはあるが、通常裂けることはない。これが、サッカー選手が比較的重度の挫傷を負ってもプレーを続けることができる理由である。

筋線維が断裂してしまえば、たとえそれが小規模であっても、プレーの続行が不可能となることが多い。

> **MEMO**
> 挫傷による内出血は筋線維を押しのけ圧迫する。しかしこれが線維の断裂につながることはない。

ほとんどの場合、領域全体に痛みが生じる。内出血が大規模になると痛みが極めて強くなることもある。皮下血管が同時に損傷していることも多く、これによる内出血は皮膚上に見ることができる。筋膜下の血腫と筋膜周

囲の血腫を区別する必要がある。限局性の血腫は穿刺吸引が可能であるが、筋を完全に覆うような大規模な血腫は手術で除去する必要がある。

挫傷後、マッサージなどの治療の開始やトレーニングへの復帰が早すぎると、合併症として骨化性筋炎を発症することがある。内出血している筋が所属する筋の区画にコンパートメント症候群が発症することもある。また、外科手術としての筋膜切開が遅れた場合には、筋壊死が広がることもある。

しかし、治療と血腫の除去が適切に行われた場合には、症状の迅速な改善が期待できる。

■ 機能性コンパートメント症候群

機能性コンパートメント症候群はスポーツの世界ではまれな症状であるが、識別診断というものを論じるにおいて欠かせない存在である。激しいトレーニングや試合が続いた時期による疲労から、まず筋に過緊張が現れる。これが炎症性の組織反応を伴う虚血症状に発展し、最終的には該当筋区画内の筋に浮腫が形成され、これが筋を圧迫し痛みが生じる。これが機能性コンパートメント症候群の発生機序である。

負荷が持続すると、圧力が増し、痛みが強まる。結果、筋は可動性を失う。症状や痛みは次第に増していく。通常、痛みのない歩行は可能であるが、走行すると数メートル後に針で刺すような激しい痛みが生じる。触診では、筋区画の筋組織全体にわたって、浮腫による膨張と硬化が確認できる。

臨床例

2006年サッカーワールドカップの開催直前に発生した、一般にも非常な関心を呼び起こした出来事のこと。過去数日のトレーニングにおいて、ある選手がふくらはぎに異常を訴えた。しかし、治療の末この障害は消えたため、選手は開幕戦に出場できるものと確信していた。一方、医師の立場から見れば、治療はまだ終わっておらず、触診の結果もまだ正常とは言えないものであったため、チームに対してこの選手の出場は避けるべきであるとの判断が通達された。症状憎悪のリスクや試合中の早期交代による不利が問題視されたためである。
結果、2日間の休養後、筋組織の緊張緩和と交感神経の下方調節を目的とした高酵素の投与と腰部に対する浸潤療法を用いた集中的な治療（第11章「筋損傷の保存療法」を参照）や、さらには物理療法が行われ、ようやく完全な状態でのプレーが可能となった。

■ 筋痛

筋痛（英語：Delayed-Onset Muscle Soreness、ドイツ語：Muskelkater；ドイツ語は「カタル（Katarrh）」からの派生）は主にあまりトレーニングされていない筋に発症し、不慣れなブレーキ運動で生じる動的な遠心性収縮に起因している。これがランニングなどに比べ、ストップとダッシュが頻発するスポーツ（スカッシュ、テニス、サッカー、重量挙げ、山下り）などで筋痛の発生率が高まる理由である。したがってアマチュアスポーツでは久しぶりのトレーニングやトレーニング量が変化すると筋痛がよく発生するが、よくトレーニングされたアスリートでは試合などで特に激しい負荷がかからない限り発生することはない。

1980年代の始めまで、筋痛の原因は筋内における乳酸の蓄積だと考えられていた。しかし、特に乳酸血が高まりやすいとされているスポーツ、例えば中距離走などでは筋痛はあまり発生しないことなどから、この理論は誤りであることが証明された。機械による検査技術が向上し、可視化が可能になるにつれ、個別筋原線維内の主にZ板領域におけるサルコメアの破損が筋痛の原因ではないかとする主張が優勢となってきた。1983年にこのことは電子顕微鏡を通じて初めて確認された（Fridén et al. 1983）。過去約10年間、数多くの研究が、微小損傷が筋痛の原因であるとするこの説を支持している（Böning 2002）。

負荷の後、筋痛が始まるのは少なくとも数時間後である。痛みのきっかけはおそらく破損した線維構造の分解や自己分解などの二次反応と二次的な浮腫形成であると考えられる。痛覚神経終末は細胞外の結合組織にあるため、筋原線維の一次損傷自体は痛みを伴わない。

マラソンなどに見られるような長時間にわたる集中的な代謝による特殊な筋痛も議論を呼んでいる。このようなケースでは白血球の遊走を伴う炎症性の反応が証明されている（Böning 2002）。

硬直し、力のない筋を特徴とし、動かしたり押したりすると痛む。隣接する関節の可動域にも悪影響を及ぼす。痛みは1日から3日後に最大となる。特に等尺性収縮により痛みが激しくなる。

筋痛の痛みを緩和するには、血行を促進する穏やかな処置を施す。大きな力を必要としない軽いトレーニング（自転車や水中での体操など）、慎重な受動的伸張と温熱治療（サウナ）などであり、必要に応じて非ステロイド性抗炎症剤を投与するのもよい。

筋痛は普通数日から1週間程度で自然に回復する。筋機能を改善するには入念なウォーミングアップ、ストレッチとマッサージを施し、加えて抗酸化剤、酵素、マ

6. 筋損傷の識別と新しい分類

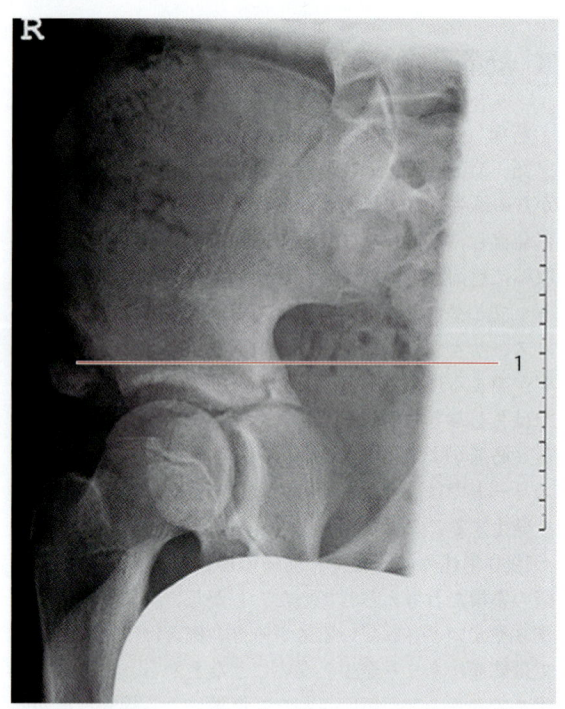

図6.12　14歳のユースサッカー選手に見る大腿直筋の下前腸骨棘における剥離骨折（1）

グネシウム、亜鉛、塩基性ミネラルやカルニチンを服用する。ただし後者に関しては、その効果はまだ証明されていない（McHugh 1999）。

数週間の間、同様の負荷により筋痛を誘発することはできない（Mair et al. 1995）。治癒すれば、その痕跡が残ることもない（Böning 2002）。

筋痛は疲労性の筋硬化と区別する必要がある（表6.1）。

■ 剥離骨折

若年者では特に骨盤部において剥離骨折が発生することがある。次第に増大する筋力と骨突起軟骨部の抗張力との不均衡が、その原因である（Best 1995, Wolff 2007）。

ここでもまた入念な触診を含む臨床診察が最重要課題である。さらに超音波検査あるいはMRIなどの従来の画像診断法も付加的な診断法として活用できる。

縫工筋と大腿筋膜張筋の起始部となる上前腸骨棘、あるいは大腿直筋の起始部となる下前腸骨棘が最も剥離骨折が起こりやすい部位である（図6.12）。

剥離骨折は基本的に保存療法が可能である。ただし、スポーツは長期間避ける必要がある。その期間は12週間にまで及ぶことがある。

■ その他

骨格筋の障害は、医療全般において最もよく見られる症状の1つである。その原因は多岐にわたり、識別診断は困難であることが多い。非外傷性障害の識別診断に関する包括的な概観は第9章「筋の痛みの識別診断」にまとめた。

5 合併症

〈1〉ストレス後症候群

ある筋に対する長時間に及ぶ負荷により、その筋と同じ筋群において隣接する筋部位にもトーヌスの上昇あるいは異常が発生する。この隣接筋もまた損傷にまで至ることがある。

〈2〉再断裂／再発

筋線維や筋束の断裂後、早すぎる段階で運動を再開した場合、患部の再断裂や断裂部の拡大が生じる可能性がある。再断裂はほとんどの場合、最初の断裂よりも規模が大きくなり、治癒により時間がかかる（Best 1995）。

〈3〉水腫と嚢胞

断裂の規模が大きい場合、水腫が生じることがある。これはしばらくの間、臨床上不顕性であることもある。筋内嚢胞が大規模な傷害後に発生する可能性もある。嚢胞はカプセル状の包皮に包まれているのが水腫との違いである（図は第7章「超音波診断」と第8章「MRI撮影」を参照）。

⟨4⟩ 線維化／瘢痕

　限局性あるいは広範性の血腫はその後結合組織の浸潤により線維に変性することがある。これが筋内あるいは筋間に線維性瘢痕を形成する。その大きさは大小さまざまである。この瘢痕がまだ安定していない時期に、負荷を与えると裂けてしまう。治癒が進み瘢痕が安定した場合、これは伸縮性がなく硬いしこりとして触知することができる。これが筋内にある場合、その部位の前後部分にあたる正常な筋組織が、失われた伸縮性を肩代わりする必要がある。そのためこの部分で新たな断裂が生じることはまれではない（第7章「超音波診断」と第8章「MRI撮影」を参照）。

⟨5⟩ 外傷性コンパートメント症候群

　挫傷により筋膜には損傷がないが激しい内出血が生じた場合、外傷性コンパートメント症候群に発展する可能性が高い。筋膜に覆われた筋区画における内出血による内圧の上昇がその原因である。主な発症部位は下腿であり、大腿部ではあまり発生しない。腕に発生することは非常にまれである。内圧の上昇により（微小）循環に障害をきたし、神経と筋組織に一過性の、あるいは場合によっては持続的な機能損失が現れる。最終的には壊死による組織破壊にまで発展することもある。最初に現れる重要な症状は神経血管障害ではなく、我慢できないほどの痛みである。外傷性のコンパートメント症候群ではほとんどの場合、患部筋区画の切開が不可避であり、これはできるだけ早く実行する必要がある。

　一方、筋束断裂でも内出血が多量に発生することがあるが、この場合は筋膜も破損しているため、血液が筋区画から流出することができる。そのため組織はさほど圧迫されないで済む。

⟨6⟩ 骨化性筋炎と異所性骨化

　骨外の石灰化または骨化あるいは異所性骨化は、以前損傷したことがあるほぼすべての部位に発生する可能性がある。骨化性筋炎は筋内の症状であり、例えば内出血量の多い挫傷などの後に発生する。特に早すぎる段階でマッサージが施された場合がそうである。

　画像により、受傷後7日から10日で最初の石灰のかたまりの陰が確認できる（Wolff 2007）。高エコーな構造体が現れ（第7章「超音波診断」と第8章「MRI撮影」を参照）、これが後に海綿状と皮質状の部分を持った異所性の骨物質を形成する。MRI検査では石灰化は見逃されることが多い。

　治療はその症状に合わせて行う。筋組織の機能障害や関節の可動制限を伴う広範囲な骨化では、手術による摘出が必要となる（図6.13）。予防法としては非ステロイド性抗炎症剤（インドメタシンなど）の投与や抗炎症性の放射線治療がある。

⟨7⟩ 筋ヘルニア

　大規模な筋損傷に起因する筋膜の破損部位から筋組織が突出し、外からも見て取れる「腫脹」を引き起こすことがある。トレーニングを続けると、痛みが生じ、腫脹が大きくなり、筋機能が失われる。症状が重い場合、手術により筋膜を閉じる。ただし、筋膜の閉鎖によりコンパートメント内に不要な圧力が生じると考えられる場合には、筋膜切開術による筋膜破損部の拡大が必要となる。

6. 筋損傷の識別と新しい分類

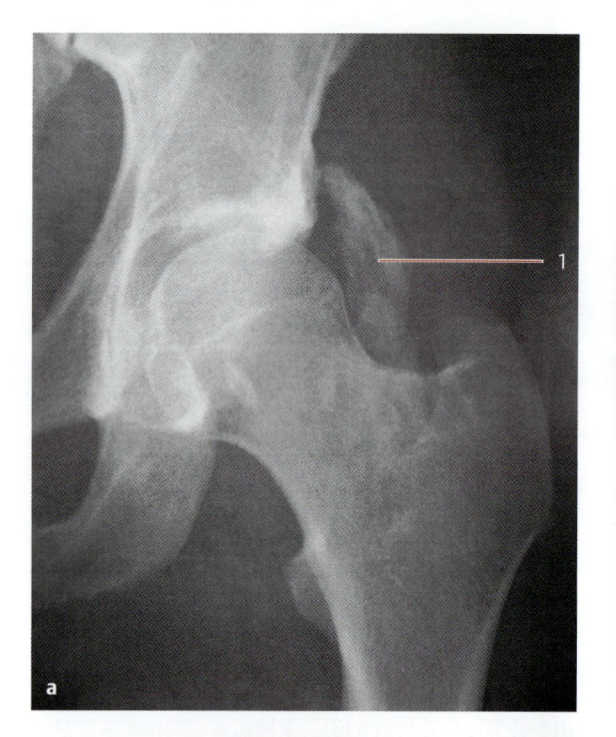

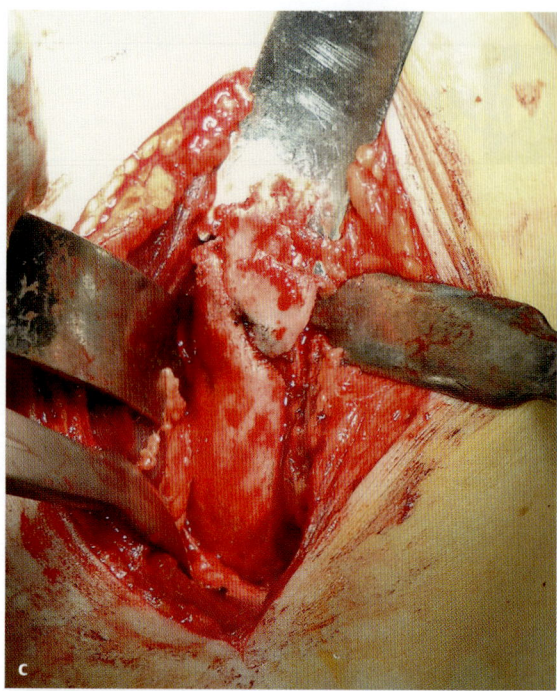

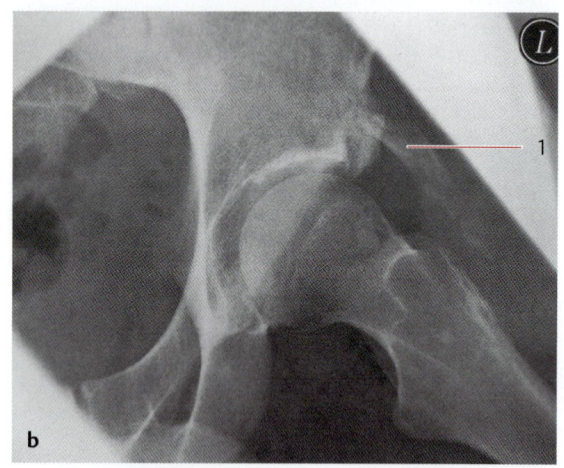

図 6.13a-d　**40 歳の余暇スポーツマンにおける看過された古い大腿直筋起始腱の剥離損傷から発した異所性骨化**　骨化片により腰の屈折が 95 度に、内旋が 0 度に制限されていた（写真 c と d は M. Dienst 博士の提供）。

a、b 前方から（a）と軸位から（b）のレントゲン画像。1 = 骨化片

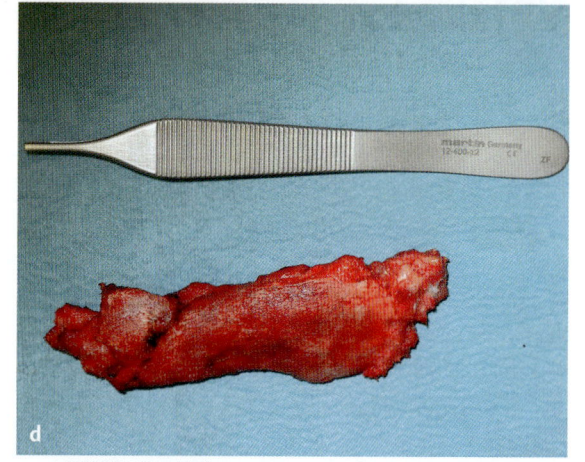

c 大腿筋膜張筋の筋膜におけるスミスピーターセン切開法による前方からのアプローチ。外側大腿皮神経を痛めることがないようこの方法を選択した。切除した骨化片は起始部からアーチ状に横方向の関節包にまで伸びていたが、筋を傷つけることはなかった。

d 主要切除片の大きさ：10 cm × 4 cm × 3 cm。触れた感じは皮質骨に似ている。

参考文献

Beiner JM, Jokl P. Muscle contusion injuries: current treatment options. J Am Acad Orthop Surg2001; 9: 227-237

Best TM. Muscle-tendon injuries in young athletes. Clin Sports Med 1995; 14: 669-686

Best TM. Soft-tissue injuries and muscle tears. Clin Sports Med. 1997; 16: 419-434

Best TM, Hunter KD. Muscle injury and repair. Phys Med Rehabil Clin N Am 2000; 11: 251-266

Best TM. Commentary to: Lumbar spine region pathology and hamstring and calf injuries in athletes: Is there a connection? Br J Sports Med 2004; 38: 504

Bischoff M. Verletzungen von Muskeln und Faszien. In: Bischoff HP, Heisel J, Locher H, Hrsg. Praxis der konservativen Orthopädie. Stuttgart: Thieme; 2007; 388-390

Böning D. Muskelkater. Dtsch Ärztebl 2002; 99: A 372-375

Bryan Dixon J. Gastrocnemius vs. soleus strain: how to differentiate and deal with calf muscle injuries. Curr Rev Musculoskelt Med 2009; 2: 74-77

Clanton TO, Coupe KJ. Hamstring strains in athletes: diagnosis and treatment. J Am Acad Orthop Surg 1998; 6: 237-248

Ekstrand J, Hägglund M, Waldén M. Injury incidence and injury patterns in professional football - the UEFA injury study. Br J Sports Med 2009 [Epub ahead of print]

Friden J, Sjöström M, Ekblom B. Myofibrillar damage following intense eccentric exercise in man. Int J Sports Med 1983; 4: 170-176

Garrett WE Jr. Muscie strain injuries. Am J Sports Med 1996; 24: S2-S8

Hipp EG. Sportverletzungen. In: Hipp EG, Plötz W, Thiemel G. Orthopädie und Traumatologie. Stuttgart: Thieme; 2003: 193

Järvinen TA, Järvinen TL, Kääriäinen M et al. Muscle injuries: biology and treatment. Am J Sports Med 2005; 33: 745-764

Järvinen TA, Järvinen TL, Kääriäinen M et al. Muscle injuries: optimising recovery. Best Pract Res Clin Rheumatol 2007; 21: 317-331

Krämer KL, Maichl FP. Scores, Bewertungsschemata und Klassifikationen in Orthopädie und Traumatologie. Stuttgart: Thieme; 1993

Lohrer H. Muskelverletzungen. In: Dickhuth HH, Mayer F, Röcker K, Berg A, Hrsg. Sportmedizin für Ärzte. Köln: Deutscher Ärzte-Verlag; 2007: 397-398

McHugh M. Can exercise induced muscle damage be avoided? Brit J Sports Med 1999; 33: 377

Mair J, Mayr M, Müller E et al. Rapid adaptation to eccentric exercise-induced muscle damage. Int J Sports Med 1995; 16: 352-356

Müller-Wohlfahrt HW, Montag HJ. Diagnostik und Therapie der so genannten Muskelzerrung, Diagnosis and therapy of „pulled muscle". Deutsche Zeitschrift für Sportmedizin 1985; 11: 246-248

Müller-Wohlfahrt HW, Montag HJ, Kübler U. Diagnostik und Therapie von Muskelzerrungen und Muskelfaserrissen. Deutsche Zeitschrift für Sportmedizin 1992; 3: 120-125

Müller-Wohlfahrt HW. Diagnostik und Therapie von Muskelzerrungen und Muskelfaserrissen. Sportorthopädie - Sporttraumatologie 2001; 17: 17-20

Müller-Wohlfahrt HW. Diagnostik und Therapie von Zerrungen und Muskelfaserrissen im Hochleistungssport. Kompendium des Deutschen Fußball-Bundes. 2006

Noonan TJ, Garrett WE Jr. Muscle strain injury: diagnosis and treatment. J Am Acad Orthop Surg 1999; 7: 262-269

Orchard JW, Farhart P, Leopold C. Lumbar spine region pathology and hamstring and calf injuries in athletes: Is there a connection? Br J Sports Med 2004; 38: 502-504

Orchard JW, Best TM, Verrall GM. Return to play following muscle strains. Clin J Sport Med 2005; 15: 436-441

Orchard JW, Best TM, Müller-Wohlfahrt HW et al. The early management of muscle strains in the elite athlete: best practice in a world with a limited evidence basis. Br J Sports Med 2008 [Epub ahead of print]

Peterson L, Renström P. Verletzungen im Sport. Prävention und Behandlung. Köln: Deutscher Ärzte-Verlag; 2002: 28-40

Schünke M, Schulte E, Schumacher U et al. Prometheus Lernatlas der Anatomie. 2. Aufl. Stuttgart: Thieme; 2007

Schünke M. Persönliche Mitteilung an die Herausgeber. November 2009

Shi X, Garry DJ. Muscle stem cells in development, regeneration, and disease. Genes Dev 2006; 20: 1692-1708

Smigielski R. Muskulatur und Sehnen. In: Engelhardt M, Krüger-Franke M, Pieper HG, Siebert CH, Hrsg. Praxiswissen Halte- und Bewegungsorgane. Sportverletzungen - Sportschäden. Stuttgart: Thieme; 2005: 82

Waldén M, Hägglund M, Ekstrand J. UEFA Champions League study: a prospective study of injuries in professional football during the 2001-2002 season. Br J Sports Med 2005; 39: 542-546

Wolff R. Spezielle Krankheitsbilder im Hüftbereich. In: Dickhuth HH, Mayer F, Röcker K, Berg A, Hrsg. Sportmedizin für Ärzte. Köln: Deutscher Ärzte-Verlag; 2007: 373-375

第7章

超音波診断

L. ヘンゼル
P. ユーベルアッカー
A. ベットホイザー

1. 序論　162
2. 関連物理現象とアーチファクト　162
3. 骨格筋の超音波検査　166
4. 合併症　187

7. 超音波診断

1 序論

近年、骨格筋の超音波検査に対する関心は高まってきているにもかかわらず、骨格筋の画像化に関する専門書はまだほとんど存在していない。超音波診断に関する専門書で、骨格筋が取り扱われることがあっても、そのほとんどが挫傷や大規模な筋損傷に起因する血腫に関する記述である。それ以外の記述は見当たらないため、このテーマに関心のある読者や骨格筋を主な対象とする超音波検査士には欲求不満が募るばかりである。

超音波検査でできることはもっとたくさんある。もちろん筋組織を対象とした超音波技術の解像度には限界があるが、それでも小さな筋損傷でさえ画像化することが可能である。詳細な問診および既往歴調査と臨床診断に加え、比較的容易な画像化により診断が可能である。ただし、ここで忘れてはならないのは骨格筋の超音波診断には時間がかかるということである。一度、プローブをあてるだけでは不十分である。左右の比較と異常の発見のために、入念に2つのレベルにおいてプローブを筋組織にあてる必要がある。

これには落ち着きと、既に述べたように、十分な時間と経験が必要である。このことは、超音波技術も日々向上しているにもかかわらず、次第にMRIに人気を奪われていく理由の1つかもしれない。

整形外科の分野における超音波検査を用いた診断の人気は非常に高く、好んで活用されている（Krappel & Harland 1997）。超音波検査の利点は、その取り扱いが簡単で、常に使用可能で、かつ運用コストも低いことにある。少しの練習で軽傷と重傷が、つまり画像上目立つことのない小さな損傷と内出血を伴う筋束断裂とが、一目で区別できるようになる。経験を積むうちに、MRIによるさらなる検査の必要性や血腫の有無が判断できるようになる。また発見された血腫を、治癒の障害とならないよう、吸引することが可能であるか、または吸引しなければならないかの評価もできるようになる。

また、放射線が用いられないため、超音波検査は何度でも実行可能であり、動的に検査ができる。その欠点としては、検査にかかる時間、技術習得の難しさ、そして特に検査医師に大きく依存する所見の解釈を挙げることができる。ただしこの問題は、一定の基準（表7.1）を設けることにより、ある程度解消することができる。

超音波検査を有意義に活用するには、正常所見の知識が欠かせない。

スポーツの世界で活躍する医師にとって超音波検査はなくてはならない診察手段である。かつてチームドクターといえば、自身の臨床的印象と徒手検査に頼らざるを得なかったものであるが、現在では高性能な携帯型超音波検査器も開発され、ロッカールームでの使用も可能である。

さらに、スマートフォンに接続可能な初の超音波プローブの実現も取りざたされている。これは将来、スポーツ医療における日常的なツールになっているかもしれない。

2 関連物理現象とアーチファクト

超音波診断における分解能は、ほかの画像化技術と比較すると明らかに高い。最大方位分解能は軸分解能（距離分解能）よりもわずかに少ない。その計算式は次のようになる：

$$\frac{音の伝播速度}{周波数} = \frac{1540 m/s}{MHz}$$

これは7.5MHzのプローブを用いた時には軸分解能が0.2mmになることを意味している。

MEMO
7.5MHzプローブの軸分解能は0.2mm、方位分解能は0.4mmで始まる。12MHzプローブを用いるとこの値は半分になるが、侵入深さは減少する。

さまざまな物理的法則が超音波画像に影響する：
- 吸収
- 反射
- 拡散
- 屈折
- 屈曲

日常的な臨床活動において重要なのは最初の3つである。加えて、いくつかのアーチファクトに関する知識も非常に重要となる。筋組織の超音波検査ではアーチファクトが非常に大きな意味を持つことがあるからである（骨化が始まっている時の音響陰影や、液体が増加している組織の下における音響増幅など）。

関連物理現象とアーチファクト

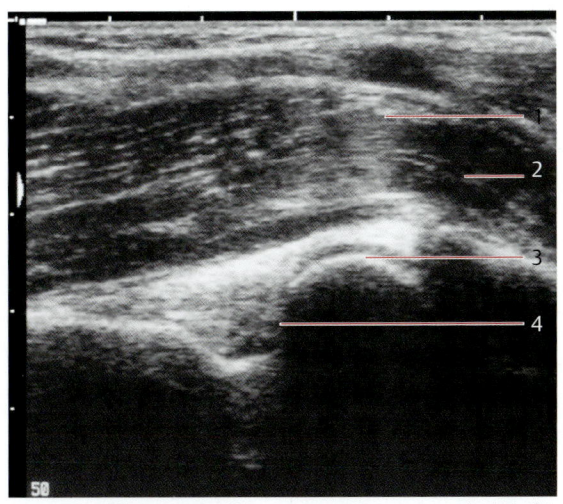

図7.1 上腕筋における反射アーチファクト　ここでは超音波が直角から少しでもずれると、エコー輝度に影響が出る。
1 = 上腕筋、正面から照射
2 = 上腕筋、斜めから照射
3 = 骨表面、正面から照射
4 = 骨表面、斜めから照射

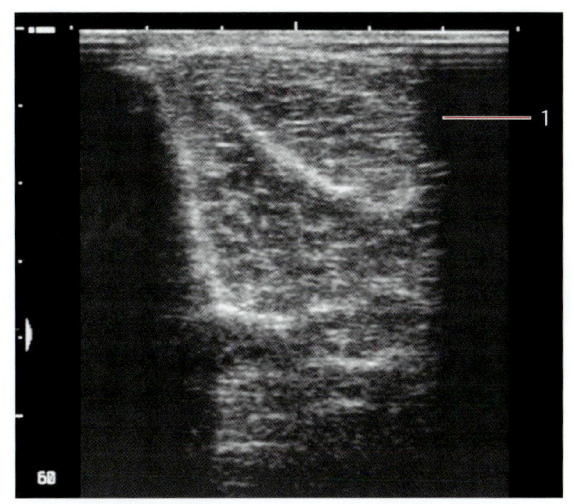

図7.2 画像両端に確認できるプローブと皮膚の間に空気が入ったことによるアーチファクト
1 = プローブと皮膚の間の空気

〈1〉 吸収と減衰

音波が組織を通過する時に吸収され、これが熱に変換される。また反射音波も同様に減衰する。しかし、音圧深度の調節（TGC調節）により深部被写体におけるエコー輝度の損失は補正することができる。

〈2〉 反射と反射アーチファクト

反射したエコー信号を処理したものが超音波画像となる。組織によりその音響抵抗、つまり音響インピーダンスに差がある。異なる組織が隣接し、インピーダンスに差がある境界面で超音波は反射しエコーが生まれる。音響抵抗が高い物質では、超音波の反射率が高くなる。例えば骨では完全反射となり、その背部に音響陰影が発生する。ある構造体に対し超音波が斜めから当てられた場合は、90度の角度から「直角」に当てられて場合に比べ、超音波画像はエコーに乏しくなる（「反射アーチファクト」図7.1）。

〈3〉 拡散

構造体の表面が平滑であればあるほど、超音波の照射角がエコー輝度、つまり画像の明るさに与える影響が大きくなる。表面が粗い場合、常にいくらかの超音波がプローブに反射して帰ってくるからである。つまりこの場合、照射角が理想的な90度を外れていても、帰ってくるエコーが多く、より明るい画像となる。拡散がなければ、丸みを帯びた輪郭の画像化は不可能である。

〈4〉 音響陰影

反射率の高い（石灰、骨、異物など）、あるいは吸収率の高い（空気など）の物質の後方にはエコーに乏しいまたは無エコーの領域が現れ、これは音響陰影と呼ばれている。プローブと皮膚が完全に密着していないと、空気がアーチファクトの原因となり、画像の全長にわたり垂直の黒いスジが走る（図7.2）。基準構造体としての骨からの反射が部分的に弱まることがあるが、これはその上にある組織の（筋変性や骨化性筋炎の発症などによる）

163

7. 超音波診断

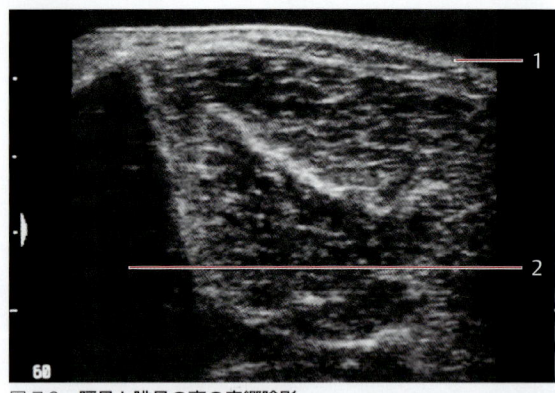

図7.3 脛骨と腓骨の裏の音響陰影
1 = プローブの全長にわたる皮膚
2 = 脛骨に起因する音響陰影

圧縮、濃密化などが原因であると考えられる（図7.3）。

⟨5⟩ 増幅

　水分比率が増加した組織の後方の構造は、近隣構造よりもエコーが強い画像となる。これは水分の多い組織内では周囲の組織に比べ、超音波の吸収率が低くなることと関連している。例えば「基準構造体」としての骨に向けた照射で、突然エコーが強くなった場合、その原因として、プローブと骨の間に浮腫や血腫が生じている可能性が高い。施術者は高エコーな構造に、特に注意しなければならない。

⟨6⟩ 残響

　超音波は強い反射境界面があるとその間を繰り返し反射し（多重反射）、ゲルパッド（プローブと検査対象の距離が近い場合などに使用する中がゲルで満たされたパッド）や膝蓋腱などの構造物の後方に等間隔に繰り返される平行線が現れる。この平行線は深部に向かうにつれ、エコーが弱まる（図7.4）。

⟨7⟩ ミラーアーチファクト

　強い反射体が存在する場合、その後方に鏡に映したような虚像が現れる。これは反射帯に反射した超音波が倍の時間をかけてプローブに帰ってくることに起因している（図7.5）。

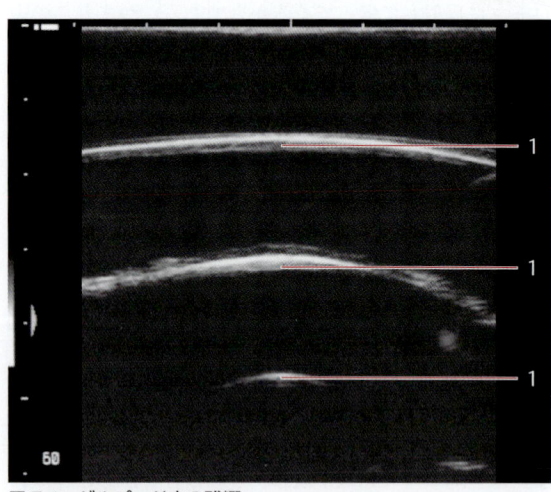

図7.4 ゲルパッド内の残響
1 = 等間隔に並ぶ残響

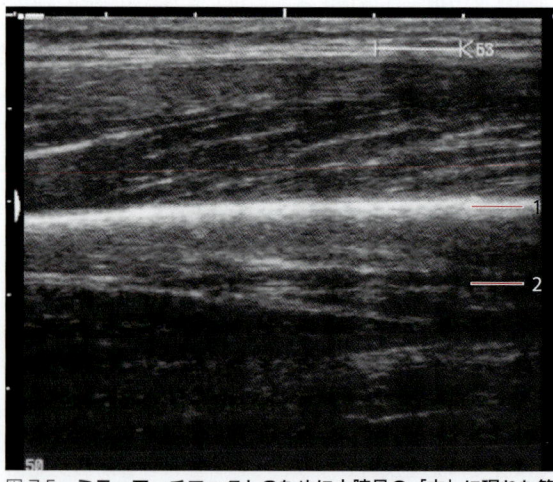

図7.5 ミラーアーチファクトのために上腕骨の「中」に現れた筋組織像
プローブを圧迫すれば、圧縮された三頭筋の像と上腕骨の中に現れる像の両方が同時に変化するため、このアーチファクトを見破るのは簡単である。
1 = 骨表面
2 = ミラーアーチファクト

合併症

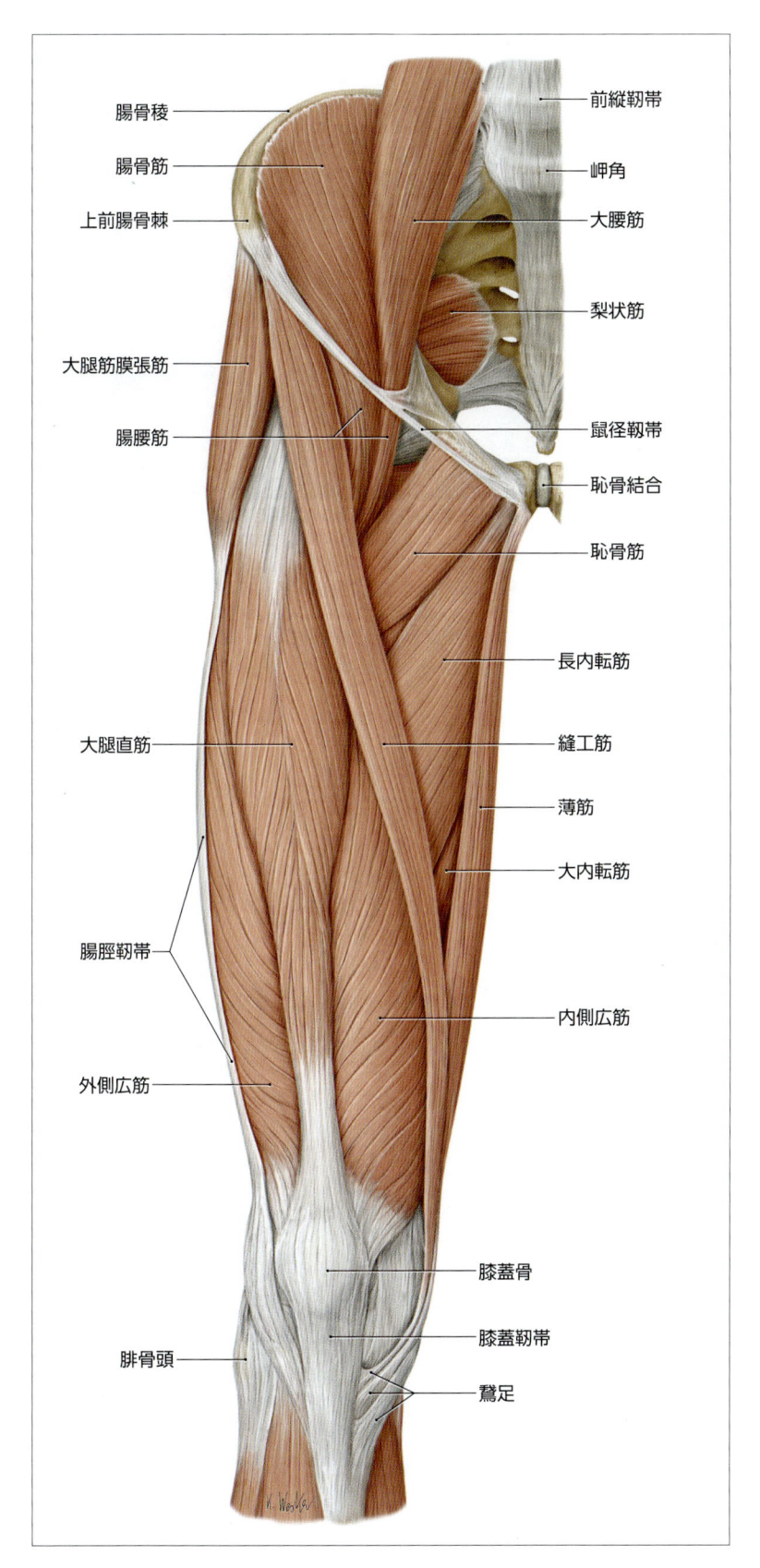

図7.6 **前方から見た右大腿部の筋構造**
側方を走る腸脛靱帯を除き、筋膜は省略。大腿直筋と縫工筋が平行に走らないことに注意。このため筋走行に対して正しく縦断面と横断面をとるには、プローブを回転させることが必要となる。

- 腸骨稜
- 腸骨筋
- 上前腸骨棘
- 大腿筋膜張筋
- 腸腰筋
- 大腿直筋
- 腸脛靱帯
- 外側広筋
- 腓骨頭

- 前縦靱帯
- 岬角
- 大腰筋
- 梨状筋
- 鼠径靱帯
- 恥骨結合
- 恥骨筋
- 長内転筋
- 縫工筋
- 薄筋
- 大内転筋
- 内側広筋
- 膝蓋骨
- 膝蓋靱帯
- 鵞足

7. 超音波診断

表7.1　骨格筋に対する超音波検査の標準的方法

【標準的方法】
- 常に左右比較の二重画像
- 可能であれば基準構造体として骨を
- できれば動的に：
  - 筋組織を緊張させる
  - 関節を動かす
  - オプション：探触子への圧力を変える（標的組織の圧縮性は？）
  - オプション：筋遠位の徒手圧迫（ドップラー検査の際に静脈と血腫を識別するため）

表7.2　超音波検査の評価基準

位置	
輪郭	形 大きさ
構造	エコー輝度 模様
質感	固体 流体 可圧性
血流	増加 減少

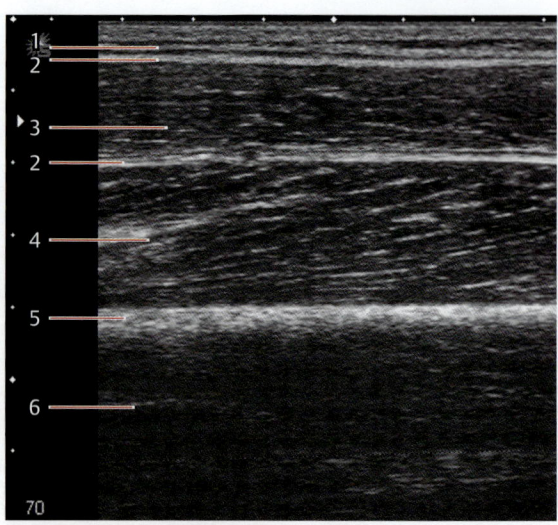

図7.7　正常筋組織縦断面の典型例としての大腿四頭筋画像　画像上端から、まず皮下組織（1）、次にエコーが強く長い帯として写る筋膜（2）、その下に骨格筋（ここでは大腿直筋）に典型的なしま模様（3）、再び筋膜の明るい帯（2）が来る。その深部には中間広筋のしま模様（4）と極めてエコーの強い大腿骨皮質骨が見える。その下は超音波が完全に消失している（6）。

3　骨格筋の超音波検査

骨格筋の超音波による画像化は、ほかの筋骨格系の組織に比べ困難である。例えば、肩関節の超音波検査には既に再現性に優れた有効なスタンダードが開発されている。筋組織は多種多様にわたるため、例えば線維構造だけに関する統一的なルールですら、規定することは極めて困難である。ここで役に立つのは左右の比較である。左右の比較により、始めは異常と思われた所見が、実は正常であったと分かることも多い。大腿直筋の近位腱などがその例である。これは密度が高いため背側で減衰が生じ、そのため後方に位置する構造の評価が不可能で、異常所見と考えられることが多い。

ほかの超音波検査と同様、骨格筋に対しても当然、（垂直に並ぶ）2レベルの検査が必要である。ただし、たとえそれが2つの隣接する筋であっても、筋の走行が異なるため、この2つのレベルは垂直および水平方向に大きく異なっていることもある（例：大腿直筋と縫工筋図7.6）。

以下は骨格筋の超音波検査の重要な基本条件である：
- 適切なプローブ
- 正しいセッティング
- 正しい焦点深度
- 正しい角度
- そして何より：正しい方向

筋の識別、特に近位や遠位部分での識別には解剖学の深い理解が不可欠である。

表7.1には筋の超音波検査における標準的アプローチ（スタンダード）を提案している。

構造評価（表7.2）では、まず既知の構造物（ランドマーク）に対する位置的関係が、次に形や大きさを含む輪郭が考慮される。続いて、エコーの輝度と形状の評価による構造の定義が行われる。つまり「典型的」、「非典型的」、「散漫的」、「均一的」、「不均一」などの構造評価がなされる。最後に、ドップラー検査器が使用されている場合には、質感と血流が評価される。

骨格筋の超音波検査

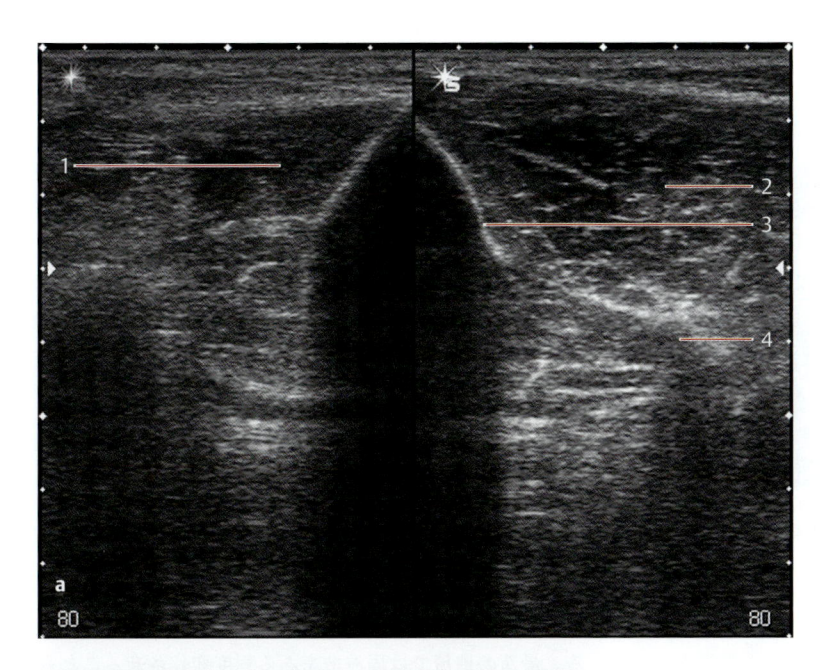

図 7.8a、b　骨格筋の超音波画像における年齢とトレーニングの影響
a　前脛骨筋の左右比較。左側では、下腿腹側コンパートメントがきれいに見えるが、右側ではほぼ完全に正常な構造が失われていることが分かる（コンパートメント症候群後の筋の圧迫に起因する筋萎縮）。
1 ＝前脛骨筋の萎縮（右）
2 ＝前脛骨筋（左）
3 ＝脛骨皮質骨（側方）
4 ＝腓骨

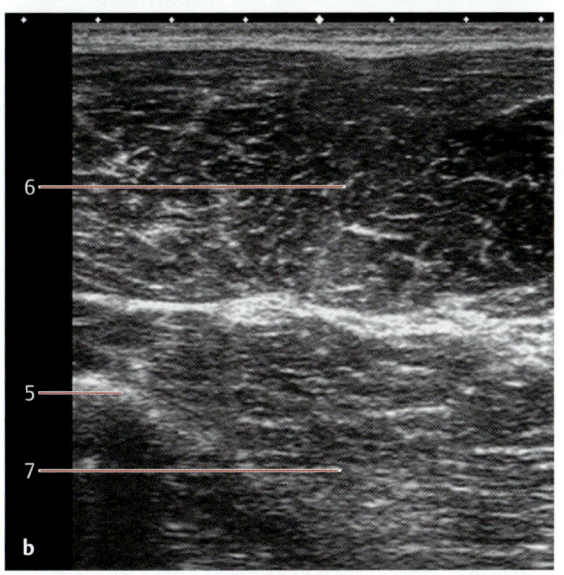

b　24歳のトップアスリート（十種競技）における大腿二頭筋の横断面。筋が大きく、結合組織部分（特に長頭）が希薄化しているのが目立つ。
5 ＝大腿背側
6 ＝大腿二頭筋、長頭
7 ＝大腿二頭筋、短頭

どの程度の損傷幅から超音波検査で捕捉可能であるかという点については議論がまだ続けられている。最小の画像化可能な構造は、複数の筋線維からなり筋周膜により覆われている機能単位、つまり一次筋束であるとする意見が主流である（Dock et al. 1990、Gerber et al. 2000）。筋線維は約 10 から 100 μm の直径を持つ。これが複数集まり一次筋束（筋束と呼ばれることもある）を形成し、結合組織性の筋周膜により包まれている（第1章「骨格筋の機能解剖学」を参照）。

一次筋束は縦方向に平行に走る 1-2 mm のエコーの弱い均一的な帯となって現れる。一方、結合組織性の中隔はコラーゲンを含むためエコーが強い（Yeh & Rabinowitz 1982）。そのため結果として、筋の超音波画像に典型的な羽毛状の模様が現れる。横断面図においては、筋内中隔はエコーの弱い背景に広がる斑点として確認できる。エコーの強い構造物の代表例は、筋外膜と呼ばれる筋組織を束ねる筋膜である（図 7.7）。

MEMO
一次筋束は縦断面では羽状模様として、横断面では斑点として可視化される。

⟨1⟩ 正常筋組織の超音波検査／超音波解剖学

■ 画像に影響する要因

超音波を用いた骨格筋の画像化には、被験者のトレーニング状態だけでなく、筋トーヌスや年齢、性別も大きく影響する。例えば、よくトレーニングされた若い男性ではエコーが非常に弱く（Reimers et al. 2004）、逆に高齢者では筋萎縮が進み、それに伴いコラーゲンの比率が

MEMO
超音波検査を実行するには、正常所見の知識が必須である。

7. 超音波診断

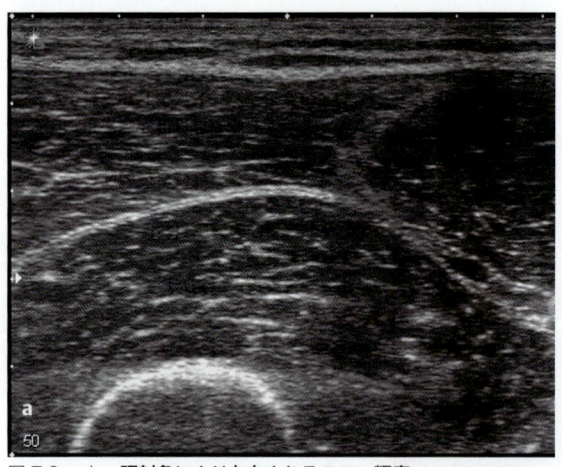

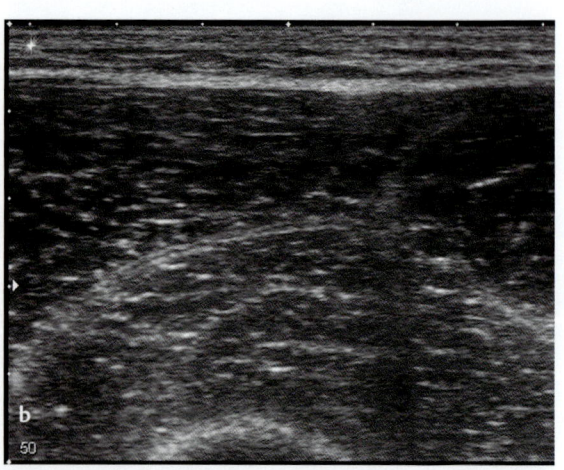

図 7.9a、b　照射角により左右されるエコー輝度
同一筋組織に対し直角に照射した場合（a）と斜めに照射した場合（b）の比較。

高まるためエコーが強まる。

　筋肥大あるいは筋萎縮は、筋の使用状況や神経支配に対する一時的な適応と見なすことができる。筋が肥大する、すなわち筋細胞の容積が増加することで、筋内における結合組織の比率が相対的に低下するため、肥大した筋は全体としてエコーが弱くなる。これに対して、筋が萎縮すると中隔や筋膜の比率が相対的に増加する。したがって萎縮した筋は（左右比較で）筋全体の大きさが小さくなっているのに加え、エコーも強くなる（図 7.8）。

　エコー輝度はしかし、照射角や機器のセッティングによっても左右される。直角に照射された筋はエコーが強い（反射アーチファクト）がその一方で、斜めから照射された筋はエコーが弱くなる（図 7.9）。すべての構造物のエコー輝度が増してしまうため、プローブを体に強く押しつけることは避ける必要がある。

> **MEMO**
> 骨格筋の超音波画像は、筋内においてもあるいは筋外においても極めて多種多様である。照射角によっては、1つの筋の中に低密度な構造物と高密度な構造物が隣接しているように見えることもある。おかしいと感じる場合には左右比較をするのがよい。プローブはできるだけ圧力をかけないようにする。左右比較には最もエコーの強い画像を用いる。最後にプローブを傾け、軽く角度を変えてみる。

■ 超音波検査の実施

　骨格筋の超音波検査の標的は皮下数センチメートルの位置にある。例えば、たくましい太ももでは、大腿筋は約6cmの厚さの皮下組織に覆われている。分解能の観点から、7.5MHz 以上のプローブを使うことが推奨される。最新の機械では周波域をある程度変化させることもできる。そのため1つのプローブで 6.0MHz（深部の筋組織）と 10.0MHz（手の腱組織）の両方が使用できる。

> **MEMO**
> 超音波ではうまく画像化できない筋も存在する。また1つの筋においても、その近位と遠位で超音波画像の明瞭度に差が出ることもある。例えば腓腹筋群の遠位は非常に鮮明に画像化可能であるが、その近位の評価にはよくトレーニングされた目が必要となる。エコーが弱く、筋内の画像パターンが一定しないため、ヒラメ筋もまた評価が難しい筋である。

　実際の検査に際して、患者の問診がまず必要不可欠である。問診を通じて、所見をあらかじめ推測する。その後、患者が訴える患部領域を詳細な触診により臨床検査する（その方法は第6章「既往歴・臨床検査・分類」を参照）。この時、隣接筋組織に過緊張反応が出ていないかを確認するため、幹部周辺や対側の筋組織も触診する必要がある。さらにここでは、解剖学的特徴や触診に基づく検査重点のマーキングも有意義である。

> **HINT**
> 臨床検査により検査重点をマーキングすることは超音波診断の容易化につながる。異常所見は、超音波検査の縦断面と横断面を通じて検証、計測し、そして評価する。

　まず第一印象を得るために、横断面の超音波検査から

骨格筋の超音波検査

始めるのがよい。その後、プローブを頭側から尾側へ、そして再び頭側へとゆっくりと移動させる。場合によってはこの時、対側と比較して異常がないかを確認する。筋組織の圧縮により、小さな損傷が隠れてしまうことがないように、皮膚に対してプローブをできる限り押しつけないように努める。プローブと皮膚の理想的な接触を保つため、ゲルは十分に使用する。凹凸のある表面上（下腿腹側など）での接触を向上するために「ゲルパッド」などの使用も有意義である。そしてプローブを左右に傾け、エコーが最も強い角度を探し、筋の画像を得る。最後に、正常な対側の筋組織を比較対照として検査する。

さらにパワードップラー検査を行うことで付加的な情報を得ることもできる。この検査により、例えば受傷部位における血管新生や炎症性反応、あるいは骨化の程度などを見極めることができるようになる（Campbell et al. 2005、Koulouris & Connell 2005）。ドップラー検査ではさらに、静脈血管と血腫の識別が可能となる。そのためには、筋遠位部分の短時間の徒手圧迫を実施するのもよい。対象が静脈である場合には、この処置により典型的なカラーシグナルが生じる。

HINT
- 時間をかけ落ち着いて検査する
- プローブにはできるだけ圧力をかけない
- ゲルを十分に使用し、理想的な接触を確保する
- 組織の位置関係を理解するため、まず横断面から開始する
- 筋組織を縦横に走査する
- 筋組織を緊張させる

MEMO
解剖学的な位置関係を理解するには横断面が適している。縦断面図は筋線維の走行を示すので、小規模な損傷を発見しやすい。

HINT
定義上、プローブは常に縦断面では画像の頭側端が、横断面では内側端がモニターの一番左に来るように用いられる。したがって、患者を尾側から見て背側から左脚を検査する場合、モニター画像が鏡に映ったように左右対称になるよう、プローブを回転させる必要がある。

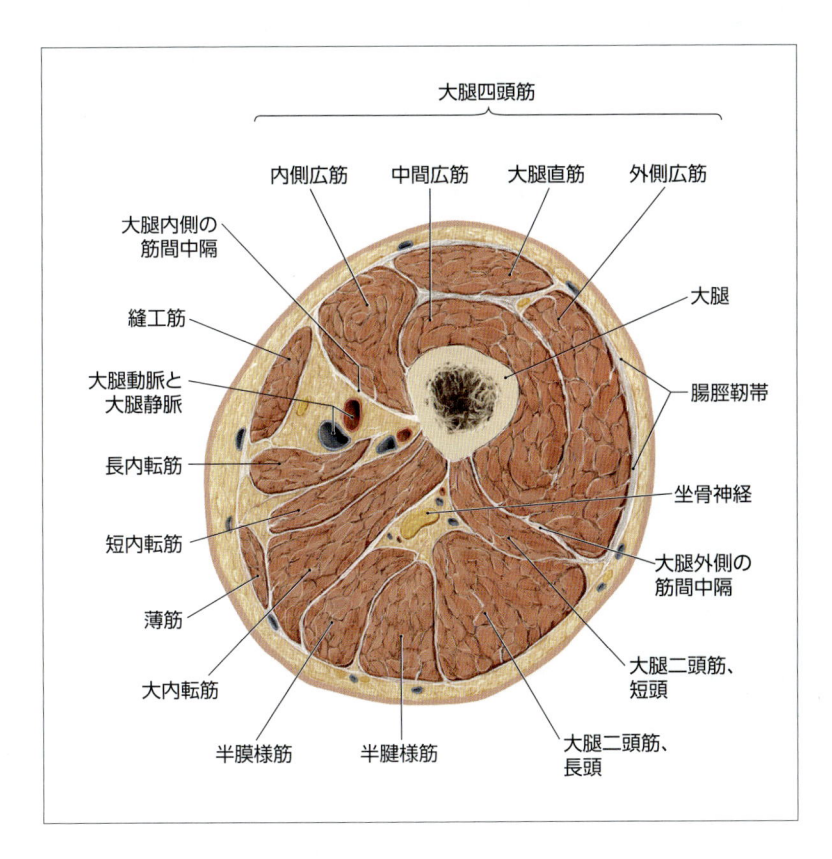

図 7.10 近位側から見た右大腿部横断面の構造

7. 超音波診断

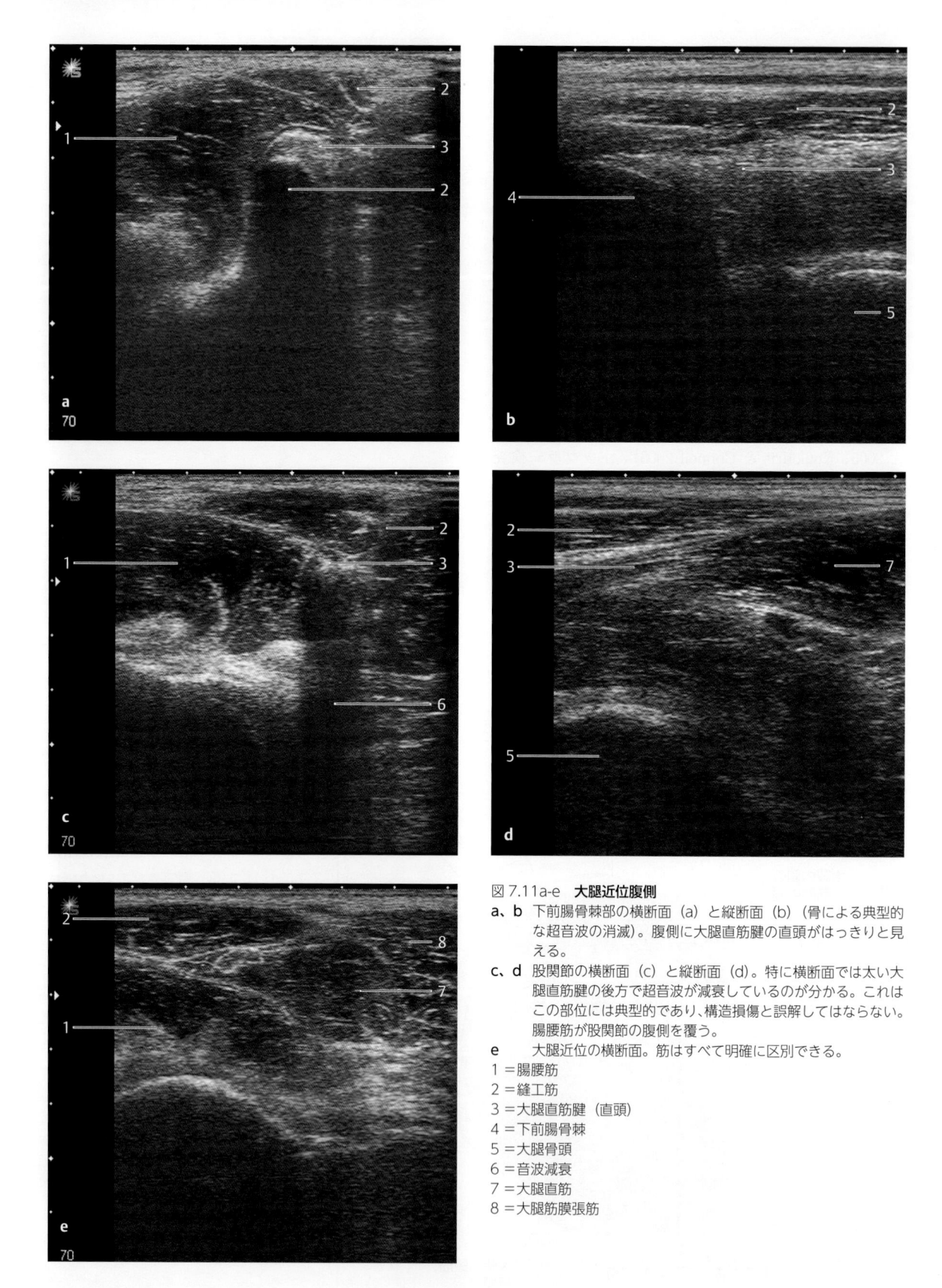

図 7.11a-e **大腿近位腹側**

a、b 下前腸骨棘部の横断面（a）と縦断面（b）（骨による典型的な超音波の消滅）。腹側に大腿直筋腱の直頭がはっきりと見える。

c、d 股関節の横断面（c）と縦断面（d）。特に横断面では太い大腿直筋腱の後方で超音波が減衰しているのが分かる。これはこの部位には典型的であり、構造損傷と誤解してはならない。腸腰筋が股関節の腹側を覆う。

e 大腿近位の横断面。筋はすべて明確に区別できる。

1 ＝腸腰筋
2 ＝縫工筋
3 ＝大腿直筋腱（直頭）
4 ＝下前腸骨棘
5 ＝大腿骨頭
6 ＝音波減衰
7 ＝大腿直筋
8 ＝大腿筋膜張筋

骨格筋の超音波検査

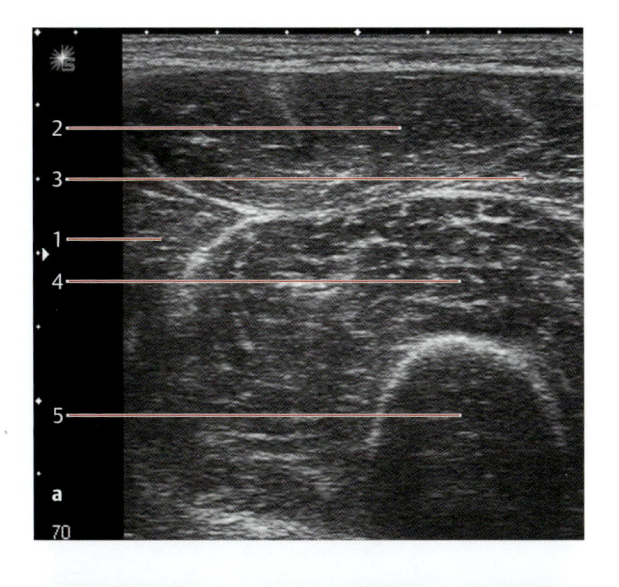

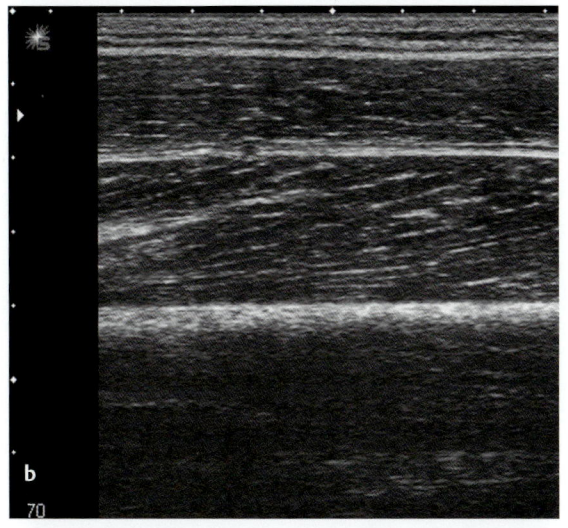

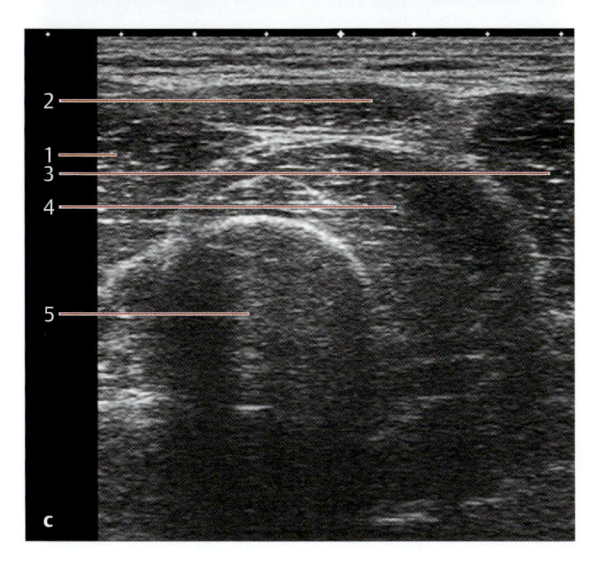

■ 下肢の超音波検査

● 大腿部腹側

　筋組織の超音波検査には、解剖学に関する深い理解が必要である。図7.10は大腿部の解剖学的横断面図であり、腹側と背側の筋が共に表示されている。

　大腿の近位腹側部は、複数の筋（縫工筋、大腿直筋、大腿筋膜張筋）が走り、また太く斜めに走る大腿直筋腱が存在することから、比較的複雑な解剖学的構造をしている（図7.11）。大腿四頭筋に含まれる個別の筋は超音波画像上、通常鮮明に写るため、その識別は比較的容易である（図7.12）。

> **Caution**
> 大腿直筋の近位腱のように太い腱の後方では超音波が減衰しやすいため、筋の連続性の途絶と混同されるリスクが高い。

● 大腿部背側

　近位大腿部の背側中央には大腿二頭筋と半腱様筋そして半膜様筋の力強い筋腹がある。

　図7.13は大腿部背側の解剖学的構成を示している。

　超音波検査で特に評価が難しいのは、半膜様筋と半腱様筋の間と半腱様筋と大腿二頭筋の間にある筋膜間の境界層である。ここには影ができることが多い。この場所に傷害が発生していることも多い。そのため、プローブを傾けることによりこの場所を何度も照射し、傷がないか確認する必要がある（図7.14）。大腿部背側の遠位内側、半膜様筋の上を遠位方向へ長く伸びる薄い半腱様筋腱は超音波できれいに可視化できる（図7.15）。側方に走る大腿二頭筋とその腱も判別しやすい（図7.16）。

図 7.12a-c　　正常な大腿中央部の超音波画像
a　横断面。
b　縦断面。
c　大腿四頭筋のすべてが画像に収まっている。遠位よりでの画像のため、(a) に比べ個別筋の大きさが違っている。
1 = 内側広筋
2 = 大腿直筋
3 = 外側広筋
4 = 中間広筋
5 = 大腿骨

7. 超音波診断

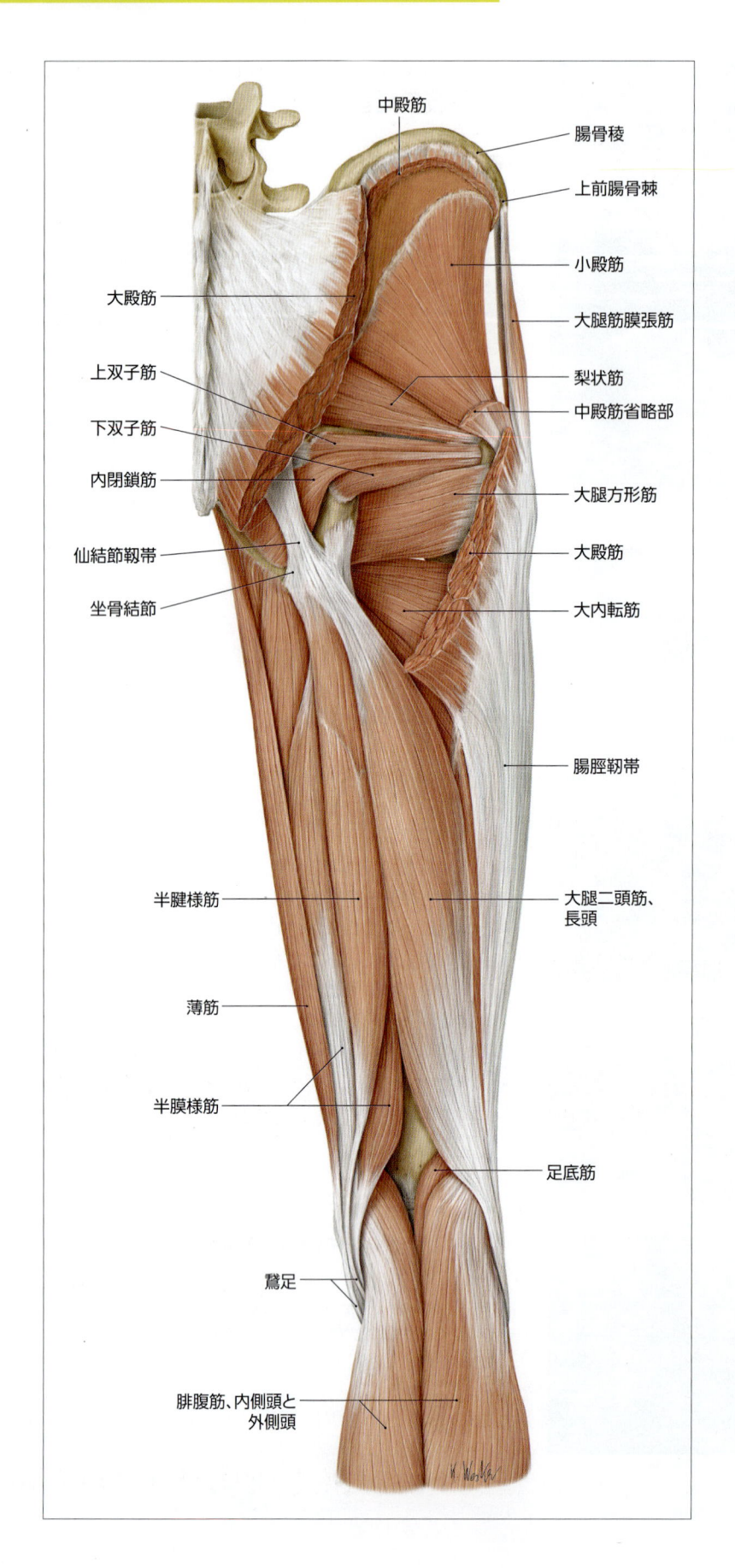

図 7.13 **背面から見た右大腿部の筋構造** 大殿筋と中殿筋は部分的に省略。

- 中殿筋
- 腸骨稜
- 上前腸骨棘
- 小殿筋
- 大殿筋
- 大腿筋膜張筋
- 上双子筋
- 梨状筋
- 下双子筋
- 中殿筋省略部
- 内閉鎖筋
- 大腿方形筋
- 仙結節靱帯
- 大殿筋
- 坐骨結節
- 大内転筋
- 腸脛靱帯
- 半腱様筋
- 大腿二頭筋、長頭
- 薄筋
- 半膜様筋
- 足底筋
- 鵞足
- 腓腹筋、内側頭と外側頭

172

骨格筋の超音波検査

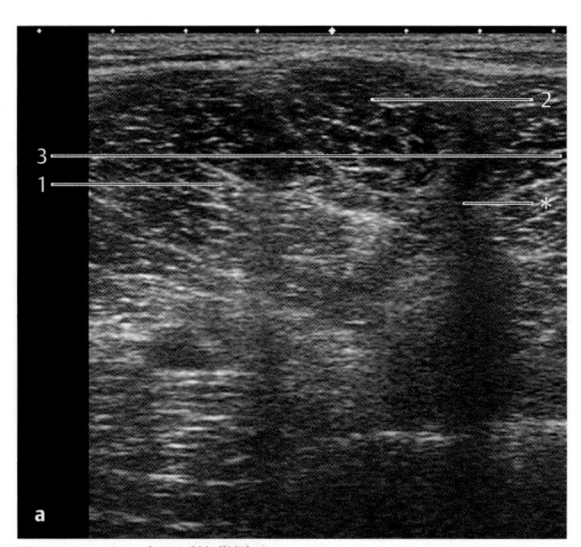

図 7.14a、b **大腿近位背側**
a 大腿近位背側の横断面。半腱様筋、半膜様筋、大腿二頭筋が同時に写っている。半膜様筋と半腱様筋、および大腿二頭の間にある筋超音波の「すき間」(*) に注意すること（本文参照）。

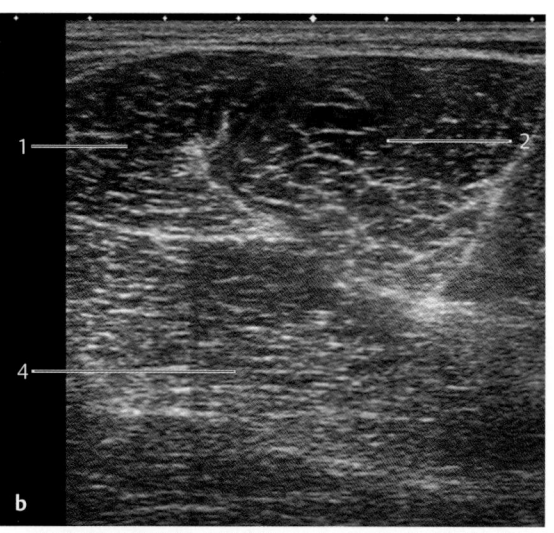

b 内側では半腱様筋と半膜様筋、そして大内転筋が同時に写る。今どの筋腹が写っているかを確実に理解するには、縦断面と横断面を厳密に規定する必要がある。
1 = 半膜様筋
2 = 半腱様筋
3 = 大腿二頭筋
4 = 大内転筋

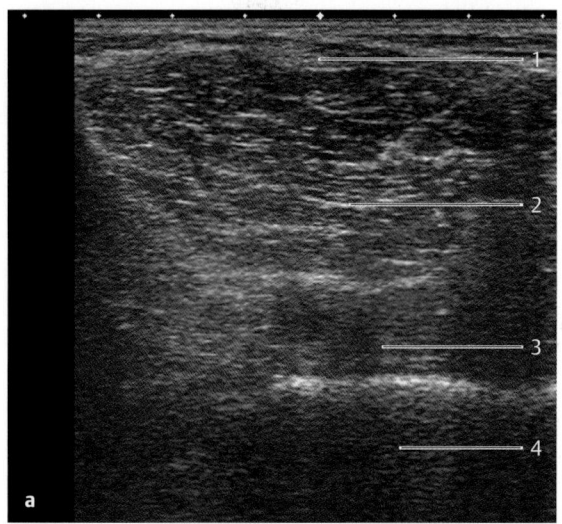

図 7.15a、b **大腿遠位内側の半膜様筋の筋腹上を走る半腱様筋腱は非常に正確に画像化することができる**
a 横断面。

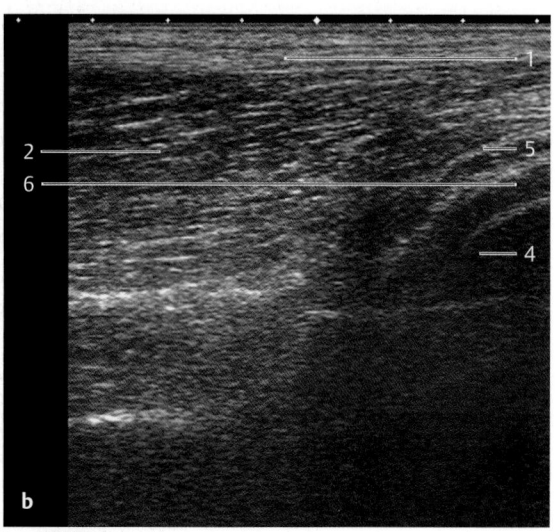

b 縦断面。
1 = 半腱様筋腱
2 = 半膜様筋
3 = 腓腹筋の内側頭
4 = 大腿骨顆
5 = 腓腹筋
6 = 大腿骨顆の軟骨

173

7. 超音波診断

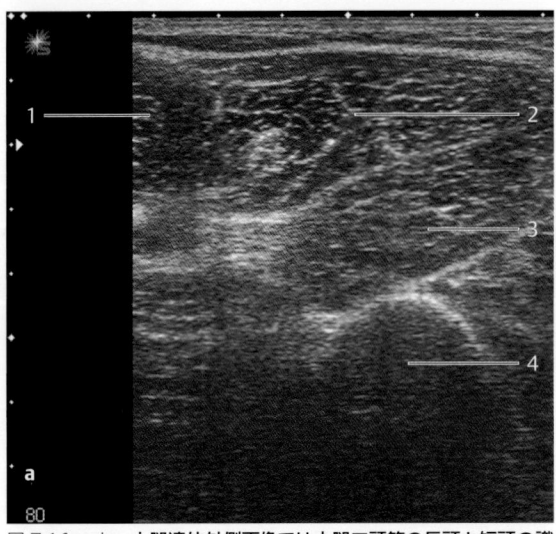

図 7.16a、b　**大腿遠位外側画像では大腿二頭筋の長頭と短頭の識別が可能**
a　横断面。
b　縦断面。

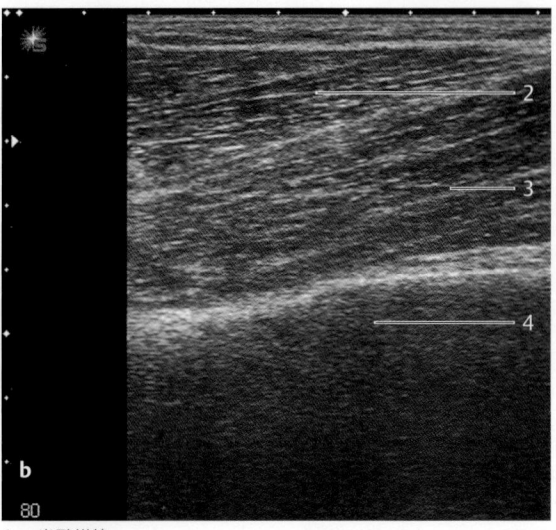

1 = 半腱様筋
2 = 大腿二頭筋の長頭
3 = 大腿二頭筋の短頭
4 = 大腿骨

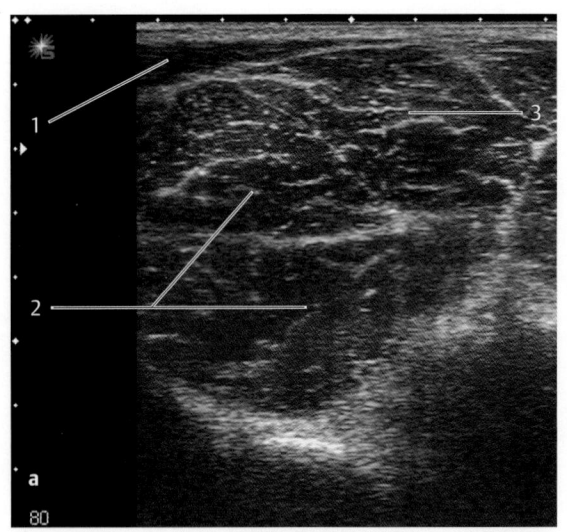

図 7.17a、b　**内転筋群の超音波画像は識別が困難で、経験が必要**
a　この横断面画像（大腿の近位内側の横断面）のように個別の筋が容易に識別できることはまれである。
b　縦断面においても、ほかの筋群のような容易な個別の筋の識別は困難。

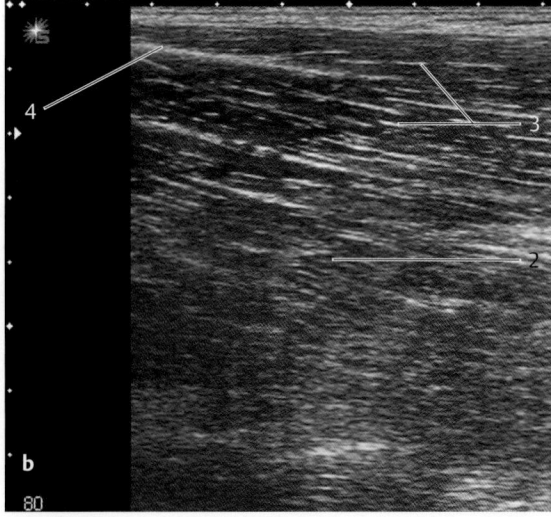

1 = 薄筋
2 = 大内転筋
3 = 長内転筋
4 = 長内転筋腱

骨格筋の超音波検査

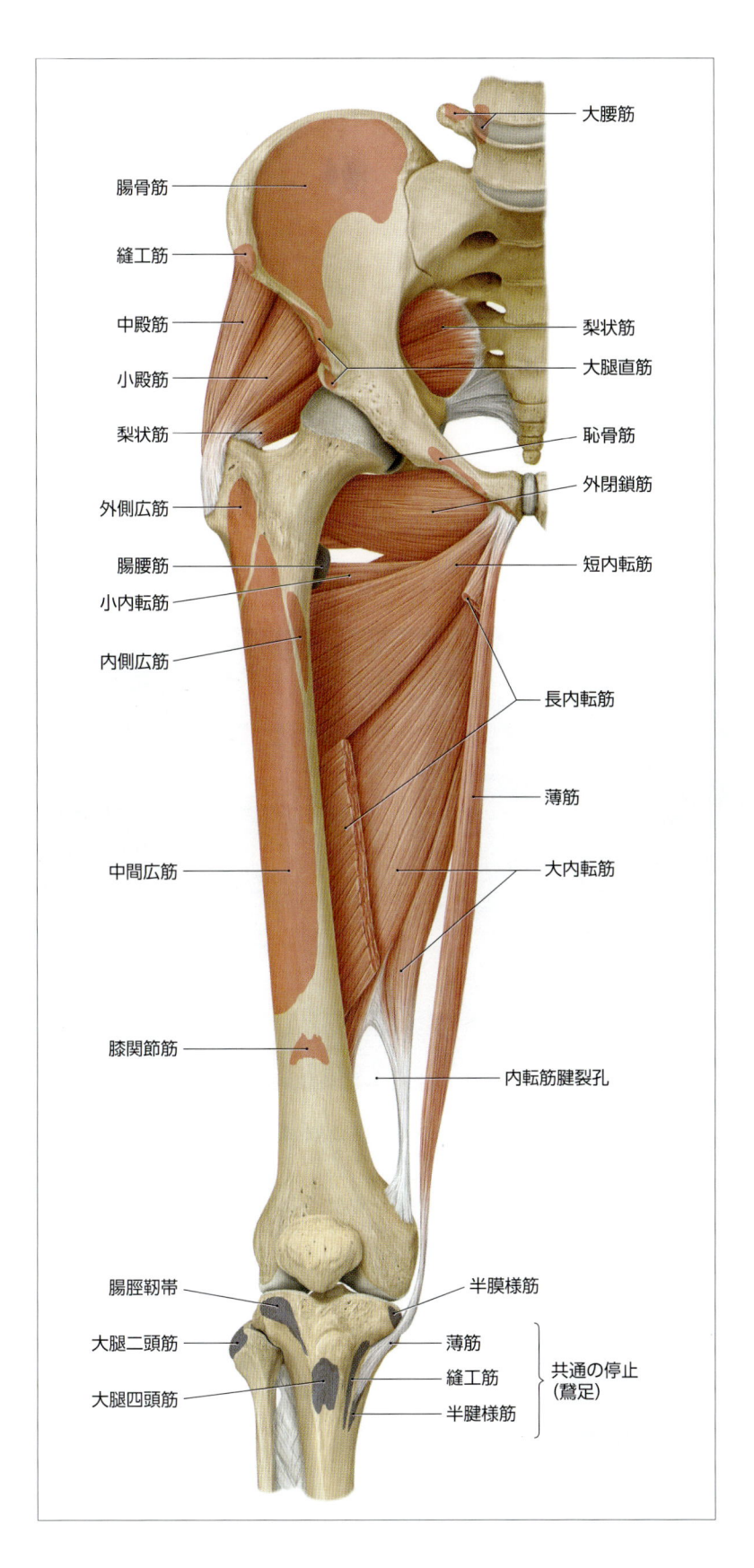

図 7.18 **内転筋群を中心とした右大腿内側の筋構造**
大腿四頭筋、腸腰筋、大腿筋膜張筋、恥骨筋は省略なし。長内転筋は部分的に省略。

175

7. 超音波診断

● 内転筋群

内転筋群を画像化し、そこに含まれる筋を識別し傷害を発見するには、解剖学的知識と一定の熟練が必要である。その理由は、起始部である恥骨枝付近の比較的複雑な構造と走行にある（図 7.17）。

図 7.18 は内転筋群の複雑な構造を図示している。

● ふくらはぎ

ふくらはぎの超音波検査が大きな問題となることはあまりない。腓腹筋群の筋腹は識別が容易であり、またアキレス腱への移行部も判別しやすい（図 7.19）。膝の裏側に位置する腓腹筋群の起始とヒラメ筋の評価はしかし困難を伴うことがある。ヒラメ筋は非典型的な線維走行角を示し、画像上判然としないことが多いため、損傷の評価が難しい。この場合もまた、左右の比較が助けとなることが多い。

図 7.20 は下腿の横断面図であり、背側と腹側の筋を示している。負傷発生率が高く、そのため超音波検査にとって重要なのは背側の筋組織である。

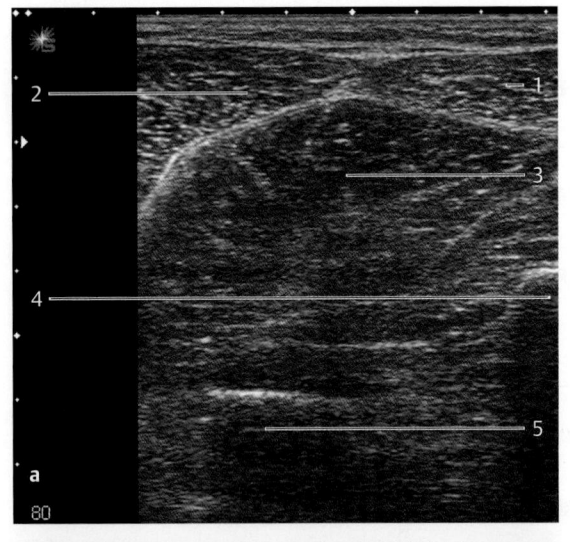

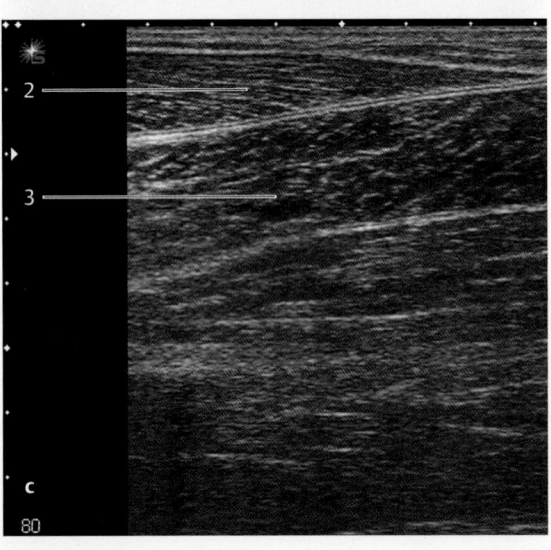

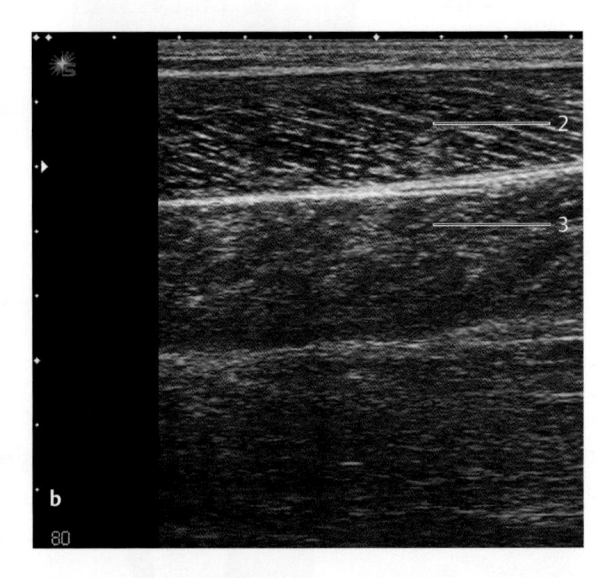

図 7.19a-c　**ふくらはぎの筋組織**　ふくらはぎ近位 3 分の 1 の部分、内側の横断面と縦断面（a、b）では腓腹筋とヒラメ筋が明確に区別できる。構造損傷は画像に現れるが、ヒラメ筋はその判読がやや難しい。腓腹筋内側と外側の鋭角な腱への移行部に注意が必要（c）。屈筋コンパートメントの深部の筋の識別は困難である。
1＝腓腹筋の外側頭
2＝腓腹筋の内側頭
3＝ヒラメ筋
4＝腓骨
5＝脛骨

骨格筋の超音波検査

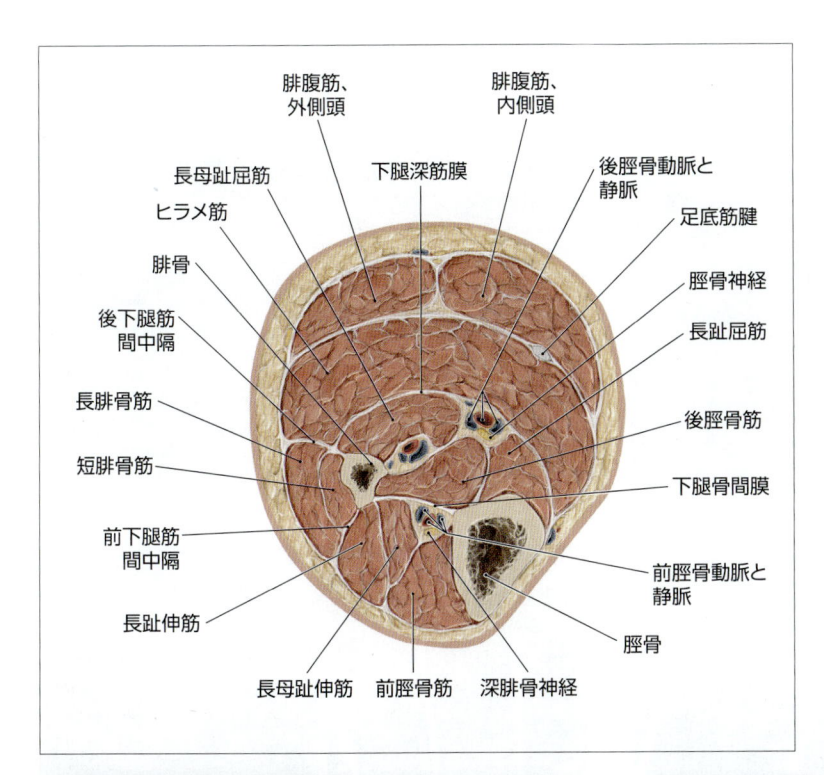

図 7.20 近位側から見た右下腿部横断面の構造（うつぶせ）

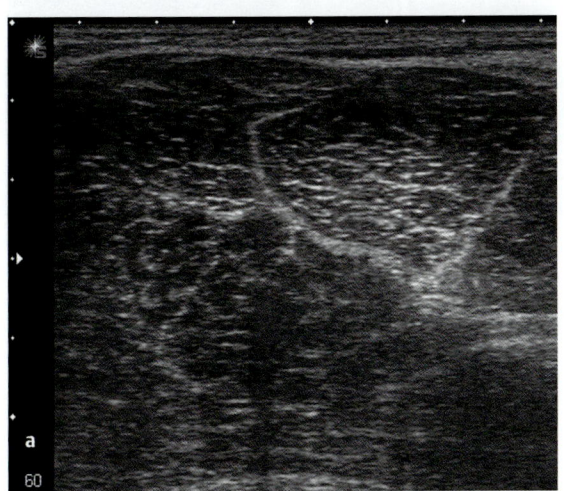

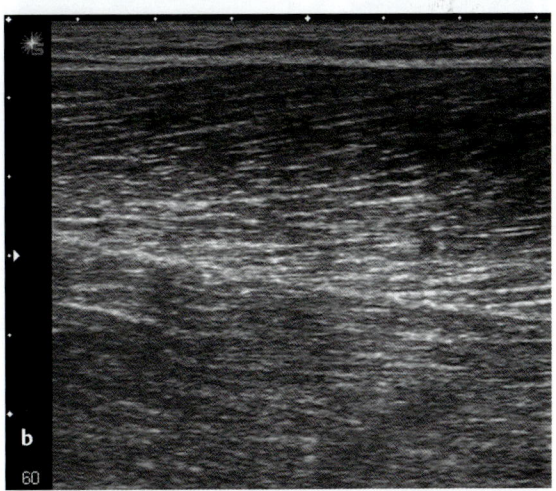

図 7.21a、b 筋の硬化（ここでは半腱様筋）は周囲の筋組織（半膜様筋）よりも高エコーになる
a 横断面。
b 縦断面。

(2) 患部の超音波検査

■ 痛みを伴う筋の硬化

痛みを伴う筋の硬化は機能性の障害であり超音波による画像化はほぼ不可能である。特に疲労に起因する痛みを伴う筋の硬化（Ia 型損傷）では超音波画像に確実に再現可能な変化は現れない。まれに周囲の筋組織に比べ、患部にエコーが強く（明るく）現れるだけである（図7.21）。ここでもまた左右の比較が役に立つ。Ia 型損傷における超音波検査の役割は、筋構造に破損が発生していないことを確認し、触診による診断を証明することにある。

神経性の筋の硬化も筋組織の破損を伴わない（あるい

177

7. 超音波診断

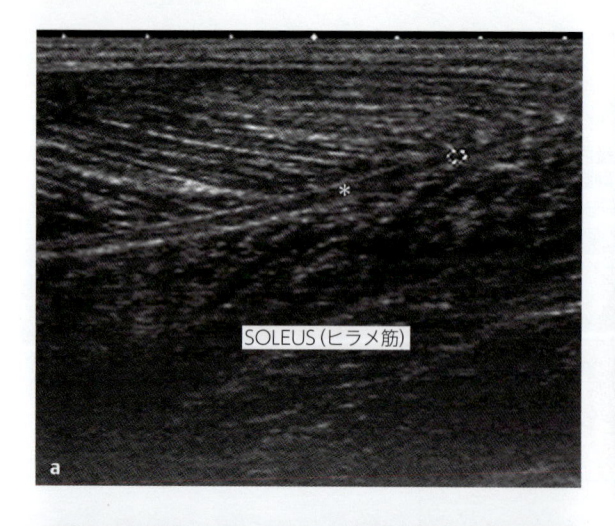

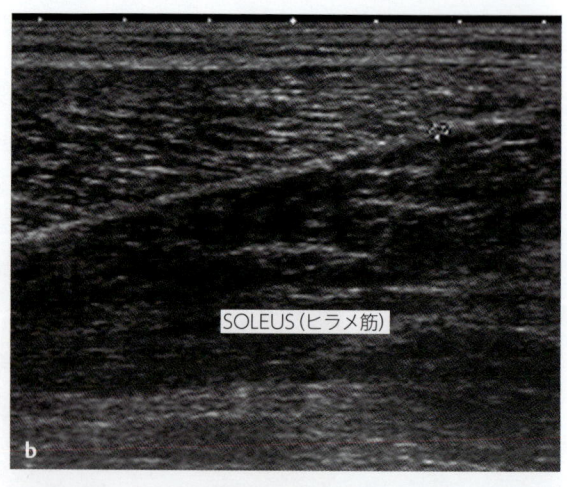

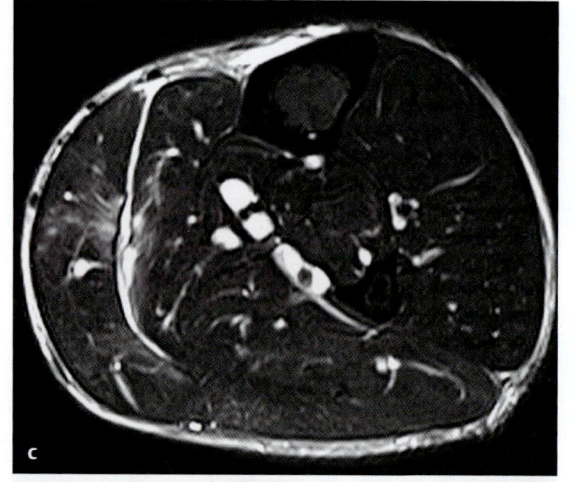

図 7.22a-d　ふくらはぎの縦断面
a　内側腓腹筋とヒラメ筋の間の浮腫（*）。
b　浮腫のない対側。

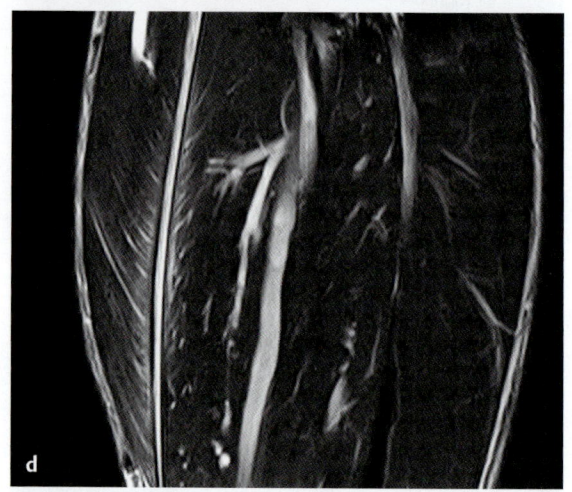

c、d　同日、同損傷のMRI画像、横断面（c）と縦断面（d）。

は超音波では捕捉不可能な極微小な破損のみを伴う）ため、可視化は同様にほぼ不可能である。経験を積めば、画像になにも現れないという事実だけをもとに、筋の障害を機能性の疾患と分類できるようになる。この症状は第6章「既往歴・臨床検査・分類」でも述べられているように、自律神経の作用により筋間における浮腫性のみみずばれの形成を伴うことがある。これは超音波検査で可視化が可能であり（図7.22）、触診による診断の証明となる。

■ いわゆる肉離れ

構造破損を伴わない症状の3つめは、頻繁に発生する「いわゆる肉離れ」である。ここでもまた、超音波検査は構造に破損がないことを確認し、触診や問診により下された診断を確証するために活用される。肉離れを起こした筋腹は、触診で感知できる紡錘形の浮腫性の膨張を呈するが、これは超音波では捕捉が難しく、再現性の高い画像化方法は現在のところまだ知られていない。

■ 筋線維断裂

唯一の筋線維（解剖学的には10-100μmの直径を持つ個別の筋細胞）の断裂は現行の超音波診断器の物理的・技術的分解能よりもはるかに小さく、そのため可視化は不可能である（Fornage 2000）。ただし筋線維断裂とい

骨格筋の超音波検査

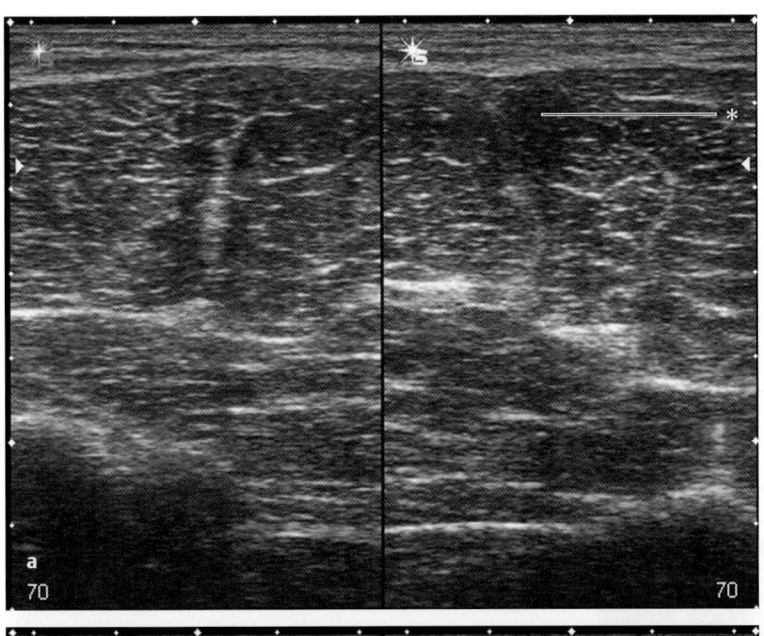

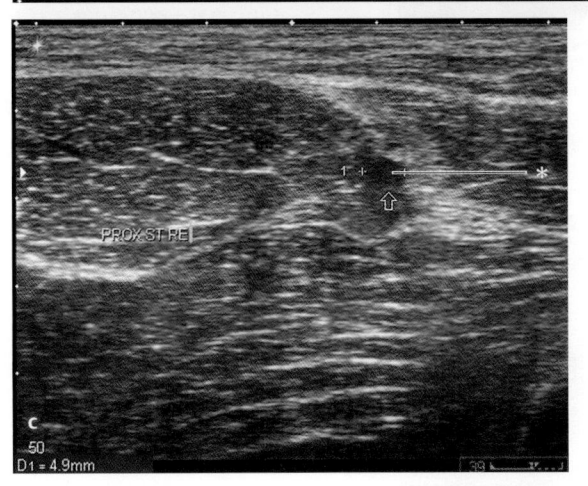

図 7.23a-c　筋線維断裂の超音波画像
a、b　27歳の世界的トップアスリート（400 m走）の大腿二頭筋の横断面（a）と縦断面（b）。前日、スプリント中に突然ナイフで刺すような痛みを大腿背側に感じた（画像左側は正常所見）。
c　ブンデスリーガ1部に所属する23歳のプロサッカー選手における半腱様筋近位の筋線維断裂。横断面。
＊＝構造破損

う言葉には、解剖学に見て、一次筋束の断裂も含まれている。しかし、一次筋束1本のみの断裂が超音波で画像化可能であるとはやはり思われない。

　数ミリメートルを超える複数の一次筋束、あるいは二次筋束の断裂（図7.23）は超音波画像で確実に証明が可能である。また、冷却や圧迫などの初期治療にその大小が左右される血腫（Bily & Kern 1998, Konermann & Gruber 2007）や浮腫などの二次障害も見つけることができる。

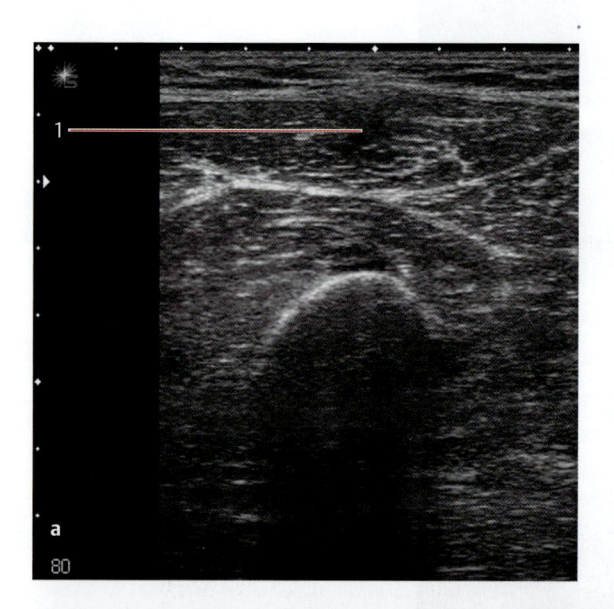

> **MEMO**
> 線維構造の変性などにより筋構造が一定でない場合、これが小規模な筋損傷のように見えることがある。詳細な評価には左右の比較と、場合によっては筋の収縮と弛緩による動的な検査も有益である。

■ 筋束断裂

　筋束断裂は超音波検査で検出することができる。組織の破損と血腫が確認できる。血腫はよく断裂部位の近位と遠位に現れ、通常筋内に見られるが、筋膜が破損している場合には筋間に検出できることもある。ただし、血腫の大きさは必ずしも断裂の規模とは関係しないことに注意する必要がある。

　断裂部あるいは血腫の中に筋線維と隔膜の途絶を見ることができる（図7.24）。筋線維は内出血による容積増大のため大きく広がって見え、筋膜は面が出っ張って見える（図7.24b）。特に下腿腹側の検査では、筋膜の湾曲を発見するにはプローブの圧力を減少する必要がある。この時、プローブの接触不良によるアーチファクトを避けるためにゲルパッドを使用するのがよい。

　受傷後の超音波検査を実行するタイミングもまた、損傷の評価に大きな影響を与える重要な要素である。大規模な損傷は、治癒過程において受傷部に瘢痕が形成されるため、次第にエコーが強くなる。水腫や骨化などの合併症を早い段階で発見するために、経過の監視は非常に重要である。

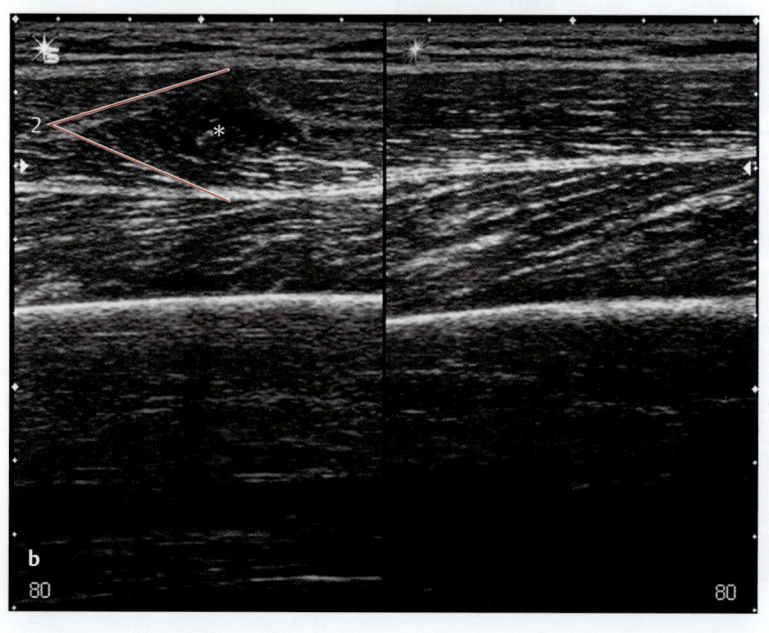

図7.24a、b　**筋束断裂の超音波画像**
a、b　ブンデスリーガ1部に所属する22歳のプロサッカー選手における大腿直筋の筋束断裂。公式戦試合中に突然大腿腹側に痛みが走り、プレー続行が不可能になった。血腫による圧力のため、筋膜が湾曲していることに注意（b、左画像：右画像は正常な対側）。
1＝筋束断裂
2＝筋膜の湾曲
＊＝血腫による構造破損

骨格筋の超音波検査

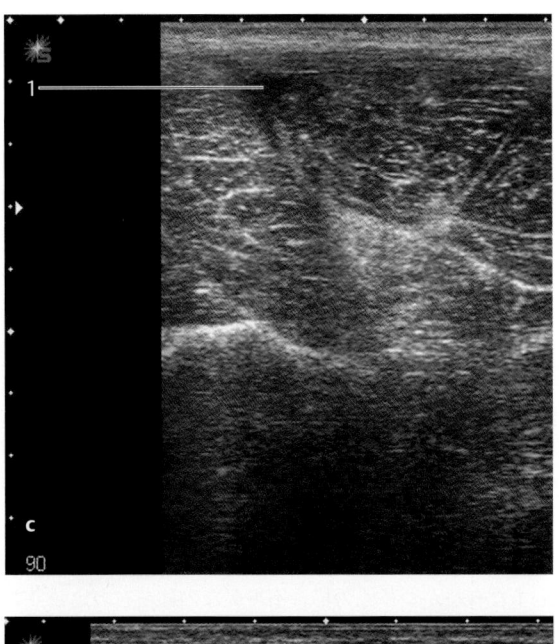

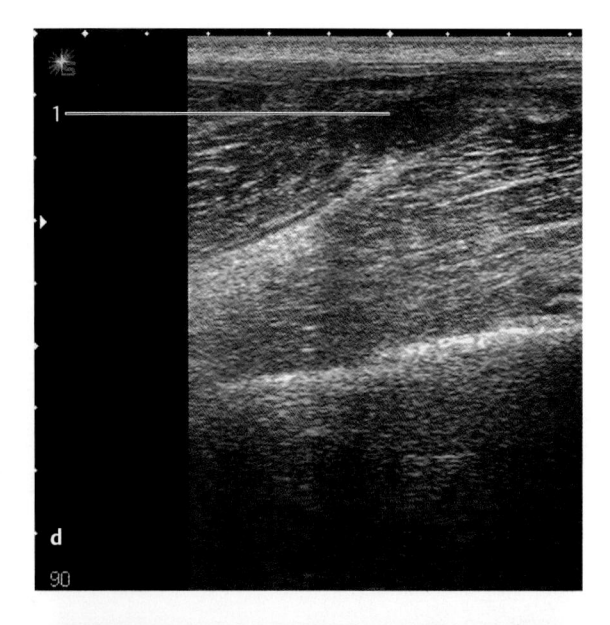

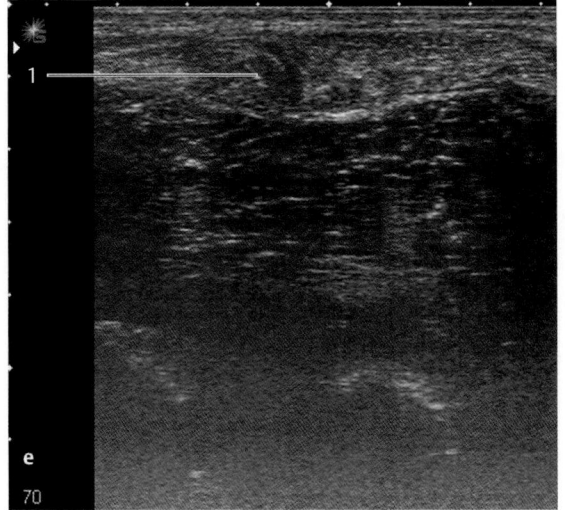

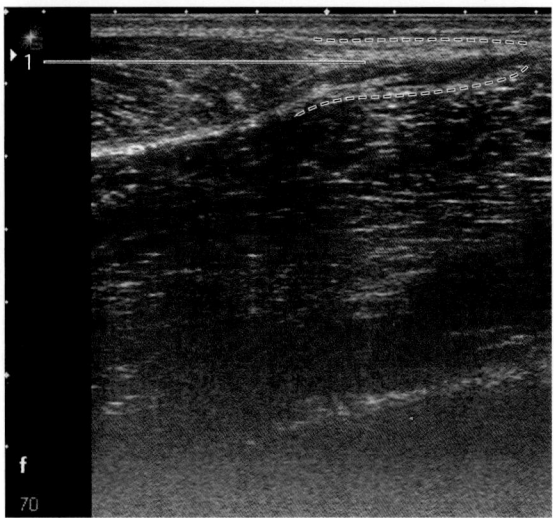

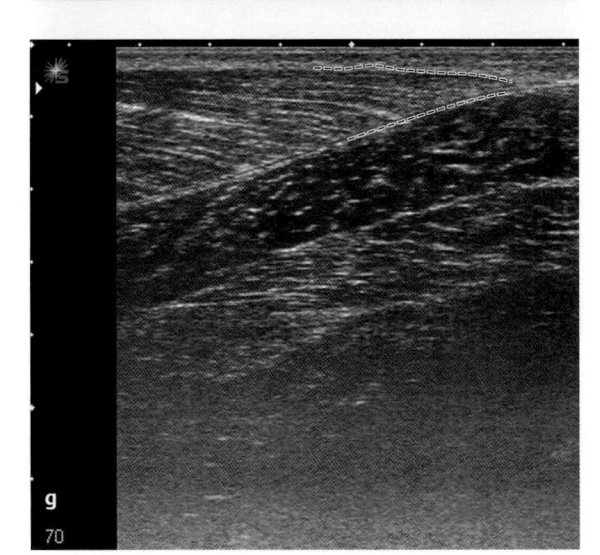

図 7.24c-g　**筋束断裂の超音波画像**
c、d　30歳のプロサッカー選手における大腿二頭筋遠位の筋束断裂。横断面 (c) と縦断面 (d)。特に縦断面に、筋腱移行部の断裂が鮮明に見える。
e-g　ブンデスリーガ1部に所属するプロサッカー選手における腓腹筋遠位、内側頭の筋束断裂。横断面 (e) と縦断面 (f)。2日前に突然ふくらはぎにナイフで刺すような痛みが走り、即座に機能不全に陥った。特に縦断面に筋腱移行部の損傷がよく現れている。縦断面 (g) は比較のための腓腹筋内側頭の正常所見。
1 ＝筋束断裂

7. 超音波診断

■ 筋部分断裂・腱部での裂離

筋腹や筋腱移行部の完全断裂はまれな現象である。より頻繁に発生するのは起始や停止部における腱部での剥離である。主に次の筋腱移行部にこのような剥離が発生する：

- 下前腸骨棘における大腿直筋付着部剥離（図 7.25）
- ハムストリングスの近位腱
- 半腱様筋の遠位部腱板断裂（図 7.26）
- 腓腹筋群からアキレス腱への移行部

これらを超音波画像上で識別するのは容易ではなく、検査医師の経験、時間、解剖学的知識が問われ、ほとんどの場合対側との比較も必要となる。筋の退縮、内出血の規模、周辺構造の付随的損傷の有無などが評価の対象となる。

成長期には骨盤に剥離骨折が発生することがある。その規模は大小さまざまである（Betthäuser & Bartschat 2003）。

■ 挫傷

挫傷では、筋に対する外からの打撲圧力で血管が破損し、内出血が発生する。外からの力は筋に対し押しのけ、圧迫し、押しつぶすような作用を及ぼすが、筋線維構造が損傷することは極めてまれである。

広範囲に及ぶ内出血となる時もあれば、限局的な血腫となる時もあり、また単に浮腫だけが生じる場合もある。血腫が発生してからの経過時間によって、その画像には差が見られる（図 7.27）。まだ新しく、圧迫下にある血腫は細胞質の比率が高く、そのためエコーを強く反射する（図 7.27g）。そのため筋組織との区別が難しくなる場合がある。そのような圧力がかかっている筋の筋膜は対側に比べ湾曲している（図 7.27h）。同じことは容積の増大を引き起こす広範性の内出血にも当てはまる。ここでもまた有益かつ多くの場合不可欠なのは左右の比較であり、これを通じて容積の変化を確証することができる（その前提条件はもちろん、筋萎縮などの容積の変化を引き起こすそのほかの原因が存在しないことである）。数日後、血腫が液状化すると、通常楕円形をしたエコーの弱い構造として検出することができる。

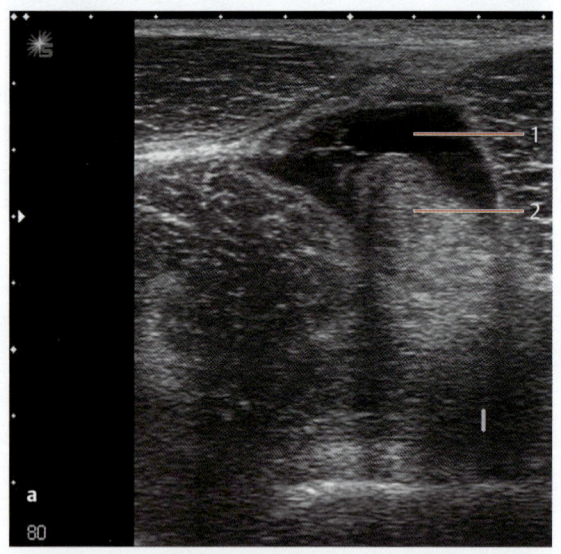

図 7.25a、b **大腿直筋腱の付着部剥離** 24歳の世界的スプリンター（100 m走）。4日前競技中に大腿近位腹側に何かが裂けるような感覚を感じ、競技への出場を中止せざるを得なくなった。画像には剥離し退縮した大腿直筋起始部とその周囲に発生した血腫がはっきりと見える。

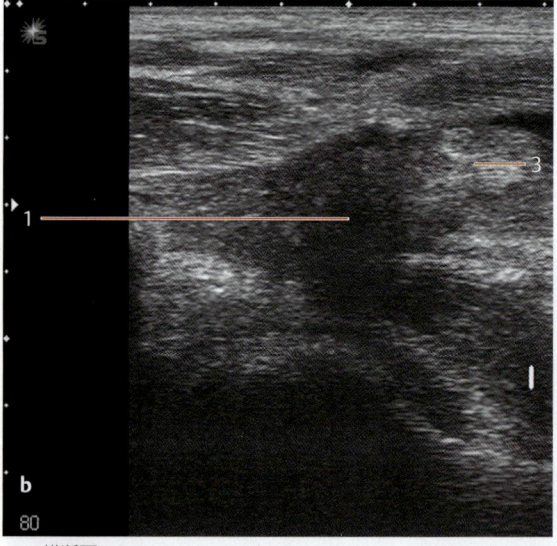

a　横断面。
b　縦断面。
1 ＝断裂部と血腫
2 ＝大腿直筋起始部
3 ＝大腿立筋起始部

骨格筋の超音波検査

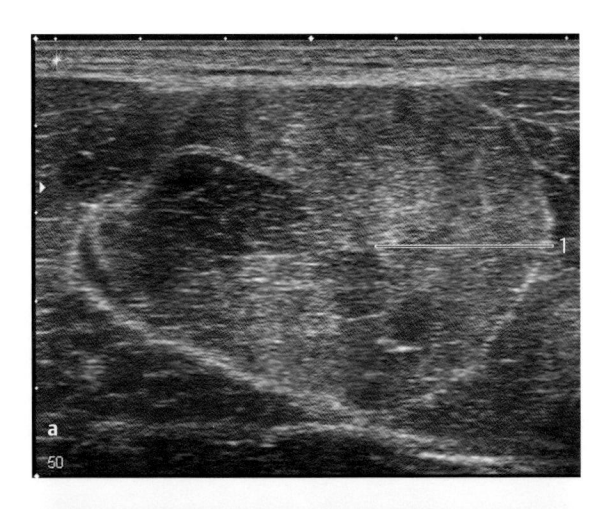

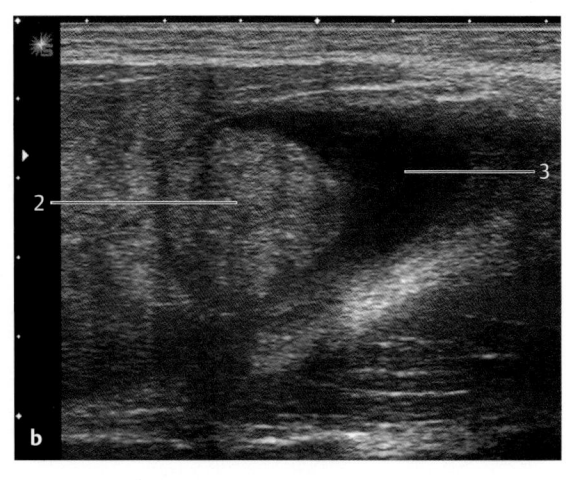

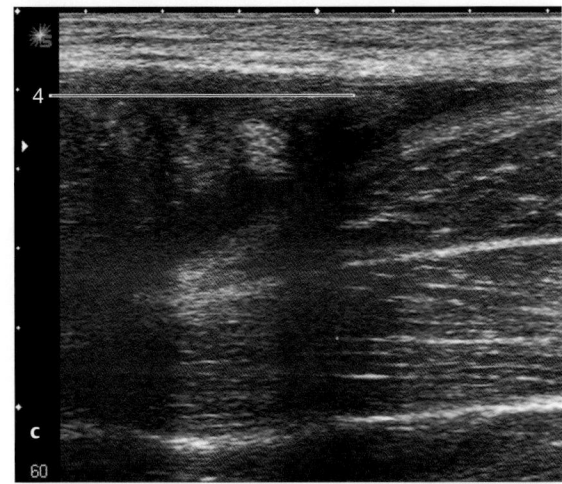

図 7.26a-e **半腱様筋遠位の腱板の剥離** 23歳の世界的スプリンター（100 m走）。2週間前、スプリント中に突然大腿遠位内側に引き裂くような痛みを感じた。以来、あらゆるトレーニングへの参加は不可能。
a 横断面。半腱様筋は退縮のため密集し、不均一になっている。
b、c 縦断面。剥離した腱板の先とその周囲に大きく貯まった水腫か見える。
d、e 比較のための MR ＝半腱様筋
2 ＝退縮した半腱様筋
3 ＝水腫
4 ＝半腱様筋の腱板

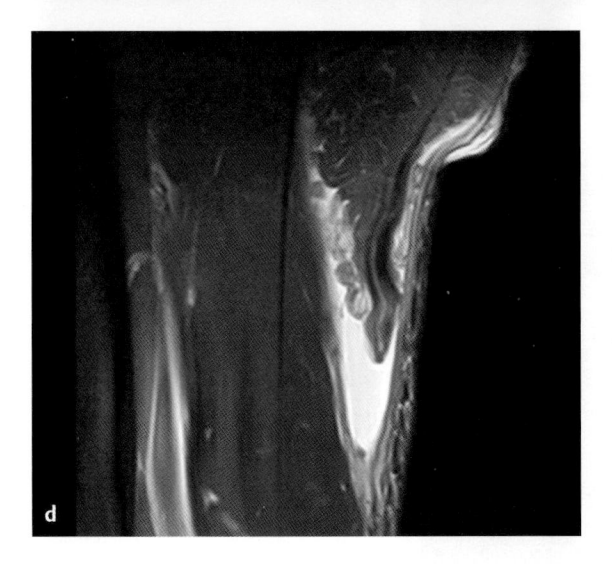

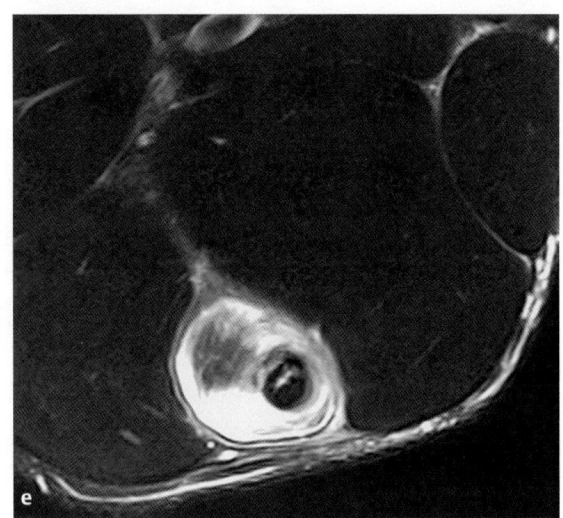

183

7. 超音波診断

> **HINT**
> 新鮮な血液には血球が多く含まれているため、受傷後すぐでは受傷後数日後よりもエコー輝度が高くなる。そのため、急性期には周囲の筋組織との区別が難しい。内出血に起因する容積の変化の有無を確認するには左右の比較が有益である。また、筋の構造を比較するのもよい。

> **HINT**
> 次の式で血腫の容積をおおよそ算出することができる：
> 縦×横×奥行き×0.5

超音波検査を通じてマーキングすれば限局性の血腫は容易に吸引することが可能となる。

記録と経過管理のために、新しい血腫はその大きさを計測するのが好ましい。横断面図と縦断面図を用いれば、限局性内出血の容積を算出することができる。

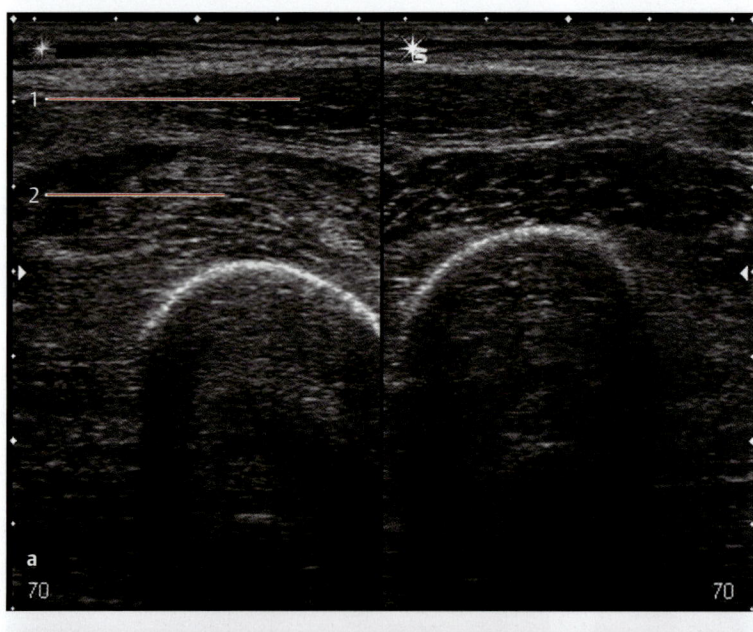

図 7.27a、b　挫傷の超音波画像と MRI 画像
a、b ブンデスリーガでプレーする 21 歳のキーパーにおける中間広筋の広範性内出血。横断面 (a) と縦断面 (b)。前日、相手選手の膝との激しい衝突に見舞われた。左右を比較すれば、内出血により筋組織の膨化が確認できる（右が正常所見）。
1 = 大腿直筋
2 = 中間広筋内の広範性内出血による筋組織の密膨化

骨格筋の超音波検査

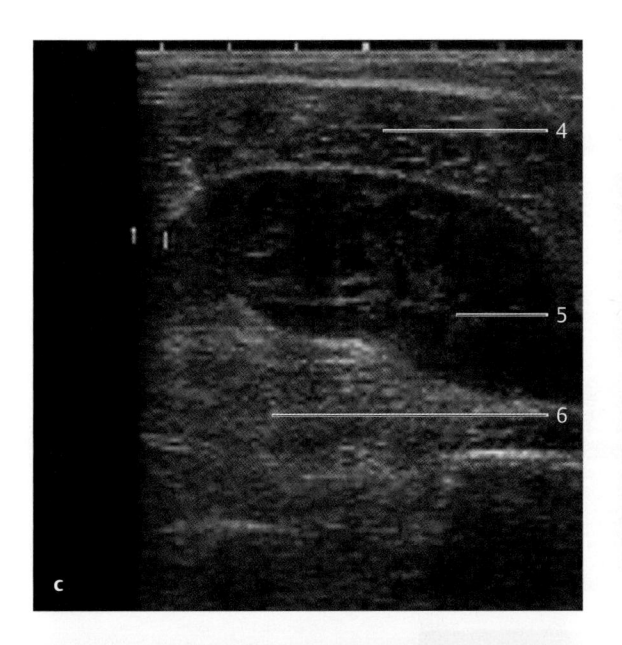

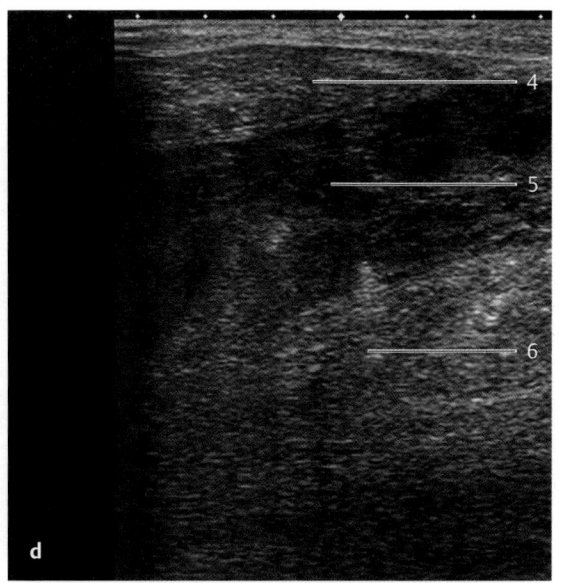

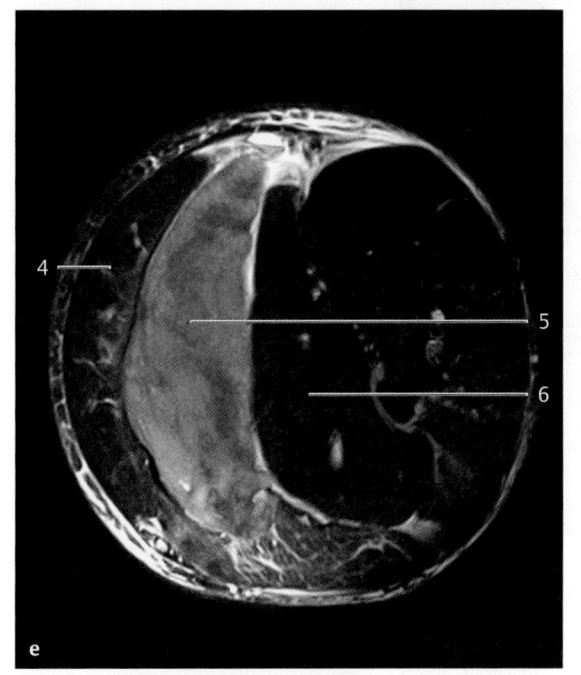

図 7.27c-f　挫傷の超音波画像と MRI 画像
c、d　腓腹筋内側頭と外側頭の筋腱移行部における大規模な腱付着部剥離に伴う腓腹筋とヒラメ筋間における重度の内出血。横断面（c）と縦断面（d）。血腫は 18 cm×9 cm×3.5 cm の大きさを持ち、コンパートメント症候群発症の恐れがあったため、緊急除去が行われた。
e、f　比較のための MRI 画像。

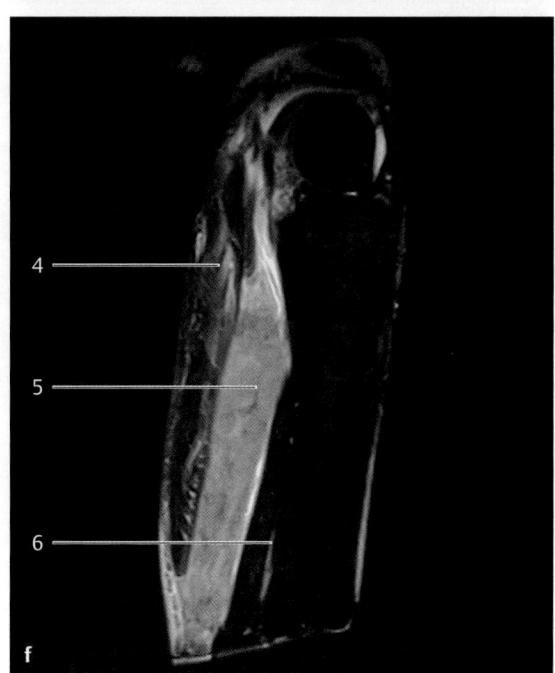

4 ＝腓腹筋、内側頭
5 ＝血腫
6 ＝ヒラメ筋

7. 超音波診断

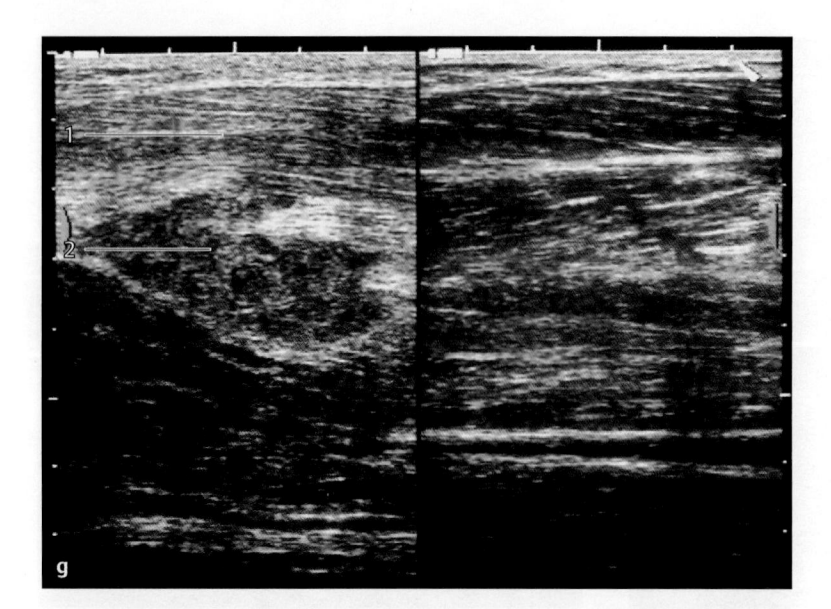

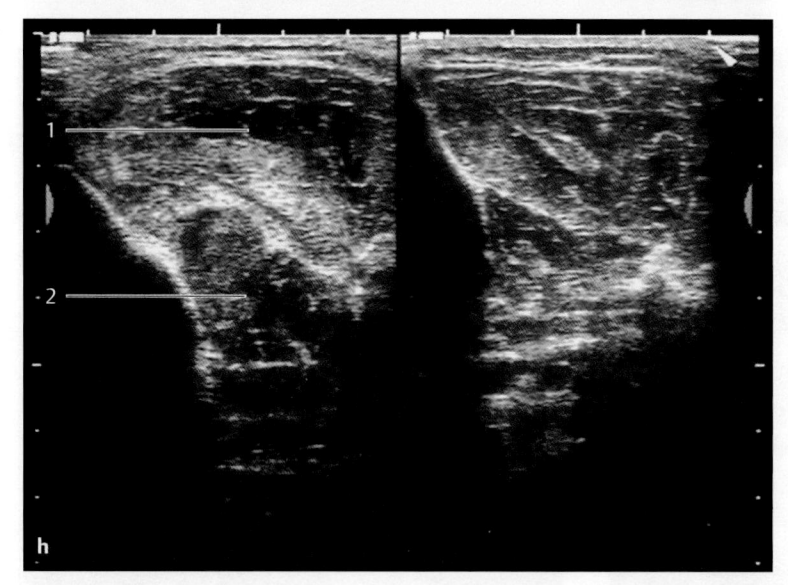

図 7.27g、h **下腿の挫傷**
g 前脛骨筋の縦断面。左画像の血腫による圧迫に注目（110 mmHg）。
h 前脛骨筋の横断面。左画像の強い圧力（110 mmHg）にさらされる前脛骨筋の筋膜は湾曲している。ただし、血腫ではなく浮腫が筋容積の増加を引き起こしている場合も多い。また皮下脂肪の厚みが増していることもしばしばである。
右画像は対側の正常所見。
1＝前脛骨筋
2＝血腫

4 合併症

の皮膜に包まれている。水腫は（新しい血腫や線維化とは異なり）エコーを返さない（図 7.28）。隔膜が存在することもある。「漿液で液状化した血腫」の超音波による識別診断は極めて難しくなることがある。

〈1〉水腫／嚢胞

〈2〉線維化／瘢痕

負傷した部位に発生する限局的な漿液の蓄積を水腫と呼ぶ。水腫は通常丸い形をしている。嚢胞はカプセル状

線維断裂の有無や、限局性あるいは広範性にかかわらず、血腫はその後結合組織の発生により線維組織に変質

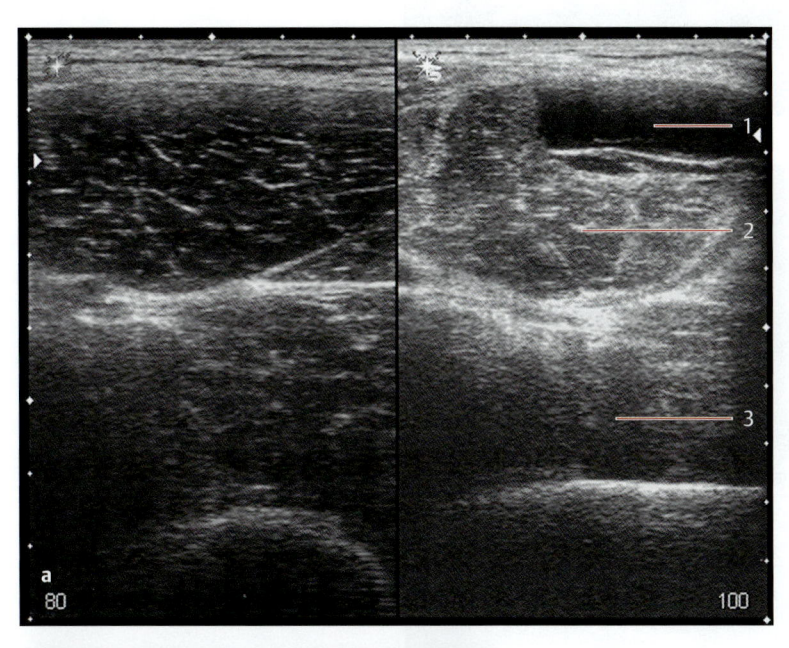

図 7.28a、b　負傷にもかかわらずメディカルスタッフから全トレーニングへの参加を認められていた 21 歳のブンデスリーガ 1 部に所属するプロサッカー選手における中隔形成を伴う大きく発展した水腫　吸引、物理療法により治療。トレーニングへの完全復帰は 3 カ月後となった。
a　横断面。左画像は対側の正常所見。
b　縦断面。
1 ＝水腫と中隔形成
2 ＝大腿直筋
3 ＝中間広筋

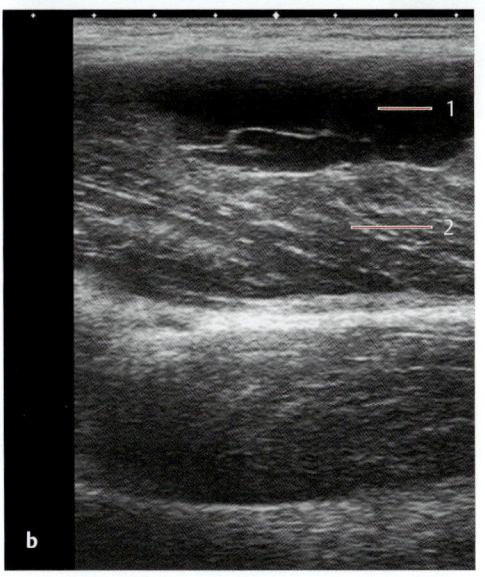

7. 超音波診断

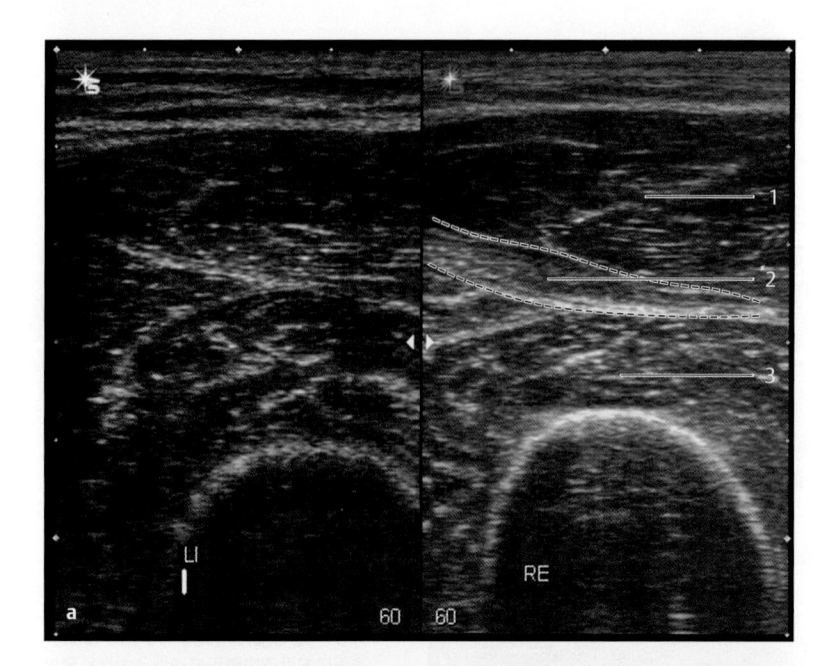

図 7.29a、b **イタリア・セリエAでプレーするプロサッカー選手におけるおそらく大腿直筋の筋束断裂と思われる古い患部に見られる大規模な線維化組織** 横断面（a）、縦断面（b）共に大腿直筋の下に発生した線維化を明確に示している。大腿直筋は部分的に線維により圧迫されている。左は対側の正常所見。
1 ＝大腿直筋
2 ＝線維化組織
3 ＝中間広筋

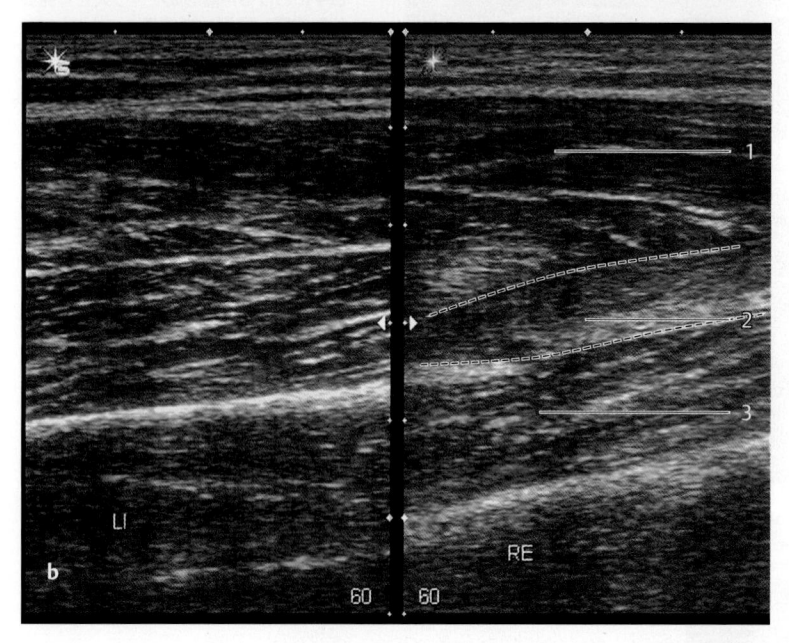

することがある。これが大小さまざまな大きさの線維性瘢痕を形成する。これは周辺組織に比べ明らかにエコーが強い。線維化は受傷部位に発生し、通常左右の比較を通じて、画像上に確認可能である（図7.29）。

〈3〉 骨化性筋炎

骨化性筋炎で現れる筋内の石灰化部位は反射シグナルが強く、またその背面では超音波が減衰あるいは消失するため、画像上明確に検出することができる（図7.30a、b）。もちろん、大きな筋内における特に小さな石灰化は見過ごされてしまうことも多い。このような病変を発見するには、落ち着いて時間をかけた入念な検査が必要である。その後の経過検査では普通、検査断面の設定は容易である。超音波検査で石灰化が発見された場合は、正確な診断のため、軟組織レントゲンも撮影するのが好ましい（図7.30c、d）。

予後を正しく評価することができるよう、骨化性筋炎の患部は厳密に計測する必要がある。周辺の組織がエコーに乏しく浮腫性である場合、これは骨化が活性化していると見なしてよい。この場合化学検査をし、骨に特異的なアルカリ性リン酸塩を検出することで、骨化を証

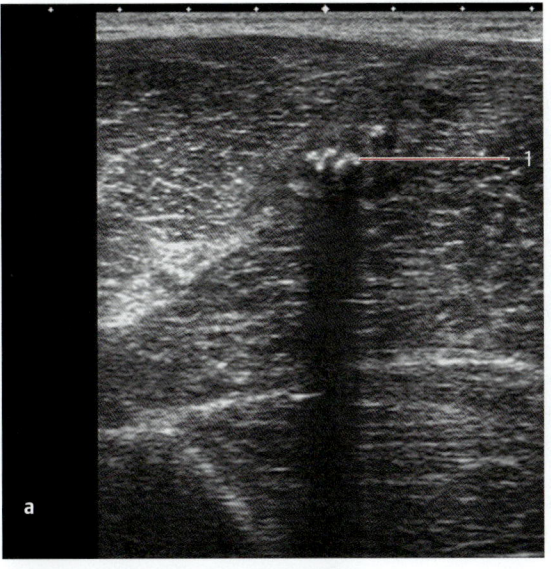

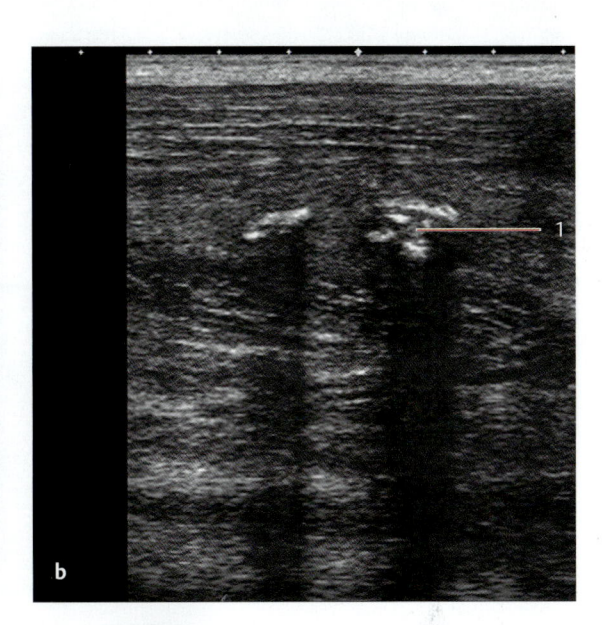

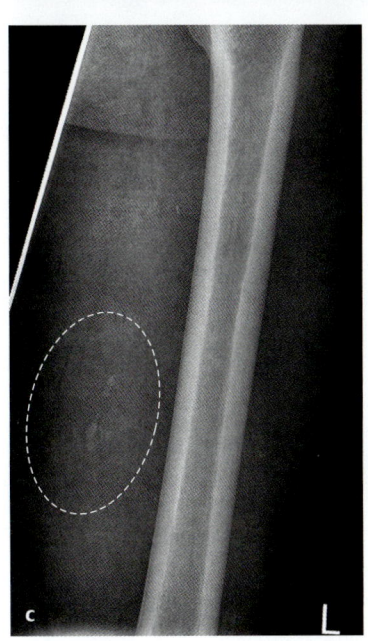

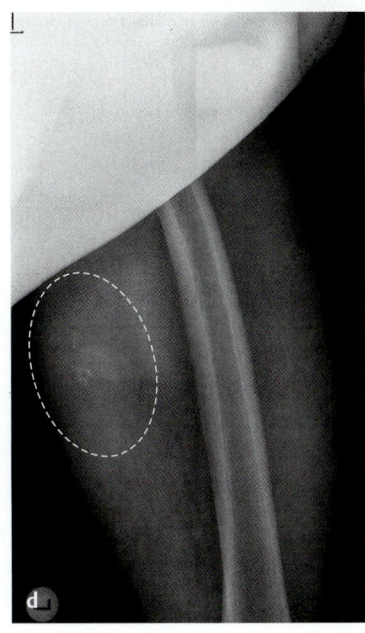

図7.30a-d　**ブンデスリーガ1部に所属する23歳のプロサッカー選手における骨化性筋炎**　3週間前に半膜様筋を広範囲に負傷。スポーツの再開が早すぎたため石灰化（1）が進んだ。エコー輝度の高さと音響陰影により、超音波検査で発見可能。
a　横断面。
b　縦断面。
c、d　石灰化の中心を見つけるにはレントゲン撮影も効果的。

7. 超音波診断

明することができる。

> **HINT**
> 限局性骨化性筋炎が発症しているかどうかの検査には、特にその初期においてMRIよりも超音波検査のほうが優れている。筋組織内の小さな患部はMRIでは見過ごされることが多い。

〈4〉 異所性骨化

異所性骨化と骨化性筋炎は明確に区別する必要がある。骨化性筋炎は筋内にのみ発生する。異所性骨化は原則的に場所を問わず、あらゆる既存の損傷部位に発生する可能性がある。本章で紹介した損傷の中で特に骨化が問題となるのは、大腿直筋（図7.31a、b）やハムストリングスの近位腱などの腱剥離である。若年者の骨盤棘部における大腿直筋の付着部腱剥離では、巨大な骨化（偽

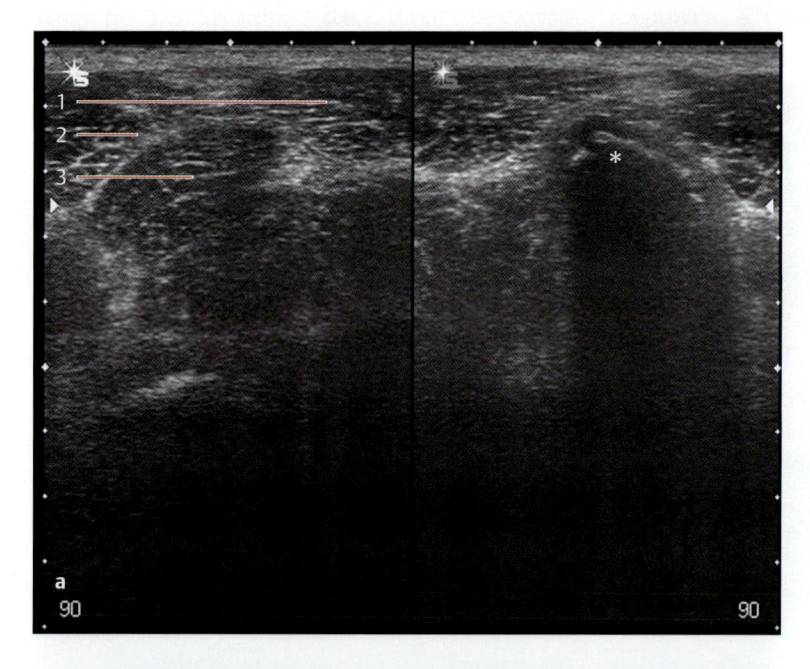

図7.31a、b　5カ月前に大腿直筋腱と反転頭の剥離が看過されていた40歳の余暇スポーツ選手における重度の異所性骨化
治療が不十分であったため、顕著な骨化片が形成された。骨化片は超音波画像ではその背後に音響陰影が現れるため、それと認識することができる。左画像は対側の正常所見。股関節の回旋運動を著しく制限していた骨化片は手術により摘出され、大腿直筋の腱は再建された。
a　横断面。
b　縦断面。
1 ＝縫工筋
2 ＝大腿筋膜張筋
3 ＝大腿直筋
4 ＝腸腰筋
* ＝異所性骨化

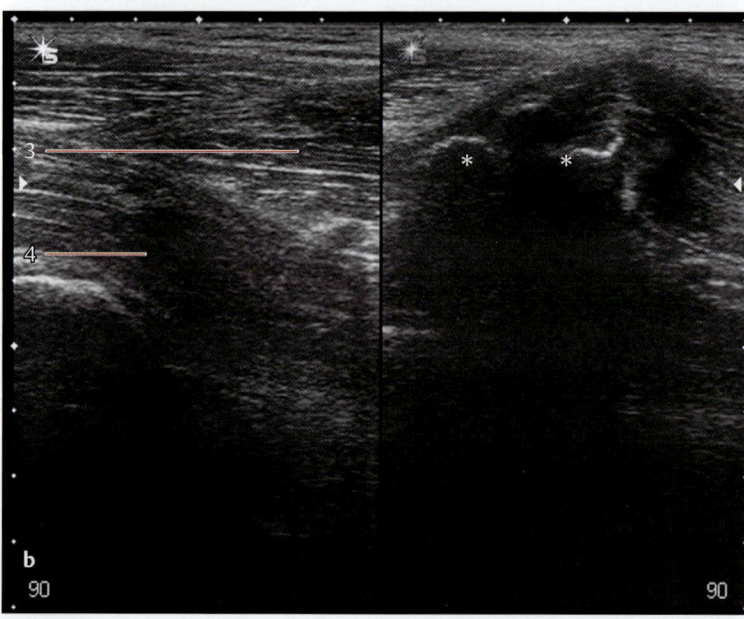

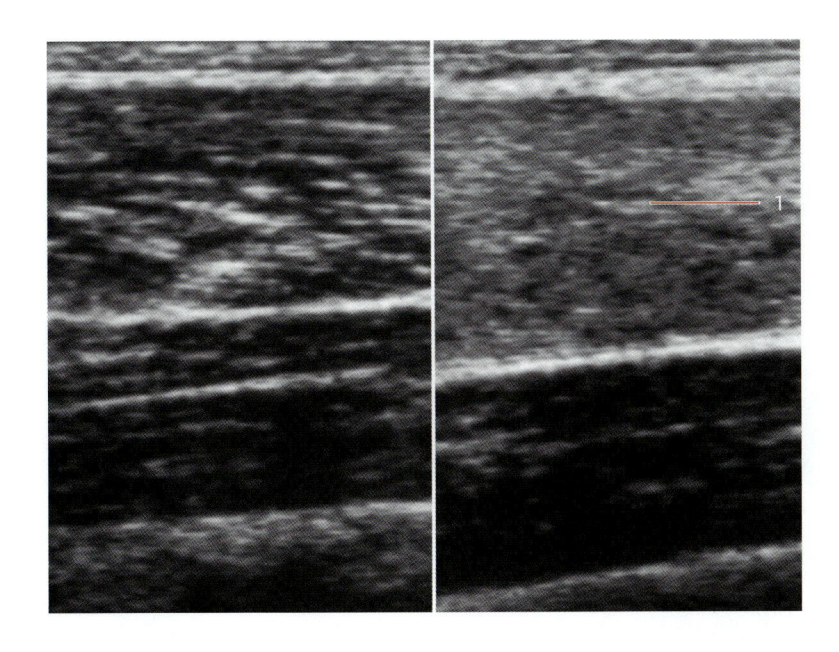

図 7.32 典型的な筋構造の損失とエコー輝度の上昇を示す挫傷後の大腿直筋コンパートメント症候群
1 ＝曇りガラスのような様相
左画像は対側の正常所見。

腫瘍）が発生することもまれではない。

〈5〉 コンパートメント症候群

（筋膜の破損を伴わない）筋内損傷、特に挫傷の後には筋内の圧力が高まりコンパートメント症候群の発症の可能性がある。コンパートメント症候群は1つの筋内に発生することもある。容積の増加、筋膜のふくらみ、エコー輝度の上昇、筋線維走行の不鮮明化などが超音波画像で確認することができる（「曇りガラス像」図 7.32：Löffler 1989 & 2005）。

臨床例

51歳の男性のこと。前日、テニスをプレー中に左ふくらはぎの内側に急激な痛みを感じた。試合は中断され、自己治療として冷湿布が用いられた。

臨床検査ではふくらはぎに特に異常は見られなかった。血腫も見当たらず、ふくらはぎの輪郭にも変化がなかった。腓腹筋に強度の圧迫痛があったにもかかわらず、足の底屈は痛みなしに可能であった。患部の触診では筋が緩んでいるような印象があったが、明確な断裂は見当たらなかった。

超音波検査では腓腹筋遠位内側に、通常存在するはずである筋線維がアキレス腱の腱膜へ移行する部分が失われ、小さな血腫の集まりが発生していることが確認された（図 7.33）。そこで検査医師は、左内側腓腹筋の遠位筋断裂と診断した。その後、MRIで撮影されたのが図 7.34 で

ある。これをもとに放射線科医はこの負傷を「筋線維に沿った帯状の血腫を伴う左腓腹筋遠位の部分断裂。遠位腱移行部にまで及ぶ。アキレス腱の近位部には損傷が見られない。腓腹筋の筋膜、特に腓腹筋とヒラメ筋の間に軽度の内出血」と（付加的に）診断した。

患者には上記の超音波検査医師の診断が伝えられ、治癒には最低6週間が必要であると説明された。治療スキームは次のように決定された：

- 3回のメピバカイン、アクトベジン、トラウメールを用いた局所注入浸潤療法。これには筋に沿って8ヶ所施術
- 緩和作用を持つ亜鉛化軟膏包帯
- ヒールパッド
- 酵素の経口投与
- 徒手リンパドレナージュを即座に開始
- 1週間のスポーツ禁止
- その後エルゴメータートレーニングの開始

痛みはすぐに解消し、当初は治癒も順調であった。3週間後、（痛みがないこともあり）患者は不注意から道端にたまった雪の山を飛び越えようとしたが、この時患部に再び痛みが走った。超音波検査では、腓腹筋内側の筋束が明らかに近位方向に移動し、新たな内出血が発生していることが判明した（図 7.35）。

その後、血腫の吸引が繰り返され、圧迫包帯も用いられたが、完全な解消には至らず、受傷部に線維性瘢痕が残る結果となった（図 7.36）。ただしこれにより運動機能が制限されることはなかった。初期受傷の12週間後、患者は通常通りのスポーツ（テニス、ジョギング）ができるようになり、その6ヵ月後にも再発はなく、痛みも生じなかった。

7. 超音波診断

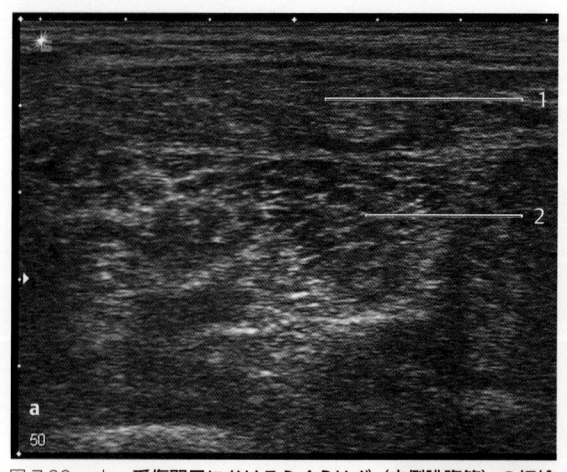

図 7.33a、b **受傷翌日におけるふくらはぎ（内側腓腹筋）の初検査** 負傷に起因するみみずばれ（血腫）が見え、また腓腹筋遠位の鋭角な腱移行部が失われていることも明確に確認できる。

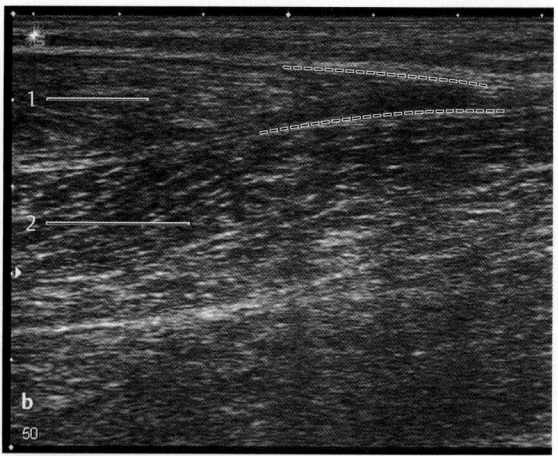

a 横断面。
b 縦断面。
1 = 腓腹筋
2 = ヒラメ筋

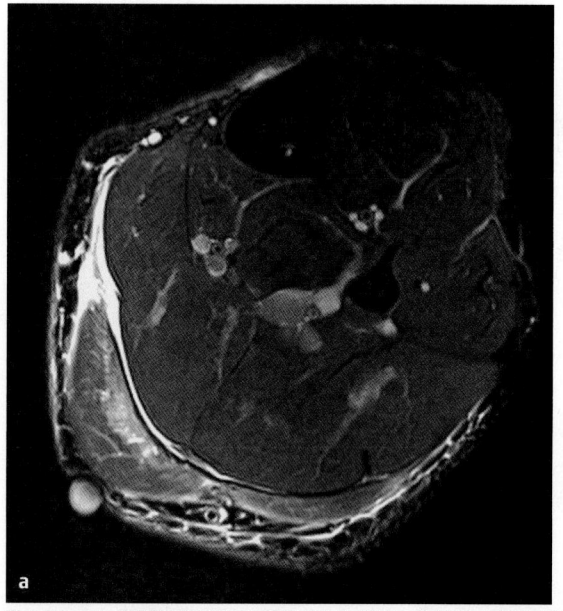

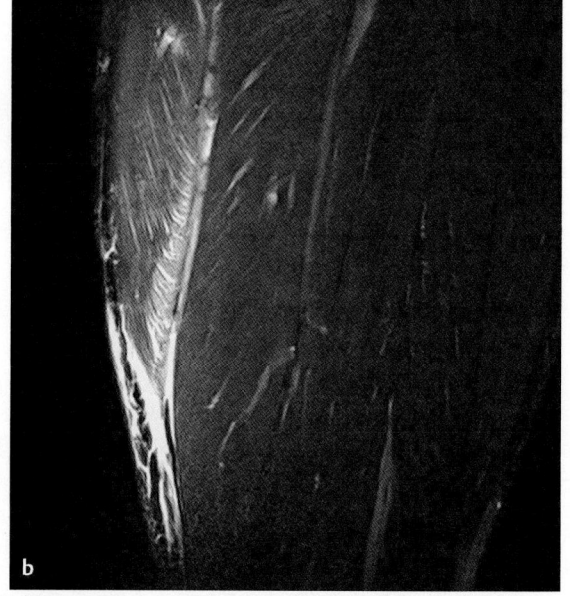

図 7.34a、b **受傷翌日の MRI 検査**（本文参照） 横断面（a）と縦断面（b）。

192

合併症

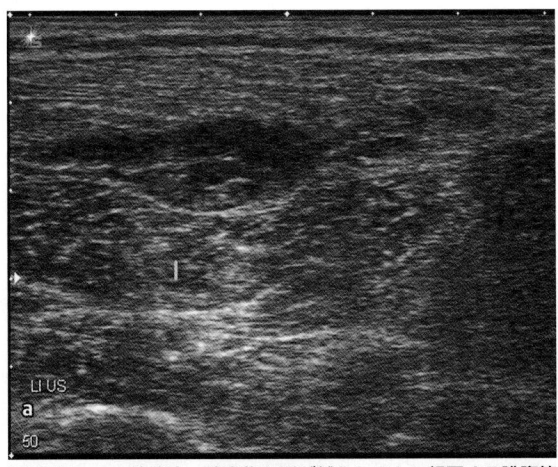

図7.35a、b　治療中、障害物を飛び越えたことに起因する腓腹筋内側の退縮と広範囲に広がる血腫

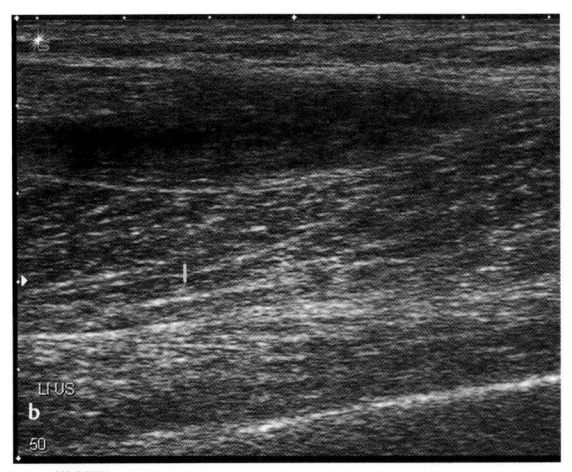

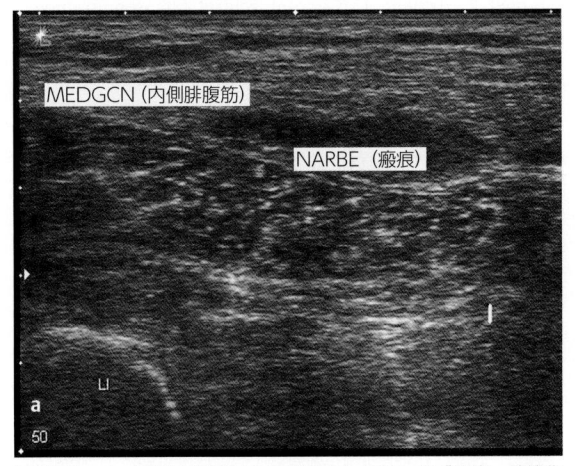

a　横断面。
b　縦断面。

図7.36a、b　吸引と圧迫による治療にもかかわらず瘢痕・線維化した血腫

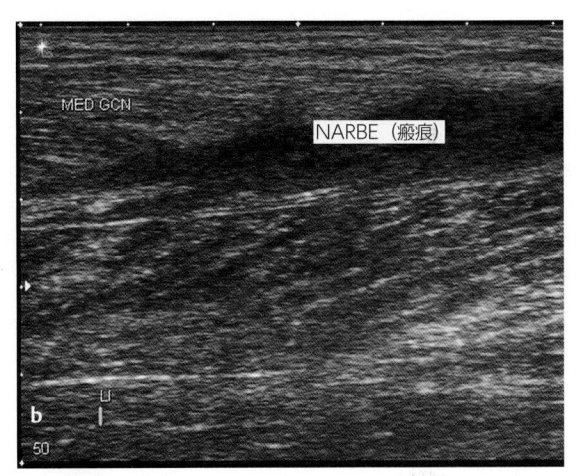

a　横断面。
b　縦断面。

193

7. 超音波診断

筆者による注釈 この章では数多くの画像が紹介されているが、これらはすべて6カ月以内（本書の計画が始まってから、草稿の提出まで）に撮影されたものである。このことからも、著者らが日常いかに多くのかつ多様な筋損傷を診察しているかが明らかであろう。

参考文献

Betthäuser A, Bartschat T. Wertigkeit bildgebender Verfahren am Hüftgelenk des Sportlers. Sportorthopädie Sporttraumatologie 2003; 19: 322-327

Bily W, Kern H. Diagnosis, first aid and Classification of muscle injuries in sports medicine. Sportverletz Sportschaden 1998; 12: 87-93

Campbell SE, Adler R, Sofka CM. Ultrasound of muscle abnormalities. Ultrasound Q 2005; 21: 87-94

Dock W, Grabenwöger F, Happak W et al. Sonographie der Skelettmuskulatur mit hochfrequenten Ultraschallköpfchen. Fortschr Röntgenstr 1990; 152: 47-50

Fornage BD. The case for ultrasound of muscles and tendons. Semin Musculoskelet Radiol 2000; 4: 375-391

Gerber TA, Prim J, Michel BA. Sonographie des Bewegungsapparats. Stuttgart: Thieme; 2000: 19-20

Konermann W, Gruber G. Sonographie am Stütz- und Bewegungsapparat. 2. Aufl. Stuttgart Thieme; 2007: 27

Koulouris G, Connell D. Hamstring muscle complex: an imaging review. Radiographics 2005; 25: 571-586

Krappel F, Harland U. Current role of ultrasonography in orthopedics. Results of a nationwide survey. Z Orthop Ihre Grenzgeb 1997; 135: 106-111

Löffler L. Ultraschalldiagnostik am Bewegungsapparat. Stuttgart: Thieme; 1989

Löffler L. Sonographie in Sportverletzungen und Sportschäden. In: Engelhardt M, Krüger-Franke M, Pieper H-G, Siebert CH, Hrsg. Praxiswissen Halte- und Bewegungsorgane. 1. Aufl. Stuttgart: Thieme; 2005: 7-15

Peetrons P. Ultrasound of muscles. Eur Radiol. 2002; 12: 35-43

Reimers CD, Gaulrapp H, Kehle H. Sonographie der Muskeln, Sehnen und Nerven. 2. Aufl. Köln: Deutscher Ärzteverlag; 2004

Schünke M, Schulte E, Schumacher U. Prometheus - Allgemeine Anatomie und Bewegungssystem. Stuttgart: Thieme; 2004

Yeh HC, Rabinowitz JG. Ultrasonography and computed tomography of inflammatory wall lesions. Radiology 1982; 144: 859-863

第8章

MRI撮影

J. ベック
P. ムンディンガー
G. ルトケ

1. 解剖学的微細構造の基礎　*196*
2. MRI 診断技術と正常所見　*196*
3. 筋腱損傷の MRI 撮影　*200*
4. 合併症　*207*
5. 鑑別診断が困難なケース　*208*
6. 筋損傷の予後評価に有意な MRI 画像サイン　*209*
7. MRI による筋再損傷の危険因子の検出　*209*
8. 特殊な筋損傷　*212*
9. まとめ　*212*

8. MRI撮影

MRI撮影は、ほかの画像診断法に比べ、優れたコントラストを持つことを特徴としている。同時に、新しい世代の機器が開発される度に、空間的分解能も向上してきている。したがって、超音波検査と並んでMRIは筋損傷の評価と識別において欠かせない存在となっている(Boutin et al. 2003)。加えて、MRI撮影では互いに関連する骨と軟組織（腱、靱帯、軟骨、半月板）の損傷を一度の検査で確認することができる。本章の著者らはMRIが最も確実で、かつ用途の広い画像法であると考える。

臨床検査やほかの画像化法、特に超音波検査と併用されるMRI検査の結果は筋損傷の分類の基礎をなし、その分類に基づく治療と予後に対する評価基準となる。この時、特に重要となるのは軽傷と重傷の識別である。重傷にもかかわらずモビリゼーションが早すぎると治癒に顕著な悪影響が現れ、合併症が発症するリスクが高まるからである。一方、軽症に対する早期のモビリゼーションはほとんどの場合予後に悪影響を与えることはなく、それどころか有益であることもある。しかし、筋損傷に関する文献では、国際的にさまざまな分類法が用いられているのが現状である。本章では、一貫性を期すため、本書においてミュラー・ヴォールファートらによって初めて提案された筋損傷の新分類法を採用する（第6章「既往歴・臨床検査・分類」を参照）。

1 解剖学的微細構造の基礎

組織学的用語で筋線維と呼ばれる構造単位は、直径10-100μmを持つ多核細胞のことである。200から250の筋線維が内筋周膜と呼ばれる結合組織層により一次筋束にまとめられる。約12本までの一次筋束が外筋周膜に包まれ、二次筋束を構成する。二次筋束はその直径は1-2mm、スポーツ選手では5mm程度になり、肉眼でも観察可能である。また筋内には1つのまとまりとして動かすことができる二次筋束の集合体が存在するが、解剖学上これに対する専門用語は存在しない。「三次筋束」と呼ぶことができるこの構成単位は約1cmの直径をなし、ミュラー・ヴォールファートらの分類では「筋束」と呼ばれている（第6章「既往歴・臨床検査・分類」を参照）。この「三次筋束」が集まったものが筋となる（図1.22も参照）。

筋は筋腱移行部を介して腱になる。腱は成人やスポーツ選手にとって力の伝達における弱点をなし、過伸張による損傷が発生しやすい。小児や青年では、負荷に対する耐性が骨端軟骨において最も低いことから、剥離骨折の発生が多い。これに対して高齢者では慢性的な炎症性あるいは退行性変性により傷んでいる腱の断裂が増える。

MEMO
筋腱移行部は、成人における力の伝達系の弱点をなす。

筋が収縮と同時に伸張された場合（いわゆる遠心性収縮）、筋腱移行部は特に負傷しやすい。とりわけ、多関節筋と速筋線維を多く含む筋が受傷しやすくなっている。したがって、最も頻繁に負傷が発生するのは大腿直筋、ハムストリングス、そして腓腹筋の3つである。単関節筋、例えば内転筋群、とりわけ長内転筋でも遠心性収縮は可能である。

2 MRI 診断技術と正常所見

〈1〉診断法

現在では、MRIは画像診断法の手段として、特に整形外科と外傷学において確固たる位置を占める。MRIは位置分解能とコントラスト分解能に優れ、特に筋腱移行部の外傷では、損傷の極めて正確な位置と規模を映し出すことができる。レントゲンやコンピューター断層撮影（CT）とは異なり、MRIでは放射線に曝露されることがないため、若年者や小児の筋損傷に対しても被曝の恐れなしに活用することができる。

MRIの物理学的原理は奇数の核数を持つ原子核（陽子と中性子）の磁化特性に基づいている。ここでは、体内に含まれる元素としての水素が非常に大きな役割を果たす。強力な磁場の内部、例えば最新型のMRI撮影装置の中（地球磁場の15000から30000倍）では水素原子のスピン軸は磁場線に沿うようにしてそろう。磁気モーメントに基づき、強力な磁場におけるスピンの1部が磁場回転を起こす。機器の磁力が強まるにつれ関与スピンの比率が上昇し、その結果画質が向上する。超短波帯域内の高

周波インパルスとしてエネルギーが照射されると、磁場内のスピンの向きがエネルギー吸収を通じて変化する（共鳴）。この働きにより磁場回転と隣接水素原子に対する磁気関係が調節される。このエネルギー照射をやめると、通常の状態に戻るが、この過程は緩和（Relaxation）と呼ばれ、専用のアンテナシステム（コイル）により検出が可能である。

人体から放射された高周波シグナルに対し、その発生場所を特定するために、静磁場に上乗せする形でもう1つの磁場（勾配磁場）をかける。こうすることで、レベルやボリュームが選択的に二次元あるいは三次元の形で再現されることができる。スピンの縦緩和、スピンの隣接陽子との（水平的な）相互作用、あるいはスピン密度、これらのうち何が捕捉されるかに従い、それぞれT1強調、T2強調、あるいはプロトン密度強調検査周波数に区別され、組織の画像化においても差異的な特徴を示す。

- T1強調画像：脂肪が非常に明るく（「高強度」=「高シグナル」）、水分を多く含む構造は暗い（「低強度」=「低シグナル」）。健常な筋組織は灰色から暗灰色の組織構造（「中強度」）として写る。
- T2強調画像：ここでは水分を含む組織が極めて高強度に（明るく）写るが、脂肪組織の明るさはやや減少する。
- プロトン密度強調画像：ここでは、水分はT2強調画像よりも暗くなるが、細部の分解能は高くなる。

脂肪抑制法の使用によりMRI感度は大きく改善することができる。この方法では特殊な高周波パルスが使われ、通常明るく写る脂肪が抑制され暗く写る。そのため高シグナルの病理組織（組織液、浮腫、血液）がより鮮明に見えるようになる。したがって、正常な筋と損傷筋組織の対比が最もよく現れるのはT2強調脂肪抑制画像か、あるいはプロトン密度強調画像である。

病理変化の検出を改善するもう1つの方法は、特殊な造影剤（例えば希土類元素の1つであるガドリニウム）の静脈内投与である。この造影剤は、局所的過灌流、血管過形成、細胞外空間の拡大、毛細血管透過性の上昇などを有する組織に多く集まり、T1強調画像におけるシグナルの増加を引き起こす。

我々の研究所では、筋損傷の診断には特殊な高分解能表面コイルを備えた最新型の1.5-T-MRI（Magnetom Espree MR B15、シーメンス社、エアランゲン）が用いられる。本章で紹介する画像はすべてこの装置によるものであり、撮影にはプロトン密度強調シーケンス、T2強調脂肪抑制シーケンス、およびT1強調シーケンスが用いられている。

HINT

- 高い磁界強度（1.5Tあるいは3T）
- 高い空間分解能（適した表面コイル：図8.1）
- T2強調脂肪抑制画像はプロトン密度強調脂肪抑制画像よりもコントラストに富むことが多い（図8.2）
- 多平面における撮影：水平面は常に、加えて前額面や矢状面（図8.3）
- T1強調画像は1つの撮影面で十分

MEMO

磁場が弱い装置や不適切な検査技術、特に不十分な空間分解能や誤ったシーケンスの使用は筋損傷規模の過大評価につながることが多い。このような条件下では断裂と内出血あるいは血腫の区別がつかないからである。

⟨2⟩ 正常筋のMRI撮影

正常な筋はおおよそ均一的なシグナル強度を示すのが特徴的である。個別の筋線維を明確に区別することはできない（図8.4）。しかし筋内注入の実施により、注入液が外筋周膜内に広がり、損傷していない二次筋束のコントラストに富む画像化が可能となる（図8.4）。正常な筋でも集中的な負荷の後（約30分以内）には広範囲に及ぶシグナル変性が確認できる。これは細胞外における水分の上昇に起因している。

8. MRI 撮影

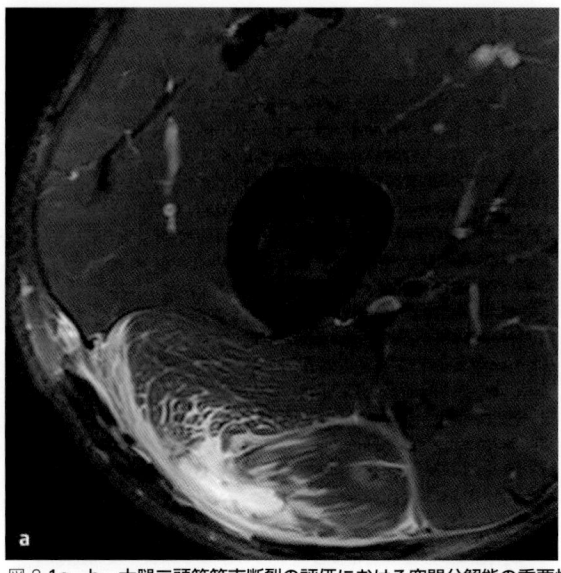

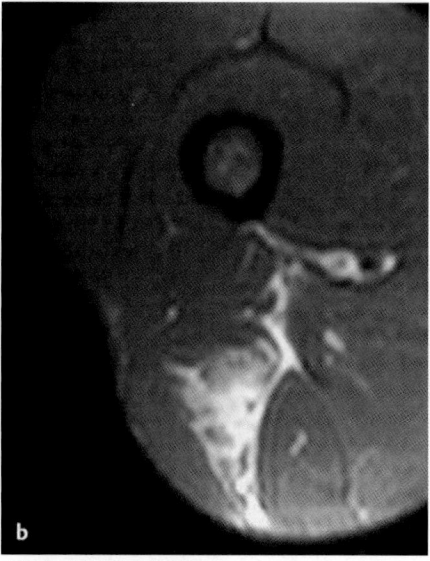

図 8.1a、b　大腿二頭筋筋束断裂の評価における空間分解能の重要性（水平面、図 8.8 も参照）。
a　適切な表面コイルを利用。空間分解能が高く、識別（筋束断裂、血腫：造影剤使用、二次筋束）が容易。
b　低い分解能。シグナルが不鮮明で識別不能。

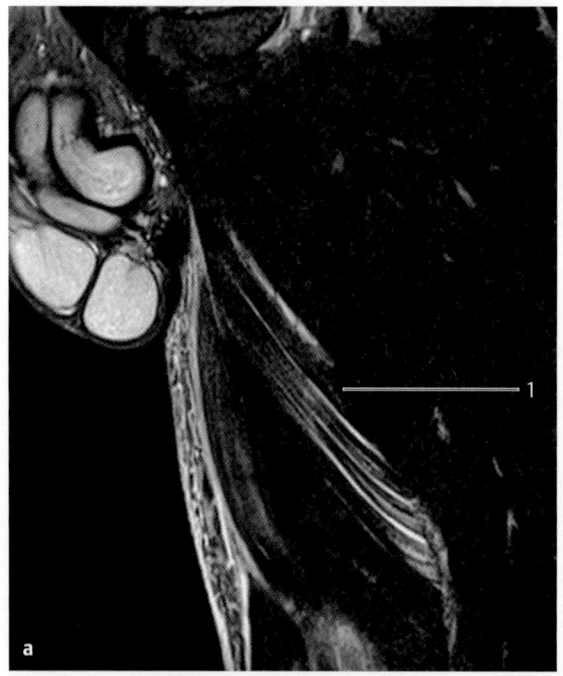

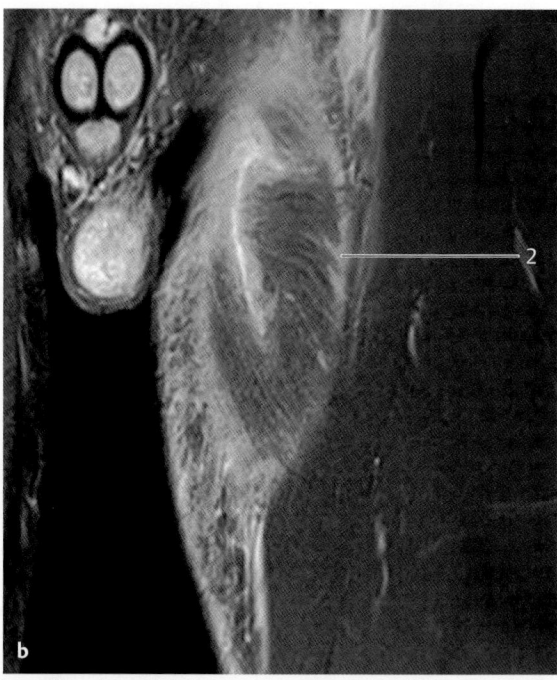

図 8.2a、b　長内転筋筋線維断裂の評価に対する強調シーケンスの重要性　浮腫による二次筋束のコントラストに富む可視化

a　T2 強調脂肪抑制画像における明確に良好な連続性(1)の可視化。斜め前額面。
b　プロトン密度強調脂肪抑制画像では二次筋束（2）があまり明確に現れていない。前額面。

MRI 技術と正常所見

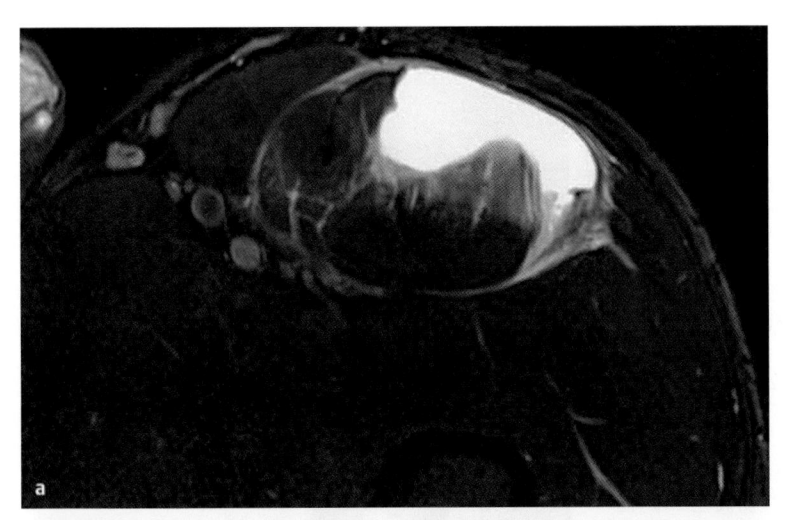

図 8.3a-c　**大腿直筋における大きな筋束断裂**　大きな損傷（筋断面の 3 分の 1 以上）、血腫、筋筋膜損傷（図 8.15 も参照）。

a　水平面。
b　前額面。
c　矢状面。

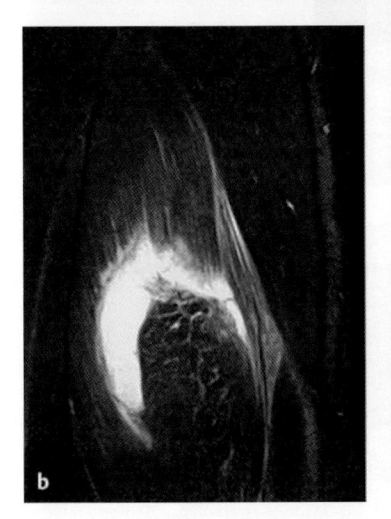

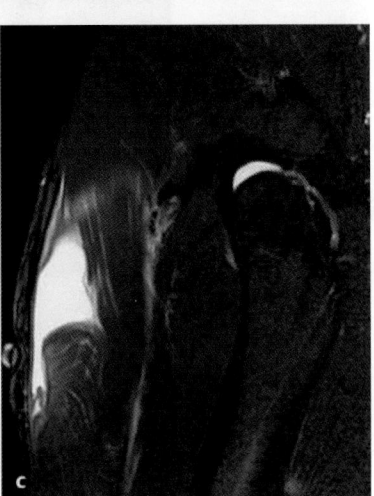

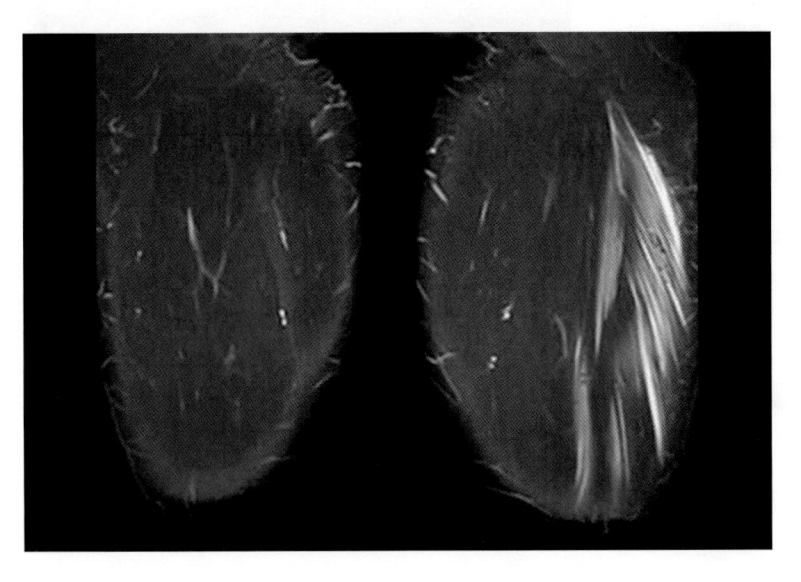

図 8.4　**疲労性筋硬化に対する左大腿直筋への筋注後の状態**　局所剤注射により、二次腱束のコントラストが上昇。浸潤されていない対側では筋が均一に写り、二次筋束の識別ができない。前額面。

199

3 筋腱損傷のMRI撮影

〈1〉 痛みを伴う筋硬化（I 型損傷）

疲労性筋硬化（Ia型）と神経性筋硬化（Ib型）の患者には基本的にMRI検査は行われない。Ia型筋硬化では（回復の早い）浮腫形成が、Ib型筋硬化では筋膜下の浮腫性のみみずばれが発生することがあるが、筋線維の連続性途絶は発生しない。

〈2〉 いわゆる肉離れ（II 型損傷）

II型損傷の場合、画像表示が可能な線維のすべて（二次筋束、直径5mmまで）において、連続性途絶が見られない（図8.5）。筋の一部分、主に外筋周膜の内側において二次筋束のすき間にわずかながら浮腫が発生しているのが見られる。高シグナルの水腫と低シグナルの筋線維がコントラスト豊かに画像化される（羽状模様）。そのため、筋腱移行部の構造障害や線維の断裂がないことが確認できる。正常な筋に筋内注入をした後も、同様の所見を得ることができる（図8.4）。II型損傷では筋内血腫が併発することもない。ただ、筋腹の周りに高エコーなスジが現れることが多い。これは筋膜の周囲に生じる浮腫である（De Smeet & Best 2000）。

二次筋束の画像化に必要な空間分解能が満たされない場合（古い装置、不適切な検査技術、不適切な表面コイルによる不十分な位置分解能：図8.2bを参照）、筋腱移行部における部分的なシグナルの増強だけが画像化される。健全な二次筋束は画像に現れないため、I型、II型、あるいはIII型損傷の識別は通常不可能である。

〈3〉 筋線維断裂（IIIa 型損傷）

血液と浮腫により二次筋束の区別ができ、断裂の規模

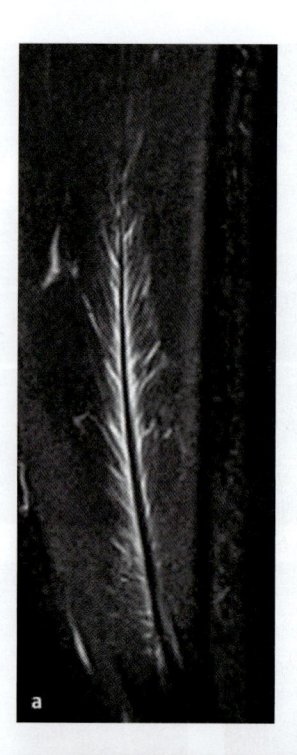

図8.5a、b　ヒラメ筋のいわゆる肉離れ　筋腱移行部における浮腫により筋束が際立って見える。すべての二次筋束が完全であることが分かる。浮腫は通常、筋の一部分にのみ発生する。

a　矢状面。
b　水平面。

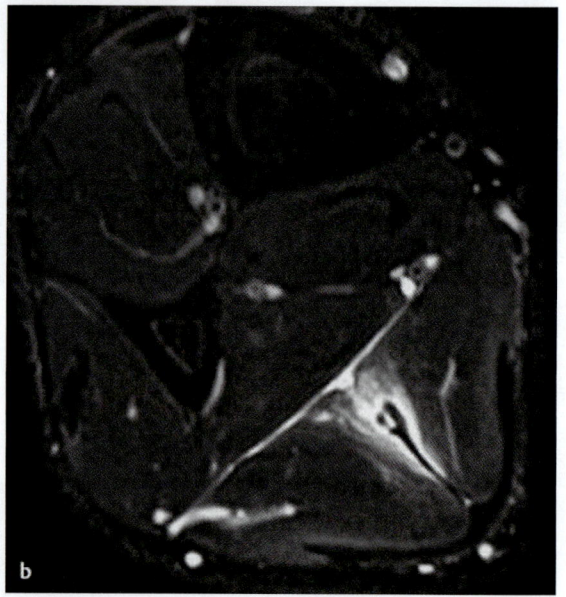

も評価することができる。すなわち、損傷の規模に従い、筋線維の一部に大小さまざまな連続性の途絶が見られる。退縮により線維の走行が波打っているように見えることもある。IIIa型損傷（筋線維断裂）では少数の二次筋束、つまり直径5mm未満の一次筋束の集まりのみが非連続性を呈する（図8.6）。通常筋内血腫が併発し、その大きさはさまざまである。初期治療（冷却と圧迫）が適切であれば、血腫の形成は最小限に抑えられる。

筋腱損傷のMRI撮影

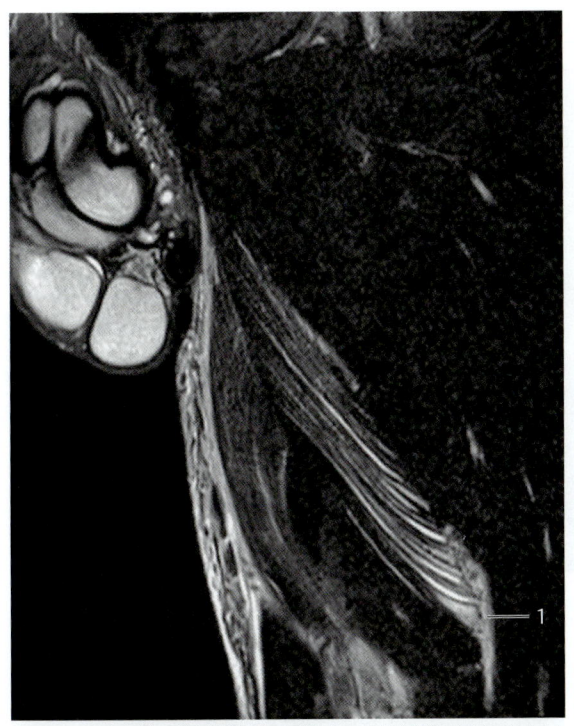

図8.6 長内転筋の筋線維断裂　浮腫あるいは血腫によりコントラストが強い。二次筋束の大部分が健全。遠位において個別の二次筋束のみが断裂している（1）。斜め前額面。

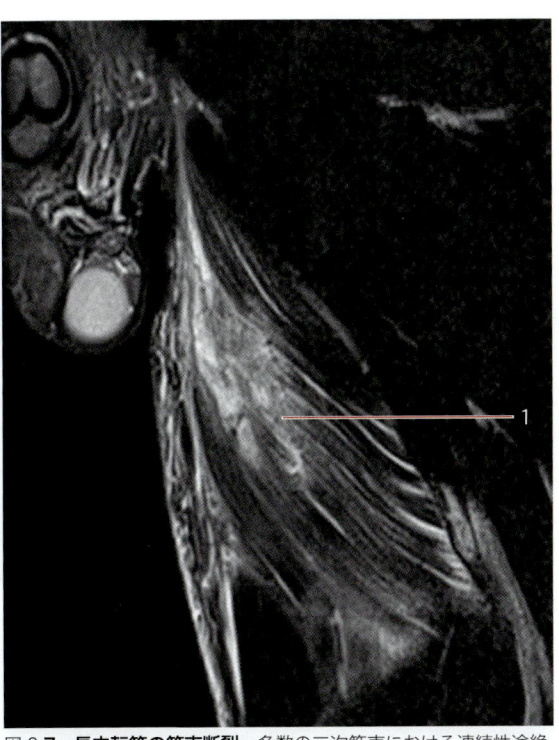

図8.7 長内転筋の筋束断裂　多数の二次筋束における連続性途絶（1）が見られる高コントラストな画像。損傷部位には血腫が形成。斜め前額面。

Caution
実際の断裂線維と、血液や浮腫による周辺反応の区別が正しく行われないと、筋線維断裂が過大評価されてしまうリスクがある。

⟨4⟩ 筋束断裂（IIIb 型損傷）

IIIb型損傷（筋束断裂、三次筋束断裂）では、多数の二次筋束からなる約1cm以上の筋束における連続性の途絶が確認できる。この種の損傷は、それが筋の全断面に対し3分の1以下の規模であるか、あるいは3分の1から3分の2の間であるか、あるいは3分の2以上に及ぶかによって、さらに分類することができる（Boutin et al. 2003）。部分的に退縮する筋部位の間に頻繁に筋内血腫が発生することが筋束断裂の特徴である。筋束断裂では普通、筋膜も破損するため、筋間血腫が発生することも多い。これは筋膜の間を遠位に向かって長く伸びるように広がっていることが多い。

筋腱移行部における筋線維の断裂を伴わない純粋に腱のみの部分断裂は、IIIb型損傷の特殊形態と見なすことができる。筋内の腱部分における連続性途絶はMRIで鮮明に画像化が可能である。このような場合、程度の差こそあれ、腱部分の縦方向への退縮が見られるのが一般的である。退縮した腱につながる断裂していない二次筋束は、血液や浮腫により可視化され、アーチ状あるいは波状の走行を示す（図8.9）。

8. MRI 撮影

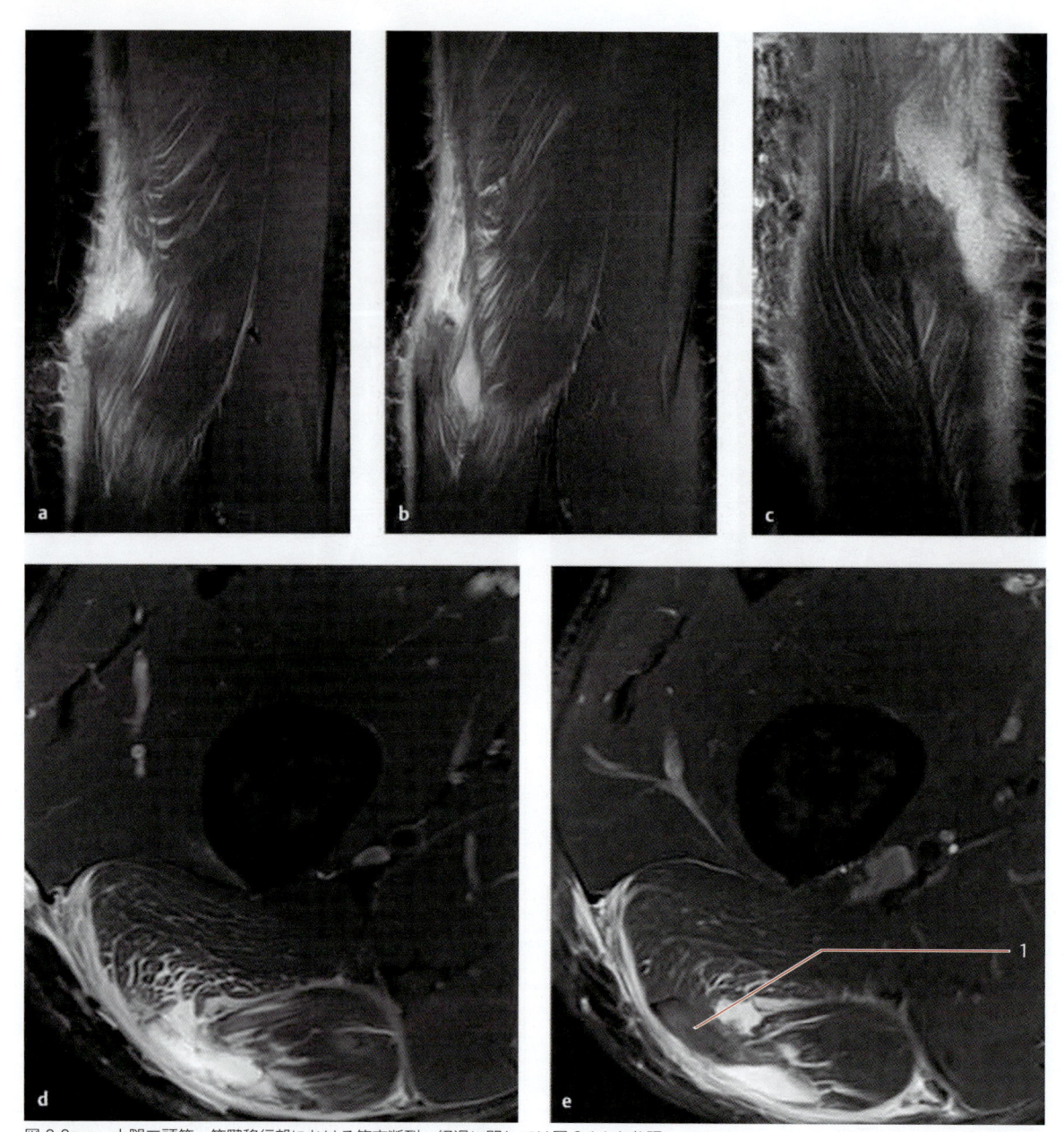

図 8.8a-e　大腿二頭筋、筋腱移行部における筋束断裂　経過に関しては図 8.14 を参照。
a、b　筋間隙と筋束逸脱を伴う退縮、血腫。矢状面

a、b　筋間隙と筋束逸脱を伴う退縮、血腫。矢状面。
c　筋腱断端前額面。

d　間隙と血腫水平面。
e　遠位部筋腱断端（1）。水平面。

202

筋挫傷、裂傷

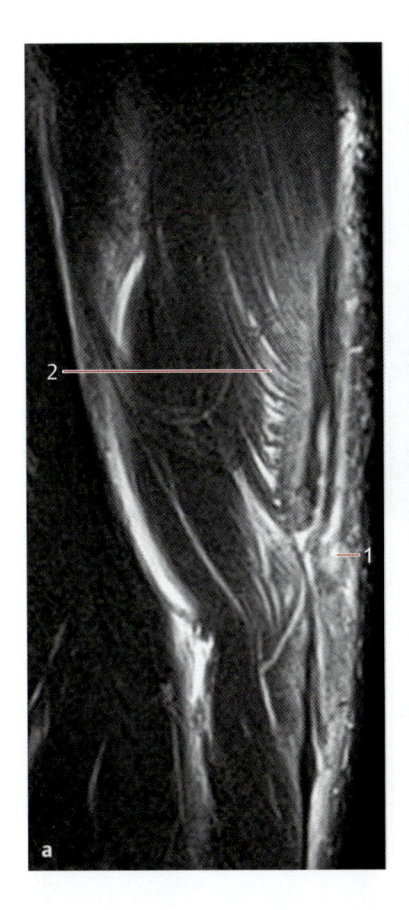

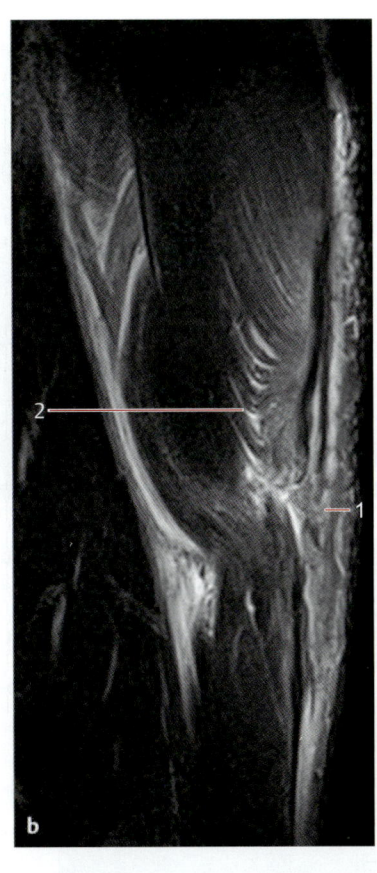

図 8.9a、b　大腿二頭筋の筋内腱断裂（筋束断裂の特殊形態）　腱内のすき間、腱端のわずかな退縮（1）。退縮により二次筋束はアーチ状に変形（2）しているが、破損はしていない。矢状面。

〈5〉 筋断裂、腱断裂、筋腱移行部における腱のみの完全断裂（IV 型損傷）

完全断裂（IV型損傷）では筋の幅全体にわたる連続性の途絶が確認される。筋線維は波状の走行を示す。断裂した線維の間には大規模な血腫が発生し、断裂部前後の両端に退縮が見られる。以下は機能的に同等の意味を持つIV型損傷の特殊形態である：

- 剥離骨折
- 骨付着部での筋腱剥離
- 筋腱移行部における筋線維の断裂を伴わない腱のみの完全断裂

外傷性の剥離骨折（機能的にはIV型損傷）は小児や若年者に現れ、一般的にレントゲンで診断可能である。転位を示さない剥離、あるいはまだ骨化していない骨突起部の転位性剥離のような特殊例は、MRI撮影によってのみ検出可能である。MRI撮影を通じて経過評価がなされる場合もある（図8.10）。腱の部分（図8.11）および完全離断（図8.12）は剥離骨折を伴うことも（図8.13）伴わないこともあるが（図8.11と図8.12）、両者ともMRI撮影で確実に診断することができる。

筋腱移行部における筋線維の断裂を伴わない腱のみの完全断裂もまた、IV型損傷として分類することができる。画像形態上の特徴は、筋腱移行部における腱のみの部分断裂と同様である。

〈6〉 筋挫傷、裂傷

傷は直接的な打撲に起因する。浮腫や広範性の内出血あるいは限局性の血腫、まれに粉砕損傷が発生し、その規模はさまざまである。地図のような変化（浮腫、血腫）を伴う筋断面の拡大がMRI画像に現れる。経過管理と記録のために、血腫の大きさを計測するのがよい。浮腫と広範性内出血により、受傷部末梢における健常二次筋束のコントラストが高くなる。挫傷の合併症には、漿液腫、骨化性筋炎や、まれではあるがコンパートメント症候群などがある（p.207を参照）。

裂傷は直接的な穿通損傷により引き起こされる。MRIには二次筋束の断裂と、浮腫あるいは血腫がくっきりと

8. MRI 撮影

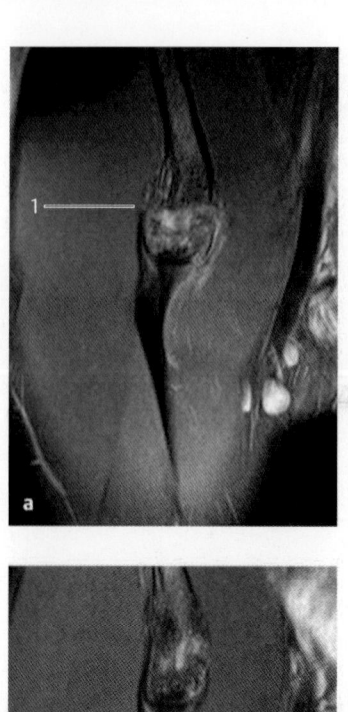

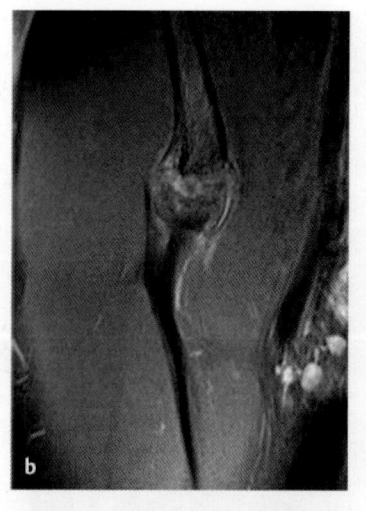

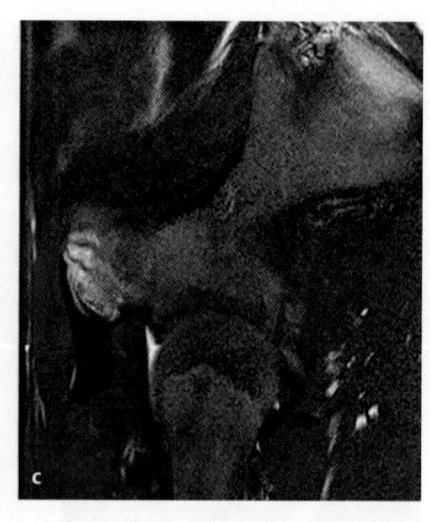

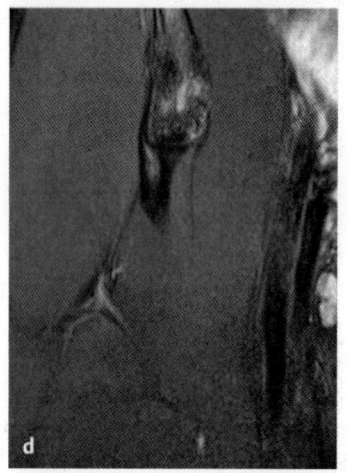

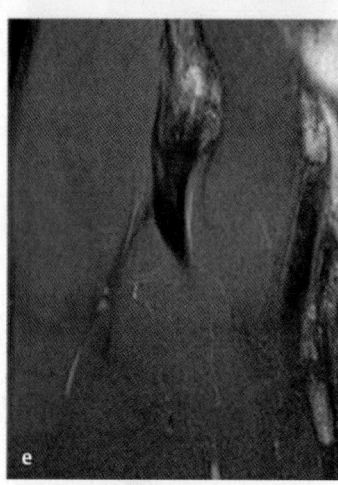

図 8.10a-e　大腿直筋（直頭）の外傷性剥離骨折とその経過

a　浮腫、内出血、わずかな裂開、傾斜、および外側への転位（1）。前額面。
b-e　6 週間の適切な治療後：再モデリング。外側骨膜が再び識別可能。前額面（b、d、e）と矢状面（c）。

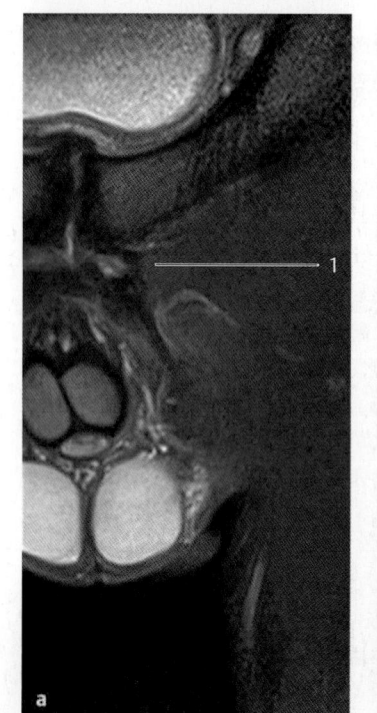

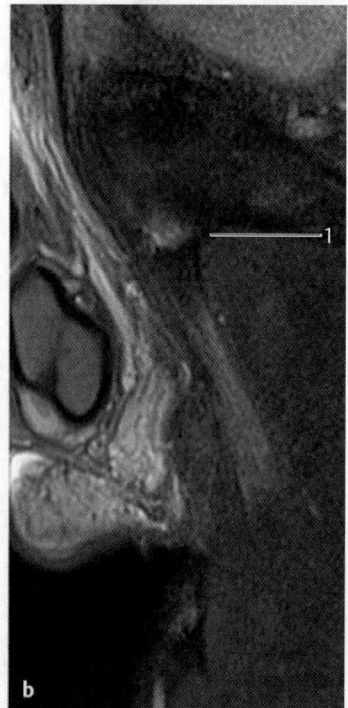

図 8.11a、b　長内転筋腱の部分剥離　外側筋束と弓状靱帯へ通じる筋束が識別可能（1）。

a　前額面。
b　矢状面。

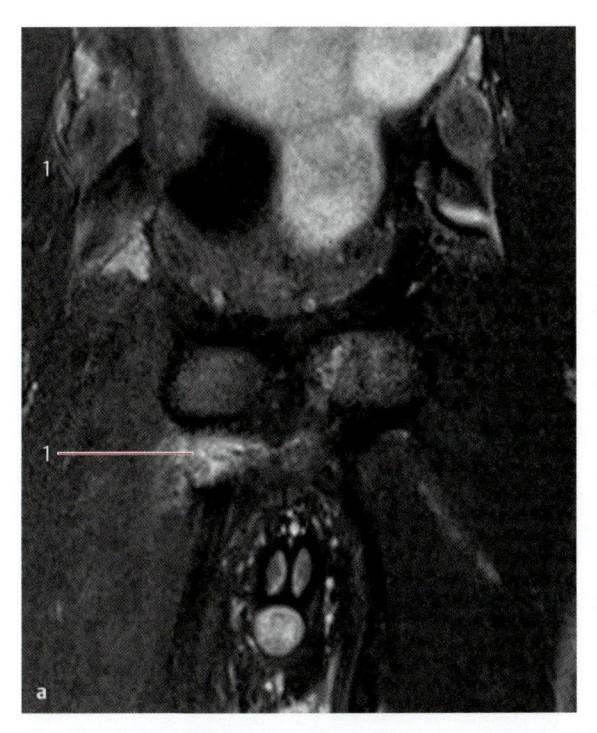

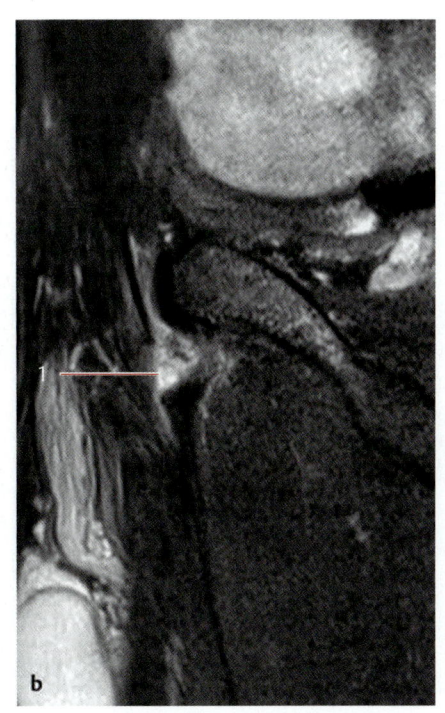

図8.12a、b　長内転筋付着部での腱の完全断裂　腱の退縮（1）、皮質は健全。

a　前額面。
b　矢状面。

写し出される。同時に筋膜も破損するため、筋ヘルニアを併発することもある。

⟨7⟩ 筋ヘルニア

　筋ヘルニアは定義上、筋膜のすき間からの筋組織の突出である。その原因は（穿通）損傷である場合もあれば、筋肥大やコンパートメント症候群による筋内圧力の上昇である場合もある。後者の場合、血管や神経が通過する部位、つまり筋膜の弱点にヘルニアが発生する。前脛骨筋の中央部あるいは下部、またはほかの下腿筋によく発生し、大腿部や前腕部に生じることは少ない。MRIでは特異的な筋の湾曲と同時に、その原因である筋膜のすき間も確認できる。軽症の場合、突出した筋部分は一般的な、ほかの筋と同等のシグナル強度を示す。まれに神経の圧迫や虚血が画像上に現れることもある。

⟨8⟩ 神経障害の影響

　アスリートでは（非凡な）肥大化した筋、ガングリオン、血腫あるいは椎間板ヘルニアなどにより絞扼性神経障害が発症することがある。MRIで障害部位が発見されることが多く、また該当する筋に対するその影響も可視化することができる。MRI撮影で証明可能な最初の変化（筋浮腫）は2-3週間後に現れる。その分布パターンは、末梢神経あるいは脊髄神経の支配領域に相当している。患部神経に病的なシグナル強度が検出されることもある。慢性の脱神経症では、脂肪浸潤を伴う典型的な筋萎縮の様相が現れる。脂肪浸潤により、T1強調画像においても二次線維がコントラスト豊かに画像化されるようになる。まれに脂肪組織の過度な蓄積に起因する仮性肥大が発生し、特徴的なMRI画像が現れる。

8. MRI 撮影

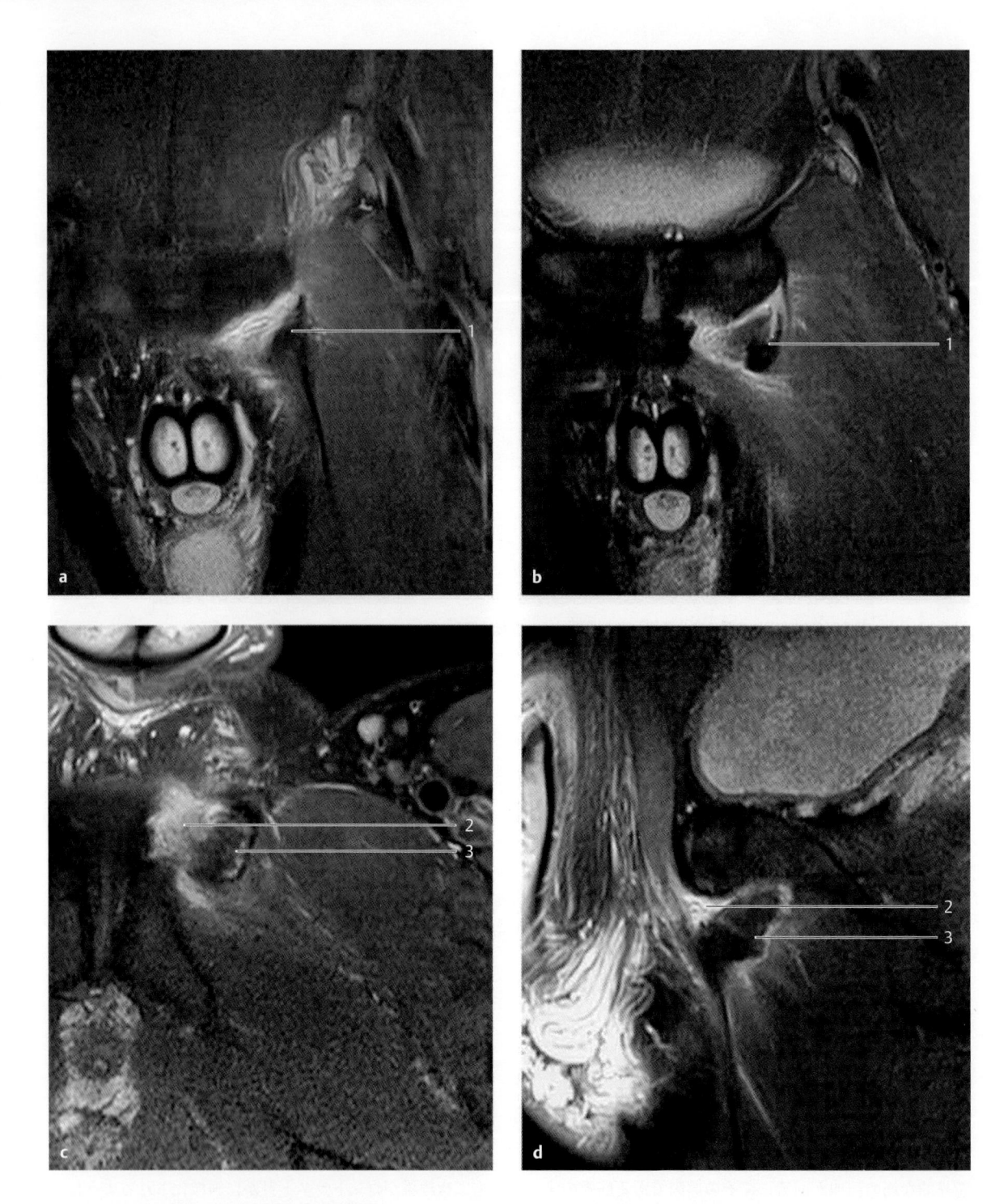

図 8.13a-d　長内転筋と短内転筋の腱付着部剥離

a、b　腱の退縮（1）。前額面。
c、d　すき間（2）と骨片を伴う腱（3）。水平面（c）と矢状面（d）。

⟨9⟩ 慢性腱炎、腱断裂

高齢者や既往歴のある腱では、純粋な腱断裂が発生することが多い。通常これには先行障害として慢性の腱炎が発症している。先行障害を持つ腱では、比較的小さな外傷が部分あるいは完全断裂を引き起こすことがある。退縮を伴わない部分的な線維断裂が部分断裂に典型的な所見である。完全断裂では線維端が退縮する。

4 合併症

⟨1⟩ 水腫／嚢胞

完全に解消することなく残留した浮腫や血腫は、水腫や嚢腫性疾患に発展することがある。これらはMRIではほかの組織と明確に区別可能な均一的な構造として画像に現れ、容易に発見できる。水腫内にはヘモグロビン分解産物が含まれ、晩期にはヘモジデリンが増える。

⟨2⟩ 線維化／瘢痕

筋腱移行部における古い大規模な損傷は、不規則に密集する瘢痕に発展することがある（図8.14）。

⟨3⟩ 骨化性筋炎

骨化性筋炎は、臨床的にも画像診断的にも3つの段階に区分することができる。第1段階は急性あるいは仮性炎症性の段階、第2段階は亜急性の段階で、これら両段階ではMRI画像に明確な所見が現れることがない（むく

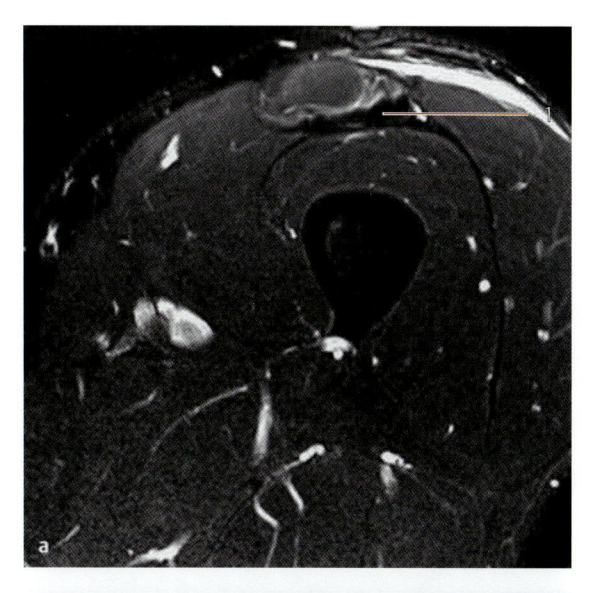

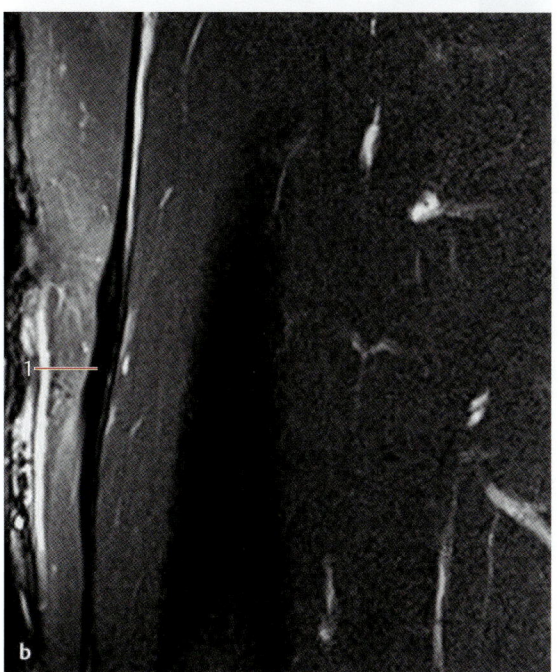

図 8.14a、b　大腿直筋の陳旧損傷　線維化（瘢痕片）と筋内における腱の厚化（1）。

a　水平面。
b　矢状面。

み、シグナルの変化を見せる不明瞭な部位、造影剤撮影、海綿状の中央部分における次第に強くなる脂肪化）。第3の慢性期に至ると筋組織内に異所性の石灰化が現れ、周辺組織から際立って見える。これは進行するに従い次第に小さくなり、近隣の骨部と明確に区別できる。この骨化には皮質海綿状の分化が特徴的である。MRI画像には低シグナルの皮質骨の周辺と中心に低シグナルの骨梁と海綿状の脂肪が現れる。識別診断では炎症性プロセスと

腫瘍性プロセスを区別する必要がある。これらを明確に区別するには一般に生検検査が有効であり、これに通常のレントゲンやCTによる検査を加えるのもよい。これらの検査により、カルシウム蓄積の開始（障害開始の数週間後）を検出することができる。これが後に特徴的な骨形成に発展する。

〈4〉 異所性骨化

骨化性筋炎の慢性化とはすなわち筋内における異所性骨化と同じである。このような骨化は、腱剥離や血腫などの後、さまざまな筋外部位に発生することもある。

〈5〉 コンパートメント症候群

臨床およびMRI撮影により、外傷性の顕著な内出血に起因するタイプと、過負荷に起因する機能性のタイプとを識別することができる。血腫、浮腫あるいは筋腫大により、患部コンパートメントが拡大するのが常である（May et al. 2000）。健常な筋膜内における急性の内出血などにより圧力が高まり、血管が圧迫され、筋の壊死が始まる。その後筋膜のすき間から筋ヘルニアが発生することもある。

内出血による病的なシグナル強度が特徴的であり、症状が進むと脂肪化や線維化、異栄養性石灰化、筋萎縮による容積の減少、さらには筋膜の肥厚が見られる。複合的な筋損傷と静脈血栓症あるいはリンパ浮腫は鑑別診断により区別することができる。通常、血栓症では静脈の閉鎖が検出される。リンパ浮腫は基本的に皮下脂肪組織に現れ、その分布パターンは通常、筋コンパートメントには関与しない。

5 鑑別診断が困難なケース

〈1〉 筋浮腫像

外筋周膜内における液体や血液により筋束が可視化されるのは筋損傷に限ったことではなく、筋痛（遅発性筋痛、Delayed Onset Muscle Soreness [DOMS]：Evans et al. 1998、Marqueste et al. 2008）でも同様である。この症状でも負荷の数時間から数日後に筋内浮腫が発生する。遅発性筋痛に起因するMRI上のシグナル変化はしかし、長期化し約3週間程度時持続することがある（Fleckenstein et al. 1989）。

同じような画像パターンは虚血性、壊死性、炎症性、感染性、あるいは腫瘍性の疾患でも現れる（May et al. 2000）。骨化性筋炎、コンパートメント症候群、皮下脱神経性筋萎縮、ならびに感染性または自己免疫性の筋炎などの初期においても、同様の筋浮腫像が見られる。術後や放射線照射後、あるいは静注などによっても同様の筋線維像が現れる可能性もある。さらに、皮膚筋炎や多発性筋炎では骨盤と大腿部において左右対称な発症が特徴的であるため、分布パターンが識別に役立つことも多い（May et al. 2000）。放射線照射後はその広がりは照射域に限定されている。

> **MEMO**
> 筋浮腫のMRI画像パターンは限定的なものではなく、さまざまな症状である可能性があるため鑑別診断が必要である。脂肪性萎縮（下記参照）の像もまた、同じような形態を呈するが、適切な検査方法を用いることで鑑別が可能である。

〈2〉 脂肪性萎縮像

正しい治療がなされなかった腱断裂や慢性の神経障害などに起因する脂肪性の筋萎縮もまた、萎縮した筋束の高コントラストの画像として現れる。脂肪性筋萎縮と筋浮腫の識別は以下の基準を持って評価する：

- 脂肪抑制シーケンスを用いるだけでも、脂肪性変性の有無が確認できる場合がある。
- 脂肪組織の確実な同定はT1強調パルスシーケンスによって可能である。T1強調画像は検査過程において少なくとも1つの撮影面において常に撮影される必要がある。
- 腱断裂後の筋萎縮は受傷後10日後には始まり、4週

- 間後には治癒が不可能になる。
- 脂肪性変性により、二次筋束は萎縮し、細くなる。

脂肪浸潤の画像パターンは慢性の脱神経や、コルチコステロイドの投与時にも現れる。

> **HINT**
> 補足的なT1強調画像により、筋浮腫（p. 208を参照）と脂肪性変性の画像パターンの識別が容易になる。

〈3〉占拠性病変像：血腫、腱剥離骨折

占拠性病変の画像パターンは主に血腫の形成や骨化性筋炎、腫瘍形成、感染性膿瘍、寄生虫感染、あるいは筋サルコイドーシスなどで現れる（May et al. 2000、Bonvin et al. 2008）。筋内あるいは筋間血腫は通常6週間から8週間で吸収される。古い血腫は周囲に造影剤が集まり、嚢胞のような画像として可視化される。古く、部分的にしか吸収されていない血腫や横紋筋腫のような腫瘍の検査の際に、鑑別診断が困難となる場合がある（下記参照）。また、筋内注射と血腫も区別される必要がある。

脂肪が良性あるいは悪性の脂肪腫と血腫の指標となる。組織の同定は脂肪抑制シーケンスを含む複数のMRI撮像シーケンスの同時使用により行うことができる（Palmer et al. 1999）。水腫の内部における反射は血腫、膿瘍、あるいは壊死が存在している証拠である。

静注造影剤が吸収されていない場合、悪性の腫瘍である可能性は低い。一方、周縁部に造影剤が吸収されている場合は、古い血腫が存在することを示唆している。異質な出血性腫瘍内に現れる造影剤を多く取り込んだ結節は、悪性腫瘍、肉芽組織、あるいは骨化性筋炎が存在している証拠となる（May et al. 2000）。ただし、造影剤は体液貯留内へ拡散し、造影剤を含む結節と見分けがつきにくくなることもある。したがって、造影剤の静注後すぐに高速なパルスシーケンスを用いる必要がある（Boutin et al. 2003）。

主に亜急性あるいは慢性の腱剥離、また時にはそのほかのスポーツ傷害においても、腫瘍形成（骨肉腫、軟骨肉腫）や感染性障害（膿瘍）を鑑別する必要が生じることがある。この場合、静注造影剤を用いても画像化による鑑別は非常に困難であることが多い。そのため、臨床診察や経過管理、および研究室検査を利用する必要がある（Bonvin et al. 2008）。間隔の比較的短い経過管理や、（可能であれば）以前の撮影との比較をすることで、生検検査を回避できる場合が多い。

6 筋損傷の予後評価に有意なMRI画像のサイン

筋損傷が疑われるケースにおいて、MRIにより異常な所見が見つからない場合に比べ、損傷の証拠が発見された場合は、それだけでも予後にとっては好ましくない判断の要因となる（Verrall et al. 2003、Gibbs et al. 2004）。断裂面の大きさ、筋損傷の長さとサイズなどの要素とリハビリテーションの期間の関連は既に証明されている（Slavotinek et al. 2002, Gibbs et al. 2004）。ミュラー・ヴォールファートらによる筋損傷の分類、特に筋線維断裂（IIIa型）と筋束断裂（IIIb型）の分類においてこの事実が重要視されている（第6章「既往歴・臨床検査・分類」を参照）。

大腿四頭筋の損傷で、大腿直筋の起始腱が損傷している場合、そのリハビリテーション期間は特に長くなる傾向がある（Cross et al. 2004）。しかし、大規模な損傷（図8.15、図8.3も参照）であっても、最適な治療が行われた場合には、迅速で良好な治癒が期待できる（図8.16と図8.17）。外傷性剥離骨折の治癒経過は図8.10に示した。

7 MRIによる筋再損傷の危険因子の検出

MRI撮影で記録された陳旧損傷はその規模にしたがって、同じ筋群における再損傷のリスク要因となる。このことは例えばハムストリングスに対して検証されている（Verrall et al. 2001）。例えば筋断裂の縦の長さは、筋損傷の再発リスクの多さと関連している。再発した断裂部は、初回の断裂よりも規模が大きくなることが多い（Kouloris et al. 2007a）。筋腱移行部の陳旧損傷では瘢痕が残ることが多いが、これはMRI撮影により証明することができる（p. 207と図8.14も参照）。

8. MRI 撮影

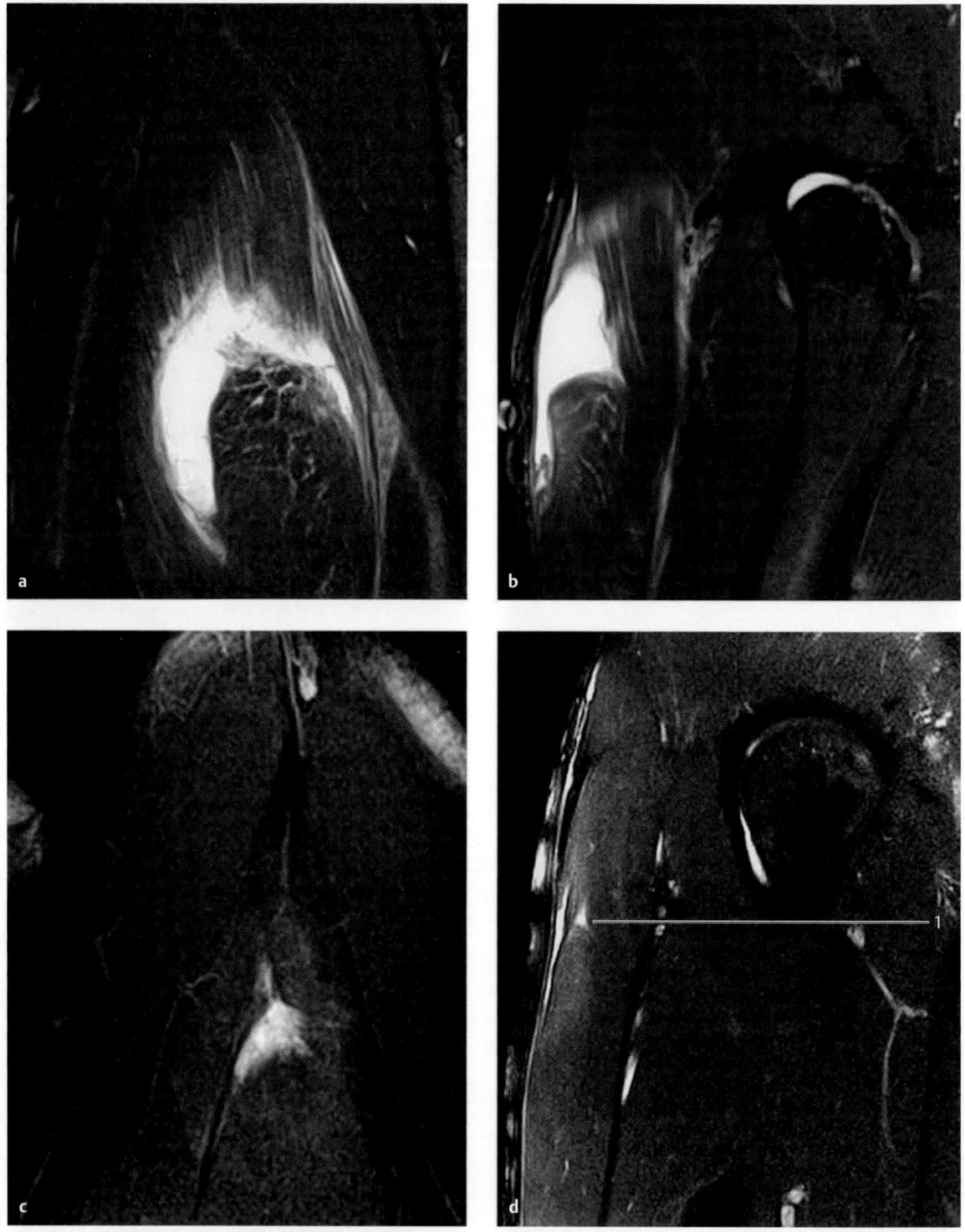

図 8.15a-d　大腿直筋における大規模な筋束断裂とその経過　(図 8.3 も参照)

a、b　筋腱移行部の大規模損傷、血腫、筋と筋膜の解離。前額面 (a) と矢状面 (b)。

c、d　7 週間の適切な治療後。小さな水腫が残存しているが経過は良好 (1)。前額面 (c) と矢状面 (d)。

MRI 画像による筋再損傷の危険因子の検出

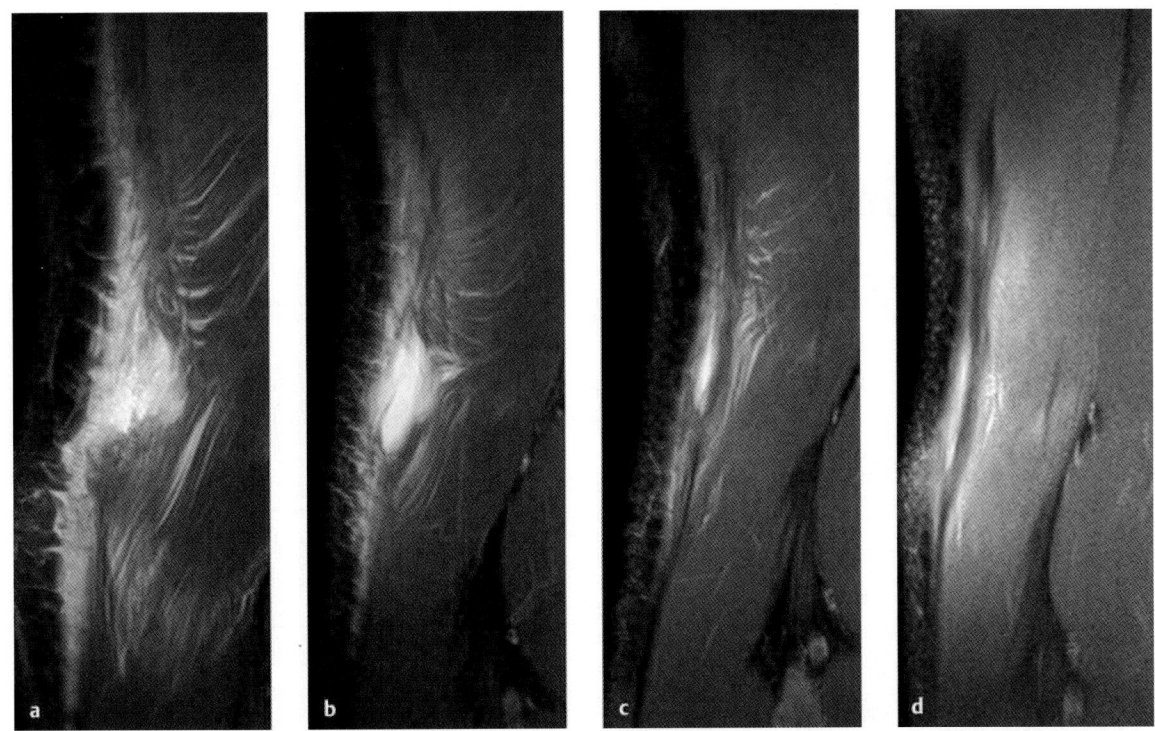

図 8.16a-d　**筋腱移行部における大腿二頭筋の筋束断裂**　適切な治療後の経過コントロール。血腫が退行し、その空間に線維化が進む。前額面。

a　急性期、受傷の翌日。退縮、筋間隙、筋束逸脱、そのほかの画像は図 8.8 を参照。
b　受傷 10 日後の経過コントロール。
c　受傷 31 日後の経過コントロール。
d　受傷 6 週間後の経過コントロール。受傷部は低シグナルの線維質で閉じられている。

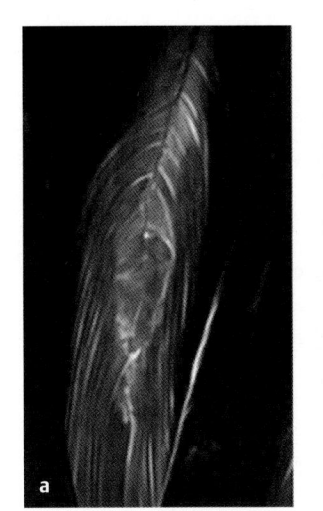

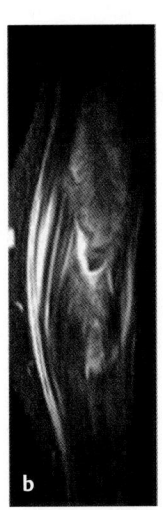

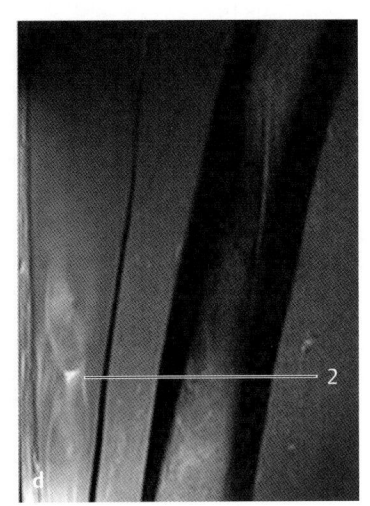

図 8.17a-d　**大腿直筋の大規模な筋束断裂と適切な治療後の経過評価**

a、b　1 日目。筋腱移行部中央の連続性途絶と血腫。波状に退縮した近位腱。退縮した腱にアーチ状につながる正常な二次筋束。前額面（a）と矢状面（b）。
c　3 週間後の経過コントロール（1）。矢状面。
d　6 週間後の経過コントロール（2）。矢状面。

211

> **MEMO**
> 再断裂は通常、最初の断裂よりも大規模になる。

8 特殊な筋損傷

〈1〉 大腿四頭筋

　大腿直筋が最もよく受傷する（Cross et al. 2004、Oulette et al. 2006、Gyftopoulos et al. 2008）。大腿直筋の起始腱は2つに分かれていることが特徴的である。1つは下前腸骨棘に始まる縄のような腱（直頭）、もう1つは寛骨臼前外側上縁と股関節のカプセルに始まり多様な形状を持つ腱膜（反転頭）であり、後者が特に負傷リスクが高い（Ouellette et al. 2006）。これが約2cm下方で1つの共通腱に合流する。

　直頭はさらに下方で前方筋膜に融合し、反転頭は筋腹へとつながる（Gyftopoulos et al. 2008）。その筋腹、腱、および受傷部は明確に区別できることを図8.18に示す。（そのほかの大腿直筋の損傷については図8.3、図8.10、図8.14、図8.15と図8.17を参照）。

〈2〉 ハムストリングス

　二頭筋群（図8.1、図8.8、図8.9と図8.16を参照）、半膜様筋（図8.19）、そして半腱様筋からなるハムストリングスは、ランナー（Askling et al. 2007b）、ダンサー（Askling et al. 2007a）、ジャンプ選手、サッカー選手において負傷が多く、中でも特に二頭筋の長頭がリスクが高い（De Smet & Best 2000、Slavotinek et al. 2002）。この筋群は股関節を伸展し膝関節を屈曲する。2つの関節にまたがるため、特に負傷しやすい。またハムストリングスには速筋線維が多く含まれていることも負傷リスクを高める要因となっている。

　典型的な損傷は、この筋群では非常に長くなっている筋腱移行部における部分断裂である。断裂は起始部と停止部だけでなく、筋腹にも発生することがある。部分あるいは完全剝離、小児では剝離骨折が主に発生するのは、坐骨粗面の二頭筋と半腱様筋の長頭の共通起始部である（Kouloris & Connell 2005）。シュパガート（前後開脚座）運動におけるゆっくりとした伸張により、特徴的な負傷が発生することがある（Askling et al. 2007a）。

〈3〉 長内転筋

　長内転筋に典型的な損傷は近位腱剝離であるが（図8.11、図8.12、図8.13を参照）、筋線維断裂（図8.6）や筋束断裂（図8.7）が起きることもある。

〈4〉 腓腹筋

　腓腹筋（図8.20、図8.21）だけでなく、ほかの下腿後方の筋、つまりヒラメ筋（図8.5）、足底筋、および膝窩筋も同時に受傷していることがある。テニスプレーヤー、スキー選手、ランナーが腓腹筋の内側頭に負傷することが最も多い（Kouloris et al. 2007b）。成人のアスリートが負傷するのはほとんどの場合筋腱移行部であり、その大半は部分断裂である（Bencardino et al. 2000、Verrall et al. 2003、Kouloris et al. 2007b）。

〈5〉 まれな筋

以下の筋が含まれる：
- 上半身：大胸筋（Zvijac et al. 2006）
- 骨盤と下肢：
  ○ 腸腰筋（Bui et al. 2008）
  ○ 大腿方形筋（O'Brien & Bui-Mansfield 2007）

ここに挙げた筋における損傷の評価は、本章で紹介した基準に準ずる。

9 まとめ

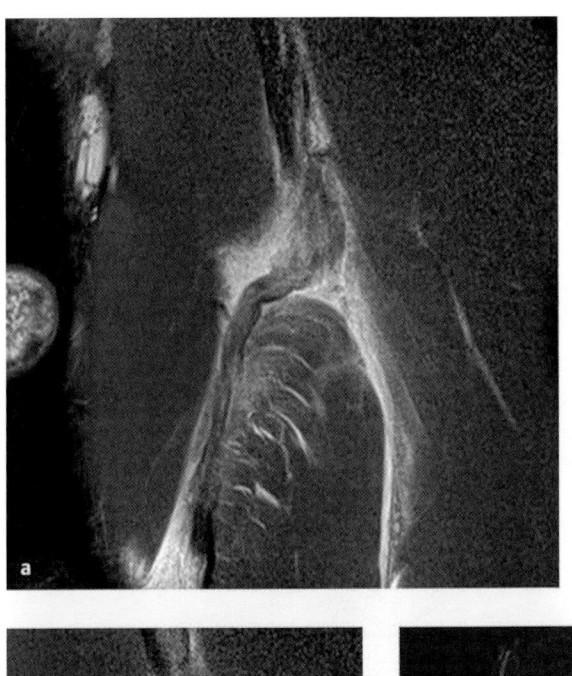

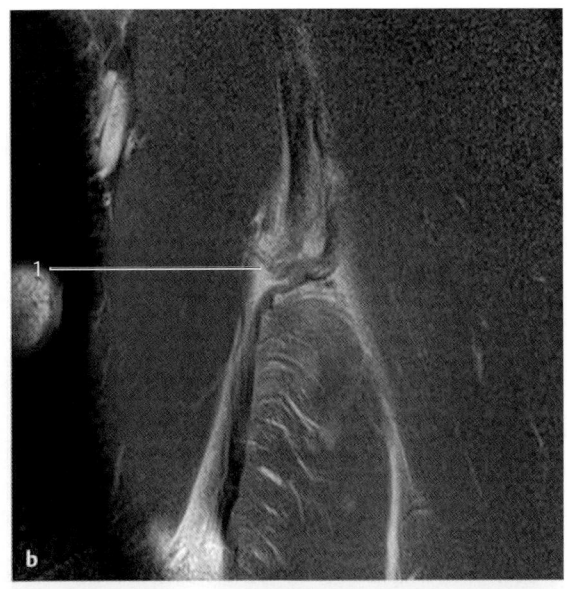

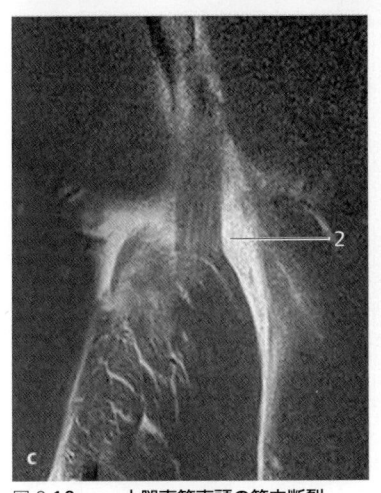

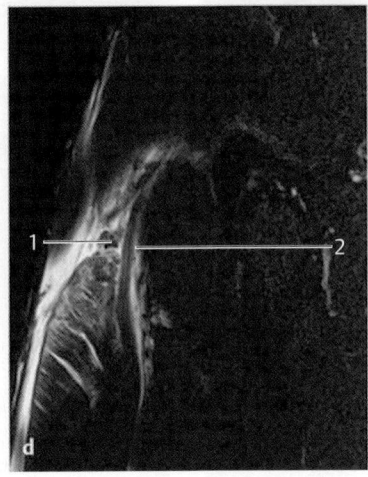

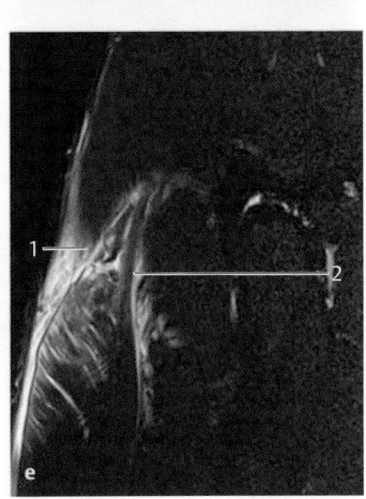

図 8.18a-e 　大腿直筋直頭の筋内断裂

a、b 　直頭における腱の亜完全断裂（1）。前額面。
c 　　 反転頭の腱（2）。前額面。
d、e 　矢状面。

1 ＝直頭の腱
2 ＝反転頭の腱（大部分が健全）

まとめ

　MRIは現在、筋骨格系の画像化、特に筋損傷の検査において欠かせない存在となっている。優れた空間分解能と正しいシーケンスが選択されている限り、この筋骨格系放射線医学技術により筋腱部における損傷の確実な分類が可能となるだけでなく、1度の検査過程で骨と関節も含めた周辺構造の病変も同時に完全に把握することが可能となる

8. MRI 撮影

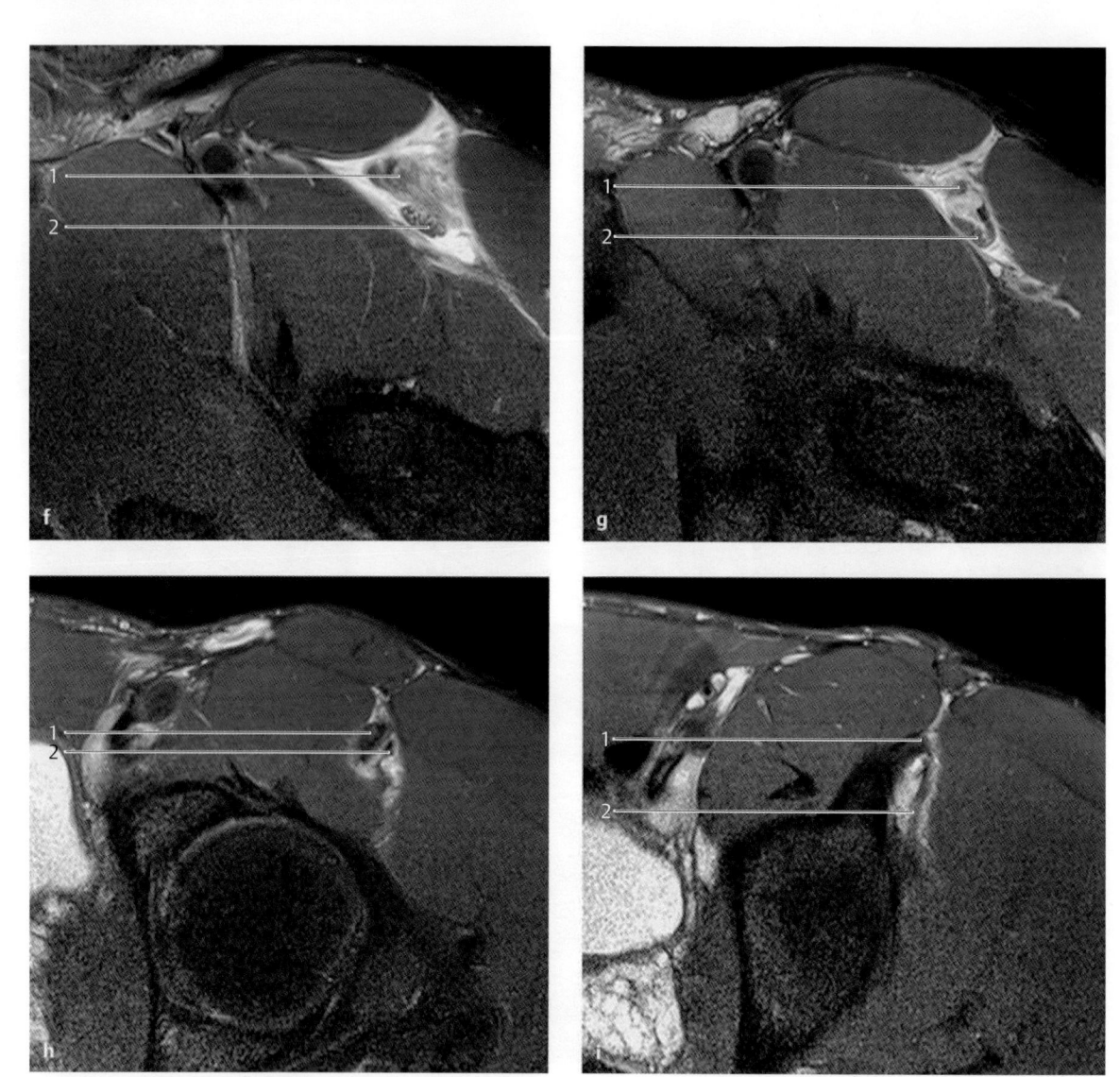

図 8.18f-i 大腿直筋直頭の筋内断裂

f-i 水平面画像（遠位から近位）。直頭の遠位端（f）、直頭内の間隙（g）と直頭の近位端（h）。寛骨前外側における反転頭の骨膜部分解離（i）。
1＝直頭の腱

1＝直頭の腱

まとめ

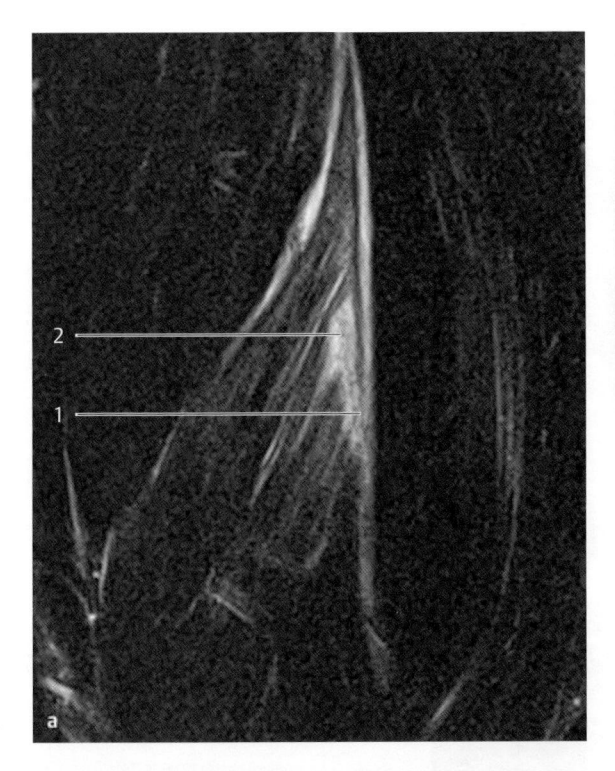

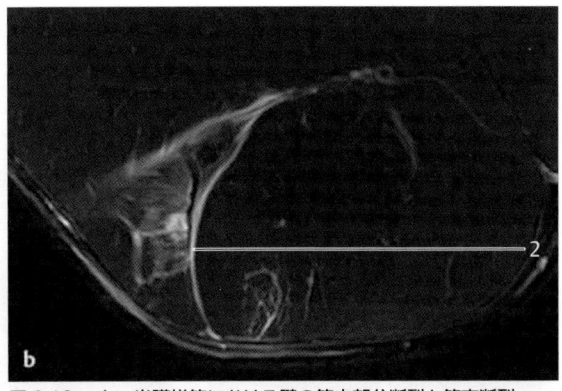

図 8.19a、b　半膜様筋における腱の筋内部分断裂と筋束断裂

a　前額面。
b　水平面。

1＝筋内腱の部分断裂
2＝限局性筋腱解離

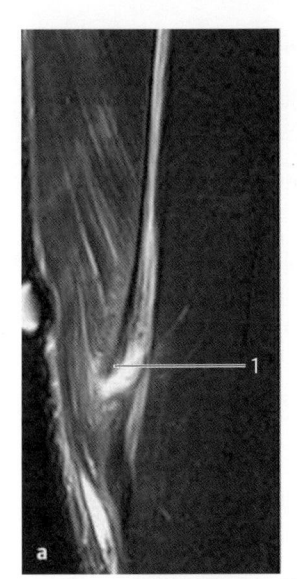

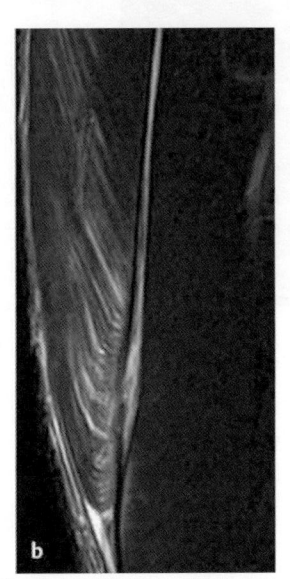

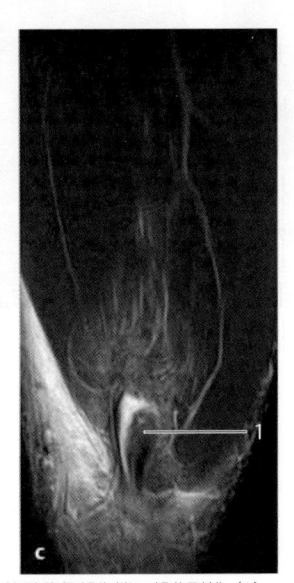

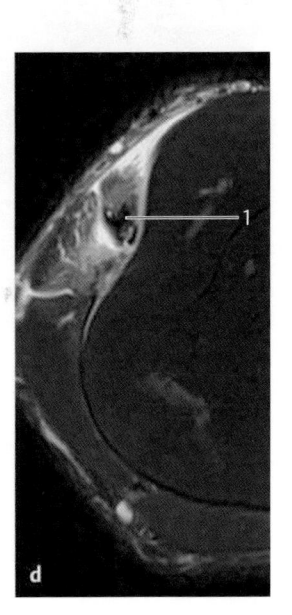

図 8.20a-d　内側腓腹筋の筋束断裂と遠位筋腱移行部の限局性断裂　筋腱移行部先端の部分剥離（1）。

a、b　間隙、退縮、血腫（a）。矢状面。
c　　　前額面。
d　　　水平面。

215

8. MRI 撮影

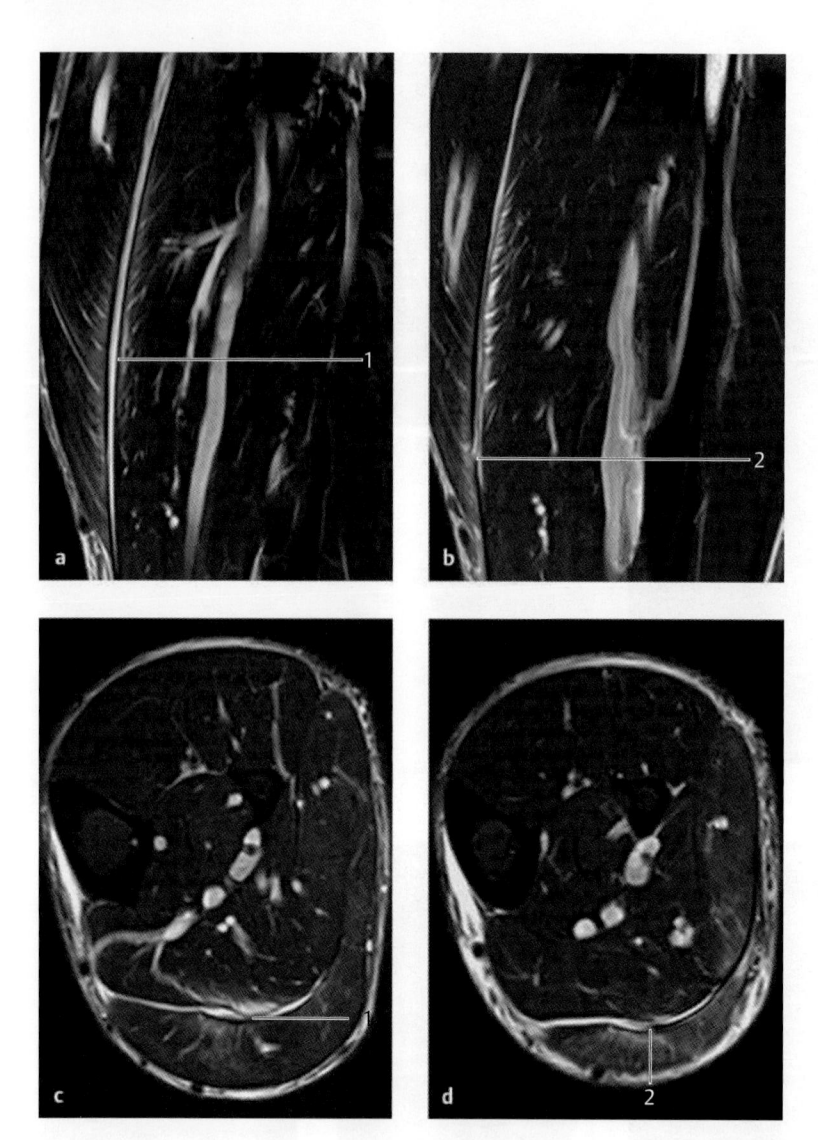

図 8.21a-d　内側腓腹筋の遠位筋内腱における限局性の亀裂に相当する筋束断裂　二次筋束はすべて健全。

a、b　前額面。
c、d　限局性筋腱解離（c）。水平面。

1 ＝大部分健全な筋内腱
2 ＝限局性断裂

参考文献

Askling CM, Tengvar M, Saartok T et al. Acute first-time hamstring strains during high-speed running. Am J Sports Med 2007a; 35: 197-206

Askling CM, Tengvar M, Saartok T et al. Acute first-time hamstring strains during slow-speed stretching. Am J Sports Med 2007b; 35: 1716-1724

Bencardino JT, Rosenberg ZS, Brown RR et al. Traumatic musculotendinous injuries of the knee: diagnosis with MR-imaging. RadioGraphics 2000; 20: S103-S120

Bonvin A, Racloz G, Hoffmeyer R. Muskuloskeletal tumours misdiagnosed as sports injuries. Rev Med Suisse 2008; 184: 2750-2753

Boutin RD, Fritz RC Steinbach LS. Imaging of sports-related muscle injuries. Magn Reson Imaging Clin N Am 2003; 11: 341-371

Bui KL, Ilaslan H, Recht M et al. Iliopsoas injury: an MRI study of patterns and prevalence correlated with clinical findings. Skeletal Radiol 2008; 37: 245-249

Cross TM, Gibbs N, Houang MT et al. Acute quadriceps muscle strains: magneticresonance imaging features and prognosis. Am J Sports Med 2004; 32: 710-719

De Smet AA, Best TM. MR imaging of the distribution and location of acute hamstring injuries in athletes. AJR 2000; 174: 393-399

Evans GFF, Haller RG, Wyrick PS et al. Submaximal delayed-on-set muscle soreness: correlations between MR imaging findings and clinical measures. Radiology 1998; 208: 815-820

Fleckenstein JL, Wheatherall PT, Parkey RW et al. Sports-related muscle injuries: evaluation with MR-imaging. Radiology 1989; 172: 793-798

Gibbs NJ, Cross TM, Vcameron M et al. The accuracy of MRI in predicting recovery and recurrence of acute grade one hamstring muscle strains within the same season in Australian rules football players. J Sci Med Sport 2004; 7: 248-258

Gyftopoulos S, Rosenberg ZS, Schweitzer ME et al. Normal anatomy and strains of the deep musculotendinous junction of the proximal rectus femoris: MRI features. AJR 2008; 190: W182-W186

Koulouris G, Connell D. Hamstring muscle complex: an imaging review. RadioGraphics 2005; 25: 571 -586

Koulouris G, Connell D, Brukner P et al. Magnetic resonance imaging parameters for assessing risk of recurrent hamstring injuries in elite athletes. Am J Sports Med 2007a; 35: 1500-1506

Koulouris G, Ting AYI, Jhamb A et al. Magnetic resonance imaging of injuries to the calf muscle complex. Skeletal Radiol 2007b; 36: 921-927

Marqueste T, Giannesi B, Fur YL et al. Comparative MRI analysis of T2 changes associated with single and repeated bouts of downhill running to eccentric-induced muscle damage. J Appl Physiol 2008; 105: m299-m307

May DA, Disler DG, Jones EA et al. Abnormal signal intensity in skeletal muscle at MR imaging: patterns, pearls, and pitfalls. RadioGraphics 2000; 20: S295-S315

O'Brien SD, Bui-Mansfield LT. MRI of quadratus femoris muscle tear: another cause of hip pain. AJR 2007; 189: 1185-1189

Ouelette H, Thomas JB, Nelson E et al. MR imaging of rectus femoris origin injuries. Skeletal Radiol 2006; 35: 665-672

Palmer WE, Sharon JK, Elmadbouh HM. MR imaging of myotendinous strain. AJR 1999; 173: 703-709

Slavotinek JP, Verall GM, Fon GT. Hamstring injuries in athletes: using MR imaging measurements to compare extent of muscle injury with amount of time lost from competition. AJR 2002; 179:1621-1628

Verrall GM, Slavotinek JP, Barnes PG et al. Clinical risk factors for hamstring muscle strain injury: a prospective study with correlation of injury by magnetic resonance imaging. Br J Sports Med 2001; 35: 435-439

Verrall GM, Slavotinek JP, Barnes PG et al. Diagnostic and prognostic value of clinical findings in 83 athletes with posterior thigh injury. Am J Sports Med 2003; 31: 969-973

Zvijac JE, Schurhoff MR, Hechtmann KS et al. Pectoralis major tears. Am J Sports Med 2006; 34: 289-294

第9章
筋の痛みの識別診断

B. ショーザー

1. 診断の特異性 *220*
2. 神経障害 *222*
3. 筋痛を伴う遺伝性筋疾患 *225*
4. 筋痛を伴う後天性筋疾患 *227*
5. 各種筋損傷分類の試み *234*

9. 筋の痛みの識別診断

トップアスリートにおける筋の痛みは必ずしもスポーツにより引き起こされるわけではない。スポーツに起因するもの以外にも急性のものから慢性のものまで筋の痛みは多岐にわたり、生まれつきの障害である場合もある。これらの筋痛ももちろんパフォーマンスを制限する要因となることがある。したがって本章では、先天性あるいは後天性の筋病変、特に痛みを伴うものに焦点を当て、それらの病変と本書において提案された筋損傷の分類との関連について考察する。

> **Caution**
> 詳細な臨床診察と触診が神経筋病変の診断における最も重要な基礎をなす。機器を用いた検査はあくまで臨床検査や症候診断の後に行われ、それらの結果を確証するための補助的手段である。この順序を変えることに意味はない。

1 診断の特異性

臨床診察の方法に関しては既に詳細に記述されている。ここではまず、筋痛における神経筋性症状の診察の特徴や、そこで用いられる用語に関して説明する：

- 「けいれん」は一過性で不随意な、ほとんどの場合激しい痛みを伴う可視的な個別筋の収縮を意味する。
- 「筋線維束攣縮」は1つの運動単位に支配される筋線維の短時間の不随意な収縮のことであり、軸索の自発的な放電に起因する。筋線維束攣縮は繰り返しあちこちに発生し、目視が可能で、そのリズムは一定でない。たたく、つねるなど外部からの機械的な刺激により、誘発することができる。
- 「ミオキミア」は筋の一部において可視的で不随意な「波動」のような収縮を呈する。隣接する関節を動かすことはない。
- 「ミオトニー（筋強直症）」は筋が弛緩あるいは脱収縮しにくくなる状態を指し、随意的な収縮や、あるいは筋に対する打撃により誘発された収縮後の弛緩に遅延が生じる。
- 「拘縮」とは、損傷した筋の線維化により発生した筋の短縮（臨床観察可能な固定化された収縮）のことを表す。一方、いわゆる生理的拘縮は永続的で、電気反応を示さない筋の収縮をさすが、これは基本的に修復が可能である。アクチンフィラメントとミオシンフィラメントの活性化により限局的な筋収縮が起こり、これが関連する毛細血管を圧縮するため、例えば筋筋膜痛症候群のトリガーポイントなどにおける限局性の虚血と低酸素が生じる。
- 「スパズム」は1つの筋あるいは筋群における長時間にわたる不随意の収縮を表す。
- 「テタニー」は神経筋性の過敏症である。永続的なテタニーによる恒常的な筋収縮は強縮（テタヌス）と呼ばれる。

〈1〉 筋痛の問診

筋痛を訴える患者に対しては標準化された問診による診察を行う。まず確認することは、その痛みが持続的であるか間欠的であるか、あるいは回復に向かっているかということである。特に重要なのは痛みの頻度と持続時間、さらにその痛みが増大しているかの確認であり、またその位置と広がり（限局的あるいは分節的であるか、側方のみか、それとも全体的かなど）、広がりのパターン、痛みの深さを的確に問う必要がある。これには全身図を用いるのが効果的である。痛みの特徴は患者独自の言葉で説明させるのがよい。加えて、痛みの特徴を正確に捉え病因を同定するために、標準化された痛みアンケートを使用することが推奨される。さらに詳細な鑑別を可能とするために、抑うつ症アンケートを活用する方法もある。痛みが発生するのが安静時であるか、負荷時であるかの区別も病因を探る上での重要なヒントとなる。肉体的な負荷だけでなく、脂肪食、炭水化物の摂取過多、寒さ、ストレス、寝不足、感染、ドラッグ、薬品など、さまざまな要因が痛みを引き起こすため、これらの検証も重要である。神経筋性のあるいは神経性の随伴症状、例えば筋虚弱、筋萎縮、あるいは筋けいれんがないか、また運動プロセス（歩行、走行、昇降など）に障害がないかも質問し、臨床的に検査する必要がある。

> **HINT**
> 痛みの発生位置を理解するには全身図の使用が効果的である。

〈2〉 クレアチンキナーゼ

いくつかの問題が指摘されているにもかかわらず、神

経筋疾患における最も重要な検査パラメータは血清中クレアチンキナーゼの評価である。

通常、全クレアチンキナーゼの96％が骨格筋に含まれている。酵素クレアチンキナーゼは、ミトコンドリアとサイトゾル間の細胞内エネルギー伝達におけるATPとクレアチンからADPとクレアチンリン酸（ホスホクレアチン）への可逆的転換に関与している。クレアチンキナーゼはクレアチンキナーゼM（MCK-M）とクレアチンキナーゼB（CK-B）、そしてクレアチンキナーゼMi（CK-Mi）に合成される。クレアチンキナーゼの活性は通常血清中で計測され、イソ酵素として二量体であるCK-MM、CK-MB、CK-BB、ならびに2種のマクロクレアチンキナーゼが評価される。

急性筋炎、筋ジストロフィー、まれに代謝性ミオパチーにおいて、クレアチンキナーゼの血清中濃度が明確に上昇する（20倍まで）。また、多発ニューロパチーや運動ニューロン疾患などの筋に関連しない疾患でも、1000U／lまでのクレアチンキナーゼ値の上昇が確認される。合計371人の被験者を対象とした特発性のクレアチンキナーゼ上昇に関する10の研究では、余暇や仕事における身体活動と家族既往歴の調査が行われ、51％の患者において神経筋障害がその原因である可能性が示された。患者の27％において身体活動とクレアチンキナーゼ上昇との関連が確認された。神経学的検査の結果、11％のケースにおいて神経筋疾患が見つかっている。臨床検査と筋電図、さらに生検を行ったにもかかわらず、患者の42％においてその原因の究明はかなわなかった。電解質バランスの不全（カリウム、カルシウム、マグネシウム、ナトリウムの低下、またはナトリウムの上昇）に起因する筋痛は安静時においてもクレアチンキナーゼの上昇を伴う筋のけいれんとして自覚されることがある。高尿酸血もまた原因である可能性があり、重要である。

■ マクロクレアチンキナーゼ

CK-MB分画が総クレアチンキナーゼ活性の15％を超える症候はマクロクレアチンキナーゼと呼ばれる。クレアチンキナーゼの電気泳動検査により、マクロクレアチンキナーゼの有無を確かめることができる。ミオグロビンの血清中濃度が上昇している場合、筋線維が損傷している可能性が高い。鑑別診断では重要な要素である。

> **HINT**
> ミオグロビンの検査はしかし、マクロクレアチンキナーゼとの鑑別にとってのみ有益である。したがって常に検査する必要はない。

マクロクレアチンキナーゼには以下のタイプがある：

- マクロクレアチンキナーゼ1型：特殊な免疫グロブリンと結合したCK-BBの合成イソ酵素として存在し、200kD以上の総分子量を持つ。マクロクレアチンキナーゼ1型には疾患性がないと考えられている。主に高齢患者、特に女性に現れ、その割合はクレアチンキナーゼの上昇が確認された場合の0.3％である。
- マクロクレアチンキナーゼ2型：マクロクレアチンキナーゼ2型はミトコンドリアクレアチンキナーゼ（CK-Mi）のオリゴマーであり、これはこれまで腫瘍や肝硬変など、重篤な疾患との関連においてのみ検出されている。

■ 健常者とスポーツ選手におけるクレアチンキナーゼ

健常者においても異常に高いクレアチンキナーゼの血清中濃度（正常値上限180U／lに対し1000U／lを超えるもの）が検出されることがある。その原因としては、仕事中や余暇における身体的な活動の増加や不慣れな肉体的負荷、あるいは筋内注入、アルコール依存などが考えられるが、競技スポーツにおいても顕著に上昇することがある。

> **HINT**
> クレアチンキナーゼ値の計測前には少なくとも72時間、筋内注入やスポーツを避ける必要がある。クレアチンキナーゼ上昇が疾患性であることを特定するには、計測を繰り返し行うことが望ましい。

図9.1はクレアチンキナーゼ値の異常な上昇が見られる場合における鑑別診断のアプローチ法の模式図である。

■ 横紋筋融解症

後天性（中毒性または炎症性）の、あるいは遺伝性（退行性または代謝性）のミオパチーの多くは横紋筋融解症に発展することがある。横紋筋融解症では、クレアチンキナーゼが急激に上昇し、1500U／lを大きく超える。この上昇傾向は数時間続き、時には同時にミオグロビンの尿中排出を伴う（図9.2）。

> **MEMO**
> 極めて重度で甚急性の横紋筋融解症（2時間以内に20000U／l以上、重篤なミオグロビン尿症）は急性腎不全を併発する危険がある。これは緊急事態であり、速やかな治療とより詳細な診察を必要とする。

9. 筋の痛みの識別診断

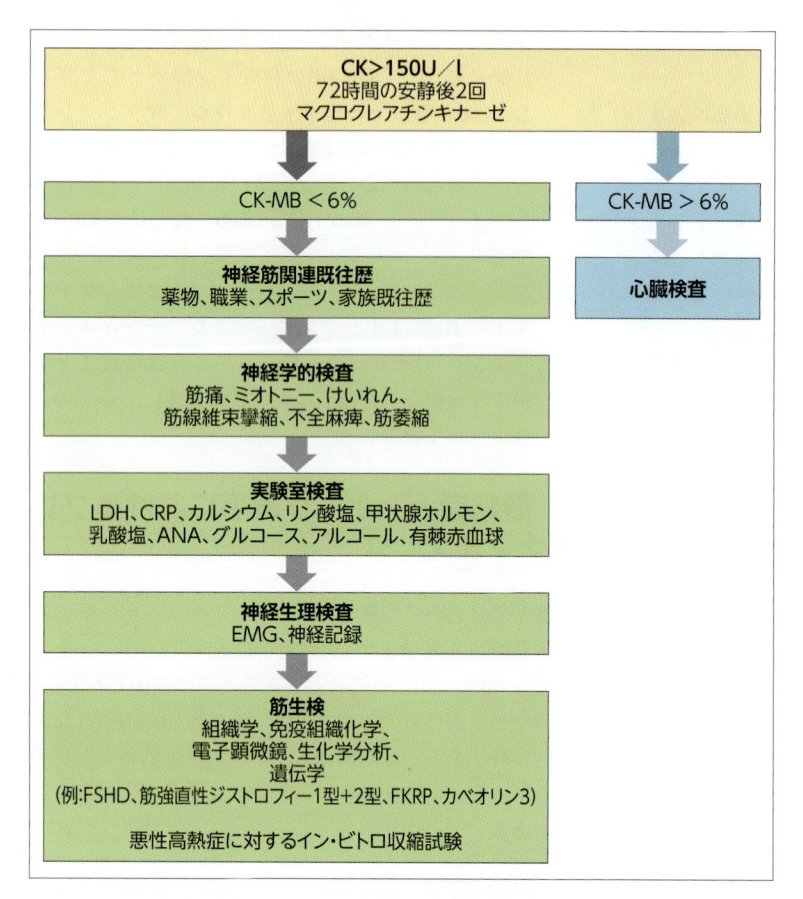

```
┌─────────────────────────────┐
│        CK＞150U／l           │
│    72時間の安静後2回          │
│    マクロクレアチンキナーゼ    │
└─────────────────────────────┘
      ↓                    ↓
 ┌──────────┐        ┌──────────┐
 │ CK-MB＜6％│        │ CK-MB＞6％│
 └──────────┘        └──────────┘
      ↓                    ↓
 ┌─────────────────┐  ┌──────────┐
 │  神経筋関連既往歴 │  │  心臓検査 │
 │ 薬物、職業、スポーツ、│  └──────────┘
 │    家族既往歴     │
 └─────────────────┘
      ↓
 ┌─────────────────────────┐
 │      神経学的検査          │
 │ 筋痛、ミオトニー、けいれん、 │
 │ 筋線維束攣縮、不全麻痺、筋萎縮│
 └─────────────────────────┘
      ↓
 ┌─────────────────────────────┐
 │         実験室検査            │
 │ LDH、CRP、カルシウム、リン酸塩、│
 │       甲状腺ホルモン、         │
 │ 乳酸塩、ANA、グルコース、      │
 │ アルコール、有棘赤血球         │
 └─────────────────────────────┘
      ↓
 ┌─────────────────┐
 │   神経生理検査    │
 │   EMG、神経記録   │
 └─────────────────┘
      ↓
 ┌───────────────────────────────┐
 │           筋生検                │
 │    組織学、免疫組織化学、        │
 │    電子顕微鏡、生化学分析、       │
 │          遺伝学                 │
 │ (例:FSHD、筋強直性ジストロフィー │
 │   1型+2型、FKRP、カベオリン3)   │
 │ 悪性高熱症に対するイン・ビトロ    │
 │         収縮試験                │
 └───────────────────────────────┘
```

図9.1　高クレアチンキナーゼ症における鑑別診断手順

CK ＝クレアチンキナーゼ
LDH ＝乳酸脱水素酵素
CRP ＝C反応性タンパク質
ANA ＝抗核抗体
EMG ＝筋電図
FSHD ＝デュシェンヌ型筋ジストロフィー
FKRP ＝フクチン関連タンパク質遺伝子

表9.1　筋生検の適応症

必須
対象：
- 筋ジストロフィー、筋原線維性ミオパチー
- 先天性構造ミオパチー
- 急性筋炎
- 代謝性およびミトコンドリアミオパチー
- 横紋筋融解症（4週間間隔で！）

任意
対象：
- 全身性疾患における筋症状（脈管炎、サルコイドーシス、エリテマトーデス、アミロイド症、腫瘍随伴症候群）
- 筋無力症や筋痛、あるいは高クレアチンキナーゼを呈する不明病変
- 悪性高熱症が疑われるケース

〈3〉筋生検の指標

分子遺伝学的診断法の発展により筋生検の必要性は減少した。臨床検査と筋電図、そして実験室化学分析を用いた表現型の明確な特定により、デュシェンヌ型筋ジストロフィー、筋強直性ジストロフィー（DM1とDM2）、眼筋咽頭型筋ジストロフィー、さらにエメリー・ドレフュス型筋ジストロフィーとLaminA/C筋ジストロフィーに対するDNA診断の必要性を確認することができる。肢体型筋ジストロフィーに対しては、デュシェンヌ型筋ジストロフィーの疑いがある場合にのみ、遺伝子変異解析を行う。肢体型筋ジストロフィーではさまざまな遺伝形が存在するため、デュシェンヌ型筋ジストロフィーの疑いがない場合は筋生検を行う。先天性構造ミオパチー、遺伝性代謝性ミオパチー、ならびに後天性ミオパチーは依然として筋生検診断の対象分野である（表9.1）。

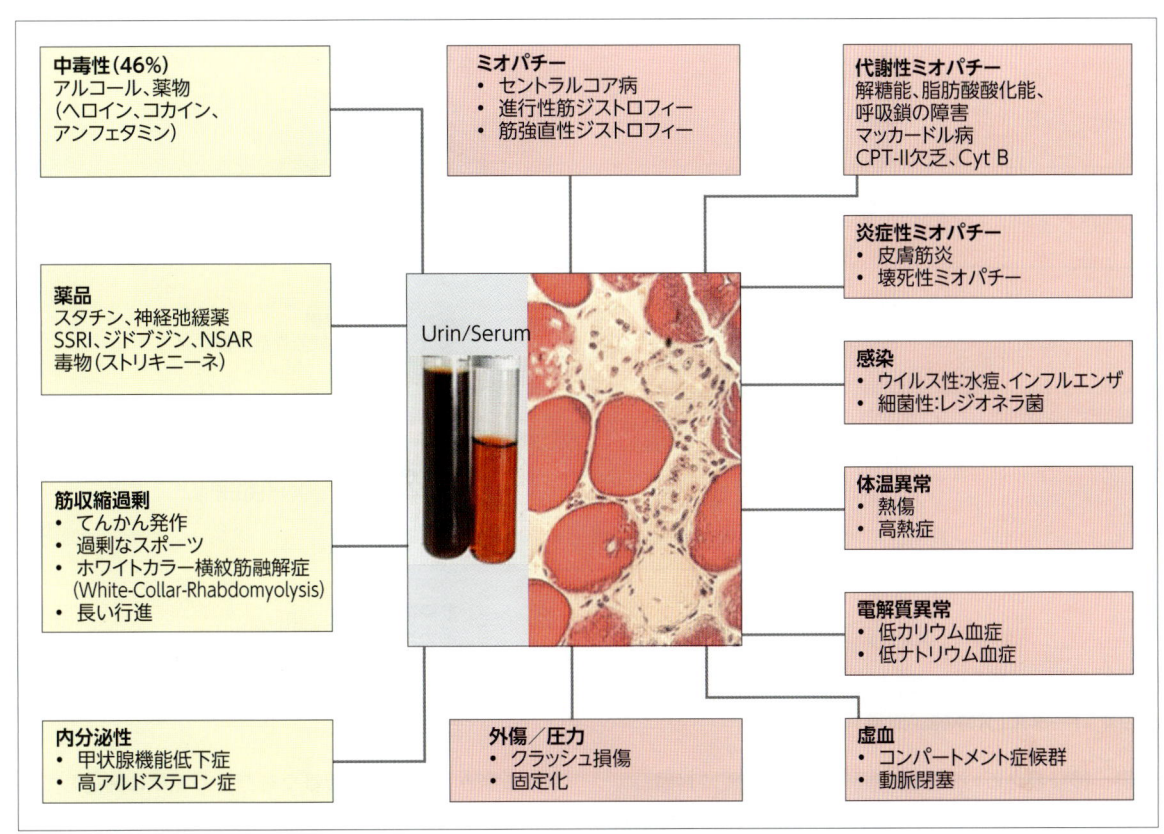

図 9.2　急性横紋筋融解症の原因

SSRI ＝セロトニン再取り込み阻害剤
NSAR ＝非ステロイド性抗リウマチ薬
CPT ＝カルニチンパルミトイルトランスフェラーゼ
Cyt B ＝チトクロームB

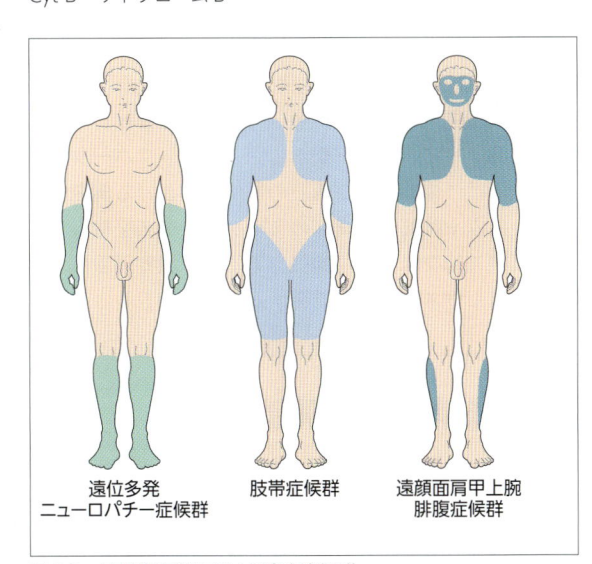

図 9.3　神経筋疾患における臨床症候群

2　神経障害

〈1〉臨床症状とトポロジー

　神経障害の位置と筋疾患の関連を特定するには、症状の表現型分類が重要となる（図9.3）。全身的な障害は左右両側に、限局性の障害は片側に発症することが多い。先天性あるいは後天性の炎症性ミオパチーは通常、近位ミオパチー症候群として近位の肢帯虚弱および肢帯萎縮の形で発症する。これに対し、末梢神経における全身性病変は遠位に発症する。例えば、左右対称に発症する遠位全身性多発ニューロパチーなどである。末梢ニューロンが損傷した場合は、反射弓が断絶され、即座に低反射症や無反射症が現れる。一方、筋疾患では筋実質の萎縮が高度に進行して、または収縮が固定化されて初めて反射の消失が始まる。感覚や栄養状態の不全はほぼ常に神

9. 筋の痛みの識別診断

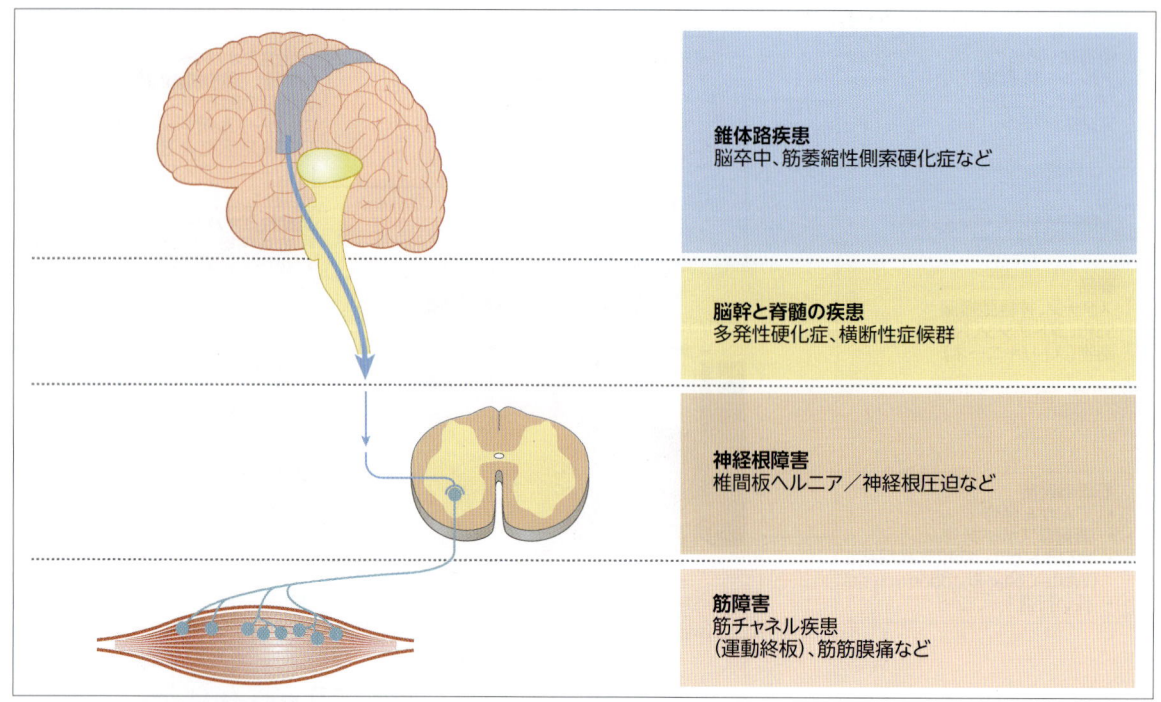

	錐体路疾患 脳卒中、筋萎縮性側索硬化症など
	脳幹と脊髄の疾患 多発性硬化症、横断性症候群
	神経根障害 椎間板ヘルニア／神経根圧迫など
	筋障害 筋チャネル疾患 （運動終板）、筋筋膜痛など

図9.4　トーヌス上昇時の識別診断

経根、神経叢あるいは末梢神経における病変に起因している。萎縮した、あるいは発育不全筋の運動単位における自発的かつ目視可能な収縮を呈する筋線維束攣縮症は、前角または前根部位における障害の重要な診断指標となる（図9.4）。同様の症状は軽度の形で、末梢性ニューロパチー患者や、あるいは健常者においても現れることがある（萎縮していない正常な筋における良性筋線維束攣縮）。

MEMO
良性筋線維束攣縮は健常者やスポーツ選手に見られる。萎縮や麻痺をしていない筋に発生する。コーヒーやニコチンを飲んだ後の、あるいは寝不足時などにおける括約筋周囲の筋組織における筋線維束攣縮がその典型例である。

〈2〉 上位および／または下位運動ニューロンの損傷

上位運動ニューロンの損傷は、筋にけいれん性またはジストニー性の緊張上昇を引き起こす。これにより、四肢の筋にけいれんのような痛みが生じることがある。肩帯における筋痛、特に運動時におけるそれは、パーキンソン症候群（固縮、無動）のような錐体外路運動系の疾患に典型的な症状である。脊髄の損傷は筋組織内に投影される痛みを誘発し、複雑な神経性の症状に関連している。

下位運動ニューロンにおける生得的な（脊髄性筋萎縮症）または特発性の損傷（筋萎縮性側索硬化症）もまた、筋痛と関連している可能性がある。痙直やジストニーと同様、ここでもその主な原因は、筋萎縮や中枢性トーヌス調節不全による関節や腱に対する誤負荷に起因する二次的な筋筋膜痛や筋骨格系の疼痛症候群である。ここではけいれんがしばしば発生する。また、炎症性、外傷性、または先天性の脊髄疾患（脊髄空洞症など）もまた筋痛と関連していることがある。スティッフパーソン症候群患者は、体幹および四肢の近位筋における偶発性の激しい痛みや腹部や脊椎傍のミオクローヌスを報告している。精神的な緊張、筋伸張、あるいは触覚刺激によってけいれんやスパズムを誘発することができる。

〈3〉 末梢神経の損傷

末梢神経の損傷はいわゆる侵害受容器痛（組織外傷による痛み）とは異なり、ニューロパチー性疼痛を引き起こす。しかしこれが侵害受容器痛と複合し、いわゆる混合性疼痛（Mixed Pain）を形成する。例えば急性多発性神経根炎（ギラン・バレー症候群）で、混合性疼痛と自律神経障害が現れる。もう1つの例は持続性の筋線維

神経障害

表 9.2　けいれんに対する必須検査項目

既往歴
- 発症機序
- 家族既往歴、薬品歴

神経および神経筋状態の検査

機械検査（任意）
- 筋電図
- 神経伝導速度

実験室化学検査
- マグネシウムを含む電解質
- 腎臓および肝臓値
- 血糖
- 甲状腺ホルモン
- 尿酸
- クレアチンキナーゼ

表 9.3　けいれんの鑑別診断

後天性ミオパチー	アルコール
遺伝性ミオパチー	
● 代謝性ミオパチー	糖原病5型マッカードル病、MAD欠損症など
● ミオトニー	筋強直性ジストロフィー1型、2型
● 変性ミオパチー	ベッカー病
	セントラルコア病
	ブロディー病
	リップリング筋病（Rippling Muscle Disease）
神経性病因	多発ニューロパチー
	運動ニューロン疾患（ALS、SMA、ケネディー）
	神経ミオトニー
	神経根障害（椎間板ヘルニア）
中枢神経性病因	スティッフパーソン症候群（脊髄）
	テタニー／ストリキニーネ（脊髄）
	脳幹発作
代謝性病因	尿毒症
	甲状腺機能亢進・低下
	電解質異常（下痢、嘔吐）
薬品副作用	β遮断剤、スコポラミン、テオフィリン、テルブタリン、サルブタモール、神経弛緩薬、イソニアジド、経口避妊薬、モルヒネ剤、ステロイドなど

MAD＝ミオアデニル酸デアミナーゼ
ALS＝筋萎縮性側索硬化症
SMA＝棘筋萎縮

活性を特徴とするニューロミオトニアである。患者は四肢の遠位に始まる顕著なこわばりを訴える。ミオキミア、けいれん、そして筋のこわばりが典型的な臨床症状である。

⟨4⟩ けいれん

　筋けいれんはその原因に心当たりがないことが多い。安静時や夜間に、特にヒラメ筋を中心としたふくらはぎに発症することが多い。ヒラメ筋はほぼ純粋な緊張筋であり、1型の遅筋線維を多く含む。その筋線維組成のため、またおそらくは侵害受容器組成も原因して、極めてけいれんが発生しやすい。けいれんの発生率は1型線維を多く含む筋において明らかに高い。けいれんは通常、筋内に位置する遠心性の軸索終末において引き起こされる神経性の現象である。「特発性けいれん」の診断を下す前に、その主な原因を特定をする必要がある：

- 血液量減少
- 低ナトリウム血症
- 尿毒症
- 妊娠
- 甲状腺機能低下症
- 高尿酸血症
- 薬物
- けいれん性のトーヌス上昇を伴う神経性の全身性疾患
- 上記スティッフパーソン症候群のような、まれな中枢運動神経障害
- ミオトニーや代謝性ミオパチーのような、まれな筋疾患

　表9.2には、けいれんの鑑別に必要な検査を、表9.3には、考慮すべき診断をまとめた。
　個別ケースにおいては運動試験などの機能検査や、あるいは下肢動静脈のドップラー超音波検査なども実行するとよい。

3 筋痛を伴う遺伝性筋疾患

〈1〉変性ミオパチー

変性ミオパチーは筋細胞膜または細胞内物質の組成における遺伝性の構造障害である。この疾患の主な症状は筋無力症や筋萎縮症であり、ほとんどの場合、クレアチンキナーゼの血清中濃度の上昇が見られる。変性のミオパチーでは一般に筋に痛みが現れる。筋線維の壊死と細胞の分解反応、および筋内侵害受容器の活性化がその原因と考えられている。筋ジストロフィーの詳細については http:// www.md-net.org と http://www.dgm.org を参照。

〈2〉遺伝性代謝性ミオパチー

代謝性ミオパチーにはグリコーゲンや脂質の貯蔵障害、さらにミトコンドリアミオパチーも含まれる。ここでは炭水化物代謝、脂肪酸代謝、酸化的リン酸化反応、そしてエネルギー生成あるいはプリン代謝に障害が現れる。

代謝性ミオパチーのおもな兆候は以下のものである：
- 負荷に対する不耐性
- 負荷による筋けいれん
- 虚弱、場合によっては横紋筋融解症

■ 糖原病（グリコーゲン貯蔵病）

ポンペ病などの静的な糖原病の主な症状は進行性の筋無力症と筋萎縮である一方、マッカードル病を代表としたいわゆる動的な糖原病では、持久力の無さや筋収縮による痛みといった形で現れる負荷に対する不耐性、けいれん、ミオグロビン尿症が主症状として現れる。細胞質性グリコーゲン分解代謝に障害を持つ骨格筋は負荷下において乳酸塩を産生することができず、そのため細胞内のpH値が上昇する。

常染色体劣性遺伝によるマッカードル病（ホスホリラーゼ欠損症、糖原病5型）は、成人において最も頻繁に見られる糖原病タイプである。その発生率は10万人に1人とみられている。組織病理学的には、ホスホリラーゼの欠損を伴う空胞性ミオパチーと見なすことができる。マッカードル病では、有酸素性および虚血性の低血流下での負荷における高エネルギーATPとクレアチンリン酸の顕著な枯渇が見られ、この時細胞内pH値が上昇する。アデニンヌクレオチドレベルが低下することにより、筋細胞膜が励起され、収縮能に障害が生じると推測することができる。このようなエネルギー障害は、筋のこわばりや収縮時の痛み、持久力の低下あるいは筋けいれんなどといった典型的な臨床症状の原因となる。痛みが最も発生しやすい場所としては大腿と上腕が挙げられている。通常、けいれん性の痛み、または遅発性筋痛のそれに似た痛みとされている。

■ 脂肪酸酸化（β酸化）障害

このタイプの代謝性ミオパチーは、進行性の筋無力症（一次または二次カルニチン欠乏症）、またはけいれんを伴う負荷不耐性（カルニチンパルミトイルトランスフェラーゼ欠損症）、あるいは再発型の横紋筋融解症を主な症状としている。

脂肪酸酸化障害は糖原病に似て、多系統に関与する。つまり、骨格筋や心筋だけでなく、肝臓などにも障害が及ぶことがある。脂肪酸酸化障害は通常既に幼少期に、例えば食事不足や負荷あるいは感染などにより誘発され、致死の可能性すらある低ケトン性低血糖症などとして発症する。

脂肪酸は心臓、骨格筋、肝臓、そして腎臓にとって重要なエネルギー供給源をなす。脂肪酸のβ酸化はミトコンドリアマトリックスで行われる。脂肪酸は補酵素Aエステルとしてミトコンドリア内膜を通過することができないので、カルニチンでエステル化され、カルニチンシャトルを通じて輸送される。シャトルタンパク質あるいはカルチニンが不足すると代謝がブロックされ、脂肪酸がたまり、結果として組織内に脂質が蓄積される。脂肪酸の酸化に関与するほかのすべての酵素もまた影響を受け、さまざまな障害を誘発することがある。以下のようなものが区別されている。
- ミトコンドリア脂肪酸輸送の障害
- 脂肪酸酸化の障害
- 呼吸鎖における連鎖の障害

多くの場合、まずいわゆるタンデム型質量分析により血清カルニチンの質量分析を行うことで、脂肪酸の分解に障害が発生しているかどうかを確認することができる。通常はこれで、推測される障害が酵素性のものであるか分子遺伝性のものであるかが理解できる。

筋の痛みとの関連で、ここに遺伝性のカルニチンパル

ミトイルトランスフェラーゼ障害について一言書き添えておく。カルニチンパルミトイルトランスフェラーゼはミトコンドリア外膜（CPT1）とミトコンドリア内膜（CPT2）の酵素であり、カルニチンと共に中鎖および長鎖脂肪酸のミトコンドリアへの輸送に関与している。カルニチンパルミトイルトランスフェラーゼ欠損症の主症状は再発性の横紋筋融解症であり、これは負荷や食事不足または空腹により引き起こされる。

■ プリン代謝障害・ミオアデニル酸デアミナーゼ欠損症

プリン代謝障害についてはあまりよく知られていないが、これにはミオアデニル酸デアミナーゼ欠損症が含まれる。総筋生検数に対して約1%から3%の確立で、通常偶然的に、常染色体劣性遺伝に関連する障害が発見される。負荷による骨格筋のこわばり（多くの場合明確な収縮能を持たない）とクレアチンキナーゼの増加が主な症状である。患者の多くは、AMPD1遺伝子変異（C34-T）のホモ接合体である。しかし、このプリン代謝障害の完全な解明にはまだ至っていない。

■ ミトコンドリアミオパチー

呼吸鎖複合体Vの障害により多系統において疾患が発生する。これはミトコンドリアがすべての細胞におけるエネルギー源である事実と関連している。筋に関連するさまざまな症状が発症するが、小児では特に全身性の筋低緊張が、青年と成人には筋の負荷耐性の低下が典型的な症状である。また、呼吸不全や緊張性あるいは膨張性の心筋症、さらに心刺激伝達障害に発展することもある。神経学的にはあらゆる形態の脳障害や皮質障害が発生する。

> **MEMO**
> 多くのミトコンドリア性疾患は通常、発熱を伴う感染症などにおける高体温症の症状悪化を引き起こす。

〈3〉 非ジストロフィー性およびジストロフィー性ミオトニー

非ジストロフィー性ミオトニーには、筋のクロライドチャネルの遺伝性障害（ベッカー病／トムゼン病）やナトリウムチャネルの遺伝性障害（パラミオトニー、ナトリウムチャネル病）などが含まれる。これらの疾患では異常な筋硬直が主症状となる。

筋ジストロフィーにおける2種の常染色体優勢形態（DM1、DM2）は次のような主症状を持つ：
- ミオトニー
- 筋無力症
- 早期白内障
- 場合によっては、多系統においてこれらに随伴するほかの症状

典型的なDM1型シュタイネルト病は発症年齢が低く、進行が速いことを特徴とし、認知能力が大幅に制限され、重篤な症状を呈する。一方DM2型、つまりいわゆる近位型筋強直性ミオパチーは発症が遅く、経過もそれほど重篤にはならない。このタイプでは下肢筋の近位に現れる筋力の低下が特徴的である。

DM1の原因は、19番染色体に存在するDMPK（dystrophia myotonica protein kinase）遺伝子の3'非翻訳領域におけるシトシン‐チミン‐グアニンからなるトリプレットリピートの異常な増加にある。DM2は、3q染色体にあるジンクフィンガー9遺伝子のイントロン1におけるテトラヌクレオチド‐シトシン‐シトシン‐チミン‐グアニン反復の異常な増加により引き起こされる。

4 筋痛を伴う後天性筋疾患

〈1〉 筋痛を伴う炎症性筋疾患

■ 細菌感染性筋炎

感染性筋炎はしばしば筋の痛みを伴う。細菌による急性筋炎が世界中、最もよく見られる炎症性筋疾患である。ブドウ球菌感染が最も多く、これは非常な痛みを引き起こす。感染性発熱時に生じる筋痛は普通「四肢の痛み」として知覚され、ウイルス感染症における典型的な随伴症状である。コクサッキーB5ウイルスやインフルエンザ、あるいはパラインフルエンザウイルスが主な病原である。血中の好酸球が増加している場合、可能性として旋毛虫症などの寄生虫感染も考慮に入れる必要がある。ダニ媒介性のボレリアブルグドルフェリ（Borreliaburgdorferi）感染もまた、痛みを伴うボレリ

227

9. 筋の痛みの識別診断

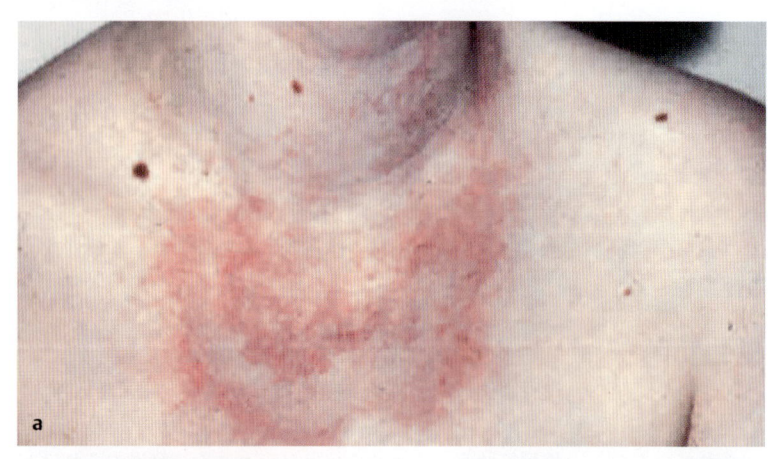

図 9.5a-d　皮膚筋炎　血管に関連したCD4 リンパ球と補体補体に陽性な炎症。

a　紫色の典型的な紅斑
b　手の荒れ
c　つめの付け根のケルニッヒ徴候
d　指関節の皮膚におけるゴットロン徴候
e　筋部分周囲の炎症と新しい壊死（H & E カラー化）
f　筋部分周囲の萎縮症（ATP アーゼ組織化学 pH 9.4：2 型筋線維、暗褐色）。

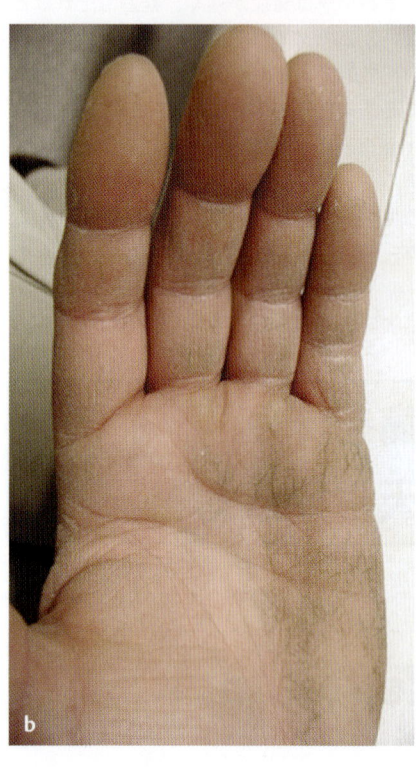

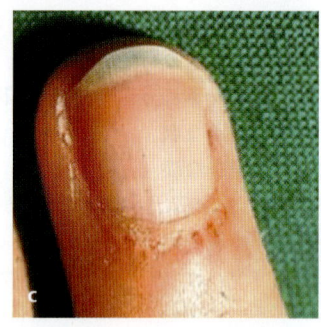

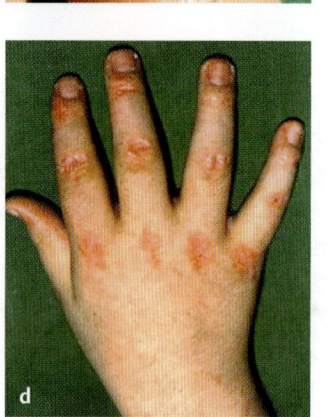

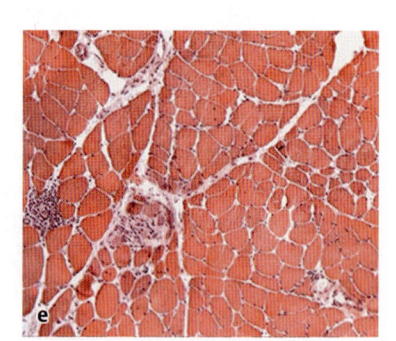

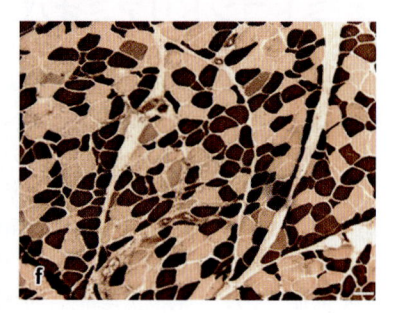

ア症（ライム病）を誘発する。

■ 免疫原性炎症性ミオパチー：皮膚筋炎

　免疫原性炎症性ミオパチーの代表例は急性皮膚筋炎である。季節によって変動があるが、毎年100万人に2人から10人の割合で発症している。そのほかの発症形、すなわち特発性多発性筋炎や封入体筋炎は通常痛みを伴わない。

● 臨床

　皮膚筋炎は急性の後天性筋疾患として知られている。近位筋の無力症と重度の全身症状、加えて皮膚における発症が特徴である。ヘリオトロープ性の紅斑（ライラック病）の発生が特に典型的であり、これは主にまぶたの周り、ほお、および首の下に現れる（図9.5a）。また、ほかの部位（四肢、頸部、胸）にまで広がることもある。指関節上の皮膚にいわゆるゴットロン徴候が現れる場合もある（図9.5d）。つめの付け根には自発性の毛細管拡大（ケルニッヒ徴候）が現れる（図9.5c）。これは押すと痛みが走る。患者の多くでは手のひらと指に肌荒れやひび割れが生じる（図9.5b）。肩帯や大腿部の筋に痛みが発生するが、その痛みには筋痛のような痛みから焼けるような痛み、あるいは裂くような痛み、さらには鋭くあるいは鈍く引きつるような痛みなどさまざまな種類がある。肉体的な負荷が増えると痛みも増す。内臓に対する影響にも注意する必要がある（患者の50％が咽頭およ

表9.4 免疫原性筋炎の臨床と自己抗体プロフィール

臨床症候	抗体
抗シンテターゼ症候群（関節、皮膚、肺臓炎、筋炎）	抗シンテターゼ抗体：Jo-1、PL-7、PL-12
多発性筋炎	抗SRP
皮膚筋炎	抗MI-2
筋炎・強皮症オーバーラップ性筋炎	抗PM-Scl
オーバーラップ、全身性エリテマトーデス、全身性硬化症	抗U1-nRNP
オーバーラップ、全身性エリテマトーデス	抗Ku

び食道下部に、40％が心律動に障害を持つ）。

● 鑑別診断

　鑑別診断では特に進行性全身性硬化症やシャープ症候群などのオーバーラップ症候群に留意する必要がある。Jo-1症候群は急性筋炎、滑膜炎、線維化肺胞炎を主な症状とする抗シンテターゼ症候群（Antisynthetase-Syndrom）の一種の臨床型である（表9.4）。

● 病因

　体液因子と脈管変化が皮膚筋炎の主な原因である。脈管炎により筋実質内にいわゆる筋部分周辺萎縮（perifascicular atrophy）が発生する。微小な筋内血管の炎症がその原因と考えられ、これは内皮細胞の増殖と、電子顕微鏡で証明可能な小管小胞系への封入が伴う。特に小児期には、脈管炎発展の兆候として微小梗塞と筋線維壊死が散見される。皮膚筋炎が免疫原性脈管炎性筋痛を伴う理由としては、自由神経終末と破損した毛細血管の連結が考えられる。これらC線維によるサブスタンスPとCGRPの発現が増加することが、侵害受容器へのインプットが増大していることを示している。

> **MEMO**
> 皮膚筋炎は頻繁に起こり、その急性期には重度の体感症状と痛みをもたらす。

⟨2⟩ 内分泌性ミオパシー

　内分泌性ミオパシーでまず現れるのは内分泌障害の症状である。甲状腺機能の低下が現れ、これに筋無力症や病的な疲れやすさ、さらに筋痛や筋けいれんが加わる。

表9.5 筋痛を伴う薬物中毒性ミオパチーの原因

ミオパチーと ニューロパチー	炎症性 ミオパチー	そのほかの ミオパチー
アミオダロン	シメチジン	アセチルコリン
コルヒチン	D-ペニシラミン	カルビマゾール
L-トリプトファン	レボドパ	クロフィブレート
ビンクリスチン	ペニシリン	クロモグリク酸
ヘロイン	スルホンアミド	シクロスポリン
スタチン	ジドブジン	エナラプリル
	プロカインアミド	スタチン
	コカイン	メトプロロール
	スタチン	ミノキシジル
		サルブタモール
		エゼチミブ
		ビスフォスフォネート

クレアチンキナーゼが極度に増加することもある。ほとんどの場合、甲状腺代謝機能が正常化すれば、これらの症状も次第に回復する。難しいのは、自己免疫性の橋本甲状腺炎において代謝状態が変動的である場合である。副甲状腺機能低下症では、カルシウム、リン酸塩、マグネシウムに対する電解質障害により、痛みを伴う急性あるいは慢性のテタニーが発症することがある。

⟨3⟩ 筋痛を伴う中毒性ミオパチー

　骨格筋の特徴はその代謝能の高さと血流量の多さにある。言い換えると、骨格筋はあらゆる種類の毒素にさらされている。中毒性ミオパチーの臨床症状には無症候性

のクレアチンキナーゼ上昇、筋痛と負荷不耐性、筋無力症と筋萎縮、さらに急性の横紋筋融解症が含まれる（表9.5）。

> **MEMO**
> 中毒性ミオパチーは治療が可能である。したがって迅速に原因を特定し、毒素の排除を行う必要がある。

■ エチル中毒性ミオパチー

中毒性ミオパチーの中で最も多いのは、アルコールに誘発されるケースである。アルコールの摂りすぎにより、主に近位に急性の痛みを伴う筋の膨張と筋力の低下がまれに（2％以下）発生する。発症部位は大腿部やふくらはぎがほとんどである。化学検査を通じて、明らかなクレアチンキナーゼ上昇、低カリウム血症、ならびにミオグロビン尿症が検出される。形態的には横紋筋融解症を伴う壊死性ミオパチーが見られる。慢性のアルコール性ミオパチーの発症率は高い（10年以上にわたり1日100ｇ以上のアルコールを摂取するアルコール依存症患者の約50％近く）。無痛で進行が遅い全身性の筋無力症と筋萎縮がその臨床特徴である。

すべてのアルコール性ミオパチーにおいて、断酒により筋力と筋量を回復することが可能である。その原因であるが、アルコールとその分解産物、およびそのほかの代謝産物がミオシン、チチン、ネブリンなどの筋原線維タンパク質に直接作用し、収縮装置の構造とサルコメアタンパク質の組成に悪影響を及ぼすと考えることができる。これに加えて、ミトコンドリアのエネルギー枯渇と機能不全、およびそれに起因するATP産生の低下も推測され、毒性による直接的なC線維の刺激だけでなく、この機序を通じても筋痛が発生すると思われる。

■ ステロイドミオパチー

クッシング症候群や骨粗しょう症に対する数カ月以上に及ぶ治療は、1日に10ｍｇ以上のプレドニゾンが使用された場合、ステロイドミオパチー発症の危険性が極めて高くなる。また、30日間にわたる用量40ｍｇのプレドニゾン投与であっても、ステロイドミオパチーの症状が発生するに十分である。ごくまれにステロイドパルス療法でも急性のステロイドミオパチーが現れ、急性四肢麻痺、横隔膜虚弱、クレアチンキナーゼ上昇、全身性筋痛などの症状が発症する。デキサメタゾンやトリアムシノロンといったフッ化ステロイドは急性ステロイドミオパ

チーの発展にとって危険な要因であると理解する必要がある。治療ではできる限り低いステロイド用量に切り替えることが不可避である。持久力トレーニングが重要な対策であることがよく知られている。

■ 高脂血症治療薬誘発性ミオパチー

高脂血症治療薬を用いた治療を受ける患者の約5％が安静時に発生する筋痛を訴える。その大半では、クレアチンキナーゼ値も同時に上昇している。けいれんや負荷誘発性筋痛、さらに近位に多く現れる筋無力症が報告されているが、この時ほとんどの場合ではクレアチンキナーゼが通常の10倍にまで上昇している。筋痛は主に大腿部に発生する。患者の一部では高脂血症治療薬の中断後、3カ月以上たっても高いクレアチンキナーゼ値が維持される。その原因や頻度は明らかになっていない。スタチン剤の投与下においてもまれに皮膚筋炎性あるいは多発性筋炎性の症状が現れることがある。また重症筋無力症の増悪や末梢性ニューロパチーが発症することもある。重度の高脂血症治療薬誘発性ミオパチーは横紋筋融解症を誘発する。急性の四肢麻痺、クレアチンキナーゼ上昇（通常の10倍以上）、ミオグロビン尿症、高カリウム血症、そして血液凝固障害などを伴う約3350の横紋筋融解症の症例が文献に報告されている。

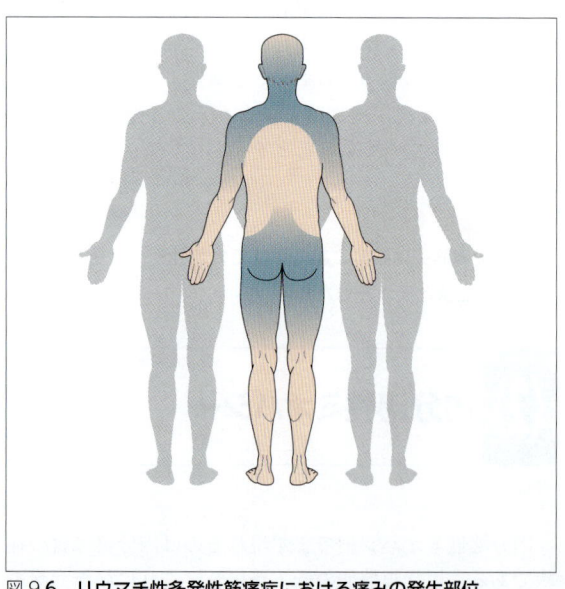

図9.6　リウマチ性多発性筋痛症における痛みの発生部位（着色部）

⟨4⟩ リウマチ性の臨床像

■ リウマチ性多発性筋痛症

リウマチ性多発筋痛症は高齢者の疾患である。その因果関係はよく分かっていないが、大動脈弓または近位四肢動脈における巨細胞動脈炎により引き起こされる。患者の40-50％は側頭動脈炎を併発する。臨床症状の主なものは、頸部、肩帯、骨盤帯、臀部における痛み、こわばり、痛みによる筋運動の低下などである（図9.6）。急性期には通常、体調が著しく低下し、体重が減り、微熱が出る。さらに、炎症性パラメータの検出やステロイドに対する激しい反応なども典型的な特徴である。リウマチ性多発筋痛症の随伴症状として、50％までの患者に一過性の小関節滑膜炎（手関節、膝関節、胸鎖関節など）が現れる。これにより関節リウマチとの識別が可能となる。頭痛や目の症状は側頭動脈炎に関連していると見なすことができる。

筋電図では通常正常所見が得られる。側頭動脈の生検が極めて有効であり、これにより80％のケースにおいて巨細胞動脈炎の証拠が得られる。リウマチ性多発筋痛症では筋生検に異常は見られないため、実行する必要はない（Gross & Hellmich 2003）。CRP、a_1およびa_2グロブリン、赤血球沈降速度、およびIL-6の上昇が典型的である。中でもCRPとIL-6のパラメータが重要である。クレアチンキナーゼは正常値にとどまる。

> **HINT**
> リウマチ性多発筋痛症の疑いがある場合には次の検査を行う：
> - 赤血球沈降速度、CRP、IL-6、a_2グロブリンの測定（電気泳動法）
> - クレアチンキナーゼの測定（正常値！）
> - 側頭動脈の超音波検査（Halo）
> - オプション：
>   ○ 側頭動脈の生検
>   ○ フルオロデオキシグルコース陽電子放射断層撮影
>   ○ 筋生検の必要はなし

⟨5⟩ 筋筋膜痛症候群（筋筋膜性疼痛症候群）

1843年、フロリエプ（Froriep）が初めて、圧痛を伴う筋硬化について言及し、これは局所的な徒手療法により治療可能であるとした。彼はこれを「筋カルス（Muskelschwiele）」と名付けた。1919年、シャーデ（Schade）はこの症状が局所的な粘度の上昇を伴うことから「筋硬症（Myogelose）」と言い表した一方で、ランゲ（Lange）は1925年に「筋硬化（Muskelhärten）」という用語を用いた。1940年になってシュタインドラー（Steindler）が初めて「筋筋膜痛（myofaszialer Schmerz）」や「トリガーポイント（Triggerpunkt）」といった用語を使い始めるようになった。1940年代後

表9.6　筋筋膜痛症候群の臨床

筋筋膜トリガーポイント（必須基準）	過敏かつ硬直した筋束（Taut Band）における過敏な圧痛点 触診後、伝達により広がる痛みや伝達範囲における自発的障害などの特徴的な現象
索状硬結（Taut Band）（必須基準）	硬直した筋線維の集まり。その全長において綱のように密集していることが触診される。トリガーポイント領域の中に結節状の収縮した部分がある。この収縮が筋線維の硬直の原因をなす
関連痛と痛みの特徴（必須基準）	活性トリガーポイントの刺激により、そのトリガーポイントから一定のパターンで痛みが広がる。この痛みは局所的である場合もあるが、トリガーポイントから遠くへ放射される場合もある。この痛みは再現可能で、そのパターンはトリガーポイントによりさまざまである（図9.7）。しかし、末梢神経や神経根による感覚支配と一致していることはまれである 痛みの原因： ● 脊髄の後角における無反応の隣接介在ニューロンが末梢刺激により限局的に活性化される ● 中枢における過剰興奮
局所単収縮反応（Local Twitch Response）（オプション）	トリガーポイントへの刺激より、硬結部に短時間の収縮（Twitch）が生じる。この局所単収縮反応は脊髄反射に相当し、トリガーポイントに特異的な反応であると考えられる

9. 筋の痛みの識別診断

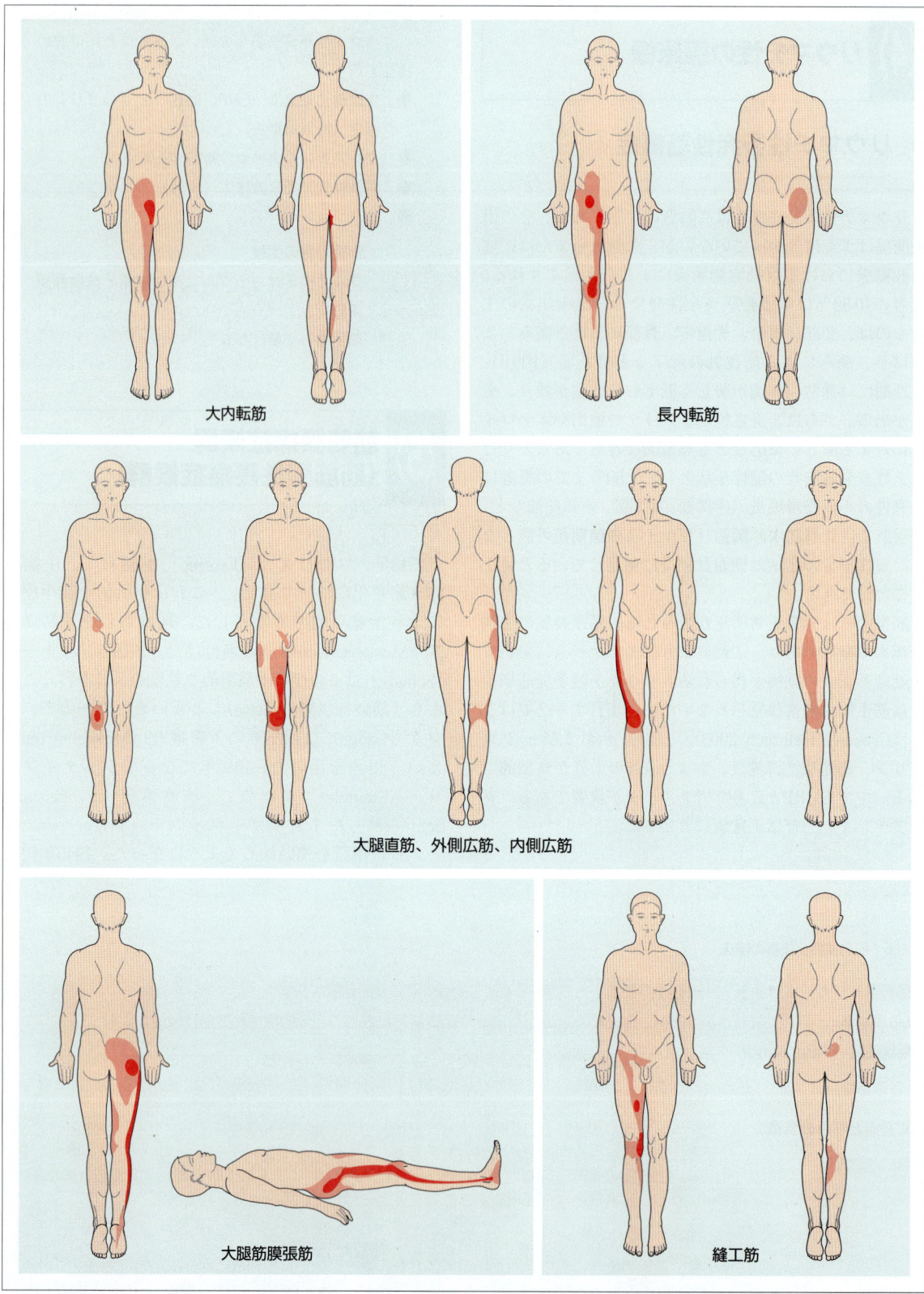

大内転筋　　　　　　　　　　　　　長内転筋

大腿直筋、外側広筋、内側広筋

大腿筋膜張筋　　　　　　　　　　　縫工筋

図9.7　**関連痛パターン（Referred Pain Pattern）**　大腿筋組織のトリガーポイントが示す痛みの投射領域（着色部位）。

筋痛を伴う後天性筋疾患

半になってトラベル（Travell）が「筋筋膜痛症候群（myofasziales Schmerzsyndrom）」という言葉を用いるようになった。その後、トラベルとシモンス（Simons）が130を超える重要な筋を対象に、全身のトリガーポイント、そこから広がる痛み、および網状の筋硬化を調査した。この調査の結果を編纂、加筆したものが"The trigger point manual"（Travell & Simons 1998）として公表された。

MEMO
筋筋膜痛症候群とは、炎症・リウマチ性または神経性の全身性疾患ではない、関節に関与しない局所的なまたは領域的な筋の痛みのことを指す。筋線維の走行に沿った触診可能な筋硬化と、患者に自覚される痛みの放射がトリガーポイントの特徴である。

● 臨床

臨床では骨格筋内に触診可能な圧痛点が発見され、これを刺激することで局所的な、また通常は拡大性の特徴的な痛みが発生する。これは再発可能であり、患者からは既知の痛みとして知覚される。この触診可能な筋内の点がトリガーポイントと呼ばれる。筋筋膜痛症候群患者は通常、痛みのため動きが制限され、筋がこわばり、虚弱感を感じる。

表9.6には筋筋膜痛症候群の臨床指標がまとめられている。

潜在性トリガーポイントは臨床的には無反応であり、自発的に痛みを発することはないが、触診すると活性トリガーポイントと同様の反応（痛みのパターン、単収縮反応）を示す。

● 頻度

疫学的に見ると、筋筋膜痛症候群は非常に頻繁に急性あるいは慢性筋痛の原因となるが、その一方で見過ごされることも多く、鑑別診断の対象とされることはほとんどない。特発性慢性の頭痛や頸部痛に苦しむ患者の60％近くにおいて筋筋膜痛症候群が診断される。軽い追突事故を起こした患者の約80％において急性の筋筋膜トリガーポイントが発展する。筋筋膜痛症候群の発生は女性においてわずかに高く、その比率は1.5:1から3:1となり、ピーク年齢は40歳から50歳代である。

● 病因

筋筋膜痛症候群は、過負荷だけでなく過小負荷下にあ

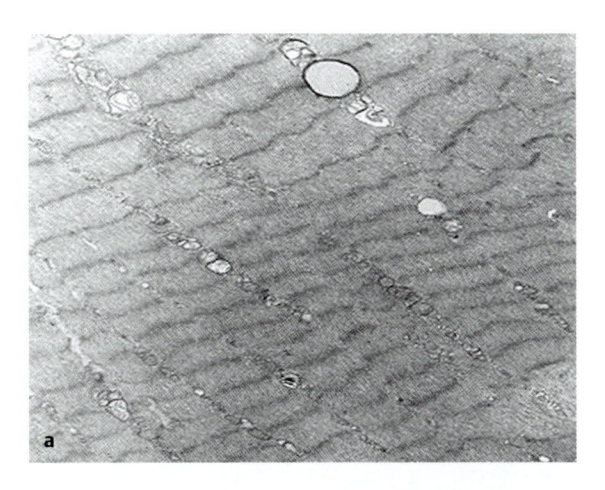

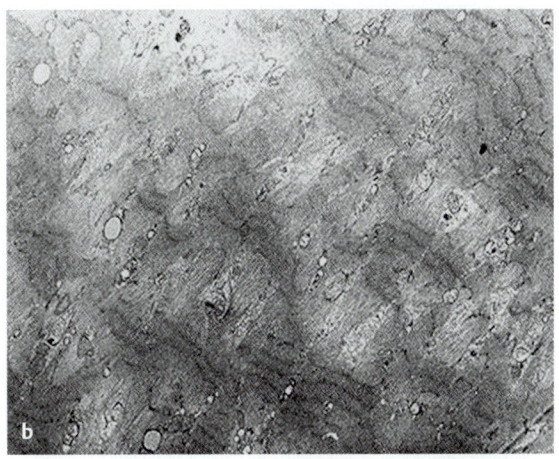

図 9.8a、b　トリガーポイントの組織病理（電子顕微鏡画像）

a　Z板間隔の短縮
b　Z板構造の破壊

る筋においても発生する。クリティカルな負荷上限を超えると、筋筋膜トリガーポイントが活性化されると思われる。筋原線維構造の局所的な破損が関与している可能性もある。姿勢の悪さや不自然な機械的負荷、あるいは関節機能不全などといった要素もまた筋の脆弱性に影響する外的要因である。

患者の一部では適切であるにもかかわらず治療が失敗することがあるが、その原因としてはさまざまな要因がある。これには、筋筋膜トリガーポイントの活性化を促し、症候群の存続を助けるすべての機械的、全身性あるいは精神性の条件が含まれる。例えば、急性の筋筋膜痛症候群の結果として、痛む体をかばう動きや誤った動きが現れ、また不適切な筋負荷を強いる固定化が継続されるなどして、その結果さらに治癒が長期化する。

筋に対するストレスを生む全身性要因としては、栄養不足、睡眠不足、電解質障害、代謝あるいは内分泌障害などが知られている。ただし、これらの要因の筋筋膜痛

に対する意味についてはまだ明らかになっていない。筋の老化やサルコペニアも影響していると思われる。

● 病理

　組織病理学的に見ると、トリガーポイントは個別筋線維における収縮したサルコメア分節の集まりであり、それ以外の筋線維部分は継続的な伸長異常を示す。電子顕微鏡を用いると、トリガーポイント内ではZ板の間隔が縮まり、時にはZ板構造が破壊されているのが確認できる（図9.8）。線維化変性が拡大していることもあるが、これは比較的古いトリガーポイントに多い。個別線維の壊死や脂質化、ミトコンドリア性変性、または赤色ぼろ線維の存在などもまた代謝性ストレスあるいは筋の老化とサルコペニアの兆候である。

　背筋のトリガーポイントにおける酸素分圧の計測により、酸素分圧の明確な低下も確認されている。微小透析を用いて、局所単収縮反応の前後における活性筋筋膜トリガーポイント内の局所環境が検査された。コントロール部位との対比も踏まえたその結果、活性トリガーポイントと潜在性トリガーポイントの間に、サブスタンスP、CGRP、ブラジキニン、セロトニン、ノルエピネフリン、TNF-α、IL-1α、IL-6、IL-8の濃度とpH値に大きな差が見られた。この結果からシモンスが「筋筋膜痛の発生に関する統合的仮説」を打ち立てた。その仮説では、外傷などの筋に対する過負荷により、神経筋終板が機能不全に陥り、シナプス間隙にアセチルコリンが過度に放出され、シナプス後脱分極とカルシウムの放出が生じ、サルコメアの収縮状態が維持されると説明されている。一方、この持続的な収縮により近隣の毛細血管が圧縮され、これにより、エネルギー需要が高まっているにもかかわらず、酸素が欠乏し、結果としてエネルギーが欠乏する。これに加えて、局所的にブラジキニンや5-ヒドロキシトリプタミンなどの神経血管活性化物質が放出され、これが侵害受容神経線維を刺激し、最終的にサブスタンスPなどの痛みの神経伝達物質が放出される。

6 各種筋損傷分類の試み

　本書に提案された筋損傷の分類法に従うと、上述した疾患とオーバーラップする部分がある。以下ではこの点について考察していく。

　基本的に、I型からIV型までの筋損傷は局所的な障害と疼痛症候群である一方で、本章で取り扱った筋疾患は複数の筋群において平行的に発症する。筋損傷の区分において、筋筋膜痛症候群とトリガーポイントが臨床的に重要な意味を持つ。

⟨1⟩ Ia型筋損傷（痛みを伴う筋硬化）と筋痛の区別

　Ia型の痛みを伴う筋硬化とは異なり、後天性あるいは遺伝性の筋疾患を持つ患者における筋痛は通常広範性であり、安静時にも痛みがある。また筋腹における局所的な硬化は生じない。その理由は、この症状が主に（局所性ではなく）全身性の原因、例えば筋内代謝や筋タンパク質組成の変化、または皮膚筋炎やリウマチ性多発筋痛症などにおける全身性の炎症などに起因していることにある。

⟨2⟩ Ib型筋損傷（痛みを伴う筋硬化）と筋筋膜トリガーポイントの区別

　Ib型の筋硬化と筋筋膜トリガーポイントを臨床的に鑑別するのは難しい。通常、トリガーポイントでは安静時痛が存在する。触診や該当部位の運動により、この痛みを強めることができる。この特徴的な痛みや、またこの症状に典型的な関連痛（Referred Pain）のパターンが筋の検査における鑑別指標となる。

　これに加えてIb型損傷では、腰椎、仙腸関節、あるいは股関節の障害が典型的である。まさにこの部位において、複数の腰部髄節における変化や脊椎傍筋群の近位における変化が発生する。また、2-3段階高いあるいは低い髄節において変化が現れる場合もある。これはいわゆる脊髄の自己装置における複数の髄節にわたる髄節間可逆回路に起因することが、関連痛のモデルにおける試験で証明されている。

　腰椎や仙腸関節、あるいは股関節の骨格形成における特に機能性の障害は、トリガーポイントにとってはあまり典型的とは言えない。しかし、腰椎、仙腸関節、または股関節の障害はいわゆる二次的トリガーポイントの発生につながる。これに対して一次的トリガーポイントは先行する障害なしに、患部筋に発生する。一次トリガーポイントの原因は神経筋終板領域における機能不全であり、一方二次トリガーポイントは脊椎、腱、筋膜、そしておそらく筋紡錘における障害が反映されたものであ

〈3〉 Ⅱ型筋損傷（いわゆる肉離れ）と筋筋膜トリガーポイントの区別

　Ⅱ型損傷は筋腹の比較的大きな領域に発生し、明確な中心が存在しないことを主な特徴としている。この浮腫性の膨張を示す筋腹内に構造の断裂あるいは硬化を見つけ出すことが、触診の際の重要な鑑別指標となる。単独部位における筋硬化がある場合は、急性のトリガーポイントが見つかることがある。しかしながら、トリガーポイントが筋の走行に沿ったグループとして、あるいは連鎖として見つかる可能性は極めてまれである。

〈4〉 Ⅲ型筋損傷（筋繊維断裂）と筋筋膜トリガーポイントの区別

　Ⅲa型の筋線維断裂、あるいはより規模の大きいⅢb型の筋束断裂を含むⅢ型損傷は、押すと痛みが生じる痛覚中心と単独の構造途絶を持つため、基本的にその識別は容易である。さらに、Ⅲ型とⅣ型損傷が示す痛みの潜伏や動態、強度および特徴は、後天性あるいは遺伝性の筋疾患におけるそれらとは明確に異なっている。

> **HINT**
> Ⅲ型とⅣ型損傷では典型的な伸張による痛みがある一方で、例えば筋筋膜痛症候群などでは筋の伸張は痛みの緩和につながる。これは診断上重要な相違である。

参考文献

Deutsche Gesellschaft für Neurologie (DGN), Heuss D. Leitlinie „Diagnostik und Differenzialdiagnose bei Myalgien". 2008; http://www.dgn.org/images/stories/dgn/leitlinien/LL2008/ll08kap_069.pdf

Deutsche Gesellschaft für Neurologie (DGN), Lindemuth R. Leitlinie „Crampi/Muskelkrampf". 2008; http://www.dgn.org/images/stories/dgn/leitlinien/LL2008/ll08kap_067

Deutsche Gesellschaft für Neurologie (DGN), Schneider-Gold C. Leitlinie „Myotone Dystrophien, nichtdystrophe Myotonien und periodische Lähmungen". 2008; http://www.dgn.org/images/stories/dgn/leitlinien/LL2008/ll08kap_068

Diener H-C, Putzki N, Hrgs. Leitlinien für Diagnostik und Therapie in der Neurologie. Stuttgart: Thieme; 2008

Gross WL, Hellmich B. Arteriitis temporalis Horton (Riesenzellarteriitis). 1. Pionierarbeit und gegenwärtiger Stand: Giant cell arteriitis Views from 1961 and 2003. Dtsch Med Wochenschr 2003; 128: 2604-2607

Schoser B. Muskel und Schmerz - ein Leitfaden für die Differentialdiagnose und Therapie. Bremen: Unimed; 2008

Schoser B. Inflammatorische Myopathien. Zeitschrift für Rheumatologie 2009a; 68 (8): 665-677

Schoser B. Zur Therapie von Muskelkater, Myalgien, Crampi und Myotonie. Akt Neurologie 2009b; 36: 270-274

Travell JG, Simons LS, Simons DG. Myofascial pain and dysfunction: the trigger point manual. 2nd ed. Philadelphia: Lippincott Williams & Wilkins; 1998

第10章

スポーツにおける行動神経学と神経心理学

J. M. フーフナーゲル

1. 筋に対する脳の働き 238
2. 脳の機能 239
3. モチベーションと目標設定 248
4. パフォーマンスの創出と最適化 248
5. けがに対する脳の反応 251
6. リラクゼーション法 252
7. サッカーからの例 256

1 筋に対する脳の働き

〈1〉 脳と筋の相互作用

　生命とはすなわち運動である。脳が運動を操作し、筋がこれを実行する。脳と筋は1つの機能単位をなす。ただし、ほとんどの人はこれに気付くことがない。筋があるからこそ、自由な行動が可能となっている。期待される運動能力を発揮するには、反射、練習、環境状況への不断の適応などを通じて、運動にかかわるすべてのコンポーネントを最適化する必要がある。

　筋がなければ脳は何もすることができない。しかし、脳がなければ筋も何もできない。聖書では肉体こそが罪深きものとされているが（「魂は熱いが、肉体は弱い！」：マタイ26章41節）、現代では脳こそがすべての責任を負う器官だと認識されている（「肉体は熱いが、魂は弱い！」）。

　脳科学者の間では、運動活動の分析をもとに、自由意志に関する議論が巻き起こっている。運動の意味はその空間的な次元をはるかに超えるものである。例えば運動の成功あるいは失敗は、その結果として勝利や敗北を決定づける。

　脳と肉体はつまり、分かつことのできない運命共同体である。その好例として、筋萎縮性側索硬化症により車いすによる生活を余儀なくされている天体物理学者スティーヴン・ホーキングを挙げることができるであろう。彼が生存を続けるには、呼吸筋に対する機械の助けが必要である。またコミュニケーションを可能とするそのほかの運動も機械の助けがなければ機能できない。

　高次な抽象レベルにおける脳の役割は情報処理とその表象にある。筋は力と速さ、そして持続力を現実化し、一方脳は筋間の大まかなあるいは繊細な協働の精度を随時コントロールする。また、体内あるいは体外の環境条件の変化、つまり生理的・生化学的受容と環境の変化に対する不断の順応をつかさどる。

> **MEMO**
> あらゆる意図的な活動の実行に加えて、ほぼすべての不随意運動に対しても脳は活動している。脊髄反射に対してさえも、脳は無意識に関与している。極めてまれな自発的筋運動のみが脳の関与なしに発生する。

〈2〉 行動神経学と神経心理学

　脳と行動の関係を研究する学術分野には行動神経学と神経心理学がある。行動神経学の分野では脳から見た行動がテーマとなる一方で、神経心理学では行動を基準としてそこから脳の働きが観察される。

　これらの学問における困難な点は、行動は運動を介してのみ経験されるということにある。つまり、身体運動および眼球運動は観察者の目に直接、運動効果として認知され、言語運動は音波を介して間接的に知覚される。

　以下ではさまざまな脳機能が持つ行動に対する作用を概観する。

〈3〉 世界の中心としての時間、場所、観点

　人間が知り、観察することができるものすべては例外なく時間的変化にさらされている。この世に生を受け、そしてその肉体から開放されるその瞬間まで、誰もが時間の流れの中を一方向に、つまり未来に向かって歩み進む。過去を変えることはできない。現在の我々は過去の産物であり、過去があったからこそ、今の我々がここにこうして存在している。これはもちろんただ単に空間的な意味を表しているのではなく、あらゆる人格特徴との関連における（現状における）精神的な位置も含まれる。現在の我々は独自の知識および独自の経験をもとに、世界を観察する。ただし、この自身の立ち位置（見地）が意識されることはほとんどない。この独自の立ち位置は、ほかの位置でなく現状の形で今の位置にあること、そのこと自体に意味がある。

　我々は、我々自身の行動および経験を通じて、時間の中で脳と共に絶えず変化を繰り返す。本書を読む前と読んだ後で、全く同じ人格を保ち続ける人物はいない。なぜなら、積極的であったか片手間であったかにかかわらず、学習は必ず立ち位置に変化をもたらすからである。

> **MEMO**
> 人間の脳の神経構造は、あらゆる情報により常に影響を受け、変化を被る。この変化は微々たるものであることもあるが、時には極めて劇的となることもある。

　学術理論はすべて、個別の見識にそれぞれの場所が与えられる思考建造物である。同じ見地から同じ事象を観察しても、その観点、視野によっては見え方が全く異な

り、違うものとして観察され、評価される。それぞれの見地から見たこの視野が評価にとって最も重要な要素になる。視野は広い場合も狭い場合もある。

さらに、クルト・レヴィン（Kurt Lewin）が「優れた理論ほど実践的なものはない（There is nothing as practical as a good theory）」と言い表したように、視野の深さが観察あるいは思考の明瞭さを決定する。

> **MEMO**
> 理論とは現実の仮定的抽象化のことである。そう認識されることは少ないが、学術理論とは常に一時的な仮の理論である。カール・ポパー（Karl Popper）によると、常に反証可能でなければならず、そうでない場合、それは（学術理論ではなく）世界観的信条である。

2 脳の機能

人間の脳は体内世界だけでなく、体外の世界とも接触している。そのインプットは体内の感覚器官とその経路を通じて行われる。したがって大きく見ると、体内世界は脳環境の一部であると見なすことができる。一方、身体、視覚、および発話運動を可能とする運動系がアウトプットを担う。これに、生存に不可欠な内的調節機能と

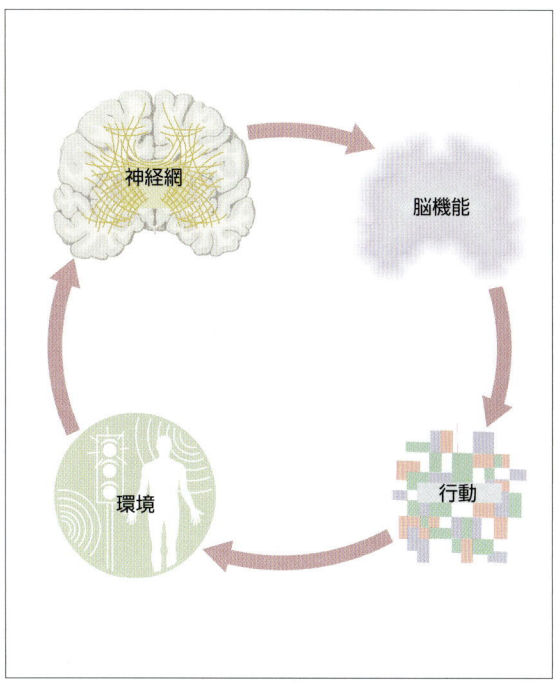

図 10.1　**脳と行動と環境**　組織構造としての脳は直接観察することができない働きを通じて「行動」を引き起こす。行動はさらに環境に作用する。一方、脳は（体内世界も含む包括的な意味での）環境から発せられるシグナルを処理することによってのみ、機能を発揮することができる。こうして、情報処理の循環が成立する。

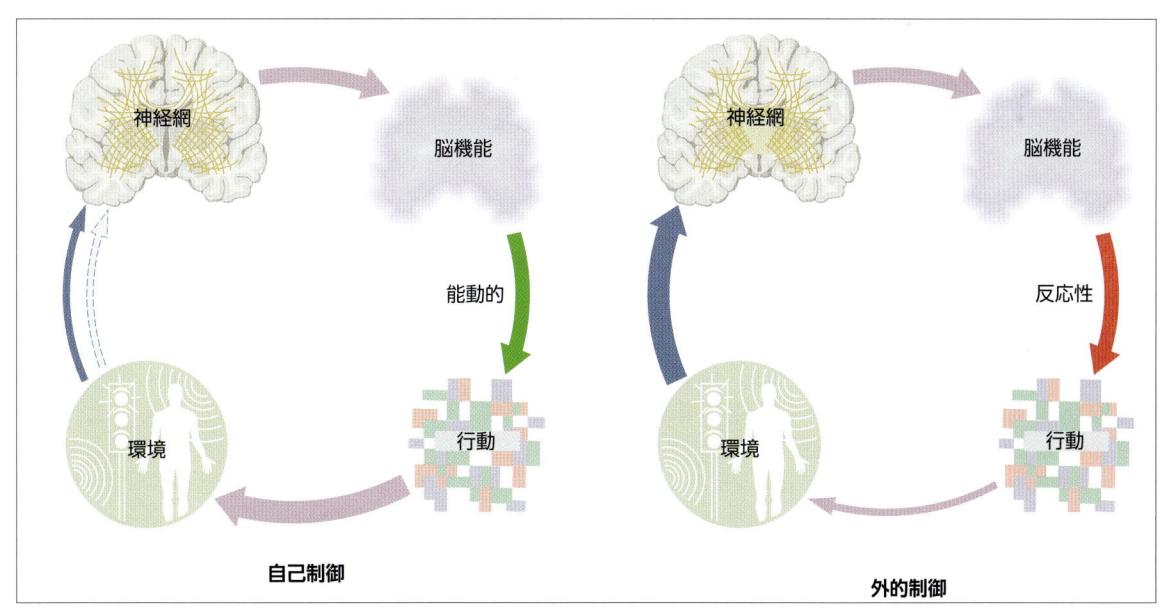

図 10.2　**行動と環境の相互作用**　自己制御された行動の特徴は、環境の影響が少ない、あるいは環境が重要な役割を持たず、行為が自発的に形成されることにある。したがって、独自の能動的な行動による環境（状況）の形成に対する影響は特に大きい。一方、外的制御された行動とは環境の強いまたは過度な影響に起因する行動であり、反応の自発性をほとんどあるいは全く許容しない。外的制御に基づく反射的な行動は予測が容易であり、環境（状況）に対する影響はあまり大きくない。

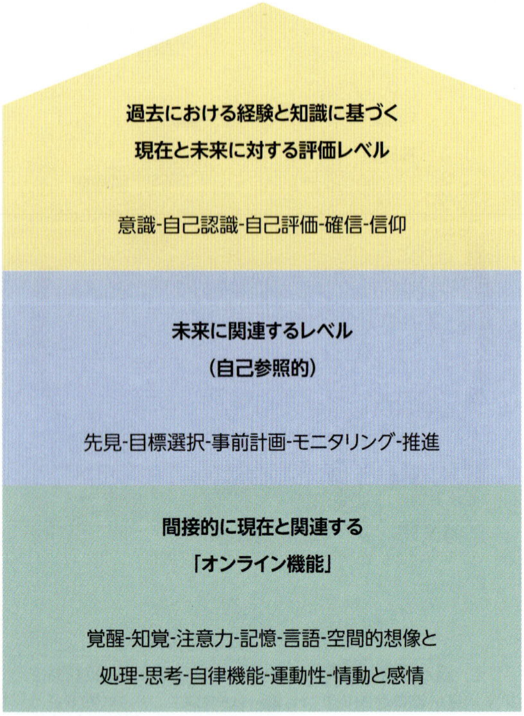

10. スポーツにおける行動神経学と神経心理学

```
┌─────────────────────────────────┐
│   過去における経験と知識に基づく      │
│   現在と未来に対する評価レベル        │
│                                 │
│   意識-自己認識-自己評価-確信-信仰    │
├─────────────────────────────────┤
│        未来に関連するレベル          │
│          （自己参照的）             │
│                                 │
│ 先見-目標選択-事前計画-モニタリング-推進 │
├─────────────────────────────────┤
│      間接的に現在と関連する          │
│         「オンライン機能」           │
│                                 │
│ 覚醒-知覚-注意力-記憶-言語-空間的想像と │
│ 処理-思考-自律機能-運動性-情動と感情   │
└─────────────────────────────────┘
```

図 10.3 【脳機能の相対的階層】（Stuss & Benson に準拠）

しての嚥下および内臓運動が加わる。そしてこれらの運動が総体として持つ作用を「行動」と呼ぶ（図10.1と図10.2）。情報処理は基本的に、常に同じ制御回路内で行われる。直接的に観察できない脳機能に関しては仮定的推測を立てざるを得ない。これらの推論は心理学者による研究の対象であり、実験科学的研究法が確立する以前は哲学者たちが、自身の頭脳労働を対象として、非常にさまざまな解釈を行っていた。今日では、純粋に精神学的な評価のみを行う哲学者は、描写レベルにおいて反証不可能な認識を論拠のより所とすることができる。環境が行動に与える影響は決して間接的なものでなく、常に我々の認識、感覚器官あるいは感覚系路を通じて神経網と脳にもたらされ、そして処理される。そして、循環系がこれに対するフィードバック機構を形成する。循環系は脳内で数多くの機能原理にのっとり相互に作用する。

約1000億の神経細胞が互いに結びつき、各神経細胞はそれぞれ1万を超えるとされる接続点を介してほかの神経細胞と連絡している。ある1つの神経細胞からほかの1つの神経細胞へは最大4つの異なった経路を経由してつながっている。情報処理にはすなわち甚大な平行性が確保されている。処理されるデータがさまざまな場所で、例えば、色、形、位置などに分割される場合、分岐の原理が働く。したがって、限局性の脳障害では非現実的な珍しい現象が生じる。収れんの原理ではデータがある一点において1つにまとまる。しかし、脳がどのようにして、すべての情報から1つの意識経験を形成するか、その仕組みは大いなる謎である。神経細胞に加えて、興奮性の上昇に関与する励起の原理と、興奮性の低下に関連する抑制の原理がある。しかし結局のところ、極めて複雑な放電パターンの時空間的協調こそが、我々の知覚、ならびに脳の働きとされるあらゆる事象の源である。

スタッスとベンソン（Stuss & Benson 1986）による脳機能モデルによると、さまざまな機能系は階層化され、構造・空間的に分離されているが、常に互いに作用し合っているため、完全に単離して理解することはできない（図10.3）。数多くのプロセスにおける機能的平行性に関する好例は相補的な働きを持つボトムアップ（Bottom-up）とトップダウン（Top-down）処理である。「下から上へ」の処理では個別の情報が大きな全体にまとめられ、1つの新しい意味を得る。これに対して「上から下へ」の処理では関心と認識が、期待へと誘導される。期待が強い時には、よく理解に誤りが生じる。現実は、否定が不可能な時にのみ、それとして理解される。ある行為の実行に関与する脳構造はその行為の想像にも関与している。

最も上位に位置するのは意識であり、これには自己評価としての自意識も含まれる。信仰を含む確信・信条はこのレベルに帰属する。メタ認知（知識に関する知識）もまたこの範疇に属する。これら概念のすべては生物学的抽象化であり、その相関物もまた統一的ではない。したがって「記憶」、「注意」、「認識」、「言語」などは存在せず、ある特定の記憶活動、ある特定の関心活動、ある特定の認識活動、ある特定の言語活動などが存在すると理解することができる。

> **MEMO**
> 脳機能の活動的観点を選択し、具体的に計測することは可能であるが、これらすべてを適切かつ完全に数値に表すことは不可能である。

〈1〉 注意力

注意力とは限られた資源であり、毎日新しく継続的に、ただし限られた量だけ創出される。しかし、絶対に必要であり、注意力なしに意識的な行為が成功することはない。その本質的な側面はまず注意力の強さ、集中度であり、これは空間および時間的に明示される。もう1つの本質は選択性であり、これによりさまざまな情報の源を同時に概観することができる。認知心理学では「集中力」とは継続的にフォーカスされた注意力であると理解されている。いわば、同時に複数の課題をこなし処理するマルチタスキングの対立概念である。注意力の強さは意志の強さ

240

を通じて短期間強化することは可能であるが、その見返りとして、少なくとも短期間比較的強い疲労が訪れる。

　何かに集中し、その集中力を維持しなければならない時でも、常にこの集中力を妨害し攻撃する要素が存在する。集中力の妨害や脆弱さの源は外界だけでなく自身の内側にも存在する。観客のブーイングで集中力を失ってしまったスポーツ選手の数は多い。選手は自身のプレーに関し頭をめぐらせ、過ぎ去ったプレーに対する反省や、これからのプレーに対する不安に支配され、最適な行為を実行することが妨害される。また、過去における敗戦の記憶も、現在の能力を著しく抑制することがある。このような現象は、予期せぬ形で得点やゴールを取られたことにより、選手あるいはチームがショックを受け、試合が大きく傾いた時などに特に顕著に表れる。未来に関する思考も、たとえそれがポジティブなものであっても、現在のシチュエーションから意識をそらすという点では変わりなく、同様に危険である。目前に迫った勝利の喜びが集中力に影響し、対戦相手の得点やゴールにつながることもある。チャンピオンズリーグの決勝戦ですら、ロスタイムまでリードしていたチームが敗れたことがある。

〈2〉覚醒

　通常、注意力は覚醒状態を必要とする。寝ている間は、注意を何かに向けることはできない。しかし、寝ている間といえども、ごくわずかな注意力は保たれたままである。例えば、母親は赤ん坊のかすかな泣き声にさえも反応し、たとえそれが物理的に見ればごくわずかな音であろうとも、目を覚ます。一方、近くをトラックが騒音と共に走りすぎても、寝続けることができる。重要な試合の前など、精神的に緊張している時には、睡眠のリズムと深さに混乱が生じ、翌日の覚醒状態に悪影響を与えることがある。

> **MEMO**
> ストレスにより刺激され、過度に緊張や興奮している時には覚醒が強くなりすぎることもある（図10.5）。

〈3〉記憶

　ほとんどの場合、「記憶」という言葉は過去に対する思考という意味で理解される。学術論文においても、記憶がアーカイブとして分類されていることもある。過去の出来事、および知識として獲得した事柄への回想は、普通は無意識のうちに常に行われるが、これが本当に必要不可欠となるのは実際の課題、つまり現在と未来の構築に貢献する場合のみである。過去への回顧を通じてのみ、人は現在あるいは未来の行動に対する意識を形成することができる。経験と知識が、行為に必要とされる先見の基礎となる。この働きは現在において継続的に、通常は無意識のうちに自発的に行われる。また、記憶にはさまざまな種類が存在する。

　哲学者マルティン・ハイデガー（Martin Heidegger）は、記憶を最も抽象的なレベルにおける「思考の集まり」と定義した。この論証には非常に説得力があり、彼の思考および言葉のアクロバットに反論することは不可能であると思われる。

　ラリー・R・スクワイア（Larry R. Squire）とエリック・R・キャンデル（Eric R. Kandel）はその著書"Gedächtnis - die Natur des Erinnerns"（記憶 - 回想の性質）を「記憶は我々の存在に関するあまたの現象を1つの総体にまとめ上げる」という言葉で始めている。では、これらの現象にはそれぞれどのような意義があるのであろうか。この問いに理論や実験を用いて従事するのが神経精神学と分子生物学である。ここで統一的見解として理解されているのは、記憶能力は陳述記憶と非陳述記憶の2つのカテゴリーに大別されるということである。同じことが「顕在記憶」あるいは「潜在記憶」、または「事実の記憶」あるいは「技能の記憶」などとも呼ばれている。

■ 陳述記憶

　陳述記憶はさらに、エピソード記憶と意味記憶に分類される。人間は自己の体験を、これらが自分自身に該当する場合に限り、自伝として記憶する。体験がほかの人物によってなされた場合は、自伝ではなく物語が創られる。特定の人物とは関係のない、問いかけることができる知識（1960年のオリンピックにおいて競技XYZで優勝したのは誰？ピタゴラスの定理とは？）は意味記憶として分類される。ある知識が得られた時の状況や時間を同時に思い出すことができる場合は、出典記憶を持つという。

　概念上、記憶と注意力の間のインターフェースに作業記憶（ワーキングメモリー）が存在するとされている。この用語は現在では、定義が不明瞭である「短期記憶」に代わって、多くの研究者により好んで用いられるようになった。「作業記憶」とは、意識に昇った認知材料の保持と処理の2つの同時能力を表す言葉であるとされる。そしてこの能力は（注意力により）制限されている。1974年、機能的な観点のもと、バッデレイ（Baddeley）により作業記憶の最初のモデルが構想され、これが後に発展された。特にその機能回路、すなわち言語音韻ルー

プ、視空間スケッチパッド、エピソードバッファに関しては数多くの文献が存在している。生理学的には、これらの機能回路は原則的に同様な働きを持つが、そのモダリティーは異なっている（そして解剖学的にもその位置が部分的に異なっている）。経験学上、その証明が最も弱いとされているのはいわゆる中央実行系（central exective）である。バッデレイの認知モデルには感覚運動的作業記憶は含まれていない。感覚運動短期記憶の最も重要な特徴は、バッファに保持された感覚インプットの処理が行われるために、意図された運動活動が最適な結果に至るまでに遅延が生じることにある。このような感覚運動作業記憶の存在を裏付ける実験結果は既に存在している。

■ 非陳述記憶

内省には関与しない非陳述記憶は、プライミング、認知学習、感情学習、そして手続き記憶の形で機能する。手続き記憶は本質的に運動学習である（p. 246を参照）。

複雑でありながら素早い判断が必要とされる状況下においては、我々は通常直感的に行動する。理性による検証なしに、経験の総体が自発的で迅速な洞察をもとに即座に判断を下す。このような状況では、長い熟考や思案は不適切であり、危険である可能性さえある。

> **MEMO**
> 直感は「勘」と呼ばれることも多い。情報が極めて複雑である状況下における、反応や判断の理由としてのこの「勘」は正しいことが多い。このことは特に純粋に理性的な情報処理には時間がかかりすぎ、困難である状況において顕著である。

〈4〉 知覚

人は感覚器官を通じて直接世界を知覚する。物理的なエネルギーが神経細胞における放電パターンに変換される。このエネルギーが伝達され、脳のさまざまな領域に到達し、接続されて初めて、知覚されたものがそこに新たに発生する。体内の知覚である固有感覚もまた、特殊な神経細胞における可変的な放電パターンの解釈の産物である。長期にわたる無刺激などにより変化が生じなかった場合、視覚によるコントロールも行われず、この状態は漠然と知覚されるかあるいは全く知覚されることがない。あらゆる感覚受容において最も重要な働きを持つのは視覚である。「百聞は一見にしかず」ということわざがあるように、このことに疑いの余地はない。見たものの中からどれだけ理解することができるかは、視覚にとらえられたものの量によって常に決定される。これが、我々がレオナルド・ダ・ヴィンチの作品を見た時や、あるいはサッカーで敵陣のすき間に出された素晴らしいパスを見た時に感動する理由である。人は未知の世界を慎重に手探りしながら理解する。慎重さに欠いた時には、痛みを持って（肉体的な）限界を知ることになる。音もまた感情を左右する要因となる。例えば誰かが泣いたり不平を言う言語メロディーを聴くと、気分に悪影響が出る。逆に、決勝戦の後に歌われた「ウィー・アー・ザ・チャンピオンズ」を聞くと、幸せの絶頂にいる気分になる。哲学者ニーチェ（Nietzsche）は、音楽がなければ世界は1つの誤りであると主張した。ファンの合唱がなければ、スタジアムにはどんな雰囲気が満ちるだろうか。負傷した選手を落ち着けるには手を当てたり、平手打ちを与える方法もあるが、優しく「すぐによくなるよ！」と言うこともできる。ガソリンのにおいがする場所では、表彰式後のシャンペンシャワーでクライマックスが迎えられる。いずれにせよ、我々の世界とは我々が経験する世界である。

〈5〉 思考

論理的な論述や一般的な問題解決能力など、思考の働きは時に知性と同一視される。知性（インテリジェンス）とはその字義上は、「行間を読む」ことを意味している（ラテン語：inter＝間、legere＝読む）。つまり、自分のことを知性的であると見なし、知能指数でそれを証明しようとするような人物は、知性の意味をはき違えていることになる。行動生物学者ハッセンシュタイン（Hassenstein）は、賢さは知性の上に位置することを示した。ユーモアのない理性はあり得るが、理性なしでユーモアはあり得ない。人生を克服するには鋭敏な理性を持つことは不利ではないが、しかしそれだけでは頼りない。知的傲慢さには冷静に対処する必要がある。本当の知性とは、ありとあらゆる見地と観点から見て、知ったかぶりの答えではなく、正しい質問の中に現れるものである。ちなみに、ロスト（Rost）が2000を超える文献の調査をもとに執筆した"Intelligenz - Fakten und Mythen"（知性 - 事実と神話）の中で確認せざるを得なかったように、専門家の多くでさえ、最新の知性研究の結果を知らないことが多い。

> **MEMO**
> 創造性は特殊な形態の思考である。これは収束的、分析的、線的、あるいは結論的ではなく、発散的、直感的、水平的、斜行的、そして包括的である。革新性は予期せずに得られる特殊なものであり、時に

は天才性をも意味する。

言語が必ずしも人間の思考能力を可能とする要因であるとは限らない。印象に残りやすい映像の視覚による捕捉も思考に大きく関与している。映像により、言葉や論争よりも簡単に、新しい認識が得られることも多い。アインシュタインが相対性理論を考え出すきっかけとなったのは、光線に乗って移動すれば世界や宇宙がどのように見えるだろうかという思いつきであった。彼はこの時、発砲された大砲の弾に乗って空を飛んだとされる童話で有名なほら吹き男爵ミュンヒハウゼンのことを考えていたのだろうか。また幼児たちも、言語の習得が始まる前に非常に多くのことを学ぶ。これは動物においても同様である。ヴァイスクランツ（Weiskrantz）が1988年に印象深く示したように「言語なしの思考」は可能である。日常では逆に「思考なしの言語」がしばしば問題となる。言い換えれば「自分が話す言葉を聞いていないうちに、どうやって自分が何を考えているか知ることができようか」といった態度である。映像やシーンに基づく思考は、言語の助けなしに明確となり、コミュニケーションを可能とする。このことは、さまざまな国籍を持つ選手で構成され、言語ではかたことのコミュニケーションにならざるを得ないトップチームなどで容易に観察することができる。

⟨6⟩ 言語とコミュニケーション

空間と時間を超越するコミュニケーションの手段として最も重要なのは言語であり、これには発話によるコミュニケーションと、筆記によるコミュニケーションが含まれる。言葉が待つ重大でありながら不可避な問題は、多くのことを表現できないそのあいまいさである。例えば、1600万の色を再現することができる現代のテレビ、500を超える個別の香りを混ぜて作られた香水の香り、1000を超えるブドウの種類に加え、地形や天候などにより味が代わるワインなど、その例は枚挙にいとまがない。もう1つの同程度に大きな問題は言語の使用である。異なった物事や事象が同じ単語で表現されたり、逆に同じ事柄や事象がさまざまな単語で表されたりすることもある。バベルの塔の物語でよく知られる言語混乱は何も多言語間のみに存在しているわけではない。同一言語内においても、学術文献の中でさえでも見られる現象である。数学や自然科学分野以外において、語彙定義にコンセンサスを得ようする努力そのものが、不正確な手段を用いてあいまいな思考を続けようとすることの間接的な現れである。多言語社会においては翻訳が、母国語内においては言語使用のぞんざいさが、この問題をさらに大きくしている。

非言語的なサインは、コミュニケーションにおいて非常に重要な意味を持つ。取り決めや慣習によって、誤解の可能性が排除される。例えばイエローカードとレッドカードは、1966年のワールドカップにおいて審判から退場を宣告された選手が、その宣告が全く理解できないふりをして、その後も長時間フィールド上にとどまり続けたことをきっかけとして導入された。

MEMO
言語は思考の大部分を決定づけるが、それが持つ内容や意味は、それぞれの環境におけるそこで用いられた言葉が持つ具体性や内包的意味に従い、最終的に理解される。

⟨7⟩ 自律機能

生命の維持に関連するため「植物性」とも呼ばれる自律性の機能、つまり独自の法則にのっとって作用する機能の中で、ここで最も興味深いのは睡眠、しかも肉体的な休息を超えた次元の睡眠である。睡眠の主要な働きの1つは長期記憶の形成である。長期的に記憶保存されるには、新しくできた記憶痕跡が固定化される必要がある。この「記憶固定」と呼ばれる処理プロセスは決して受動的な刷り込みといったものではなく、脳内容とその表象の能動的な再編成プロセスである。既存の記憶内容と新たな記憶内容の関連付けは、それぞれの記憶システムごとに異なった睡眠期に実行されるようである：

- 手続き記憶、ならびに感覚運動学習と運動学習は、急速眼球運動を伴い夜間睡眠の後半に支配的となるレム睡眠期から最も恩恵を受ける。
- これに対し陳述記憶は夜間睡眠の早期に支配的で、脳電図では「緩徐振動」を示すデルタ睡眠を利用している。

睡眠や夢の機能に関する研究には仮定や推測の域を出ないものが多いが、この記憶に対する役割については、最近の研究により非常に明確に証明がなされている。

MEMO
結論：スポーツ選手にとっても、思想家にとっても、十分な睡眠は有益である。それが感覚運動のものであれ、認知活動のものであれ、記憶痕跡の固定化は睡眠中にのみ行われる。

〈8〉 情動と感情

　外部からの働きかけにより気持ちに変化が現れることを「情動」と呼ぶ（ドイツ語：Affekt、ラテン語：affectus＝わたしに働きかけるもの）。内部から気持ちが起こり、これを外に向けて発した場合、これは「感情」と呼ばれる（ドイツ語：Emotion、ラテン語：emotio＝外へ動かすこと）。したがってその相違は、その発生の仕方と場所にある。互いの関係は、作用（アクション）と反作用（リアクション）の関係と似ている。しかし日常生活や、あるいはまた学術文献においても、この両者間の相違は意識されないことが多い。この相違はしかし、行為の評価において非常に重要な基準となる。情動に駆られた犯罪行為では、罪を軽減する行為として感情が考慮されることはない。ここにあるのは反作用であり、意志はもはや自由ではなかったため、罪の対象とはならず、判決の軽減につながる。

　感情や情動は不可欠であり、人生を生きる、そして愛する価値のあるものとしている。ものを見る目や、他人の行為に対する解釈を変える力を持つ。人はある気持ちを持つと、その気持ちを確かめたくなる。時にはこれが困難をもたらすこともある。ある気持ちに支配され、知識に基づいた正しい行動を起こすことができなくなってしまうからである。

MEMO
感情や情動を完全にコントロールすることはできない。これらが逆に人を支配する。怒りや、あるいは恋心に支配され、遅かれ早かれ後に後悔せざるを得ない状況に陥ってしまうことはよくある。

■ 大脳辺縁系

　感情や意識は、理解が非常に困難な現象と見なされ、その成り立ちや説明に関して、学術的にもいまだ統一的な見解は存在していない。しかし確かなことは、大脳皮質外縁の下部にある脳のごくわずかな領域のみが感情の発生に関与しているということである。感情伝達機構のネットワークあるいはシステムは安全な脳の深部、すなわち大脳半球の内側面近くに位置している。したがって、この部分は辺縁系と呼ばれる。辺縁系は2つの機序を通じて、その働きを伝達する：
- 循環血液中の化学分子
- 神経路上の電気化学的シグナル

　結果として、その人物の全体的状態が変化する。アントニオ・ダマシオ（Antonio Damasio）は、感情は肉体を舞台として利用している、と表現した。感情は独自の働きと命をもつ。これが時には明敏な思考と衝突する。思考と感情が一致せず平行線をたどると、感情が優勢となり力を保つ。こうして、感情は支配される側から支配する側に回ることになる。強く心を動かされた時、それに対し思考が伴わない場合、あるいは誤った思考がなされた場合、強い感銘を受けた主体は1つの考えを持つようになり、これが最終的に事実の確信に発展する。もちろんこれは間違いである。正しい結果を導き出すには明確な条件が必要であるが、ここではそれが欠けている。神秘とは不可解な要素の混合物から生まれてくるものである。手品も同様の現象であると言える。しかし、その種が明らかになれば、すべて説明可能であり、驚くべきことなど何もない。もちろん、それでも驚く純粋な観客も存在するが。

■ 不安

　危険が感じ取られる状況において生じる好ましくない気持ちの代表例が不安である。不安にはしかし、具体的な対象というものがない。もしそのような対象が存在する場合、それは不安ではなく「恐怖」である。不安は基本的に悪しき相談相手である。逃げるか、あるいは攻撃に打って出るかの判断すらつかなくなっているような状況ではなおさらである。このようなネガティブな感情は、具体的な行動を起こす際の妨げとなり、敗北や失敗の予感を生じさせる。この感覚は、不安の生理的随伴現象、例えば脈拍の増加、発汗、腸の働きの変化などによりさらに強化される。このような状況を改善するには、認知の再編成が効果的であるが、これには一定のトレーニングが必要である。大切なことは、限りがある注意力をうまく活用し、頭の中を駆け巡る不安（「負けるかもしれない！」）を克服し、本来の課題（「勝たなければならない！」）に集中することであり、自身の能力資源を意識し、これを不安により注意力を失うことなく一貫して活用することである。

〈9〉 予測

　予測や予期を表す単語Antizipation（英語：anticipation）の語源はギリシャ語の"anti"（＝反対の）と誤解されることがあるが、これは本来はラテン語の"ante"（＝前の）から来ている。単語の後の部分は"capere"からの派生であり、「理解する」を意味している。

MEMO
後で起こることを先に理解する！これが予測の意

味であり、行為や出来事の結果をあらかじめ精神的に把握することである。

これは、日常生活においてもスポーツにおいても、言葉から導き出されるものではない。もし…になったら生じるであろう映像、シーン、エピソードに基づいている。サッカーなどにおける選手間の非言語コミュニケーションにおける前提条件である。これにより、複雑なコンビネーションプレーが可能となり、ファンを熱狂させることができる。なぜ、このようなプレーが可能なのであろうか。選手は互いに盲目的に理解しているからである。「コミュニケーション」とは、何かを共同して行う、あるいは創り出すことである。つまり未来志向であり、したがって最も集中的でかつ言語を用いない人間間コミュニケーションとは、新しい生命を創り出すコミュニケーションである。

〈10〉 目的の選択

「目的選択」の意味そのものは説明なしでも明確であろう。その前提条件は選択肢が存在することである。さまざまな選択肢から何かを選び出すには、決定が必要とされる。目的選択で最も重要なことはこの決定能力である。

〈11〉 計画

「計画する」の意味、そしてこの言葉と行為の関係はどう理解するべきであろうか。計画とは想像における行為である。つまり、行為に先立つ意図的な思考や考慮である。事前計画と計画の間に違いはない。計画を書き留める場合、書き留めること自体は行為であるが、まだ実行されていないこと、思考や意図の段階にあるものは依然として計画のままである。

〈12〉 モニタリング

ある行為における現状と目標とされる結果の間を、そこに至るまでの道のりを考慮に入れて比較することを、モニタリングという。精神的なナビゲーションシステムと呼ぶこともできるだろう。問題は、計画通りに進んでいるか、あるいは予定された道筋から外れてしまっているかということである。モニタリングの対象が自分自身ではなく、身の回りの事象にある場合は、主観的な期待と実際に観察された具体像の間の相違が認識の対象となる。

〈13〉 階層的脳機能の相関関係と衝動

「衝動」とは自発的な行為である。反応によるものではなく、自身の意志に基づく。コルンフーバーン（Kornhuber）は1964年、単純かつ意図的な指の動きを例に、運動活動に先行して脳電位が発生することを示し、これを「準備電位」と名付けた（Kornhuber & Deecke 1965）。これにより、意思形成の神経生理学的研究において、初めての理論的枠組みが存在することとなった。自由意志に関する議論は今もって続けられ、研究者間に大きな対立を生んでいる。医学や生物学では、議論の余地がない事実に対してまで解釈が必要とされている。この解釈はもちろん観察者の立場や観点により変化する。

意志衝動のさまざまな側面や影響は、スポーツを通じて特によく例示することができる。近年、じょじょにではあるが着実に広がっている考えに「勝利は頭の中で始まる！」というものがある。では、一体いつ始まるのであろうか。それは競技開始のホイッスルが鳴るずっと前に始まっている。根本的な発端はある特定のスポーツを開始する意志決定をしたその時点にあると考えることができる。そのスポーツに要求される条件と、自身の肉体的な作りが特によく一致しているのが理想的である。トレーニングの開始から試合における勝利まで、長期間意志の力を持続する必要がある。これがなければ、それほどの長期間、目指す目標を一貫して追い続けることはできない。時には、少なくとも短期間、フラストレーションを克服する必要もある。快適さや誘惑またはそのほかの楽しみを我慢する必要がある日もあれば、目標に対する後退を克服する必要もある。このような長期にわたる意志や衝動の現実化に対するもう1つの表現は自己規律である。自己規律により障害や困難を打ち破る必要が何度も生じる。これら障害は、必ずしも外部の誘惑に起因するのではなく、優先事項の（一過性の）変更や自己不信からも生じる。ボクシングに限らず、試合の前には敵対選手間で口頭による挑発行為が見られる。これには意志の力を強固にし、ポジティブな認知力を強め、同時に相手のそれを弱める働きがある。試合が始まると、選手個人がその時有する特徴の総体が重要となるが、中でも勝利への意志が特に重要である。しかし、意志の強さだけが勝利を呼ぶわけではない。肉体的なフィットネス、認知力、感情や絶えず変化する環境に対する柔軟性も必要であり、さらにこれに先見的な計画および行為の産物としての戦略や作戦がほぼ常に関係してくる。もちろん例外もある。例えば陸上競技の100m走や200m走では、不可避な酸素負債などに対し考えをめぐらせること

なく、全力で疾走する必要がある。これに対し、400m走では酸素負債が発生し、走者はこの状態でゴールまで走り続ける必要がある。そのため、レース開始時や中盤でスピードを上げすぎた走者は通常、ゴール直前の最終直線で失速してしまう。ここでは意志がいかに強くとも役に立たない。意志衝動が実行可能であるかどうかは、その時点における体調に左右される。強固な意志を持つトップアスリートであっても、わき腹の痛みや急性の筋損傷が起これば、意志を実現することは不可能になる。このような例から、意志は勝利に対する必要条件ではあるが、決して十分条件ではないことが分かる。ゴールラインの通過、あるいは試合終了のホイッスルによって初めて勝利が確立する。試合に対する戦略構想において重要なことは、試合日に肉体的に最高のコンディションが得られるようにすることである。試合中には、（特に長時間にわたる競技において）肉体的資源の収支バランスに気を配り、適切に配分された消費を行うことが課題となる。この多次元にわたり常に変化する最適化の問題は、スポーツにおいて、そしてスポーツ以外においても、脳機能の相対的階層化の原因となる。

　試合で互いの力が拮抗している時、最後まで維持された揺るぎない意志の力が勝敗の分け目となることも多い。しかし自身の能力を過信したり、酷使したりしては、勝利にたどり着くことはできない。また、ちょっとした幸運も必要である。例えば1966年のFIFAワールドカップ決勝戦、イギリスが放った鋭いシュートがクロスバーの下側に当たり、ボールは下に跳ねゴールラインのごくわずか後ろに落ちたが、肉眼ではゴールラインの前後どちらに触れたかを見極めるのは極めて困難であった。審判員は結局ノーゴールと判断し、この判断は当然、事実として受け入れられざるを得なかった。スポーツでは、勝者の勝ち誇るしぐさではなく、敗者のフェアプレーの中に人間としての大きさが現れる。勝利への意志がいかに強くとも、スポーツの競争相手は敵ではなく、試合は戦争ではないことを忘れてはならない。

⟨14⟩ 意識

「意識とは三位一体のようなものである。これを分かるように説明すれば、それは誤った説明をしたに過ぎない。」これはメッツィンガー（Metzinger）からの引用であるが、この文章は、意識の謎をその答えが分かるように説明することの難しさを見事に言い表している。理解可能だと思われる個別の観点に目を向けたところで、その全体像を把握することはできない。脳機能の階層の中段には自己参照や主観性が位置している。この意識レベルは暗黙のうちに、避けることのできない客観性も含んでいる。ここでは自己評価と同様、パラドックスが発生する。主観性が適切であるためには、主観性を評価する自己が同時に外界からの客観性を持ち合わせていなくてはならない。一体誰が、外から客観的に我々を完全に正しく評価することができるのであろうか。それは神が持つものと同じ性質を持つ人だけである。自身を完全に客観的に評価することができると主張することは、自分を神のように見せる、あるいは神であるかのように感じる不遜さにほかならない。

　上のことを度外視したとしても、証明され得ないことや理性に反することなどに対する個人的な確信や信仰は、人間の人生において終わることのない主要な役割を持つことに疑いの余地はない。

⟨15⟩ 運動学習

　学習とは継続的なプロセスである。常に進行しているが、直接的に観察することはできない。観察ができるのは学習の結果だけである。運動学習は乳児においても既に繰り返しの練習を通じて理にかなった形で行われる。ただし、行為の実行において運動の詳細に対して意識的に注意がされることはない。一方、意図的にコントロールされた能力の学習では、注意や関心が個別の運動側面へと向けられる。ただし注意力には限界があるため、同時にすべての側面に注目することは不可能であり、複雑な目的を満たすことができない。繰り返しにより注意を受けた側面の自動化が進み、その結果、そこに向けられるべき注意力の量が減少する。こうして新しい側面への注目が可能となる。

　その速度や複雑さとも関連しているが、基本的に既にマスターした運動パターンであっても、それを完全に再現することはできないことも多い。自動化されているにもかかわらず、あらゆる動きはその都度運動記憶から新たに創出される必要がある。それ故、その難易度にしたがって、小さな誤差が生じ、完璧さが損なわれるのは避けられないことである。

　例えば棒高跳びでは、運動能力に対する要請は極めて複雑である（図10.4）。同じ高さである限り、天候と観客を除いては、周辺条件は基本的に常に一定である。逆にテニスでは、サーブを除いて、常に新しい条件下において攻撃がなされる。この意味では、テニスではサーブが最も簡単なプレーである。運動学習に欠かせないフィードバックは、スキーでは例えばエッジングのミスなど常に直接的に現れる。テニスやサッカーなどで、ボールが目標に届いたか、あるいはいかに外したかといった情報は、少し時間をおいてから明示的な意識化を通じて脳により処理される。

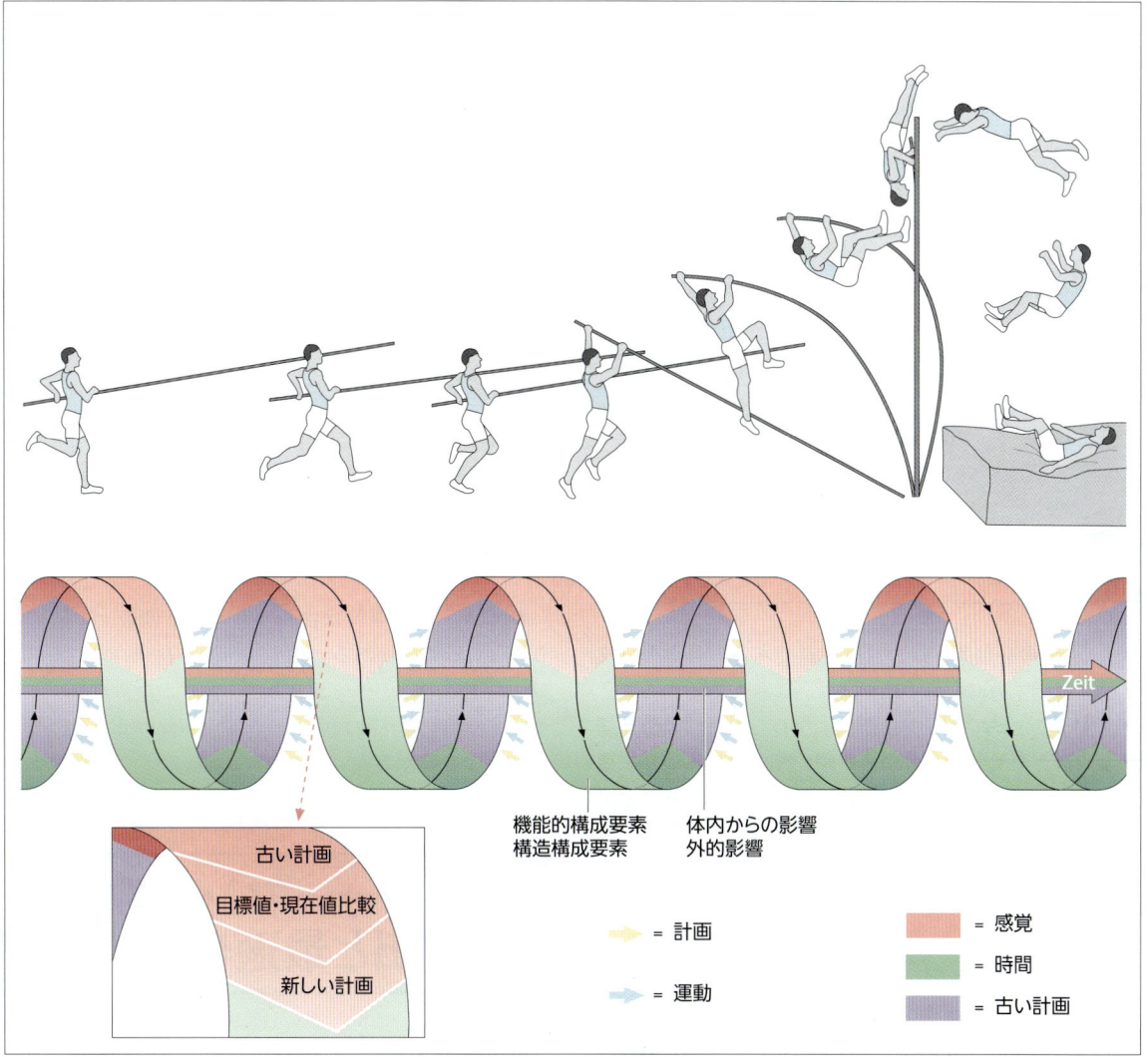

図 10.4　複雑な相互作用の例としての棒高跳び　図の下半分は象徴として理解すること。フィードバックは極度に簡素化され不完全であり、ただ示唆されているだけである。時間軸の中では機能を仲介する肉体的構造の構成要素には当然変化がない。反復的なトレーニングによってのみ構造構成要素を長期的に強化することができる。運動の最中、構造構成要素に対して多次元のフィードバックがもたらされる。時間単位ごとの複雑さが増せば、詳細に向けられる注意力の量は相対的に減少する。姿勢の複雑な変化が速くなればなるほど、プロセスの自動化の度合いは強くなければならない。

　運動能力に対する要請は、その前提条件が常に変化するため、スポーツの種類によって大きく異なる。そのため、特にトップレベルにおいて、プレーするスポーツの種類を変更することは極めて難しい。マイケル・ジョーダン（Michael Jordan）は当時世界最高のバスケットボールプレーヤーであった。31歳になって、バスケットボールから野球のプロリーグへと転向したが、ファンにとっても、また自身にとっても意外なことに、ジョーダンは野球選手としては平均以下であった。必要とされる脳機能がこの2つのスポーツではあまりにかけ離れていたため、野球でトップレベルの成功を収めることはできなかったのである。唯一の例外はフレッド・ペリー（Fred Perry）であり、卓球のワールドチャンピオン（1929）であった彼は1930年代、テニスプレーヤーとしても世界の頂点に立ち、三年連続でウィンブルドンを制したことも含め（1934-1936）、合計14のグランドスラムのタイトル（シングル8、ダブルス2、混合4）を獲得し、歴史に名を残した。

　テーマ「運動学習」に関してはオランダ人神経心理学者テオ・ムルダー（Theo Mulder）の著書"Das adaptive Gehirn"に詳しい。

　機能的神経解剖学の極めて複雑な関連とその数多くの仮定的な相互作用については、ガザニガ（Gazzaniga）の"The Cognitive Neurosciences"の第4版537ページから652ページ、複数の著者による第37章から第44章において、詳細に取り上げられている。

10. スポーツにおける行動神経学と神経心理学

3 モチベーションと目標設定

モチベーションは成功へのカギである。しかし直接観察することもできなければ、直接計測することもできない。ただし、モチベーションは紛れもなく行動の原動力となる。なぜ我々は行動を起こすのか、その答えがモチベーションである。モチベーションについて議論が絶えないこともうなずける。モチベーションは決してオン・オフ的な現象ではない。したがってモチベーションがあるか、ないかということが問題になるのではなく、モチベーションの強さが問題となる。

〈1〉動機

もう1つの必須条件は、目標設定である。目標とは文字通り目指す方向を示す標であり、これがあるからこそ前進することができる。目標、すなわち動機には数え切れないほどたくさんの数があるが、その中でも最も主要なものは下の3つであり、この3つを組み合わせることでほかの多くのバリエーションが生まれる：

- 業績
- 権力
- 地位

これが三大動機をなす。ここでもまた、1つの動機がほかの動機を締め出すわけではない。動機には無意識の（潜在的な）動機と意識的な（顕在的な）動機の2種類あるが、言葉に表すことができるのは後者だけである。そして動機とは通常、自分や他人の願望、人との出会い、真の意図など、数多くの要素のミックスである。さらに、我々が気付かないうちに、我々をコントロールしている動機も数多く存在している。

〈2〉内因性モチベーションと外因性モチベーション

自身から発生したモチベーションを「内因性」モチベーションと呼ぶ。モチベーションと目標の区別がここにはない。原理主義者が内因性モチベーションに支配された確信犯の例である。外因性モチベーションでは、モチベーション自身ではなく、そこから生まれる利益、例えば金銭や昇進、あるいは他人との区別化につながる利点などが重要となる。内因性と外因性のモチベーションは互いに障害となることがある。例えば、子どもに対し報酬を与えることで、その子の内因性モチベーションが下がることは、経験上証明されている。かつてのアマチュア選手も、現代のプロ選手と同様の情熱を持ってスポーツに参加していたことに疑いはない。高額所得選手を多く抱えるチームが（まれに）明らかにやる気のないプレーを見せ、観客の不平を買い、ブーイングの嵐に見舞われることがあるが、これなどは内因性モチベーションの欠如に起因していることは明白である。支払いが少ないために外因性のモチベーションに欠けるということは考えられない。

> **MEMO**
> モチベーションは目標への到達（接近）を目指していることもあれば、不利益や損害を避けることも目指している場合もある。

サッカーの世界には古くから「攻撃は最大の防御なり」という格言がある。相手ゴールに近づいていくフォワード選手のモチベーションは、わずかな得点リードを死守する自軍ゴール前のディフェンス陣のそれとは全く異なったものである。

4 パフォーマンスの創出と最適化

既に100年前、ヤークスとドドソン（Yerkes & Dodson）により、緊張とパフォーマンスの間に関連があることが発見されている。

> **MEMO**
> ヤークスとドドソンの法則によると、パフォーマンスカーブは緊張が増すにつれ最初は上昇するが、緊張が強くなりすぎると、一転低下する。

通常、この関係は逆さにしたU字の形で図示される。ただし、このU字型は課題によってその形が変動する。パフォーマンスを最適化するには、課題に特異的な、そしてその複雑さに左右される条件を考慮した上で、さまざまな緊張度が必要とされる。肉体的で比較的単純な課題では、最適なパフォーマンスを表すカーブの最高点が右に移動し、複雑で精神的な作業ではこれが左の方に移動する（図10.5）。

想定されるすべてのカーブの共通項として読み取ることができるのは、緊張度が中程度であればパフォーマン

パフォーマンスの創出と最適化

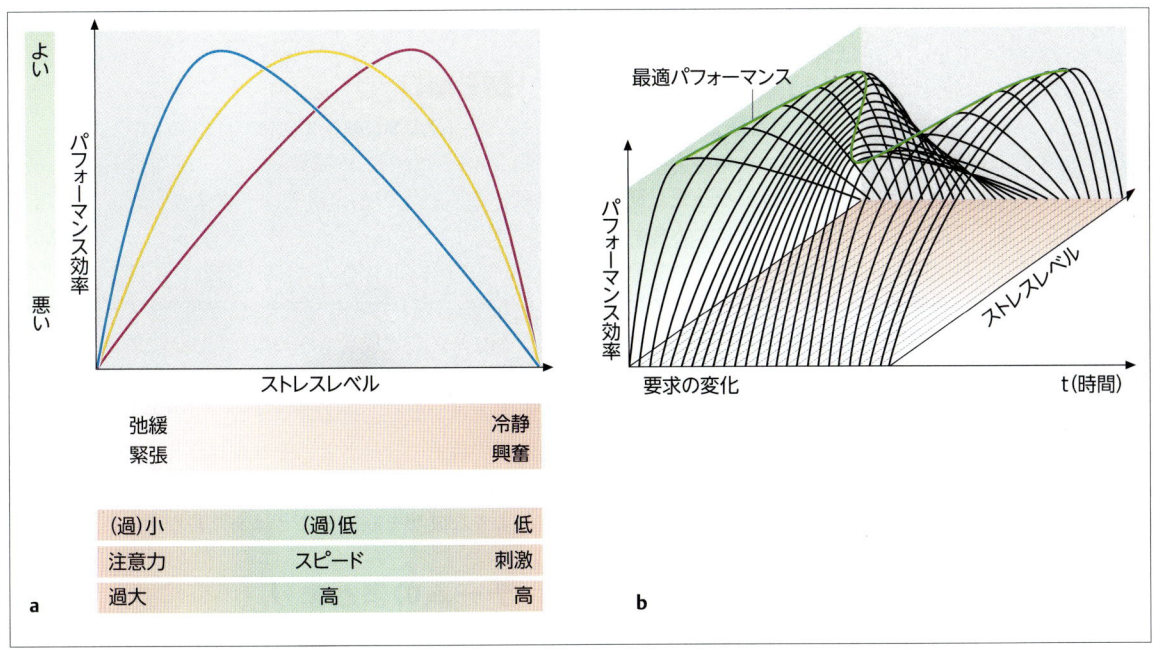

図 10.5a、b　ヤークス・ドドソン曲線

a　最もよく知られているヤークス・ドドソン曲線は左右対称で中央に立つ逆U字型をしている。これは理想典型であるが（例えば持久的パフォーマンス）、現実的ではない。長時間続く不明確な、および／または精神的に困難な課題（比較的リラックスした状態における創造的な思案など）では最適パフォーマンスの到達が速い。これに対して、単純な作業が短時間行われる場合、言い換えると明確な目的（ペナルティーキック、コーナーキック、例外的に長時間にわたるオートバイやカーレース）がある場合は、最適パフォーマンスの位置は右方向へ推移する。

b　時間経過におけるヤークス・ドドソン曲線の変化。課題や負担が常に一定でないことから、このような変化が生じる。このような推移がなければ、F1レースのようなスポーツは不可能である。長いストレート上では緊張が少なくとも短時間わずかに緩和する。アイスホッケーでは、審判や選手交代による中断が多いが、これが散発的なリラックスにつながる。

スがいいということではなく、むしろ、緊張は高すぎても低すぎてもよくないということである。緊張のしすぎにより、健全なパフォーマンスを得ることが全く不可能になってしまうことはよくあることであり、何もテスト中に限ったことではない。ペナルティーキックの際のゴールキーパーが持つ不安はペーター・ハントケにより文学作品のテーマにすらなり、ヴィム・ヴェンダースにより映画化もされている。

X軸上の因子としての緊張は実際には決して一次元的なものでなく、Y軸上のパフォーマンスも多次元的である。しかしながら、特にそれぞれの軸上における影響因子を個別に観察することができる点においてヤークス・ドドソン・パラダイムを用いたパフォーマンスの分析は非常に有益である。

X軸上の影響因子：
- 覚醒を伴う肉体的な緊張
- ポジティブあるいはネガティブな感情の発露と規模
- 状況の認知コントロールと親密さ
- 意識レベルにおける自信など

Y軸上の影響因子：
- 筋に関連する変数としての力、速さ、持久力
- 個別状況に置ける技術的正確さ
- スタミナに対し要求される制御変数としての戦略と作戦

〈1〉複雑さの増加に伴い増える負担

1部リーグのトップチームに属するプロサッカー選手が交通事故を起こし、診察を受けた結果、限局性の脳内出血があることが分かった。リハビリテーションは順調に終了し、この選手はトレーニングにも参加し、肉体的なコンディションは万全であったため、テストの意味も込めて公式戦に再び出場することとなった。選手は全力を尽くし、トレーナーも我慢強く見守っていたが、以前のような高いレベルでのプレーを再現することはできなかった。そこで、この選手は神経心理学病院で診察と治療を受けることとなった。神経学的な検査では、難しい協調テストなども行われたが、運動能力には一点の曇り

も見当たらなかった。単純な反応時間計測テストを通じて行われた集中力検査の結果は素晴らしいものであり、健常者も含めてこの病院で計測された値のどれよりも優れていた。課題の複雑さが増し、負担が増えるに従い、単純な課題では平均をはるかに超えていた集中力が次第に低下し、平均値に近い値を見せるようになった。同じセッションにおいて行われたマルチタスクによる極めて複雑な課題では、その結果は平均にも満たないものであった。要するに、必要とされる脳の働きが増えるに従い、脳のネットワークにおける線維結合（＝情報の交換）の減少の影響がはっきりと現れたのである。

　プレーの予測は空間的にも時間的にも非常に複雑であり、そのため最大限の脳活動を必要とすることもある。チェスのチャンピオンは有能なアマチュアに比べ、先読みする手の数や戦術のバリエーションが多い。サッカーのトップ選手と平均的な選手の間にも同じことが当てはまる。このような場合、選手がプレー可能であるかないかの判断は、病理学的な計測値ではなく、脳の働きを基準に行うべきである。選手がトップレベルのプレーを見せるには脳のすべてが必要であり、わずかな制限でも最高のプレーをすることは不可能となる。実際、この選手はその後4部リーグに移籍し、そこで数年プレーした後引退した。F1レーサーの中にも極めて軽度の脳損傷を受けただけにもかかわらず、レースで実力を発揮することができなくなった選手が数人存在している。筆者の知る限り、その逆の例は存在しない。アインシュタインは、人は脳全体の10％しか使っていないと言ったとされるが、これは内容的にも誤りであるし、彼の言葉でもない。一方、「人々の多くは脊髄だけで判断するから、脳を持つ必要はない」というのは正真正銘彼の言葉である。

⟨2⟩ チームスポーツ

　チームスポーツと個人スポーツでは選手、あるいはトレーナーにかかる負担が全く異なる。自分一人でも満足のいくプレーをするのは難しい。これに加えて、ほかの選手とも同時にうまく折り合いを付けるのは極めて困難、あるいは不可能である。参加選手の数が増えるにつれ、課題はより複雑になる。個人スポーツに比べて、チームスポーツでは個々のプレーヤーの脳に影響を及ぼす外的要因の数が圧倒的に多い。そのため、それがチーム全体としてどう機能するかは予測できない。したがってチームスポーツの試合結果は（ほぼ）常に予測不可能である。例えば、トップテニスプレーヤーは何年もの間、コンスタントに実力を発揮し続ける一方で、サッカーでは「紙の上」では絶対的な実力を持つスターチームやワールドカップチャンピオンですら、「弱小」チーム相手に苦戦することは珍しいことではない。

MEMO
チームとは常に個人選手の総和以上のものである。

　最小のチーム形態、例えばテニスのダブルスなどでは、ボブとマイク・ブライアンのように（Bob & Mike Bryan：グランドスラムタイトル7回、ATPマスターズツアー55勝、ATPマスターズカップ2回優勝）一卵性双生児がダブルスで大成功を収めながら、シングルスではうまくいかなかった例がいくつかある。この成功の理由はもちろんペア間における非言語コミュニケーションによる意思の疎通の容易さと、それに伴うミスの少なさにある。同程度の能力を持つ選手2人をペアにしたところで、同じような成功を収めることはあり得ない。

■ チームのまとまり

　フィールド上、選手はただ単に一緒にプレーするだけでなく、1つにまとまらなければならない。ゼップ・ヘルベルガー（Sepp Herberger）は「11人は友達でなければならない」と表現した。もちろん、商業化の波に押され、選手の自意識には大きな変化が生じていることも事実である。しかし今日でも、フィールド外では互いにリスペクトを持って接することが絶対的な義務として理解されている。このことは特に公共の場において重要である。チーム内にライバル関係が生まれるのは避けられない。もし選手同士がフェアに接することができなければ、チーム内外に対し秩序を保つことは不可能になる。秩序がうせれば混乱が生まれる。自分がかかわっていないプレーで味方選手がミスをし、チームが劣勢に立ち、試合の流れが大きく変わる。このような場面ではフラストレーションに対する辛抱強さが試される。ベンチに控えている選手が、彼のポジションでプレーしている選手よりも自分の現在の能力が優れていると確信している場合、この選手は極めて堅固な精神バランスを持つ必要がある。

■ 社会的能力

　共通の運命はきずなとなる。プライベートにおける友好な関係はチームに対しても好影響を及ぼす。チームワークにとって、最も重要なカギとなるのは社会的能力であり、これには当然さまざまな側面、例えばコミュニケーション能力、協調力、共感性、尊重心、紛争解決能力などが含まれる。その重要な前提条件は、リゾラッティ（Rizzolatti）が1995年に発見した脳内のミラーニューロン（Rizzolatti et al. 1996）が持つ共感の生物学的基礎としての性能であろう。一方、知的能力としては、他人の

役割や状況を感じ取る能力として「心の理論」（Theory of Mind）がある。

さまざまな役割を担いながらチームに参加するには、チームに対しても、その役割に対してもさまざまな資質を持つことが要求される。これら選手の社会的能力すべてを統括するのはトレーナーの役割である。しかしこのように極めて複雑な背景において、トレーナーどのような形でチーム能力の向上に貢献できるか、学術的に解答することはできない。

> **MEMO**
> トレーナーとアスリートは社会的および感情的な関係を結ぶ。この関係は独特なものとして意識されることが多い。

かつてのオリンピック金メダリストの多くが、この関係性は勝利の重要な要因であると答えている。

■ 筋損傷のチームへの影響

筋損傷は基本的に選手個人の問題である。しかし、この選手がチームの一員である場合には間接的にチームに影響が出る。いずれにせよ、その損傷の重傷度に伴い、チームの能力が一時的に損なわれる。重傷である場合や回復に時間がかかる場合は、試合中の選手交代も必要になり、（その選手の参加が前提とされていた）チーム構成が変化する。回数制限により選手の交代が不可能である場合には、チームは人数が減ることになる。長期の脱落が不可避な場合、（少なくともしばらくの間は）チーム構成の立て直しが必要となる。この時、選手個人にとってもチーム全体にとっても、精神的に動的な変化が避けられない。

5 けがに対する脳の反応

筋の損傷はもちろん筋の中で発生する。しかし、相手選手と激しく接触し、痛みが発生するとすぐに脳もこれに対して反応する。筋に発生したけがの痛みは、実際のところ脳において知覚される。さまざまな侵害受容器のタイプに依存する痛みの種類に関しては、ほかの文献に詳しい。本章の枠組みにおいて重要なことは、痛み受容には求心性の制御機構（ゲートコントロール理論）だけではなく、トップダウン制御も関与しているということである。強い感情だけでなく、催眠術により注意力をほかにそらすことによっても、痛みの感覚を強く抑制することができる。大きな負傷を受けながらも痛みを感じないケースが、兵士や拷問の犠牲者だけでなくスポーツ選手に対しても報告されている。逆に、切断されもはや存在しない手足に我慢できないほどの痛みを感じる患者もいるが、これなどは脳における独立した痛覚表象と痛み記憶のなせる技である。また、音楽が耳から離れない現象も、その発生には必ずしも外からの刺激を必要としていない。

もちろん通常は、負傷者はけがの痛みを完全な形で体感する。その時の直接的な反応は、状況と個人の資質によって変化する。かつての痛みの経験が、それと関連した記憶と共に言葉にされることなしに一瞬で呼び出される。ショックにより痛みが一定時間抑圧されることもある。その時間の長さは、選手のモチベーションやその負傷が将来的に持つであろう意味により左右される。さらに、神経が一時的に挟まり、極度の痛みが発生した場合などは、当事者は実際よりもはるかにひどい症状であると、誤った判断をすることもある。このような警報を解除するのは、経験豊かなスポーツドクターの役割である。求心性神経の活性を解くためのアイシングや二次的損傷の抑制のための圧迫包帯などの物理療法を用いて、負傷者に落ち着きを取り戻すことが必要である。

> **MEMO**
> 損傷が重大で治癒に時間がかかる場合には、「純粋に」医学的・物理療法的な治療に加えて、「心理補助的な」処置も重要となる。特に、予期されなかった合併症が発生した場合や、初期の診断で期待された治癒が思うように進まない場合には、このような補助的治療の必要性が増す。

当然、負傷に対する反応は選手によってさまざまである。しかし、共通していることは、不確かなことや自身で評価ができないことに対して人は、明確な悪い診断に対してよりもより大きな不安を持つということである。これは癌患者では規則的に見られる現象である。その理由は、自分自身で知ることができず、他人から与えられただけの知識を信じる心は維持し続けるのが困難で、ぐらつきやすいからである。場合によっては、負傷者は足をすくわれたような気分を抱く。疑念は医者と患者の関係にも影響を及ぼす。時には、うつ病への扉が目の前に迫っていることもあり、適切な処置が必要となる。医者との信頼関係が強ければ強いほど、治癒のチャンスは広がる。このような危機的状況において希望と期待をもたらすのは、患者と医者あるいはセラピストの双方における健全で確固たる自我である。楽観主義者は悲観主義者よりも強固な免疫系を持っている。両者にはそれぞれの

主義に見合った結果、つまり悲観的な者には悲観的な、楽観的な者には楽観的な結果が待っている。

6 リラクゼーション法

〈1〉効果と可能性

過度に緊張している筋に対して、特殊な思考法を用いて好ましい作用を及ぼすことができる。例えばストレスのような状況下では、筋が過度に緊張するのは例外ではなくむしろ普通である。そして、通常このような緊張は生産性の低下につながる。この問題を解決するには意図的にリラックスすることが有効である。故意に緊張することは比較的簡単であるが、能動的にリラックスをすることは、はるかに難しい。しかし、その方法はマスターすることができるし、また自己のパフォーマンスを最適化する必要があるならば、マスターしなければならない。時には、特に急を要する状況では、深呼吸のような単純な方法も短期的には有効である。また時間的に余裕がある場合には、サウナに入る、何もせずにぼうっとする、音楽を聴く、そのほか何でも気分転換になることをするのがいい。しかし長期的に自己からすべての能力を引き出す必要がある場合、メンタルトレーニングを避けて通ることはできない。ただし、リラクゼーション法は物理的あるいは理学療法的方法に取って代わるものでは決してない。型破りで特殊な意味においては、リラクゼーション法とは理学療法であると同時に心理療法であると見なすことができる。

誰にとってどの方法が適しているか、その解答は個人のニーズ、能力、考え、そして人生観によって決定される。すべてのリラクゼーション法は、意識状態の変化をもたらし、効果となって現れる。イデオロギーと関連しているリラクゼーション法もある。

MEMO
リラクゼーションのための特殊な手法を十分にマスターするには、その先生、つまりトレーナーの存在が欠かせない。

泳ぐことができない人を、泳げる人の付き添いなしでプールに送ったりはしない。それと同じことがリラクゼーション法の習得にも言うことができる。技術の誤りや間違った方法は安静やリラックスとは反対の結果を呼び、不安すらもたらすこともある。初めての成功までには一定の辛抱が必要であり、根気強く継続する必要がある。生まれながらの名人など存在しない。その効果は何も限られた時間、トレーニング中にだけ実感されるわけではない。また筋以外に対する効果も証明されている。例えば心拍と呼吸数が低下し、皮膚と腸内の血行が増強する。安静が気分の改善につながり、自己のコントロールが可能となる。したがってこれまでストレスの原因となっていたものに対する見方が変わる。集中力は増し、情報の吸収や処理が加速する。免疫系が活性化され抵抗力が増し、自己治癒力が増強する。負傷者における痛みの緩和に有効な方法も数多く存在する。もちろんこれらの方法は前もってマスターされていなければならない。ただし、過度な期待を寄せるのはよくない。リラクゼーション法はすべての問題を解決する万能薬ではない。

〈2〉すべての方法に共通の前提条件と機序

人間の自律反応は、生存が常に危機と隣り合わせであった時代における進化の産物である。安全なテリトリーの外側では、いつ逃亡あるいは戦闘が必要となってもおかしくなかった。肉体的な危機や疑わしいサインに対し、我々の祖先は逃げるためにあるいは戦うために、体内に眠る潜在的な力を反射的に動員したのである。警戒心と精神的な興奮が強まり、筋は緊張し、血流量は増え、呼吸は深くなり、ストレスホルモンは分泌され、エネルギー供給のため血中脂質が増加し、出血保護として血液凝固が高められた。危機が去り、同時に肉体の疲労がピークに達している時に求められたのは食事、セックス、消化、睡眠、そしてそれ以外の不可欠な休息であった。高と低、強と弱、緊張と緩和のリズムは、このように自然の法則によって否応無く決定されていた。

現代の文明化社会では、危険や驚異のサインは全く異なった性質を持っている。これらは、もはや本来の意味における自然なものではない。これに対して自律反応は当時のままである。何をストレスとして感じるかは、その人物の立場や観点によってまちまちである。エピクテトスは、「我々を脅かすのは物そのものではなく、その物に対する我々の意見である」という言葉を残している。ストレスとは常に主観的な体験であり、数値化することはほぼ不可能である。しかし、実在することに疑いの余地はない（図10.6）。おそらく最も頻繁なストレス性症状は筋の緊張増加である。

静かで、形が一定で、さらに儀式化されている活動はすべて、安静化に貢献し、リラックスにつながる。さまざまな儀式が意識の集中を要求する。このような儀

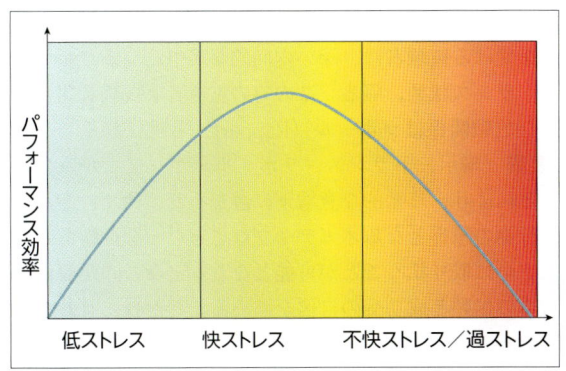

図 10.6　ストレスとパフォーマンス

式は、興奮を呼ぶ考えや映像から意識をそらすのに役立つ。このような儀式を通じて、自動的に安静とリラックスがもたらされる。何か本当に重要なことを完璧にやってのけるという満足感と確信は、チクセントミハイ（Csikszentmihalyi）が提唱したフロー（Flow）現象へと通じる（Csikszentmihalyi 2008）。彼はこれを「幸福の秘密」と呼んでいる。体験教育学者クルト・ハーン（Kurt Hahn）は1908年に同様のコンセプトを「創造的情熱」と呼んでいた。

〈3〉リラクゼーション法の例

■ シュルツ式自律訓練法

意識を日常や障害物から解き放ち、身体感覚へと集中させる。そして重さや暖かさをまず片腕にそして反対の腕に、次に胃のあたりに感じ取り、さらに額などの冷たさを心地よく体感する。これを映像として想像し、この想像を保持することができるかどうかによって、この方法が成功するかが決まる。最終的に反射的なリラクゼーション反応が生じるが、練習により体内映像の記憶を重ねることで、その効果は次第に容易に現れるようになる。この基礎レベルの練習が終了すると、次のレベルではリラックス状態の深化や差別化を目的として、各個人専用の方法が模索される。上級レベルは自律的な瞑想への移行を意味し、より深い洞察と人格形成を目的としている。歴史的な理由から、このシュルツ（Schultz）式自律訓練法はドイツにおいて特に広く普及している。

■ ジェイコブソン式プログレッシブリラクゼーション法

1920年代、時をほぼ同じくしてアメリカ合衆国ではジェイコブソン（Jacobson）によるプログレッシブリラクゼーション法（段階的リラクゼーション法）が広く普及していた。これは実用的かつ具体的であるため、特に初心者に適した方法である。ここでは、そのアプローチの仕方が異なっている。この方法では緊張と緩和を交互に繰り返した筋群における相互作用とコントラストを感じ取ることに意識が集中され、能動的な行為が行われる。したがって、自律訓練法に比べ、意識の誘導と固定化が容易である。プログレッシブリラクゼーション法がより多くの人によって、簡単に短期間でマスターされるのもうなずける。習得が難しい自律訓練法のマスターに失敗しながらも、プログレッシブリラクゼーション法を習得した人も多い。このことは包括的な調査によって証明されている。

■ ヨガ

脊椎、筋、関節の伸展を伴う特定の姿勢（アサナ）と呼吸のコントロールを通じて、リラックスが得られる。これにより深いリラックスがもたらされ、また瞑想に似た精神状態も得られる。そのイデオロギーによると、ヨガは精神の発展のための手段である。

> **Caution**
> 神経学的な観点から、ヨガに対しては1つ異議を唱える必要がある。長時間にわたる頭立は決して練習してはならない。流体静力学の法則に従い、頭蓋内圧が上昇するからである。長期的に見て、正常圧水頭症が発症する可能性がある。このことに関しては、経験のある脳神経外科も異論はないはずである。

頭立からもとの姿勢に戻った時、浄化されるような気分になるとされるが、これは分類上痛みと同等の現象である。痛みも、病的生理が正常生理に取って代わられれば解消する。

■ 太極拳と気功

かつて中華帝国においてシャドーボクシングに似た武術として開発されたのが太極拳である。今日では一般に、大衆スポーツとなった運動学あるいは体操として知られている。気はかつての中国における道教の世界観に基づいている。この世界観は今もアジアにおいて広く根付いている。この教えでは、非常に複雑な生エネルギーの概念が重要視されるが、これは西洋諸国では非常に単純化された形で理解されている。両者の基本思想は、体内において対立するエネルギーの相互作用にバランスを取り戻すことにある。肉体的プロセスと精神的プロセスの調和化が目的であり、これには弛緩と励起を通じて到達することができる。

10. スポーツにおける行動神経学と神経心理学

■ 瞑想

　瞑想術（メディテーション）では、その過程が目的である。巨大宗教である仏教とヒンズー教に由来する瞑想術は本来、技術ではなく、むしろ自分自身を見つけるための道であった。この世界観では、人間が自己へのアクセスを通じて宇宙と調和を築くことが目的とされる。その基本はすべてを受け入れること、許すことであり、西洋的な考えからは受動的であるとも理解されがちであるが、これを通じて最終的には悟りの境地が開かれる。瞑想は万人のためのものであるとは言いがたい。瞑想には健全で安定した精神が絶対的に必要である。前もって自律訓練法やプログレッシブリラクゼーション法を体験していれば、瞑想術のマスターも容易になる。日本に由来する禅では、毎日少なくとも20-30分、言葉を発することなくじっと座り続けることで「精神の鋭敏さ」が助長されるという。

　意識研究学者トーマス・メッツィンガー（Thomas Metzinger）は意識世界への新しいアプローチを提唱している。彼は、未成年者がドラッグやアルコールに手を出すことなく、安全に意識状態の変化を体験する機会を与えるために、瞑想術を学校の授業科目として採用することを提案した。彼の考えでは、鐘や線香などのイデオロギー的な要素を排し、体育の教師がこの科目を担当するのがよいとされた。意識の変化によって得られる最も重要な効果は自分自身とのつきあい方の改善である。

■ フェルデンクライスメソッド

　この方法では何度も繰り返される運動練習によってリラックス状態が得られる。個人的にパターン化された緊張が解消され、身体的な（そして精神的な）姿勢が改善する。専門家の指導の下行われるフェルデンクライスメソッドはリハビリテーションにおいて、あるいはまた音楽家やダンサー、スポーツ選手においても、目を見張る成果を上げている。同時に身体療法でもあるこの方法は、20年にわたる柔道の指導、1920年代における芸術的身体指導の教員の多大な仕事、徒手医療からの見知、特に1940年代と1950年代における神経学的治療法の発展の上に成り立っている。

■ 催眠法

　催眠法の目的は通常、深いリラックス状態だけにあるのではない。したがって、催眠法を受ける場合には、その目的は何か、施術者は信頼できるかといった点が重要になる。施術者はゆっくりとした、そして染み入るような話し方で被験者に慎重に暗示をかける。これにより催眠を受ける被験者は、深い内向的な集中、つまりいわゆるトランス状態に陥る。この時の施術者と被験者間の特殊な信頼関係はラポール（Rapport）と呼ばれる。この3要素（暗示、トランス、ラポール）がうまくかみ合うことにより、日常的な意識下に潜む不安、疑念、あるいは行動の障害となるネガティブな思考などを抑制あるいは完全に取り払うことが可能となる。自身の問題解決能力への信頼と成功への自信を強めることが特に有効な手段である。

　最終的には自己暗示の領域へと移行する。この点がスポーツ選手にとって特に有益な効果である。頭の中で何度も一定の運動パターンを繰り返すことにより自己暗示がかけられ、意図した焦点に意識が最大限に集中され、そして成功のチャンスが広がる。

> **Caution**
> 催眠法の使用に対する懸念は、その方法自体にあるのではなく、むしろ人物としての施術者にある。

　根拠を持って何かを信じることを確信という。暗示はしかし、確信よりも危険であるということは決してない。両者ともそれが役に立つかあるいは害をなすかは、その内容により左右される。

〈4〉 さまざまな状況下におけるリラクゼーション法の適用

　身体にとって筋損傷は局所的な出来事ではなく、全体に対する侵害である。通常、筋損傷は痛みを伴うが、痛みは身体機能の低下に貢献する。脳は感覚のフィードバックを処理することによって運動を制御することができる。異常なシグナルがあると、受傷した筋にそれ以上の障害が発生しないよう、即座に運動の完全な停止が図られる。この瞬間から、あらゆる運動は変化したフィードバック条件のもと、新たに習得される必要がある。

　できる限り迅速で完全な治癒には、薬と理学療法が欠かせない。このような状況下でリラクゼーション法を活用するには、それが既に習得されている必要がある。この負傷者自身による治癒への努力は、本来の能力と技術の迅速な回復に対するチャンスを例外なく拡大する。リラクゼーション法を用いない場合は、用いた場合と同様の成功を収めることはない。肉体的のみならず、最適な治療をアクティブにしているという確信やトップダウン式痛み制御により、精神状態に対しても好効果が現れる。

　痛みは常に感情とも関連している。負傷した時、特にこれがほかの選手に起因する場合、痛みに続いて怒りが

生じる。この怒りは取り払われる必要がある。実際、このような状況においては罵声を発することが有効であることが、学術的に証明されている。罵声はしかし、内容的にも位置的にも相手選手に、またもちろん審判にも、向けられるべきではない。罪のないテニスラケットをへし折ることも、ネガティブな感情を発散する助けとなる。

当然、本章を読んだところでリラクゼーション法をマスターできるわけではない。ここに書かれた内容は種と見なすべきであり、決して実ではない。これらを実践することで、後に実を付けることになるであろう。

⟨5⟩ スポーツ能力に対するメンタルトレーニングの影響

メンタルトレーニングは誰のためにするのであろうか。その答えは単純明快である。あらゆる肉体的なトレーニングと同様、メンタルトレーニングもトレーニングをする人にとって有益である。そしてこれをうまく実行すればするほど、より役に立つ。メンタルトレーニングは肉体のトレーニングと同様、その内容と方法は課題によって決定される。ボディービルダーは筋をシェーピングとポージングのために強化する。一方、重量挙げ選手は引き上げと差し上げに必要とされる最大出力を強化するために筋を鍛える。一見、ボディービルダーの筋のほうが力強いような印象を受けるが、同等の体格を持つ重量挙げ選手のほうが実際には力強い。生理的な酸素負債を許容することができる短距離走者は、自身の筋力から直接恩恵を得るが、マラソン走者の筋は長時間働く必要があるため、最大限のエネルギー効率が重要となる。つまりアスリートの体形が種目によって異なるのは、スポーツごとに異なる解剖学的生理的基礎条件を反映している。

運動イメージトレーニングとしてのメンタルトレーニングもまた、筋トレーニングと同様それぞれのスポーツに特異的である。ここでは何も運動パターンだけが最適化されるわけではない。力量がアップすることも証明されている。ただし、その理由として中枢へのアクセスによる運動効率の上昇が挙げられているが、この説明は必ずしも満足のいくものではない。具体的な目的を持って行われる運動イメージトレーニングは、全く異なる性質を持つリラクゼーション法に対する理想的な補助となることができる。いずれにせよ、能力の上昇につながるのは間違いなく、場合によっては1位と2位を分けるごくわずかな差をなす可能性もある。

イメージトレーニングの際、脳は具体的な運動の際とほぼ同様の活動をする。また睡眠中や夢の中でも脳は記憶の固定化のためにこの活動を繰り返す。覚醒時との違いは、睡眠中には脳幹レベルで断絶され、運動が実行されないことにある。産後すぐに立ち上がることができるウマやそのほかの動物では、この運動パターンは遺伝子にプログラムされているだけでなく、胎児期に睡眠中に何度も繰り返し練習しているのである。スポーツ選手がイメージトレーニングから受ける恩恵の程度は、ほかの特徴や性質と同様、イメージトレーニングの習熟度に左右されると考えられる。

⟨6⟩ メンタルへの影響と「ドーピング」など

「ドーピング」という言葉は「意識」という言葉に似ている（p. 246を参照）。それが何であるか誰もが知っているが、誰もそれを正確に、包括的に、矛盾なく説明することはできない。ドーピングについて書かれていることは常にある意味パッチワークであり、完全に満足のいく全体像は見えてこない。自身の健康を冒さず、また他人を危機に陥れないという称賛に値する意図、さらにスポーツの世界においてすべての選手にとって機会の均等と平等性を確保するという共通の願い、これらはしかし現実世界においては、理論上ですら（！）、実現不可能である。現実は、時には不条理にすら思えることがある。ここに1つ例を挙げる。フィンランドのクロスカントリースキー選手エーロ・マンティランタ（Eero Mäntyranta）は1960年代にオリンピックやワールドカップで合計金メダル5つ、銀メダル4つ、銅メダル3つを獲得している。この選手はしかし、エリスロポエチン受容体の遺伝子に点突然変異を患っていることが、後の診断で確実に証明された。この「患っている」という言い方がもう既に誤りである。彼はこの遺伝子損傷によってほかの病気のように患わされていたわけではない。彼は医者や薬品に頼ることなく、天然のEPOドーピングを自然から授かったのである。これをもって、彼は身体障害者であり、パラリンピックに出場させるべきであったと言うことができるだろうか。体操選手から相撲取りまで、体格や体重に大きな差が見られる。しかし、この世界で不平等なのは、何もそれだけではない。あらゆる生理学的パラメータや多様な精神的能力においても同様の不平等性が存在している。

「禁止されていないことはすべて許可されている」という考え方も、この問題を複雑にしている。一見したところ何の害も問題もないことが、大きな問題に発展することもある。例えば、米国ミシシッピ州における2009年レイクフロントマラソン女子部門の優勝者が、後に失格となったことがあった。その理由はこの走者がレース中にiPodを使用したからであった。ほかの多くの人々同様、

彼女自身もこの判定に不服であった。彼女は19から21マイル区間をロックとテクノでモチベーションを上げて乗り切ろうとしたと説明したが、この説明自体がパフォーマンスの向上を誘発する手段を用いた（そしてそれが功を奏した）ことの告白ともなった。車を運転している時、スピーカーからわき上がる激しいリズムに身を包まれると、例えばゆっくりとした悲しい音楽に比べて、誰もが不安が軽減しより攻撃的な気分になる。結果、アクセルを踏む足に力が入る。

　感情はパフォーマンスを顕著に向上する。普段から強力なチームがホームグラウンドで観客の熱狂を感じた時、さらに力を発揮し圧倒的なパフォーマンスを発揮するのはなぜか、考えてみればいい。しかし、静寂においても感情が力となることがある。2008年オリンピック、世界で最も強い男が表彰台上で、涙を流しながら彼の妻の写真を掲げた。この重量挙げ選手は獲得した金メダルを妻に捧げると言い、彼の運命を知る人々もまた涙を流した。そう、彼女はこの1年前に事故で亡くなっていたのである。試合中、最後の試技において彼は持てる力をすべて動員しただけでなく、亡き妻のことを思い、感情、期待そして希望のすべてをバーベルに注ぎ込んだのである。この例は極めて特殊で、状況的に再現が不可能ではあるが、これも一種のメンタルドーピングである。もちろんこれに対して異議を唱えるものはいない。
（訳注：重量挙げドイツ代表マティアス・シュタイナーのこと）

7 サッカーからの例

〈1〉 ペナルティーキック：特殊なヘッドプレー

　ペナルティーキック（PK）に対してゴールキーパーが持つ不安の大きさはちょうど7.32m×2.44mである。PKをける選手の不安の大きさは、ボールと同様、ゴールの枠をはるかに超えるものである。PKを外すと、それは例外なくキッカーのせいとされる。これは決して不公平ではない。PKはキッカーにとって基本的に常に克服可能な課題をなすからである。このことはゴールキーパーには当てはまらない。客観的に見て、よく狙いが定められた強力なシュートは止めることができない。この観点から見えてくるのは、ゴールキーパーは勝つことだけができるが、キッカーは負けることだけができる、という図式である。選手たちは、誰もがこのことを知っている。

　審判のホイッスルが鳴ると選手の頭の中には思考や感情が駆け巡る。これは外から想像できるだけでなく、時には選手のしぐさや表情に見て取れることもある。では、誰の課題がより難しいのであろうか。ゴールキーパーはキッカーを態度で混乱させることができる。例えば、中央から少しずれて立ち、ゴールの片側を大きく見せたり、ゴールライン上で（現在では許されている）さまざまな動きを見せたりするなど、その方法はさまざまである。キッカーはそれに影響される場合もあるが、されない場合もある。なぜだろうか。キッカーに影響を及ぼす要因には2つのグループがある：

- キッカー自身の自我や人格における内的要因（p.239を参照）
- この状況を引き起こした外的要因

> **MEMO**
> たとえ同じことを何度も体験したような気になったとしても、人生におけるあらゆるシチュエーションは一度きりである。ただし、同じような状況を以前に一度あるいは何度も体験し、そこで成功を収めたことを知ることは有益である。これは自信につながり、自身に対する疑いを払拭する。この自己疑念こそが目に見えない最大の敵である。

　世界のトッププレーヤーであっても、勝敗を決定するような重要な局面ですら、PKを外すことがある。それにはたくさんの理由が考えられる。状況の重要度（決勝戦、ロスタイムの最終局面、1点差でリードを許し同点にする最後のチャンスなど）とほかの選手に対する責任感が重なると、キッカーにかかる精神的な負担は何倍にもふくれあがる。このチャンスを逃すとチームの敗北やトーナメントからの脱落が決定的になる場合、この負担はさらに増大する。可能性だけで十分に負担の増大につながる。

　基本的な動きでさえ、その実行には一定の集中力が必要とされる。例えばパーキンソン患者は歩きながら時間への質問に答えることができない。いったん立ち止まり、時計に目をやり、立ち止まりながら答えを言う。キッカーの頭の中にPKの重要性に対する考えが広がり、それが前面に出てくると、集中力の大半が奪われ、本来の運動活動に対する意識がそらされる。その結果、それるのは選手の意識だけでなく、ボールもゴールから大きくそれていく。PKの助走に入った選手にも突然ある考えが頭にひらめくことがある。これは自発的である場合もあるし、外的要因による場合もある。予期しなかったキーパーの動き、芝生の継ぎ目でのつまずき、水たまり、あるいはそのほか予期していなかったことが発生した場合、

キッカーは混乱に陥ることがある。キッカーが助走中に、本来もくろんでいた方向と違う方向にキックしようと考えを変えた場合や、そのほかの方法で何かボールに細工をしようと思いついた場合、このようなどっちつかずの状況下では、いまだ不明瞭な課題に対し実行中の運動プログラムを（新たに）適応し、必要とされる精密性を付与するための時間が脳には残されていない。運動の詳細における調節と微調節には予測が必要とされるが、これには一定の時間がかかる。緊急時における数多くの考え、感情、希望、決心、変心、あるいはまた優柔不断さは制御系を酷使し、結果として破綻する。実行されたパフォーマンスが普段のそれとかけ離れている場合、それは内的状況と外的状況の特殊なコンビネーションに起因している。したがって、特別な状況において、特別なこと、つまり普段と違うことをしようとするのは危険である。これを単にストレスと呼ぶことからも、この言葉がいかにあいまいに使用されているかが理解できる。

　外的要因の影響下においても揺らぐことのない本質的なものに対する決断力、意志の強さ、目的意識、集中力を持ち、徹頭徹尾自身の能力を確信している選手の例は、1974年、1990年、そして2006年のFIFAワールドカップ決勝戦で見ることができた。テニスであれば「アンフォースドエラー（unforced error）」と呼ばれるであろう、ペナルティーキックのミスは決して「アンフォースド」ではない。開放されなければならない足かせは頭の中にある。この意味において、ペナルティーキックは「フット」ボールであるだけでなく、極めて特殊な「ヘッド」プレーである。

〈2〉相互作用過程としての認知と感情

　サッカーの決勝戦、チームのスター選手が落ち着いて確実にペナルティーキックを決めた。極度の緊張にもかかわらず、落ち着きを失うことはなかった。その後、相手チームのディフェンスに何度もユニフォームをつかまれ、妨害を受けた時、怒ったこの選手は、しかし静かに相手プレーヤーに対して「試合が終わったらこのユニフォームをやるよ」と言った。これに対しその相手プレーヤーは、「くれるなら、娼婦であるおまえの姉をくれよ！」と返した。この時、このスーパースターは心の中では怒りに燃えながらも、あらゆる行動学者がこのような状況下では正しいと判断するであろう行動を取った。彼はこの相手選手から距離を取ったのである。しかし、家族に対する侮辱が頭を離れることはなかった。気を確かに持ち、足をかけるあるいは押し倒すといったファウルや卑劣な攻撃をしてはならないことを、理性的には理解していた。しかし、最後は情動が彼を支配した。この侮辱を受けた選手は振り返り、数メートル先にいた相手選手へと近づき、両手を体の横に回し、そしてそれを見ていた誰もが驚いたことに、頭突きを放ったのである。頭突きを受けた選手はその場に倒れ込んだ。

　神経心理学の立場から、この行動はどう説明することができるだろうか。基本的には、知識と認知は情動と感情を内省し分類し、限度はあるものの、制御することができる。これは抑制的な働きを持つトップダウン制御の働きによる。ただしこれは気持ちの強さが一定限度を超えなかった場合の話しである。情動により自我のコントロールが効かなくなると、思考の明敏さは失われ、見地や視野が変化する。感情と認知の並行処理においては、大脳辺縁系における原始体系がより新しい体系に対し作用を及ぼし、感情的に望まれる結果の実現に対して注意力や知覚あるいは思考が差し向けられる。抑うつ、不安あるいは怒りに満ちた人物では、抑うつ、不安あるいは怒りを維持する内容へと思考が狭められる。すべての情報が、その方向へ解釈されるのである。過度に、つまり不適切に喜びに浸る人においても、思考と意識の秩序が乱れミスが発生する。思考の主な役割は、感情を制御し、可能な限り適切な行動を可能にすることにある。一方、感情は思考に対し、快適あるいは不快、個人的に重要あるいは重要でないなどの評価を下す働きを持ち、この働きにより思考に情動的なニュアンスを加える。時には、その働きの強さに応じてこの相互関係に変化が生じることがある。また、関心の焦点がどちらに向いているか、またはどのような新しい情報がもたらされたかによっても変化する。その時点において優勢にある働きが、実行される行為を決定する。

　ペナルティーキックの時点では、この選手の自信は世界クラスのゴールキーパーの前でも揺らぐことがなく、興奮を最適なレベルの保つことができた。しかし侮辱を受けたことにより、彼の中で知識（認知）と心（感情）の葛藤が始まる。知識は、ファウルをするな、暴力をふるうな、と訴え、一方感情は欲求不満へと発展し、充足を求めた。少し時間をおいてから本能的な反応が発露した時、知識はいまだ健在であったため、手と足を使ってはならないという判断はついた。しかし頭を武器として使ってはいけないとする考えは、手足に比べて希薄だったため、この行為にブレーキをかけるまでには至らなかったのである。感情の高まりにより興奮度が増し、限度を超え、総パフォーマンスが崩壊したのである。

　この時全く反応を見せないことが、この選手にとって最善の反応であったに違いない。客観的に、つまり外部から見て、この侮辱の言葉は選手の耳にささやかれただけであり、ほかには誰にも聞こえなかった。この意味では、家族の名誉は外的には傷つけられていない。合理的

に考えれば、耳を傾けない、あるいは聞こえなかったふりをするのが、この状況ではより適切な反応であった。この試合状況においてレッドカードがチームに対して持つ意味をはっきりと予見し、その意味の重みを個人的な侮辱の重みと対比して理性的に評価していれば、自己をコントロールすることは容易であったであろう。可能性としては、頭の中では例外的に暴力を許容し、しかしその実行は試合終了後まで取っておくと考えるだけでも精神的には十分有効であったかもしれない。こうすることでいらだちは抑圧されるのではなく、先送りされたことになる。そして試合終了のホイッスルが鳴った時には、再び理性が勝っている可能性は強い。すべてを詳細に考えると、システムに無理を強いることになる。したがって、ペナルティーキックと同様、常にいかなる場合も本質的なことにのみ集中し、身の回りの騒がしさにできる限り影響を受けないようにすることが肝要である。

　人間はしかし機械ではない。血と肉とそして感情から成り立っている。簡単に切ることができるスイッチを持っていない。試合中やその後に重大な決定を下さなければならない選手も、完全に無感情ではあり得ない。

参考文献

Alfermann D, Stoll O. Sportpsychologie. 2. Aufl. Aachen: Meyer & Meyer; 2007

Baddeley A. Working memory, thought, and action. New York: Oxford University Press; 2007

Bear MF, Connors BW, Paradiso MA. Neurowissenschaften. 3. Aufl. Heidelberg: Spektrum; 2009

Bise V. Problemlösen im Dialog mit sich selbst. Marburg: Tectum; 2008

Creutzfeldt OD. Cortex cerebri. Berlin: Springer; 1983

Csikszentmihalyi M. Flow. Das Geheimnis des Glücks. 14. Aufl. Stuttgart: Klett-Cotta; 2008

Damasio A. Descartes' Irrtum. Fühlen, Denken und das menschliche Gehirn. Berlin: List TB; 2004

Diekelmann S, Wilhelm I, Born J. The whats and whens of sleep-dependent memory consolidation. Sleep Med Rev 2009; 13 (5): 309-321 (Epub: 2009 Feb 28)

Eccles JC. Wie das Selbst sein Gehirn steuert München: Piper; 1994

Ekman P. Gefühle lesen. München: Spektrum; 2004

Feltz DL, Landers DM. The effects of mental practice on motor skill learning and Performance: a meta-analysis. J Sports Psychol 1983; 5: 25-57

Förstl H, Hautzinger M, Roth G, Hrsg. Neurobiologie psychischer Störungen. Heidelberg: Springer; 2006

Galaburda AM, Kosslyn SM, Christen Y. The languages of the brain. Cambridge, Massachusetts: Harvard University Press; 2002

Gazzaniga MS. The cognitive neurosciences. 4th ed. Cambridge, MA: The MIT Press; 2009; Section V Motor Systems (Grafton ST and Bizzi E, eds.) p. 537-652

Gigerenzer G. Bauchentscheidungen. 2. Aufl. München: Goldmann; 2008

Goldenberg G, Pössl J, Ziegler W. Neuropsychologie im Alltag. Stuttgart: Thieme; 2002

Goldenberg G. Neuropsychologie. 4. Aufl. München: Urban & Fischer; 2007

Hassenstein B. Klugheit. 3. Aufl. Berlin: Bucheinband.de; 2004

Hawkins J. Die Zukunft der Intelligenz: Reinbek b. Hamburg: Rowohlt; 2006

Heidegger M. Was heißt Denken? Vorlesung Wintersemester 1951/52. Ditzingen: Reclam; 1992

Hufnagl JM. Der Mensch angesichts der Anforderungen des heutigen Verkehrs. In: Bundesanstalt für Straßenwesen, Hrsg. Kongressbericht der Deutschen Gesellschaft für Verkehrsmedizin 2007. Bremerhaven: Wirtschaftsverlag NW, Verlag für neue Wissenschaft; 2008; M195: 186-189

Humboldt W v. Ideen zu einem Versuch, die Grenzen der Wirksamkeit des Staates zu bestimmen. Stuttgart: Reclam; 2002

Karnath H-O, Thier P. Neuropsychologie. 2. Aufl. Heidelberg: Springer; 2006

Kogler A. Die Kunst der Höchstleistung. Wien: Springer; 2006

Kornhuber H-H, Deecke L. Hirnpotentialänderungen bei Willkürbewegungen und passiven Bewegungen des Menschen: Bereitschaftspotential und reafferente Potentiale. Pfluegers Arch 1965; 281: 1-17

Kornhuber H-H, Deecke L. Wille und Gehirn. Bielefeld/Locarno: Edition Sirius; 2007

LeDoux J. Das Netz der Gefühle. München: DTV; 2001

Lewin K. Field theory in social science; selected theoretical papers. In: Cartwright D (ed.). New York: Harper & Row; 1951, S. 169

Markowitsch HJ. Dem Gedächtnis auf der Spur. 3. Aufl. Darmstadt: Wissenschaftliche Buchgesellschaft; 2009

Mesulam M-M. Principles of behavioral and cognitive neurology. 2nd ed. Oxford: Oxford University Press; 2000

Metzinger T. Der Ego Tunnel. 4. Aufl. Berlin: Berlin-Verlag; 2009

Metzinger T, Hrsg. Bewusstsein. 3. Aufl. Paderborn: Schoeningh; 1996

Mielke R, Hufnagl JM, Hacke W. Von zerebralen Durchblutungsstörungen zur vaskulären Demenz. München: Hoechst Marion Roussel; 1996

Mulder T. Das adaptive Gehirn. Stuttgart: Thieme; 2007

Munzert J, Lorey B, Zentgraf K. Cognitive motor processes: the role of motor imagery in the study of motor representations. Brain Res Rev 2009; doi: 10.1016/j.brainresrev.2008.12.024

Nowak DA, Hermsdörfer J, eds. Sensorimotor control of grasping. Cambridge: Cambridge University Press; 2009

Pöppel E. Kosmos im Kopf - Wie das Gehirn funktioniert. In: Deutsches Hygiene Museum, Hrsg. Gehirn und Denken. Ostfildern-Ruit: Hatje Cantz; 2000: 18-27

Pöppel E. Der Rahmen. München: Hanser; 2006

Popper K. Logik der Forschung, 11. A. Tübingen: Mohr Siebeck; 2005

Rizzolatti G, Fadiga L, Gallese V et al. Premotor cortex and the recognition of motor actions. Cognitive Brain Research 1996; 3: 131-141

Rost DH. Intelligenz: Fakten und Mythen. Weinheim: Beltz; 2009

Russell B. Die Analyse des Geistes. Hamburg: Felix-Meiner-Verlag; 1927/Nachdruck

Schacter DL. Aussetzer. Bergisch-Gladbach: Lübbe; 2005

Schacter D. Wir sind Erinnerung. Reinbek b. Hamburg: Rowohlt; 2001

Squire LR, Kandel ER. Gedächtnis. 2. Aufl. Heidelberg: Spektrum; 2009

Stuss DT, Benson FD. The frontal lobes. New York: Raven Press; 1986

Wilson FR. Die Hand - Geniestreich der Evolution. Stuttgart: Klett-Cotta; 2000

Yue G, Cole KJ. Strength increase from the motor programm: comparison of training with maximal voluntary and imagined muscle contractions. J Neurophysiol 1992; 67: 1114-1123

Zimbardo P, Boyd J. Die neue Psychologie der Zeit. Heidelberg: Spektrum; 2009

第11章
筋損傷の保存療法

H.-W. ミュラー ・ ヴォールファート
L. ヘンゼル
P. ユーベルアッカー
A. ビンダー

1. 医学的チャレンジ：筋損傷　*260*
2. プライマリケア　*260*
3. 浸潤療法　*260*
4. 血液パラメータ異常の予防と治療　*270*
5. 理学療法と物理医学　*271*
6. 損傷タイプ（I–IV型）に応じた治療計画　*271*
7. 病巣性中毒症の原理（障害源診断）　*279*

1 医学的チャレンジ：筋損傷

包括的なエビデンスに基づく調査は存在していないため（Orchard et al. 2008）、筋損傷の治療は基本的に経験医療に基づく。これにはさまざまな理由がある。まず、損傷の種類の多いことと、これまで主に利用されていた分類法が極めて大まかであったことが挙げられる。さらに、いわゆる軽症、つまり機能障害あるいは神経筋障害は大衆スポーツではさほど問題とされず、治療されることがほとんどない。患者が治療の必要がないと見なすからである。大半のケースではスポーツをしばらく休むことで、自己治癒が図られる。筋には自己修復能が備わっているため、アマチュアアスリートにとっては通常これで十分な治癒がなされる。つまり、筋損傷自体は整形外科の診療所ではさほど多くの数が観察されているわけではない。整形外科の大学病院ともなると皆無である。

一方、競技スポーツのアスリートは筋損傷の治療のためには経験に富む特殊施設を訪れる。つまり治療が最も迅速に目標に達する所、治療時に最も厚いサポートが受けられる場所に選手たちが集まる（Orchard et al. 2008）。しかし、こういった患者群を対象に対照群やプラセボ群またはゼロ群などを形成し試験をすることは不可能である。したがって将来的にも、この分野では経験的医療がエビデンスに基づく医療と同様の意味を持ち続けるに違いない。

軽症では、画像化診断を用いてそれを同定するのは極めて困難、あるいは不可能である。したがって触診の印象が診断の主な判断基準となる。そのため、検査医師の経験が浅い場合には治療の必要性が見過ごされることも多い。

極めて痛みが強い筋障害、それと関連する機能障害（Functio laesa）、そして腰椎、仙腸関節、末梢関節、運動および感覚神経系、脊髄レベルにおける反射経路などの領域におけるその原因となる障害、これらの間に関連性が存在することは一般にあまり知られていない。そのため教科書などでもこの関連性が言及されることはほとんどなく（Peterson & Renström 2002, Hipp et al. 2003）、このような障害に対応する治療オプションの知識はあまり普及していない。

> **MEMO**
>
> 筋に障害を持つ患者を多く抱えるセラピストやこの分野において専門化を図ろうとする医師は、触診を最も重要な診察法の1つとして認識し、その技術のマスターに努めなければならない。スポーツ外傷学における触診は心臓病学における聴診と同様の意味を持つ。

筋損傷の発症や傷害相の識別が詳細に行わなければならないのと同様に、治療もまたよく構成されている必要がある。しっかりとした根拠を持って治療法を選択し、詳細に計画された治療プランを厳守しなければならない。様子見や自発的治癒への期待は無意味であるばかりでなく、可能な限り早い時期におけるリハビリテーションという観点からも不十分である（Müller-Wohlfahrt et al. 1992）。

典型的な教科書は治療法として次のようなものを挙げている：

- 安静、冷却、圧迫、挙上による急性治療
- 症状に合わせたスポーツの中断
- 非ステロイド性抗リウマチ薬投与

スポーツ活動の再開時期は治療者が明確に指定することはなく、患者の判断に委ねられる（症状指向的）。理学療法が処方されないあるいは具体的に指定されないケースもあり、したがって療法士の役割が明確でない。総合すると、筋損傷の診断と治療は大衆スポーツあるいは競技スポーツにかかわらず、体系化されておらず統一性に欠けていることが分かる。

2 プライマリケア

筋に障害が発生した疑いがあるスポーツ選手は即座に検査される必要がある。ただし、これはプロスポーツにおいてのみ可能である。プライマリケア以降の治療や予後にとって、障害が構造的なものであるか機能的なものであるかの差は極めて大きい。そのためできるだけ早い段階での医者による検査が非常に重要な意味を持つ。

手短な診察で障害が機能性であることが分かれば、氷水に浸したスポンジで受傷部とその周りを即座に約20分以上冷やす。

筋線維断裂やより大規模な構造損傷の疑いがある場

合、「ホットアイス」バンデージ（氷水に浸したバンデージ）を広範囲に強く巻く。この圧迫包帯はその後も繰り返し氷水をかけて冷やす。この時、負傷者は患部筋が体の中心より高くなり、負荷がかからないような姿勢を取る。20分後にホットアイスバンデージを取り、受傷部を再び検査する。この検査には時間をかけ、忍耐強く冷静に行う。この時に損傷の重傷度に関する最終的な評価を下すのが理想的である。その次に今度は乾燥した圧迫包帯を巻く。組織温度の低下が長時間維持されることが氷水を用いた治療の利点である。古典的な氷療法に見られるような高熱反応はここでは生じない（Müller-Wohlfahrt 2001）。

筋線維断裂では、プライマリケアが治癒の期間に対して決定的な影響力を持つ。初期治療が1分遅れるごとに、完全回復までの期間が1日ずつ延長されると見なすことができる（10分目まで、その後は自己調節が開始される）。

Caution
初期治療が1分遅れるごとに（10分目まで）、完全回復までの期間が1日ずつ延長される。

冷却効果の高い氷水に浸した圧迫包帯は簡単手軽でどこででも実行することができる処置であり、一般に推奨できる治療法である。余暇スポーツにおいても運用可能であり、筋損傷が疑われる場合は活用することが好ましい。

この治療法は、構造損傷の後には必ず発生する内出血と炎症反応を主に抑制し、最小限に抑える働きを持つ。適切な初期治療がなされなかった場合、治癒が長引くだけでなく、後の画像診断において血腫や浮腫の発生により受傷部が見落とされるリスクも増す。

Caution
現在でもMRIはその画質と解釈が一定していない。血腫や浮腫に対しては非常に敏感であるため、損傷が過大評価される傾向にある。損傷の確実な診断には問診、触診、超音波検査とMRIのコンビネーションが欠かせない。

これまでの数多くの筋損傷治療の経験から、様子を見ながらのゆっくりとした治療は有益でないことが証明されている。逆に、できる限り迅速な注入により筋のトーヌス調節と局所的な代謝プロセスに介入することが絶対的に必要である。さらに神経筋制御に関連する障害の根本の十分な治療も即座に行われなければならない。注入の種類や方法は本章における以降の節に詳細に説明する。これに加え、受傷当日から経口や静注、あるいは局所投与の形で薬品が使用される。

3 浸潤療法

注）浸潤療法は、日本では行われていない療法である。

〈1〉 治療に使用される薬剤（アルファベット順）

注）日本の医療機関では使用されていないものもある。

圧迫包帯と「ホットアイス」を用いた初期治療の目的は、受傷部とその周辺における内出血を可能な限り抑えることにある。この処置により、外傷後活性化する有害なタンパク質分解酵素（限局性炎症反応）を生理学的に治癒に必要とされる程度にまで抑制することができる。ただしこのような純粋に外的な処置だけでは不十分であることが多い。そこで、炎症反応に対する手段として薬剤の局所あるいは全身（経口あるいは静注）投与が行われる。

■ アクトベギン（Actovegin）：筋肉注射

製薬会社の説明書によると、使用されるアクトベギンは子ウシ血液に由来する脱タンパク質化血漿誘導体である。この浸透ろ過によって得られた物質には生理学的にバランスのよいアミノ酸のミックスが含まれていると考えられる。我々はアクトベギンをのべ数千回使用しているが、アレルギー性の反応が現れたことは決してない。アミノ酸はグルコース生成エネルギー代謝にも、また損傷した筋線維の修復代謝にも利用される。さらに、供給されたアミノ酸の働きにより損傷筋線維の異化代謝が回避される。このようにして、合成物質を使用することなしに、損傷した細胞と線維の治癒が分子生物学的なレベルにおいて助長されるのではないかと考えられる。

ただし現在のところ、アクトベギンの作用物質や作用機序の詳細はまだ完全には解明されていない。ハンブルク大学で現在、遺伝子チップアレイを用いた動物モデルの研究が行われ、そこでは筋注アクトベギンが筋に関連する遺伝子を確実にそして顕著に上向き調節することが発見されている。この働きによりおそらく筋治癒が促進されるものと見られる。これに関する論文発表は現在準備中である。

> **HINT**
>
> アクトベギンの使用には注意が必要である。ドイツではアクトベギンの医薬品としての認可は2008年に終了した。薬品はしかし生産国であるオーストリアで入手し、経験豊かなセラピストはこれを使用することができる。ただし患者には、この薬品が子ウシに由来し、ドイツでは許認可を受けていないことを説明する必要がある。

■ エスシン（Aescin）とブロメライン（Bromelain）：経口

ウォベンザイム（Wobenzym）、フロゲンザイム（Phlogenzym）、トラウマナーゼ（Traumanase）などの線維素溶解酵素剤は高用量で経口投与される。これらは小腸粘膜から消化される。これが部分的な線維素溶解とタンパク質溶解を誘発し、遊走した顆粒球とマクロファージからの有害なインターロイキンと食細胞メディエーターの放出を最小限に抑える。その結果、炎症期が短縮される（Fitzhugh et al. 2008）。

レパリル（Reparil）を使用しても同じ結果が得られる。レパリルはエスシンを含み、細胞膜を閉じる作用、抗浮腫作用、そして抗炎症作用があることが証明されている（Wang et al.2009）。

■ アルニカまたは微量元素とミネラル（エネルビン軟膏など）：外用

アルニカ含有薬と医療用クレイを併用した軟膏包帯あるいは閉塞包帯は、スポーツや事故における閉鎖性外傷の炎症とはれの解消を助長する。

著者らが規則的に使用しているエネルビン（Enelbin）軟膏はケイ酸アルミニウム、特殊なクレイ、ならびに肌に優しい酸化亜鉛を含み、ここに炎症を抑制し痛みを緩和するサリチル酸が加わる。この特別な組成によりこの軟膏は長時間冷却作用を持ち（冷やして保存するのが理想）、組織代謝と痛みに対して効果がある。

■ ディスクス・コンポジトゥム（Discus compositum）：硬膜外注射

ホメオパシー複合剤であるディスクス・コンポジトゥムは主にカルミア・ラティフォリア希釈物D8（Kalmia latifolia Dil. D8）、マーキュリアス・プラエシピタタス・ルバー希釈物D10（Mercurius praecipitatus ruber Dil. D10）およびアギ希釈物D8（Asa foetida Dil. D8）を含んでいる。関節と軟組織における急性で非細菌性の炎症に対して使用される。

■ ラクトプルム（Lactopurum）：筋肉注射、靱帯周辺

ラクトプルムは右旋性乳酸を含み、炎症組織におけるpH値の中和を促す。

■ マグネシウムと亜鉛：経口、静脈注射

経口であるいは静脈注入として受傷後すぐおよびその後数日間投与される亜鉛とマグネシウムにはさまざまな効果がある。

ここでは朝鮮戦争以来知られている亜鉛イオンの創傷治癒特性が利用される。亜鉛イオンはアミノ酸からのタンパク質生合成（リボソーム線維合成）に必須である。亜鉛は合成を促進するRNAを安定化し、損傷部位ではラジカルスカベンジャーとして作用し、顆粒球の食作用に関与している（Heyman et al. 2008、Barbosa et al. 2009）。

さらに、損傷により特に多量のミネラルコルチコイドが放出され、その結果通常の急性期反応におけるよりも電解質および微量栄養素の損失が激しくなる。そのため、例えば高エネルギー性筋リン酸の代謝がマグネシウムの補充がなければ遅延する。またマグネシウムが不足すると細胞のATPシステムにおけるエネルギーの貯蔵が悪影響を受ける（Hubbard et al. 2004、Watanabe et al. 2004、Iotti & Malucelli 2008）。

■ メピバカイン0.5または1.0％：筋肉注射、硬膜外、神経周囲

局所麻酔薬は軸索の電位依存性ナトリウムチャネルをブロックする。その結果として、その位置における神経膜の脱分極が不可能となる。作用域を通る活動電位の伝達は一時的に中断される。筋内注入がなされると、この軸索に支配されるすべての筋線維（運動単位：第1章「骨格筋の機能解剖学」も参照）の機能が遮断される。治療対象の筋束が「興奮不能」となり、脱緊張される（Catterall & Mackie 2005）。

■ 非ステロイド性抗リウマチ剤

非ステロイド性抗リウマチ薬には抗炎症性の作用がある。さらに、プロスタグランジン合成の阻害を通じて痛みを緩和するため、鎮痛剤としても作用する。しかし堅実で迅速なリハビリテーションにとって、負傷した人物

やアスリートによる損傷筋のうそ偽りのない知覚が非常に重要である。また筋損傷の痛みは通常、比較的短期間で解消する。これらの理由から著者らは基本的に筋損傷の治療では非ステロイド性抗リウマチ薬を使用しない。

■ 多血小板血漿（PRP）

近年、筋と腱の損傷に対する治療において自家血清剤への関心が高まっている。ポジティブな研究結果を報告する文献の数も多い（Foster et al. 2009、Mishra et al. 2009）。しかし2つの理由から、著者らが実施する治療では多血小板血漿剤が利用されない：
● 1つは、「血小板由来製剤（Platelet derived Preparations）」がいまだに世界アンチドーピング機構WADAの「禁止リスト」に含まれ、そのため競技スポーツの世界では筋内に注入することはできない：「血小板由来製剤（多血小板血漿、ブラッドスピニング）の性質は解明された。これらの製剤は、筋内に投与された場合、禁止対象となる。ほかの投与経路はTUE国際基準に準拠した申告を必要とする。」（2010年度禁止リスト、世界アンチドーピング機構）
● もう1つは、多血小板血漿製剤は「侵襲的」に得る必要がある。これに対して、アクトベギンは常時利用可能であり、臨床効果も素晴らしい。

　　監注）この解説は自己血を使用しない場合であり、日本ではPRPは基本的に自己血を使用して作られる。

■ ステロイド

著者らは筋損傷の治療において、いかなる形態のステロイド投与も行わないし、支持しない。

■ トラウメールS（Traumeel S）／ツェール（Zeel）：筋肉注射、硬膜外注射

トラウメールSの詳細な作用機序はまだ明らかになっていない。しかし、人間のリンパ球の活性時に炎症メディエーター IL-1β、TNF-αそしてIL-8の分泌を70％まで抑制することが確認されている（Porozov et al. 2004）。

また、特定の薬草に由来する糖タンパク質（トラウメールSとツェールはコンフリーを含有）には、炎症細胞とそのメディエーターの流入を減速する働きがあることも実証されている。トラウメールSには浮腫を抑制する局所的な脱水作用がある（Schneider et al. 2008）。

■ ビタミンA・C・E：経口、静脈注射

抗酸化剤、とりわけビタミンA、CそしてEを投与することで、局所および全身的にラジカルスカベンジャーの働きを改善することができる。損傷により放出された電気陰性粒子の捕捉が向上し、細胞膜の損傷が抑制される（第3章「筋再生の分子および細胞生物学」を参照）。

〈2〉方法

■ 筋の浸潤療法

迅速な筋再生あるいは瘢痕形成が患部筋に直接実行されるのが注入治療の目的である。また、トーヌス（筋の緊張）の上昇反応の阻止あるいは既存の過剰トーヌスの低下などを通じて、トーヌスを調節する働きも持つ。

浸潤療法は受傷直後と一次診断の後に、また場合によっては（損傷のタイプによる）受傷から2日目と4日目にも行われる。筋トーヌスを正常化し、血液供給と排出を最適化し、エネルギー代謝と組織代謝を助長し、炎症反応と浮腫形成を抑制する働きを持つ。好ましくない筋間の癒着に対抗する作用も持つ。

損傷部のちょうど中央ならびにその近位側と遠位側に、約5-7本の針を用いてトラウメールSとアクトベギンを1：2の割合で混ぜたものが注入浸潤される（針ごとに約2mℓ）。事前に局所麻酔薬（Meaverinというメピバカイン製剤1％）の連続投与を施し、注入針を筋束にセットしておく（図11.1a、b）。治療中は、注射器にごくわずかな抵抗が感じられることに注意する。抵抗が強い場合は、針の先が筋の中ではなく腱部分に刺さっている可能性がある。（特に筋束の損傷で）限局性の血腫や水腫が形成されている場合、これらを同時に吸引することもできる（図11.1c）。

ほかのあらゆる医療活動と同様、ここでも患者は診断された筋損傷の種類と意味ならびに予定されている治療について説明を受ける必要がある。使用される物質に対してアレルギーがないか質問する必要もある。ここで特筆すべきは、著者らはこれまで30年以上にわたり、アクトベギンとトラウメールSを実際に使用してきたが、一度たりともそのようなケースに遭遇したことがないことである。注入プロセス中における局所麻酔薬の継続投与により小さな血管は押しやられてしまうため、注入による筋内出血の可能性も極めて低い。軟部組織の感染を避けるため、作業時の衛生管理には細心の注意を払わなければならない。ただしここでも我々の治療によりそのよ

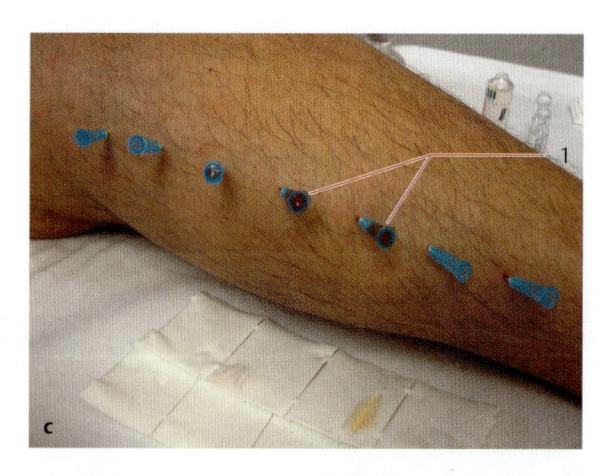

11. 筋損傷の保存療法

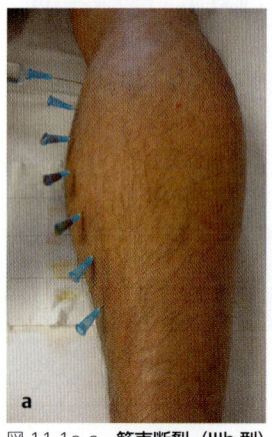

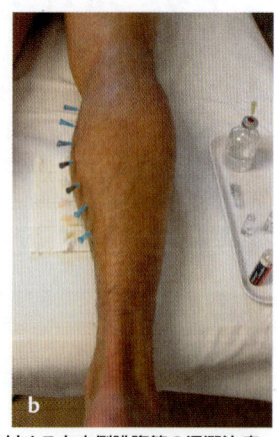

図 11.1a-c　筋束断裂（IIIb 型）に対する右内側腓腹筋の浸潤治療
a　患部筋束の走行に沿って複数の針を使用。
b　位置関係を明らかにするため、別の角度から撮影。
c　中央の針（1）から自発的に血腫液が出てきている。これは小容量の注射器（小さなバキューム効果）で十分吸引することができる。

うな障害が発生したことはない。

Caution

この治療法では（そして筋損傷の治療では一般的に）、決してコーチゾン含有薬を使用してはならない。局所的に投与されたコルチコステロイドはあらゆる身体反応を打ち消すため、治癒の妨げとなる。その結果、軟部組織感染症および局所的な軟部組織壊死のリスクが上昇する。筋損傷に対しては、局所的にも全身的にもステロイドが治療に用いられることはない。

血液凝固異常、マルクマール（Marcumar）療法（クイック値：60％未満）、心律動障害、あるいは使用物質に対する既知の過敏症は禁忌である。

注意）マルクマールはフェンプロクモンと同意語。クマリン系抗凝血薬で、脳血栓を予防する効果ありとされるが、本邦では未承認。

HINT

競技スポーツには常に、スポーツ協会やアンチドーピング委員会による国内あるいは国際規則が存在し、適用される。この理由から著者らは毎年、アクトベギンの筋内注入に問題がないことを明記した証明書をドイツ国立アンチドーピング機構（NADA）と世界アンチドーピング機構（WADA）に要請している。常に有効なガイドラインに従うのは医者の義務である。国ごとに異なる規則には特に注意が必要である。

■ 脊椎の浸潤療法

筋の障害や損傷の原因が神経性のものである場合は、脊椎領域への注入が行われる。特に神経性の筋硬化（Ib 型損傷）と「いわゆる肉離れ」（II 型損傷：第6章「既往歴・臨床検査・分類」を参照）がこれに該当する。

原因として考えられるすべての機能不全が治療の対象となる。まず浸潤療法を通じて髄節の緩和、筋トーヌスの正常化、そして痛みの緩和が図られる。続けて、診断に従い、徒手療法、整骨療法、マッサージ、時にはカイロプラクティックや理学療法的運動治療を用いて、運動性の維持と安定性の改善が目指される。

末梢運動神経は複数の髄節からの線維で構成され、さらに例えば深部傍脊椎筋（特に回旋筋と多裂筋）の筋硬症がしばしば複数の髄節に広がるように、運動障害は通常複数の脊椎関節と関連している。したがって、浸潤療法（硬膜外、傍脊椎、カプセル周囲）は通常複数の髄節に対して行われる（図11.2）。

この治療法は効果が高い。患部髄節におけるバランスの崩壊を避けるあるいは修復するために、傍脊椎浸潤療法は左右両側に行われる。

仙腸関節のバランスが崩れ、非対称になっている場合、傍脊椎筋群に不自然な緊張が生じる。したがって、補助関節として不全となった下部腰椎の機能を持続的に肩代わりすることはできなくなる。この付随的な問題も通常は、脊椎と骨盤の間の靱帯組織（腸腰靱帯など）と同様、同時に治療される。個別のケースでは、トリガーポイントとテンダーポイントが治療されることもある。

浸潤療法

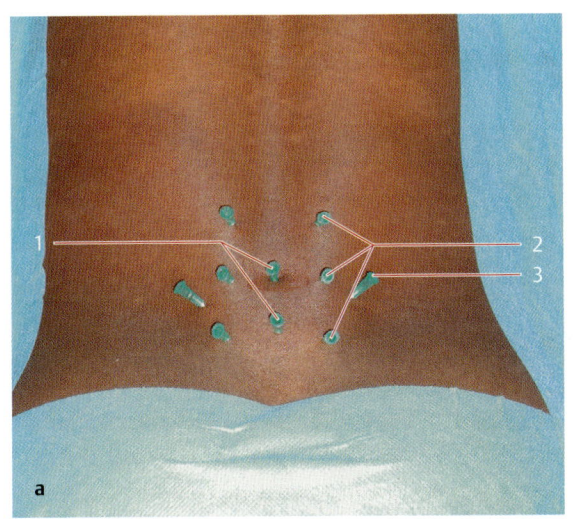

図 11.2a、b　両側腸腰靭帯装置の浸潤による 3 髄節の腰椎治療

a　(1) は L4／5 と L5／S1 の椎間硬膜外に位置する。その横、(2) のカニューレを通じて、椎間関節 L3／4、L4／5 そして L5／S1 と傍脊椎筋に対して浸潤。その横の針 (3) で腸腰靭帯にアプローチ。

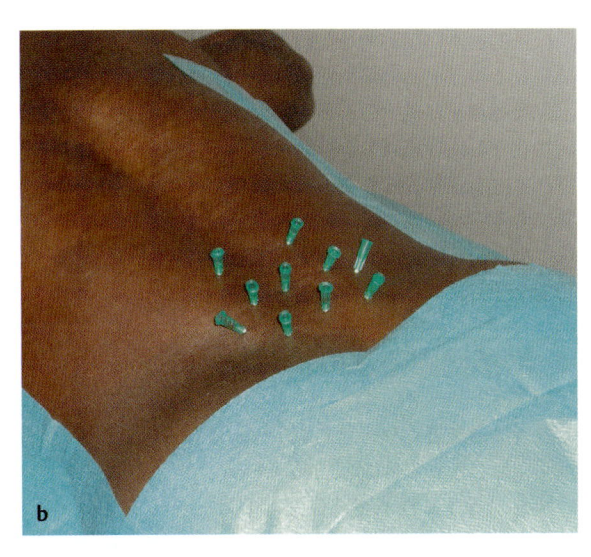

b　施術者の視点。

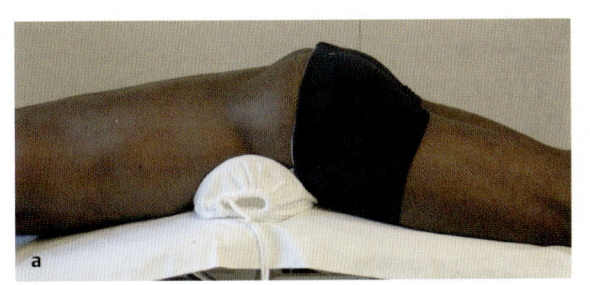

図 11.3a、b　脊柱の浸潤療法における患者の姿勢
a　検査ベッドの屈折による前屈姿勢。

【b】　滅菌ドレープを使用。

> **HINT**
> 脊椎の浸潤療法を実行する際は、患者に脊椎が軽く後弯するような姿勢を取らせるのがよい。中央で屈曲することができる診察ベッドが、この治療法には特に適している（図11.3）。

■ 浸潤の作用機序

腰椎の機能単位における局所的な障害要因の存在を想定する仮説では、この障害要因は腰椎だけでなく、腰椎に依存する組織に対しても直接あるいは間接的な影響を及ぼす（第12章「筋機能障害および筋損傷時における脊柱の役割」を参照）：

- 神経根の直接的な刺激：この刺激は運動単位の過剰な電気刺激を誘発する。
- 脊椎とその関節のカプセルおよび靭帯組織における刺激現象：この刺激に対し身体は、傍脊椎筋組織の静的収縮による静止反応を通じて応答する。この傍脊椎緊張の上昇により、椎間板と椎間関節に対する圧迫力が増加し、これにより既存の機械的刺激がさらに増強される。典型的な悪循環であり、解消される必要がある。
- 交感神経幹のブロックあるいは「ダウンレギュレーション」：多量の局所麻酔薬の使用、そして直接的な影響（硬膜神経の前枝）に起因する。この作用は血行の改善（炎症反応の制御）とリンパ流の調節において非常に重要な意味を持つ。

265

機械的および感覚的な反射求心性神経の遮断という形で現れる投与薬品の局所限局性かつ一時的な治療効果は上記悪循環を打破することができる。その結果、病的に活性化された筋組織のトーヌスが新たに、標準値に調節される。脊髄神経節から後根と後角を経由して脊髄灰白質に至る（特に筋組織、腱、真皮、関節カプセル、線維輪、椎間円板からの）侵害受容求心性神経がこの治療法により一時的に、そして可逆的に遮断される。

■ 腰部浸潤療法の実施

患者は通常若くやせたアスリートであるので、この治療法に用いられる針は4ｃｍから6ｃｍで十分である。

腰部に対する浸潤療法に関しては、テオドリディスとクレーマーの著書が推奨に値する（Theodoridis & Krämer 2006）。

● 硬膜外注入

うつぶせになり背中を丸めると棘突起が触診され、棘突起間のスペースがはっきりと分かり、マーキングすることができる。診断をもとに、どの髄節を治療するか決定する。棘間靭帯を通過する際、注射器内筒に強い抵抗があるが、これは黄色靭帯を通過すると急激に弱まる（抵抗消失法）。これにより針の先が硬膜外にあることがわかる。吸引試験（aspiration test）を行った後、有効成分を硬膜外投与する。同様の方法で毎日数多くの硬膜外麻酔が行われている。1髄節ごとに最大3ｍｌのメピバカイン0.5%、2.2ｍｌ（1アンプル）のトラウメールS、そして1ｍｌ（半アンプル）のディスクス・コンポジトゥムの使用を推奨する。この用量は長年にわたる実践経験から得た見知である。

> **HINT**
> 痛みに敏感な患者に対しては、穿刺の際、硬膜外針をわずかに正中線から外し、そこに麻酔剤を注入する（図11.2bも参照）。この方法なら痛みは生じない。数分後には、痛みなしに硬膜外腔を探すことができるようになる。その副作用として、この短い時間で棘間靭帯の抵抗が明らかに低下していることが分かる。

● 椎間関節周囲の浸潤

棘突起間隙の約2.5ｃｍ外側で穿刺し骨を探すことにより、椎間関節（ファセット）に到達することができる。この時、局所麻酔薬の投与を継続しているため、傍脊椎筋組織は一時的に弛緩している。関節周囲にアクトベギン1.5ｍｌとトラウメールS1ｍｌの混合剤を投与する。

● 仙骨孔S1の浸潤

S1孔は上後腸骨棘の高さ、正中線の横約2.5ｃｍの位置にある。局所麻酔薬とトラウメールS（および必要ならディスクス・コンポジトゥム）のみ使用することを推奨する。アクトベギンが直接神経に触れると、激しい（一過性の）刺激痛が発生する。

● 腰神経叢の浸潤

L3棘突起の高さ、傍脊椎約4ｃｍの位置から正中方向へ約30度の傾きで椎体へ向け穿刺する。骨と接触したら、そこから数ミリメートル針を戻す。ここにトラウメールSを加えた局所麻酔薬を投与することで、腰部の交感神経鎖（交感神経幹）の素晴らしいダウンレギュレーション効果を得ることができる。左右それぞれ、3-5ｍｌのメピバカイン0.5%を推奨する。

● 仙腸関節の浸潤

患部側の上後腸骨棘とS1脊椎棘突起の中央に針を入れる。ここから外側に向かって45度の角度で扇形に靭帯装置に穿刺し、関節腔を探す。局所麻酔薬とトラウメールSを多量に投与する。

> **HINT**
> 時に患者は腰椎付近に顕著な変化をきたしていることがあるが、興味深いことにこれは必ずしも痛みとして自覚されない。過去にあった痛みを報告するだけの患者もいれば、腰の問題を否定する、あるいは重要でないと評価する患者もいる。したがって、問診の際に患者が腰椎には問題がないと答える可能性が高い。そのためすべての患者に対して規則的に腰椎と骨盤の検査をすることが重要である。上記の理由から、骨盤から下肢にかけて筋に障害を持つ16歳から18歳以上の患者に対しては、全員に骨盤・腰椎部のレントゲン撮影（左右対称に負荷をかけた二足立位）を実行するのが好ましいと考える（図11.4）。

浸潤療法

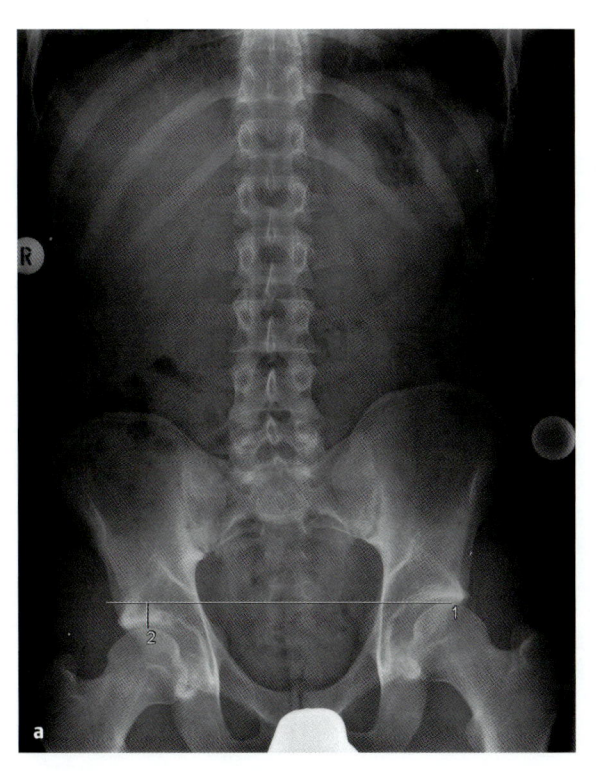

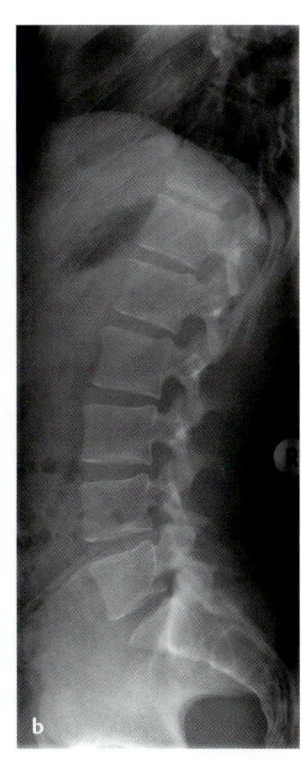

図 11.4a、b　**23歳プロサッカー選手の腰椎と骨盤の撮影**
右脚の長さの実質的な短縮（14 mm）とその結果としての骨盤傾斜が確認できる。腰に障害は出ていなかった。この選手は筋の障害を繰り返し訴えていた。

a　正面。
b　側面。

● **腰椎に対する浸潤療法の臨床効果**

腰椎に対する浸潤療法の臨床効果を表11.1にまとめた。図11.5は理解を助けるための髄節の仕組みの概要図である。

HINT
内転筋群は主に閉鎖神経（L2-L4）により神経支配され、この時恥骨筋は大腿神経により、大内転筋は坐骨神経からの支配も受ける。内転筋群の障害では、注入やあるいはカイロプラクティックによる可動化療法により（本来の髄節L2-L4に加えて）同側の仙腸関節を同時に治療すると、即座に症状が改善することが経験上知られている。

この治療に対する必須の前提条件はこの治療の内容を分かりやすく患者に説明し、そして治療に対する同意を得ることである。そしてこれを医療記録として保存する。説明の際には硬膜穿孔（髄液損失、頭痛、感染症）や硬膜外血腫の形成（神経性合併症、手術）の可能性に言及することが特に重要である。硬膜穿孔に起因する頭痛はまれに観察されることがあるが、著者らの30年を超える実践において、感染症やあるいは神経性の障害を伴う血腫が発生し、治療や手術が必要になったことは1度もない。使用される薬品や血液希釈剤に対してアレルギーが知られていないかも質問する必要がある。

MEMO
著者らは脊椎治療にコーチゾン含有薬を使用しない。

禁忌症は末梢の筋内注入と同様であるが、血液凝固異常が確認されている場合には特に慎重にリスク対効果を判断しなければならない。

Caution
この治療法では複数の注入が行われる。そのため局所麻酔薬の投与量には極めて慎重になり、禁忌に対する考慮も忘れてはならない。著者らの経験ではメピバカイン0.5％が特に安全な局所麻酔薬と言うことができる。

267

11. 筋損傷の保存療法

表 11.1　腰椎に対する浸潤療法の臨床効果

浸潤療法の方法	浸潤剤	効果
硬膜外	局所麻酔薬、トラウメール S、ディスクス・コンポジトゥム	● 一時麻酔 　○ 硬膜神経：硬膜（咳で痛みが出る場合は硬膜過敏の可能性あり）、線維輪、骨膜、背側の関節包を支配 　○ 後枝：皮膚（皮枝）と並んで腹側椎間関節（関節枝）、脊柱起立筋（筋枝）を支配；後枝が過敏になっている　時には短縮し痛みをもたらす 　○ 前枝と交感神経幹の間の白交通枝（神経節前）：血管と結合組織を支配 　○ 灰白交通枝（神経節後）：皮膚分節、筋節、体毛節を支配 ● 脊髄管の軟組織における抗浮腫作用、ならびに椎間板突出や椎間板脱出、および神経根自身に対する作用 ● 神経根炎の減少 ● 痛みの緩和、髄節の弛緩
傍脊椎	局所麻酔薬、トラウメール S、アクトベギン	● 過緊張を示す傍脊椎筋組織の迅速な弛緩、神経・筋伝達の遮断、エネルギー性筋代謝の向上 ● 血行の改善 ● 過緊張を示す筋組織の緩和、髄節の弛緩
カプセル周囲	局所麻酔薬、トラウメール S、ツェール	● （侵害受容器の阻害による）椎間関節痛の緩和 ● 滑膜炎／活性化脊椎関節症に対する炎症抑制作用 ● 痛みの緩和、髄節の弛緩
靭帯周囲	局所麻酔薬、トラウメール S、アクトベギン、ラクトプルム	● 刺激の削減 ● pH 値の正常化（炎症組織は常に酸性環境） ● 痛みの緩和
関節内（仙腸関節）	局所麻酔薬、トラウメール S、ツェール、ヒアルロン酸	● 侵害受容器の阻害による関節痛の緩和、滑膜炎に対する炎症抑制作用 ● 痛みの緩和、髄節の弛緩
トリガーポイントとテンダーポイント治療	局所麻酔薬、トラウメール S、アクトベギン	正しい位置に治療をした場合： ● 短縮筋の脱緊張 ● 進行性あるいは局所性の痛みの緩和 ● 伸張能の改善（筋と筋腱移行部）

　トリガーポイント：圧受容器（パチニ小体）に囲まれた神経筋門部分に主に生じる。筋の緊張を検知する。病的な筋筋膜緊張が作用すると、トリガーポイントは活性化される。これにより痛みが対応する別の身体部位へと伝達される（Simons et al. 2002：第 1 章「骨格筋の機能解剖学」と第 14 章「物理・理学療法的処置とリハビリテーション」も参照）。
　テンダーポイント：関節付近の腱構造内に存在する。機械受容器レベルにおいて、1 つのゴルジ腱器官あたり 25 の筋線維との相互作用が働いている。関節包と関節内部構造の緊張が検知され、それぞれの筋組織へと伝達される。痛み領域は局所にとどまる（Simons et al. 2002：第 14 章「物理・理学療法的処置とリハビリテーション」も参照）。

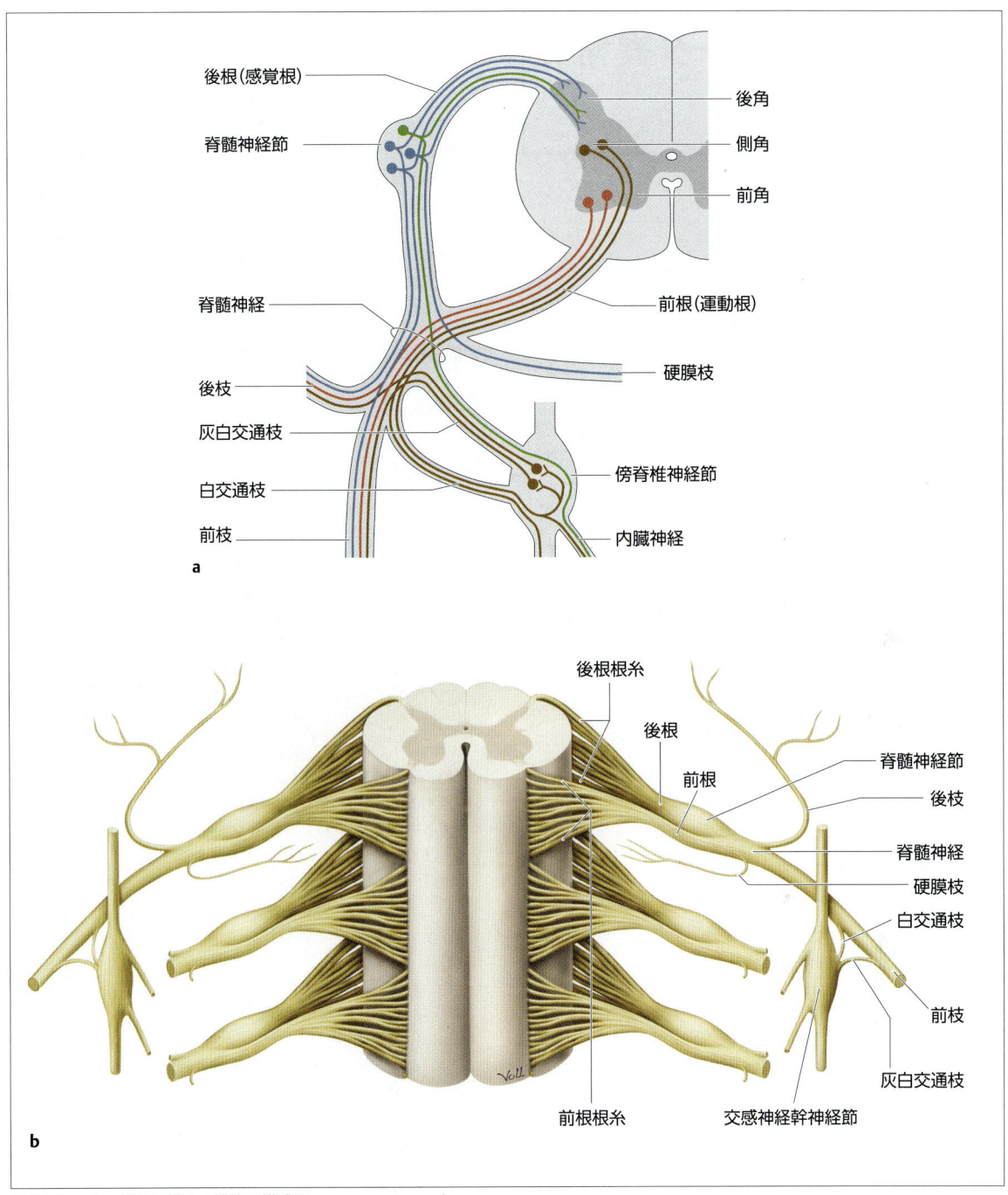

図 11.5a、b **髄節の構造と機能の模式図**

a 回路。
b 複数髄節、立体的解剖図。

4 血液パラメータ異常の予防と治療

アスリートは皆、少なくとも年に2回、詳細な生化学検査を受けるのが理想である。トレーニングや試合の負担が高まっている時期や、あるいは厳しい遠征の後などに、付加的な検査も有益であるし必要でもある。表11.2にまとめた検査パラメータは、著者らが規則的に検査する項目である。

甲状腺機能障害、タンパク質代謝障害（尿酸）、電解質異常、ミネラルと微量元素の欠乏、直接的および間接的な炎症の兆候（白血球、C反応性タンパク質、抗ストレプトリジンと抗ブドウ球菌溶解素）を特に重視する。

異常が発見された場合、もちろん原因を解明し治療する必要がある。特に感染症の疑い（抗ストレプトリジン／抗ブドウ球菌溶解素）がある場合、病巣の解明が不可欠である。泌尿器科、耳鼻咽喉科、口腔外科、または内科の領域に始まる感染症は、認識されないことが多い。患者も全く気付かないこともあり、負傷の再発の原因、あるいは損傷治癒を遅延させる要因となる可能性がある。この点に関する詳細は「障害源診断」(p. 279) を参照。

> **HINT**
> 執筆陣はサポートするスポーツ選手全員の初期亜鉛レベルを把握している。亜鉛レベルは定期的に検査され最適化される。損傷の急性期や大規模な遠征（時差）などの後、亜鉛レベルが大きく低下することが知られている。このような場合、通常は亜鉛の補充が行われる。

トップアスリートに対しては、毎年少なくとも1度アミノグラムを作成するのが好ましい。準必須および必須アミノ酸の不足は線維合成と筋治癒そしてコラーゲン代謝のための理想的な環境を確保するために必ず補充する必要がある。

表 11.2　アスリートに対する規則的な化学検査

簡易血液検査

白血球
赤血球
血小板
ヘモグロビン
ヘマトクリット値
MCV（ヘマトクリット値／赤血球数）
MCH（ヘモグロビン／赤血球数）
MCHC（ヘモグロビン／ヘマトクリット）

血液化学

カルシウム
カリウム
ナトリウム
血糖（空腹時）
コレステロール
HDL コレステロール（高比重リポタンパク）
LDL コレステロール（低密度リポタンパク）
トリグリセリド
IgA
IgG
IgM
総ビリルビン
尿酸
尿素
クレアチニン
CK nac（総クレアチンキナーゼ活性）
CK-MB（心筋クレアチンキナーゼ）
GGT（γグルタミルトランスフェラーゼ）
GOT（グルタミン酸オキサルトランスアミナーゼ）
GPT（アラニンアミノトランスフェラーゼ）
LDH（乳酸脱水素酵素）
鉄
フェリチン
マグネシウム
ESR（赤血球沈降反応）
C反応性タンパク質量
銅
亜鉛
TSH（サイロトロピン）
リン酸
骨AP（骨のアルカリホスファターゼ）
PTH（パラトルモン）
ビタミンD▼3▼（25-OH）
RF量（リウマチ因子）
ASL量（抗ストレプトリジン）
AST量（抗ブドウ球菌溶解素）

5 理学療法と物理医学

治癒の促進・最適化には医師による医学的な処置だけでなく、理学療法や物理医学的処置も当然同程度に重要な役割を持つ（第14章「物理・理学療法的処置とリハビリテーション」も参照）。

物理医学的な療法は、薬物治療と同様、外傷後炎症反応の後退や生理的治癒の促進を促す有効な手段である。

徒手による理学療法、リハビリ運動、そしてトレーニング療法は損傷筋の治癒、協調性と固有感覚の修復、運動パターンの正常化、そして筋萎縮の解消と正常な出力能の回復にとって欠かすことができない。

HINT

トップアスリートは受傷後すぐに初期治療を受けることができるだけでなく、その後も継続的にスポーツ理学療法士やマッサージ師、リハビリトレーナーなどによる治療を連日享受することができる。これが、アマスポーツ選手が持てないプロスポーツ選手の利点である。診察時によく、なぜプロに比べて「アマスポーツ選手」は治療が長引くのかと聞かれることがあるが、これがその理由である。

理学療法や物理医学、あるいは特に段階的なトレーニングの再開は「試行錯誤」の産物であってはならないし、また患者の申告に基づくものであってもならない。そこには明確な構成と治療対象となる損傷や障害に見合った時間計画がなければならない。既に述べたように、筋の構造的な損傷ではその痛みは比較的早く消減する。このような場合、スポーツ選手は一様に無理な運動をする傾向にある。規則的な経過コントロールと治癒過程の再評価が極めて重要であり、これを通じて治療計画に修正が必要であるかを検討する。

数日おきにMRIを用いて検査をすることは経済的にも不可能であるし、有益でもない。ここでも重要なのはやはり触診であり臨床評価である。超音波検査は常に実行可能で、また繰り返すこともできる貴重な検査手段であるが、その運用には十分な実践経験と解釈の確かさが要求される。

以下に理学療法と物理医学における最も重要な処置をまとめた。個別処置の詳細と作用機序は第14章「物理・理学療法的処置とリハビリテーション」において描写する。著者らは、まだ経験の少ない施術者を念頭に、さまざまなタイプの損傷に対する治療計画を作成することを目指した。もちろん筋の損傷や機能障害は極めて多種多様である。そのため以下の記述は単なるガイドラインとして理解する必要がある。担当医は治療経過を常に批判的に検証し、必要であれば治療計画を修正することを怠ってはならない。

6 損傷タイプ（I-IV型）に応じた治療計画

■ 疲労による痛みを伴う筋硬化（I型損傷）

- 受傷当日：
  - 筋リリース法（コントラクト・リリース法）
  - ストレイン・カウンターストレイン法
  - スプレー・アンド・ストレッチ法
  - 緊張緩和マッサージ
  - 運動プールにおける軽い運動（水温29-32度）
  - 閉塞軟膏包帯
- 受傷翌日：
  - 相反抑制：拮抗筋による伸張（シェリントン1）
  - 後等尺性弛緩法（シェリントン2）
  - 神経筋バランスの回復のための電気療法
  - 筋をほぐすクラシックマッサージ
  - 温熱療法
  - 持久的ランニングトレーニング；
    ランニングトレーニングは治療と見なす
  - 経口薬剤（マグネシウムなど）
- 受傷2日後：
  - 経過コントロール
  - 通常、トレーニングへの完全復帰が可能

■ 神経性の痛みを伴う筋硬化（II型損傷）

- 受傷当日：
  - 「ホットアイス」治療
  - 注入療法（腰部：場合によっては患部）
  - 軟膏包帯
  - 経口薬剤
    （マグネシウム、ウォベンザイム、レパリル）
- 受傷翌日：
  - トーヌス調節のための「ホットアイス」
  - 相反抑制：拮抗筋による伸張（シェリントン1）
  - 神経筋バランスの回復のための電気療法：

- 高電圧療法
- 干渉電流
- ベルナール（ジアジナミー電流）
○ 微小マッサージとしての超音波
○ 筋をほぐすクラシックマッサージ、ただし患部筋は除く
○ アイソキネティック運動療法機を用いた持続受動運動法（Continuous passive Motion：CPM）
○ 可能であれば、痛みが生じない範囲での持久的ランニングトレーニングまたはエルゴメーターでの運動トレーニング；筋組織は活性化し、学習し、本来の能力へ最短時間で回復する；ランニングトレーニングは治療と見なす
○ 運動プールにおける軽い運動（水温29-32度）

Caution
速く激しい運動は禁止する。

- 受傷2日後：
  ○ 経過コントロール
  ○ 前日と同様の治療スキーム、ただし量を増やす：午前と午後に20分ずつ、長時間あるいは中時間持久域におけるランニングトレーニング（休憩を挟んだインターバルトレーニング）；2セット後、能動的休息、ストレッチ運動と体操
- 受傷3日後：
  ○ 午前、ストレッチ運動と体操
  ○ さまざまなスピードでランニングトレーニング、20分間
  ○ その後、再生に重点を置いた理学療法：
    - 温熱療法
    - シェリントン1と2に従った筋伸張術
    - 電気療法
    - 硬く平面的な手技を用いた再生マッサージ、筋組織と周辺組織のの立体的な形付け
  ○ 午後、午前の内容を繰り返す
  ○ その後、能動的休息、ストレッチ運動と体操
- 受傷4日後：
  ○ 通常、全トレーニングの再開が可能
  ○ 1週間が経過するまでコントロール検診と理学療法

Caution
Ib型損傷は神経性の障害であるため、基本的に患部筋へはマッサージを行わない。一般的なマッサージにより難治性の神経刺激が引き起こされることが経験されている。

HINT
Ib型損傷の原因は腰椎にある。したがって、基本的に浸潤療法は患部筋ではなく腰椎に対して適用される。必要があれば、3日目と4日目にも腰椎に対し注入浸潤療法を実施するのもよい。この治療法を実行しない場合、筋には数週間痛みが残り、緊張も解けずにとどまることもある。すなわちトレーニングに悪影響が出る。特に注意しなければならないことは、治療とトレーニングがすべて痛みなしに実行されなければならないという点である。またこの際、通常は鎮痛剤を使用しない。鎮痛剤はフィードバック機構に影響を与えるからである。消炎剤や鎮痛剤の投与は例外的な場合、例えば椎間関節や仙腸関節に関節炎が発生している場合などに限定する。この期間中は一時的にスピードアップ・ランニング（始めはゆっくりと開始し徐々にスピードを上げていくランニング）やスプリントを行ってはならない。

■ 「いわゆる肉離れ」（II型損傷）

- 受傷当日：
  ○ 筋リリース法（コントラクト・リリース法）
  ○ ストレイン・カウンターストレイン法
  ○ スプレー・アンド・ストレッチ法
  ○ 筋内注入療法（腰部に機能性あるいは構造性の障害がみられる場合は腰部への注入療法も）
  ○ 軟膏包帯
- 受傷翌日：
  ○ トーヌス調節のための「ホットアイス」
  ○ シェリントン1と2に従った筋伸張術
  ○ 神経筋バランスの回復のための電気療法：
    - 高電圧療法
    - 干渉電流
    - ベルナール（ジアジナミー電流）
  ○ 微小マッサージとしての超音波
  ○ 患部の遠位と近位の筋組織と運動鎖全体をほぐすためのクラシックマッサージ、ただし幹部は避ける
  ○ （アイソキネティック運動療法機を用いた）持続受動運動法
  ○ 痛みが生じない範囲での持久的ランニングトレーニングまたはエルゴメーターでの運動トレーニング；筋組織は活性化し、学習し、本来の能力へ最短時間で回復する：ランニングトレーニングは治療と見なす
  ○ 運動プールにおける軽い運動（水温29-32度）

損傷タイプ（I-IV型）に応じた治療計画

Caution
速く激しい運動は禁止する。

- 受傷2日後：
  ○ 経過コントロール
  ○ 前日と同様の治療スキーム、ただし量を増やす：午前と午後に20分ずつ、長時間あるいは中時間持久域におけるランニングトレーニング；2セット後、能動的休息、ストレッチ運動と体操
  ○ 筋トーヌスの低下が不十分な場合は再度筋内浸潤療法
- 受傷3日後：
  ○ 午前、ストレッチ運動と体操
  ○ さまざまなスピードでランニングトレーニング、20分間
  ○ その後、再生に重点を置いた理学療法：
    - 温熱療法
    - シェリントン1と2に従った筋伸張術
    - 電気療法
    - 硬く平面的な手技を用いた再生マッサージ、筋組織と周辺組織のの立体的な形付け
  ○ 午後、午前の内容を繰り返す
  ○ その後、能動的休息、ストレッチ運動と体操
- 受傷4日後：
  ○ 通常、全トレーニングの再開が可能
  ○ 1週間が経過するまでコントロール検診と理学療法
  ○ ウォッブルボード（Wobble Board）など不安定な足場を用いて、固有感覚を活性化し運動パターンを習得するためのトレーニングを開始

HINT
II型損傷の原因は直接筋にある。したがって浸潤療法は筋に対して行う。通常は1-2回の実施で十分である。しかし、反射弓を通じて腰椎も重要な役割を占めるため、異常が見られる場合は腰椎も同時に治療する。特に注意しなければならないことは、治療とトレーニングがすべて痛みなしに実行されなければならないという点である。またこの際、鎮痛剤は使用しない。ここでの治療に鎮痛剤は必要ない。鎮痛剤はフィードバック機構に影響を与えるからである。

■ 筋線維断裂（Ⅲa型損傷）

患者にはまず、治療中の注意点として安静を守り、姿勢にも気を付ける必要があること、少なくとも24時間は禁酒を守ることを説明する。

- 受傷当日：
  ○ 圧迫包帯、ホットアイスバンテージを用いた冷却、そして挙上による初期治療
  ○ 筋内注入浸潤療法
  ○ 経口薬剤（ウォベンザイム、レパリルなど）
  ○ 緩和作用を持つ軟膏包帯（少なくとも24時間はヘパリン含有軟膏を使用しない）
  ○ 腓腹筋群の損傷に対しては弾力性に富むヒールパッドを使用
- 第I相（受傷後1-3日）：物理・理学療法一般、例えば：
  ○ トーヌス調節のための電気療法（受傷部は避ける）
  ○ 血腫治療としてのイオントフォレーシス療法
  ○ 血腫の排除と、組織内圧の上昇に起因する血行障害の予防を目的とした徒手リンパドレナージュ
  ○ 運動器官における反射的な緊張をほぐすためのクラシックマッサージ

Caution
受傷部位にはマッサージをしないこと。

  ○ （主に固有受容性神経筋促通法に基づく）治療体操による、痛みに支配されている運動パターンの刺激と矯正
  ○ コンディションの低下を防ぐための健常な身体部位に対するトレーニング療法（状況によっては自転車エルゴメーターあるいはハンドエルゴメーター）
  ○ 受傷後3日目からストレイン・カウンターストレイン法
  ○ 発熱反応を予防するための「ホットアイス」による患部筋の治療
  ○ 2日目のすべての理学療法が終了した後、2度目の浸潤療法
  ○ 続けて再び圧迫包帯あるいは軟膏包帯
  ○ 運動療法の強度は日ごとに強化させるが、その程度は損傷の所見をもとに判断する
- 第II相（受傷後4-5日）：
  ○ 電気療法の内容を、筋を活性化させる働きを持つものに変える
  ○ 受傷部に対する微小マッサージとしての超音波治療とレーザー治療
  ○ 血腫が残存している場合にのみリンパドレナージュ
  ○ 受傷後4日目、3度目で通常は最後の浸潤療法
  ○ 受傷部以外の部位における、深筋層に対するクラシックマッサージ；患部筋に対する、断裂部の遠

11. 筋損傷の保存療法

　　位と近位における横と縦方向への位置修正
○ 受傷後5日目以降、受傷部に対する軽い横断摩擦マッサージ（transverse friction massage）の開始

> **Caution**
> 筋線維断裂後、マッサージの開始が早すぎると、限局性骨化性筋炎（骨芽細胞における結合組織細胞の異形成）が発症する可能性が高まる。

○ 受動的なもので始まり能動的なものに移行し最後は受動的な伸張で終わるストレッチ運動；徐々に生理的限界へ近づける
○ スポーツに必要とされる運動を考慮に入れた、治療体操からトレーニング療法への移行
○ 手で作られた抵抗に対抗する遠心性の負荷；これにより痛みリスクなしに筋の質を向上することができる；このような一般的なコンディションの向上は不可欠であるが、常に超回復（hypercompensation/supercompensation）を厳密に考慮しながら実行する必要がある；その後バンテージで負担を軽減
○ 受傷し治療中である筋の働きを肩代わりすることができる同様の働きを持つほかの筋組織の活性化と訓練
○ トレーニング療法：持続受動運動

● 第Ⅲ相（受傷後6日から約10日）：この時期の重点はトレーニング療法に置く
○ 理学療法と徒手療法：
　　– トーヌス調節のための電気療法
　　– レーザー治療
　　– トレーニング療法と受傷部に対する横断摩擦マッサージの準備としてのマッサージ
○ 受傷後5日目、軽く筋の疲労が少ない持久走（約20分）によるトレーニング療法の開始；早期のランニングは筋再生（筋線維の新生）に対し好影響を与えるため、治療処置の一環と見なすことができる（第4章「生理学的観点から見た筋の治療とその妨げ」も参照）
○ 翌日以降、可能ならばランニングを1日2回20-30分に増やす、つまり長時間持久から中時間持久、そして短時間持久トレーニングへと移行する
○ 受傷後約10-12日目、スピードアップ・ランニング、スプリント、そして協調トレーニングを開始；これらで痛みが発生しない場合は、ボール練習やチームトレーニングへの復帰；これ以降のトレーニング内容はトレーナーが決定し、責任を持つ

トレーニングの強度は常に線維断裂の治癒状況と患部の損傷し短縮した筋のトーヌスに左右される。筋の緊張度合いは治癒の指標となる。筋から刺激も痛みも発生しなくなるまで治癒が進行し、組織反応が低下して初めて、筋トーヌスの持続的な低下が始まる。負荷後にトーヌスが再び上昇する場合、それは治癒がまだ十分に進行していないことの証しである。したがって、必ず毎日詳細な触診結果と筋の状態を検査・記録し、患者選手にどうトレーニングするべきかを説明する必要がある。痛みがなくなれば、損傷が完治したと一般に考えられることが多いが、この考えは正しくない。二次的な断裂が発生すれば、一次損傷のそれよりもはるかに長い治療期間が必要になる。このような事態は絶対に避けなくてはならない。

治療計画を順守したにもかかわらず、10-14日後にスポーツに完全復帰するという目的がかなわなかった場合、さらなる診断処置、つまり化学検査や機能的診断（キルリアン写真など：p. 279「障害源診断」を参照）を講じ、原因の有無（通常は耳鼻咽喉科、泌尿器科、歯科、あるいは胃腸病学の領域）を調べる必要がある。例えば細菌感染によっても治癒期間が著しく遅延することがあるため、同時治療が不可欠である。精神的な緊張やそれに誘引される筋トーヌスの上昇も、スポーツ選手における筋損傷の発生の重要な要因となると同時に、治癒を長引かせる原因にもなる（第10章「スポーツにおける行動神経学と神経心理学」も参照）。

筋損傷が完全に治癒するまで、ウエートトレーニングをする意味はない。筋に無為な疲労と短縮が生じ、逆効果である。この短縮は、受傷部の近位および遠位隣接部位における非常にこわばった「収縮性」のスジとして触診が可能であり、基本的に筋に対し負荷をかけるのが早すぎたことのサインである。しかし筋損傷の予防には、筋バランスを改善する働きを持つウエートトレーニングが絶対的に不可欠である（Mjolsnes et al. 2004、Arnason et al. 2008、第15章「予防法」も参照）。

パワーの増強を目的とした療法では体幹と骨盤部の筋組織の規則的な強化を忘れてはならない。これには基本的に機械を使わず、自身の体重を活用した空間内における立体的なエクササイズ（いわゆるコアエクササイズ）を行うのがよい。このようにして、柔軟性、力、そして協調性が同時に練習され習得される。体幹と骨盤の筋組織における高い協調性と安定性は、腰椎と仙腸関節、そして腸腰靭帯装置の領域内における有害作用の発生予防につながる（Willardson 2007、Akuthota et al. 2008、Hibbs et al. 2008）。

筋束断裂（Ⅲb型損傷）

筋束断裂は筋線維断裂よりもはるかに重い損傷である。プライマリケアとその後の治療が適切に行われたとしても、受傷後6週間以内のアスリートの復帰は期待できない。診断が遅れ、治療に不安がある場合、リハビリテーションにかかる期間も大幅に伸びてしまう。

治療は基本的に、筋線維断裂に対するプライマリケアとその後の治療の方法と手順（特に注入浸潤療法）を用いる。筋束断裂では大規模な構造破損が発生するため、顕著な血腫が形成されることもある。理想的には、この血腫は注入浸潤療法の際に吸引するのがよい。

最初の1週間、スポーツは禁止する。日常生活における負荷は構わない。理学療法や物理医学で用いられる受動的療法のすべてを集中的に行う（p. 273を参照）。一時的に松葉杖の力を借りるのもよい。治療の進行は筋線維断裂に対するものと類似しているが、より慎重に行う必要がある。

- 受傷1週間後：以下のものを中心に：
  - 下肢全体ならびに股関節と下腹部も含めたリンパドレナージュ
  - 緩やかな受動的モビリゼーション（Range of Move法）
  - リンパ波に合わせた機械的リンパドレナージュ
  - キネシオテーピング法（第14章「物理・理学療法的処置とリハビリテーション」を参照）
  - 3日目あるいは4日目からからソノフォレーシス（超音波導入法）を毎日、5日目からレーザー治療
- 受傷2週間後：
  - 超音波療法
  - 自身の体重をかけた運動
  - 固有受容性神経筋促通法（Proprioceptive Neuromuscular Facilitation）
  - 徒手による慎重な伸張術の開始（作動筋／拮抗筋）
- 受傷3週間後：
  - 自転車運動とアクアジョギングの開始
  - 神経筋プライミング
  - 受傷部の遠位および近位に対するクラシックマッサージ
  - 受傷部へ影響が出ない範囲で、栄養緩徐（bradytroph）な組織（腱）を受動的に運動する
  - シェリントン1と2とヤンダー法
- 受傷4週間後：
  - 体重を軽減した状態でのトレッドミルトレーニングの開始；重力を軽減する補助装置を用いる（反重力トレッドミルAlterGなど）
  - アクアジョギング
  - トレッドミル登坂
  - 後方歩行と目を閉じての歩行を含む歩行訓練と協調、バランストレーニング
- 受傷5週間後：
  - 芝生上でのランニング、走行運動の最適化
  - 基礎持久力
- 受傷5-6週間後：スポーツ固有のトレーニングの段階的な開始

> **Caution**
> 筋束断裂や下記の筋・腱剥離は軟組織損傷の規模が大きいため、異所性骨化（骨化性筋炎）が発生するリスクが高い。したがって受傷部位に対して、血腫が完全に解消するまで機械的な負担（特にマッサージ）は絶対にかけてはならない。
>
> ウエートトレーニングと同様、ランニングトレーニングの早すぎる開始や増量は受傷部付近の筋束を硬化させてしまう恐れがある。これにより自動的に再発のリスクも飛躍的に増加する。

筋断裂（Ⅳ型損傷）

骨上の起始部や停止部における腱剥離は重度の外傷であり、スポーツ選手は運動を続けることが即座に不可能となる。通常は大規模な血腫が発生するため、上記のプライマリケアが極めて重要となる。圧迫、挙上、そしてバンテージは不可欠で、場合によっては松葉杖も必要になる。診断が完了すると、通常は手術による再固定が試みられる。ただし、未成年における骨突起の剥離（剥離骨折）は特別であり、これは基本的に手術されることはない。治療では常に以下の2種類の状況が区別される。

11. 筋損傷の保存療法

● 遠位腱剥離

遠位腱の完全剥離（半腱様筋や大腿二頭筋）は筋腹の過度な退縮を伴う。そのため、長く時にはデリケートな腱が本来の位置とは違う場所に移動する。外科解剖学的な再固定術は避けられない

受傷日から10日後までの周術期、著者らは創傷治癒を助長し、術後炎症反応を抑制するために、以下のような経口複合剤を処方している：
- ビタミン：A、C、E、B1、B3、B6、補酵素Q10
- アミノ酸：特にL-アルギニン、L-グルタミン、L-リシン、L-メチオニン
- 塩基性ミネラル
- 微量栄養素：カルシウム、カリウム、ナトリウム、マグネシウム、リン、亜鉛、銅、モリブデン

術者の指示があれば、術後矯正器具を使用する。これは隣接する関節の能動的活動範囲を制限するために必要となる。加えて、能動的および受動的な運動量の段階的な増加を計画し、治療プロトコルに記録する。選手には、再固定術を成功させるには12週間の間、試合への参加は見送らざるを得ないことを説明する。この期間中における段階的なトレーニング構成とその内容に関しては、執刀医と相談しながら綿密に計画する必要がある。またリハビリテーションが長期に及ぶことも珍しいことではない。

外科的再固定術が行われた場合、計画的な注入浸潤療法は行われない。ただし、癒着や瘢痕の形成が発生する可能性があることには留意しなければならない。繊細な動きが必要とされる選手にとって、これは能力の完全回復にとって大きな障害となりかねない。

筋の癒着や接着、そして瘢痕形成には上述した筋内注入浸潤療法が非常に効果的である。したがって著者らはこのようなケースにおいては通常、複数の針を用いてトラウメールSとアクトベジンを注入する。患者の大半は数回の施術で症状が顕著に改善したことを報告している。触診により、筋の硬さや邪魔で厄介な瘢痕形成の規模が時間がたつにつれ軽減することが確認できる。

● 近位腱剥離

遠位の腱剥離とは異なり、近位の腱剥離では大規模な退縮がなく、腱の位置にも変化がないことが多い。このような場合、詳細な診察と状況の把握を通じて外科手術と保存療法の結果が同じであると考えられる場合、保存的療法が決断されることもある。こうすることで手術と麻酔による直接的なリスクが回避されるだけでなく、手術に起因する瘢痕の発生を避けることができる。瘢痕は上述したように、選手の運動を妨害・制限することがあるため、これは非常に大きな利点である。

手術を用いない保存的な治療を選択した場合、筋線維や筋束の断裂と同様に、受傷部に対して浸潤療法を用いる。

Caution
腱剥離に対する浸潤療法では、腱内ではなく腱の周りに浸潤する。

松葉杖や矯正器具は基本的に必要ないが、患者にはどの運動や負荷が許され、何が禁止されているか、詳細に説明しなければならない。以下、この点をハムストリングスの腱剥離を例に説明する。典型的な二関節筋であるハムストリングスの緊張状況には常に股関節と膝関節が関連している。股関節を伸展し膝関節を屈曲すると筋は短縮し、股関節を屈曲し膝関節を伸展すると筋は伸びる。つまり股関節を曲げてもいいのは、同時に膝が曲がっている時のみである。したがって通常の座位は問題とはならない。一方、膝を伸ばして座ることは厳禁である。通常の歩行運動で生じる力は問題ないが、階段を上る時には片足のみに負荷がかかった上で股関節が伸展する。したがって松葉杖の助けなしで階段を上ることは、治療初期においては禁止する。

手術直後は理学療法や物理療法のあらゆる一般的な療法を活用し、術後のはれや炎症反応、あるいは血腫を可能な限り迅速に除去することに力を入れる。受傷部以外の身体部位に対しても適切なトレーニングを行い、体調の維持に努める。受傷の約4-6週間後、固有受容エクササイズと負荷のかからない機能的な筋エクササイズを段階的に開始する。

大規模な筋損傷において特に、経過コントロールが治癒過程の評価において重要な意味を持つ。経験豊かな医師による入念な触診だけが筋トーヌスを確実に評価する手段となる。患部筋には基礎トレーニング中に、局所的なあるいは全身性の防御反応を伴わない機能性のトーヌスが規則的に現れる。これは通常持続的な縦長の筋硬化として現れるが、常にリスクサインとして理解しなければならない。さらに受傷部自身も詳しく検査する必要がある（浮腫、構造障害、瘢痕組織、筋束の退縮など）。段階的な負荷の増強は複合的な運動パターンへのアプローチと習得だけでなく、医者やセラピストに対するフィードバックでもある。痛みがない場合にのみ、次のステップに進むことが許される。経過評価の補助技術としては超音波検査を推奨する。確実性が強く、繰り返しも可能である。また、プロスポーツでは費用はあまり大きな問題とはならないが、それでもコントロール手段としてMRIを毎週のように行うことは通常不可能である。

著者らの経験では、これは患者を不安に陥れることにもつながる。

腱剥離を保存療法で治療した場合、12週間以内の選手の試合へ復帰は期待できない。

> **MEMO**
> 鍼治療はすべての種類の筋損傷に対して有益な治療法である。難治性の障害では、鍼治療によって筋の過緊張状態が解消することがある。

⟨1⟩ その他の筋損傷の治療

■ 筋挫傷

短時間の激しい打撃により、筋が押しつぶされた状態を筋挫傷と呼ぶ。スポーツ医学における典型的な例は相手選手や固定された障害物（ゴールポストや広告ボードなど）との接触による衝突外傷である。

外部から作用する（圧）力に起因するため、筋組織が裂けるのではなく実質的には押しつぶされる。通常局所的あるいは領域性の内出血が発生するが、常に外から観察可能な血腫が現れるとは限らない。筋挫傷は通常痛みが強く、患部の機能が大きく制限される。ただし、その痛みの全体像が認識されるのは試合後になってからであることが多い。最大の痛みは翌日も続き、その後数日間かけて引く。構造損傷（裂傷）がある場合に比べて機能の回復は早い。

治療で特に大切なのは、構造損傷が発生していないかの確認である。まず問診でヒントを得て、その後触診、機能検査そして超音波検査で確証する。深部にある限局的な血腫の存在にも特に気を付け、これが確認された場合には吸引を行う。

> **MEMO**
> その後しばらくの間は検査を頻繁に繰り返し、まれに発症する外傷性コンパートメント症候群の可能性を排除することを欠かしてはならない。

急性期治療の方法は上述した損傷と同じである。その後は理学療法と物理医学が治療の中心となる。高濃度の酵素投与によりはれの改善と炎症の解消を補助することもできる。

患者選手は、受傷の翌日には少なくとも負荷のかからない運動セラピー（自転車、アクアジョギング、特に圧迫バンテージを装着したまま水温29°～32℃の運動プールにおける振り子運動）を開始することができる。受傷の2日後には、ここでもバンテージはしたまま、緩やかなランニングトレーニングを開始することができる。回復は早く、選手は3日あるいは4日目には運動を完全に再開することができるようになる。

> **HINT**
> 筋挫傷の規模は多岐にわたる。しかし構造的な損傷ではないため、そのリハビリテーションプランに大きな差は生じない。

■ 機能性コンパートメント症候群

機能性コンパートメント症候群は基本的にトレーニングや試合による激しい負荷に起因するが、しかし負荷を軽減しただけでは治癒に至らない。少なくとも平常通りのスポーツを再開すればすぐに再発する。したがってその原因をしっかりと治療する必要がある。

緊張を緩和し、交感神経の下方調節を通じてリンパ流の改善を促すために、本章で紹介した脊椎の浸潤療法（p.264を参照）を実行するのがよい。酵素性および非ステロイド性の消炎薬を用いる。患者には集中的な理学・物理療法が必要である。

詳細な診断には化学パラメータの計測と評価も欠かせない（p. 270を参照）。脈管学的な観点から、動静脈の血行状況を評価する必要もある。運動鎖全体の詳細な検査と分析も忘れてはならない。異常が見られた場合には、（靴の中敷きの使用、マッサージによる関節の動きの改善などによる）修正が必要となる。

> **MEMO**
> 全体的な身体機能を考慮して初めて、問題の迅速かつ持続的な解決が可能となる。

〈2〉 合併症の治療

■ 骨化性筋炎

　軟組織に損傷がある場合、たとえ最善の治療を施したとしても骨化性筋炎の発症を完全に予防することはできない。ただし現在では、この症状は筋損傷の合併症としてはまれになった。骨化性筋炎は始めのうち無症候性であり、通常は入念な触診または超音波検査（局所的な炎症性組織反応）によって発見される。超音波検査では異所性骨化の大きさも正確に測定することが可能であり、経過の把握に役立つが（第7章「超音波診断」も参照）、それが極めて大きい時には通常のレントゲン撮影により記録するのが好ましい。MRIではしばしば小規模な病変が見逃される。したがって著者らはこの関連においてはMRIは必要ないと考える。

　最初の石灰化病巣が見つかった場合、すぐに治療する必要があるが、その治療には限界がある。まず、受傷部に不必要な機械的負荷がかからないことを徹底する。1日3回50mgのインドメタシンを処方する（必要であれば胃保護薬を併用する）。放射線治療もまた極めて有効で、消炎鎮痛に効果的である。この場合の放射線治療の目的は関節と軟組織の炎症性あるいは退行性疾患の治療である。ここでは発症部位に対し低用量の放射線による治療が繰り返される。この時、一度の照射は数秒だけの短いものであり、患部に最大限集中して行われる。総用量は約3.0Gyで、3-6回に分ける。放射線治療により患部の炎症は退行し、骨化は抑制される。ただし気を付けなくてはならないのは、この治療の完全な効果が現れるには時間がかかるということである。時には数週間遅れる場合もある。放射線治療は骨化性筋炎に対する非常に有効な治療法であると総括することができる。

　　　監注）この治療法は現在、日本では行われていない。

　上記のような治療にもかかわらず、骨片が大きく成長した場合、これはアスリートにとって非常な障害になる。負荷時に局所的な、場合によっては極めて激しい刺すような痛みや運動の抑制（特に股関節、可動域の減少）、あるいは異物感覚が生じることが報告されている。完全なパフォーマンスの創出は不可能になる（Engelhardt et al. 2005）。

　活性を失った骨化はシンチグラフィー検査をした後、通常は手術により摘出される必要がある。この時点に至るまでには少なくとも3-6カ月かかる。軟組織に対する豊かな手術経験を持つことが術者の条件である。周辺組織の損傷と再発の可能性を最小限にとどめ、機能の完全回復を得るには極めて慎重で最小限に侵襲的な介入が要求される。異所性骨化の摘出は決して容易な手術ではない。

　術者は、術中避けることができなかった軟組織の損傷を考慮に入れ、術後のリハビリテーションプランを立てる。

■ 再断裂

　筋線維断裂、筋束断裂、腱剥離の再発は選手にとっても医師にとっても大きな負担となる。アスリートは面倒でつらいリハビリの真っただ中、すべての振り出しに連れ戻される。これは重大な精神的負担となる。選手だけでなくトレーナーやマネージャーも含めたスタッフ全員が主治医の能力に疑いを持つようになる。これにより、医者と患者の関係は決定的に悪化することがある。

　さらに再断裂の治療にははるかに長い時間が必要とされる。本書では初発障害に対し部分的には極めて要求が高い短期間のリハビリ期間を提案したが、再発でこれを順守するのは不可能である。スポーツに特有のトレーニングを開始するまでにははるかに長い時間がかかる。

> **MEMO**
> 競技スポーツにとって再断裂は極めて重大で複雑な問題となる。その予防は経験、詳細な触診検査による頻繁かつ細心の経過コントロール、そしてリハビリテーションプランに基づくスポーツ選手の適切な指導によってのみ可能である。

　それでも再断裂が発生した場合、既知の所見とチームで実行されたリハビリテーションプランの徹底的な検証が必ず必要である。これに加えて、（まだ行われていない場合は）上行および下行運動鎖、関連関節および腰椎、両脚の長さ、そして仙腸関節機能の詳細な分析を行い、障害を取り除く、あるいは同時治療を施す必要がある。さらに障害源の探索をするのが理想的である（p. 279を参照）。

■ 患部内嚢胞形成

　筋束断裂が正しく診断されず、そのため適切な治療が行われなかった場合、患部内に嚢胞が形成されることがある。この漿液嚢胞は非侵襲的処置では除去できない場合もある。複数回の吸引が必要とされる。

　嚢胞はいずれにせよ迅速で安定した傷跡の治癒の妨げ

となり、治癒期間が長引くだけでなく、機能的な障害となる瘢痕が形成される可能性も想定しなければならない。治癒にどのくらいの時間がかかるか一般的な仮説を立てることは不可能である。

囊胞が大きい場合や、損傷部位が安定せず同じ場所に損傷が繰り返し発生する場合は手術による介入が必要となることもある。

7 病巣性中毒症の原理（障害源診断）

A.ビンダー

《ガイアブックスよりお断り》
本節「病巣性中毒症」については、ドイツの著者A．ビンダーによる独特の論理と検証により導き出された診断方法であり、治療方法であると思われます。
監修者の知る限り日本の西洋医学では認証されていません。またその他の東洋医学や代替補完療法でも、この分野についての研究や報告は、見出せませんでした。
従って、本書日本語版の監修者及び版元は、本節の内容について責任を持ちかねることをお断りいたします。
ドイツの版元の強い希望により、本節をそのまま直訳にて、掲載しております。
本節について、知識や見解をお持ちの読者より、何なりとご教示をいただければ幸いです。次版に反映させていただきます。

〈1〉障害源

治療が成功しない場合、障害源が存在している可能性がある。ホリスティック医学では「病巣性中毒症」と呼んでいる。その定義は以下のように理解されている。

■ 定義

この「病巣性中毒症（ドイツ語：Fokaltoxikose）」という用語は"Fokus"＝「病巣・障害源」と"Toxikose"＝「中毒」からの造語である。限局的な病的変化が、身体の対応する器官に対して遠隔的に悪影響を与える事象を指す（Füß 1994）。この現象は一部の例外を除いて、古典的な敗血症とは一線を画している。ここではむしろ、以下の2つの生物学的基礎が中心的な役割を担っている：

- まず1つは、人体はサイバネティックモデルの原則にのっとって構成されているという事実、
- もう1つは、作用および情報領域として間葉あるいはピッシンガー（Pischinger）が呼ぶところの基礎調節系（下記参照）が観察の中心に来るということである。

レヒナー（Lechner 1993）は病巣から生じるシグナルを不顕性であるが永続的であると説明している。したがって、病巣そのものは基本的に無症候性である。そして、「もしある体系におけるある一定部位の状態が、その体系のほかの場所の状態を左右する場合」（Lechner 1993）、そこには障害源が存在すると考える。つまり、顕在しているのは病巣そのものではなく、その作用である。

> **MEMO**
> 顕在化するのは病巣ではなく、その作用である。

ケルナー（Kellner 1970）は病巣を次のように定義した。「病巣とは、分解が不可能な物質を伴う軟組織内における病的な局所性変化のことであり、この変化は局所的、そして全身的な抵抗反応と常に能動的な対立関係にある。内因性あるいは外因性要因の影響で局所的抵抗が打ち破られると、病巣は生体に対し遠隔作用を及ぼすようになり、一般的な病巣性疾患が発症する。」

このような遠隔作用は、障害源自身と同様、物質的レベルで（リンパ、結合組織、筋運動鎖）活性である場合もあれば、非物質的なシステムに反映されていることもある（鍼灸経絡、ファンクションサークル：Füß 1994）。障害源とはしたがって、「身体によるサイバネティックな調節、特に有害な刺激の除去調節を妨害する病毒」（Strittmatter 1998）であると見なすことができる。

人体は通常、細胞損傷に対して不特定の間葉反応をもって反応し、最終的には破損した組織の分解と除去が行われる。この時、ピッシンガーにより定義された基礎調節系が決定的な役割を持つ。つまりここでは、結合組織が病理プロセスの調節においてカギとなる役割を果たす。特に重要なのは、細胞組織が観察の中心にあるのではなく、細胞組織はそれを取り巻く環境がなければ生存できないとする認識である。この環境は栄養をもたらすだけでなく、除去をする役割も持つ。さらに、軟組織細胞（動静脈、リンパ、神経）との間を往来するあらゆる情報の担い手でもある。ピッシンガー自身、細胞とは「形態学的な抽象化であり、生物学的にはその生活環境なし

に定義が不可能である」としている。生活環境の遍在性が病巣事象における中心的な役割のゆえんである（Füß 1994）。

> **MEMO**
> 原則として、病巣は慢性炎症性の病変に起因している。これは不顕性で活性に潜伏していることもあれば、何年も前のものであることもある。

以下のような障害源が知られている：
- 中耳炎
- 副鼻腔炎（上顎洞と前頭洞）
- 扁桃炎
- 顎関節（顎咬合障害源）
- 歯（潜在的感染源）
- 虫垂炎
- 腸内毒素症、腸真菌症
- 胆嚢炎（まれ）
- 慢性炎症性痔痛
- 生殖器障害源（慢性または陳旧性付属器炎／前立腺炎／子宮摘出）
- 瘢痕（事故瘢痕、手術痕、予防接種痕）
- 物質不耐性（インプラント、プロテーゼなど）

これら障害源は主観的には障害として認識されないことも多い。実際の症状との関連は、機能診断をすることによって初めて確認されることもしばしばある。

> **MEMO**
> 障害源は主観的には障害として認識されないことが多い。

原則的に、1つの病巣は人体のあらゆる領域に作用することができる。特に局所的に弱まっている部位に影響が現れる傾向があり、病状の慢性化や難治化に発展する可能性もある。しかし、障害源のいくつかは特定のプロセスと相互作用関係を結んでいるため、優先的な発症部位を形成している。この相互関連を理解するには、グレディッチ（Gleditsch 1988）が提唱したファンクションサークル論の理解が前提となる(p. 281を参照)。

■ 中耳炎

中耳炎が障害源になることは少なくない。通常は幼少期に発症した中耳炎がリンパ系を通じて持続的に間葉を損ない、病巣に発展したものである。

■ 副鼻腔炎

上顎洞は解剖学的に見て不利な位置にあり、本人は気付かないまま潜伏性の粘膜病変が発症していることがある。これは通常臨床的に問題となることはなく、多くの場合放射線を用いても検出が難しい。機能診断を用いることにより、このような障害源の作用を発見できることが多い。ここで重要となるのは古典的な鍼治療でよく知られる関連性である。例えば前頭洞は結腸と関連し、右上顎洞は胃、左上顎洞は腎臓と関連している。

■ 扁桃炎

再発を繰り返す扁桃炎は、連鎖球菌やブドウ球菌が常在するだけでなく、障害源としての性質を持つこともある。扁桃摘出をしても、瘢痕化につながることがあるため、この問題を確実に解消することはできない。その結果として生じる問題は以下（p. 281）で詳細に論じる。

■ 顎関節（顎咬合障害源）、頭蓋下顎機能障害

顎関節のかみ合わせ不全や非生理的な咬合が運動器官における障害を引き起こすことがある。筋筋膜機能連鎖の恒常性が乱れ、ほかの筋が常に矯正役を担う必要がある。筋に対する持続ストレスは持続的な過緊張を伴い、生理的運動パターンに変化をもたらし、そして障害源に発展する。脊柱側弯に至る可能性もある。

■ 歯

歯における急性の障害が病巣性の障害に発展することはまれである。通常、障害源の性質を持つようになるのは、失活歯、慢性顎骨炎、または歯周病などの臨床的には目立たず、レントゲンでも検出が難しい症状である。

■ 虫垂炎

ここでもまた、病巣に発展するのは、痛みや化学パラメータに変化を伴う急性の虫垂炎ではない。時には数年以上にわたって潜伏している不顕性慢性の炎症が、身体の生理調節を不可能にする。

■ 腸内毒素症・腸真菌症

栄養不全、薬物乱用、または長期の疲労などが腸に関連する機能不全の基礎となる。好気性と嫌気性の細菌叢の共生バランスが崩れ、そのため病原性・非共存性の細

菌が発生する。その結果まず、腸内のpH値が変化する。これがさらに真菌症発生の環境を整える。ここから産生されるマイコトキシンはさまざまな病害を持つため、この過程は障害源と見なすことができる。

■ 胆嚢炎

慢性潜伏性の胆嚢炎は肝臓／胆嚢のファンクションサークル（下記参照）の障害につながる。伝統的中国医学の考え方によれば、このファンクションサークルには筋、腱そして靱帯のトーヌスが従属している。したがってこの体系に対する持続的刺激は損傷リスクの上昇につながる。

■ 慢性炎症性痔核

ほかの慢性炎症と同様、痔もまた持続的な間葉の遮断を引き起こし、障害源としての性質を獲得することがある。

■ 生殖器官障害の源

生殖器の疾患（前立腺炎、精巣炎、付属器炎、多発性嚢胞腎）に基づく障害源は比較的大規模な拡散域と顕著な治療抵抗性を示す。内分泌学者リートベグ（Riedweg）はホルモンレベルを「形成の次元」と呼んだが、これは生体内におけるあらゆる造形的インパルスはホルモンにより制御されていることを意味している。

> **MEMO**
> 「生殖器病巣」は例外なく内分泌全体に対して影響を持ち、その結果、視床下部・下垂体系に機能障害が発生する。

■ 瘢痕

瘢痕細胞の中には能動的な再分極をする能力を失うものがある（Strittmatter 1998）。これらは脱分極したナトリウム・カリウムポンプの電位を再構築することができなくなる。こうして抵抗力を失いあるいは脆弱となった細胞は生体の情報体系から途絶されるが、場合によっては恒常的に障害インパルスを発信する。事故瘢痕、手術痕、予防接種痕が問題となる。

■ 物質不耐性

ここで問題とされるのは主に歯科に関連し、障害源としての性質を持つ可能性がある物質である。幸いなことに水銀毒性を持つアマルガムが使用される機会は減少し

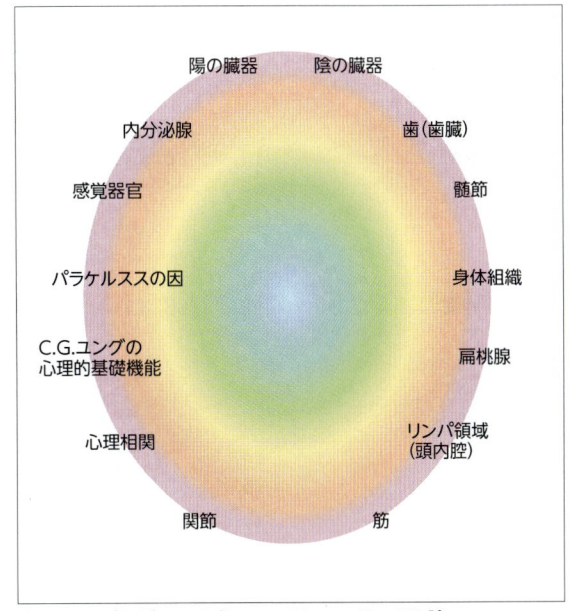

図11.6 グレディッチ式ファンクションサークル論

たが、そのほかにもさまざまな金属がガルバニ電気的要素として抗原刺激を常に発揮するため、口腔や腸の粘膜に対し悪影響を及ぼす。特にさまざまな金属からなる加工品が重大な障害源作用を持つ。歯科だけでなく腰や膝のプロテーゼなど、そのほかのインプラントも電気的刺激を生み出し、病巣として悪影響を発揮することがある。

(2) グレディッチ式ファンクションサークル論

伝統的中国医学の五行思想に基づき、耳鼻咽喉科および歯科博士であるヨヘン・グレディッチ（Jochen Gleditsch）はある理論を開発し、これを「ファンクションサークル論（Funktionskreise）」と名付けた（図11.6）。ここでは全身の身体的および精神的側面を、自己制御的な性質を持つ特定の制御サークルへ統合することが試みられる。ファンクションサークルとは、サイバネティックな制御サークルの特徴を持つと同時に、古典的な鍼治療の五大要素の考えとも顕著な類似性を示す調節システムのことである（Gleditsch 1988）。フェスター（Vester）はこれを、フィードバックと相互作用を通じて制御サークル内の生理活動における障害を埋め合わせるための補てんプロセスが行われる全身ネットワークであると説明している（Vester 1999）。個別のファンクションサークルの描写では、解剖学的・構造的要素ではなく、機能的な関係が重要視される（Füß 2007）。この関係を知ることで内在的自己調節能力を外部から刺激し、調節

11. 筋損傷の保存療法

表11.3　グレディッチ式ファンクションサークル論

ファンクションサークル	歯（歯臓）	リンパ領域	扁桃腺	筋
腎臓／膀胱	11, 12, 21, 22, 31, 32, 41, 42	前頭洞 左上顎洞	咽頭扁桃	腸腰筋 僧帽筋下行部 長短腓腹筋 前脛骨筋
肝臓／胆嚢	13, 23, 33, 43	蝶形骨洞	口蓋扁桃	胸筋胸骨部 菱形筋 膝窩筋 三角筋前部
肺／大腸	14, 15, 24, 25, 34, 35, 44, 45	篩骨洞	耳管	前鋸筋 烏口腕筋 三角筋後部 大腿筋膜張筋 腰方形筋 下腿屈筋群
脾臓・膵臓／胃	16, 17, 26, 27, 36, 37, 46, 47	右上顎洞	喉頭の リンパ領域	広背筋 上腕三頭筋 母指対立筋 僧帽筋横部と上行部 肩甲挙筋 大胸筋鎖骨部 腕橈骨筋
心臓／小腸	18, 28, 38, 48	中耳、乳様突起	舌扁桃	肩甲下筋 大腿四頭筋

サークル全体を診断や治療に活用することが可能となる。

これらファンクションサークルに不可欠な構成要素は、互いに関連し合い機能的に連結した器官のペアである。これら器官に従属する形で各ファンクションサークルに特徴的な関係レベルがあり、これらは互いに新たな機能単位を構成する（Füß 2007）。すべての器官ペアはそれぞれ特定の脊髄節、歯、身体組織、頭部のリンパ領域、扁桃腺、筋、関節、感覚器官などに対応している。表11.3はそれぞれのペアに対する歯、リンパ領域、扁桃腺、そして筋の割り当てを示している。

〈3〉 マンデル式キルリアン診断

治療抵抗性が本当に障害源に起因するか否かを確かめるためには、上述した生体の機能的関連性を捕捉することができる診断方法が必要となる。マンデル（Mandel）が開発したキルリアン診断がそのような診断法の1つである。この診断法は物理学的な、いわゆる「キルリアン効果」に基づいている。そのため「キルリアン写真術」と呼ばれることも多い。

高周波をかけた指先とつま先の写真像を、その形や位置、大きさなどを基準に分析することで、身体全体における機能障害を発見することができる。経験学的見知と科学的調査を通じて過去数年において再現可能な診断方法が開発された。調節系における機能障害の詳細な分析を通じて、この診断法は医学的に重要な認識を導き出すことができる（Füß 2007）。

病巣性中毒症の原理（障害源診断）

> **MEMO**
> このキルリアン診断は疾患そのものを診断するのではなく、顕在する疾患の原因を発見することを第一の目的としている。つまりキルリアン診断と臨床診断は相補的な関係にある。

この診断法は身体システムの機能構造全体とその病因との関係の把握、つまり障害源の診断に特に有効である。
キルリアン写真（図11.8）における指先とつま先のコロナは、位置的にいくつかの区画に分割される（図11.7）。これは上述したファンクションサークル（p. 281を参照）に対応している。

■ 肺／リンパのコロナ

病巣の探索においては、両手親指の画像がいわゆる「肺／リンパのコロナ」として中心的な意義を付与される（図11.9）。

肺／リンパのコロナは頭部の局部的共鳴域、つまり頭部のリンパ領域を内包している。これには扁桃炎、副鼻腔と前頭洞、臼後歯領域、ならびに耳が属している。これらはすべて潜在的な障害源である。これに加えて親指はすべての歯の表象でもある。四等分された形で1-8番歯と顎関節が分類され、それぞれファンクションサークルと関連付けられる。

正常でないコロナの放射は「現象」と呼ばれている。本書では「点突出」現象（図11.10）が特に重要な意味を持つ。これは特に負担がかかっている区画に現れる。しかしこれはそれ自身単独としてではなく、病巣性中毒症の枠組みにおいて生体全体との関連において解釈される必要がある。

キルリアン写真の評価では、肺／リンパのコロナにおける異常現象の解析がまず第一に行われる。これにより、障害源としての歯、副鼻腔、扁桃腺、臼後歯領域、耳、あるいは顎関節の状態を確認することができる。

> **MEMO**
> ファンクションサークルシステムを通じた生体全体との関連を考慮することを忘れてはならない。

■ 大腸／神経変性のコロナ

毒素症や真菌症などの腸内障害源は両手の人さし指のコロナに現れる（図11.11）。大腸／神経変性のコロナの内側には結腸が位置し、右人さし指の6時方向の盲腸と虫垂（障害源としての慢性虫垂炎に注意）から始まり、上行結腸を経由して右横行結腸に至る。左人さし指では、12時方向に左横行結腸から始まり、下行結腸を下行し、6時方向のS状結腸と直腸の区画に終わる。ここでは、慢性の炎症性痔核が障害源としていかに影響力があるかも見て取ることができる。

■ 三焦／精神のコロナ

生殖器系の病巣は両手薬指のコロナで診断することができる（三焦／精神のコロナ：図11.12）。5時から7時の領域に子宮／前立腺あるいは卵巣/精巣の区画がある。ここに現象がみられる場合は、障害源が潜伏している可能性がある。

■ 胆汁／脂肪変性のコロナ

胆嚢の慢性的な障害とその結果現れる症状は第4趾の現象として確認できる（胆汁／脂肪変性のコロナ：図11.13）。

■ 第2趾と第3趾下の個別放射

例えば瘢痕障害源がどの程度患者の疾患に関連しているかは、左右の第2趾と第3趾下に現れる個別放射によって診断することができる（図11.14）。

> **MEMO**
> 総括すると、上述した障害源は原則として特に筋損傷において、治療抵抗性につながることがある。このような場合、診断や治療の際に障害源を常に考慮に入れる必要がある。

11. 筋損傷の保存療法

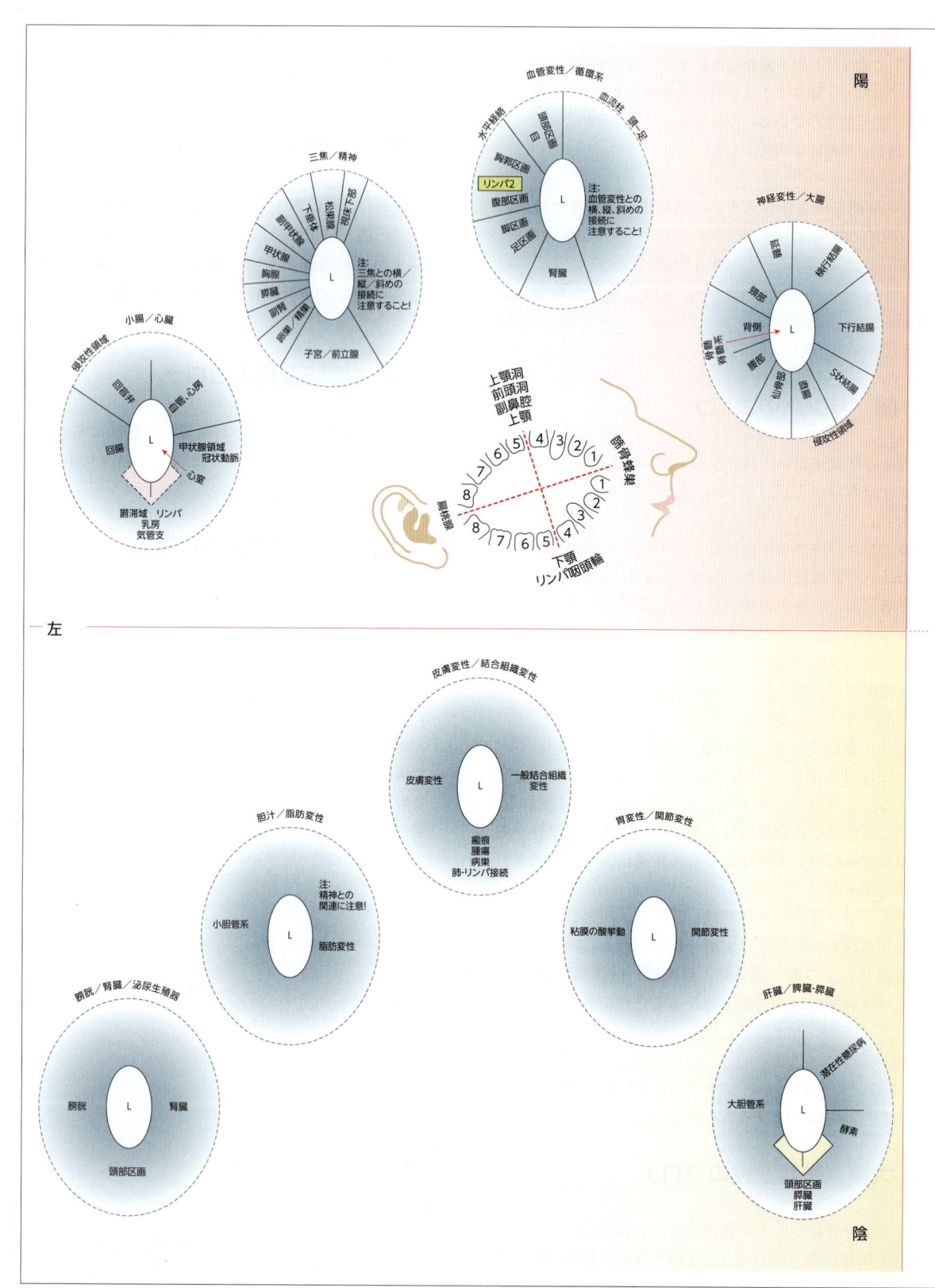

図11.7 マンデル式キルリアン診断

病巣性中毒症の原理（障害源診断）

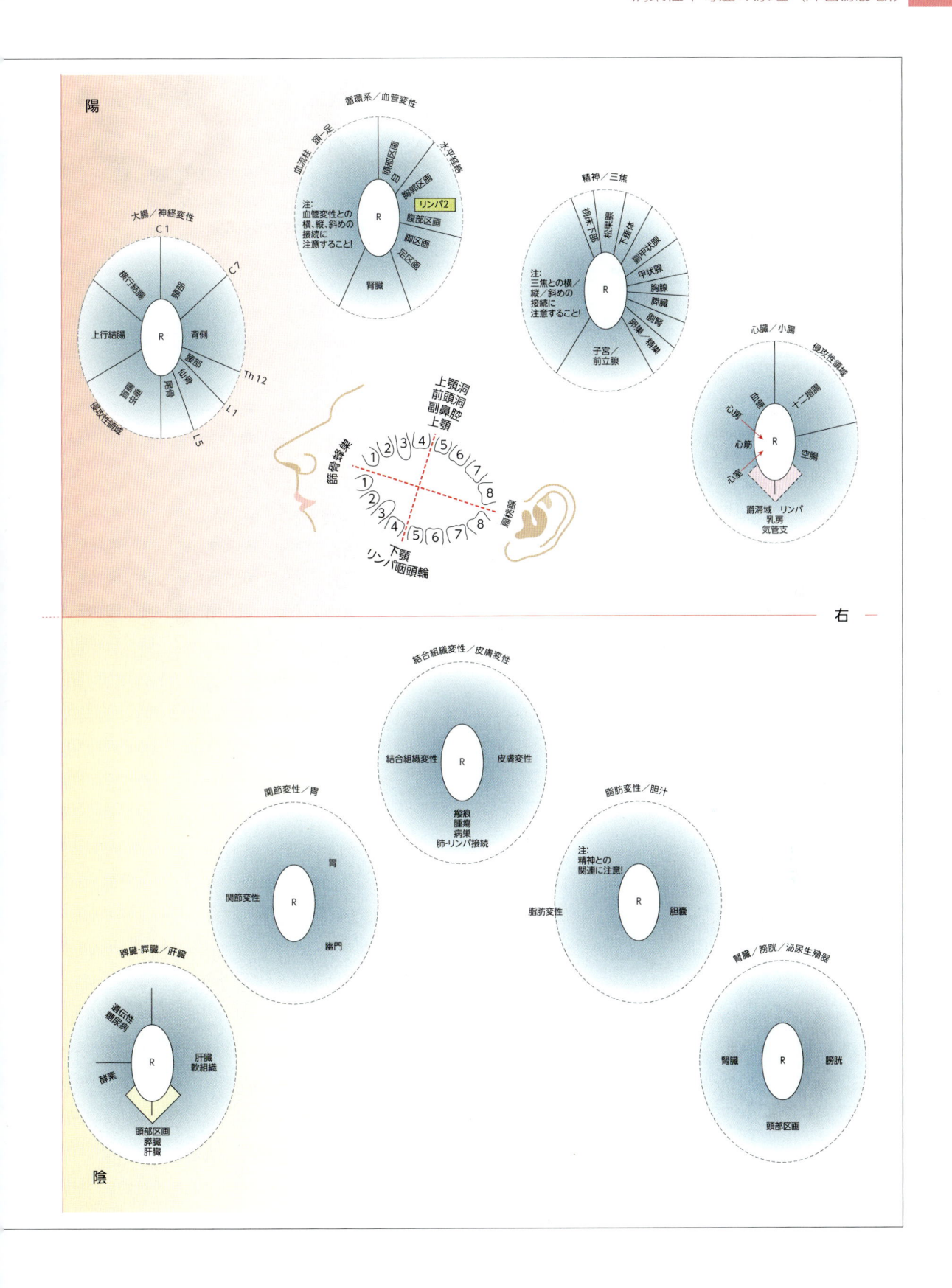

285

11. 筋損傷の保存療法

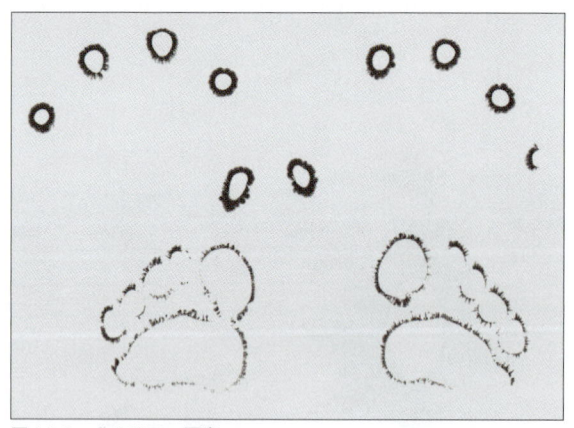

図 11.8　キルリアン写真

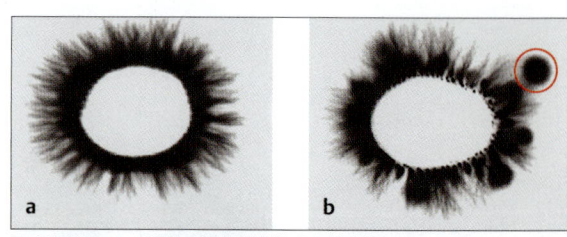

図 11.10a、b　現象（通常放射からの逸脱）
a　正常。
b　点突出。

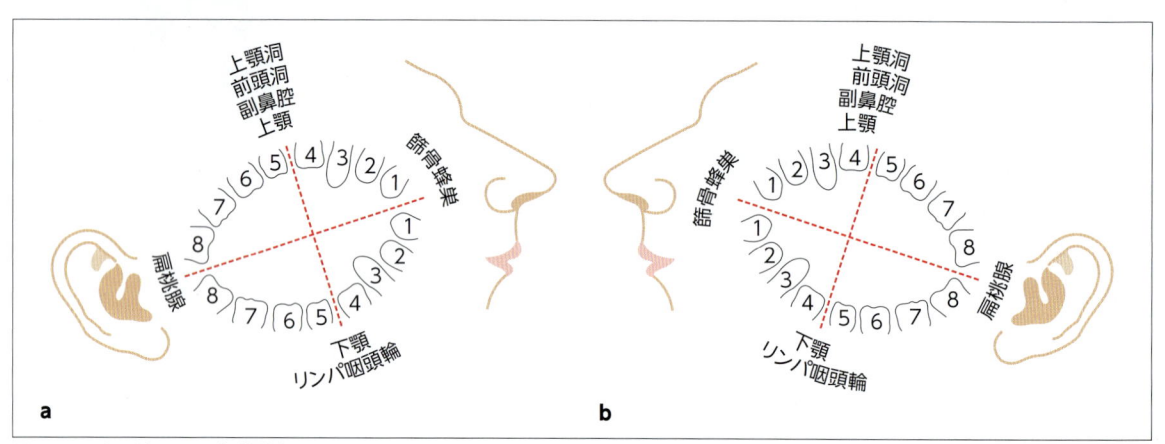

図 11.9a、b　肺／リンパ（親指）
a　左親指。
b　右親指。

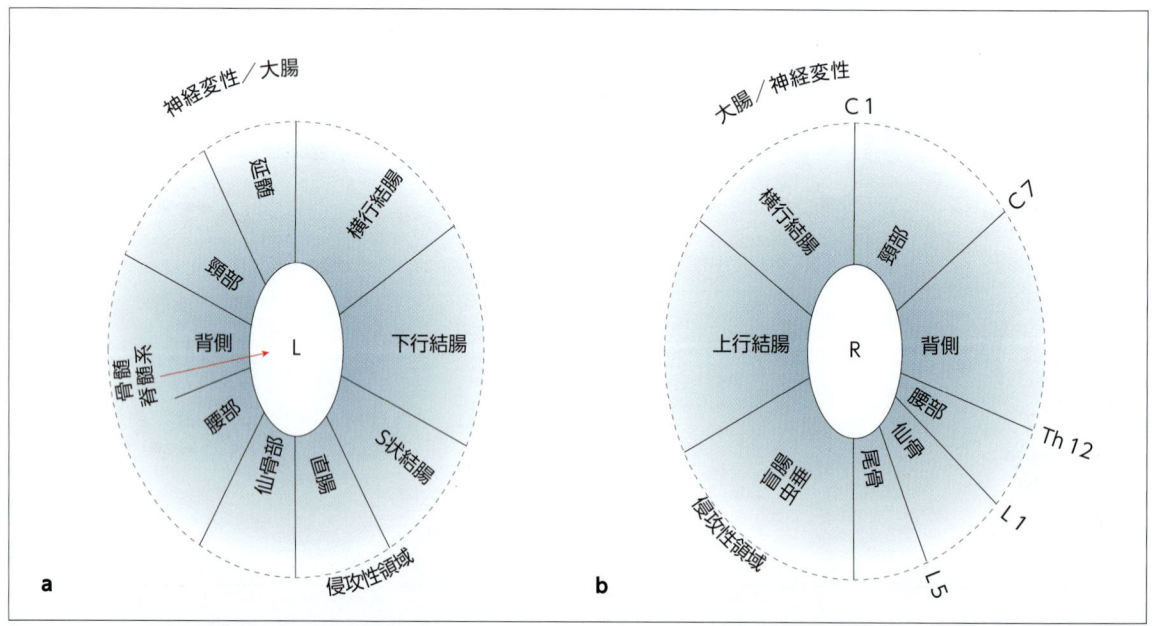

図 11.11a、b　大腸／神経変性のコロナ（人さし指）
a　左人さし指。
b　右人さし指。

病巣性中毒症の原理（障害源診断）

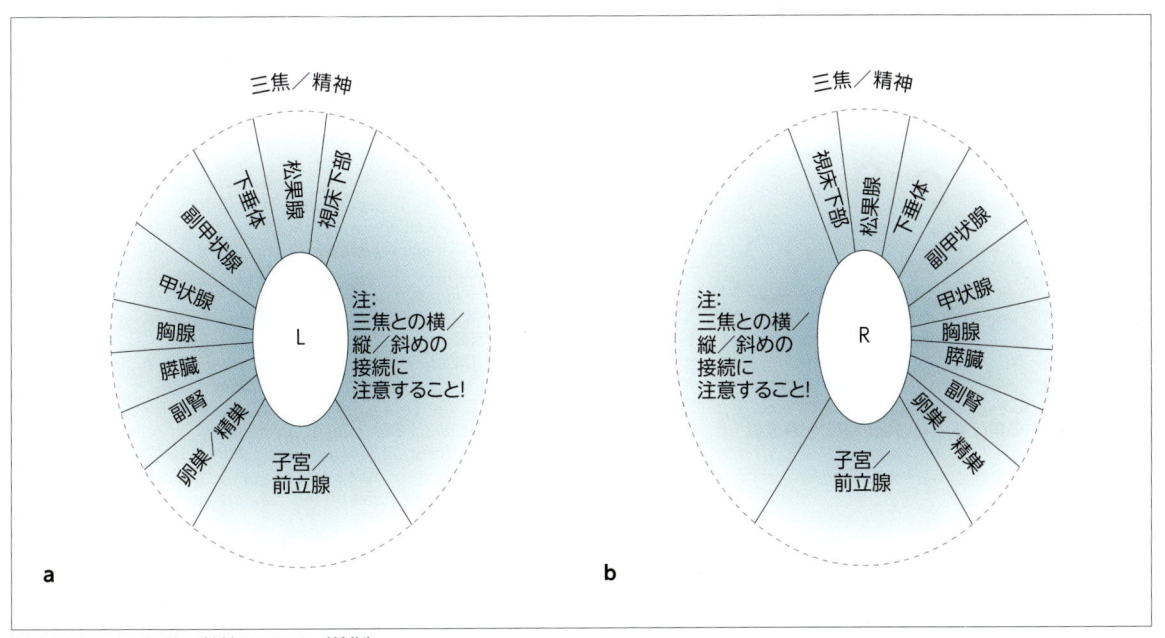

図 11.12a、b　**三焦／精神のコロナ（薬指）**
a　左薬指。
b　右薬指。

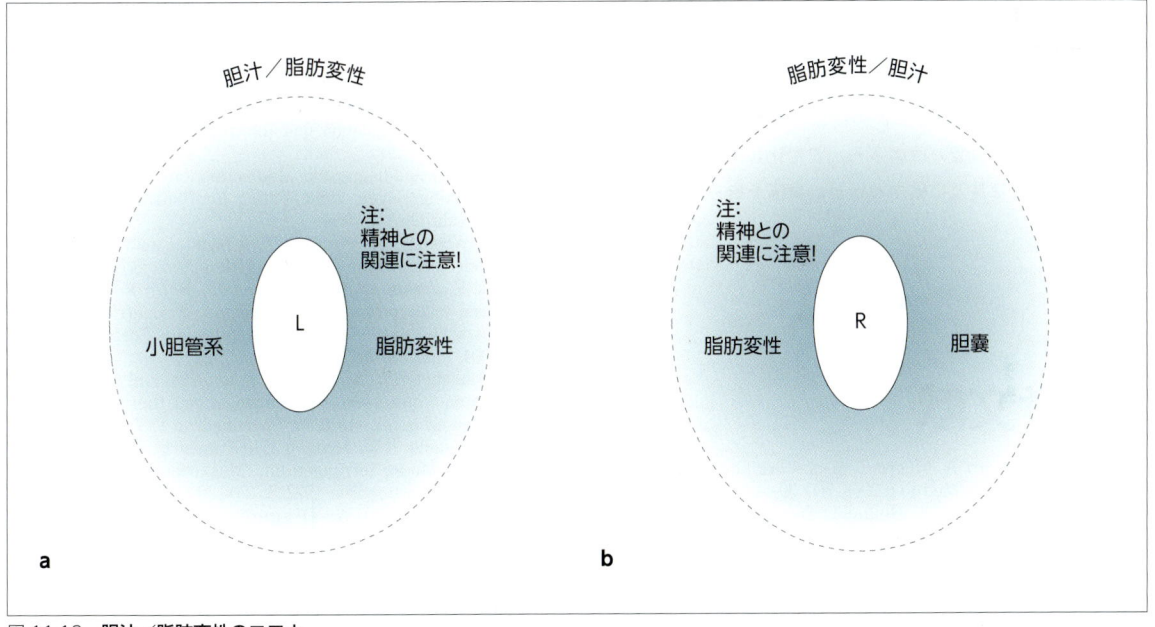

図 11.13　**胆汁／脂肪変性のコロナ**
a　左第 4 趾。
b　右第 4 趾。

287

11. 筋損傷の保存療法

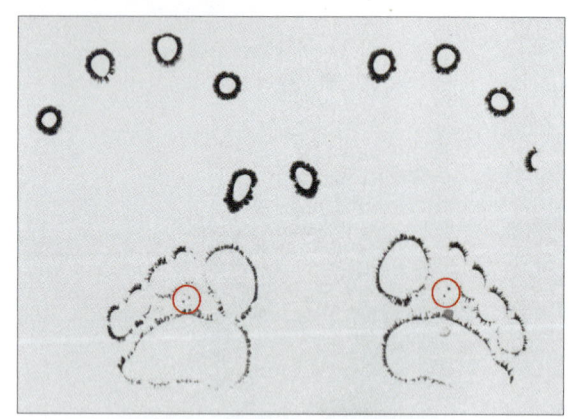

図 11.14　左右の第 2 趾と第 3 趾の下の個別放射

臨床例

24歳のプロサッカー選手は短期間で再発する下肢の筋損傷（肉離れ、線維断裂）に悩まされていた。骨盤傾斜と仙腸関節の可動不全がその原因であった。鍼治療の分野では仙腸関節と副鼻腔が関連していることがよく知られている。キルリアン診断を行ったところ、そこに明らかな障害が発見された。耳鼻咽喉科で検査をした結果、両側の上顎洞に慢性化した孤立性の粘膜炎症が発見された。副鼻腔に対する3度の注入により、この症状は寛解した。その後仙腸関節の位置が改善され、安定化した。それ以降この患者は言及に値するほどの負傷を負ったことがない。

参考文献

Akuthota V, Ferreiro A, Moore T et al. Core stability exercise principles. Curr Sports Med Rep 2008; 7(1): 39-44

Arnason A, Andersen TE, Holme I, Engebretsen L, Bahr R. Prevention of hamstring strains in elite soccer: an intervention study. Scand J Med Sci Sports 2008; 18(1): 40-48

Barbosa E, Faintuch J, Machado Moreira EA et al. Supplementation of vitamin E, vitamin C, and zinc attenuates oxidative stress in burned children: a randomized, double-blind, placebo-controlled pilot study. J Burn Care Res 2009; 30(5): 859-866

Beiner JM Jokl P. Muscle contusion injuries: current treatment options. J Am Acad Orthop Surg 2001; 9(4): 227-237

Best T, Garrett WE Jr. Muscle-tendon unit injuries, sports injuries. Basic principles of prevention and care. Oxford: Blackwell; 1993

Catterall WA, Mackie K. Local anesthetics. In: Brunton LL, ed. Goodman Gilman's The pharmacological basis of therapeutics. New York: McGraw-Hill; 2005

Clanton TO, Coupe KJ. Hamstring strains in athletes: diagnosis and treatment. J AM Acad Orthop Surg 1998; 6(4): 237-248

Cohen S, Bradley J. Acute proximal hamstring rupture. J Am Acad Orthop Surg 2007; 15(6): 350-355

Engelhardt M, Krüger-Franke M, Pieper HG, Siebert CH, Hrsg. Sportverletzungen - Sportschäden. Stuttgart: Thieme; 2005: 87

Fitzhugh DJ, Shan S, Dewhirst MW et al. Bromelain treatment decreases neutrophil migration to sites of inflammation. Clin Immunol 2008; 128(1): 66-74

Foster TE, Puskas BL, Mandelbaum BR et al. Platelet-rich plasma: from basic science to clinical applications. Am J Sports Med 2009; 37(11): 2259-2272

Füß R. Die Induktionstherapie. Ganzheitliche Regulation mit den Frequenzen des menschlichen Gehirns. Sulzbach/Taunus: Energetik-Verlag GmbH; 1994

Füß R. Der Zusammenhang neurologischer Systemerkrankungen mit Befunden der Energetischen Terminalpunkt-Diagnose (E-T-D) nach Mandel/Kirlian-Fotografie. Eine Diagnose-Evaluation am Beispiel des Guillain-Barre-Syndroms und der Multiplen Sklerose. Edition COMED. Hochheim: COMED Verlagsgesellschaft mbH; 2007

Garrett WE Jr. Muscie strain injuries. Am J Sports Med 1996; 24 (6, Suppl.): S2-S8

Gleditsch JM. Reflexzonen und Somatotopien. 3. Aufl. Schorndorff: Biologisch-Medizinische Verlagsgesellschaft; 1988

Heyman H, Van De Looverbosch DE, Meijer EP et al. Benefits of an oral nutritional Supplement on pressure ulcer healing in long-term care residents. J Wound Care 2008; 17(11): 476-478, 480

Hibbs AE, Thompson KG, French D et al. Optimizing Performance by improving core stability and core strength. Sports Med 2008; 38(12): 995-1008

Hipp EG, Plötz W, Thiemel G. Orthopädie und Traumatologie. Stuttgart: Thieme; 2003

Hubbard WJ, Bland KI, Chaudry IH. The role of the mitochondrion in trauma and shock. Shock. 2004; 22(5): 395-402

Iotti S, Malucelli E. In vivo assessment of Mg^{2+} in human brain and skeletal muscle by 31P-MRS. Magnes Res 2008; 21(3): 157-162; Erratum in: Magnes Res 2009; 22(1): 50

Järvinen TA, Järvinen TL, Kääriäinen M et al. Muscle injuries: biology and treatment. Am J Sports Med 2005; 33(5): 745-764

Järvinen TA, Järvinen TL, Kääriäinen M et al. Muscle injuries: optimising recovery. Best Pract Res Clin Rheumatol 2007; 21(2): 317-331

Kellner G. Zum Konnex von Wundsetzung, Wundheilungsstörung und chronischer Entzündung. Oesterr Z Stomatologie 1970: 3(73)

Lechner J. Herd, Regulation und Information. Heidelberg: Hüthig Buch; 1993

Lechner J. Störfelddiagnostik. Medikamenten- und Materialtest. Teil II. Kötzting/Bayer. Wald: Verlag für Ganzheitliche Medizin Dr. Erich Wühr GmbH; 2000

Mishra A, Woodall J Jr, Vieira A. Treatment of tendon and muscle using platelet-rich plasma. Clin Sports Med 2009; 28(1): 113-125

Mjølsnes R, Arnason A, Østhagen T, Bahr R. A 10-week randomized trial comparing eccentric vs. concentric hamstring strength training in well-trained soccer players. Scand J Med Sci Sports 2004; 14(5): 311-317

Müller-Wohlfahrt HW, Montag HJ. Diagnostik und Therapie der so genannten Muskelzerrung. Diagnosis and therapy of „pulled muscie". Deutsche Zeitschrift für Sportmedizin 1985; 11: 246-248

Müller-Wohlfahrt HW, Montag HJ, Kubier U. Diagnostik und Therapie von Muskelzerrungen und Muskelfaserrissen. Deutsche Zeitschrift für Sportmedizin 1992; 3: 120-125

Müller-Wohlfahrt HW. Diagnostik und Therapie von Muskelzerrungen und Muskelfaserrissen. Sportorthopädie Sporttraumatologie 2001; 17: 17-20

Noonan TJ, Garrett WE Jr. Muscle strain injury: diagnosis and treatment. J Am Acad Orthop Surg 1999; 7(4): 262-269

Orchard JW, Best TM, Mueller-Wohlfahrt HW et al. The early management of muscle strains in the elite athlete: best practice in a world with a limited evidence basis. Br J Sports Med 2008; 42(3): 158-159

Peterson L, Renström P. Verletzungen im Sport. Köln: Deutscher Ärzte-Verlag; 2002

Porozov S, Cahalon L, Weiser M et al. Inhibition of IL-1 beta and TNF-alpha secretion from resting and activated human immunocytes by the homeopathic medication Traumeel S. Clin Dev Immunol 2004; 11(2): 143-149

Schneider C, Schneider B, Hanisch J et al. The role of a homoeopathic preparation compared with conventional therapy in the treatment of injuries: an observational cohort study. Complement Ther Med 2008; 16(1): 22-27

Schünke M, Schulte E, Schumacher U et al. Prometheus - Lernatlas der Anatomie. Allgemeine Anatomie und Bewegungssystem. 2. Aufl. Stuttgart: Thieme; 2007

Simons DG, Travell JG, Simons LS. Handbuch der Muskel-Triggerpunkte. München: Elsevier; 2002

Strittmatter B. Das Störfeld in Diagnostik und Therapie. Eine Praxisanleitung für Ärzte und Zahnärzte. Stuttgart: Hippokrates; 1998

Theodoridis T, Krämer J. Injektionstherapie an der Wirbelsäule. Stuttgart: Thieme; 2006

Vester F. Die Kunst, vernetzt zu denken. München: Deutsche Verlagsanstalt; 1999

Wang T, Fu F, Zhang L et al. Effects of escin on acute inflammation and the immune System in mice. Pharmacol Rep 2009; 61(4): 697-704

Watanabe M, Wu J, Li S et al. Mechanisms of cardioprotective effects of magnesium on hypoxia-reoxygenation-induced injury. Exp Clin Cardiol 2004; 9(3): 181-185

Willardson JM. Core stability training: applications to sports conditioning programs. J Strength Cond Res 2007; 21(3): 979-985

World Anti-Doping Agency. The 2010 Prohibited List.

第12章

筋機能障害および筋損傷時における脊柱の役割

B. ショーザー
P. ユーベルアッカー
L. ヘンゼル
H.-W. ミュラー・ヴォールファート

1. 脊柱と骨格筋の関係　*292*
2. 筋機能障害の機能的原因　*293*
3. 筋機能障害の構造的原因　*295*
4. 偽根性症状と根性症状　*299*

1 脊椎と骨格筋の関係

既に1980年代から1990年代にかけて本章の統括著者は腰椎の変性と筋組織の損傷の関連を公表していた（Müller-Wohlfahrt & Montag 1985、Müller-Wohlfahrt et al. 1992）。近年この考え方は次第に多くの筆者によって取り上げられるようになってきた（Verrall et al. 2001、Best 2004、Orchard et al. 2004）。例えばオーチャード（Orchard 2004）は、「理論上、腰椎、腰仙神経根または神経叢、あるいは坐骨神経に関連しているあらゆる病変がとりわけハムストリングス痛や腓腹筋痛を併発する可能性がある」とし、またベスト（Best 2004）はこのオーチャードの論文に対し、「我々のうち多くが腰部下部の病変がハムストリングスや腓腹筋の原因であると考えたことがあるが、このレポートは今後確かに、この種の問題に対するリスクファクターの発見や介入を目的とする研究のきっかけとなるであろう」とコメントした。

我々の見解では、腰部に原因がある障害はオーチャードが論じたような末梢の筋における痛みに限定されるものではなく、それ以外にも筋組織のトーヌス障害やそのほかの障害とも関連していると思われる。近年、脊柱と筋組織の関連に対する関心は高まってきているが、確実なデータを示す文献はまだ存在していないため、ここでもまた経験的なデータや観察を主な論拠とする必要がある。

筋組織は標的器官であり、その緊張状況は脊髄からの運動神経により伝達される電気情報に依存している。脊髄神経根に何らかの障害が発生すると、筋に対するインパルス刺激が高まると想定せざるを得ない。その結果、基礎トーヌスの上昇や突発的で一時的なトーヌス上昇が発生する。

脊髄神経根の障害にはたくさんの種類がある。一過性で完全に可逆的な機能不全もあれば、慢性の構造変化が生じることもある。これはさらに先天的であることも後天的であることもある。しかし、脊髄神経根の傷害は、かならずしも腰部に存在しているわけではない。したがって検査医師やセラピストはほかの部位にも原因を探す必要がある。

解剖学的に見て、腰椎と骨盤は上半身と下半身をつなぐ唯一の接続であり、すべての力がこの部位を経由して伝達される。したがってこの部位は大きな力の影響による損傷に弱い。この力は一方では体重に、もう一方では外部からの力と重力、あるいは身体部位の加速度に基づいている。

神経解剖学的に見て、傍脊椎筋群、特に多裂筋群に対して強力および効果的な中枢神経系との接続が形成される。これまでは、分節的な構造を持つ棘背筋は対応する脊髄節により感覚支配されていると考えられていた。しかし最近の研究において、背中の筋の中で最も重要な筋の1つである脊柱起立筋はその感覚支配を同じ髄節の脊髄神経節から受けるのではなく、その上方の2髄節から受けることが分かっている。

MEMO
神経支配の頭尾方向への転位は、局所麻酔薬を用いた治療や腰部椎間関節に対する浸潤療法の際など、臨床的にも大きな意味を持つ。例えば、L5の疼痛症候群ではL5脊髄神経だけでなく、L3とL4の脊髄神経も遮断される必要がある。

脊柱起立筋や多裂筋の痛み過敏は後角ニューロンを介してすべての腰部髄節において転写因子c-Fosの発現増加を誘発する。したがって、侵害受容性のインパルスの作用は尾側の背筋から複数の髄節を経由して脊髄の近位方向へと広がることができる。数多くのアスリートが実行する強直的でモノトーンな運動パターンにより腰仙部の筋に過剰な負荷がかかったとしても、始めのうちは痛みが自覚されることはない。

プロアマ問わず、腰椎（腰背部）に退行性変化や機能障害を持つスポーツ選手が増えてきている（Ong et al. 2003）。特にサッカー選手はプレーに必要とされるさまざまな種類の能動的回旋運動あるいは超屈曲と超伸展運動のため、腰背部の損傷、退行性変化や機能障害のリスクが高い。以下がアスリートで最もよく見られる腰部障害である：

- 筋筋膜痛
- 靱帯の障害
- 腰椎の損傷
- 椎間板損傷
- 神経孔狭窄（きょうさく）
- 椎間障害、つまり脊椎のずれ（脊椎すべり症）も含む両側または片側における椎間関節部の損傷（脊椎分離症）

MEMO
アスリート、特に集中的に長時間トレーニングをするプロ選手では退行性椎間板障害と脊椎分離症の発生率が高くなっている。問題が生まれつきの脊柱管の狭さに起因しているものではないかを知ることも、スポーツ選手にとっては重要となる。

本章では背中の痛みの包括的な鑑別診断を論述するのではなく、本書のコンセプトにのっとりスポーツにとって重要な観点のみを提示する。まれな疾患は意識的に除外した。必要であれば整形外科、神経外科あるいは神経科の専門書を活用していただきたい。

本章における著者らの主な目的は、筋の機能障害や損傷と腰椎の関係を明らかにすることである。この関連性は実際の治療では見過ごされることが多いが、しかし適切な原因療法には欠かすことができない。その規模は小さな腰椎関節の遮断による無害な筋機能障害から、椎間板脱出による神経根の刺激により引き起こされた慢性高トーヌスに起因する再発性の筋線維断裂まで、多岐にわたる。

2 筋機能障害の機能的原因

機能障害とは機能単位（仙腸関節など）または機能単位のグループ（椎間関節と傍脊椎筋組織など）における構造的な病変を呈さない機能不全のことである。したがって、適切な治療により常に完全な回復が期待できるが、再発することもまれではない。

機能障害はしかし、構造的変化の結果として生じることもある（真性の脚長差に起因する仙腸関節の遮断など）。機能障害の多くは自己抑制的であり、遅かれ早かれ正常な機能状態に戻る。ただし常にそうなるとも限らないため、この問題あるいはそこに存在する悪循環を解消するために理にかなった（医学的、理学療法的、カイロプラクティック的）治療が必要とされる。この悪循環にはさまざまな要因が関与し相互に作用している。そのため本当の根本的な原因を特定するのは困難であることが多い。もう1つの問題は、障害は痛みなどの症状を必ずしも伴わないことにある。

以下では腰椎下部と腰仙接合部の機構障害を数例紹介する。

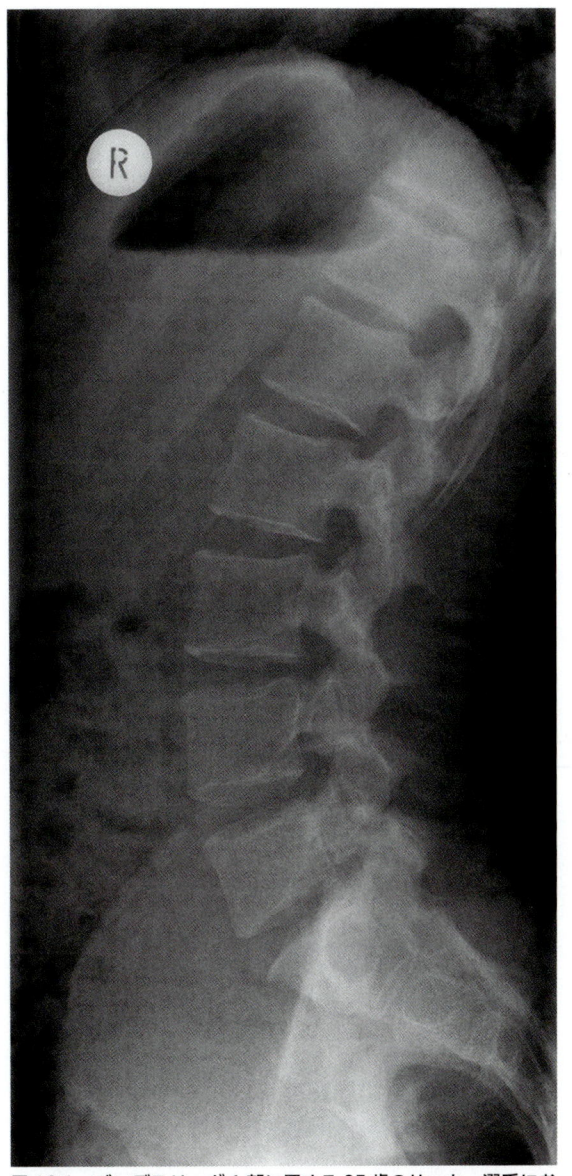

図12.1　ブンデスリーガ1部に属する25歳のサッカー選手における再発性の筋機能障害を伴う腰椎脊柱前弯過度　腸骨稜の急な傾斜にも注目。側面。

〈1〉 脊柱前弯過度

脊柱前弯過度（図12.1）では脊柱背側に対する圧力が高まる。そのため椎間板と椎間関節の背側に対する圧力も高まり、その動きが制限される。その結果、関節包や靱帯の炎症や肥大性の関節症にまで発展することがある。その周囲の筋組織もまた、炎症を起こした関節をかばうため適応を試みる。さらに、脊柱前弯により神経孔の直径が狭くなり、脊髄神経に対し（椎弓が生まれつき短い場合には特に）機械的な刺激が発生することもある。

前弯姿勢により、ハムストリングスの損傷リスクも上昇することがある（Hennessy & Watson 1993）。

12. 筋機能障害および筋損傷時における脊柱の役割

- 臀部痛
- 関連痛（Referred Pain Pattern）
- 梨状筋症候群
- 肛門周囲の麻痺感覚
- 偽根性症状
- 末梢のみに現れる筋トーヌスの上昇

MEMO
仙腸関節の閉塞は筋に障害をもたらすことがあるが、モビリゼーションや位置修正により筋障害も通常は自然に解消する。

HINT
閉鎖神経の支配領域（特に内転筋群）における障害の原因は、その対応髄節神経根だけでなく、仙腸関節にある場合もある。

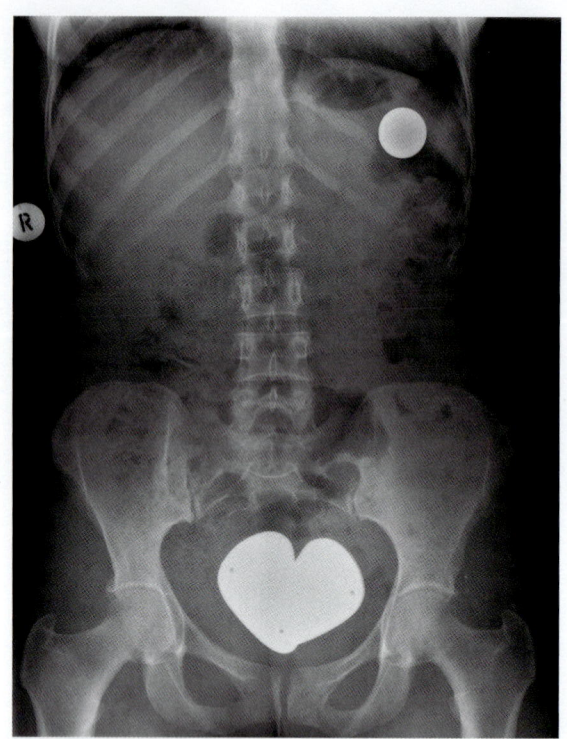

図12.2 国際的に活躍する23歳の女子マラソンランナーの骨盤画像 垂直に走る腰椎下部の棘突起を基準とすると、右腸骨翼に比べ左腸骨翼が大きく外側に転位し、骨盤がゆがんでいることが分かる。

〈2〉 仙腸関節の閉塞

　仙腸関節の可動範囲は元来狭い。しかしこれは骨盤から股関節にかかる領域の回旋運動ならびに腰仙部にかかる一方的な軸荷重に対する補正相殺機構として極めて重要である。仙腸関節がその本来の動きができない場合、それに代わる運動が実行される。腸腰靱帯装置を通じて障害は腰仙接合部へともたらされる。仙腸関節の閉塞はレントゲン写真上、骨盤のゆがみとして現れることがある（図12.2）。
　ほかの関節とは異なり、仙腸関節に直接働きかける筋は存在しない。腰部の多裂筋や内腹斜筋は脊柱の動きにより活性化され、腰を安定させ、この働きにより椎間の可動性を抑制する。
　一方的なパワー運動が必要とされるスポーツ（キック、投てき）のアスリートは仙腸関節に障害を起こすリスクが特に高い。その典型は以下のような症状である：
- 片側の痛み
- 腰痛
- 仙骨痛

〈3〉 機能的脚長差

　骨盤が水平であるかあるいは傾斜しているかは腸骨稜を後方から見れば分かる。骨盤に傾斜がみられる場合、これは必ずしも実質的な脚長差を意味しているわけではない。このほかにも、仙腸関節の閉塞、腸骨や腰仙接合部の変形、痛みをかばう姿勢などさまざまな原因が考えられる。
　通常、骨盤傾斜を代償するため、脊柱を側弯する姿勢が取られる。この姿勢によりさらに靱帯や脊椎関節に非対称的な負荷がかかり、傍脊椎筋に左右異なった緊張が発生する。この変化はしばしば多髄節に及ぶ神経刺激を誘発する。
　骨盤傾斜の機能的な原因は下肢に見つけることができる（膝や足首の不安定さや機能不全、筋の不均衡や完治していない負傷をかばう姿勢など）。しかし、仙腸関節の閉塞やそれに基づく腸骨に対する仙骨のずれもまた、機能的脚長差の原因となる。腰と骨盤そして股関節にはたくさんの筋や靱帯があり、互いに作用を及ぼしている。その中で小さな障害が発生すれば、この領域における複雑な相互作用を通じて機能的骨盤傾斜に発展する可能性がある。

〈4〉 関節機能障害

筋機能障害の構造的原因

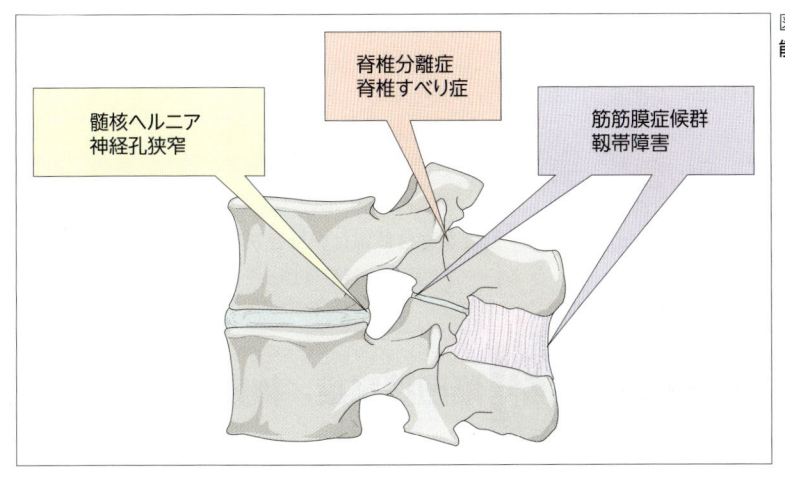

図12.3 スポーツ選手における筋損傷と筋機能障害の原因となる腰部の構造障害

- 髄核ヘルニア／神経孔狭窄
- 脊椎分離症／脊椎すべり症
- 筋筋膜症候群／靱帯障害

　股関節の問題は多くの場合、大腿骨転子部の筋の過緊張変化に起因するとされている。坐骨神経の炎症は通常梨状筋と上双子筋間の圧迫により引き起こされる。

〈5〉 仙骨のゆがみ

　腰仙移行部の角度が急な場合、L5／S1間の椎間板と二次的安定化構造（前後縦靱帯、椎間関節とその関節包など）に強いせん断力が加わる。そして潜伏性のあるいは痛みを伴う炎症と傍脊椎筋の過緊張反応が発生する。L5／S1の神経孔は生体力学的に狭められる。

3 筋機能障害の構造的原因

　常に診察の対象となる組織構造的な原因（図12.3）は、原則的に画像化により検出が可能であるため、機能的な原因に比べ見つけるのが容易である。診察にはしたがって機械的な検査法が用いられる。従来型のレントゲン撮影やMRI撮影は詳細な臨床検査のサポートとして欠かせない。

〈1〉 骨盤傾斜／脚長差

　実質的な骨盤傾斜は真性の脚長差に起因する。両大腿骨頭も含む骨盤の立位全体像を用いて、大腿骨頭の高さを比較することで正確な計測ができる（図12.4）。特にデジタル加工が可能な写真を用いた場合、この方法によりミリメートルレベルで正確な計測が可能である。このような正確さは脚長差の修正を行う際には非常に重要となる。

　機能的脚長差と同様、実質的骨盤傾斜のケースにおいても代償的姿勢により、脊柱側弯変形に発展する。これ

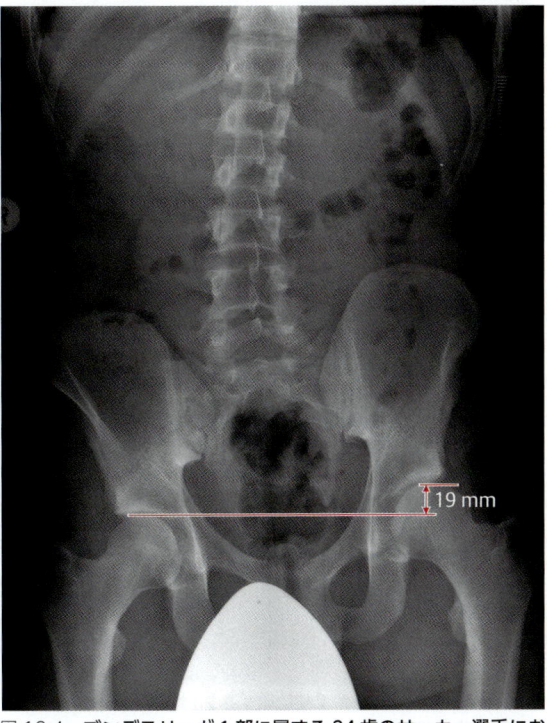

図12.4　ブンデスリーガ1部に属する24歳のサッカー選手における脚長差　画像の分析により実質的な脚長差は19 mmであることが分かった。前方から撮影。

により傍脊椎構造、靱帯、椎間関節などに対し非対称に負荷がかかり、筋組織のトーヌスが上昇する。結果、複数の髄節に障害が起こり、場合によっては神経の炎症も伴う。

このような場合、脚長差が約5mm以上であれば、靴の中敷きを使用することで、まず5mm相殺することが望ましい。脚長差が大きい時は、3カ月後にさらに3mmを足すようにする。始めから全脚長差を一度に埋め合わせるのは好ましくない。著者らは脚長差が8mmあるいは10mm以上ある場合でも、8mm以上の埋め合わせはしないことにしている。

Caution
真性の脚長差は正確に計測する必要がある。その埋め合わせは段階的に行う。

⟨2⟩ 脊椎管狭窄症

若いスポーツ選手において腰椎管狭窄症が診断された場合、これは先天的な脊椎管の狭さに由来していることが多い（図12.5）。腰椎管狭窄症は表12.1に示すように分類される。

腰椎管狭窄症の臨床症状は特徴的である。「足の疲れ」、腰仙部の痛みあるいは偽根性の症状により長距離を歩くことができなくなることが患者により訴えられる。座ることで症状は改善し、歩行時には大腿部に焼けるような感覚が現れる。ただし、スポーツ選手ではこのような明確な症状が発生することはあまりない。しかし障害が潜伏していることもあり、検査が必要である。

MEMO
過度な脊柱前弯は腰椎管狭窄症の症状を増進する。一方、腰椎の後弯は痛みを緩和する。

⟨3⟩ 陥凹狭窄症／神経孔狭窄症

陥凹狭窄症（図12.6）や神経孔狭窄症は患部の神経根を刺激する。その結果、神経根から痛みが放射されることもあるが、より一般的には対応筋に対する神経支配に障害が生じ、トーヌスが上昇する。さらに通常複数の髄節に及ぶ傍脊椎筋のトーヌス上昇も発生し、これが再び神経根刺激の原因となる。

ここでもまた症状は主に末梢の筋に現れるが、その原因は腰部にあり、たとえ臨床症状が明確でなくとも発見される必要がある。

⟨4⟩ 椎間板突出／椎間板脱出

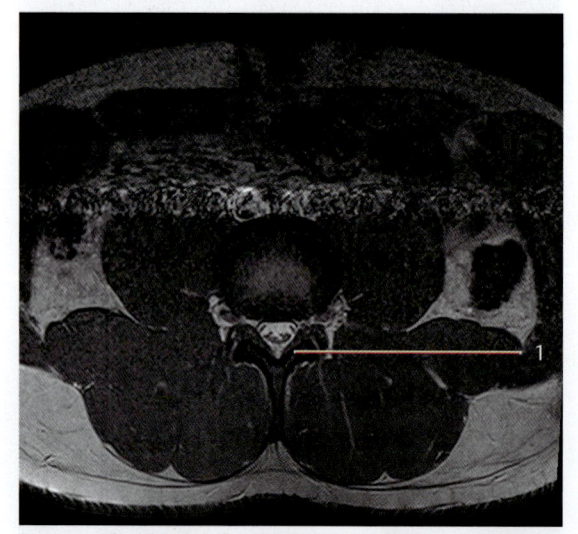

図12.5 ブンデスリーガ1部に属する20歳のサッカー選手における生得的かつ靱帯（1）に起因する脊椎管の狭窄　L4／L5レベルにおける脊椎管の直径は11mm。つまり、脊椎管は比較的狭くなっている。水平面。

表12.1 腰椎管狭窄症の分類

中枢狭窄
- 一次狭窄
  ○ 先天性（先天的に短い脊椎椎弓）
  ○ 後天性（特発性、軟骨発育不全）

- 二次狭窄（退行性）
  ○ 特発性
  ○ 純粋退行性
  ○ 退行性脊椎すべり症
  ○ 術後性（融合後、椎弓切除後）
  ○ 椎間板性（線維輪断裂）

- 外傷後

- パジェット病

孤立性側方狭窄

椎間孔狭窄

筋機能障害の構造的原因

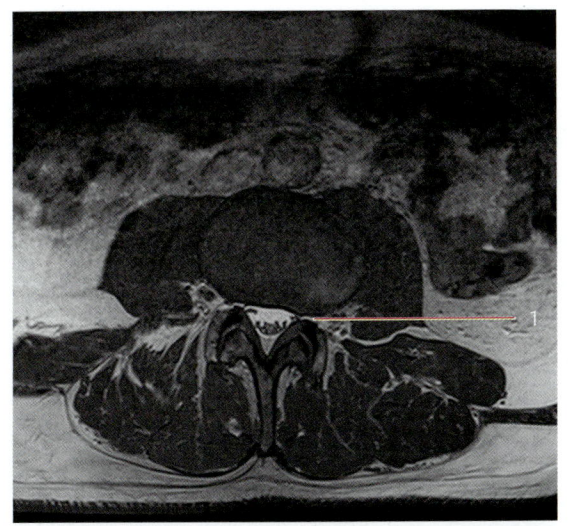

図12.6 【左大腿部に筋損傷を再発する45歳のアマチュアサッカー選手における左L3／L4レベルでの陥凹狭窄症(1)】 水平面。

　急性の椎間板脱出、およびそれに起因する特徴的な症状である急性の痛みと痛覚に反応した脊柱の部分的な運動障害を伴う姿勢異常、あるいはこの病変の臨床的サインである硬直した傍脊椎筋、突発的あるいは動的な神経の欠落、神経根痛などは、本書の中心テーマに対してはあまり重要な意味を持たない。

　むしろ重要となるのは、神経根を刺激し（たとえそれが動的、つまり例えば上体を後屈した時だけに発生するとしても）、傍脊椎筋や対応する末梢筋における過緊張をひきおこす慢性無症候性の椎間板脱出あるいは突出である（図12.7）。

　もちろんこのような無症候性の病変を発見するのは極めて難しい。MRI画像をもってしても、逸脱した椎間板と神経根の接触が証明できず、最終的な証明とはならないことも多い。

MEMO
MRI撮影などの画像化による問題は、この方法では競技スポーツにおける動的な要因が画像化されないことにある。例えば体を後へ傾けた時にのみ兆候を示す椎間板異常などは画像には現れない。

〈5〉脊椎分離症／脊椎すべり症

　脊椎分離症の罹患率は、白色人種では6.4％、黒色人種1.1％、イヌイットでは驚くことに50％を超えている（Hefti 2006）。フェンシング、バレーダンス、やり投げ、

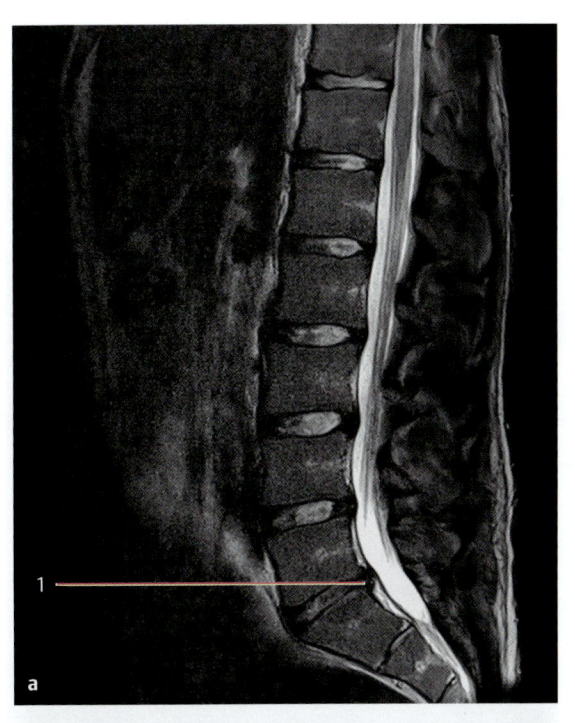

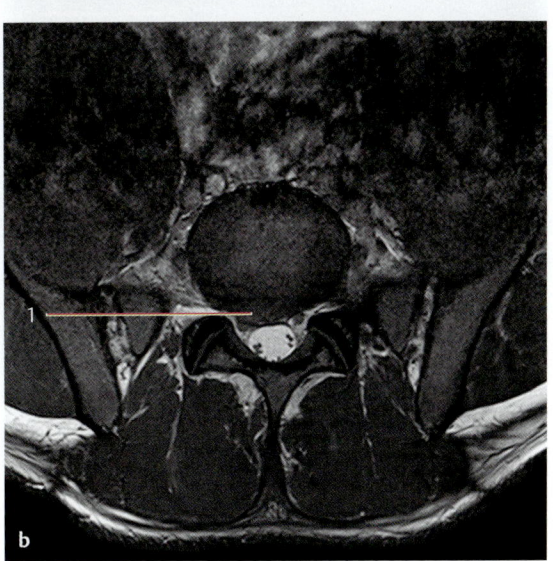

図12.7a、b　ブンデスリーガ1部に属する24歳のサッカー選手におけるL5／S1 右内外側椎間板脱出（1）とS1 神経根の転位および圧迫　この選手はふくらはぎにおける再発性の筋機能障害に悩まされていたが、腰部浸潤療法の結果完全に寛解した。

a　矢状面。
b　水平面。

サッカー、そして水泳の選手では罹患率は15-30％である（Hefti 2006）。脊椎分離症はショイエルマン病と関連していることも多い。

　これは腰部の過伸展、あるいは脊椎分離症の95％をL5に発症させる遺伝的な要因による反復的な外傷である。通常、成長期に発症する。時には事故に起因するケー

297

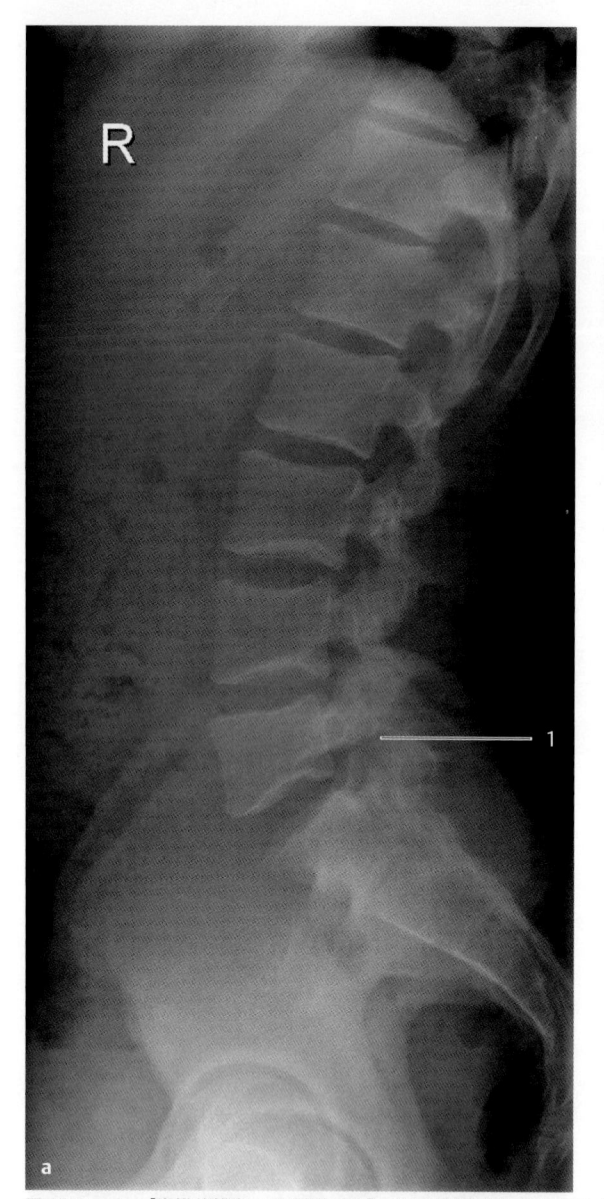

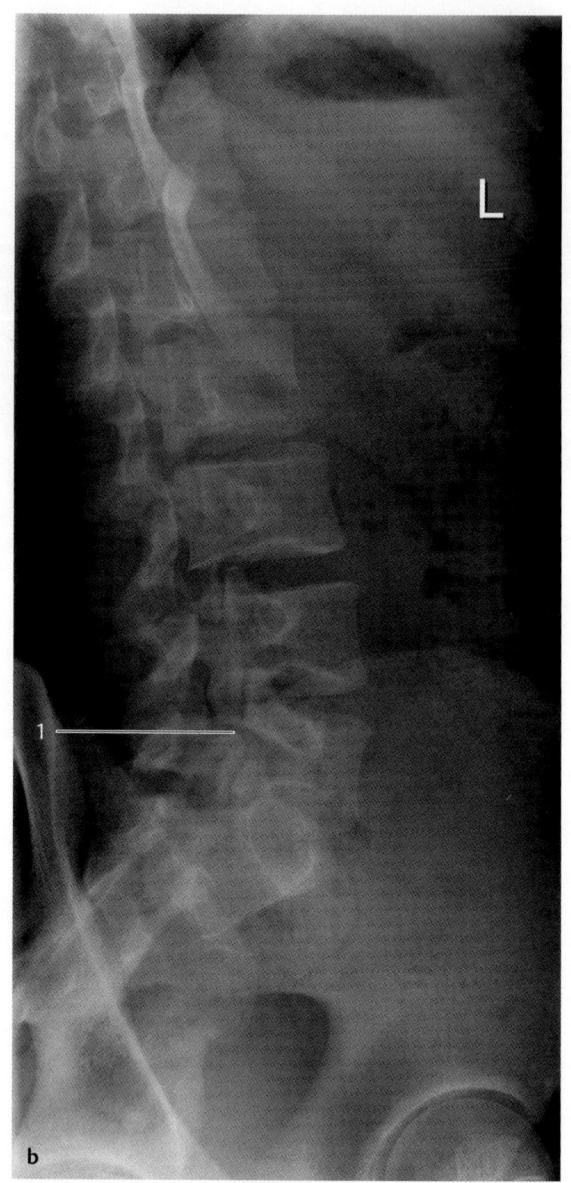

図12.8a、b 【脊椎分離症、L5両側（1）】 L5の椎間部分（1）が融合していることがはっきりと確認できる。
注：反対側からの斜図は割愛。
【a】 側面。
【b】 斜面。

スも報告されているが（Saraste 1993）、この場合は普通L5ではなく、より上位に発症する。

脊椎分離症は通常、生涯無症候性であり、症状が現れる患者は少ない。主な症状は腰の痛みであり、この痛みは特に日中長時間座った後や立った後に現れ、ほとんどの場合動きにより左右される。

脊椎分離症（図12.8）は脊椎すべり症に発展することがある。マイヤーディング（Meyerding）によると脊椎すべり症は4つの等級に分類することができる（図12.9）。青年期の患者では等級の進行の可能性もあるため、留意する必要がある。成長期が過ぎると脊椎すべり症の等級が進行することはほとんどない。

いくつかの調査によると、スポーツ選手の多くが腰痛ではなく、末梢の筋、特にハムストリングスの痛みを症状として実感する（非公表データ）。その原因はL5とS1間の後弯の増強にあり、これにより重点が腹側に変位する。これに対し均衡を取るために、ハムストリングスの緊張により骨盤の傾きが修正される（Hefti 2006）。結果、過緊張が継続的なものとなり、ハムストリングスが短縮する。主に腰仙部における不安定さは傍脊椎筋に持続的な緊張を生み、これが次第に複数の髄節へと拡大していく。傍脊椎筋の緊張はさらに神経根の炎症へと発展する。

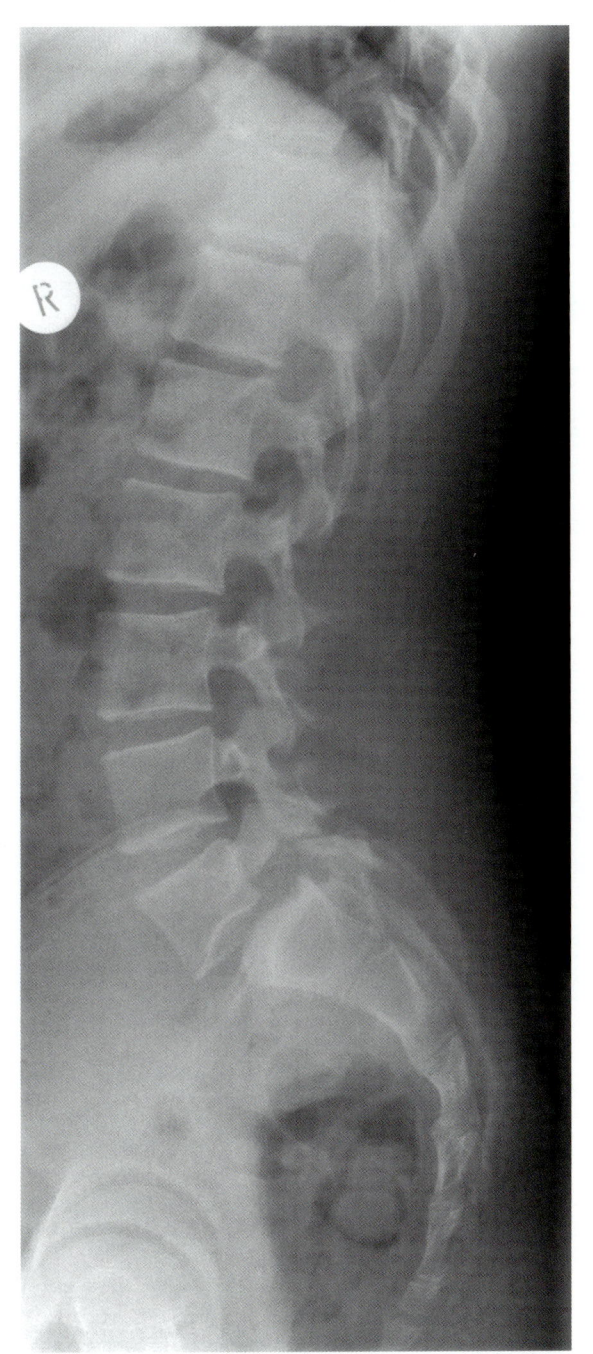

図12.9 　17歳のユースサッカー選手におけるL5／S1の脊椎すべり症（マイヤーディング式第Ⅱ度）　側面。

がる領域の安定化と強化（コアエクササイズ）の一貫した実施が求められる。治療が正しく行われる限り、ハイレベルなスポーツも問題とはならない。

〈6〉腰仙靱帯

腰部の、しかし神経孔外にある筋損傷のもう1つの原因として、いわゆる腰仙靱帯（腸腰靱帯の延長で必ずしも存在しない）が指摘されている（Briggs & Chandraraj 1995、Orchard et al. 2004）。腰仙靱帯はL5／S1レベルにおける退行性変性の結果として肥大し、L5の神経根を刺激あるいは圧迫することがある。

4　偽根性症状と根性症状

神経根性の症状と偽根性の症状を見分けることは、臨床医にとって非常に重要である。

〈1〉偽根性症候群の症状

- 安静時痛はない
- 筋の緊張時や収縮時に痛み；運動痛
- 局所的な圧痛点を持つ腱付着部
- 筋の疲労が早い
- 局所的筋緊張（トリガーポイント）
- 筋組織全体の硬直、索状硬結（Taut Band）
- 受動的ストレッチ時の筋トーヌスの上昇
- 広範性の痛みの放射、または関連痛
- 神経根の特定ができない痛みの放射
- 感覚の損失なし
- 麻痺なし
- 萎縮なし
- 自律神経障害（発汗反応、血管動態）

偽根性症状の原因：
- 機能障害

脊椎分離症やすべり症により誘発される筋の障害は、ほとんどの場合保存療法で治療が可能である。その方法は、第11章「筋損傷の保存療法」で紹介した腰椎の浸潤療法を用いる。また、神経性筋硬化から筋線維あるいは筋束の断裂にまで発展することのある筋損傷の程度に応じて、患部筋にも局所浸潤療法を施す。

理学療法の併用も重要で、特に腰部から骨盤部にまた

- 脊椎管狭窄
- 脊椎分離症／脊椎すべり症

〈2〉根性症候群の症状

偽根性の症候群と比べ、典型的な根性症状は以下のような症状群を持つ：
- デルマトーム（皮膚知覚帯）に沿った髄節ごとの痛みの放射
- 無痛覚または痛覚鈍麻として現れる感覚障害
- インディケーター筋（指標筋）の麻痺
- インディケーター筋（指標筋）の萎縮
- 筋伸張反射の弱化あるいは消失
- 自律神経は正常

根性症候群の典型的な臨床例は腰椎椎間板脱出である。

〈3〉偽根性症候群と根性症候群の区別

効果的な診断法：
- 入念な問診・既往歴：何、いつ、どう、どこ、どうして？
- 外傷、骨折、感染？
- 精神的、社会的環境
- 視診、形状観察、叩打痛の有無、そして前屈時の脊柱の可動制限（指床間距離）による臨床神経学的検査
- 後屈と側屈時の腰椎の機能検査、特に動きの悪い髄節に注目
- 仙腸関節の機能検査（前方屈曲現象、脊椎テスト）
- 神経伸張兆候
- インディケーター筋（指標筋）の筋力検査
- デルマトームにおける感覚不全の検査
- 筋伸張反射の検査
- 神経診断法（筋電図など）

HINT
インディケーター筋（指標筋）の検査には殿筋群も含めること。

筋電図などの神経診断的検査法は神経根の炎症の発見に役立つ。しかし、この方法では動的な要因が再現することができないため、末梢筋の機能障害に対し筋電図による検査だけで腰部に原因がある可能性を排除してはならない。この診断法でも、スポーツにおける動的な力により誘発される、時には極めて微妙な神経根への刺激の大部分が検出されない。

HINT
筋電図では動的な要因が反映されないため、検査に異常がなくても神経根に帯する刺激の可能性を排除することはできない。

参考文献

Best TM. Commentary to: Lumbar spine region pathology and hamstring and calf injuries in athletes: Is there a connection? Br J Sports Med 2004; 38: 504

Briggs C, Chandraraj S. Variations in the lumbosacral ligament and associated changes in the lumbosacral region resulting in compression of the fifth dorsal root ganglion and spinal nerve. Clin Anat 1995; 8: 339-346

Dejung B, Gröbli C, Colla F et al. Triggerpunkt-Therapie. Bern: Hans Huber; 2001

Diener HC, Putzki N. Leitlinien für Diagnostik und Therapie in der Neurologie. 4. Aufl. Stuttgart: Thieme; 2008: 654

Foley BS, Buschbacher RM. Sacroiliac joint pain. Am J Phys Med Rehabil 2006; 85: 997-1005

Hefti F. Spondylolyse und Spondylolisthesis. In: Hefti F. Kinderorthopädie in der Praxis. Heidelberg: Springer; 2006: 101-108

Hennessy L, Watson AW. Flexibility and posture assessment in relation to hamstring injury. Br J Sports Med 1993; 27: 243-246

Katz JN, Harris MB. Lumbar spinal Stenosis. N Engl J Med 2008; 358: 818-825

Lawrence JP, Greene HS, Grauer JN. Back pain in athletes. J Am Acad Orthop Surg 2006; 14: 726-735

Müller-Wohlfahrt HW, Montag HJ. Diagnostik und Therapie der so genannten Muskelzerrung, Diagnosis and therapy of „pulled muscle". Deutsche Zeitschrift für Sportmedizin 1985; 11: 246-248

Müller-Wohlfahrt HW, Montag HJ, Kübler U. Diagnostik und Therapie von Muskelzerrungen und Muskelfaserrissen. Deutsche Zeitschrift für Sportmedizin 1992; 3: 120-125

Ong A, Anderson J, Roche J. A pilot study of the prevalence of lumbar disc degeneration in elite athletes with lower back pain at the Sydney 2000 Olympic Games. Br J Sports Med 2003; 37: 263-266

Orchard JW, Farhart P, Leopold C. Lumbar spine region pathology and hamstring and calf injuries in athletes: Is there a connection? Br J Sports Med 2004; 38: 502-504

Saraste H. Spondylolysis and spondylolisthesis. Acta Orthop Scand 1993; 251 (Suppl.): 84-86

Verrall G, Slavotinek J, Barnes P et al. Clinical risk factors for hamstring muscle strain injury: a prospective study with correlation of injury by magnetic resonance imaging. Br J Sports Med 2001; 35: 435-440

第13章

筋損傷の外科治療

W. E. ギャレット Jr.

1. 序論 302
2. 遠心性負荷による筋損傷
   （Muscle Strain Injury） 302
3. 筋内の断裂 303
4. ハムストリングスの負傷 304
5. 大腿四頭筋の負傷 307
6. 結論 311

1 序論

挫傷、肉離れ、筋線維断裂、筋束断裂、そして主に腱剥離の形で発生する筋の完全断裂が最もよく発生する骨格筋の急性損傷である。これらはすべて強い痛みを持ち、活動の支障となり、仕事や私生活における脱落につながる。これらの損傷は一般的なスポーツクリニックで治療されるすべてのケースの約30％を占める（Krejci & Koch 1979、Peterson & Renstrom 1986）。したがってスポーツドクターにはこれらを確実に診断し、治療する能力が必要とされる。

筋損傷の原因は多岐にわたり、例えば筋腱移行部における過伸張や、打撲とそれに伴う血腫、あるいは神経支配障害などに起因する。筋腱移行部における筋線維あるいは筋束の断裂（Garrett et al. 1984a & 1988）は遠心性の負荷により誘発され、ほかの大半の筋損傷と同様、保存的に治療することができる。手術が必要になるケースは少ない。本章では、筋断裂あるいは腱剥離、および筋挫傷の外科治療を、これらが頻繁に発生する大腿四頭筋とハムストリングスを例に紹介する。

MEMO
手術が必要になるケースは少ない。

2 遠心性負荷による筋損傷 (Muscle Strain Injury)

〈1〉概要

編者による注釈：Muscle Strainという英語の概念は明確に定義されていない。著者らの中でも数人は構造破損を伴わない損傷、すなわち「肉離れ」と解釈している。しかし我々が調査したところ、専門家の大半はこの概念を構造的病変と理解している。ここではこの解釈を採用し、StrainをFiber Rupture、つまり筋線維断裂の同義語と見なすことにする。

筋組織の障害には、筋硬化、肉離れ、筋線維断裂、筋束断裂、あるいは筋断裂など、さまざまな間接的機序がある。これらは数多くの損傷形態からなる一大分野を形成している。構造損傷の大半は遠心性負荷により発生する。筋が伸張していく最中に筋内に収縮状態が形成される（Zarins & Ciullo 1983、Peterson & Renstrom 1986）。またこの時、わずかな数の運動単位ですら大きな力を創出することができる（Stauber 1989）。

筋線維断裂は主に筋腱移行部に発生する（Garrett 1990）。筋損傷は局所的な痛みと一般的な筋力の損失を伴う。保護的機序である遅発性筋痛とは異なり、治療が正しく行われなかった筋線維断裂は著しい損害に発展し、職業やスポーツそして私生活における離脱・療養期間がさらに延長される。

〈2〉受傷機序

筋線維断裂は通常能動的収縮時における受動的ストレッチにより発生するというのが専門家における一般的見解である（Krejci & Koch 1979、Radin et al. 1979、Zarins & Ciullo 1983）。伸張時に筋組織内に収縮装置からの力と結合組織の力が合わさり（Elftman 1966）大きな力が発生する（Stauber 1989）。このような筋損傷はスプリント、アメリカンフットボール、バスケットボール、ラグビーなど、いわば「加速スポーツ」において主に発生する。特定の筋は特に線維断裂を起こしやすい。

筋損傷に関する研究において、ウサギの後肢の筋、特に前脛骨筋と長趾伸筋をもとに筋の機械的および電気生理学的実験が行われた。この実験では、筋のみの活性化では部分的にも完全にも筋線維の断裂を誘発することが不可能であることが、つまり構造的な損傷には伸張機序が不可欠であることが示された（Garrett 1990）。断裂を引き起こす力は、最大限の等尺性収縮の際に産出される力の数倍にもおよぶ（Garrett et al. 1988）。このことからも受動的な力の必要性が理解できる。

■ 受動的過伸張による受傷

ある実験シリーズにおいて、羽状角や近位または遠位腱の構造的特徴が異なる複数の筋を、さまざまな引張強度を用いて受動的に伸張させ、断裂させる試みが実行された（速度：毎秒1、10、または100ｃｍ）。引張強度や筋のタイプとは無関係に、筋組織は予想通り（大半は遠位の）筋腱移行部で断裂した。ただし、その比率はさま

ざまながら、筋腱移行部の一部は常に無傷であったため（Garrett et al. 1984a）、この損傷を腱裂離と評価することはできない。

■ 能動的収縮時における過伸張による受傷

ほとんどの患者における筋損傷は力強い遠心性収縮時に発生する。この種の受傷機序をシミュレートするため、ある実験においてウサギの後肢筋組織が単離され、強縮刺激、亜最大刺激、および無刺激の状態で断裂に至るまで伸張された（Nikolaou et al. 1987）。この実験でもまた、受傷部は筋腱移行部付近であった。ただし、断裂を引き起こす力はどの方法でも大きな差は見られなかった。興味深いことに、断裂時に生成される力は活性筋ではわずか15％高いだけであったが、吸収された力（受動的ストレッチと能動的ストレッチの間の負荷エネルギーの差）は活性筋ではほぼ100％高かった。

> **MEMO**
> 筋は、自身と関連構造を負傷から保護することができるような仕組みを持っていると考えることができる。なぜなら、筋が吸収できるエネルギーの量が高ければ高いほど、損傷に対する耐性が増すからである。

このデータは、一方では結合組織や筋線維自身の受動的部分により、もう一方では筋の収縮要素によりエネルギーの吸収が可能であることを示している。つまり、筋の収縮能を低下させるあらゆる条件が、筋のエネルギー吸収能を低下させ、筋の損傷に対する抵抗性を弱めることにつながる。

3 筋内の断裂

腱への移行部から遠く離れた部位における筋内の断裂はまれであり、手術で治療するのも難しい。羽状筋など一部の筋では起始腱と停止腱が大きく筋内に入り込み、手術が不可避である場合には、この腱部分を修復に利用することができる。腱線維領域や筋外膜への縫合により、筋線維の断裂端を再び適応させることができる。

> **HINT**
> 断裂した筋腹の修復には筋周膜だけでなく筋外膜を利用する方法が有効であることが証明されている（Kragh & Basamania 2002）。

確実な修復には、腱線維や筋外膜など、結合組織の正確な区別を行うために、受傷部にデブリードマンの実行が必要となることがある。これによりしかし、構造損傷の種類によっては、後の瘢痕形成を誘発することにつながる。

大規模な筋束断裂では手術をすることで、介入後のモビリゼーションが早まるという利点がある。例えば動物実験からのデータが、伸張能を維持し不動化の拡大を防ぐため、断裂した筋組織のモビリゼーションは必要であることを示している（Jozsa et al. 1990、Jarvinen & Lehto 1993）。治療がされなかった場合や不動化した場合に比べ、手術介入後は収縮力の回復も顕著に優れている（Menetrey et al. 1999）。しかし、繰り返しになるが、手術による介入は集中的な保存療法（第11章「筋損傷の保存療法」を参照）によっても手に負えない大規模な損傷のみに制限されなければならない。

クラーグとバサマニア（Kragh & Basamania 2002）はスカイダイバーにおける上腕二頭筋の急性外傷性閉鎖性完全断裂という珍しいケースの修復術に関し報告している。このタイプの負傷は固定ロープ（ダイバーと飛行機をつなぐロープ）がジャンプした時に腕にからまり、上腕二頭筋が断裂されることにより発生する。5％を除くすべてのケースにおいて、全筋線維が断裂する。この手術では、吸収縫合糸を用いて筋外膜を環状に連続縫合し、さらにこれに加えて筋外膜の縁と環状縫合を横切るようにマッソン・アレン（Mason-Allen）ステッチを施す。手術が行われたケースでは二頭筋の良好な回復が確認されている。例えば手術をしなかった場合に比べ、収縮力は約2倍にまで回復し、また外観や患者の主観的な評価も優れている。生体力学的な屍体実験では、この環状縫合と修正型マッソン・アレン術の併用は、従来型の縫合法に比べより優れた引き裂き耐性があることが確認されている（Chance et al. 2005）。また、ほかの症例報告では、この手術法が大腿四頭筋の外傷性断裂にも適用され、運動と機能の良好な回復が得られたことが報告されている（Tate 2009）。

> **MEMO**
> そのほかの動物実験では、筋に属する神経の同定と再建により、筋断裂手術の結果が向上することが証明されている。

ギャレットら（Garrett et al 1984b）はウサギモデル

を用いて、長趾伸筋における断裂部の遠位の筋線維は、脱神経の際に見られるような変化、つまり線維萎縮、大きさの変動、線維化、細胞核の中央化などを示すことを証明した。手術後、完全断裂していた筋腹は本来の出力の50％を回復し、正常長の80％まで収縮することが可能となった。部分断裂を負った筋では元の力の60％、そして正常な収縮能が回復した（Garrett et al. 1984b）。この結果から、神経の損傷が手術の結果を左右することが分かる。最近の動物実験も、筋内神経の再建が筋断裂後の機能回復にとっていかに重要であるかを示している（Lim et al. 2006、Pereira et al. 2006）。

4 ハムストリングスの負傷

ハムストリングスの負傷の大半は腱付着部に近い筋腱移行部に発生する。最も多いのは大腿二頭筋の近位と遠位、および半腱様筋の遠位部分である（Garrett et al. 1989）。ハムストリングスの負傷で、骨からの腱の離断や真の腱断裂が生じ、腱と筋が退縮している場合、これは早期に発見され、すぐに治療が開始されなくてはならない。このような場合、機能の回復には手術が必要とされることが多い。

> **HINT**
> 特にハムストリングスの近位腱剥離では退縮がわずかであることが多く、この場合は保存的な治療が可能であることを言及しておく必要がある。

〈1〉 遠位の負傷

大腿二頭筋の遠位は孤立した単独損傷として腓骨骨頭から離断することがある。このような孤立した負傷はウォータースキーやフットボールで観察されている（Sallay et al. 1996）。負傷の結果、痛みが生じ、また大腿二頭筋の長頭と短頭の両方が腓骨骨頭から離断するため重大な機能損失が発生する。その治療では、遠位腱が鏡視下腱板修復術により腓骨骨頭の解剖学的停止部に固定される。このような孤立負傷よりも頻繁に発生するのは、膝関節の外側および後外側における靱帯の複合的な損傷に伴う腓骨骨頭からの大腿二頭筋遠位の断裂である。

半腱様筋の遠位もまた重傷を負うことが多い。この負傷は特にスポーツ選手において、治療が適切になされなかった場合、慢性的な症状が発生する可能性があることが知られている（図13.1）。

コンウェイとクーパー（Conway & Cooper 2007）は、この種の負傷が跛行、膝関節の能動的伸展の抑制、およ

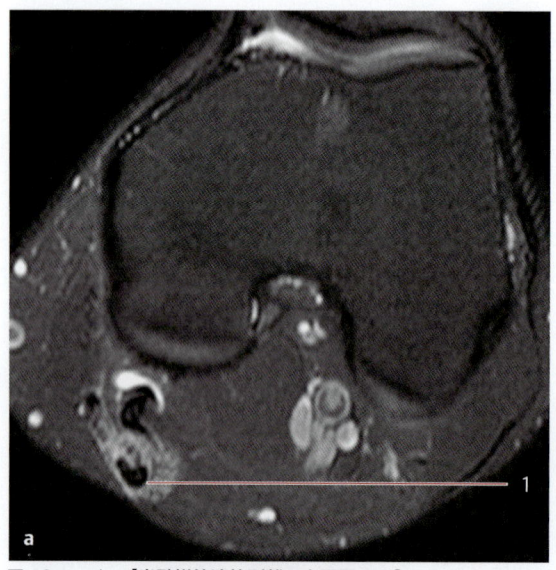

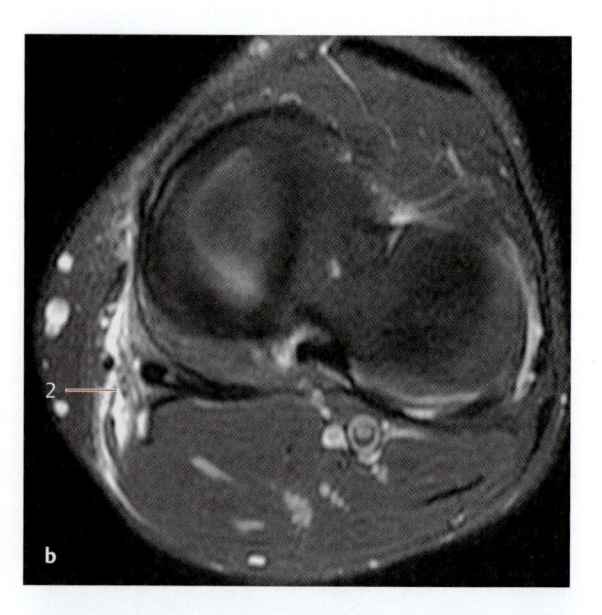

図 13.1a、b 【半腱様筋遠位剥離の水平面 MRI】
a 膝蓋骨の高さで腫脹した半腱様筋腱（1）。
b 膝蓋骨の高さにおける半腱様筋腱の断端（2）。その遠位では瘢痕組織が内側の組織と癒着していた。

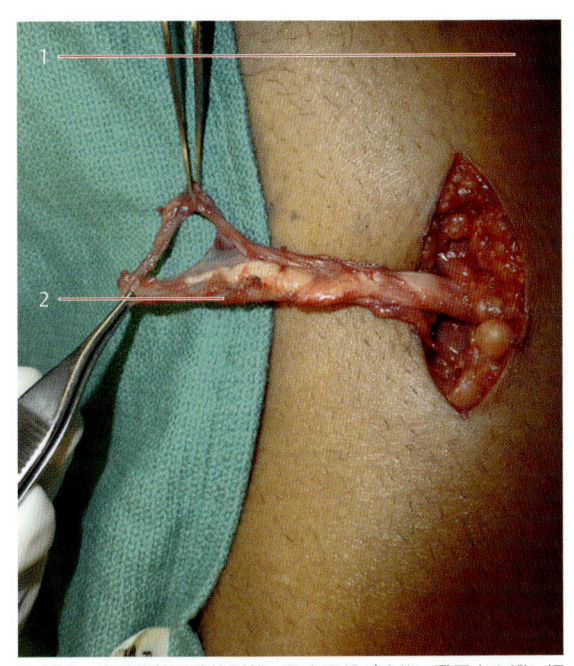

図13.2　**半腱様筋の遠位剥離**　写真下部が遠位。鵞足上を縦に切開。半腱様筋腱が筋から剥離。瘢痕化し内側の組織と癒着していた腱を解離。1＝膝関節；2＝半腱様筋腱。

び膝窩内側の痛みを伴うことを確認している。この場合手術の方法として、断裂した半腱様筋の遠位腱の切除が考えられる。この方法でスポーツ選手は、保存療法で治療した場合よりも早くスポーツを再開することができるようになる（図13.2）。

編者による注釈：しかし半腱様筋腱の切除により、膝関節内側がある程度不安定になることがある。可能であれば、縫合糸アンカーを用いた外科手術による再固定や、半腱様筋と半膜様筋の適応も考慮に入れるべきである。

〈2〉近位の負傷

　筋腱移行部における通常の筋線維断裂はスプリンターやハードル走者で発生する。一方、ハムストリングスの近位腱剥離は通常過度な伸張により発生し、部分的である場合と完全に剥離するケースとがある。ハムストリングスの近位腱剥離は例えばウォータースキーで見られる。スキーヤーの膝は伸ばされた状態で、スキーの金具に固定された脚の上に上体が来るような形で背中と股関節に過度の屈曲が強いられる。この状態でモーターボー

トの加速により突然力が加わると、腱剥離が発生する（Sallay et al. 1996）。もう1つの受傷機序はアメリカンフットボールで観察されている。転倒したプレーヤーが、膝が伸び股関節が曲がった状態でフィールド上に座った形になっている時、ほかのプレーヤーがこの選手の背中に乗り、突然股関節の屈曲がさらに強められて受傷に至る。また選手が湿ったフィールド上で足を滑らせ、膝が過度に伸展した状態で股関節が最大限に屈曲した時にも発生する。しかしより一般的な負傷であるハムストリングスの筋線維断裂と同様に、この種の負傷は大きな力の作用が加わらなかった場合でも発生することがある。

　ハムストリングスの腱剥離は臨床的に非常に重篤な様相を呈することがある。スポーツ選手の中には、負傷後自分の脚が「コントロールできない」感覚に陥り、走ったりスキーで滑ったりすることが不可能になる選手もいる。大腿部後方の筋組織はランニング時の股関節の屈曲と膝の伸展にブレーキをかける役割を持つ（Yu et al. 2008）。したがって完全剥離を治療しなかった場合、選手は速く走ることや方向の転換が不可能となる。大腿二頭筋の短頭が無傷な場合、ハムストリングス機能の一部は存続するが、坐骨に対し筋が十分に固定されないため、スプリントや素早い横運動は不可能となる。ハムストリングスは、立脚期の終わりとブレーキがかかる遊脚期の終わりにおいて推進力が働く時、十分な力を発揮することができなくなる（Yu et al.2008）。

　もう1つの問題は瘢痕の形成であり、これにより坐骨神経やその分枝が影響を受ける可能性がある。ハムストリングスの緊張が坐骨神経痛のような症状を誘発する。ハムストリングスが活性化されると、または膝の伸展により遠位側に転位すると、それに伴い筋腹が神経を引き動かすためである。

　診断には詳細な検査が必要となる。触診では坐骨に圧痛反応が確認できる。患者がうつぶせになり、受傷した側の脚を屈曲させると、腱または断裂部にも簡単に触れることができる。腱は坐骨に至るまでその全長にわたり触診し、対側とも比較する。その後、筋力をテストする。ただし、これは痛みが生じている場合には容易ではない。大腿二頭筋の長頭が坐骨から完全に離断している場合でも、短頭だけでハムストリングスの全出力の約25％を産出することができる。そのため機能が完全に失われることはない。神経検査を通じて、坐骨神経の関与を排除することができる。あおむけになると、受傷した側の股関節に屈曲能力の著しい増加が見られることも多い。坐骨結節から完全に剥離した場合はさらに、股関節を90度に屈曲した際、対側に比べ明確な膝関節の伸展が見られる。ただし部分剥離の急性期には、可動域の拡大を確かめるための検査は痛みを伴うことがある。MRIまたは超音波検査で診断を確証することができる（図13.3）。

13. 筋損傷の外科治療

〈3〉 ハムストリングスの剥離

ランニングスポーツやそのほかのハイレベルな肉体活動を行わない患者の多くはハムストリングスの剥離後も特に際立った障害を体験しない。しかしこの種の損傷を負うのはほとんどの場合スポーツ選手であり、受傷前の能力に回復することが常に望まれる。部分剥離を負った選手は短期間スポーツを休み、将来的な障害の大きさを診断し、同時に保存的療法を開始することができる（第11章「筋損傷の保存療法」を参照）。苦痛が解消しない場合は、後に外科的介入を試みることもできる。

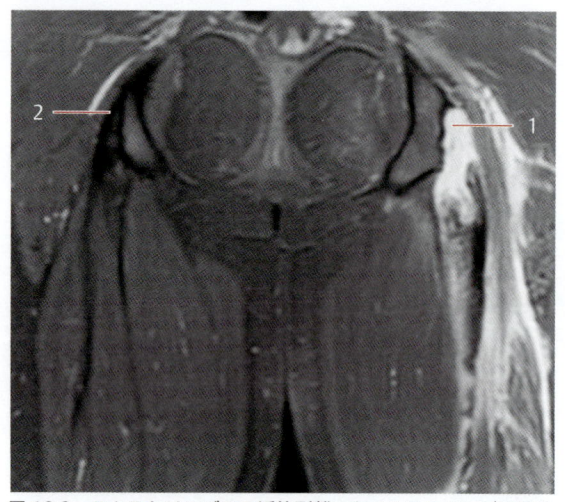

図 13.3　**ハムストリングスの近位剥離**　左ハムストリングス腱の坐骨結節からの剥離（1）。前頭面 MRI。対側（2）のハムストリングスは解剖学的に正常。

> **MEMO**
> 完全剥離とそれに伴う筋の退縮と機能損失に対しては、筋の拘縮と脂肪変性を避けるため、受傷後数週間以内に手術される必要がある（図13.4）。

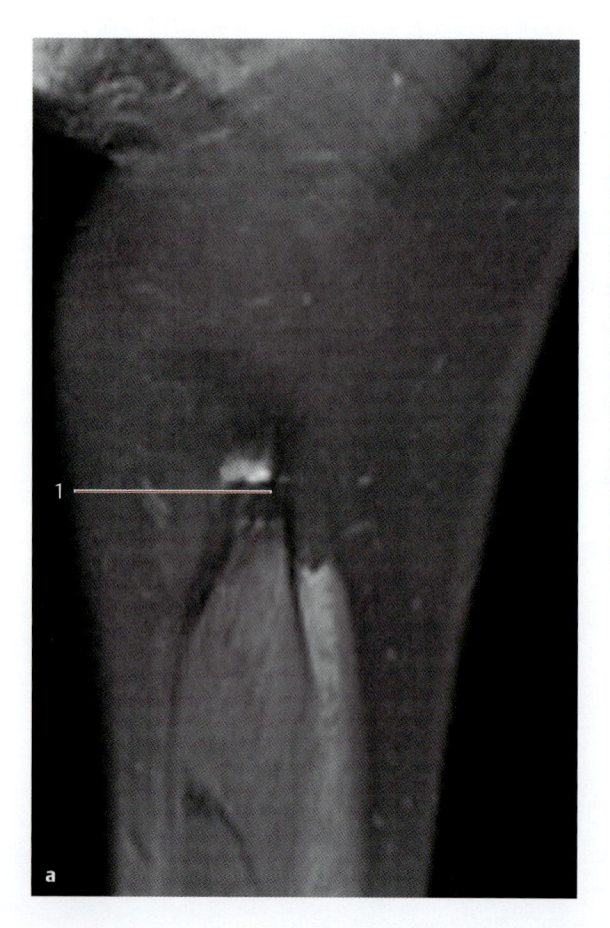

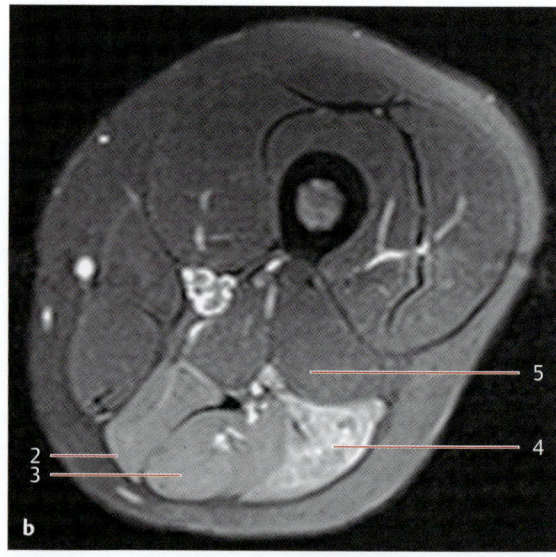

図 13.4a、b　**ハムストリングスの陳旧性剥離**

a　ハムストリングスの剥離し退縮した腱の前頭面 MRI。受傷 13 カ月後。退縮を見て取ることができる近位腱（1）は坐骨結節の遠位に位置している。
b　同じ患者の水平面 MRI。既に始まっている筋萎縮は T2 強調画像では明るい色で表される。
2＝半膜様筋
3＝半腱様筋
4＝大腿二頭筋の長頭
5＝大腿二頭筋短頭の正常所見

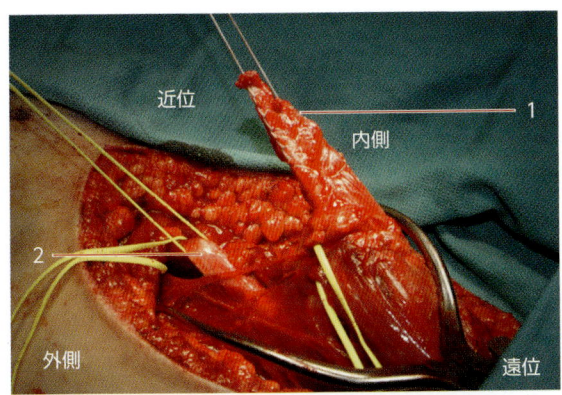

図13.5　左ハムストリングスの近位完全剥離の再固定術
1＝腱；2＝坐骨神経

完全剥離はさまざまな方法で手術することができる。その目的は、起始腱を再び（粗面の最下部ではなく）坐骨結節の外側壁に固定することにある。切開は、坐骨結節の外側に、縦方向にまたは殿溝に沿って行う。後大腿皮神経は保護しながら後方大腿筋膜を切開し、坐骨神経を剥離した腱端から分離する。腱は遠位方向に退縮していることもある。また瘢痕組織が坐骨結節から退縮した腱の間に広がり、小さな水腫が形成されるケースもある。腱の起始部、近位方向へ引くことができるように腱端に糸をかける（図13.5）。次に、6.5mmのCorkscrewスーチャーアンカーと強度2のFiberWire（Arthrex, Inc.; Largo, Florida, USA）を結節に配置する。腱を整復し、腱の横断面上に縫合を分散する。損傷が古い場合、大腿遠位における延長術と癒着切離術の助けなしに、腱を坐骨へ整復することができない場合もある。

Caution
古い損傷では、瘢痕部における坐骨神経の準備に細心の注意を払う必要がある。

坐骨神経、脛骨神経、または腓骨神経は坐骨結節の遠位側で瘢痕化している場合もある。神経を十分に解放して初めて、腱複合体を坐骨にまで動かすことができる。これは時には強度の膝屈曲と強度の股関節伸展なしでは不可能な場合もある。このような場合、ハムストリングスの延長が不可欠となる。これは半腱様筋の遠位に対するZ延長術と半膜様筋ならびに大腿二頭筋の延長により可能である。ハムストリングスは、坐骨へ再固定する際に張力がさほどかからなくなる程度にまで延長する。この時股関節は自然な形を、膝は少なくとも70度に屈曲させる。膝は調節可能な整形器具に固定し、2-8週間かけて次第に伸展させていく。急性期に手術が行われた場合は、受傷後時間がたってから手術された場合に比べ、膝装具を使用しなければならない期間は顕著に短い。各患者に適合した理学療法を並行して行うことで、力と運動性の回復を確かなものとする。急性損傷の術後予後は良好である。ほとんどの患者は非常に満足し、筋力の申し分のない回復を報告している。どちらかというと慢性であるケースに対する施術の結果もまた、症状の顕著な改善を示しているが、急性期の治療ほど優れたものではない（Sallay et al. 1996）。

5 大腿四頭筋の負傷

〈1〉挫傷

大腿部の前方に直接的な打撃が加わると、大腿四頭筋が損傷することがある。大腿四頭筋の挫傷は筋内部に血腫を伴うことがあり、中でも中間広筋など、直接骨に接している筋の損傷度が最も激しい（Walton & Rothwell 1983）。このような大腿四頭筋の挫傷に対する保存的治療に関しては数多くの臨床試験が存在している。一般的には、血腫を抑制するために即座の冷却、外部からの圧迫、時には治療初期の固定化が行われる（Aronen et al. 2006）。血腫の大きさは、受動的ストレッチにより筋の緊張度を高めることで縮小させることができる。これは通常、膝関節を90度以上に屈曲した状態で固定することで実行する。理想的には受傷後できるだけ早く開始する。

■ 大腿四頭筋挫傷の外科治療

大腿四頭筋に対する外科手術による血腫の除去の結果に関して公表されている研究例は少ない。大腿四頭筋打撲に起因する急性コンパートメント症候群に対し血腫除去術と筋膜切開術を用いた症例報告は散見されるが、この方法に関してはいまだ議論が続けられている。ディアスら（Diaz et al. 2003）はプロスポーツ選手における大腿部血腫の保存的治療の成功例を、ロビンソンら（Robinson et al. 1992）は大腿部コンパートメント症候群の保存的治療の成功例をそれぞれ報告している。一方、ほかの比較的小さな症例報告シリーズではコンパートメント症候群と血腫に対する外科的治療で得られた良好な結果が報告されている（Rooser 1987、Rooser et al.

13. 筋損傷の外科治療

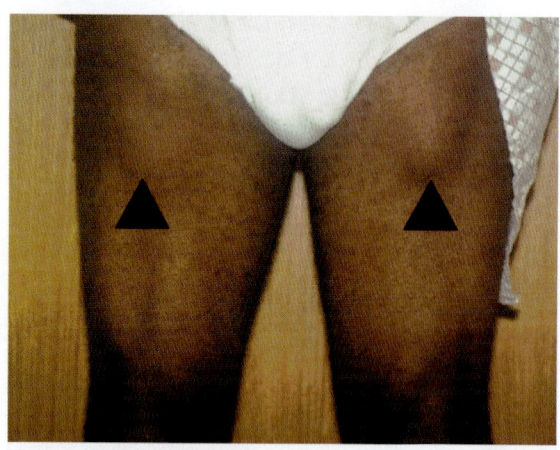

図 13.6　**両側大腿直筋の損傷**　膝の痛みを訴えていたスポーツ選手の大腿部。問診と臨床検査により、左右大腿直筋の無症候性の損傷が発見された。矢印の先が退縮した筋。

1991)。ただし現時点では、大腿四頭筋の急性挫傷との関連において外科的治療を高く評価する専門書の数は少ない。

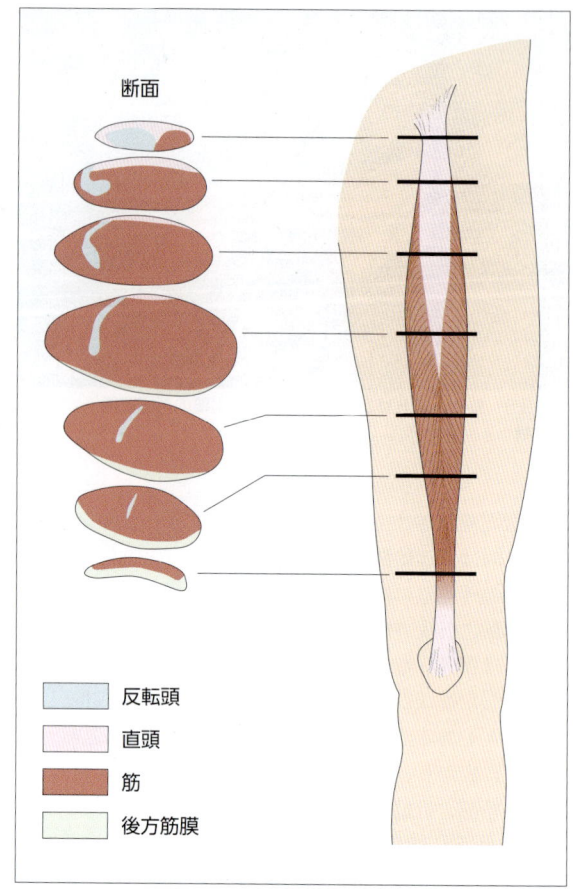

図 13.7　**大腿直筋とその腱の模式図**　右筋の図とその水平断面図。さまざまな高さにおける両方の腱の位置関係を示す。構造は変動的であり、反転頭の筋線維は直頭に包まれていることもある。この構造は「筋の中の筋」を想起させる。

凡例：
- 反転頭
- 直頭
- 筋
- 後方筋膜

〈2〉大腿四頭筋の断裂

通常、大腿四頭筋の中で断裂を被るのは唯一の複関節筋である大腿直筋である。膝が屈曲し股関節が伸びた状態で、強い遠心性負荷がかかる時、この筋は極限的な伸張にさらされ、負傷のリスクが高まる。このタイプの負傷は世界的に見ても、サッカーの選手に発生することが多い。選手は普通、スプリントやシュート中に突然の痛みを感じる。典型的な症状は大腿四頭筋の近位から大腿部中央にかけて発生する圧痛である。保存療法を適切に行えば（第11章「筋損傷の保存療法」を参照）、痛みや運動能の制限は迅速に退行する (Garrett 1996)。

まれではあるが、時には収縮時の筋の輪郭が外から見ても明らかに左右非対称であることが分かるほど、断裂の規模が大きいこともある。損傷部位の退縮による筋の活性化で生じる局所的な容積の増大は、筋端における完全断裂と似た様相を呈する（図13.6）。このような臨床像の根底には、近位筋腱移行部に生じた長い、時には筋腹の内部にまで伸びることもある裂け目がある（下記参照、Hughes et al. 1995）。

確かに、筋の輪郭が目に見えて非対称である場合、これは臨床的には完全断裂のサインであるが、実際のところ大腿直筋に完全な連続性途絶が生じることはほとんどない。大腿直筋は起始に2つの筋頭を持ち、これらはそれぞれ独立した腱を有する（図13.7：第1章「骨格筋の機能解剖学」も参照）。両筋頭の線維は大腿四頭筋腱の中を遠位へと走る。この筋の直頭は下前腸骨棘に、反転頭は寛骨の前外側上縁および股関節の関節包に、それぞれ起始を持つ。直頭の腱は通常、幅広く平坦であり、筋の前表面に位置する。これに対し、反転頭の腱は長く、筋腹の中を遠くにまで伸びている (Hasselman et al. 1995)。大腿直筋で負傷しやすいのは反転頭であり、筋線維が腱から剥離する、腱自体が破損する、あるいはその両方が複合的に発生する。

核MRI画像診断では浮腫や限局的な液体凝集（水腫など）が反転頭の腱に見られるのが特徴的である（図

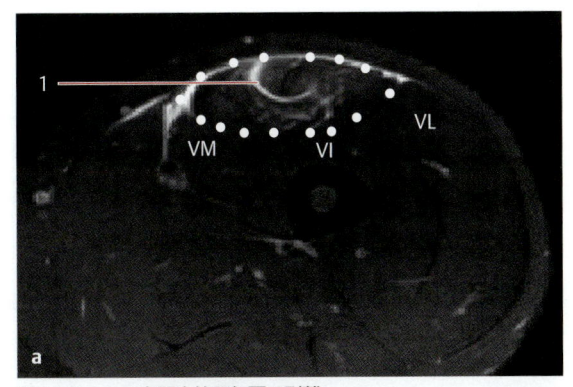

図 13.8a、b　**大腿直筋反転頭の剥離**

a　ホビーサッカー選手の左大腿部の水平面 T2 強調 MRI。点線で囲まれた部分が大腿直筋。
b　同じサッカー選手の前額面の T2 強調画像。点線で囲まれた部分は大腿直筋の端。

1 ＝損傷した反転頭。T2 強調画像ではシグナルが強く分かりやすい。ほぼ完全に液体によって囲まれている。
2 ＝反転頭の退縮した線維の近位端。直頭の線維内に位置している。
VM ＝内側広筋
VL ＝外側広筋
VI ＝中間広筋

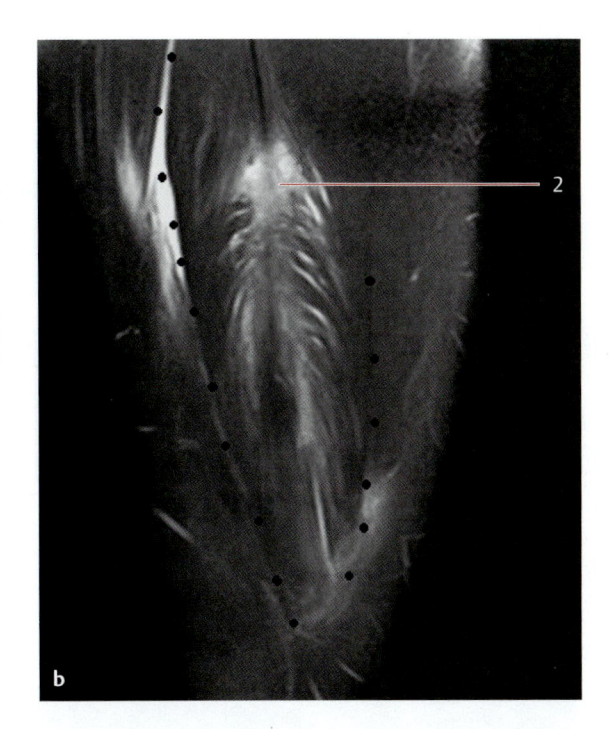

13.8）。時には遠位の筋腱移行部も負傷するが、直頭が負傷することはほとんどない。近位の断裂は、筋腱移行部における小さな浮腫の形成から、反転頭の退縮を伴う完全剥離まで、その規模はさまざまである。これらの損傷に関する近年行われた超音波での研究では、治癒期間の長さと反転頭の破損部分の位置とを関連付ける試みがなされた（Balius et al. 2009）。その結果、遠位側に受傷した場合に比べ、近位側に受傷した場合のほうが治癒期間が長くなることが分かった。正確には、再びスポーツができるようになるまでの平均治癒期間は近位側45日、遠位側39日であった。また、腱膜が長くなるに従い、治癒期間が延びることも確認された。慢性断裂のMRI画像には大腿直筋反転頭における瘢痕組織（図13.9）、ならびに中間広筋との癒着と凝集した液が見られる。

■ 大腿四頭筋断裂の治療

大腿四頭筋断裂の大多数は保存的に治療できる。治癒に時間がかかる場合もあるが、一般的には障害が残ることはない。一般的な後遺症はスプリントや力強いシュートなどで現れる大腿四頭筋の突っ張りや軽い痛みである。手術を行うのは極めてまれで、痛み症状が改善せず、スポーツ活動に多大な影響が出る場合のみに限られる。手術の結果に関する調査が行われたことはまだない。本章の筆者もこの種の手術においてあまり多くの経験を有していない。

編者による注釈：上記の事実が、この種の比較的頻繁に発生する損傷に対しては、外科的介入の必要性がほとんど存在しないことを裏付けている。本書の編者は大腿四頭筋の断裂はほぼ常に保存的に治療することが十分に可能であると確信している。

● 大腿四頭筋の手術

筋は受傷部前面を切開する。この時場合によっては、大腿四頭筋へつながる大腿神経とその分枝が同定できるまで切開を近位方法に延長する必要もある。大腿直筋は普通、傷をつけることなしに大腿四頭筋群から分割することができる。ここで電気神経刺激を与え筋を活性化すると、筋の断裂部を検出することができる。ほとんどの場合、深部に位置する反転頭の近位に受傷部があり、術者は深部筋の遠位方向への退縮を見ることができる。近位への切開を短く抑えるために、刺激電極を用いて筋を活性化することで、神経の解離は不要となる。麻酔医はさらに、この神経の近位を通常は局部麻酔に用いられる一般的なカテーテルで刺激するのもよい。このような活性化により、筋の損傷を明確に見つけることが可能になる。筆者は、反転頭近位が完全に剥離し遠位へ退縮した症例を経験している。筋を活性化すると反転頭は短縮し

13. 筋損傷の外科治療

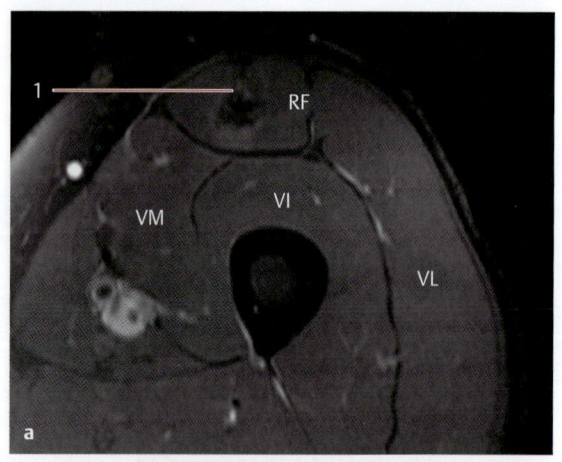

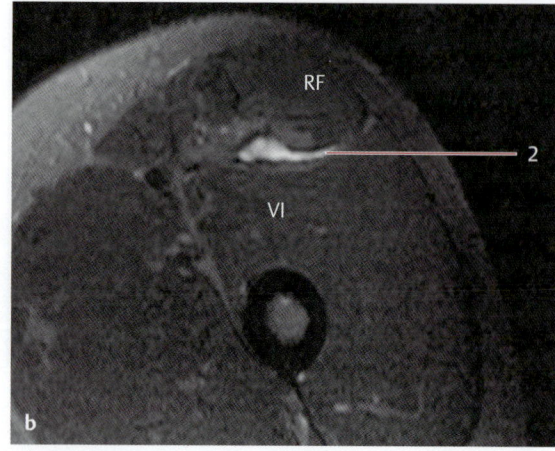

図 13.9a、b　**左大腿直筋反転頭の陳旧性損傷**　患者はアメリカンフットボール・カレッジリーグのトップ選手

a　水平面 T2 強調 MRI。
b　大腿直筋の水平面 T2 強調 MRI。
1 ＝大腿直筋の中央に位置する暗く写った瘢痕組織
2 ＝大腿直筋の停止腱と中間広筋の間の液

RF ＝大腿直筋
VM ＝内側広筋
VI ＝中間広筋
VL ＝外側広筋

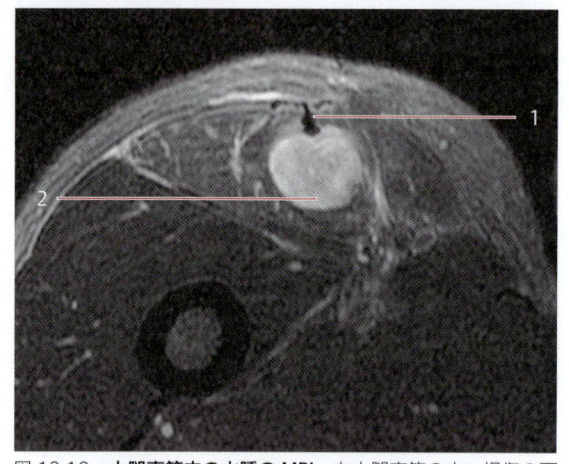

図 13.10　**大腿直筋内の水腫の MRI**　右大腿直筋の古い損傷の画像。1 ＝大腿直筋反転頭の腱；2 ＝大腿直筋の水腫。

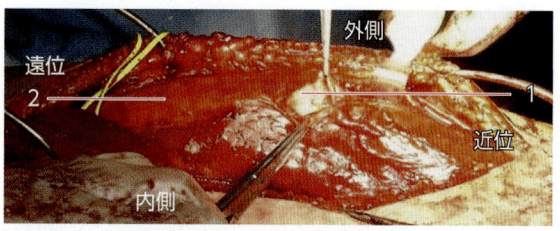

図 13.11　**大腿直筋反転頭の損傷に対する外科手術**　1 ＝大腿直筋内の水腫；2 ＝大腿直筋遠位。

太くなる。その結果筋腹内で大きな場所を占有するのが目視できる。

　大腿四頭筋が大規模に損傷している場合、筋内に顕著な瘢痕形成が確認される場合もある。また主に退縮した筋と瘢痕の近位側に水腫が発展していることもあるが、これはMRIで十分に発見できる（図13.10）。手術ではまず、線維性瘢痕組織のすべてを周囲の筋線維から取り除き、筋の断裂部を解放する（図13.11）。これにより、筋は神経刺激に対して正常な収縮を示すようになり、以前に見られたような大きな場所を占有することはなくなる。いくつかの外科的介入では大腿直筋の後方と隣接する中間広筋の間に大規模な瘢痕が形成されているのが確認された。

　線維性の瘢痕組織を切除し、大腿直筋を整復した後、止血し慎重に筋膜を閉鎖する。リハビリテーションには慎重なストレッチ運動および患部の近位と遠位に対するマッサージと横断摩擦マッサージを採用し、術後数日中に開始する。また負荷の高くない能動的なトレーニングも早い時期に開始する。患者のほとんどは4カ月後にはスポーツに復帰できるようになる。

〈3〉予後

　これまで、大腿四頭筋の損傷に対する手術治療のアウトカムデータはまだ公表されたことがない。8人の手術患者（カレッジあるいはプロリーグでのアメリカンフッ

トボール5人、野球3人）における仮の調査（著者らによる非公式データ）では、患者のすべてが激しいスポーツの際にのみ障害を実感すると答えている。患者の内7人では術前の症状が改善し、スポーツの再開が可能となった。患者の1人は術後6カ月でいまだにリハビリ中であるが、状態は改善している。もう1人、既に他施設で手術を受けていた患者が、筆者による再手術を受けたが、本来のスポーツ能力を回復するには至らなかった。ただし、このタイプの損傷において手術が実行されるのは極めて少数の患者においてのみであり、大多数の患者では保存治療が行われることを、ここにもう一度強調しておく。

MEMO
大腿四頭筋の損傷に対する手術治療が必要となるのはまれであり、あらゆる保存的な治療法が成功しなかった場合にのみに限定される。

レントゲンで占拠性の病変が見つかり、それが腫瘍である可能性を排除するためにクリニックを訪れる患者も多い。このような患者のほとんどは症状がない、あるいはあってもごくわずかである。もちろんこのようなケースでは、誤診を避けるため入念な診察評価が不可欠である。

6 結論

ハムストリングスと大腿直筋の損傷の大多数は保存的治療が可能であり、そのため手術介入が行われるケースの数は少ない。大規模な筋断裂では、複合的な縫合や早期のモビリゼーションが可能であるため、手術治療に利点がある。ハムストリングス近位の剥離はその規模や筋退縮の程度によっては、運動の機能や能力を顕著に損なうことがある。このような損傷が発生してから時間がたっている場合には、治療の予後は予測が不可能となる。このことから、スポーツ選手あるいは肉体を酷使する患者は、後に機能障害が発生することを避けるためにも、早期に手術を受ける必要がある。

大腿直筋反転頭の損傷はほぼ常に保存的治療が可能である。手術を行うのは、保存的治療が成功しなかったまれなケースのみに限定しなければならない。

参考文献

Aronen JG, Garrick JG, Chronister RD. Quadriceps contusions: clinical results of immediate immobilization in 120 degrees of knee flexion. Am J Sports Med 2006; 16(5): 383-387

Balius R, Maestro A, Pedret C. Central aponeurosis tears of the rectus femoris: practical Sonographie prognosis. Br J Sports Med 2009; 43: 818-824

Chance JR, Kragh JF, Agrawal CM. Pullout forces of sutures in muscle lacerations. Orthopedics 2005; 28(10): 1187-1190

Clarkson PM, Newham DJ. Associations between muscle soreness, damage, and fatigue. Adv Exp Med Biol 1995; 384: 457-469

Conway JE, Cooper DE. Semitendinosus ruptures in elite athletes. Calgary, CA: American Orthopaedic Society for Sports Medicine; 2007

Diaz JA, Fischer DA, Rettig AC. Severe quadriceps muscle contusions in athletes. Am J Sports Med 2003; 31(2): 289-293

Elftman H. Biomechanics of muscle. J Bone Joint Surg 1966; 48-A: 363-377

Friden J, Lieber RL. Structural and mechanical basis of exercise-indeced muscle injury. Med Sci Sports Exerc 1992; 24: 521-530

Garrett WE, Jr., Almekinders L, Seaber AV. Biomechanics of muscle tears and stretching injuries. J Orthopaed Res 1984a; 9: 384

Garrett WE, Jr., Seaber AV, Boswick J. Recovery of skeletal muscle after laceration and repair. J Hand Surg 1984b; 9(5): 683-692

Garrett WE, Jr., Nikolaou PK, Ribbeck BM et al. The effect of muscle architecture on the biomechanical failure properties of skeletal muscle under passive extension. Am J Sports Med 1988; 16: 7-12

Garrett WE, Jr., Rich FR, Nikolaou PK et al. Computed tomography of hamstring muscle strains. Med Sci Sports Exerc 1989; 21: 506-514

Garrett WE, Jr. Muscle strain injuries: Clinical and basic concepts. Med Sci Sports Exerc 1990; 24: 436-443

Garrett WE, Jr. Muscle strain injuries. Am J Sports Med 1996; 24 (Suppl. 6): S2-S8

Glick JM. Muscle strains: Prevention and treatment. Physician Sportsmed 1980; 8(11): 73-77

Hasselman CT, Best TM, Hughes C et al. An explanation for various rectus femoris strain injuries using previoulsy undescribed muscle architecture. Am J Sports Med 1995; 23: 493-499

Howell JN, Chila AG, Ford G et al. An electromyographic study of elbow motion during postexercise muscle soreness. J Appl Physiol 1985; 58: 1713-1718

Hughes C, Hasselman CT, Best TM et al. Incomplete, intrasubstance strain injuries of the rectus femoris muscle. Am J Sports Med 1995; 23: 501-506

Jarvinen MJ, Lehto MUK. The effects of early immobilisation and immobilisation on the healing process following muscle injuries. Sports Med 1993; 15: 78-89

Jozsa L, Kannus P. Thoring J. The effect of tenotomy and immobilisation on intramuscular connective tissue. J Bone Joint Surg 1990; 72-Br: 293-297

Kragh JF, Basamania CJ. Surgical repair of acute traumatic closed transection of the biceps brachii. J Bone Joint Surg 2002; 84-A: 992-998

Kragh JF, Svoboda SJ, Wenke JC. Epimysium and Perimysium in suturing in skeletal muscle lacerations. J Trauma 2005; 59(1): 209-215

Krejci V, Koch P. Muscle and tendon injuries in athletes. Chicago, IL: Yearbook Medical Publishers; 1979

Lim AY, Lahiri A, Pereira BP. The role of intramuscular nerve repair in the recovery of lacerated skeletal muscles. Muscle Nerve 2006; 33: 377-383

Menetrey J, Kasemkijwattana C, Fu FH. Suturing versus immobilization of a muscle laceration: a morphological and functional study in a mouse model. Am J Sports Med 1999; 27: 222-229

Nikolaou PK, MacDonald BL, Glisson RR et al. Biomechanical and histological evaluation of muscle after controlled strain injury. Am J Sports Med 1987; 15: 9-14

Pereira BP, Tan JAC, Zheng L. The cut intramuscular nerve affects the recovery in the lacerated skeletal muscle. J Orthopaed Res 2006; 24: 102-111

Peterson L, Renstrom P. Sports Injuries: their prevention and treatment. Chicago, Il: Yearbook Medical Publishers; 1986

Radin EL, Simon RM, Rose RM. Practical biomechanics for the orthopaedic surgeon. New York: John Wiley; 1979

Robinson D, On E, Halperin N. Anterior compartment Syndrome of the thigh in athletes - indications for conservative treatment. J Trauma 1992; 32: 183-186

Rooser B. Quadriceps contusion with compartment syndrome. Evacuation of hematoma in two cases. Acta Orthopaedica Scandanavica 1987; 58: 170-172

Rooser B, Bengtson S, Hagglund G. Acute compartment syndrome from anterior thigh muscle contusion: A report of eight cases. J Orthopaed Trauma 1991; 5: 57-59

Sallay PI, Friedman RL, Coogan PG. Hamstring injuries among water skiers: functional outcome and prevention. Am J Sports Med 1996; 24(2): 131-137

Sherman WM, Armstrong LE, Murray TM et al. Effect of a 42.2-km footrace and subsequent rest or exercise on muscular strength and work capacity. J Appl Physiol 1984; 57: 1668-1673

Stauber WT. Eccentric action of muscles: physiology, injury and adaptation. Exerc Sport Sci Rev 1989; 17: 157-185

Tate DE. Use of combined modified Masson-Allen and perimeter stitches for repair of a quadriceps femoris laceration: a case report. J Trauma 2009; 67(3): E88-E92

Walton M, Rothwell AG. Reactions of thigh tissues of sheep to blunt trauma. Clin Orthopaed Rel Res 1983; 176: 273-281

Yu B, Queen RM, Abbey AN et al. Hamstring muscle kinematics and activation during overground sprinting. J Biomech 2008; 41(15): 3121-3126

Zarins B, Ciullo JV. Acute muscle and tendon injuries in athletes. Clin Sports Med 1983; 2: 167-182

第14章

物理・理学療法的処置とリハビリテーション

K. エーダー、H. ホフマン

1. メディカルチームの要件　*314*
2. セラピーの観点から見た筋筋膜系障害の大きさと影響　*315*
3. 治療・検索戦略　*322*
4. 筋損傷後の治療戦略　*330*
5. 治療法　*336*

14. 物理・理学療法的処置とリハビリテーション

1 メディカルチームの要件

　現代のプロあるいはそれに準ずるスポーツ界では、その競技の種類にかかわらず、また筋損傷の種類や重傷度にもかかわらず、最短期間のリハビリテーションと、そしてもちろん損傷した生物学的構造の機能と性能の迅速な回復が要求される。負傷した選手は例外なく、可能な限り迅速なトレーニングや試合への復帰を望む。したがって、スポーツ理学療法の世界では一般的に極めて良好な患者のコンプライアンスを期待できる。これは一見利点であり、また複合的な治療戦略の実行における理想的な前提条件であるように見える。しかし、実際にはむしろ治療の障害となることも多い。コンプライアンスが「過度なモチベーション」に発展し、選手が治療コンセプトおよびその実行や期間に対して非現実的な期待を持つようになるからである。治療法やトレーニング補助手段は日々改善されているが、これまでの章からも明らかなように、負傷したスポーツ選手の身体機能や運動能の回復に関連する生物学的な法則やこれに基づく時間的な制約を覆すことはできない。

　スポーツの世界では、負傷選手の能力の維持、最適化および回復を目的としたメディカルチームの構成も近年大きな変化を経験した。その結果、ケアコンセプトもまた次第に複雑化の様相を呈してきた。社会倫理的な理由から、そして特にプロスポーツでは純粋に現実的経済的な理由から、選手あるいはチームの成功を確実にすることがメディカルチームの目的であり、役割である。

　選手やチームの能力と、そして成功のチャンスを最適化するため、個々のスポーツではそれぞれ異なった歴史を背景に、(さまざまな地理的、法的、金銭的条件のもと)それぞれ異なった重点やニュアンスを持つケアコンセプトが開発されてきた。しかしすべてのコンセプトに共通して言えることは、治療コンセプトは常にさまざまな分野に従事する専門家による学際的な協力に基づいているということである。医学や理学療法の進歩に伴い、これらの分野内における専門化も進み、その結果、メディカルチームや医療部署においてもスタッフの拡大につながった。このような発展が始まったのは1970年代後半から1980年代前半にかけてであった。この時代まではベンチに控えていたのはチームドクターとマッサージ師だけであったが、その後次第に(ドイツスポーツ連盟により規定されたオリンピックス種目をサポートするためのカリキュラムによる)スポーツ理学療法士を育生する包括的な継続教育や資格認定を通じて、スポーツ選手のサポートに興味を抱く治療体操指導員や理学療法士の数が増えてきた。こうして、新しい治療技術が採り入れられ、治療戦略はより包括的なものへと発展してきた。

　この分野における発展のきっかけとなったもう1つの要因として、1980年代中ほど、ドイツでは法的にプロスポース選手の負傷に対するリハビリテーション費用の支払い義務を担う同業者保険組合(VBG)の働きかけがあった。ブンデスリーガの発足と同時に、選手は全員職業選手となり、ドイツ社会法典(SGB V)に従いほかの被雇用者と同様、法的傷害保険への加入が義務づけられた。すなわち、労働災害(つまりプロスポーツ選手ではトレーニングや試合中の負傷)が発生した場合、同業者保険組合が傷病手当金の支払い義務を、選手が再び就業可能、つまりプレー可能になるまで、担うことになった。既存の治療方法を用いた「普通」のリハビリテーションでは就業能力が回復するまでに時間がかかりすぎ(そのためVGBにとっても傷病手当の給付期間と総額が増加し)、さらに選手の能力の回復も十分ではなかった。そのためVBGは独自に複合的な治療戦略の実行コンセプトを開発し最適化した。こうしてトレーニング療法の専門家(医学・療法の分野における専門教育を受けたスポーツ科学者)が初めて、医者やマッサージ師あるいは理学療法士と並んで、メディカルチームの中枢に取り入れられるようになった。またこの発展の延長線上として、学際的な専門家継続教育が導入され、これらの職業に対し義務化された。現代におけるプロサッカーチームのメディカルチームは15人から25人のスタッフで構成されている。このサポートネットワークには専属のスタッフだけでなく、外部スタッフも含まれ、日々20人から30人のプロサッカー選手をサポートしている。

　スポーツ選手のメディカルケアにおける発展と時を同じくして、それぞれのスポーツにおけるパフォーマンスの発展により、選手の身体、特に関節・靭帯系と筋筋膜系に対する負担が劇的に増加した。

> **MEMO**
> スポーツ理学療法の立場から言うと、選手の能力の維持、発展あるいは最適化に役立つあらゆる職業グループが、チームトレーナーに協力するべきである。

コンセプトの中心にいるのはチームドクターであり、選手の健康とパフォーマンスに対し、最終的な責任を負う。チームドクターは関係者の活動1つ1つをマネージメントし、管理する必要がある。「サポートネットワーク」を構築し、理想的にはすべてのメディカルスタッフと常にコンタクトを取り、そしてすべての選手の相談相手にもなる。一般的には日常のトレーニング時、そして特に筋損傷に対する治療時においてさまざまなレベルにおけるそれぞれの専門家の間で対話の必要が生じる。例えばドーピング検査官はチームドクター、理学療法士、栄養士などと常にコンタクトを取り、選手やチームに対し複雑で常に変化を続けるドーピング問題の周知を徹底する必要がある。設備管理者はチームドクターだけでなく、時には整形シューズメーカーやそのほかの装具ベンダーなどとも密接に協力し合う必要がある。スタッフの数が増え、その関係性が複雑になればなるほど、そして筋損傷の後には特に、滞りのないコミュニケーションと体系的かつ摩擦のない責任および決定能力が必要とされる。

2 セラピーの観点から見た筋筋膜系障害の大きさと影響

どのスポーツにおいても、勝利や好成績を得るには、そのレベルに応じ、そのスポーツに不可欠な一定の身体的運動能力、各スポーツに特有の運動パターンの実行に必要な技術の習得、戦略的判断力あるいは実行力などが要求される。最後の点は、チームスポーツにおいて特に重要となる。チームスポーツでは自軍選手やまた相手チーム選手との兼ね合いを考慮した上で選手個人の行動計画（個人戦略）が立てられ、適切に処理されない限り、ゲームを有利に導くことはできない。

また、さまざまなスポーツ、あるいは1つのスポーツにおけるさまざまな競技種目はそれぞれ極めて特異的・典型的な運動パターンを多数有している。長期間にわたり何度もトレーニングを繰り返すことで、これがスポーツに特異的な運動刺激となり、これら負荷を適切に「処理」するため、関連する生物学的構造に順応や適応といった形で反応が生じる。このような変化は骨や靱帯だけでなく筋にも発生し、特に身体の左右に非対称的な負荷がかかるスポーツにおいて顕著となる。その例は次のようなものである：

- ラケットを使うスポーツなどにおける、腕に対する一方的な打撃負荷
- ホッケーやアイスホッケーなどにおける両側面に偏った打撃姿勢
- ゴルフのティーショットなどの一方的な運動方向（右スイング・左スイング）、または陸上競技スプリント種目における一方的なカーブ走
- 幅跳びや高跳びにおける踏切足と振り上げ足、ハードル走の振り上げ足や抜き足、あるいはサッカーにおける利き足などの片側に生じる特殊な負荷

このような適応は基本的にスポーツに特異的な運動パターンの質の向上につながり、そのスポーツにおける選手の能力に対し好影響を及ぼす。その一方で、このような適応は筋に対する負荷の変化を引き起こし、場合によってはそれぞれの筋骨格構造に対する誤負荷あるいは過負荷の原因となる。結果、これらの構造の負荷耐性を超えることさえある。これによりさまざまな形で筋損傷が発生する。

スポーツチームにおけるメディカルスタッフ、特にスポーツ理学療法士やトレーナーにとって、このような特定のスポーツに特有の筋骨格系の変化に関する知識を有することは非常に重要である。このような知識を持つことにより、筋損傷後の構造的あるいは機能的な予後の評価が容易となり、複合的かつ妥当な治療戦略の構築が可能となる。以下に、スポーツに特異的な適応機序を例示し、セラピストにとって注意すべき点とは何かを論じる。この知識は今後の治療成果の質と持続性に直接的な影響を与え、最新の複合的治療戦略の基礎をなすと著者らは確信している。

MEMO
病的変化とスポーツ適応を区別し、そこからそれぞれのケースにとって最善の治療戦略を立てることは、メディカルチームあるいはセラピストの課題であり、常に個別ケースの特異性を考慮に入れた上で行われなければならない。

⟨1⟩ サッカーに見る特定スポーツにおける運動器官の変化や適応

あるスポーツを長期間練習すると、運動器官の能動的あるいは受動的構造に変化が生じる。この変化は、競技に必要とされる特殊な運動、およびそれと関連する典型的な運動パターン、そしてその時生じる機械的な負荷により引き起こされる。

左右非対称な負荷パターンを持つスポーツであるサッカー（軸足と蹴り足）を例とし、ここでは上述の適応反応の例をいくつか紹介する。既に述べたように、このような適応反応は損傷の評価にとって非常に重要な要素となる。サッカーでは生物学的構造に影響を与える負荷は量的にも質的にも非常に多岐にわたる。そのため、それぞれの負荷に対する運動器官の適応には時間がかかる。両足で同程度にうまくけることができるプレーヤーの数は少ない。さらに選手に要求される動きや典型的な運動パターンはポジションによっても異なっている。その差はもちろんフィールドプレーヤーとゴールキーパーの間が一番大きいが、フィールドプレーヤー同士でもポジションによっては大きな差がある。

運動器官のサッカーへの適応は現役選手だけでなく、現役を退いてから何年もたつ選手にも見られる。そしてトレーニングや試合の準備における（医師、理学療法士、あるいはトレーナーによる）スポーツ理学療法的サポートの際に特にこの適応に注意を向ける必要がある。つまり医学的な観点から、将来の変性障害の予防として、この適応変化を「治療」し、解消または少なくとも抑制するべきかどうかという問題を常に考慮する必要がある。この問いに対しては、常に正しい解答や推奨などは当然存在しない。むしろ、変化の度合いや選手の身体的特性などを加味した上で、個別のケースにおいてその都度決定される必要がある。したがって、このような潜在的な運動器官における構造変化の重要性を理解するメディカルチームは次のような能力を身につける必要がある：

- 筋損傷の発生機序を正しく理解し、その主要原因を適切に評価する能力
- 複合的な治療戦略の枠組み内で最善の、そしてスポーツの世界では常に期待される、最短期間での回復を可能とする能力
- 個別の負傷選手に対し、将来的な筋損傷の可能性を排除する条件を構築する能力

■ ボールコンタクトによる蹴り足の変化

機械的に描写すると、サッカー選手は特定の大きさを持つ革と空気からなる350gの物体（サッカー競技規則第2条）をさまざまな技術を用いて、ある一定方向へ加速する、つまりキックする必要がある。この時、さまざまな部位にさまざまな負荷を伴うボールとの接触が生じる（ヘッドプレーにおける額、インステップキックにおける足の甲、あるいはインサイドキックにおける足の内側など）。機械的要因として接触時におけるボールの大きさ、空気圧、接触時間、および速度の変化が、運動器官に対する機械的負荷の特性を決定づける。これら要因のどれかが変化すると、負荷特性にも変化が生じ、運動器官に対し有利なあるいは不利な影響を発揮する。

● ボールの大きさ、空気圧、接触時間、および速度の影響

接触開始時におけるボールの速度が同じでかつ接触時間も同じ場合、（同じボール圧のため）FIFAが公式に認可した青少年用と成人用ボールの大きさの違いが、運動器官により「処理される」必要があるボールから加えられる力を左右し、これがボールコンタクト時の機械的負荷となる。成人用ボールは接触時、青少年用に比べ約25％高い最大負荷を産みだす。ほかの条件が同じで衝突速度が高まった場合、ボールの接触時に加わる負荷も増加し、速度が1m／s上昇するごとに最大負荷も約100N増加する。ボールの圧力を100g／cm▲3▲上昇させると、より「弾性衝突」に近い条件となり、その結果接触時間が約15％短縮され、接触時に発生する最大負荷は約100N上昇する。

したがって、足にかかる機械的負荷の大きさは、ボールに含まれる空気の量により左右される。例えばドイツ・ブンデスリーガでは比較的高いボール圧（つまり空気が多く含まれ硬いボール）が使用されている。一方、ブラジルや南米ではボール圧が0.2-0.3バール低い。

> **MEMO**
> ボール圧を高めるとボールの機械的特性が変化する。ボール圧が0.1バール上昇するごとに、ボール接触時の最大負荷は約10％上昇し、同時に接触時間が短縮される。

この負荷が加わる瞬間におけるボール接触時間と最大負荷の関係は、衝撃力が非生理的な大きさにならない時、理想的であると見なされる。ただしこの時、接触時間が長すぎてはならない。生物学的構造に対する作用時間が長くなりすぎてしまうからである。このような場合には、衝突が弾性衝突ではなくなり、身体組織がこれをかばうあるいは補償するような動きを見せ、結果として関連関節における安定性の損失につながる。

● ボールと体の大きさの関係

機械的負荷の大きさは、選手の身体の大きさおよび重量とボールの質量との比率によっても左右される。未成年が成人用ボールを加速する際にかかる機械的負荷の大きさは、計算上成人が通常ボールの2倍の大きさと1.2kgの重量を持つボールを加速する際に加わる負荷と同じ大きさとなる。したがって児童や青少年ではそれぞれのスポーツにおける負荷の大きさに対し特に注意を払わなければならない。

MEMO
この年齢層は成長期にあたり、適応反応が特に強い。しかしその一方で運動器官はまだ完全に安定していない（筋による安定化がまだ完全ではない）ため、FIFAの規定に従い少年チームは適切な青少年用ボールのみを用いてトレーニングおよび試合を行い負荷を最小化することが重要である。

● 典型的負荷の回数の影響

ボールとの接触による機械的な負荷の大きさだけでなく、接触時に生じる典型的な負荷の回数もまた、運動器官における変性変化を引き起こす要因となる。自然は人間の運動器官（特に骨盤から脚にかけての下半身）を歩行と走行に適した形に進化させた。人間の足は縦と横方向にふくらみを持つが、このふくらみが歩行の際にクッションとなり体の重量による衝撃を緩和するようにできている。また、次の一歩に移る際に加速を助ける役割も持つ。ボールとの接触の際は、短時間（ボール圧により違いがあるが約11から15ms）、このふくらみの仕組みとは反対方向へのせん断力が関節内に発生する。この時ボールの重量により生み出される機械的負荷の大きさは生理的な許容範囲内にあり、通常生物学的な負荷耐性を超えることはない。長期間（場合によっては何年にもわたり）この同じ負荷が繰り返されると、刺激が発生し、これが微小外傷を引き起こし、そして最終的には運動器官の変性となって現れる。

● 足首と脛骨における適応

自然はボールとの接触で生じる短時間の荷重にあらかじめ備えようと試み、例えば距舟靭帯などの付着部を強化する。シャーピー線維が太くなりまた数も増え、より大きな場所を占めるようになる。こうして距骨や脛骨に骨棘（距骨鼻ともいう）が現れ、これが上部足関節における背側伸展能の制限をもたらす。ブリュッゲマンとヘンチュ（Brüggemann & Hentsch 1981）はある横断的研究において、プロサッカー選手（少なくとも3年間プロでプレー）の蹴り足のみにこの種のレントゲンで証明可能な骨性変化を確認したことを公表している。自身でゴールキックをすることがなかったゴールキーパー1人だけが例外で、この選手にはこのような変化は見られなかった。キックが技術的に誤って、あるいは生体力学的に不利に行われる場合、距舟靭帯に対する引張力もまた非生理的な強さとなり、場合によっては負荷耐性を超えてしまう。この場合は急性の外傷が発生しても不思議ではない。シューズが適切でない場合、この致命的な関節安定性の変化にさらに悪影響が出る。サッカーシューズがその靴底の仕組みにより、過度な足首の伸展（上部足関節の底屈）を防止する一方で、図14.1に示すように粗末なシュート技術が致命的な結果を持つこともある。足の前方だけでボールを誤って蹴ってしまった場合、ボールに対し力を発生するてこの柄が長くなり、その結果、距舟靭帯のてこの柄の長さとの関連にしたがって、この靭帯にかかるトルクが、そしてそれに伴い引張力が数倍に跳ね上がる。例えば、現実的な条件下におけるコーナーキックの実行時（飛行速度約50-80km／h）には約1200Nの力が加わると考えられている。これは生理的な許容範囲内であり、靭帯の負荷耐性を超えるものではない。キックの仕方が悪いと、距舟靭帯にかかる引張力は負荷耐性の限界近く、3000Nにまでふくれあがり、負傷のリスクが高まる。

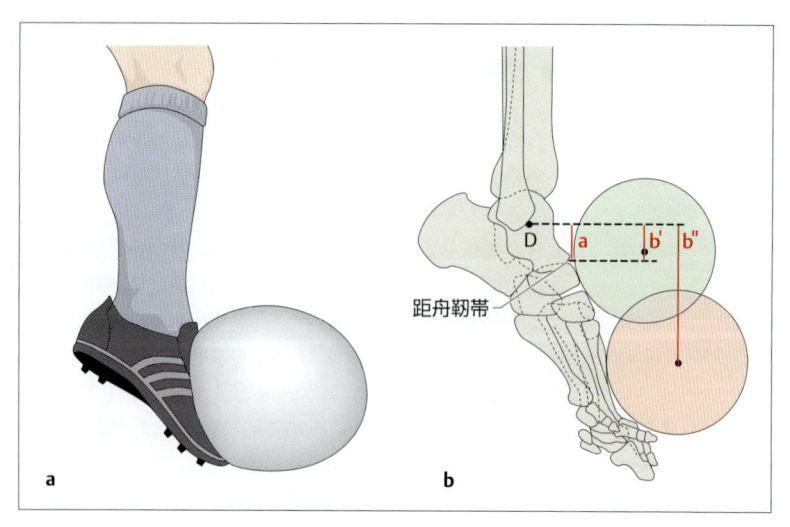

図 14.1a、b　インステップキックで筋内にかかる負荷
a ＝ 回転軸から距舟靭帯付着部までの距離
b' ＝ 正しいシュート時のボールの中心までの距離（てこの長さ）
b" ＝ 誤ったシュート時のボールの中心までの距離（てこの長さ）

距舟靭帯

● 左右非対称の筋変性による運動器官の適応

　キック運動の影響により足関節に直接的な変化が生じる以外にも、サッカー選手では左右非対称的な筋の変性（軸足と蹴り足）も予期できる。蹴り足によるキック運動はいわゆる開放運動連鎖における負荷をなす。この際、足は最大速度で前方に動く（運動点）が、腰は比較的固定された位置にとどまる（固定点）。同時に、キックの際には常に軸足に対しいわゆる閉鎖運動連鎖における負荷が発生する。ここでは足が地面に固定されている（固定点）が、その一方でその上に位置する構造、つまり体幹そして骨盤から脚部にかけての全体が稼働し（運動点）、そのため複雑な協調を通じて重力に抗する安定性が必要とされる。このように軸足と蹴り足では異なった神経筋制御が働き、また膝関節や腰や股関節部位における安定性が確保される必要がある。そのため時間をかけて次第にこのキック運動の特性に見合った適応がなされる。現代の科学では、能動的運動器官は実行する運動特性とそれに伴う負荷に対して長期的に適応し、最適化された筋反応を示すようになると考えられている。

　そのため数多くの文献では軸足と蹴り足間に見られる筋組織の違いについて論じられている。キック運動は複関節運動である。ここでは（最もよく目につく）爆発的な膝の伸展と並行して、能動的な股関節の屈曲、さらに上部足関節の伸展（底屈）が必要とされる。クネーベルら（Knebel et al. 1988）は蹴り足側では大腿四頭筋の伸展運動における最大出力能および推進力の増強が、軸足側では最大出力と膝屈曲筋（屈筋群）の推進力の増強が確認されたと報告している。

　ただし、これ（蹴り足は大腿四頭筋が強く、軸足はハムストリングスが強い）はあくまで一般的な傾向であり、ポジションによりかかる負担が異なるため変動的である。伸筋群が最も強く発達するのはゴールキーパーである。その理由は膝関節をほぼ90度にまで曲げるキーパーに特異的な姿勢にある。膝関節がこのように大きく屈曲している場合、屈筋群は膝関節の安定化に、ハムストリングスは膝の伸展運動に、生体力学的な理由から関与できなくなってしまう。これはロンバルド・パラドックス（Lombard-Paradoxon）と呼ばれ、膝関節の伸展に関与できるのは、膝関節が最大でも50-60度の屈曲している場合であり、それ以上の屈曲の時には不可能となるからである。つまり、ゴールキーパーにおける立ち上がり運動の開始には、膝と股関節の伸筋のみが関与している。そしてこの極端な屈筋・伸筋運動が、トレーニングや試合におけるポジション特有の負担となり、筋における機能的な反応を呼び起こす。一方、フォワード選手は運動器官を可能な限り素早く加速し反応させる必要がある。したがって屈筋・伸筋の関係が、屈筋の共活性化を可能とする形で実現され、その関係はスプリンターのそれに似ている。

● 神経生理学的変化による運動器官の適応

　これまでの経験から、サッカー選手の大腿四頭筋の発達には、神経生理学的側面や長期的な機能適応も関係していると考えることができる。サッカー選手では蹴り足の大腿四頭筋が軸足のそれよりも発達しているが、大半

セラピーの観点から見た筋筋膜系障害の大きさと影響

する必要性が乏しいことに起因すると、説明することができる。そのため長期的には神経支配のパターンがキック運動に合わせて最適化される。その結果、総合的な四頭筋の筋力に対する個別筋の貢献度が変化する。内側広筋の不全により膝蓋骨に隣接する部位における大腿四頭筋の引張力が外側へ推移し、その結果膝蓋大腿関節動態が変化する（図14.2）。この外側化により膝蓋骨の回旋が生じた場合、その結果として膝蓋軟骨の土台が小さくなり、これが持続した場合、退行性変化が加速されることになる。ランニングやスプリントの負荷の枠組みにおける軸足への負荷では生理学的関節内動態は維持される傾向にある。

> **MEMO**
> したがって統計的には、膝蓋大腿関節の退行性変化は軸足に比べ蹴り足において明確に高い発生率を持つ。

神経生理学的な関連については今後さらなる解明が必要である。

■ シュートによる軸足の変化

これまで蹴り足の変化について論じてきたが、サッカーにおけるシュートを打つ際、これに対立する（対側の）軸足においては、また別の負荷がかかることは明らかである。興味深いことに、その技能レベルとは関係なしにサッカー選手は全員、シュートを打つ際（インステップキックやインサイドまたはアウトサイドキック）の軸足の位置を極めて正確に守り、そのため運動器官の構造には常に同じ強さの典型的な機械的負荷が作用する（図14.3）。蹴り足はスイングを通じてボールに対し推進力

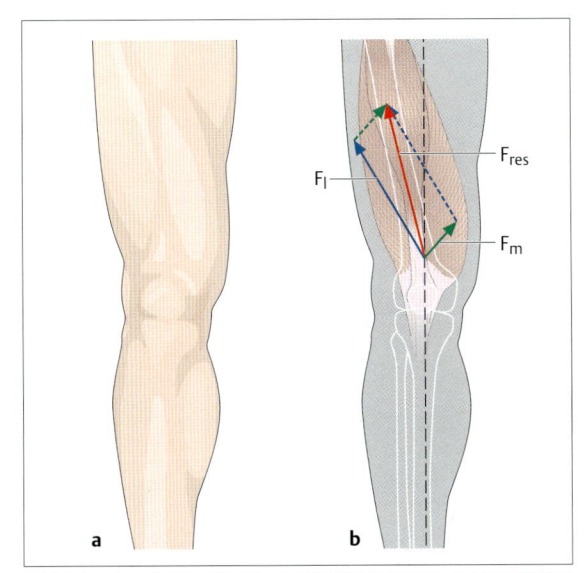

図 14.2a、b **軸足と蹴り足**　大腿四頭筋と外側化；大腿四頭筋の引張方向

F_{res} ＝大腿四頭筋の引張方向
F_l ＝外側広筋の引張方向
F_m ＝内側広筋の引張方向

の選手では、最もよく発達している内側広筋がある領域の大腿部が、やや小さめの大きさを持つ。典型的な長期間に及ぶさまざまな機能負担に基づくこの大腿四頭筋の「筋構成」の変異は明らかに運動器官による適応反応であると言える。図14.2は利き足が右足である選手における内側広筋の不全に伴う、大腿四頭筋全体の作用方向および引張方向の外側化を示している。

神経生理学的な観点から、蹴り足におけるこの「慢性的な」内側広筋の不全は、開放運動連鎖では重力の影響下にある膝関節を脛骨回旋において大腿に対して安定化

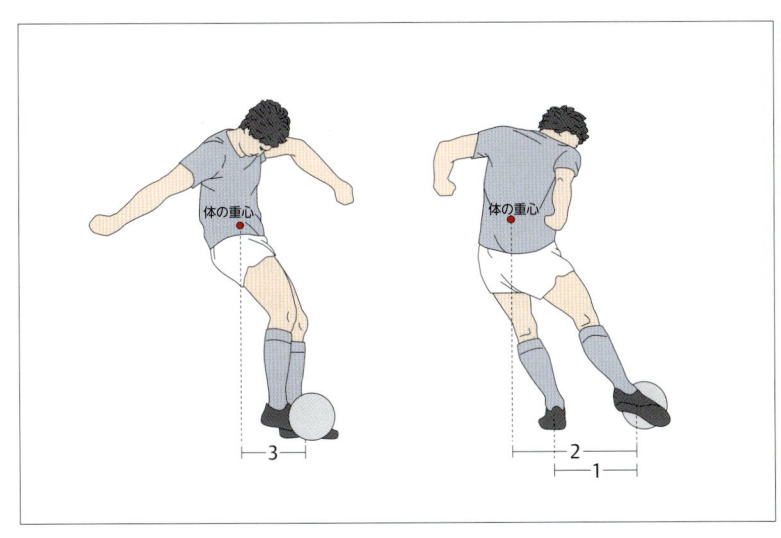

図 14.3　**背面と側面から見たインステップキック**

1＝軸足からボールの中心までの距離
2＝体の重心軸からボールの重心までの距離
3＝体の重心軸から軸足までの距離

14. 物理・理学療法的処置とリハビリテーション

図14.4 インステップキック時の姿勢の個人差（右蹴り足）

を与え、これを加速する。この働きを成功させるには、軸足はボールの横の地面に適切に置かれなくてはならない。この時、次のような点が特徴的である：
● サッカー選手は驚くべき一貫性と精密さをもって、可能な限り常に正確にボールの横に軸足を置く。ボールとの接触ごとに現れる個人内誤差は1ｃｍ以内である。
● サッカー選手はボールの横、そしてボールの高さ（ボールの前端）に軸足を置く。
● 体の重心は外側つまり軸足方向へ移され、通常は左膝関節またはさらに外側に置かれる。
● 軸足とボールの距離は個人ごとに大きな相違が見られる。この明確な相違にもかかわらず、それぞれの個人的な運動プロセスは極めて正確に実行される（個人内恒常性）。しかし、軸足がボールから遠くに置かれるにつれ、

体の重心の外側化も強まる（図14.4）。左の骨盤から脚にかけての軸上にある関節はこのポジションを安定化し補償しなければならない。そのため時間の経過と共に適応が進む。

この横方向への変化は上部足関節において最も顕著に現れる。骨盤から脚の軸が外側に行くほど、足首の関節にかかるせん断力は強まり、損傷や外傷がなくとも長期的には適応を誘発する。この変化はトレーニングや試合中にシュート運動が実行される時だけでなく、通常の歩行やランニングにおいても現れる。これはこの適応が骨盤・脚軸の全体に及んでいることの証しとなる（図14.5）。

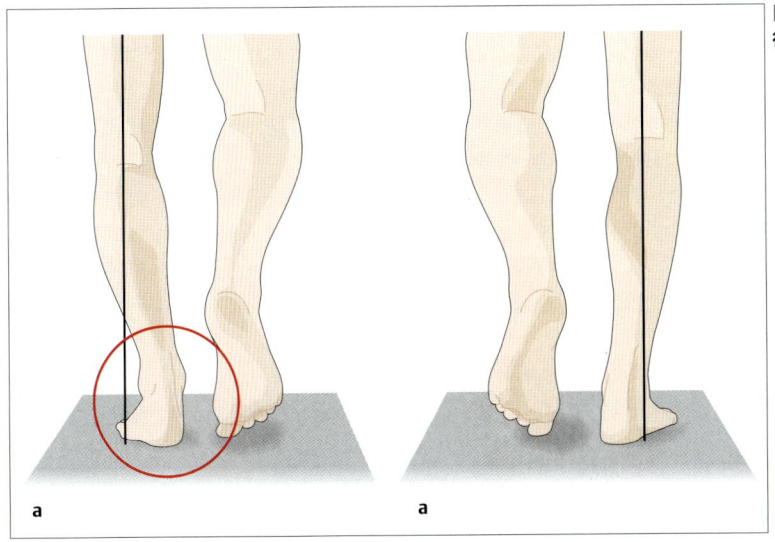

図 14.5a、b　あるサッカー選手における歩行時の軸足重心軸の外側化

■ 骨盤 - 脚軸の適応

上述した軸足と蹴り足の運動負荷に対する筋性適応による神経生理学的変化は、結果的には腰部 - 骨盤 - 股関節領域全体の変化につながる。強力な大腿四頭筋と股関節屈筋群（特に腸腰筋）を有する蹴り脚筋組織の強い発達により、このサイドでは骨盤が後に傾く（腸骨後傾）。体の重心を長期的に安定化するため、対側では骨盤が前に傾く（腸骨前傾）。さらに蹴り脚側では、仙骨と腸骨を結ぶ関節（仙腸関節）における運動性が抑制される。左右非対称的な運動性と骨盤のねじれの組み合わせにより、軸足側が長く見え、さらに機能性の骨盤傾斜を引き起こす。これはさらに、腰椎構造に対する新しい負担の発生を意味する。その証拠にサッカー選手ではしばしば、蹴り脚側の骨盤の後方傾斜により腸腰靭帯に対する引張力が増加し、そのために腰椎が右回旋している。

Caution
この骨盤のゆがみはさまざまな運動器官にさまざまな障害を引き起こす可能性があるため、スポーツ理学療法士による評価や観察を受ける必要がある：
- 蹴り脚の適応：
  ○ 腸骨後傾と前方回旋
  ○ 仙腸関節の可動性減少
  ○ 腸脛靭帯

  ○ 内側広筋の縮小
  ○ 膝蓋骨運動異常
  ○ 足底あるいは背側の可動性減少
  ○ 遠心性の筋仕事に対する回外筋の持久力の弱化あるいは不全
  ○ 回外姿勢
- 軸足の適応：
  ○ 腸骨前傾と後方回旋
  ○ 仙腸関節の正常可動
  ○ 膝外反の増加
  ○ 鼠径部の障害
  ○ 内転筋？（内臓の原因）
  ○ 足の外回旋の増加
  ○ 過度な回内
  ○ 足底の停止部の障害
  ○ 回内姿勢

この一覧は適応の可能性の大まかなまとめであり、例えば腸仙腸部の変化などの詳細は含まれていない（p. 335を参照）。

■ 筋筋膜系に対するスポーツ生理学的影響

これまでサッカーを例にして運動器官のスポーツ特異的な適応を見てきたが、これからも明らかなように、あるスポーツに特異的・典型的な運動パターンに基づく負

荷により靱帯や関節あるいは筋や筋膜に数多くの変化が生じる可能性がある。したがってメディカルチームのスタッフは、自身が関連するスポーツにおける典型的な運動プロセスで生じる負荷の大きさを把握し、適応変化をまずは質的に評価し（適応変化はそのスポーツにおける機能的負担、生体力学的強度、および臨床所見と一致したものであるはずである）、そして経験からその量的な側面を規定する必要がある。

例えば、上で例として取り上げた「サッカー」では、選手は下肢の関節（関節靱帯系）すべて、そしてそれに関与する筋（筋骨格系および筋筋膜系）、そしてさらに骨盤‐脚軸の機能単位全体、さらにこれに関連する筋連鎖に変化と左右非対称な適応を示すことを予期できる。個人的な素因、期間（トレーニング年数）、負荷あるいは典型的運動プロセスの規模（トレーニング量）により、これら適応変化の程度は個人的にまちまちであり、場合によっては大きな障害に発展することもある。主要原因に加えて、著者らはボトムアップ型とトップダウン型の因果連鎖を区別している。すなわち、例えば足関節における機能不全はボトムアップ型の因果連鎖を通じて、上方の骨盤‐脚軸に位置する関節の変化、さらには筋連鎖における筋筋膜構造の制御変化を引き起こす。生体は、頻繁に利用される典型的運動（インステップキックなど）の経済的な実行が可能となるような変化を形成すると同時に、適応反応により生じる個別関節に対するネガティブな影響を可能な限り抑制しようと試みる。

骨盤‐脚軸全体を考える時、腰‐骨盤‐股関節領域および膝関節は特別な役割を持つ。これらは天才的な構造と極めて複雑な働きを持つため、トップダウン型あるいはボトムアップ型の因果連鎖を介した変化は、特にこの領域において筋連鎖の変化を引き起こす。そのため、これらの変化がこの領域の生物学的構造に対する過度の負担となり、外傷を受けることなく、本来の均衡のとれた緊張状態に戻ることが不可能となる可能性が高まる。スポーツ理学療法士はしかし、特定の技術を用いてサッカー選手に本来の機能と能力を取り戻し、筋筋膜構造の好ましくない変化と潜在的な筋損傷のリスクを最小化し、あるいは完全に防止することができる。

3 治療・検査戦略

各スポーツに特異的に発生する適応変化を知ることは、筋損傷に対する最適な治療戦略の構想に役立つ。このような最適な治療戦略およびその一貫した実践により筋の働きの包括的な正常化が可能となる。上述の機能的側面、および筋損傷の予防やリハビリにおけるスポーツ理学療法に対するその意味に続き、以下では医師による診断や介入後の具体的な所見に基づく治療戦略の構想について概観する。

ストレスや負荷に対する筋筋膜系の応答、あるいは（機械的、化学的、感情的、精神的およびエネルギー的な）損傷や病変への反応は多岐にわたり、機能障害の原因となることも多い。

> **MEMO**
> ストレスの原因や継続的負荷の素早い発見、およびそれらの迅速な除去に通じる適切な治療戦略の開発はスポーツ理学療法の第一目標である。

当然、診断医がメディカルチームやリハビリテーションスタッフに提供する情報すべてが筋の損傷に対するあらゆるスポーツ理学療法の基礎をなす（第6章「既往歴・臨床検査・分類」を参照）。担当医師やチームドクターがメディカルチームと共にこの診断結果を吟味し、包括的なセラピー戦略を立てるのが理想的である。

スポーツ理学療法的な立場から見て、（第6章「既往歴・臨床検査・分類」で詳しく解説されているように）さまざまな筋損傷の分類において実際の治療に特に重要な基準は、当該の損傷が内出血を伴うか伴わないかの判断である（表14.1）。内出血の有無によりその後の治療法に大きな隔たりがあるからであり、また内出血を伴う筋損傷の治療自体は基本的に一様であるが、その強度を調節する必要があるからである。

臨床診断が既に存在している場合、さらに以下のスキームに応じて損傷の規模を判断することができる（表14.2）。

〈1〉臨床・治療的検査

以下では筋損傷後の臨床・治療的検査について概観していくが、その前に、本章において診察・検査の基礎や原則を詳細に取り扱うことは不可能であることをここに明記しておく。医師による診察、臨床検査、あるいはここでは特に重要な触診法に関しては本書第6章「既往歴・臨床検査・分類」、ならびに対応する参考文献（Kaltenborn & Evjenth 1999a & b、Van den Berg 2001、Eder & Hoffmann 2006）を参考にしていただきたい。以下の記述では、読者が徒手療法による臨床検査の経験を有していることを前提としている。

表14.1 筋損傷の分類

内出血を伴う構造的損傷	内出血を伴わない構造的損傷
筋線維断裂 筋束断裂 筋断裂	機械的過負荷・誤負荷 「いわゆる肉離れ」または トリガーバンド 連続性障害 シリンダーディストーション トリガーポイントヘルニア

表14.2 筋機能検査の結果と損傷タイプの分類

所見	損傷	損傷タイプ
【力】↓ 【痛み】↑	神経筋機能不全	「いわゆる肉離れ」
【力】↓ 【痛み】↑	筋損傷	筋線維断裂、筋束断裂
【力なし】 【痛み】↑↑	完全筋断裂	筋断裂

HINT

肉体の機能・解剖学的成り立ちや当該スポーツにおいてどのような運動が要求されているかを理解した上で、損傷の発生経過において運動器官に作用する反生理的な負荷の構造、規模あるいは特質についてよく知ることは当然、潜在的な筋損傷の程度を予測する手がかりとなる。したがって、担当のスポーツ理学療法士は（実際には非常に困難なことではあるが、理想的にはチームドクターと共に）試合や、可能であればトレーニングに随伴し、そこで選手の活動や、運動の流れなどを共に観察することが望ましい。損傷発生時、このような観察は臨床検査に直接役立たせることができる。

理学療法士の教育課程は非常に多岐にわたり、また継続教育や生涯教育の機会も数多く提供されている。そのため臨床・治療コンセプトに関しても、その選択幅は非常に広く、本章でそれらすべてを紹介することは不可能である。ここではむしろ、筋損傷に対する包括的な治療戦略という枠組み内において、実際の医療現場での所見検査において有益であると実証されているいくつかの治療コンセプト、およびその方法を紹介するにとどめる。もちろん、ここで紹介されることがないコンセプトおよびそれらに付随する所見を得るための臨床検査が重要かつ有益である可能性を否定するものではない。本書の著者らも所見や治療のコンセプトや重点の選択に際しては、各自の専門教育過程やスポーツ理学療法士としての経験に影響を受けざるを得ないのと同様、本書の読者も独自の知識や経験に基づき、ここに提示される観点は自身が知らなかったテクニックやそれに関連するモデルに対する知識を深めるきっかけであると見なし、必要であればそれを独自の活動に取り入れていただきたい。

この関連において、最新のモデルやアプローチ法により筋筋膜の新たな側面が明らかとなってきた。例えばティパルドス（Typaldos 1999）は筋筋膜系における変化や損傷に対し、経験上有効である治療法を集め描写したが、これはその後の筋筋膜に対するアプローチに大きな影響を与えた。ティパルドスは治療効果を説明するためにモデルコンセプトを開発した。それによると筋筋膜系は主に平行に走る線維からなり、これは所与の瞬間に作用する力に関する情報を神経中枢に伝達する働きを持つ（第1章「骨格筋の機能的解剖学」を参照）。この意味では、ティパルドスによると筋筋膜系は「機械的な緊張のセンサー」として機能する。個別線維はそれぞれ固有の基本的緊張（トーヌス）を有している。例えるなら、それぞれの弦が異なった強さで張られている弦楽器に似た仕組みであると見なすことができる。ストレスや負荷がかかっている限り、この構造は高次の運動感覚中枢へと固有感覚情報を送り続ける。その結果として筋が過剰に伸長あるいは短縮することになれば、固有感覚の放電が生じ、これが緊張感を呼び起こす。この考え方は、以下に紹介する筋損傷に対するさまざまな治療テクニック（ストレイン・カウンターストレイン法、スプレー・アンド・ストレッチ法など：p. 347を参照）に直接影響している（第11章「筋損傷の保存療法」、セクション「理学療法と物理医学」を参照）。

またここでは、負傷した選手のボディーランゲージが重要な診断的意味を持つ。例えば、筋線維あるいは筋束を断裂したアスリートは、負傷した部位を指し示すだけでなく、それ以外にも顕著な機能障害に苦しんでいることが多い。さらに、結合組織の関与による自律神経性の障害（吐き気、冷や汗など）が発生する可能性も高い。触診を実行すれば、筋の連続性の途絶だけでなく、内出血があることを示す典型的な「どろどろ感」を検知し、適切な治療措置を決定することができる（第11章「筋損傷の保存療法」、セクション「理学療法と物理医学」を参照）。内出血を伴う筋損傷とは反対に、「いわゆる肉ばなれ」は神経筋機構に障害を伴うが、これは筋膜の歪曲・

14. 物理・理学療法的処置とリハビリテーション

捻挫のようなものであると考えることができる。痛みを伴う、弱く不完全な筋収縮が臨床的特徴である。

MEMO
セラピストの触診の能力と並んで、負傷選手のボディーランゲージもまた極めて有益な診断基準の1つである。

ここではさらに、ある特定のモデルに基づく損傷の定義や診察法は、その後の治療に対し大きな影響を持つことを意識しておく必要がある。古典的・整形外科的モデルでは損傷組織は外傷を負ったものと見なされ、これはすこし時間がたちさえすれば治癒するものと考えられている。一方、ティパルドス式の治療戦略では、将来発生しうる筋膜内部構造からの神経筋制御機構の逸脱の可能性を是正するために、筋筋膜のゆがみも解消される必要がある。これにより、なぜこのフェイシャルディストーションモデル（筋膜歪曲モデル）に従った治療後には、すぐにポジティブな効果が現れるのかを説明することもできる。なぜならこのモデルに従えば、構造的損傷が存在するわけではなく、そのため回復期が必要ではなく、即座に筋に対して再び負荷を加えることが可能となるからである。

〈2〉 臨床動作分析

所見の収集を目的として行われる臨床・治療的検査では、どの生物学的構造がどの病変に罹患しているかについての情報が集められる。これに加えて、病変や損傷にたいして臨床動作分析を行い、日常的なおよびスポーツに特異的な運動パターンの機械・物理的な条件下における運動実行能力を検査するのが好ましい。ここでは、客観的な運動学的・動態的計測方法（量的観点）に主観的な観察あるいは触診検査（質的観点）を組み合わせることができる。

検査パラメータ：
- 運動学的パラメータ：
  ○ 点ベースのシステム：
    − 超音波システム
    − 赤外線システム
  ○ 画像ベースのシステム：
    − 2D／3Dビデオシステム
    − 2D／3Dフィルムシステム
- 動態的パラメータ：
  ○ 力計測プラットフォーム：
    − 2D計測プラットフォーム
    − 3D計測プラットフォーム
  ○ 圧力測定ソール（足底圧力測定）
  ○ 運動学的筋電図
- 触診パラメータ

MEMO
臨床動作分析は急性あるいは炎症期ではなく、増殖および再構築相（p. 336を参照）に入った後、痛みがなくなって初めて実行することができる。

計測方法：
- 運動学的計測方法：運動学的なパラメータ（位置／関節角度パラメータ、長さ／速度パラメータ、加速パラメータなど）を用いた空間・時間的プロセスの量および質的計測には、画像ベース（フィルムまたはビデオ）あるいは点ベース（能動的超音波マーカー、赤外線反射マーカー）による画像化法を用いた2Dあるいは3D位置分析システムが適している。ここで十分に詳細な標的運動の情報を得るには、フレームレートの時間分解能が十分に高い必要がある（動きが速いほど、高いフレームレートが必要）。
- 動態的計測方法：これらの方法を用いることで、身体末梢に作用する運動を引き起こす力（出力、回転力、推進力、足底圧力とその分布など）に関する量的および質的情報を得ることができる。

■ 運動学的筋電図検査（EMG）

運動学的筋電図は筋活性の評価に用いられ、予防や能力診断、あるいは特に筋損傷後の治療に活用されている高度な計測法であるが、近年の医療技術の進歩に伴い、その実用化も進んできた。それでもやはり計測には制限があり、そのため誤った解釈を防ぐには、計測結果とその解釈に関する批判的な検証が不可欠である。振幅パラメータを用いて筋活性の時間的プロセスを評価することができる。例えば、いつ、どの筋が運動プロセスにおいて活性化されたか、あるいはどの筋がその際協調または共活性しているか、などといった評価である。

ただし筋活性の強さについては、等尺性最大張力との関連において、特定の条件下における振幅パラメータによって間接的に計測することができるだけである。周波解析により収縮プロセスにおけるそれぞれの筋が示す神経筋性の疲労を評価することができる。ここから、筋骨格系の神経筋性能における現時点での弱点（つまり神経筋連結と反応力が弱まっている最も疲弊している筋）を改善するための医療トレーニングセラピーの構成にとって重要な知識を得ることができる。

運動学的筋電図のもう1つの制限は、理学療法では一般的に用いられる表面電極にある。これら表面電極で筋活性が解析できる筋骨格系は全体のごく一部だけである。しかし筋損傷の治療において、筋活性の状況および複合的な運動プロセスに対する神経筋関与に関する重要な情報を得て、これらを治療に活用することは可能である。

MEMO
この意味では、運動学的筋電図は理学療法における重要な検査法の1つであり、通常は増殖相の末期および再構築相において活用される。急性あるいは炎症相、および増殖相の初期では、上記した制限はあるものの、筋筋膜系における筋間の協調の変化と筋の相乗活性を介した補償活動の像を得ることができる。

計測法は常に進歩を続けているが、現行の生体力学的計測法のどれも用いても、十分な正確さと精密さをもって、筋内の動態や運動プロセスに関する情報を収集することはできない。例えば重要な身体部位である腰 - 骨盤 - 股関節領域は微小な運動振幅を示すが、その上層に軟組織構造が位置するため、どの計測システムをもってしても定量的な検査は不可能である。ここでは運動実行中の触診による質的な評価のみが可能である。これにより得られた情報と機能的な因果関係を考慮した上で、筋損傷後の運動評価が可能となる。これらの情報を得るにはトレッドミルを用いるのが有効である。セラピストはトレッドミル上の患者を解剖学的基準点ごとに数段階に分けて触診する。トレッドミル上であれば患者が歩行のテンポを変えても、セラピストはそのまま触診を続けることができる。トレッドミル上の歩行あるいは走行時における固定点と運動点の交代による運動全体の運動学的および動力学的変化、そしてその結果生じる神経筋制御に対する作用はしかし、経験上骨盤 - 脚軸の運動定量的規模にのみ作用し、質的な側面には影響を与えない。

Caution
トレッドミル上の臨床的運動解析は、内出血を伴わない筋損傷（疲労性あるいは神経性の筋硬化、ならびに「いわゆる肉離れ」）に対して急性あるいは炎症相の終了後（受傷後2-3日後）すぐに、痛みの生じない速度内で実行することができる。内出血を伴う筋損傷（筋線維断裂、筋束断裂、筋断裂）に対しては、運動解析は増殖相（受傷後5日目以降）になってから、損傷の規模によってはさらに後に、痛みのない速度で開始する。

〈3〉 メディカルトレーニングセラピーの方法：リハビリパフォーマンスのチェック

MEMO
トップレベルのスポーツにおけるパフォーマンスのチェックは、選手にとって自身の現状能力を知る機会であり、トレーニングプロセスの構成にとって極めて重要である。

定期的に実行されるスポーツパフォーマンスのチェックには、それぞれのスポーツに重要な能力（そのほとんどは基礎運動能力）の現状値を定量的に、あるいはまた質的に評価するための計測方法が用いられる。次のような方法がアスリートのサポートに活用されている：

- 持久力を計測し、エネルギー供給代謝を評価するための乳酸測定と運動肺活量測定（Spiroergometry）
- 筋骨格系の能力を計測・評価するための出力測定（単関節・複関節出力比率、跳躍力診断など）
- 固有受容能を間接的に評価するための協調能の測定
- さまざまなスポーツスピードパラメータを計測する

14. 物理・理学療法的処置とリハビリテーション

表 14.3 リハビリパフォーマンスチェックの計測方法

物理療法の計測法	電気療法におけるバイオフィードバック記録 エネルギー系の評価と記録 など
理学療法の計測法	関節の動きの評価と記録（ゴニオメータ） 固有受容評価と記録 脊柱の状態の評価と記録（静止と可動余地） 結合組織の状態の評価と記録 など
メディカルトレーニングセラピーの計測法	筋骨格系のパワーパラメータの評価と記録 筋骨格系のスタミナパラメータの評価と記録 筋骨格系のスピードパラメータの評価と記録 筋骨格系の神経筋制御パラメータの評価と記録 など

スピード／スプリントチェックの枠組み内における複合的測定法（光センサー、接触マット、計測プラットフォーム）。
- 機能および運動解析パラメータ計測のための複合的計測システム

運動器官の損傷後は、生物学的構造が特別な（通常は）制限された負荷耐性を持つため、スポーツ科学的および医学的パフォーマンス診断方法のすべてをそのままリハビリテーションにおけるパフォーマンスチェックに活用し、治療戦略に対し有効に利用することはできない。しかし、この数年の間にこのようなケースにも対応する計測方法が顕著に増え、数多くの設備システムも提供されている。

スポーツの世界では肉体に要求される能力が常に高まる傾向にある。そんな中、メディカルトレーニングセラピーにおけるトレーニング刺激の調節の基準となるリハビリパフォーマンスチェックに対する興味が高まってきたのも偶然ではない。1970年代、整形外科あるいは外傷学において筋量計測とニュートラル・ゼロ・メソッド（Neutral Zero Method）を用いたリハビリテーションの結果が客観的に記録されたことをきっかけとして、1980年代の半ばに初めてのチェックシステムが開発された。今日では、パフォーマンスチェックの測定法なしに客観的なデータ収集は考えられない。基本的なコンディションの規則的な診断と運動器官の機能性の量的および質的な記録により、次に実行すべき治療手段の迅速な決定と、それと並行したリハビリ経過の同時記録が可能となった。これにより比較的大きな筋の不均衡や左右非対称となった生物学的に重要なパラメータが早期に検出されるようになり、即座の修復ができるようになったのである。つまり、検出された客観的計測値は、その後の治療方法や刺激用量の指標として活用することができる。

診断では次のパラメータに関する（信頼性、妥当性、そして客観性の3大基準を満たす）十分に正確な量的および質的データを収集することが目標とされる：

- スタミナ
- パワー
- スピード
- 敏しょう性
- 神経筋協調性
- 機能性

筋骨格系における筋のパフォーマンス状況の評価を目的としたリハビリパフォーマンスチェックに利用することができる計測システムは表14.3に示すカテゴリーに分類することができる。

治療・検査戦略

Caution

筋損傷後は生物学的構造、特に筋筋膜系の負荷耐性が低下している。そのため、リハビリ中におけるストレス関連情報の定量化を目的としたパフォーマンス診断には注意が必要である。特に筋損傷後のパワーテスト、とりわけ等速性筋テストは、テスト時の運動によるストレスが（創傷治癒の観点において）安全で、損傷の再発リスクがない場合においてのみ実行可能であるし、実行すべきである。このことは、それが開放運動連鎖であろうとも閉鎖運動連鎖であろうとも、最大限のストレスを用いたテスト運動は、急性あるいは炎症相においても、あるいは増殖相においても不可能であることを意味している。遠心性の筋活動を用いたテスト運動が実行可能であるか否かは、その都度判断する必要がある。

■ 等速性テストシステム／等速性トレーニングシステム

● 基礎

等速性テストシステムと等速性トレーニングシステムは筋骨格系の能力を測定するためのパフォーマンス診断において特別な位置を占める。等速性テストシステムと等速性トレーニングシステムは既に40年以上前から臨床の現場、競技スポーツ、運動器官損傷後のリハビリテーションに活用され、これに関する学術文献の数も多い（PubMedでは過去20年間に2000を超える論文が記録されている）。ドイツでは事故保険の対象となるプロスポーツ選手を専門的に取り扱うリハビリテーションセンターの必須設備の1つと見なされている。これらリハビリテーションセンターは同業者保険組合の費用負担により設立され、外来理学療法施設の一種として許認可されている。

MEMO

等速性テストおよびトレーニングシステムはいわゆる等速性運動を実行するための設備である。等速性運動とは「筋全体にかかる機械により一定の速度にコントロールされた（可能な限り）最大限の（調節可能な）抵抗に対する」運動と定義されている（Hollmann & Hettinger 1990）。

つまりこのシステムは、筋骨格系の力に対抗してその抵抗力を変化させ、常に一定の運動速度を実現する。患者はシステムが造り出す振動振幅全域において克服が不可能な抵抗に対して最大限の力でもって対抗する。ダンベルや重量抵抗をなすトレーニング機器とは違い、等速性な抵抗には次のような利点がある：

- 生理的な側面：個別の筋線維の収縮能は自身の長さおよびアクチンとミオシンの結合数に依存するため、骨格筋系の能力は長さと関連した特性を持つ。したがって、等速性トレーニングでは、骨格筋に最大限の負荷がかかる一方で（競技スポーツ／パフォーマンス診断的側面）、運動器官の損傷や障害、すなわち損傷後の筋組織における（低下した負荷耐性を持つ）可動域に対する誤った負荷の発生を防ぐことができる。なぜならこの方法では、筋骨格系により誘発された力に相当する抵抗力のみが機械的に生成されるからである。
- 機械・物理学的側面：物体の減速あるいは加速による速度の変化は、慣性の法則により常に抵抗の増加あるいは減少を誘発する。この現象は等速性運動システムでは排除あるいは最小化することができる。このような抵抗の増加、つまり負荷の急上昇は、（筋）損傷後のトレーニングにおいては誤負荷を意味する。等速性運動ではこれが生じないため、運動系の安全にコントロールされたトレーニングが可能となる。

等速性テストおよびトレーニングシステムは過去40年にわたり常に発展を続け、パフォーマンス診断とトレーニングセラピーの可能性を拡大してきた（表14.4）。この発展により、関節・回転系（開放運動連鎖）の運動、または連鎖・線系（閉鎖運動連鎖）の運動による筋骨格系の能力、つまり協力して働く筋群の総合的な力を2つのパラメータで表すことができるようになった：

- 出力あるいはトルク（回転力）
- 時間または位置情報

相当する曲線（図14.6）により、筋骨格系パフォーマンスの正確な左右比較およびそのパフォーマンスの発展の記録が可能となる。

327

14. 物理・理学療法的処置とリハビリテーション

表14.4 等速性テストおよびトレーニングシステムの発展

分類基準	分類	筋収縮	バイオ・ダイナミックパラメータの統合
駆動タイプ	受動的システム（1968年以降）	等尺性 求心性	
	能動的システム（1983年以降）	等尺性 求心性 遠心性	
機能	回転システム（1968年以降）	等尺性 求心性 遠心性	筋電図（1968年以降）
	線的システム（1984年以降）	等尺性 求心性 遠心性	筋電図（1968年以降） ゴニオメータ（1988年以降） 計測プラットフォーム（足圧；1990年以降）

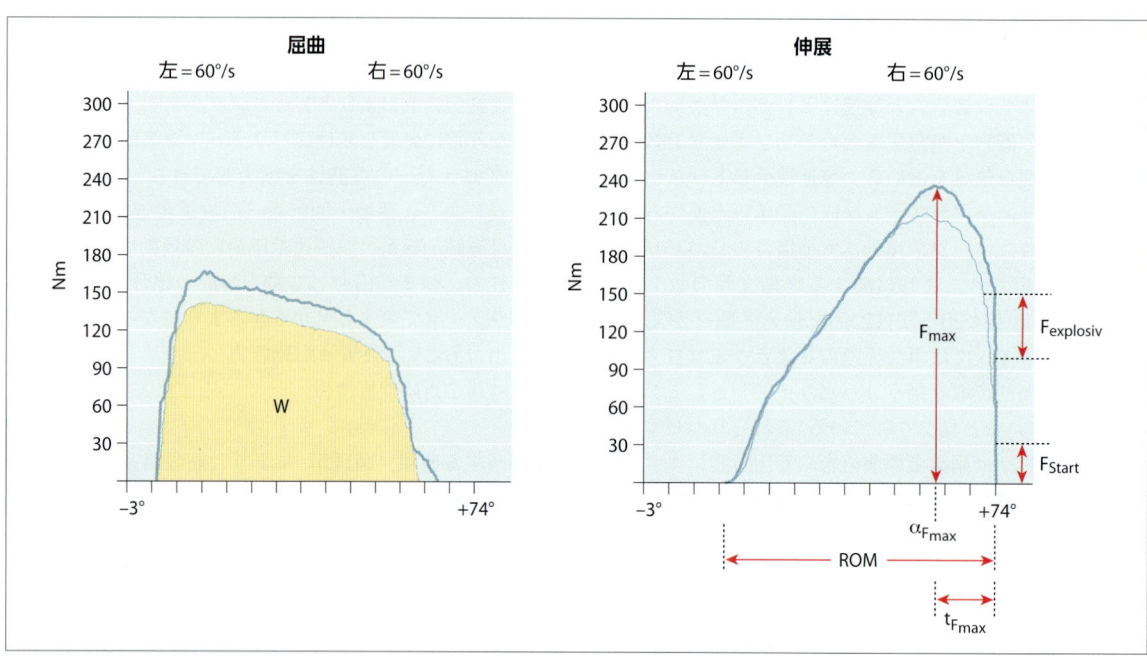

図14.6 **関節、協力筋、筋骨格系のパフォーマンス** 回旋等速性計測システムを用いた単関節計測の例。この図では左右の図が重ねて表示されているため、比較が計算可能となっている。
W＝ワーク（インパルス、エリア、トルク・時間曲線の積分）
F_{max} ＝最大出力
αF_{max} ＝最大トルクが得られる関節角度
F_{start} ＝初期出力＝運動の開始から定義された時間（ほとんどの文献では50 m s）までの上昇曲線
$F_{explosiv}$ ＝爆発力＝F_{max}に至るまでの最も急な上昇曲線上における定義された時間間隔での力の上昇
ROM ＝運動幅（Range of Motion）
$t_{F_{max}}$ ＝F_{max}に至るまでの時間

● 計測結果の評価

　計測結果の解釈と筋損傷後のメディカルトレーニングセラピーへの適切な応用では次の点に注意する必要がある。単関節計測のトルクアングル曲線は次の特徴を持つ：
- 曲線に現れる協力筋の特徴
- 関節に特異的な協力筋・拮抗筋関係
- 曲線ならびに協力筋・拮抗筋関係における速度の特徴
- スポーツに典型的な運動の適応と変化の意味における負荷とスポーツの特殊性

　複合的な治療戦略の枠組みにおいて、その時点における筋骨格系のパフォーマンスを適応との関連で正しく測定し、筋損傷後のメディカルトレーニングセラピーの最適な実行のために応用するには、等速性テストおよびトレーニングシステムの可能性と特性を詳細に理解しておく必要がある。この条件が満たされている場合にのみ、筋損傷後のリハビリテーションとしてのトレーニングにおいて、筋緊張の（少なくとも協力筋の緊張の）厳密な投与が可能となり、またそれにより損傷した筋組織に適切な刺激を与えることができるようになる。

　筋損傷後のリハビリテーションにとっては、等速性テストおよびトレーニングシステムと筋電図計測の組み合わせが非常に重要となる。このコンビネーションにより次のパラメータが評価可能となる：
- 協調：損傷した筋の複雑な運動における神経筋統合の状況
- 強度：損傷した筋の運動時における収縮強度
- エネルギー生産：特定の運動時における損傷筋の疲労度

　これら以外にも筋組織のあらゆる働き（等尺性、求心性、遠心性収縮）を、緊張と代謝の観点からコントロールし、処理することができる。

　等速性システムを基礎として、つまり等速性テストおよびトレーニングモードの拡張として、現在では神経筋テストおよびトレーニングシステムが開発されている。このシステムは特に筋損傷の後における筋骨格系の機能と能力の回復を目的とした新しいトレーニングの可能性を提供し、特殊なプログラムを用いて筋の安定性に働きかける。単関節あるいは複関節運動における、協力筋と拮抗筋の筋間および筋内協調活動の作用による関節の安定性がトレーニングされ身につけられる。損傷した筋骨格系に過度な負荷がかかることはなく、その時点における負荷耐性を超えることはない。トレーニングシステムは調節された力（等尺性最大張力以下）を加えて患者を安定したポジションから不安定な状態に移そうと試みる。この時患者の神経筋系は、不安定化に抵抗するため、筋を活性化する。筋の安定化収縮が始まるまでの反応時間、活性化の時間経過、不安定化から安定化の転換で生じる「機能転換」に関する情報を通じて、神経筋系の機能性の適切な評価が可能となっている。この情報は、後のメディカルトレーニングセラピーの構成を決定し、損傷筋に対する過負荷リスクを最小化するための貴重な指標となる。

　臨床治療的所見、臨床動作分析、そして医師の診断に基づくリハビリパフォーマンスチェックのあらゆる情報を総合することで、筋損傷および受傷後の運動器官における現状がかなり正確に把握できる。これらの情報は理想的には常にメディカルチーム内で共有され討論されるべきであり、全員参加でさらなる治療法を決定し、戦略の変化、前進あるいは問題について話し合うのが好ましい。必要とされる理学的治療や介入、あるいはトレーニング療法の内容を決定し、あるいは必要なら修正することが肝要である（以下参照）。

> **MEMO**
> ただし、治療の内容や方法を正しく選択するだけでは、希望する結果を得ることができないことをここで強調しておく。個々の手段や活動が、正しい順番でそして正しい時間間隔で実行された場合にのみ、効率的で迅速なリハビリテーションが可能となり、損傷した運動器官の機能と能力の回復が保証される。そのためには、さまざまな（職業だけでなく）専門を持つメディカルスタッフ全員の効果的なコミュニケーションが基本的な前提条件となる。

4 筋損傷後の治療戦略

〈1〉応急処置

　このセクションでは、損傷が発生した際、その悪化を防ぐため、その場ですぐにどのような応急処置を実行するべきかについて論じる。診断装置や詳細な診断結果がなくとも、応急処置により後の機能障害の範囲や期間を生物学的に可能な範囲内で最小化することができる。(担当者の専門とは関係なく)応急処置が適切に行われた場合、その症状が何であれ、その後のリハビリテーションおよび損傷した筋の能力が回復するまでの期間は明確に短縮する。応急処置が行われた後初めて、確実な診断が行われ、その情報をもとにさまざまな筋損傷に対する治療方法が具体的に決定される。

　運動器官の損傷ではまず大まかに以下の点に留意する。靱帯や関節の関与の有無にかかわらず、筋の損傷では次の症状が共通して現れる：

- 関節あるいは筋における局部的な痛み
- 起立時や歩行時における負荷に起因する痛み
- 筋の収縮や伸張による痛み
- 場合によってははれの発生

　損傷に関与する運動学的および動力学的ストレス要因と負荷の規模、さらに関連する生物学的構造の機能に対する影響を正しく評価するためには、損傷の発生機序を理解することが特に重要になる。このことはしかし、長年プロチームのメディカルとして活躍する経験豊かなスポーツ医師または理学療法士とは違い、青少年や高齢者チームをサポートする、さほど高度な医療やセラピーの教育を受けていない担当者にとっては難しい課題である。前者はもちろん、(トレーニングあるいは試合において)選手がプレーを続行することができるか否かを的確に判断することが期待される。

■ 装備

> **MEMO**
> メディカルスタッフあるいはチームはトレーニングや試合中における負傷の可能性に対して適切な準備をし、けがの応急処置に必要となるすべての救急道具を救急バッグにそろえ、携えていなければならない。スポーツ救急ケースはスポーツ理学療法士にとって大切な仕事道具であり、念入りにその中身を管理し、常に最新の状態に保っておかなければならない。

筋損傷の応急処置には次の道具が不可欠である：

- 救急ケース（図14.7a）：これにはスポーツ外傷の応急処置、予防、およびプレーの続行に必要な道具を備蓄する。このケースは極めて斬新な整理システムが採用され、中身の迅速な確認やアクセスが可能であり、そのため先を見越した備蓄が容易になっている。また、既に開かれたパッケージもよく保護され、常に清潔に保管されるようにできている。さらに個人的なスペースも用意されている。
- 救急バッグ：救急ケースはロッカールームに配備されるが、フィールド脇で行われる実際の応急処置に用いられる最も重要な道具は救急バッグに集められる（図14.7b）。これはトレーナーベンチまたはチームベンチに携行され、必要な場合にはフィールド上へも持って行かれる。救急バッグには、試合中（選手がフィールドから搬送されるまで、あるいはプレー続行のためフィールドに帰るまで）のスポーツ事故の応急処置で必要となるものすべてが含まれる。したがって、トレーニングや試合で欠かせない有益な設備である。これまでの経験から、フィールド上での使用には以下のようなものが必要であると考えられる：
  ○ さまざまな大きさの絆創膏
  ○ 裂傷治療用のスキンクロージャー（皮膚閉鎖用テープ）、あるいはヒストアクリル（皮膚用接着剤）
  ○ 滅菌ガーゼ
  ○ 止血綿
  ○ 滅菌ガーゼなどを固定するための粘着バンデージ
  ○ 受傷部の汚れを洗浄するための消毒用ベンジン
  ○ 冷却スプレー（皮膚を素早く-20度にまで冷却でき、そのため痛覚神経を最速で麻痺させることができる塩化エチルが最適）
  ○ 包帯はさみ
  ○ ピンセット
  ○ 口腔内を負傷し気絶した選手の口腔から異物(歯、

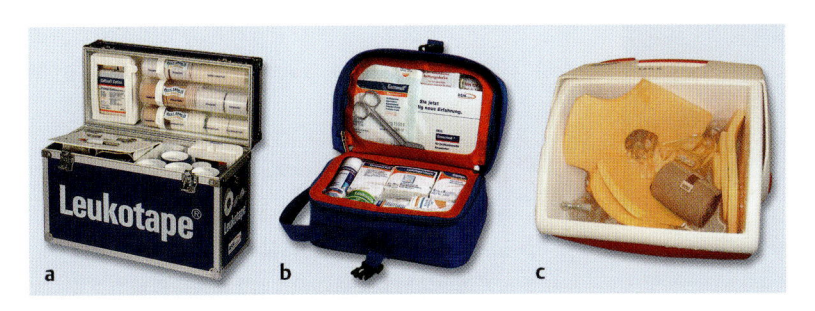

図 14.7a-c　応急処置に必要な道具（写真提供 a、b：BSN medical GmbH 社、ハンブルク）。

a　救急ケース。
b　救急バッグ。
c　アイスボックス。

芝、雪など）を取り出すための木製舌圧子やチューブ
- ○ さまざまな幅の伸縮性および非伸縮性のテープ
- ○ 洗浄用点眼剤
- ○ 瞳孔反応検査用の小型懐中電灯
- ○ ニホンハッカオイル
- ○ 頭部用バンデージ
- アイスボックス：救急バッグに加えて、氷水で満たされたアイスボックスも必要となる（図14.7c）。この中にはスポンジと、打撲外傷やあるいは筋損傷に対する冷湿布に使用するフォームラバー（スポンジゴム）プロテクターをあらかじめ準備しておく。さらに弾性包帯を数本氷水に浸しておく。ただし、このバンデージは次第に圧縮力を失い止血作用が弱まるため、古すぎてはいけない。

Caution
塩化エチルスプレーは平面的に短時間スプレーすること。氷の結晶が生じてはならない。皮膚の凍結は絶対に避けること。

初診

練習場あるいは試合場で直接行われる最初の検査では次の観点が重視される：
- 痛みがある場合、負傷選手へのその位置と質の質問
- 負傷部位の触診による連続性途絶の有無などの確認
- 冷却スプレー（塩化エチルなど）による患部組織の冷却：最低限30ｃｍ程度の距離を取り、数回に分けて短時間スプレーする（5-10秒ずつ、合計1分以内）；アイスボックスのスポンジ（あるいはサポーターや靴下）を使い、冷たい氷水を患部に直接当てるのもよい
- スポーツ活動の再開、あるいはフィールド脇またはロッカールームにおける治療の継続の判断基準の評価

フィールド脇やロッカールームにおける治療

フィールド脇やロッカールームにおいてさらなる治療が必要な場合、以下の処置が重要となる：
- 冷却と圧迫
- 挙上
- 医師への引き継ぎ：医師がその場におらず、また応急処置をしたスタッフが医療やセラピーの専門家でない場合は理学療法士に引き継ぐ

ここではまた負傷選手の精神的な状態にも気を遣い、「安心と静寂」な環境を造るように心がける（ロッカールームのドアを閉じる、部外者を遠ざけるなど）。こうすることで選手とスタッフ（医師やセラピスト）の信頼関係を構築することもできる。選手の性格や一般的な精神状態に応じて、困難な状況にもかかわらず、ポジティブで安心を与えるような雰囲気と言葉遣いを心がけるのがよい。負傷による精神的な面への影響も最小にとどめる必要がある。

冷湿布

組織の過反応（p. 335を参照）を抑制するため、冷湿布を用いて20ＭＰａの圧力で圧迫する。この圧力は弾性包帯の弾性に相当し、血管膨張を抑制するには十分な強さでありながら、自己修復プロセスを妨げるほど強くもない。

この冷湿布圧迫には、アイスボックスにあらかじめ準備されたフォームラバープロテクターを用いる。これには圧迫圧力を広範囲にわたって均等に広げる働きがある。

まず受傷部を触診し（図14.8a）、ペンで印を付ける。そして事前にカットしたフォームラバープロテクターをアイスボックスの氷水から取り出し、プロテクターの最も厚い部分が受傷部の中心に重なるように配置する（図14.8b）。最後に、これも氷水に漬かっていた弾性包帯を

筋損傷後の治療戦略

使って、プロテクターを20MPaの圧力で固定する。この時、バンテージは遠位から近位に向けて巻き付ける（図14.8c）。

> **Caution**
> 損傷の種類や重傷度にかかわりなく、受傷の時点からアルコールは絶対的に禁忌である。特にアマチュア選手に対してはこのことを確実に告知すること。

■ 診断

上記のような応急処置を受けた後、選手はできるだけ早く医者のもとで診断を受ける。移送に時間がかかる場合、冷湿布バンデージを20分ごとに交換し、皮膚の温度を約10度に保つ。こうすることで意図される生理的効果（血腫発生の可能性の防止あるいは最小化、過反応の抑制、自己修復代謝）が確保される。

> **MEMO**
> 誤診は誤った治療の原因となる。

症状別のさらなる治療方法については第11章「筋損傷の保存療法」、セクション「理学療法と物理医学」を参照。

■ テーピング

テーピングは、応急処置と詳細な診断が済んだ後の筋損傷、例えば「いわゆる肉離れ」や内出血を伴う筋損傷である筋線維断裂、筋束断裂あるいは筋断裂に適している。急性あるいは炎症相後、増殖相（p. 335を参照）において創傷が閉鎖した後、損傷した筋線維にかかる負荷を軽減する働きを持つ。加えて、筋の損傷部位に向かって意図的に緊張を生み出すこともできる。

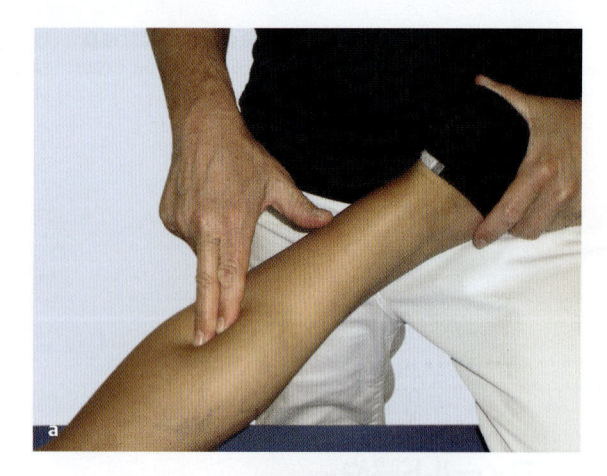

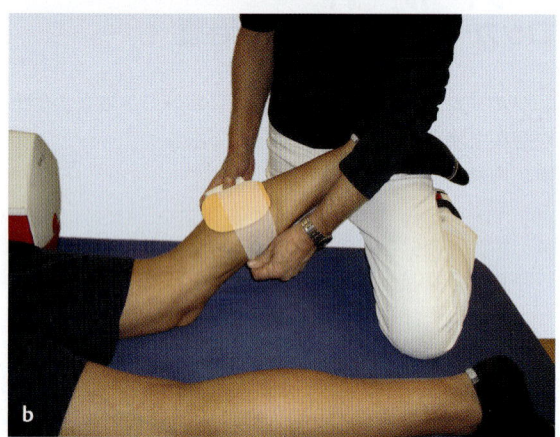

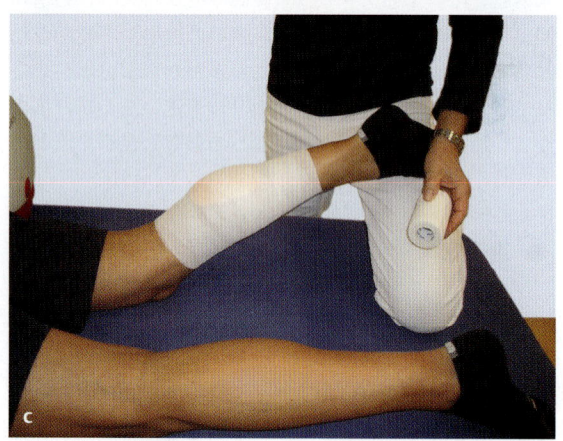

図 14.8a-c　冷湿布の方法

a　負傷した筋組織の触診。
b　負傷筋組織へのフォームラバープロテクターの設置。
c　伸縮包帯を用いたフォームラバープロテクターの固定。

筋損傷後の治療戦略

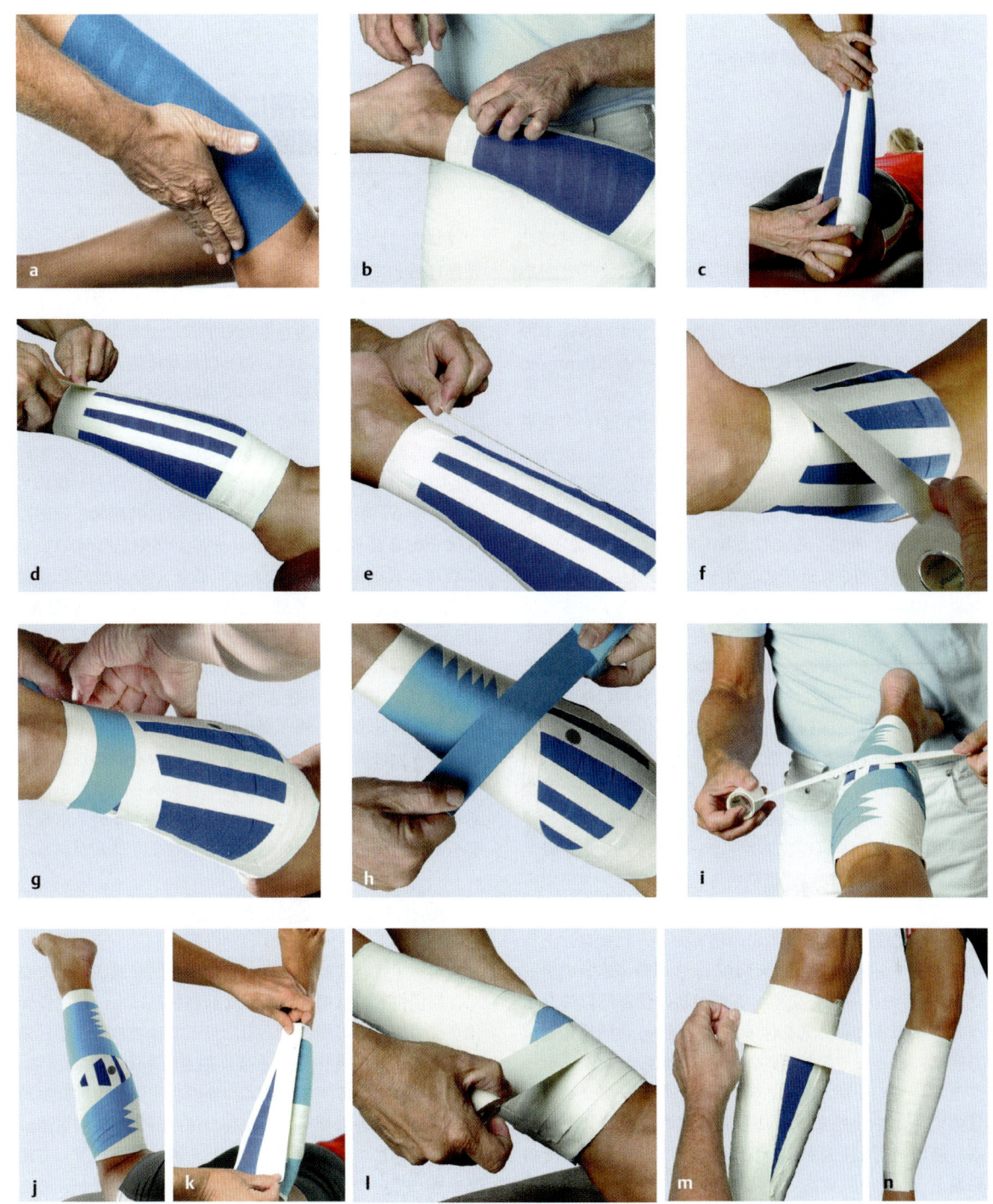

図 14.9a-n　**ふくらはぎへのテーピング例**

a　アンダーラップの巻き付け。
b　近位と遠位のアンカーの貼り付け。
c　縦アンカーの貼り付け。
d　近位へのテープの固定。
e　遠位へのテープの固定。
f　「穂」型のテープ術。
g　上行テープの交差点。
h　上行テープの貼り付け。
i　下行テープの貼り付け。
j　開放された受傷部位。
k　脛骨稜におけるテープ端の固定。
l　背側からの固定。
m　腹側からの固定。
n　ふくらはぎテーピングの完成図。

333

> **Caution**
> ただし、筋の完全断裂または大規模な血腫と静脈瘤は禁忌である。

このテーピングは個別治療の後、その都度新たに施される必要がある。その期間は2日までとする。

テーピングでは、アンカーは半円形に貼り、テープは患部の解剖学的構造が許す限り対称的に施すことが重要である。患部筋の負担を軽減する一方で、一定の機能負荷を与える。テーピングの特性や注意すべき基本的な使用方法に関する情報は入門書（Eder & Mommsen 2007）が参考になる。

以下ではふくらはぎを例に、テーピングにおいて重要となるステップを示す。まず患者はリラックスしてうつぶせになり、負傷している側の膝を約45度に屈曲する。この体勢で下腿全体に適切な素材のアンダーラップを巻く（図14.9a）。次にくるぶしより上部に遠位アンカーを、脛骨骨頭部の高さに近位アンカーを貼る（図14.9b）。アンカーの太さは3.75cmとする。この時、両アンカーは半円形に、つまり脛骨稜の部分を閉じず解放しておくことが重要である。次にいわば縦アンカーを用いて近位と遠位のアンカーを接続する。この時も脛骨稜は解放したままにしておく（図14.9c）。そして、近位アンカーと遠位アンカーの距離と同じ長さのテープ（2cm幅）を複数、まずは近位のアンカー上にのみ固定する（図14.9d）。次にこれらをしっかり引っ張り遠位のアンカーに貼り付け（図14.9e）、これを再びアンカーテープ（3.75cm）で半円形に固定する。続いて遠位から、内側のアンカーから外側のアンカーへ、そして外側のアンカーから内側のアンカーへ45度の角度で「ムギの穂」のように交互に上行するテープを貼り付ける（図14.9f）。この時、2本目のテープが1本目のテープを交差する点が筋の受傷部位のちょうど下に来るように気を付ける（図14.9g）。同様に近位方向に向かってその都度約2cmずつずらしながらテープを続けていくが、2、4、6番目などのテープが奇数本目のテープを交差する際にも交差点の位置に気を付ける。筋に適度な圧力がかかるようにテープを貼り、その終端をそれぞれ内側あるいは外側の縦アンカーに固定する。この時、終端には少し強めの圧力を加えるようにする。最後の上行テープは、受傷部の2-3cm遠位側に来るようにする（図14.9h）。次に、同じ方法で近位側から受傷部へ向けてテープしていく（図14.9i）。続けて、これまでまだテープされていない受傷部を半円形のテーピング法で閉じる（図14.9j）。そして脛骨稜の脇に位置する各テープの端を縦アンカーで固定する（図14.9k）。背側から半円形にアンカーテープを巻く（図14.9l）。最後に腹側から半円形にアンカーを巻くことで、ふくらはぎの負荷軽減用テーピングが終了する（図14.9m、n）。

〈2〉筋損傷治療における治療技術の一般的側面

プロ、アマチュアなどの競技レベルとは関係なく、筋損傷に対しては特別な理学療法的技術は必要ない。資格のあるセラピストが既にマスターしているテクニックで十分症状の緩和や改善をもたらすことができる。負傷選手に共通していることは、彼らは皆身体能力の可能な限り迅速な改善と寛解を（極めて良好なコンプライアンスをもって）切望するということである。しかし、それ故に負傷した選手の個人的な身体条件と特性の正しく客観的な（スポーツの特性を考慮した上での）評価が極めて重要となる。特に筋損傷後のスポーツに特異的な適応にも気を配る必要がある。トレーニングや試合への長年にわたる規則的な参加により、数多くの典型的な運動パターンが幾度となく練習され習得される。その結果、316ページ以降に例として挙げたような能動的および受動的運動器官の構造に適応変化が生じる。

つまり、「普通の」患者ではセラピストにより病的変化と見なされるであろう変化は、スポーツ選手においてはスポーツに特異的な（通常は必要かつ有益な）運動器官、特に筋骨格系の適応である場合がある。これを修正あるいは変化することにより患者選手にネガティブな影響をあたえ、その能力を低下させてしまう恐れがある。

■ 筋損傷後の適応および変化

スポーツに特異的な運動器官の潜在的な適応だけでなく、筋損傷後には関節靭帯系と筋筋膜系にも一時的な変化が生じている可能性もある。以下ではこのような外傷後反応の例をいくつか、重要な観点をもとに紹介する。この関連において、まずいくつかの生物学的・神経生理学的調節回路およびそれらが持つ運動器官の個別構造に対する影響について論ずる。これら調節回路に対して治療を通じていかなる作用を及ぼすことができるか、あるいはこの介入が生物学的構造に対していかなる変化をもたらすかについて説明する。

ほとんどのスポーツでは、骨盤‐脚軸における回旋を伴う典型的な運動パターンのために、関節靭帯系、筋筋膜系、そして神経髄膜系に過負荷や誤負荷が発生することが多い。通常、人体の組織は粘弾性を有する、つまりある運動の後、再びもとのポジションに戻る。しかし、例えばサッカーなどにおける高速のスプリント、突然のストップ、あるいはさまざまな形での方向転換（p. 316

を参照）などにより、組織構造の可逆性が失われる。

　そのため仙腸関節などの関節が本来の「静止位置」に戻ることができなくなる。筋損傷や筋筋膜系に変化が生じた後は、この問題に対する代償作用が特に強くなる。肉体は痛みが限界を超えないように、あるいは筋損傷が存在する場合には、患部構造の負担を軽減し、非生理的なストレスを避けるために、自然に動作を適応させようとする。例えば、ある選手が下肢を負傷すると、比較的痛みが少ない状態で歩行する（足を引きずる）ことができるように骨盤 - 脚軸を調節する。この反応は結果として当然骨盤 - 脚軸の組織に新たなストレス反応を引き起こす。痛みのない姿勢を維持するために、身体は筋筋膜系の損傷部位を運動から排他する必要がある。これを実現するため、筋は痛みなしに動くことができるよう新たにプログラムされる。こうして筋筋膜系は機能不全の維持に貢献する。そのほかの筋に痛みがある場合は、これらの筋は抑制される（上行因果連鎖と下行因果連鎖）。

　上行因果連鎖を通じて足や膝におけるこのような障害（身体で最も重要な横断レベル）が誘発するのは局所的または全身的な結果を伴う下肢におけるうっ滞や緊縮だけではない（例えば疲労性の痛みを伴う筋硬化：第11章「筋損傷の保存療法」、セクション「理学療法と物理医学」を参照）。もう1つの重要な側面は一方では筋筋膜同士の間の、もう一方では筋筋膜と腰椎の連鎖である（胸腰筋膜、殿筋膜、大腿筋膜）。例えば機能不全に陥った膝窩筋膜は「腰痛」誘発することがある。下肢は体幹の基盤となる。骨盤 - 脚軸のどちらか一方に障害がある場合、これは内臓組織も含めた脊柱領域全体に影響を及ぼす（神経性の痛みを伴う筋硬化、および第11章「筋損傷の保存療法」、セクション「理学療法と物理医学」を参照）。

■ 誇張反応

　受傷後、身体はすぐに自己治癒を開始しようと試みる。この時、受傷部に流れ込むすべての血管が解放され、大量の「自己修復物質」（リンパ球、顆粒球など）が患部に放出される。この働きを「誇張反応」と呼ぶこととする。受傷部への歯止めがきかなくなった内出血は診断を困難にするだけではなく、傷を受けていない隣接組織へ拡大する不必要な癒着も引き起こす。トレーニングや試合への参加はこれにより大きく遅延することになる。

■ 治癒期

　受傷後生体は、迅速な治癒と再生を可能とするため、規則的で理にかなった順番であらかじめ決定されている生物学的反応を示す。これに関する詳細はファン・デン・ベルク（Van den Berg 1999）の著書に見つけることができる。靭帯、筋そして皮膚の治癒には3つの段階を区別することができる：

- 急性あるいは炎症期：急性相は血管相または細胞相とも呼ばれ、損傷の規模に応じて受傷後1日から4日間継続する。治癒が思わしくない場合には14日にまで拡大することもある。この時、損傷に起因する炎症が発生し、その結果として不可欠な修復的代謝プロセスが始まる。
- 増殖期（成長期）：炎症相において傷口が閉鎖された後、増殖相が始まる。この相では結合組織の新生が始まる。この成長プロセスは受傷後5日目から21目にかけて、恣意的に発生する。理学療法（痛みのない領域のモビリゼーションや伸張）を通じて、この成長に方向づけを与えることができる。したがって、新しく形成される生物学的素材の機能性を早期に決定づけることができる。
- 再構築期：最終的な機能性が形作られるのは再構築相においてである。この相は受傷後約21日目に始まり、必要とされる結合組織の発達量に従い、1年間ほど継続することもある。この期間に組織が質的にも量的にも改善・適応し、この部分の生物学的な意味における機能特性が最適化される。

　セラピーにおける本当の課題とは、医療的治療処置だけではなく、受傷組織に対する適切な治療刺激を選択し、そしてその用量を正しく判断することにある（表14.5）。経験豊富な理学療法士は、選択した刺激に応じて組織の新生に必要な合成活動に手を加え促進することが可能である。患部組織が持つストレス依存性をセラピストが意図的にそして適切に活用するのである。

表 14.5 物理療法における適切な刺激

組織	治療刺激
【骨】	圧迫
【軟骨組織】	圧迫と引張
【関節包】	立体的引張
【靭帯と腱】	平行的引張
【筋組織】	収縮適応

5 治療法

　以下では、数ある治療法の中でも筋損傷の治療における効果が実証され、また著者ら自身も複合的な治療戦略の枠組みにおいて活用し、成功を収めている治療法をいくつか簡単に説明する。ここに挙げる治療法は、著者らが経験に基づき主観的な判断で選択したものであり、決して完全なものではない。したがって、ここに挙げた以外のセラピーによる治療の拡大は当然可能である。また本書で用いられている以外の基準に従った分類と選択も考え得るし、可能である。

　本稿では主に、スポーツによる骨盤 ‐ 脚軸の機能不全に起因する筋筋膜系の変化に焦点を絞り、筋損傷の発生におけるその役割について論じる。以下で紹介するのは当然、筋損傷の治療において注目される靭帯関節系および筋筋膜系に対する治療法である。これら治療法は、筋損傷後の新しい方向づけや再プログラミングを通じて、運動器官の機能性や能力の再生に貢献する。

〈1〉 物理的療法

■ 電気療法

　電気療法は以前から既に物理療法の中心的な要素であり、特に整形外科や外傷学における保存療法を中心としたさまざまな分野において理学療法士や医師により利用されている。常に進歩する医学・生物学的知識および医学技術の改善により、電気治療の可能性と活用範囲はこれまで絶え間なく拡大されてきた。現在もこの進歩は続いている。しかし、理学療法士の基礎教育課程では電気治療の知識が十分に提供されることがなく、また診療所で運用するには導入コストが高く、経済的に採算が合わないことから電気治療の価値はこの数年明らかに低下してきている。しかしながら、正しい時期に正しい場所で、正しい目的と用量を用いて行われた電気治療は運動器官の機能と能力の再生に貢献することができる。

　すべての電気治療法は、運動器官には外部から機械的、電気的、あるいは熱によるエネルギーを加えることができるという事実に基づいている。この時運動器官によって吸収されたエネルギーが生理的な反応を刺激あるいは

■ 筋損傷後の複合的治療戦略

　現代の複合的な治療戦略の特徴は、症状に合わせてさまざまな治療法や介入方を組み合わせることにある。これら治療法は大別すると3つの分野に分けることができる。筋損傷の修復には物理的な治療法、理学療法、そしてメディカルトレーニングセラピーが活用される。

　つまり、複合的な治療戦略は分野の垣根を越えた学際的アプローチであり、ここではさまざまな職業に属するさまざまな分野の専門家による機能的な共同作業が必要とされる。医師の監督のもとマッサージ師、理学療法士、リハビリテーショントレーナーらが協力し、医療・理学療法・セラピー処置を実行する。したがって、筋損傷の治療を成功させるには個々の医療的介入やセラピーの協調が不可欠である。

> **MEMO**
> ここで重要なことは、個別のセラピーを加算した総和が必ずしも治療の成功を意味するものではないという事実である。数多くのセラピーの構成と順番の両方が最適であって初めて、理想的な治療結果を得ることができる。

　学際的なメディカルチームのスタッフ全員が、個別の治療法の効果や作用に関し十分な知識を持ち、常に意見を交換しながら協調して働くことが必要不可欠である。

誘発する。したがって、例えば超音波自体が血行を変化させるのではなく、超音波エネルギーが組織により吸収され、そこの細胞膜を刺激し、各細胞の活性化を促す。このエネルギー作用だけでなく、超音波には組織内においてある種の微小マッサージ効果も発揮する。そのため、化学伝達物質が放出され、これの働きで血行の変化が誘発される。物理治療におけるセラピーにより、通常の物理的なプロセスが刺激され、望ましい治療成果が上がる。

このセクションでは以下に最新のセラピーをいくつか例として紹介する。第11章「筋損傷の保存療法」、セクション「理学療法と物理医学」に症状および傷害相ごとの電気療法の目的と用量が説明されている。ただし、この用量は経験値であり、患者によっては調節する必要がある。

> **MEMO**
> それぞれの治療法における禁忌には十分注意すること。

● **ハイボルト治療**

ハイボルト電流は連続する短いインパルス（約10-50ｍｓ）からなり、運動神経と感覚神経を刺激する。インパルスが短いため感覚に不要な負荷をかけることがない。意図した刺激作用を得るには高い電圧が必要とされるため、「ハイボルト」療法と呼ばれるようになった。

生理的な作用は次のようにまとめることができる：
- 筋筋膜の硬直とそれに起因する脱緊張状態などに対して、運動神経の刺激は鎮痛効果を持つ。
- 約10Ｈｚまでの低周波の使用は、細かい振幅のバイブレーションに似た作用を持ち、過負荷にさらされる筋を緩和する。

● **中周波治療**

電気治療では2500-8000Ｈｚの正弦波交流電流の効果が実証されている。周波数が高くなるごとに、皮膚の抵抗をよりよく超えるようになるため、結果として皮膚に刺激が生じず、電流は極めてよく許容される。中周波のゆっくりとした周波では、複数の連続する正弦波の加重により、作用が直接筋線維膜に到達する。中周波電流の低周波（振幅調節）により、低周波治療で知られている効果も得ることができる。これにより痛みを伴わない筋刺激が発生する。

強度が高いため、細胞膜電位が克服され、細胞状態を強制的に変化させるという生理的作用を有する。

● **マイクロアンペア治療**

ここでは体内シグナルと同程度の電流が活用される。局部的な損傷が発生すると基本的にその部位の生体電気活動に変化が生じ、マイクロアンペアレベルの電流が発生する。これが全身の生体電位分布の変化を引き起こし、増殖や再生の制御シグナルが生成される。その後、生体電位は再び正常化する。体外からこのような微小なエネルギーを与えると、このエネルギーは細胞膜を刺激するが、細胞膜電位を超えることはないため、細胞自身に反応を促すことはない。そのため、刺激を受けた細胞は通常通りの働きを見せるが、その働きは素早く力強くなる。細胞調節セラピーなどにマイクロアンペアが利用されている。

次のような生理的な作用がある：
- ATP産生の上昇（最大500％）
- 膜輸送の増強
- タンパク質合成の増加
- 線維芽細胞活性の刺激
- Tリンパ球の刺激
- リンパ流の促進
- 再生促進
- 炎症抑制
- 鎮痛

● 高周波・コンデンサフィールド・深部加温

この技術では組織がコンデンサの一部となり、1MHzの振幅が生成される。この振幅の運動エネルギーが熱に転換される。断面に対して電気刺激を与えることで、組織の全断面にわたって温熱効果が広がる（熱源を利用した場合は熱浸入の深さは限られる）。さらにこの温熱効果は長時間持続する。その結果、代謝が促進され、柔軟性が増し、トーヌスが変化し、筋の粘性が低下する。

● 超音波

0.75から3MHｚの音波が組織に放射され、これが振動を引き起こす。その結果、組織内に分子振動が生じ、直接的に熱を生成する（緻密質、骨膜、コラーゲン組織、および筋への効率的な熱吸収）。また微小マッサージとしての効果も持つ。40-45度にまで加熱された場合は充血反応が生じる。いわゆる安定キャビテーションの働きによる温度に依存しない作用も持つ（細胞液内における気胞の形成）。このエネルギー転換は細胞透過性の変化を誘発する。これにより細胞代謝と細胞内プロセスが活性化される。

生理的効果はマスト細胞、血小板、好中球性白血球とマクロファージ、線維芽細胞と筋線維芽細胞の刺激である。

のは1990年代の初頭になってからのことであった（van Wingerten 1992）。痛みを緩和するポジティブな作用と並んで、ネガティブな作用にも注目が集められた。氷を適用することで局所的な体温が10度以下になった場合、自己修復的な代謝プロセスが阻害され、また、求心性の「固有感覚インプット」が妨げられる。さらに冷却後に患部に充血が誘発される。これらの好ましくない作用を考慮した場合、局所冷却は受傷後創傷が閉鎖した後には禁忌であると考えられるようになった。

現在では筋損傷後の温度管理（冷却療法）はより詳細に定義され、評価されるようになっている。表14.6に示すように、治療の目的によって最適な温度領域が区分されている。

この療法における生理的な作用は、最適な温度領域における最善な形での細胞代謝プロセスの維持を可能とする生体制御工学に基づいている。特殊な皮下温度センサーからの情報により、局所的な生理反応を誘導し制御する。

局所冷却はさまざまな媒体（水、ゲル、スプレー、空気など：図14.10）を介して直接皮膚表面に投与される。

> **HINT**
> 極めて直接的な水による冷却とは対照的に、冷やされた空気による冷却方法が患者のコンプライアンスも高く、筋損傷のリハビリテーション特に推奨することができる。

■ 冷却療法

● 局所冷却

理学療法では長年にわたりアイスパックや氷が無批判に利用されていたが、局所冷却の是非が討論され始めた

● 全身冷却

局所的な冷却療法だけでなく、近年ではいわゆる全身冷却法にも科学的および物理医療的関心が高まってきている。この治療法では、全身が一定の時間（数分レベル）治療効果を持つとされる-110度から-160度の外気にさら

表14.6 局所冷却療法の目的、温度、用量

治療目的	温度	好ましくない副作用
侵害受容インパルスの妨害と痛みの軽減	-20度以下を30-60秒（第一選択：医療用タンサンガス）	● 適切な神経筋制御のための求心性のインプットの変化 ● 患者が許容するのは短時間のみ ● 皮膚凍傷のリスク
自己修復代謝プロセスの促進	10-15度を15分から数時間（受傷後すぐ、夜間も可）	
痛みの軽減とはれの抑制	10-15度を15分から数時間（受傷後すぐ、夜間も可）	

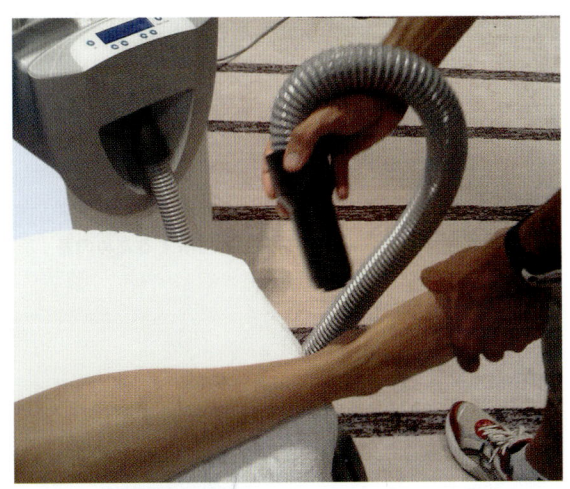

図14.10 空冷式の冷却器
(写真提供：Zimmer Medizin Systeme GmbH 社、ノイ・ウルム)。

表14.7 全身冷却法の適応症と禁忌 (出典：Papenfuß 2007)

適応症	禁忌
● 炎症性および変性リウマチ性関節症	● 160／100 mmHg を超える未治療の高血圧
● 線維筋痛症	● 過去半年以内における心筋梗塞
● 慢性頭痛・偏頭痛	● 心律動障害
● 筋トーヌスの上昇を伴う疾患	● 重度心不全
● 神経皮膚炎	● 血行障害、動脈閉塞性疾患
● 尋常性乾癬と関節症性乾癬	● 寒冷過敏症
● 低張性調節不全	● 多発ニューロパチー
● 抑うつ状態	● 腎臓病と膀胱病

される。これは冷却室内で実行される。この全身冷却法は医療の世界では以前からよく知られており、さまざまな症状に対して有効であることが実証されている（表14.7）。

この治療では、求心性の反射経路上のさまざまな受容器を通じて（筋紡錘の求心性反射経路と同様：図1.32、1.33、1.34）生体制御回路内において生体のさまざまなサブシステムが制御される。その結果、表14.7に挙げたような症状に対し、数多くの効果を発揮する。血管収縮薬を用いて、皮下動静脈接続が閉鎖され、そのため大量の血液が筋活動の代謝のために供給されるようになる。これが、この治療法が運動器官のスポーツあるいは身体能力に好影響を与える理由である。

全身冷却法は3つの形で実行することができる：
- プレクーリング：スポーツの前に実行する。全身冷却法が持つ生理的作用により、プレクーリング後には無酸素運動能力が約10％、高速出力能力が約5-7％、一時的に改善することが期待できる（Killing & Hommel 2009）。
- 中間クーリング：スポーツ活動や試合中に実行。
- ポストクーリング：負荷終了後に実行する。最新の文献や研究によると、冷却法により生理的供給システムにおける負荷後の回復が全体的に短縮されると考えることができる。個々のシステムに対する作用を評価するには、現在のところデータがまだ少なすぎる。現行の試験や研究の中間結果やトレンドを総合すると、回復時間が約30-40％短縮すると想定できる。

全身冷却法が持つ筋損傷に対するポジティブな効果は自己修復代謝の促進によるものであり、したがって損傷部位の治癒時間の短縮が期待できる（Papenfuß 2006、Banfi et al. 2008、Killing & Hommel 2009）。

〈2〉 理学療法

ここでは徒手理学療法の基礎に関する説明は避け、参考文献を挙げるにとどめる（Kaltenborn & Evjenth 1999a & b, Van den Berg 1999, Eder & Hoffmann 2006, Frisch 2007）。以下では筋筋膜系および関節靱帯系に対するリリース法に焦点を当てる。リリース法はこの数年の間に整骨療法を土台にさまざまな手法が開発され、スポーツ理学療法においても有効に活用され、確固たる地位を築いている。著者らの主観に基づき選択したいくつかのテクニックを以下に紹介する。

■ 筋筋膜リリース法

筋における損傷や病変の大半では、その機能不全の原因は機械的な不全だけでなく、間質液の循環不全である可能性もある（人体には血液以外にも約14ℓの間質液が流れている）。動静脈による循環だけでなく、この間質液もすべての組織における栄養および供給機能において重要な役割を果たしている。

結合組織は毛細血管（発送）と細胞（受取）を結ぶ重

要な輸送経路をなす。陽性電荷を持つコラーゲン線維はマトリックスに存在する陰性電荷を持つプロテオグリカンと結合する。この時、ある種のゲルを形成する。さらに構造タンパク質と結合したプロテオグリカンは力吸収的および伸縮性の特徴を持ち、これが人間の結合組織の典型的な粘弾性に関与している。プロテオグリカンは細胞外物質を互いに結びつけることにより、栄養素や代謝産物、あるいはバクテリアなどに対するネットまたはざるを形成する。

コラーゲン線維は常に組織の最大限の伸張や負荷の方向に向かって並んでいるため、組織によってその走行はまちまちである。また、質的にも量的にも、負荷やスポーツに典型的な運動パターンに適応する。誤負荷や機能不全が存在する場合、典型的なクロスリンク（架橋結合）が発生する。これはコラーゲン内の水分とグリコサミノグリカンが失われ、さらに典型的なアミノ酸（リシンやヒドロキシリシン）が化学的にほかのタンパク質鎖と結合し、コラーゲン線維間の潤滑物質を形成することに起因する。この潤滑物質が結合組織の主要線維をなし、これから筋膜が構築される（第1章「骨格筋の機能解剖学」を参照）。これらコラーゲン線維の潤滑性は線維間最短距離の維持に依存している。この最短距離が確保できていない場合は、微小接着が発生し、新しいコラーゲンは無秩序に生成される（＝病的クロスリンク）。さらに過酸化水素などのフリーラジカルが形成される際にも、クロスリンクが発生することがある。

結合組織の機能不全やそれに伴う緊縮や癒着がある場合、細胞は十分な供給を受けることができない。当該の毛細血管床内にある個別細胞は毛細血管あるいは動脈や静脈がそこに拡散する栄養だけを吸収し、同様の方法で排出物質を破棄する。細胞外液が十分に流れている領域にある細胞に比べ、不全領域に存在する細胞では、水力学的な流動が十分ではないため、活力が低下している。つまり、排出物質と代謝産物、例えばプロスタグランジンや窒化物の蓄積と細胞の低酸素（栄養不全）の結果として、不全領域には痛みが生じる。筋筋膜リリース法による治療を通じてこのような制限状態を解消すれば、不全領域における水力学的流動を再生することができる。

既に言及したように、細胞外液は筋筋膜構造と神経髄膜構造間の摩擦のない潤滑を可能としている（グリコサミノグリカン）。呼吸機序を通じて、「脂質ポンプ」が維持されるが、筋筋膜層や横隔膜における上記した高血圧や癒着がこの循環を妨害する。その結果、低酸素となり、そして組織内に痛みが生じる。このような障害は横隔膜（大隔膜）、骨盤隔膜、尿生殖器隔膜（骨盤底）、膝隔膜（膝筋膜）、および足底隔膜（足底筋膜）などの隔膜に発生することが多い。隔膜はまた、さまざまな筋筋膜連鎖の水平的な接続因子でもある。これにより、スポーツの特徴として現れる個々の筋筋膜連鎖間の組み合わせ、相互作用、そして代償の可能性が拡大する。

MEMO

したがって、筋靱帯筋膜接続を把握することはスポーツ理学療法における筋治療を理解するための基礎となる。

HINT

結合組織ならびに筋筋膜の緊縮に対する治療法としては、「アンワインディング（Unwinding）テクニック」の原則にのっとり、かつアスリートの姿勢を変えながら作業する治療法の効果が実証されている。この治療法では、スポーツ理学療法士は患部筋を手（親指または指）で探り、緊張の低下に従いながら、これをいわば「開放」する。

それぞれの隔膜に対しては、以下に紹介するテクニックを推奨する。

● 頸筋膜

頸部筋膜は頭蓋底、下顎骨、舌骨、肩甲骨、鎖骨そして胸骨に付着している。気管前葉はしたがって心膜の上で横隔膜と結合している。咽頭、喉頭、甲状腺を包み、頸動脈鞘を形成する。椎前葉を経由して気管前葉は気管と食道を接続している。つまり頸筋膜は、頭、頸、胸郭、そして四肢に対し重要なリンパドレナージュの役割を果たす。

HINT

頸部筋膜のモビリゼーション（図14.11）により頸部に対する多くのセラピーは不必要になる。

頸筋膜のモビリゼーションの適応症：
- 頭痛
- ヒステリー球
- 同側上の上腕痛や知覚障害
- 肩甲骨内側の痛み
- 鎖骨上のトリガーポイントヘルニア（鎖骨上窩のこり）

治療の開始時、患者はあおむけに横になる。親指を鎖骨上窩（胸鎖乳突筋の外側）に当て、尾側および外側方向へ圧力を加える。頸筋膜の緊張がほぐれるまで待ち、肩鎖関節の方向へ親指をゆっくりと「溶かす」。

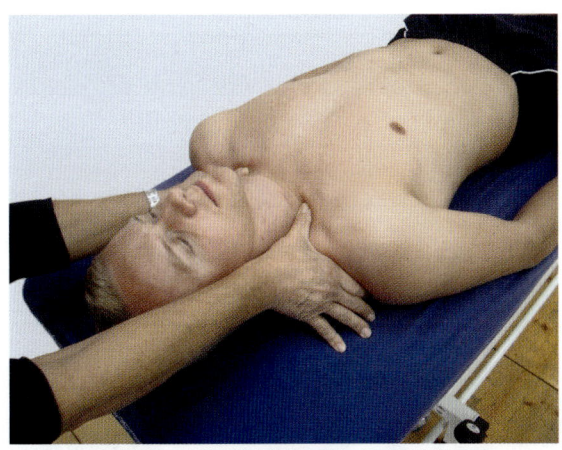

図14.11　頸筋膜における結合組織不全に対する治療テクニック

> **Caution**
> 患者の個人的な許容範囲に気を付けること。頸筋膜のリリースは前斜角筋と肩甲舌骨筋の緊張をほぐす。

● 横隔膜

この隔膜のモビリゼーションには、あおむきあるいは横になった状態で、直接筋筋膜リリース法を施す。腹部のうっ滞や吸気あるいは呼気障害が適応症である。横隔膜はシリンダーの中のピストンのように動作するため、「深部」あるいは「吸気」ポジションで動かなくなることがある。この場合セラピストは母指球と小指球を用いて、へその少し上から隔膜にアプローチする。

> **Caution**
> 大動脈を傷つけないこと。

この時点で、隔膜は胸郭の方へ押し上げられている。そのため再び「ドーム型」をしている。このテクニックは乳び槽（隔膜の尾側）のリンパうっ滞にも動きを与える。リンパうっ滞は隔膜を超え胸管に至り解消する。胸椎を同時に治療することもできる。その場合は、もう一方の手を、不全を示す胸椎と傍脊椎筋に交差するように置く。次に適度な圧力をかけ、胸部機能不全が一方の手の下で、隔膜の「ふくらみ」がもう一方の手の下でそれぞれ解消するまでこれを維持する。

横隔膜は下部肋骨と相互に作用し合う。これにより吸気あるいは呼気障害が生じ、持続することがある。これらの障害を治療するには図14.12に示した方法が有効である。

● 骨盤隔膜と尿生殖器隔膜

骨盤隔膜の筋筋膜リリース法（図14.13）では、患者はあおむけになり、膝を90度に曲げる。軽い外旋により足の間隔を約30cmに広げる。スポーツ理学療法士は対側で骨盤の高さに座る。親指を用いて坐骨結節の内側を頭側へ、そして坐骨枝に沿って少し外側へ骨盤底を触診した後、セラピストは左右の比較を行い、抵抗が硬くなっていないかを確認し、続けて抵抗が弱まりリラックスし始めるまで許容範囲内の圧力を緊張している側に加える。

● 膝隔膜

筋損傷後に膝や膝窩に痛みがある場合（既存のベーカー嚢胞と関連している場合も多い）に、膝窩筋膜（膝筋膜：図14.14）に対して筋筋膜リリース法を行う。負傷した選手はあおむけになり、膝を約30度に曲げる。スポーツ理学療法士は指を「鋤」の形にする。これを直接膝窩筋に当てる。指の形を変えることなく、筋膜に対し遠位方向へ引張ストレスをかける。患部筋膜の抵抗が明らかに弱まるまで、これを続ける。

● 足底隔膜

足底隔膜の直接的な筋筋膜リリース法は次のようになる（図14.15）。適応症は足底筋膜炎、踵骨棘、および足底の痛みである。患者はあおむけになり、セラピストは交差させた親指の先を患者の足底に当てる。そして親指の先で適度な圧力を頭側内側へ、または頭側外側へ加える。筋膜が弛緩し、親指が筋膜上を横切るように滑り始めるまでこの圧力を継続する。

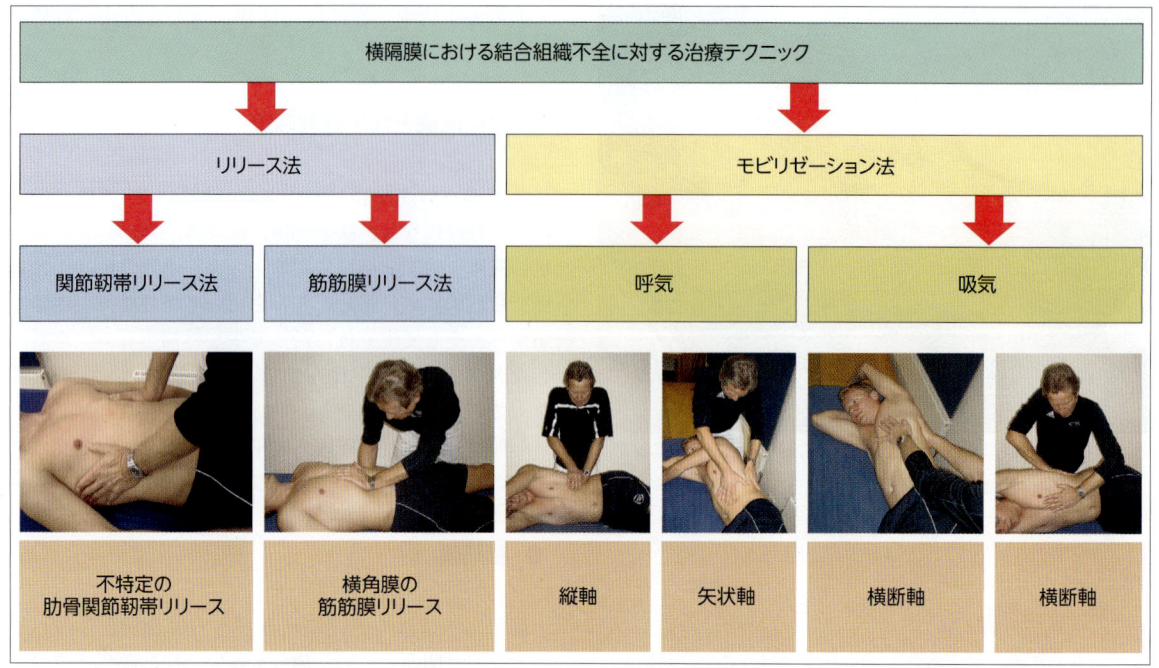

14. 物理・理学療法的処置とリハビリテーション

図 14.12　横隔膜における結合組織不全に対する治療テクニック

```
横隔膜における結合組織不全に対する治療テクニック
    ├─ リリース法
    │    ├─ 関節靭帯リリース法
    │    └─ 筋筋膜リリース法
    └─ モビリゼーション法
         ├─ 呼気
         └─ 吸気
```

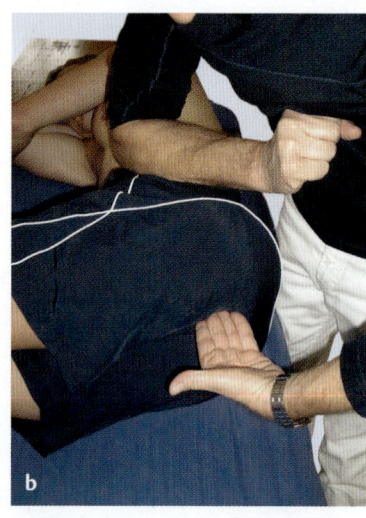

- 不特定の肋骨関節靭帯リリース
- 横角膜の筋筋膜リリース
- 縦軸
- 矢状軸
- 横断軸
- 横断軸

図 14.13a、b　骨盤隔膜における結合組織不全に対する治療テクニック

a　尿生殖器隔膜と骨盤隔膜の筋筋膜リリースとモビリゼーション。
b　尿生殖器隔膜と骨盤隔膜のモビリゼーションのもう1つの方法。

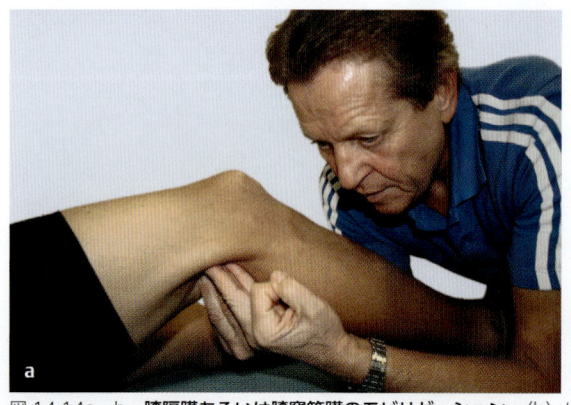

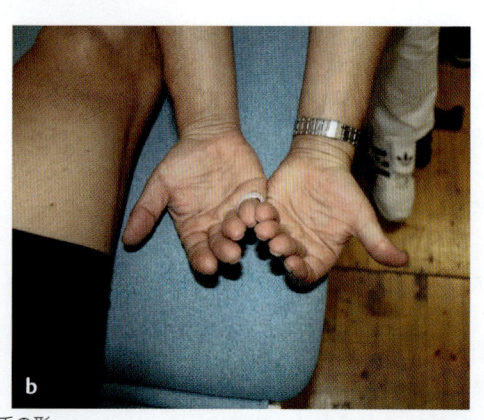

図 14.14a、b　膝隔膜あるいは膝窩筋膜のモビリゼーション　(b) は手の形。

342

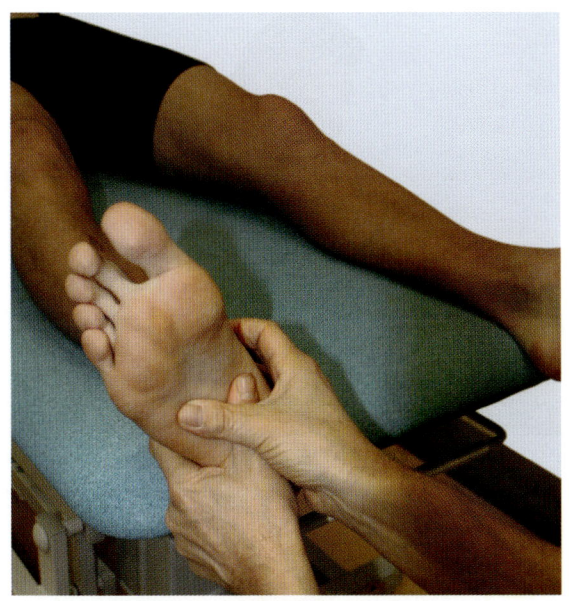

図14.15　足底隔膜または足底筋膜のモビリゼーション

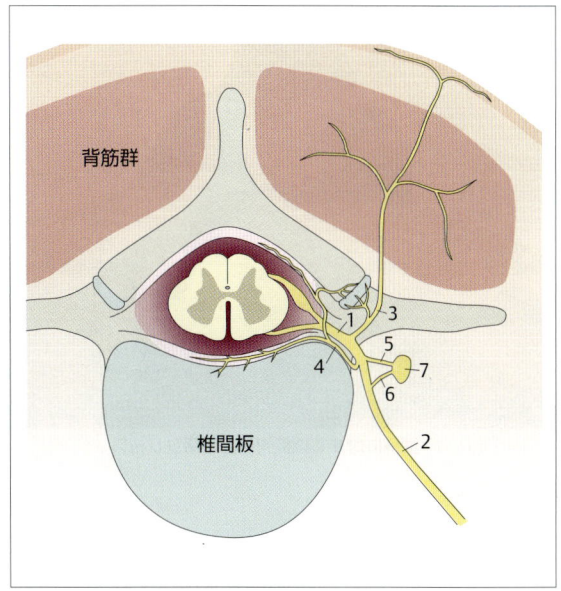

図14.16　後枝と反回神経の模式図

1 ＝脊髄神経
2 ＝前枝
3 ＝後枝；以下を支配：
　－ 脊椎関節の関節包の外側部分
　　（椎間関節、脊椎関節突起、「ファセット関節」、関節枝）
　－ 脊柱起立筋（筋枝）
　－ 背部皮膚（皮枝）
4 ＝反回神経（硬膜枝）；以下を支配：
　－ 脊椎関節の関節包の内側部分（ファセット関節）
　－ 椎骨骨膜
　－ 後縦靱帯
　－ 硬膜（主に腹側）
5 ＝白交通枝
6 ＝灰白交通枝
7 ＝交感神経節

■ 関節靱帯リリース法

疲労性の筋硬化で見られるような病的な変化だけでなく、中枢運動神経系や末梢運動神経系における変化もまた、筋筋膜性変化の直接的な原因となることもある。運動の制御においては、脊髄の統合的な役割に加えて、成人では上脊髄性のコントロールが支配的となる。

特にトップレベルのスポーツでは、体性感情性（somanoemotional）ストレスに起因する病的な影響はほぼ毎日のように観察されている。この体性感情性ストレスは緊張性インパルスとして下行系路を介して直接重要な運動感覚器官である筋紡錘に伝達され（γ神経支配）、同側筋あるいは筋群全体のトーヌス上昇を引き起こす。

筋紡錘は基本的に核鎖線維と核袋線維が区別される（第1章「骨格筋の機能解剖学」を参照）。核袋線維はいわゆるγ動的筋線維であり、その反射応答は常に動的な応答である。そのため、反射誘発の診断基準として、そして遠心性と求心性の筋活性の連結の改善に対する治療基準として、重要な役割を持つ（反射）。核鎖線維はγ静的な筋線維であり、その反射応答もまた静的な特徴を持ち、誤情報の作用が続く限り維持される（数日、数週間、または数カ月の持続も可能：第1章「骨格筋の機能解剖学」と第2章「生理学の基礎とスポーツ生理学的側面」）。

つまり、核鎖線維から発せられた情報は同側の筋における持続的な緊張の上昇を引き起こす。またそれだけではなく、相互的に作用する運動ニューロン（マウトナーニューロン）に接続する線維を介して、対側の伸筋屈筋系全体における緊張の上昇を誘発することもある。

脊椎あるいは椎間板に起因する機能不全は髄節（脊髄と体節からの合成語：機能的に区分された脊髄のセグメント）に影響を及ぼす。髄節は3つの領域に分類することができる：

- 反回枝（硬膜枝ともいう）：椎間関節の内側関節包、脊柱の骨膜（その診断基準は棘突起における圧痛）、後縦靱帯、および硬膜を支配する。
- 後枝（図14.16）：これは関節枝（椎間関節）と固有背筋を支配する筋枝に分枝する。皮枝は皮膚に対する繊細な供給支配を確保する。
- 前枝：頸椎および腰椎領域に神経叢を形成し、作業筋を運動神経支配する。
- 胸椎：ここで直接肋間神経を形成する。

以下ではスポーツでよく発生する、神経性の（つまり

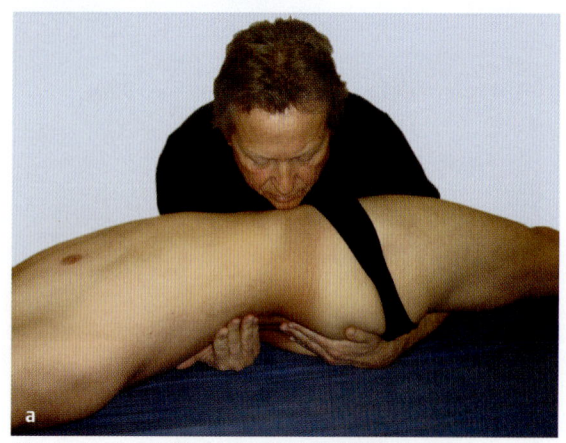

14. 物理・理学療法的処置とリハビリテーション

図 14.17a、b　腰痛に対する間接的関節靱帯リリース
a　開始位置。
b　終了位置。

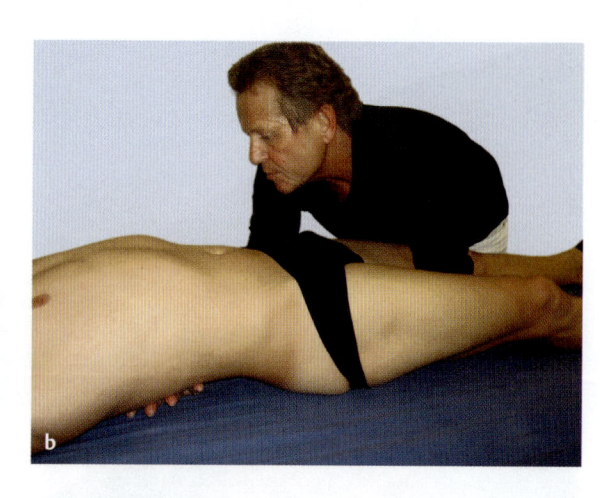

脊椎あるいは椎間板の不全に起因する）痛みを伴う筋硬化の原因となりうる機能不全とその治療法を紹介する。

● 腰痛の際の仙骨に対する関節靱帯リリース法

　機能および解剖学的観点から脊柱の重点は腰椎である。腰痛時の仙骨に対する関節靱帯リリース法を実行するには患者はあおむけに横になり、セラピストは患者の骨盤の横に陣取る（右利きのセラピストは患者の右に、左利きのセラピストは患者の左に：図14.17）。負傷した選手はまず腰を持ち上げ、ブリッジの体勢に移行する、あるいは痛みがある場合には横に回転する。セラピストは利き手を仙骨の下にあて、もう一方の手は親指の付け根（母指球）と親指に対して交差するように伸ばした人さし指を不全に陥った脊椎に当てる。続けて、患者は再び骨盤を沈め、または元の位置に回転し、あおむけになる。セラピストは仙骨を上下に動きながら、最も弛緩している部位を探す。患者は気持ちがいい場所をセラピストに伝える。仙骨にある手はこの場所を維持しながら、セラピストは患部脊椎に近い手を頭側方向へ動かす。患部構造が弛緩するまでこのポジションを維持する。

● 腸腰靱帯、脊柱起立筋、広背筋の靱帯と筋筋膜リリース法

　不全関節を支えていた筋の緊張をほぐし、痛みを伴う筋硬化によるネガティブな影響を排除するには、関節靱帯リリース法だけでなく、筋筋膜リリース法の施術も必要である。そこで腸腰靱帯、脊柱起立筋、広背筋に対する靱帯と筋筋膜リリース法が実行される。患者は患部側を上にして横になる（図14.18）。股関節と膝関節は45度に曲げる。療法士は患者の胸椎付近の後ろに立ち、患者の骨盤の方を向く。このポジションから腸腰靱帯、そして上後腸骨棘の内側上方、腸骨と脊椎L4／L5の間を親指の指先を使って触診する。次に、靱帯との接触を得るために前方へ圧力を加える。靱帯のこわばりを解くために、前下方への圧力を強め、緊張がほぐれるまでこの状態を維持する。これにより脊柱起立筋が弛緩し、その結果腰仙接合部の可動性が回復する。

● 内腹斜筋、外腹斜筋と仙骨神経叢の筋筋膜リリース法

　内腹斜筋と外腹斜筋、および腰神経叢の筋筋膜リリース法では、患者は患部を上にして横になり、股関節と膝関節を90度に曲げる（図14.19）。スポーツ理学療法士は患者の後、胸椎の位置に立ち、骨盤の方向に向く。痛みを発する緊張部位を発見した後、腸骨稜と胸郭の間（第12肋骨の高さ）のこわばった内腹斜筋と外腹斜筋に対し内側そしてわずかに下方へ、筋構造が弛緩するまで圧力を加える。

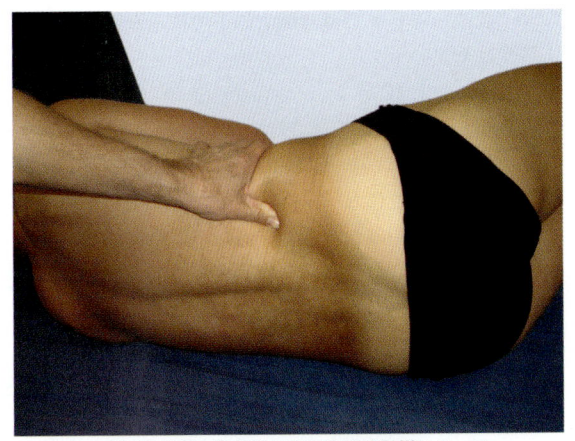

図 14.18 第 12 肋骨と腸骨稜の直接的関節靱帯リリース

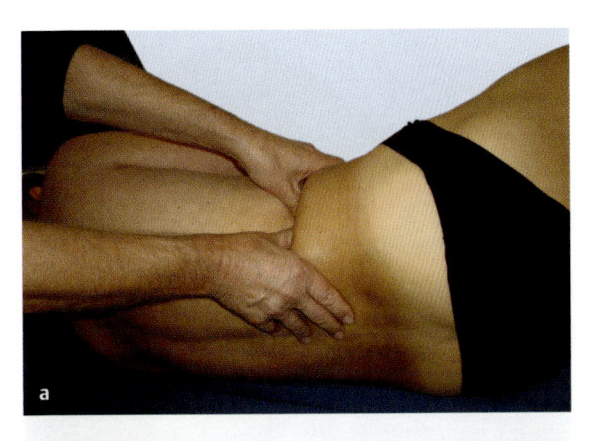

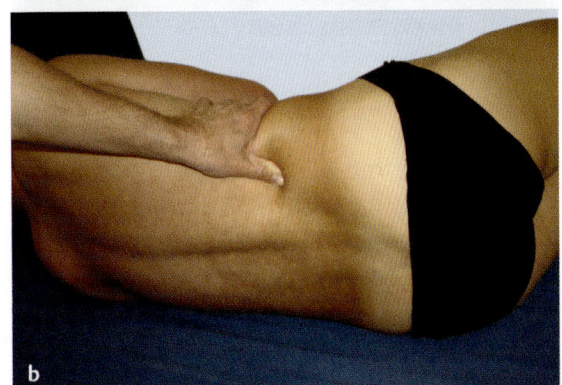

● 骨盤大転子筋組織と仙骨神経叢の筋筋膜リリース法

梨状筋、上双子筋、内閉鎖筋、下双子筋、そして大腿方形筋を含む骨盤大転子筋組織と仙骨神経叢に対する筋筋膜リリース法では選手は患部を上にして横になり、股関節と膝関節を90度に曲げる（図14.20）。スポーツ理学療法士は選手の後ろに立ち、緊張した患部をそれぞれ触診し、その都度親指で内側へそして軽く前方へ押し込む。圧力を許容範囲内に保ち、筋が弛緩するまで継続する。

● 絞扼性神経障害

さらに絞扼性神経障害の典型的な発症部位にも注意する必要がある。このような狭窄症候群は、解剖学的に狭くなっている部位における末梢神経の機械的な刺激を原因としている。スポーツの世界では常に繰り返される典型的な運動パターンによる酷使の結果として発症する。これは「微小損傷」と同様に、長期的には神経の炎症を引き起こす可能性がある。障害が発生するのは主に、解剖学的に狭い場所を走る神経、あるいは骨の表面近くを走る神経である。また、機械性あるいは代謝性の変化も絞扼性神経障害が発症するきっかけとなる。脊椎関節症や胸郭出口症候群がその例である。その症状はさまざまであり、圧力がかかっている場所や、障害を持つのが運動神経であるか、感覚神経であるかなどにより左右される。神経絞扼症候群は3段階に区分することができる：

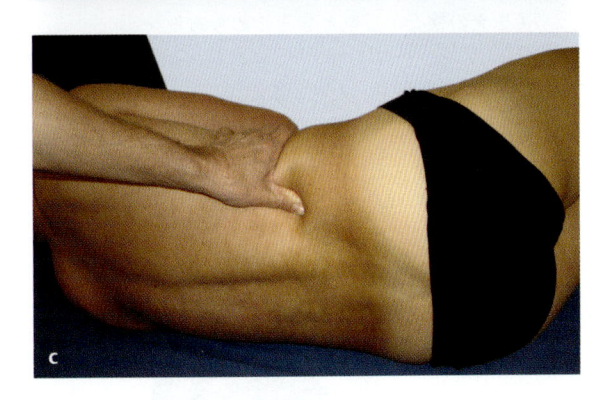

図 14.19a-c 腹筋の直接的関節靱帯リリース

a 斜腹筋の筋筋膜リリース。
b 脊柱起立筋の筋筋膜リリース。
c 広背筋の筋筋膜リリース。

- 第1期：主観的な知覚異常が発生し、運動は正常な状態。臨床検査では正常所見が見られ、予後も良好。
- 第2期：主観的なものだけでなく、軽度の感覚障害が証明可能。通常は負荷下においてのみ運動にも障

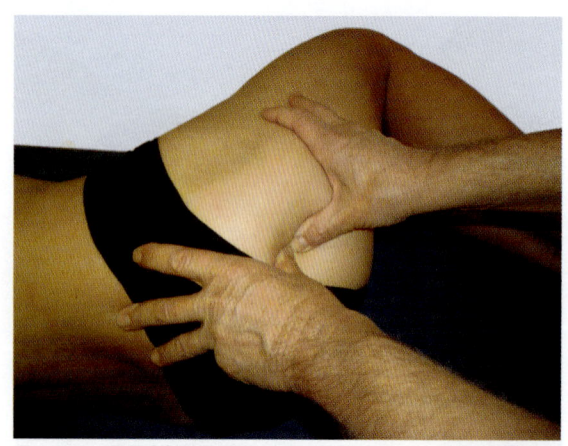

14. 物理・理学療法的処置とリハビリテーション

図14.20　骨盤大転子筋組織の筋筋膜リリース

害が現れる。ただし、目立つ障害ではなく、特定の神経領域に限定される。神経学的な検査が必要であるが、スポーツ理学療法がより効果を発揮するには、この検査はできるだけ早く行われるのがよい。
- 第3期：明らかな運動障害が現れ、時には筋萎縮も併発する。神経学的検査が不可欠。糖尿病または糖尿病性神経障害の有無を検査するため、化学パラメータの検査が必要となることもある。

競技スポーツでは経験上以下の構造が特に障害を受けやすい：

- 上肢：上肢テンションテスト（Upper Limb Tension Test）は神経に対する緊張テストである（図14.21：詳細についてはButler 1995を参照）。このテストは、上肢における神経性の病変あるいは痛みを筋筋膜性の痛みから区別するために行われる。このテストによりセラピストは適切な治療戦略を立てることが可能になる。この識別テストは次のように行う。それぞれの神経により支配されている筋を伸張する。この時、その部位に引きつるような痛みがある場合、どの構造がこの痛みの原因になっているかを解明する必要がある。まず、患者に頭を対側方向に傾けさせる。これにより腕神経叢と神経に張力が加わるが、この時痛みが明らかに強まる場合は、これは神経髄膜性の炎症の証拠である。逆に、痛みが頭の傾斜に影響されない場合は、筋筋膜系が痛みと運動障害の原因である可能性が極めて高い。
- 神経髄膜構造：同様の原則に基づくSLUMPテストを行うことで、痛みや運動障害の原因が神経髄膜性であるか筋筋膜に起因するものであるかを識別することができる（図14.22：テストの詳細についてはButler 1995を参照）。図14.23にセラピーテクニックを示す。

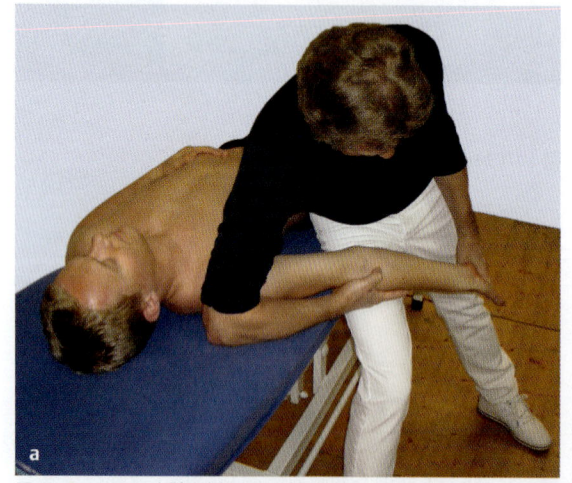

図14.21a、b　上肢を例とした絞扼性神経障害の鑑別診断：上肢テンションテスト

a　テストフェーズ1：正中神経。筋筋膜性と神経髄膜性の原因の識別（開始位置）。例えばゴルフ肘の主原因としての正中神経と手の屈筋。

b　テストフェーズ3：正中神経。筋筋膜性と神経髄膜性の原因の識別（終了位置）。神経髄膜性である場合は頸椎を傾けることで痛みが明らかに増強する。筋筋膜性では痛みは一定。

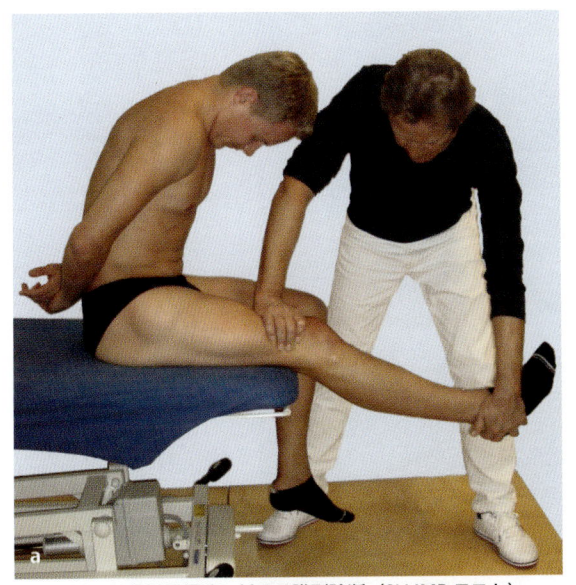

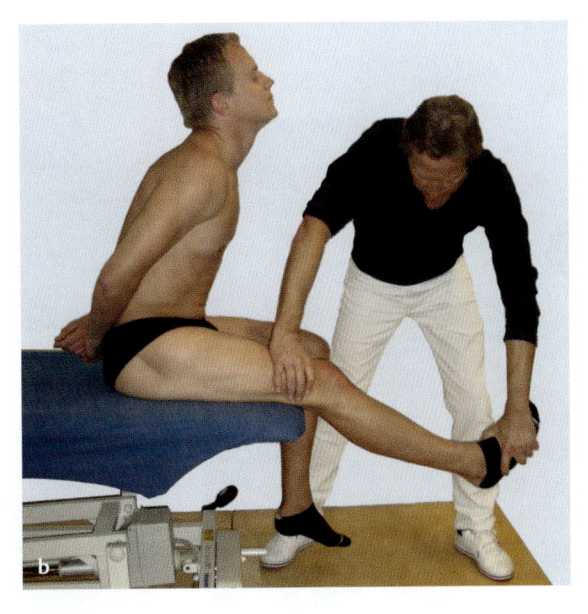

図14.22　神経髄膜構造に対する識別診断（SLUMPテスト）
a　坐骨神経のテスト（開始位置）。
b　坐骨神経のテスト（終了位置）。

表14.8には絞扼性神経障害が経験上比較的発生しやすい場所をまとめている。

■ ストレイン・カウンターストレイン法

末梢の運動機能不全は関節内神経と末梢筋組織の相互作用に起因していることもある。1型の機械受容器が1型筋線維（遅筋線維）と直接的な反射発生性の接続を持ち、2型の機械受容器が2型筋線維（速筋線維）に反射性の接続で直接つながっている。その一方で、3型の機械受容器は関節付近の腱と靱帯の典型的な受容器であり、2-25の筋線維あるいは腱線維と相互に作用しているため、関節内の機能不全を直接周囲の（靱帯・筋）構造に伝達する。その結果、テンダーポイント（Tender Point）が発生する（p. 351を参照）。

これに適応した治療テクニックはストレイン・カウンターストレイン法である。この治療法では患者は負傷した筋筋膜構造に負荷がかからずリラックスした状態になるような姿勢を取る。患者は完全に受け身となり、楽な姿勢を取ること（ポジショニング）のみによって、自発的な緊張の緩和を得る（「ポジショニングによる自発的リリース」）。このポジショニングは、受傷部位がリラックスし開放が感じられるまで続けられる。内出血を伴わない筋損傷すべてに適応している。また、付加的処置としてセラピストは30-60秒間、筋腹に対して圧力を加えることもできる。その後、この圧力を筋腹から筋腱移行部へ、そして筋腹へと移動させる。これを必要なだけ繰り返す。

■ スプレー・アンド・ストレッチ法

負傷した筋の弛緩法としてスプレー・アンド・ストレッチ法もまた有効であることが実証されている。この治療法では負傷した筋の起始と停止の距離が最大となるように伸ばし、塩化エチルやほかの冷却技術（-20度から-25度の冷気）を用いて、約30秒以上、患部が不活化するまで冷却する。あるいは（例えばロッカールームなどでほかの機械設備がない場合は）患部筋にアイスキューブをこすりつけるのもよい。温度の低下により皮膚の神経終末を通じて侵害受容器が阻害される。

> **Caution**
> 凍傷のリスクがあるため、塩化エチルの局部に対する長時間の使用は避けること。

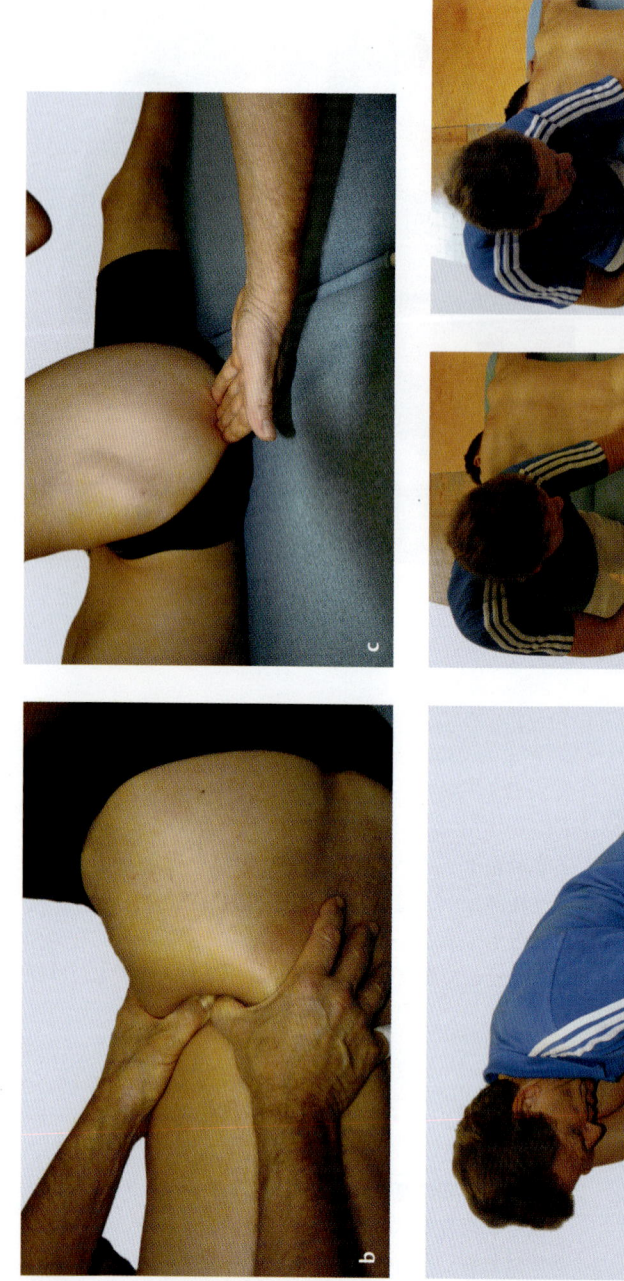

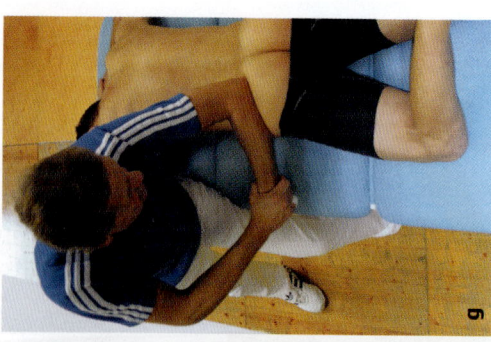

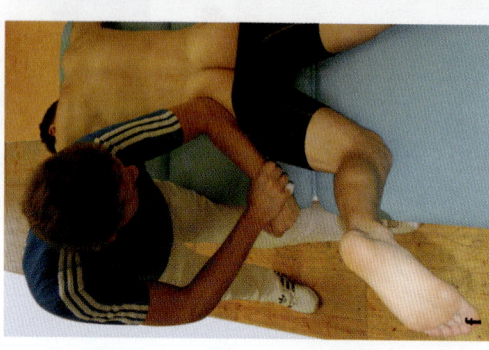

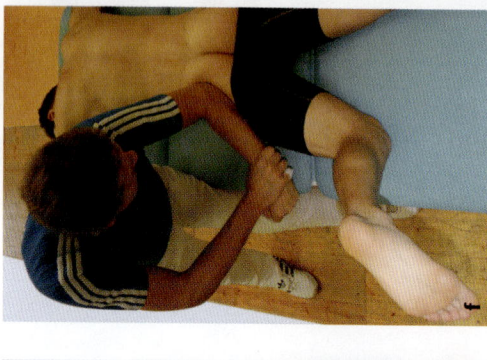

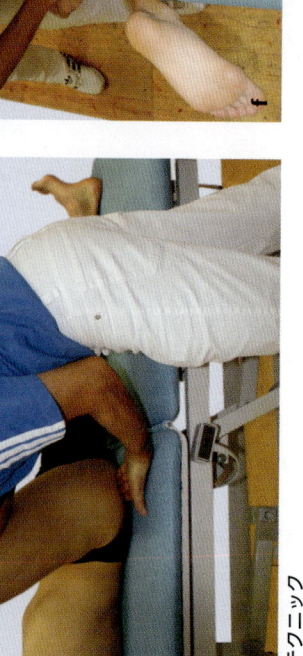

14. 物理・理学療法的処置とリハビリテーション

図 14.23a-g 仙骨神経叢や腰神経叢に対するテクニック
a 骨盤大転子筋組織の筋筋膜リリース。
b 腰筋組織の筋筋膜リリース。
c 骨盤大転子筋組織のモビリゼーション。
d 骨盤大転子筋組織のモビリゼーション（開始位置）。
e 骨盤大転子筋組織のモビリゼーション（実行中）。
f 上梨状孔も含む臀部領域のモビリゼーション、筋筋膜リリース（「アウトフレアー」鎖）、殿筋膜のモビリゼーション（開始位置）。
g 梨状筋上孔も含む臀部領域のモビリゼーション、筋筋膜リリース（「アウトフレアー」鎖）、殿筋膜のモビリゼーション（終了位置）。
※仙腸関節において運動に伴って骨盤の開きが変化することを、カイロプラクティックではアウトフレアーと呼ぶ。

348

表 14.8　絞扼性神経障害の一覧（出典：Barral）

影響を受ける神経	圧迫部位
橈骨神経	橈骨神経溝、橈側二頭筋溝
正中神経	● 肘部、尺側上顆の上 ● 円回内筋と前腕屈筋の通過部 ● 手首の手根管
腸骨下腹神経	腹横筋筋膜領域における鼠径管からの出口
大腿皮神経	外側鼠径靱帯と上前腸骨棘の間
伏在神経	ハンター管（大腿管）からの出口
浅腓骨神経	腓骨頭
深腓骨神経	ヒラメ筋腱弓
脛骨神経	足根管、膝窩筋あるいは膝窩筋膜
上殿神経	梨状筋と殿筋の間の梨状筋上孔
下殿神経	梨状筋と上双子筋の間の梨状筋下孔
閉鎖神経	外閉鎖筋と内閉鎖筋の間の閉鎖管
坐骨神経・仙骨神経叢	骨盤大転子筋組織
腰神経叢	腸腰筋（鼠径輪）
腕神経叢	小胸筋付近の肋鎖領域における斜角筋隙
陰部神経	アルコック管（陰部神経痛）
肋間神経	肋間筋の仮骨形成や線維症、および脊椎あるいは肋骨病変

表 14.9　機械受容器の位置と機能

機械受容器のタイプ	位置	機能
I 型	線維性関節包の外層	● 小体と脊髄神経背側枝の神経枝の接続 ● ゆっくりと働く受容器が関節包外層の緊張をコントロール ● 痛み受容器から発する刺激の経シナプス阻害 ● 体軸・四肢筋組織の運動ニューロンに対する反射緊張作用
II 型	通常は個別に関節包の深層に存在し、太く髄鞘化した神経線維を介して関節枝に接続している	● 線維性関節包の短時間刺激あるいは緊張変動に対する高速の機械受容器（0.5 秒未満） ● 体軸・四肢筋組織に対する相動性反射作用 ● 関節包の侵害受容器活性の一過性阻害
III 型	関節に近い腱付着部にある典型的な受容器、関節包にはない	● 運動ニューロンに対し反射性抑制作用を持つゆっくりと働く受容器

14. 物理・理学療法的処置とリハビリテーション

表14.9 機械受容器の位置と機能 （続き）

機械受容器のタイプ	位置	機能
IV型	関節包の線維部分に遍在 このタイプの受容体は神経線維が脱分極する際に以下の事柄などにより活性化される： ● 関節包への持続的な圧力 ● 非生理的姿勢 ● 椎間板の狭小化による突然の動き ● 椎体の骨折 ● 椎間関節の脱臼 ● 化学刺激（カリウムイオン、乳酸など） ● 急性あるいは慢性炎症における関節包の間質性浮腫	● 体軸・四肢筋組織の運動ニューロンに対する反射緊張作用 ● 痛みの誘発 ● 呼吸系と心血管系組織に対する反射緊張性作用

■ 筋リリース法（神経筋療法1-3）

　以下に紹介するテクニックでは、筋紡錘の紡錘内線維が緊張の上昇に対する自己受容反射を引き起こさない程度に筋を伸張する。筋はつまり、さまざまな神経生理学的効果を活用しながら、ゆっくりとコントロールのもと、痛みの限界まで伸ばされる（図14.24と表14.10）。次の3つの筋リリース法が区別されている：

● **神経筋療法1：作動筋の直接的筋力を利用したモビリゼーション**

次の点に注意する：
- 関節を現状の病理的運動限界にセットする。
- 患者は筋に緊張を与え、病理的運動限界を小さく超えるモビリゼーション運動を行う。徐々に運動幅を広げていく。
- 複雑な運動プロセスの習得も、病理的運動限界にまで誘導された受動的運動により、容易に行うことができる。
- 緊張を与える筋における触覚、皮膚および筋の刺激も、この運動の習得を容易にすることができる。

MEMO
この運動は診察中にセラピストと共に繰り返し行い、さらに同じ日に患者一人で何度も繰り返す必要がある。

● **神経筋療法2：拮抗筋のポストアイソメトリックリラクゼーションを活用したモビリゼーション**

次の点が重要である：
- 可能な限り伸ばした位置から、病理的運動限界から離れる方向に向け、筋に適度な等尺性（アイソメトリック）収縮を行う。
- 等尺性収縮の後にはリラクゼーションが訪れるが、このリラクゼーション期に3-10秒、結合組織の合成能を改善するにはさらに長時間、筋の伸張を行う。
- 伸張量を段階的に増やし、その都度新しい最大伸張位置において等尺性収縮を実行する。
- ほとんどの場合、患者はこのストレッチ法を習得し、自宅で繰り返し実行する必要がある。

● **神経筋療法3：拮抗筋の相反抑制を活用したモビリゼーション**

次の点に注意を払う：
- 治療する脊椎を病理的運動限界にセットする。
- 当該の脊椎部位または関節を手で固定し、動かなくする。
- 最初のステップでは純粋に等尺性の収縮を運動限界の方向（正確な固定、相反抑制）に向けて5-10秒行う。
- 次のステップでは、病理的運動限界を超えて受動的なモビリゼーションを慎重に行う。

　これらの「マッスルエナジーテクニック」を正しく実行するには、正常な筋機能だけでなく、関節運動や骨運

表14.10 膝関節の神経支配

神経	支配領域	注記
内側関節神経（MAN）	● 内側線維性カプセル ● 前方内側カプセル ● 内側側副靱帯 ● 内側半月板 ● 膝蓋靱帯 ● 膝脂肪体 ● 膝蓋骨骨膜の内側	閉鎖神経と伏在神経に由来
外側関節神経（LAN）	● 上脛腓関節のカプセル ● 膝関節の下外側組織 ● 腓骨筋 ● 外側側副靱帯	研究グループの中には両神経の関与を否定するものもある
後方関節神経（PAN）	● 後方カプセル ● 後方脂肪体 ● 後斜靱帯 ● 外側および内側半月板を囲む後方の靱帯部分（膝窩筋）	腓骨神経に由来 後脛骨神経に由来 いくつかの研究グループの意見によると、膝神経の中で最も大規模で安定した神経 人間の膝窩筋に関しては後方関節神経による神経支配はまだ十分に証明されていない

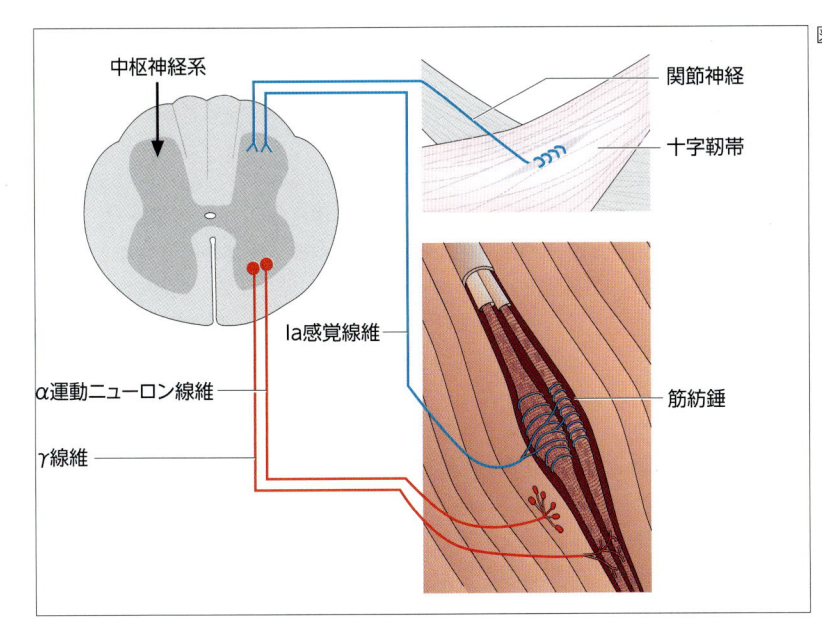

図14.24 筋脊髄反射系路

動に対する筋の影響も必要である。

■ テンダーポイントとトリガーポイント

両者とも筋組織内における緊張部位のことであるが、テンダーポイントは関節内神経（固有受容体）から発展している。

MEMO
テンダーポイントとは関節系の障害が主に関節近くの構造（半月板、靱帯、腱、および筋）に投影されたものである。そのため、「受容器介在性の緊張領域」と見なされている。一般的な意見によると、トリガーポイントは筋組織における神経筋門に現れる（Travell 1998）。

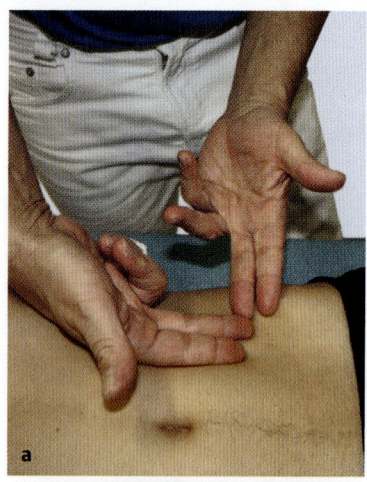

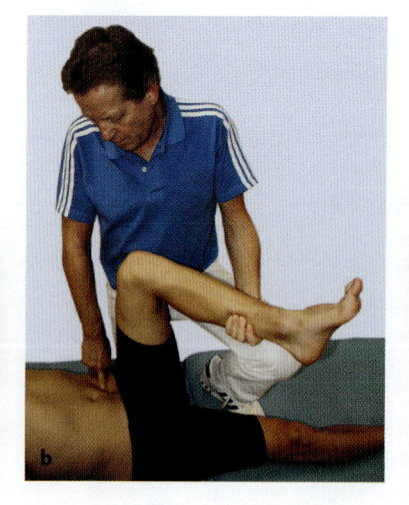

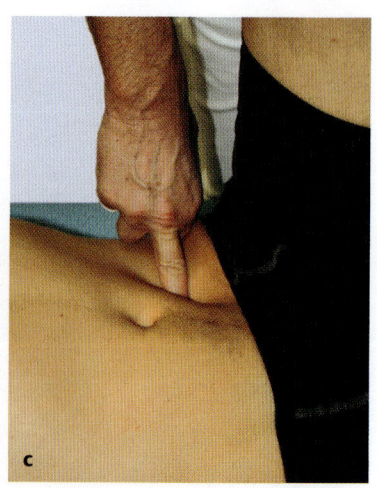

14. 物理・理学療法的処置とリハビリテーション

図 14.25a-e　腸腰筋テンダーポイント

a　腸腰筋の位置特定：上前腸骨棘から頭側へ指2本分、そこから内側へ指2本。
b　腸腰筋テンダーポイント治療の開始位置。
c　拡大図。

　神経筋門は神経・血管組織が筋膜を介して筋に進入する入口に相当する。そしてこの門は緊張のセンサー（圧受容器）で囲まれている。筋の緊張度が変化するとこれが圧受容器（ファーター・パチニ小体とも呼ばれる）に検出され、この領域に緊張部位が発生する。これがトリガーポイントと呼ばれている。治療テクニックではトリガーポイントとテンダーポイントの両方を扱う。

　まず、氷（アイスキューブか-18度から-20度の塩化エチル）を約30秒、テンダーポイントとトリガーポイントに適用する。次に、「リコイルテクニック」を実行する。このテクニックでは組織を2本の指または手で引き伸ばし、そして急に手を離す（リコイル）。それからトリガーポイントに間欠的な許容限界の圧力をかける。トリガーポイントが解消するまで続け、その後伸張する。テンダーポイントは関節内神経から動員されているため、関節をテンダーポイントが弱まる、あるいは解消する位置に移動させる。患者からの最適なフィードバックを得るため、テンダーポイントに約4kgの圧力をかける。これは体重計を使って練習することができる。あるいは圧力を指の爪が赤くなるまでかけ続ける。この時、患者はその痛みを10段階(10が最高の痛み)で評価し、これを記録する。4kgの圧力をかけたまま、関節を動かし、痛みが最小になる位置を探す。その位置で約90秒間待つ。テンダーポイントが収縮組織内に位置する場合は、90秒後にさらに7秒間等尺性の収縮を与える(筋の再プログラミング)。その後、関節、下肢、あるいは体幹を完全に受動的に元の位置に戻す。数多くのトリガーポイント治療法がトラベルとシモンスの著書に詳細に説明されている(Travell & Simons 1998)。

　スポーツの世界で経験上頻繁に治療されるトリガーポイントとテンダーポイントを以下に、推奨する治療方法と共に紹介する。治療テクニックのさらに詳しい説明はファン・アッシェ（Van Assche 2001）に見つけることができる。

● 腸腰筋

　過度な股関節の屈曲を伴うあらゆるスポーツ（サッカーの蹴り足、ハードル走や棒高跳びの振り足など）で、腸腰筋にテンダーポイントが発生する。選手はあおむけになり膝を曲げる。一方、スポーツ理学療法士はその患部側の横に立つ。患者の片足は曲げて足を寝台につける。片手で下腿を背側からつかみ、脚を股関節と膝関節が90度になるように曲げ、そして内旋または外旋させる。セラピストのもう一方の空いている手は中指を腸腰筋の領域に当て、筋における変化（リリース）をコントロールする。この変化は、患者の姿勢により促進され、通常は弛緩状態に至る（図14.25）。

● 梨状筋

　この筋におけるテンダーポイントおよびトリガーポイントは、骨盤‐脚軸が中・長期的に、スポーツに典型的な変化または適応により、あるいは外傷後の代償として変化したスポーツ選手において特に特徴的である（特に骨盤下垂の際の対側の脚）。選手はうつぶせになり、患部側を寝台の縁に持ってくる。スポーツ理学療法士は寝台の横、患者の隣に立ち、その足の甲を片手でつかみ、

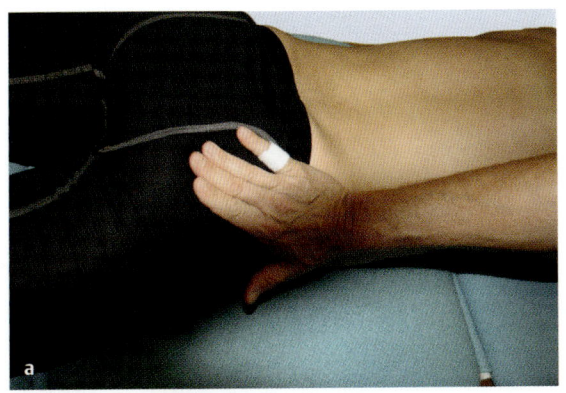

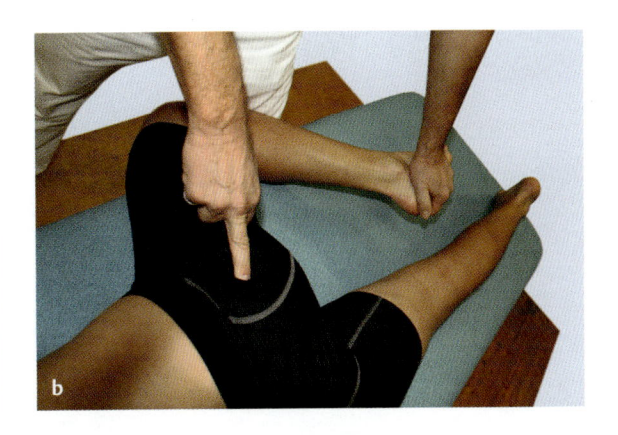

図 14.26a、b　梨状筋のテンダーポイント

a　梨状筋の位置特定：母指球と小指球を腸骨稜に当て、結節方向に指を伸ばす。

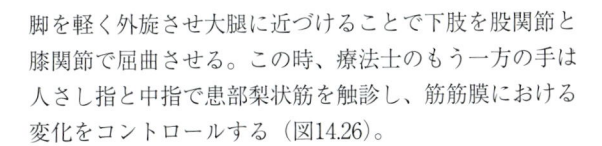

b　梨状筋テンダーポイントの終了位置。

脚を軽く外旋させ大腿に近づけることで下肢を股関節と膝関節で屈曲させる。この時、療法士のもう一方の手は人さし指と中指で患部梨状筋を触診し、筋筋膜における変化をコントロールする（図14.26）。

● 大腿二頭筋

外傷に起因する左右ハムストリングスの一時的な協調の乱れ（特に前十字靭帯と半腱様筋腱の再建後、ハムストリングスの代償作用による大腿二頭筋への過度な負荷）や、あるいはスポーツの特異的な適応（サッカー選手における、蹴り脚が立脚相にある時の協調の減弱など）が筋筋膜系に変化をもたらす。リリース治療の際、選手はあおむけになり、患部側の脚を治療寝台の横に出し膝を曲げる。スポーツ理学療法士は患者の横に立ちあるいはひざまずき、その足を足底内側からつかみ軽く外旋させる。この時、もう一方の手は人さし指あるいは中指で障害を持つ大腿二頭筋の筋腱移行部を触診し、緊張の緩和を評価する（詳細はvan Assche 2001）。

● 外側半月

例えば腸脛靭帯における非生理的な張力などに起因する長期的な変化や誤負荷、あるいは内側広筋の萎縮などの大腿筋群の変性に起因する大腿筋膜張筋における筋筋膜性変化は、関節や靭帯の変化を誘発し苦痛をもたらす。均衡のとれた緊張状態を取り戻すための治療では、選手はまずあおむけになる。スポーツ理学療法士は患者の横に立ち、片手で足を足底からつかみ、股関節と膝関節が90度に屈曲するように脚を動かしながら、内転そして軽く内旋させる。この時、もう一方の手の中指で外側半月を触診し、緊張の変化を検出する（詳細はvan Assche 2001）。

● 肩甲下筋

選手は寝台の縁にあおむけになり、患部側の腕を寝台の横に差し出す。スポーツ理学療法士は選手の横に立ちまたは座り、手関節を外側から固定し、腕を軽く外側へ動かす。この時、人さし指または中指で肘関節の内側の筋構造を触診する（詳細はvan Assche 2001）。

〈3〉 伸縮性テーピング（キネシオテーピング法）

非伸縮性のテープ素材を用いた古典的なテーピング法は、大衆スポーツにおいても競技スポーツにおいても長年活用され、テーピングなしのスポーツはもはや想像すらできない（第11章「筋損傷の保存療法」、セクション「理学療法と物理医学」も参照）。一方、1980年代の後半以降、古典的なテーピング法と並行して、カラフルな「伸縮性」のテープ（エラスティックテープ）を用いたテーピング法が数多くの医療分野、特にトップレベルのスポーツにおいて、さまざまな病変に対して用いられるようになっている。

もともと日本で考案され、「東洋的」思考と治療術（キネシオロジーなど）に基づくこの治療法はヨーロッパにおいて医者や理学療法士によりいわゆる「ペインリリーフテクニック（Pain Relief Technique）」の一環として利用され、そこから後にキネシオテーピング法が開発された。伸縮性テープを直接皮膚に適用することで、さまざ

14. 物理・理学療法的処置とリハビリテーション

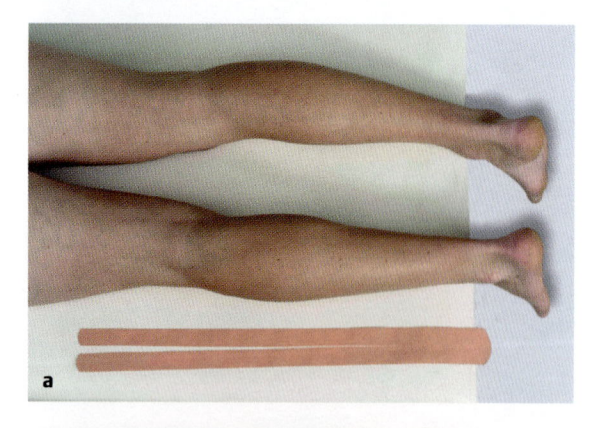

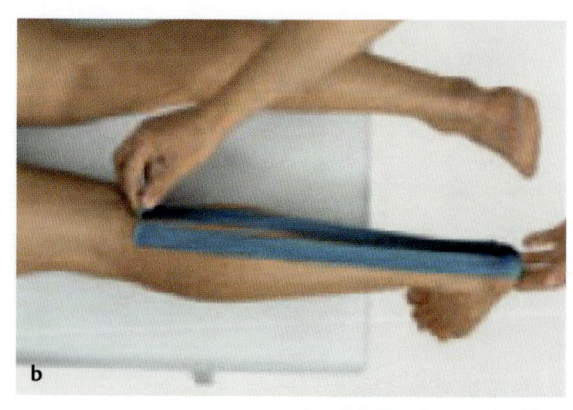

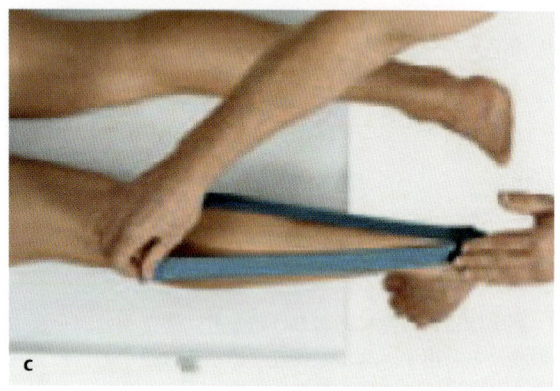

図 14.27a-d　**腓腹筋に対する鎮静的な筋テーピング法**（写真提供：BSN medical GmbH 社、ハンブルク）。

a　長さを測り、伸縮性テープを準備。
b　テープの配置。
c　筋部位の整形。
d　腓腹筋に対する鎮静的筋テーピングの完成。

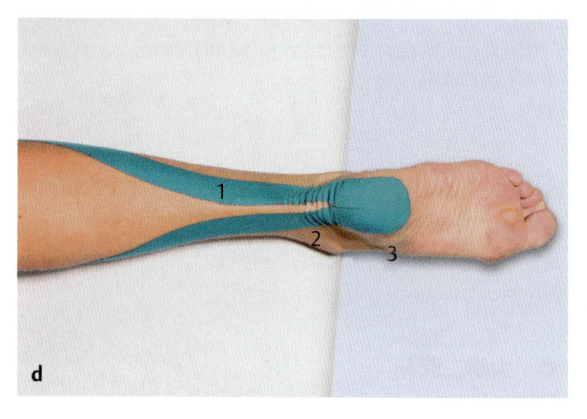

まな組織系（皮膚、内臓、自律神経系、中枢神経系、リンパ系など）に、数多くの作用を誘発することが可能である（Mommsen et al. 2007）。

さまざまなテーピング方法（さまざまな方向への引き）を用いて、筋損傷後にも損傷した筋組織のトーヌスに直接的に働きかけることができる。筋に対するテーピングでは、伸縮性テープを筋の走行方向に沿って皮膚の表面に直接貼り付ける。筋の起始から停止にかけて貼られたキネシオテープには強壮作用が、停止から起始にかけて貼られたキネシオテープには鎮静作用がある。伸縮性テープにはさまざまな色があるが、これは色彩学や色が人に与える影響を考慮に入れた感覚運動的考察に基づくモデル的治療およびその経験を反映したものであり、これにより視覚や触覚（目と皮膚）を通じた付加的な治療効果が期待されている。例えば、青色には痛みの緩和と鎮静作用があり、逆に赤色は刺激、活性、そして代謝促進作用があるとされている。

こうした考えに基づけば、キネシオテーピングはすべての治癒期において（急性あるいは炎症相、増殖相、再構築相：p. 335を参照）あらゆる筋損傷（第11章「筋損傷の保存療法」、セクション「理学療法と物理医学」を参照）に対し、所望の効果（強壮、鎮静）を損傷した筋組織に対して発揮し、したがって同じ効果を持つほかの治療法をサポートすることができる。つまりリハビリテーションでは上記の筋治療テクニックに加え、始めは伸ばした負傷筋組織に青いテープを鎮静的に、つまり停止から起始に貼り、リハビリテーションの後半には強壮的に起始から停止にかけてテーピングする。またいわゆる筋膜法やリンパ法も使用する。

以下には例としてふくらはぎに対するテーピング法をいくつか紹介する。

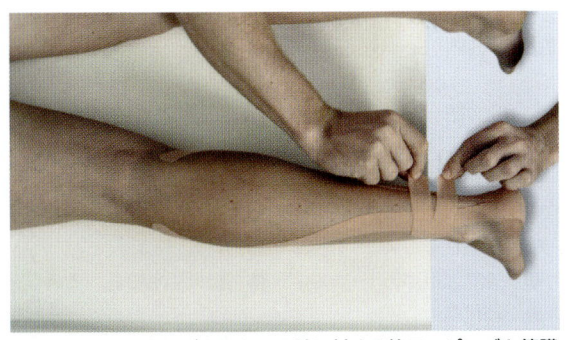

図14.28　ふくらはぎとアキレス腱に対する筋テーピングと筋膜テーピング（写真提供：BSN medical GmbH社、ハンブルク）。

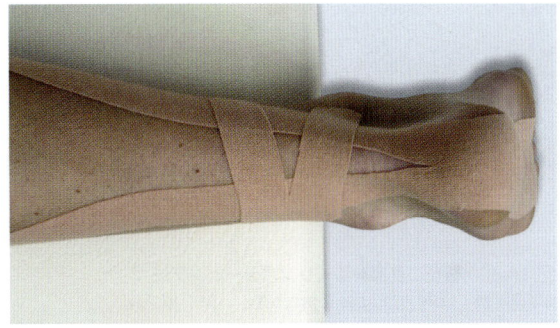

図14.29　筋膜テーピング法における扇（写真提供：BSN medical GmbH社、ハンブルク）。

■ ふくらはぎの緊張緩和法

これは腓腹筋の緊張を緩和するためのテーピング法である（図14.27）。青い伸縮性テープを停止から起始に向けて張力をかけずに貼り付ける。この時、テープがアキレス腱と腓腹筋の筋腹の横端を通るようにする。

HINT
ここでは特にテープがアキレス腱上ではなく、確実にアキレス腱の横を通るように注意すること。こうすることで筋の部分ではテープが正しく形づけられ固定されることができる。

正しく貼り付けられたテープは以下の特徴を持つ：
- テープがアキレス腱を筋腱移行部までサポート
- 足関節を伸ばすと、貼り付ける時に張力がかかっていないことを裏付ける典型的な波が現れるが、これは皮膚から離れてはならない
- テープの基部はかかとの真下

■ アキレス腱の筋膜法とふくらはぎの緊張緩和法の応用

上記の方法の拡大として、筋膜法が用いられることもある（図14.28）。例えば癒着した、あるいは縮小した筋筋膜構造や腱の炎症が筋膜法の適応症である。ここでは、皮膚が目に見えてずれるように伸縮性テープを貼り付ける。その結果、皮膚、皮下組織、筋膜、そして患部筋の相対的な位置関係が変化する。テープはその基部を付着し、患部組織の弛緩を得るために、引っ張りながら貼り付ける（セラピストの手で押さえない）。その引きの方向は通常は線維走行を横切る方向となる。いわゆるY型テープを使用する場合、発症部位（痛点）がテープとテープの間に来るようにする。

筋膜法を実行する際は、筋に対するテーピング法に対して横切る形で扇形に、病巣（過負荷領域など）が、扇の内部に来るように貼り付ける（図14.29）。症状の程度によっては、複数の扇を用いることも可能である。ここでもまた色を変えて治療効果にバリエーションを持たせることもできる。

■ ふくらはぎに対する緊張緩和法とリンパ法の併用

リンパ系の促進や活性化、そしてリンパ還流を改善するにはリンパ法を用いる。このテクニックでは張力をかけない。後にしわができるように、（姿勢により、あるいはセラピストの手により）患部をあらかじめ伸ばしておく。3-4本のスジに切った伸縮性テープをできるだけ圧力をかけずに貼り付ける（図14.30）。細いテープの作用により、テープ基部の方向へリンパ流が活性化される。

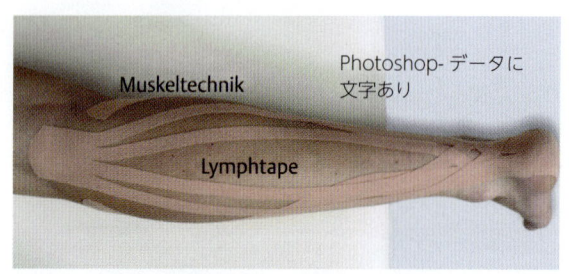

14. 物理・理学療法的処置とリハビリテーション

図14.30 膝窩に基部を置くリンパテーピング法
(写真提供：BSN medical GmbH社、ハンブルク)。

表14.11 メディカルトレーニングセラピーの絶対的禁忌と相対的禁忌（出典：Seidenspinner）

絶対的禁忌	相対的禁忌
心血管疾患： ● 急性血栓症 ● 血栓性静脈炎 ● 動脈血行障害 ● 非代償性心不全 ● 心筋梗塞 ● リンパ管炎 **皮膚病：** ● 感染症 ● 腫瘍 **筋疾患：** ● 急性筋炎 ● 骨化性筋炎 **全身性疾患：** ● 発熱 ● 腫瘍 **そのほかの疾患：** ● 創傷治癒障害 ● 開放性骨折 ● てんかん ● 心不全 ● 重度の末梢閉塞性疾患 ● 動脈瘤 ● 抗凝固剤 ● 重度骨粗しょう症 ● トレーニングする身体部位におけるがん疾患	● 痛み ● 慢性の不安定 ● 妊娠 ● 損傷組織における外傷に起因する負荷耐性の低減 ● 骨粗しょう症 ● 貧血 ● 関節リウマチ ● 化学療法

〈4〉メディカルトレーニングセラピー

大衆スポーツ、そして特に競技スポーツにおけるスポーツ理学療法において、メディカルトレーニングセラピーは筋損傷後の運動器官の能力回復を目的とした複合的な治療戦略にとって欠かすことのできない要素となっている（ドイツ国内では、同業者保険組合による通院理学療法の拡充政策に基づき、1980年代初頭にプロスポーツ選手に対するメディカルトレーニングセラピーが制度化された。したがって、これは労災保険の適用を受ける）しかし、ほかのあらゆる治療介入と同様、その症状にかかわりなくいかなる筋損傷においても禁忌には注意し、場合によってはトレーニングセラピーを一時的にまたは完全にリハビリテーションから除外する必要がある。禁忌は絶対的禁忌と相対的禁忌に分けることができる（表14.11）。

MEMO
相対的禁忌を持つ患者におけるレーニングセラピーの是非あるいは軽減量に関しては、主治医と相談した上、患者ごとに主治医が決定する。その内容もその都度決定する。

現代の複合的な治療戦略に含まれる整形・外傷外科的な損傷に対して実行される物理療法、理学療法、およびメディカルトレーニングセラピーの個別治療法は一般的にバイオサイバネティックモデルを基礎としている。トレーニングやセラピーは（トレーニング学が経験学的な学問からエビデンスに基づく自然科学に発展したのと同様に）、バイオキネティック調節回路に対する理にかなった意図的な介入として、それぞれ適切に評価される必要がある（図14.31）。

したがってこの考えに基づくなら、それぞれのトレーニング法やセラピー処置の最中あるいはその後常に、能動的および受動的運動器官に意図された変化が本当に現れているか、確認する必要がある。同様に、できるだけ早くフィードバックを確保し、ある処置が意図したトレーニングあるいは治療成果をもたらさなかった場合には、治療コンセプトや構成を刷新する必要がある。重要な生物学的パラメータの定量化や質評価はリハビリパフォーマンスチェックを通じて行う（p. 325を参照）。

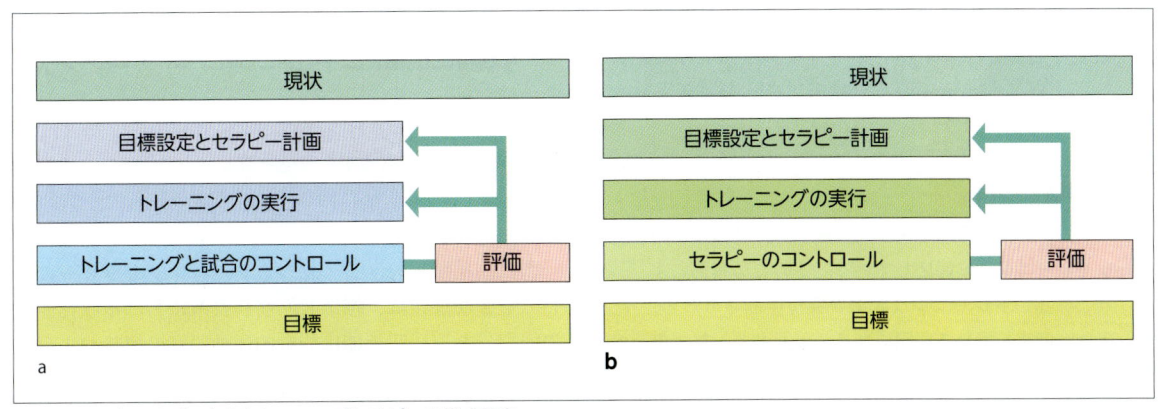

図 14.31a、b　**メディカルトレーニングセラピーの構成要素**

a　パフォーマンスコントロールの要素。

b　セラピーコントロールの要素。

ただし、トレーニング学の経験と見知、そしてスポーツ科学のそのほかの部分科学における経験と見知は必ずしも1対1に対応していない。またここで得られた見知のすべてをメディカルトレーニングセラピーに反映させることも不可能である。

各適応症とそれに対し開発された段階的な構造を持つ包括的な枠組み計画が、メディカルトレーニングセラピーの基礎をなす。メディカルトレーニングセラピーには負傷選手の肉体および精神状態の毎日の評価も含まれる。この評価では、患部筋の現状に関する直接的な情報だけでなく、以下の点にも注意する：

- 終了した個別セラピーの効果に関する患者（フィードバック）とチームとの話し合いとコントロール
- 運動器官における不自然な、本来の負傷とは無関係な痛み症状の有無の確認
- 肉体的なあるいは心理物理的な不快感（感染症など）
- 新しい複合的・協調的トレーニング要素で増大する負担に対する不安
- 負荷と休養の比率の再評価
- 治療およびトレーニング全体における適切な刺激用量と刺激の種類の選択、およびその総合的な評価によるメディカルトレーニングセラピーに起因するオーバートレーニング症候群の回避

この分野では複合的な治療戦略を補い、治療に好影響をもたらすために、スポーツ科学、そして特にトレーニング学に由来するあらゆる方法、可能性、そして内容を応用することが可能である。メディカルトレーニングセラピーの現場では以下に挙げるトレーニング法の有効性が実証され、さまざまな治療戦略の構成要素として実行されている。

代謝中心のトレーニング法

心臓・循環系に対する持久力トレーニングは一般的に「心血管トレーニング」と呼ばれている。このようなトレーニングの意義や、大規模な組織系の機能や性能に対するその効果、そして全身に対する効果は、スポーツ医学では既に証明され、異論の余地がない（Shepard et al. 1993、Radlinger et al. 1998a & b）。優良な持久力はあらゆるトレーニングの基礎であるだけでなく、全身の総合的な負荷耐性とトレーニング能力を増強する。

筋損傷のリハビリテーション期間は、負傷した筋組織を安静にし、非生理的な高い負荷を避けるために、一時的に運動が（場合によってはテープや添え木による部分あるいは完全固定により）制限されている。そのため選手はスポーツに典型的な持久力トレーニングを実行することができない。しかし最低限の適切な設備（エルゴメーター、座位エルゴメーター、腕エルゴメーター、クロストレーナー、ステッパー、トレッドミル）があれば、一般的、動的そして有酸素性の持久力トレーニングを通じて、その強さを調節しながら、そして負傷した筋組織への負荷を避けながら、心血管トレーニングを行うことができる。これにより、それぞれの症状とは無関係に、以下に挙げる生理的治療目的を達成することができる：

- 有酸素閾値以下の負荷：これにより、創傷治癒プロセスにおける自己修復代謝が促進され、負荷後の回復が最適化され短縮する。さらに、負傷により減弱していた免疫系が励起増強され、補助される。
- 有酸素閾値以上、個人的無酸素閾値以下の負荷：これによっても同様に自己修復代謝プロセスが最適化される。同時に有酸素能が維持あるいは改善され、

14. 物理・理学療法的処置とリハビリテーション

そのため生体の代謝状況（すべての組織系の機能と性能を含む）全体がポジティブな影響を受ける。この時、既に弱まっている免疫系にさらなるストレスがかかることはない。

> **Caution**
> トップレベルのスポーツでは選手の身体は集中的なトレーニングに適応している。そのため負傷によりこの高いトレーニング刺激が突然中断されると、それが健康を損ねる原因になることもある。筋損傷後のトップアスリートの治療では、この点にも注意する必要がある。

例えば胃障害、食欲不振、頭痛、心・循環系障害、そして睡眠不足などが、肉体への負担が軽減することで発生する障害の代表例である。このようなストレス後症候群を予防するには、受傷後すぐにトレーニングセラピーを開始し、心血管系の均衡を保つ、あるいはその低下を可能な限り防ぐ必要がある。そのためには、負傷やそれに伴う障害が存在するにもかかわらず実行可能で、しかも負傷部位を痛めることのないトレーニング形態が開発されなければならない。

■ 収縮と制御を中心としたトレーニング法

> **MEMO**
> 筋を生かすも殺すも収縮次第！

特に筋損傷後のメディカルトレーニングセラピーにおいて重要な課題は、損傷した筋筋膜系における収縮能力の回復にある。収縮能は能動的運動器官の機能および性能の必須条件である。総合的な運動における役割を適切に果たすためには、筋組織は収縮能を回復するだけでなく、関節の安定化のためにも迅速に再構築される必要がある。こうして筋組織は運動器官の構造を非生理的な負荷から守ることができるようになる。

そのためには、負傷により筋筋膜組織の負荷耐性が制限されている条件のもと、それぞれの治癒期において、メディカルトレーニングセラピーを通じて決められた時間と条件下における（無酸素出力的側面）損傷した筋組織の収縮能（最大出力的側面）を発展させる必要がある。個別筋の性能だけでなく同時に筋間の協調も促進し、複合的な運動プロセスにおける適切な収縮も習得する必要がある。この目標を達成するには、適切なトレーニング

表 14.12　メディカルトレーニングセラピーにおけるトレーニングエクササイズの分類

エクササイズ	目的	トレーニングパラメータ	収縮に重点を置いたトレーニング形態における運用	制御に重点を置いたトレーニング形態における運用
神経筋協調エクササイズ（安定化トレーニング）	動員、頻度、動機など、神経性のトレーニング目標の達成	トレーニングの強度：コントロールできる範囲で	＋	＋＋＋
		トレーニング量：安定化が可能な限りできるだけ多く		
		トレーニング密度：変動的		
パワートレーニング	筋量、線維構成、代謝能など、筋性のトレーニング目標の達成	スタミナトレーニング、筋肥大トレーニング、最大出力トレーニングなど、その目的に合わせる	＋＋＋	
● 1つの運動連鎖における多関節ウエートトレーニング				＋
● 単関節ウエートトレーニング				＋＋

手段やトレーニング内容を用いて、収縮および神経筋結合つまり協調に重点を置いたエクササイズを構築するのがよい（表14.12）。このようなエクササイズは、治療負荷は次の原則に従うことで身体の恒常性に好ましい影響を与えるとするトレーニング方法論の基礎的考察に基づいている：

- 適応の誘発：
  - 有効な負荷刺激の原則
  - 段階的負荷増強の原則
  - 刺激変動の原則
- 適応の保全：
  - 負荷と回復の最適な構成の原則
  - 反復と持続の原則
  - 時間区分と周期の原則
  - 個性の原則
  - 専門化の原則

メディカルトレーニングセラピーには、数多くのトレーニング機器や補助装置が存在し、筋損傷のリハビリテーションにおいてさまざまな時期に利用することができる。開放運動連鎖における運動と閉鎖運動連鎖における運動の区分に基づき、トレーニングセラピーも実用的に分類することができる

● 単関節性（開放運動連鎖／OKC）運動と複合関節性（閉鎖運動連鎖／CKC）運動

理学療法とトレーニングセラピーの分野では運動の種類やパターンを説明するための用語が不十分であり、またそれらの明確な定義や分類にも不足している（Steindler 1973、Dillmann et al. 1994、Di Fabio 1999）。例えば、次のような用語が同義語として用いられている：

- 開放運動連鎖＝開放系＝単関節運動＝関節中心運動
- 閉鎖運動連鎖＝閉鎖系＝多関節運動＝連鎖運動

そのため、単関節運動と多関節運動のトレーニングエクササイズの明確な区別をする必要性が認識されるようになった。まず、シュタインドラー（Steindler 1973）は体節の末梢における自由な運動に、エーダーとホフマン（Eder & Hoffmann 1992）は固定点（Punctum fixum）と運動点（Punctum mobile）の神経生理学的相違に焦点を当てたが、その一方でディルマンら（Dillmann et al. 1994）は負荷（または外的抵抗）を伴うまたは伴わない自由運動セグメントという観点を採り入れ、そしてディ・ファビオ（Di Fabio 1999）は正当にも「開放運動」と「閉鎖運動」という用語の使用を避けることを要求した。その代わりに、関与・協調する関節の数とそれにかかる相対的な負荷を基準とした表現を使用することを提唱した。

この考えに従うと、筋損傷後のリハビリテーションにおいてもエクササイズの神経生理学的観点からの分類が有益であると思われる：

- 単関節運動（レッグエクステンション、アームカールなど）：これらの運動は、稼働する関節の安定化以外には、関節鎖の安定化に対する協調を特に必要とせず、協力筋の強度のみに的を絞った運動が可能となる。このようなエクササイズではしかし、筋内あるいは筋間の協調が全くあるいはほとんどトレーニングされない。そのため複合的なリハビリテーショントレーニングの重点となることは決してない。
- 多関節部分運動（ショルダープレス、ローイングマシンなど）：これらの運動は1つの体肢における少なくとも2つの関節における最小限のあるいは部分的な安定化を必要とし、運動鎖における神経筋活動を促進する。これらのトレーニングでは（純粋に筋に対する効果に加えて）付随的な協調促進効果がある一方で、多関節トレーニングでは、協力しながら働く筋の多くにおいて、筋ごとに適切な量の運動を課すことが難しく、そのためトレーニング効果を調節するのが困難であるという難点もある。
- 多関節（準）運動（レッグプレスやバーベルスクワットなど）：これらはほぼあるいは完全に自由な運動であることを特徴とし、体肢全体の極めて高い安定化筋活動を必要とする。さらに体幹も能動的に安定化される必要がある。したがって、主要なトレーニング効果は協調の改善にあり、個別の（負傷）筋に対する意図的な働きかけはほぼ不可能である。

> **HINT**
> 筋損傷のリハビリテーションで最善の結果を得るには、個別の単関節運動と（ほぼ）自由な多関節運動のバランスのとれたミックスが必要である。

図14.32にメディカルトレーニングセラピーで現在利用されているトレーニング器具の一部を紹介している。

● トレーニングエクササイズの最適な順序

メディカルトレーニングセラピーの目的は身体の負傷した部位と負傷していない部位を差異的な内容と形で運動し、トレーニングすることにある。治癒経過において、筋が持つ関節を安定させる機能が可能な限り早く回復するように、メディカルトレーニングセラピーが行われる（第11章「筋損傷の保存療法」、セクション「理学療法と物理医学」も参照）。それ以外にも、筋バランスの崩れ

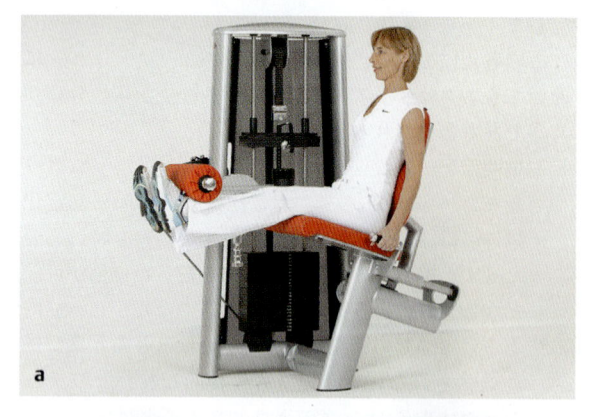

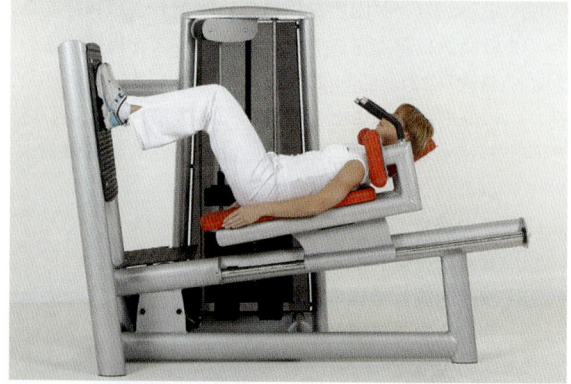

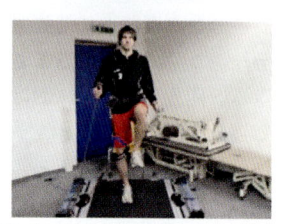

図 14.32a、b　メディカルトレーニングセラピーに利用される器具　（写真提供：gym 80 International GmbH 社、ゲルゼンキルヒェン）。

a　収縮に重点を置いたリハビリテーションのための器具。

b　神経筋協調に重点を置いたリハビリテーションのための器具。不安定運動のバリエーション。

を防止する目的もある。筋のバランスが崩れると、負荷および能力の分布が不均衡となり、つまり誤負荷が生じ、これを代償する必要も生まれるからである。この目的を達成することは、スポーツに典型的な運動パターンの実行およびトレーニングや試合への迅速な復帰にとって、絶対に必要な条件である。筋損傷のリハビリテーションという枠組みにおいては、セラピーの中心課題は筋筋膜系の収縮能および機能性の回復である。トレーニングセラピーでは、この目的およびその際必要とされる筋の働きに見合ったトレーニング手段とエクササイズを選択しなければならない。ここでは次に挙げるトレーニング構成および順序が実績を上げている：

- 等尺性の筋筋膜収縮、次に求心性の収縮、その後遠心性の負荷を重点としたトレーニング手段を用いる。最後に、遠心性と求心性の収縮を組み合わせる。
- 適切に制限された強度による安全なポジションからの単関節エクササイズ、その後次第に複雑さ（神経筋系への負担）を増す多関節運動。
- リハビリテーションの開始時はゆっくりとした運動

から始め、次第にスピードを増していく。

HINT

　水中でのトレーニング（アクアトレーニング）は、筋損傷のリハビリテーションにおける複合的な治療コンセプトにとって、もはやなくてはならない存在である。水中では姿勢器官や運動器官にかかる負荷、そして受傷部にかかる圧迫作用が軽減される。そのため水の外では現れる、受傷部の安静化とその結果生じる不活化に起因するネガティブな適応反応が減退する。加えて、受傷後比較的早期に基礎コンディション、つまりパワー、協調、可動性、そしてスタミナのトレーニングを開始し、次第にその強度と量を増すことが可能となる。水は患者にとっても安全な環境を提供する。ベルトやベストといった付加的なトレーニング手段が浮きとして患者の安心感を増し、そのため運動や負荷のバリエーションを増やすこともできる。ただし、アクアトレーニングの開始は、適応症と患者の個人的な状態を考慮した上で決

定されなければならない。つまり、水中でのトレーニングを痛みがなく安全に実行するには、患者の個人的な治癒経過を考慮する必要がある。水中のトレーニングセラピーは週に2回から4回行うのが好ましい。ただし、スポーツ特有のトレーニングを開始する時期には、アクアトレーニングを実行する必要はない。

参考文献

Banfi G, Melegati G, Barassi A et al. Effects of whole-body cryotherapy on serum mediators of inflammation and serum muscle enzyms in athletes. J Thermal Biol 2009 (in press)

Banzer W, Pfeifer K, Vogt L. Funktionsdiagnostik des Bewegungssystems in der Sportmedizin. Heidelberg: Springer; 2004

Barral J-P, Croibier A. Manipulation peripherer Nerven. Osteopathische Diagnostik und Therapie. München: Elsevier; 2005

Bennett JG, Stauber WT. Evaluation and treatment of anterior knee pain with eccentric exercise. Med Sci Sports Exercise 1986; 18(5): 526-530

Bizzini M. Sensomotorische Rehabilitation nach Beinverletzungen. Stuttgart: Thieme; 2000

Brown LE, ed. Isokinetics in human Performance. Champaign: Human Kinetics; 2000

Brüggemann G, Hentsch P. Arthrotische Sprunggelenksveränderungen bei Fußballspielern - biomechanische Überlegungen zu ihrer Entstehung. Orthopädische Praxis 1981; 4: 335-338

Burstein A, Wright T. Biomechanik in Orthopädie und Traumatologie. Stuttgart: Thieme; 1997

Butler DS. Mobilisation des Nervensystems. Berlin: Springer; 1995

Cross L. Die Cross-Methode. München: Zabert Sandmann; 2002

Denner A. Muskuläre Profile der Wirbelsäule. Bd. 1 u. 2. Köln: Sport & Buch Strauß; 1995

Di Fabio RP. Making jargon from kinetic and kinematic chains. J Orth Sports Phys Ther 1999; 29(3): 142-143

Dillmann CJ, Murray TA, Hintermeister RA. Biomechanical differences of open and closed chain exercises with respect to the shoulder. J Sport Rehab 1994; 3: 328-238

Dvir Z. Isokinetics - muscle testing, interpretation and clinical applications. London: Churchill Livingstone; 1995

Eder K, Hoffmann H. Verletzungen im Fußball - vermeiden - behandeln - therapieren. München: Elsevier; 2006

Eder K, Mommsen H. Richtig Tapen - Funktionelle Verbände am Bewegungsapparart optimal anlegen. Balingen: Spitta; 2007

Ekstrand J, Gillquist J, Lilzedahl SO. Prevention of soccer injuries. Am J Sports Med 1983; 11: 116-120

Ellenbecker T, De Carlo M, DeRosa C. Effective functional progressions in sport rehabilitation. Champaign: Human Kinetics; 2009

Engelhardt M, Hrsg. Sportverletzungen - Diagnose, Management und Begleitmaßnahmen. München: Elsevier; 2006

Frisch H. Programmierte Untersuchung des Bewegungsapparates. 9. Aufl. Berlin: Springer; 2007

Fröböse I. Isokinetisches Training in Sport und Therapie. St. Augustin: Academia; 1993

Fröbose I, Nellessen G, Wilke C, Hrsg. Training in der Therapie - Grundlagen und Praxis. München: Urban & Fischer; 2003

Hislop HJ, Perrin JJ. The isokinetic concept of exercise. Phys Ther 1967; 47(2): 114-117

Hoffmann H. Biomechanik von Fußballspannstößen. Unveröffentlichte Examensarbeit. Frankfurt/M.: Johann-Wolfgang-Goethe Universität; 1984

Hoffmann H, Brüggemann P, Ernst H. Optimales Spielgerät: der Ball - biomechanische Überlegungen zum Einfluß der Ballmechanik auf die Belastung des Körpers. Der Übungsleiter 1982; 3: 18-21

Hollmann W, Hettinger T. Sportmedizin - Arbeits- und Trainingsgrundlagen. 3. Aufl. Stuttgart: Schattauer; 1990

Kaltenborn FM, Evjenth O. Manuelle Therapie nach Kaltenborn - Untersuchung und Behandlung. Teil 1: Extremitäten. 10. Aufl. Oslo: Olaf Norlis Bokhandel; 1999a

Kaltenborn FM, Evjenth O. Manuelle Therapie nach Kaltenborn - Untersuchung und Behandlung. Teil 2: Wirbelsäule. 10. Aufl. Oslo: Olaf Norlis Bokhandel; 1999b

Killing W, Hommel H. Bundestrainerforum „DLV-Kältekonferenz". Köln: Sportverlag Strauß; 2009

Knebel K-P, Herbeck B, Hamsen G. Fußball Funktionsgymnastik. Reinbek b. Hamburg: Rowohlt Taschenbuch; 1988

Komi PV. Kraft und Schnellkraft im Sport. Köln: Dt. Ärzte-Verlag; 1994

Kunz HR, Schneider W, Spring H et al. Krafttraining. Theorie und Praxis. Stuttgart: Thieme; 1990

Lephart SM, Henry TJ. The physiological basis for open and closed kinetic chain rehabilitation for the upper extremity. J Sport Rehab 1996; 5: 71-87

MacIntosh BR, Gardiner PF, McComas AJ. Skeletal muscle – form and function. 2nd ed. Champaign: Human Kinetics; 2006

Meert GF. Das Becken aus osteopathischer Sicht. München: Urban & Fischer; 2003

Mitchel F, Mitchell KG. Handbuch der Muskelenergietechniken. Bd. 1. Stuttgart: Hippokrates; 2004

Mitchel F, Mitchell KG. Handbuch der Muskelenergietechniken. Bd. 3. Stuttgart: Hippokrates; 2004

Mommsen H, Eder K, Brandenburg U. Leukotape K - Schmerztherapie und Lymphtherapie nach japanischer Tradition. Balingen: Spitta; 2007

Myers TW. Anatomy trains myofasciale meridiane. München: Urban & Fischer; 2004

Papenfuß W. Power from the cold - whole body cryotherapy at -110° C. Regensburg: Edition-K; 2006

Perrin DH. Isokinetic exercise and assessment. Champaign: Human Kinetics; 1993

Perry, J. Ganganalyse - Norm und Pathologie des Gehens. München, Jena: Urban & Fischer; 2003

Pfeifer K. Bewegungsverhalten und neuromuskuläre Aktivierung nach Kreuzbandrekonstruktion. Neu-Isenburg: Linguamed; 1996

Radlinger L, Bachmann W, Homburg J et al. Rehabilitives Krafttraining. Stuttgart: Thieme; 1998a

Radlinger L, Bachmann W, Homburg J et al. Rehabilitive Trainingslehre. Stuttgart: Thieme; 1998b

Schünke M, Schulte E, Schumacher U et al. Prometheus - Lernatlas der Anatomie. Allgemeine Anatomie des Bewegungssystems. Stuttgart: Thieme; 2005

Seidenspinner D. Training in der Physiotherapie. Heidelberg: Springer Medizin; 2005

Shephard RJ, Astrand P-O, Rost R. Ausdauer im Sport. Köln: Dt. Ärzte-Verlag; 1993

Speeche CA, Crowe WT, Simmons SL. Osteopathische Körpertechniken nach WG. Sutherland - Ligamentous

Articular Strain (LAS). Stuttgart: Hippokrates; 2003
Spring H, Dvoràk J, Dvorák V et al. Theorie und Praxis der Trainingstherapie. Stuttgart: Thieme; 1997
Steinbrück K. Sportverletzungen und Überlastungsschäden. Wehr: Ciba-Geigy; 1992
Steindler A. Kinesiology of the human body. Springfield: Charles C. Thomas; 1973
Strobel M, Stedtfeld HW, Eichhorn HJ, Hrsg. Diagnostik des Kniegelenks. 3. Aufl. Berlin: Springer; 1995
Travell JG, Simons DG. Handbuch der Muskel-Triggerpunkte - Obere Extremität, Kopf und Thorax. Lübeck: Fischer; 1998
Travell JG, Simons DG. Handbuch der Muskel-Triggerpunkte - Untere Extremität. München: Urban & Fischer; 2000
Typaldos S. Orthopathische Medizin. Kötzting: Verlag für Ganzheitliche Medizin; 1999
Ückert S, Joch W. Effects of warm-up and precooling on endurance performance in the heat. Br J Sports Med 2007; 41: 380-384
Van Assche R. AORT Autonome Osteopathische Repositionstechnik. Heidelberg: Karl F. Haug; 2001
Van Cranenburgh B. Neurorehabilitation-Neurophysiologische Grundlagen, Lernprozesse, Behandlungsprinzipien. München: Elsevier; 2007
Van den Berg F, Hrsg. Angewandte Physiologie. Bd. 3: Therapie, Training, Tests. Stuttgart: Thieme; 2001
Van den Berg F, Hrsg. Angewandte Physiologie. Bd. 5: Komplementäre Therapien verstehen und integrieren. Stuttgart: Thieme; 2005
van Wingerten B. Eistherapie - kontraindiziert bei Sportverletzungen? Leistungssport 1992; 2: 5-8
Watson T. Elektrotherapie. In: Van den Berg F, Hrsg. Angewandte Physiologie. Bd. 3: Therapie, Training, Tests. Stuttgart: Thieme; 2001
Weineck J. Optimales Training. 6. Aufl. Erlangen: Perimed; 1988
Whiting WC, Zernicke RF. Biomechanics of musculoskeletal injury. Champaign: Human Kinetics; 1998
Wirhed R. Sport - Anatomie und Bewegungslehre. Stuttgart: Schattauer; 1984
Zichner L, Engelhardt M, Freiwald J, Hrsg. Neuromuskuläre Dysbalancen. 4. Aufl. Nürnberg: Novartis; 2000

第15章

予防法

A. シュルムベルガー

1. 筋損傷の機序　**364**
2. 予防的トレーニング戦略　**365**

15. 予防法

爆発的で高速な運動（スプリントや跳躍）を伴うスポーツでは、筋損傷は頻繁に発生する。特にチームスポーツや陸上競技での発生率が高い。チームスポーツにおける筋損傷の発生率には傾向があり、例えばサッカーではハムストリングスの損傷が最もよく発生する負傷の1つである（Sherry & Best 2004、Verall et al. 2009）。

どの筋が負傷しやすいかは、そのスポーツの種類とそこで典型的に実行される運動およびその際必要とされる筋の使用に左右される。例えばチームスポーツ（サッカー、ラグビー）や陸上スプリント競技ではハムストリングスの損傷がよく発生する。チームスポーツではさらに大腿直筋（サッカーのやラグビーのキック）や内転筋群の損傷も多い。テニスではその特異的な運動のため、腓腹筋（「テニス脚」）や腹筋群（爆発的なスマッシュ）において負傷リスクが高い。

筋損傷は選手、チーム、トレーナー、そしてメディカルチームにとってさまざまな理由から極めて大きな問題である：

- 脱落期間：発生率が高いこともあり、筋損傷はアスリートが練習・試合から脱落する主たる原因をなす。トレーニングや試合に参加できないことでアスリートの発展に遅れが生じる。
- チームへの影響：チームの戦力が一時的に弱体化する。
- 高い再発率：筋損傷の再発率の高さもまた、スポーツ医療における問題となっている。例えばハムストリングスの損傷における1年以内の再発率は12%から55%となっている（Comfort et al. 2009）。

筋損傷に対する一般的なリハビリテーションプランの改善の必要性をこの再発率の高さが示唆している。最新の科学的知見によると、リハビリテーションから最適な成果を得るには極めて包括的で多様なセラピー戦略が必要である（Sherry & Best 2004、Croisier et al. 2008）。この意味では、メディカルチームの主な課題は効果的で、確実で、そして比較的迅速なリハビリテーションプランを構想することにある。

> **MEMO**
> リハビリテーション戦略の最適化と並行して、筋損傷を意図的な手段をもって予防する、あるいはそのリスクを効果的に減少することにも注力する必要がある。

この点との関連において、過去数年の間にさまざまな研究成果が公表され、予防的トレーニング法の効果が報告されている（Engebretsen & Bahr 2009）。

初期損傷により、その後の筋損傷のリスクが高まることが知られている。したがって、負傷予防プログラムは負傷の防止と再発リスクの低下の両方を目的としたものでなければならない（Thelen et al. 2006も参照）。さらに、アスリートが筋損傷を克服後、十分なリハビリテーションを行わずに早期にスポーツトレーニングや試合に復帰した場合、意図的な処置を通じて続発損傷を防止することにもまた、予防プログラムの意義がある（Devlin 2000を参照）。

筋損傷リスクの低下を目的とした戦略構想では、さまざまな観点が考慮に入れられなければならない。（長期調査を通じた）損傷リスクに対するトレーニング効果の分析はもちろんのこと、損傷を引き起こす要因についてよく理解することが特に重要である。ここでは神経筋の働きに関連する要因と並んで、トレーニングの方法に関連する要因も考慮に入れる必要がある。そして、具体的な損傷機序に関する知識は、予防処置の構想にも大きく影響する。本章では予防的トレーニングプログラムの計画や具体的な実行に関するさまざまな内容的側面とその意味について説明する。その際、ハムストリングスの損傷予防に重点を置く。この選択には大きな理由が2つある：

- 1つは、ハムストリングの損傷は多くのスポーツに見られる発生率の高い損傷であること、
- もう1つは、この筋群に関しては包括的かつ詳細な研究結果が数多く存在していること（Comfort et al. 2009を参照）である。したがって能動的な損傷予防の基礎と原則を経験論的にも提示することができる。

また原則的には、ここで得られた知識とそれに基づき構想されたトレーニング戦略はほかの筋の損傷予防にも活用できるものと考えることができる。

1 筋損傷の機序

筋損傷の発生機序を知ることは予防戦略とプログラムの構想において重要な基本事項である。以下に例としてハムストリングスの損傷機序を紹介する。

ハムストリングスの損傷は主にこの筋組織を爆発的に活性化した時に生じる。したがって、スピードが必要とされるチームスポーツや陸上スプリント競技において頻繁に発生する。筋収縮の観点から見ると、この損傷は遠

心性の筋収縮時、つまり収縮した筋が引き伸ばされる時に特によく発生する（Proske et al. 2004）。上記のスポーツでは、スプリントの開始時と最高速スプリント時、ボールのシュート時あるいは高速走行中にボールを拾い上げる動作（ラグビーなど）でハムストリングスにこの遠心性負荷がかかる（Proske et al. 2004）。そしてまさにこのような状況下においてハムストリングスの損傷が頻繁に観察されている（Arnason et al. 2008）。

MEMO
筋損傷は主に筋組織に遠心性負荷がかかった時に発生する。

スプリント時の損傷機序をより厳密に分析すると、2つの運動相が損傷に関与していることが分かる。1つめは後期遊脚相、すなわちこの筋群が脚部全体の能動的なブレーキとして動作する時である。もう1つは後期の立脚相で、ここでもハムストリングスが損傷する可能性がある。

ユラ（Yu et al. 2008）の調査によると、ハムストリングスはこの両方の相において遠心性の負荷下にある。さらに、後期遊脚相における筋損傷は純粋な遠心性負荷下ではなく、遠心性から求心性の筋運動に切り替わる時に発生している可能性も指摘されている（Petersen & Hölmich 2005：p.366を参照）。

ハムストリングスの損傷はさらに、もう1つほかの機序を通じて発生することもある。例えば、バレエのダンサーが非常に静かに、しかし極度の開脚をする時などにも、この損傷が発生する（Verall et al. 2009）。つまり、ハムストリングスはゆっくりとした大きな運動における伸張でも損傷することがある。

MEMO
筋損傷は大きい運動幅では、素早い運動によってもゆっくりとした運動によっても発生することがある。

筋損傷は、筋組織の機械的限界を超えることにより発生する（Verall et al. 2009）。つまり理論的には、筋の負荷耐性を向上させることによりこの機械的限界を引き上げることが、予防的トレーニング法の主な目的であると言うことができる。筋損傷の発生機序に関する上記の見知から、予防的トレーニングプログラムの重点は遠心性負荷下における筋機能の最適化に置くべきであると結論することができる。

2 予防的トレーニング戦略

筋損傷の発生を促すさまざまな要因を考慮した上で、予防処置の目標を設定する。一般的には神経筋系に関連する要因とトレーニング法に関連する要因を区別することができる。筋損傷の発生機序に関する考察からも明らかなように（上記参照）、神経筋要因は筋損傷の予防において特に重要な役割を果たす。したがって、まず神経筋機能を最適化する能動的予防処置を紹介する。

〈1〉神経筋機能の予防的最適化のためのトレーニング法

■ 柔軟性とストレッチング

柔軟性の無さは筋損傷の発生リスクを高める要因であると考えられることが多い。また、規則的なストレッチ運動により柔軟性が改善され、筋損傷リスクが低下するとも推測されている。柔軟性の無さが持つ影響やストレッチ運動の意味に関する最新の研究動向を以下にまとめる。

● 研究結果

いくつかの研究では、柔軟性不足により筋損傷の発生リスクが上昇することが示唆されている。ベルギー人プロサッカー選手を対象とした調査では、シーズン開始前のハムストリングスと大腿四頭筋における柔軟性不足により、この両筋群における損傷リスクの上昇が確認されている（Witvrouw et al. 2003）。この調査結果はブラッドリーとポータス（Bradley & Portas 2007）の調査によっても裏付けされている。彼らの調査によると、サッカー選手の股関節と膝関節の屈筋群における柔軟性不足は、その後のシーズンにおける筋損傷リスクの上昇を意味している。再発の予防という観点から見て重要なことは、この柔軟性不足は初発の損傷の結果として発生することがあるという点である。例えば、これまで負傷を負ったことのないスプリンターに比べて、負傷経験のあるスプリンターではハムストリングスに顕著な柔軟性不足が観察されている（Devlin 2000）。

15. 予防法

> **MEMO**
> 柔軟性の向上により、筋損傷リスクが低下する。

ストレッチ運動が直接柔軟性の向上につながるかという点に関しては、さまざまなデータが存在している。ダデボラ（Dadebo et al. 2004）はイギリスのプロサッカー選手を対象に、ハムストリングスの損傷に対するストレッチ運動の活用とその予防効果に関する包括的な分析を行い、この運動が筋損傷の発生率を顕著に低下させることを確認した。この時、トレーニングの要素として、ストレッチ運動の量が非常に重要であることが分かった（「トレーニング量」に関しては以下のヒントを参照）。

アルナソンら（Arnason et al. 2008）はアイスランドとノルウェーのプロサッカー選手を対象として行った調査において重要な発見をしている。この調査では、ストレッチ運動だけではハムストリングスの損傷を効果的に減少させることができないことが確認された。しかし、ストレッチに遠心性トレーニングを加えることで、所望の効果が得られた。

この2つの研究を総合すると、ストレッチトレーニングは効果的な損傷予防法であると言うことができる。ただし、孤立的に行われるストレッチは常に効果的であるとは限らない。

ストレッチが持つもう1つの作用の可能性として、腱または腱・筋系のコンプライアンスへの影響を挙げることができる（Witvrouw et al. 2004、Thelen et al. 2006）。筋損傷発生の生体力学的な考察から、損傷の原因となるような遠心性負荷下において腱のコンプライアンスが乏しいと、筋線維が比較的早く限界を超え変化すると推測されている。この考えに従えば、ストレッチトレーニングは腱のコンプライアンスを高めることを通じて、筋損傷のリスクを低下させていると考えることもできる（Witvrouw et al. 2004、Thelen et al. 2006）。

このセクションで紹介した調査結果をまとめると、関節の動きの改善と筋柔軟性の向上を目的としたストレッチ運動は、筋損傷の発生率を低下させる有効な手段であると見なすことができる。ただし、ストレッチングだけでは、筋損傷の十分な予防であるとは言いがたい。さらにストレッチ運動は、腱のコンプライアンスも上昇させ、この作用によっても筋損傷の防止に貢献している可能性がある。

● 予防的ストレッチプログラム

ストレッチの実践では通常、関節の動きをエクササイズの主な選択基準としている。関節の動きの改善は予防的観点からも重要な意味を持つため（上記参照）、これは基本的に重要なトレーニング目標となる。

予防処置としてのストレッチを効果的に活用するには、これに加えて筋に特に重点を置いたエクササイズも選択することが必要となる。個別の筋を意図的にストレッチするには、3次元ポジショニングを運動に採り入れる必要がある。例えばハムストリングスは、個人的に最大限に股関節を屈曲させ、同時に膝を伸展させることにより、十分に伸ばすことができる。この時、さらに股関節を回旋させることにより、伸張刺激を意図的に外側（大腿二頭筋、股関節内旋）あるいは内側ハムストリングス（半腱、股関節外旋）に適用することができる（図15.6 & 図15.7）。

以下では、サッカーを例として、予防的ストレッチプログラムを紹介する（図15.1から図15.7まで）。これにはサッカーにおいて経験上負傷する確率が高い下肢のすべての筋が含まれている。

> **HINT**
> 予防的な効果を得るには、エクササイズごとに30秒間の停止を2-3回繰り返す。この一通りのプログラムを週に2度か3度実行するのがよい。
>
> プロスポーツにおいては、このストレッチ刺激を単独のトレーニングとして、つまりそのほかのスポーツトレーニングとは切り離して、実行することを推奨する。アマチュアスポーツでは、ウォーミングアップとクールダウンにこのストレッチを採り入れるのがよい。

■ 求心性の筋機能と求心性のトレーニング

筋力の発動に不全があると筋損傷が発生しやすくなると推測されることも多い。ある前向き試験において（Orchard et al. 1997）、求心性最大出力に障害を持つアメリカンフットボールの選手では、ハムストリングスに損傷が起こるリスクが高いことが実際に証明されている（求心性筋運動とは筋の短縮のこと：第1章「骨格筋の機能解剖学」、セクション「等張性および等尺性収縮」を参照）。低いハムストリングス - 大腿四頭筋出力比率と後に損傷した脚と健常な脚の間における低い出力比率が最大出力不全と呼ばれる。スプリンターに関する最近の調査（Yeung et al. 2009）では、ハムストリングス - 大腿四頭筋出力比率の低下はハムストリングス損傷の前提条件である可能性が示唆されている。

> **MEMO**
> 求心性最大出力不全は筋損傷の原因である可能性がある。

図15.1　梨状筋を中心とした股関節回旋筋のストレッチ

図15.2　大腰筋のストレッチ

図15.1

図15.2

図15.3　膝を屈曲させた内転筋のストレッチ

図15.4　膝を伸展した内転筋のストレッチ

図15.5　大腿直筋のストレッチ

図15.6　大腿二頭筋に重点を置いたハムストリングスのストレッチ

図15.7　半腱様筋／半膜様筋に重点を置いたハムストリングスのストレッチ

■ 遠心性の筋機能と遠心性のトレーニング

近年実行された数多くの研究の結果が、遠心性の筋機能を改善することでハムストリングス損傷を減らすことが可能であること示唆している。

アスクリングらは（Askling et al. 2003）は例えば、特定のトレーニング器具を用いた遠心性のトレーニングがプロサッカー選手における負傷リスクを顕著に低下させる可能性があることを発見している。その後数多くの

15. 予防法

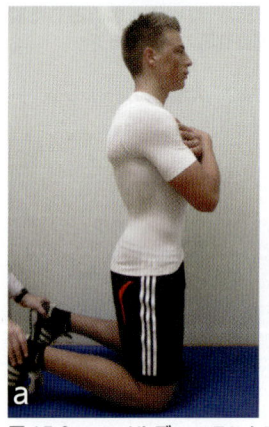

図 15.8a-c　ノルディックハムストリング

a　開始位置。
b　運動中。
c　終了位置。

試験が、器具を用いずスポーツの世界に簡単に応用できるハムストリングスに対する遠心性のエクササイズ、いわゆる「ノルディックハムストリング」の効果を検証した（エクササイズの方法は図15.8a-c）。これらの試験を通じて、このような遠心性のトレーニングには明確な予防効果があることが確認された（Arnason et al. 2008）。これらの試験を総合すると、ノルディックハムストリングは週に1回から2回、8-12回の繰り返しを3セット行うことが推奨される（セットごとに2-3分休憩）。

HINT
ハムストリングスの損傷を効果的に減少させるには、ノルディックハムストリングのような遠心性エクササイズをトレーニングの一部として規則的に実行する必要がある。

遠心性運動の予測分析を通じても、ハムストリングスの損傷予防に対する遠心性筋機能の重要性が裏付けられた。例えばクロシエら（Croisier et al. 2008）はサッカー選手、スギウラら（Sugiura et al. 2008）はスプリンターに対して、膝屈筋群における遠心性最大出力の不全はハムストリングス損傷リスクの上昇に関与することを証明した。ハムストリングス損傷の再発防止との関連においてクロシエら（Croisier et al. 2002）はさらに、遠心性出力不全は再発の前提条件である可能性も指摘している。これらの所見はすべて、ハムストリングス損傷の予防にとって、遠心性筋機能と出力の正常化または最適化が重要であることを裏付けている。さらに、遠心性能力の規則的な把握は、筋損傷の発生や再発の原因となる筋不全の重要なスクリーニングをなす。また、遠心性最大出力の不全は損傷リスクを高めるだけでなく、選手の競技パフォーマンスにも悪影響を及ぼす可能性があることも、ここで強調しておく必要がある（Croisier et al. 2008）。

■ 力と長さの関係

プロスケら（Proske et al. 2004）の仮説によると、最大出力の伝達角度もまた、ハムストリングス損傷リスクの評価にとって重要な要素であると考えられる。より短い筋長において最大の力を発揮するアスリートでは、遠心性負荷に起因する微小損傷のリスクが高い。筋損傷はほとんどの場合、遠心性の筋運動時に発生することから、最大出力を発揮する筋の角度におけるそのような変化もまた、筋損傷リスクを高める要因となる可能性がある。既に損傷を経験しているハムストリングスでは、より短い筋長において最大出力を発揮する角度が生じる場合、再発のリスクが高いことが確認されている。したがって、筋損傷を経験したことがある選手では、遠心性の微小損傷、さらには筋損傷が発生しやすくなっていると考えることができる（Proske et al. 2004）。

MEMO
最適な遠心性出力角の変化は筋損傷のリスクを高める。

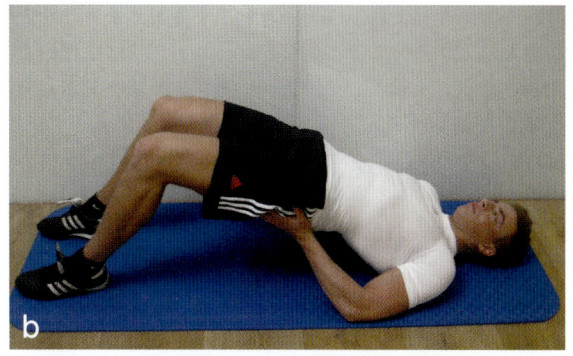

図 15.9a、b **殿筋活性化のためのブリッジ**（股関節回旋筋の動的ストレッチ前のヒップ筋の緊張による「意図的な殿筋活性化」）

a　開始位置。

b　終了位置。

　遠心性のトレーニングは、力と長さの関係を正常化することができると思われる（Proske et al. 2004）。さらに、アイソメトリック（等尺性）またはウエートトレーニングを、特定の最適な角度で行うことも有効であると思われる。ウエートトレーニング学の見識によると、そのようなトレーニングで最大出力の角度を再び正常化することができるはずである。

■ 筋間の協調

　ハムストリングスの損傷におけるもう1つの重要なリスク要因は、ハムストリングスと大殿筋間の協調関係の変化である（Devlin 2000）。この変化は例えば、腰痛により誘発される。筋間協調の変化の結果、こわばり（硬直）が発生し、運動が制限される。この硬直により、ハムストリングスと大殿筋間の相乗作用に変化が生じる。つまり、ハムストリングスの活動が増し、大殿筋の活動が減退する（McGill 2007も参照）。したがって、ハムストリングスと大殿筋の筋間協調を正常化するエクササイズもまた、重要な予防処置であると考えられる。これを目的としたエクササイズは図15.9のaとbに示した。大殿筋の機能状況が持つ重要性はスギウラら（Sugiura et al. 2008）によっても証明されている。彼らの研究では、股関節伸筋群の不全によりハムストリングスの損傷の可能性が高まるとされている。

　つまり、局所的な神経筋性機能の最適化は筋損傷の予防処置にとって非常に重要であるとまとめることができる。これら科学的データは、効率的な予防プログラムは個々の筋的要素（柔軟性、伸張性など）だけでなく、さまざまな機能的側面も考慮に入れたものでなければならないことを示している。したがってストレッチ運動のみ

を、一般的な負傷予防として実行するだけでは不十分である。そうではなく、柔軟性の向上に加えて、求心性および遠心性収縮能の改善、力と長さの関係の最適化、そしてさまざまな協力筋における協調の改善（ハムストリングス・大殿筋協調など）にも、配慮をする必要がある。さらに、プロスポーツにおいては特に、このような能動的予防法は個人的に実行されることが要求される。そのため、個人的なプログラムを構築するために、規則的に筋機能テストを行うことが特にプロスポーツでは不可欠である。このようなテストには以下のようなものが含まれる：

- 柔軟性テスト
- 力と角度の関係を考慮に入れ、さまざまなテスト速度を用いた、求心性および遠心性条件下における等速性最大出力テスト
- ある運動における協力筋の協調を評価するテスト

> **HINT**
> 　規則的な関節と筋の機能テスト（柔軟性、出力、求心性および遠心性条件下における力と長さの関係）は個人的な予防トレーニングの重要な基礎をなす。

■ 腰・骨盤部のコントロールと安定性のトレーニング

　近年、競技スポーツの世界では、いわゆるボディスタビライゼーショントレーニングが一般的な負傷予防法として人気を集めている。腰から骨盤にかけての全領域（英語ではコア"core"とも呼ばれる）における神経筋コント

ロールの不全は、筋損傷を引き起こす要因となると考えられることから、このようなトレーニング法は生理的な側面から見ても重要な予防的トレーニング法であると考えることができる。

> **MEMO**
> 腰・骨盤・股関節領域の神経筋コントロールが損なわれると、下肢における筋損傷のリスクが上昇する。

　機能的な観点から見ると、腰・骨盤制御の改善を目的としたトレーニングの基本的意味は、スポーツのアクションにおける下肢の運動のための（例えば腸骨や腰部可動部位の代償的・非生理的な運動を必要としない）安定した基盤を作ることにある。安定した腰・骨盤基盤は、伸筋群の良好な出力や正常な力と長さの関係などの下肢筋組織の最適な働きの前提条件であるように思われる。

● **研究結果**

　下肢伸筋群の出力に対し、腰・骨盤部の安定性および力が重要であることは、あるパイロットスタディにおいて確認された（Hajduk & Schlumberger、未発表）。このパイロットスタディでは6週間に及ぶ純粋な脚部のトレーニングが、脚部と体幹の複合的なトレーニングと比較された。脚部伸筋群の最大出力（膝屈曲時における動的最大出力）の改善率は、純粋な脚部トレーニング（+7.5％）に比べ、脚・体幹複合トレーニングの方が顕著に優れていた（+15.9％）。クゼフスキら（Kuszewski et al. 2009）の研究からも、腰・骨盤領域のコントロールの改善を目的としたトレーニングの重要性を見て取ることができる。この研究では、数週間にわたる腰・骨盤制御の改善のためのトレーニングでハムストリングスの硬直が減退することが確認されている。

> **MEMO**
> 腰・骨盤制御の改善のためのトレーニングにより、筋活性が向上し、特定の筋における硬直が減退する。

　腰・骨盤制御と安定性の改善のためのトレーニングはさらに、筋損傷の発生を促進する要因に対しても重要な意味を持つことが分かっている。例えばヘネシーとワトソン（Hennessy & Watson 1993）は腰椎の前弯姿勢がハムストリングスの損傷リスクを上昇させることを発見した。腹筋組織は脊椎の湾曲をコントロールする重要な役割を持つ。そのため腰椎の姿勢制御の改善に重点を置いた腹筋トレーニングはハムストリングスの損傷リスクの低下に貢献すると想定できる。このハムストリングス損傷の予防に対する腹筋機能の想定上の影響は、腹筋組織の疲労度が増すにつれ、ハムストリングスの損傷リスクも高まるという観察によっても裏付けされている（Devlin 2000）。この認識は矢状面における腰椎の姿勢制御のために腹筋を最適に活性化することが重要であることを示唆している。これに加えて、腹筋組織の疲労耐性の改善もまた、損傷予防という点で有効な手段であると思われる。

　筋損傷後のリハビリテーションにおいて得られた見知からもまた、腰・骨盤の安定性が持つ重要性が理解できる。例えば、腰・骨盤の安定化に重点を置いたリハビリトレーニングプログラムにより、古典的なウエートトレーニングとストレッチのみを用いた場合に比べ、再発数が顕著に低下することが確認されている（Sherry & Best 2004）。

　ここで紹介された認識や考察をまとめると、腰・骨盤の安定性と力の改善により、下肢の筋機能に対し重要な影響を与えると結論することが可能である。したがって、この種のトレーニングもまた下肢の筋機能の最適化をもたらし、筋損傷の予防に対し重要な貢献をすることができる。

● **腰・骨盤安定性の改善のための予防的エクササイズ**

　以下に腰・骨盤の安定性と力の改善を目的としたエクササイズを紹介する。ここではこれらのエクササイズが常に、姿勢と動きの制御との関連において重要な標的筋の最適な活性化を伴わなければならないことに注意する必要がある。そのため、このようなエクササイズでは常に、スポーツで実際に行われる運動における役割を考慮した上で腰・骨盤部の主要筋がトレーニングされる必要がある。この時、トレーニング全体を通じて、水平位置だけでなく、スポーツで求められる垂直的なポジションからのエクササイズも実行することが重要である。こうすることにより、運動制御の観点から見て腰・骨盤部のトレーニング効果がスポーツ運動（スプリントやボールのシュートなど：Schlumberger 2009）に対し好影響をもたらす確率が上昇する。

　図15.10から図15.18に示すプログラムは、一般的なエクササイズプログラムとして、腰・骨盤部の高い安定性を必要とする多くのスポーツにおいて活用することができる。ここに示すエクササイズは、下肢における筋損傷のリスクが高いスポーツにおいて損傷予防効果の高いトレーニングプログラムとして、脚部、股関節、骨盤における筋損傷のリスク低下に活用することができる。

予防的トレーニング戦略

図 15.10 四つんばいの状態からの対側手脚の交互伸展による腰部安定化と腰椎・骨盤コントロール

図 15.11 腹部・腰部の共活性と立体的腰椎・骨盤コントロールのための前腕を支えとした、片足を交互に上げる運動

図 15.12a、b 外側安定筋群の活性化と腰椎・骨盤コントロールのための側位における歩行運動

a 開始位置。
b 終了位置。

⟨2⟩ 基礎フィットネスの最適化

　基礎フィットネスの最適化は負傷リスクの低下のための重要なトレーニング目標である。ここで言う基礎フィットネスには、それぞれのスポーツに必要なスタミナと運動協調（つまりスポーツに特異的なテクニックと協調能力）が含まれる。この2つの要素は特にチームスポーツにおいて大きな役割を果たす。

図 15.13a、b 腹部・腰部の共活性と腰椎コントロールのための、膝をつき腰を伸ばした状態での腕立て伏せ

a 開始位置。
b 終了位置。

371

15. 予防法

図 15.14　腹部の遠心性収縮と交互の脚部伸展による矢状面における腰椎コントロール

図 15.15　両足をついた状態での骨盤・体幹ローテーションコントロール

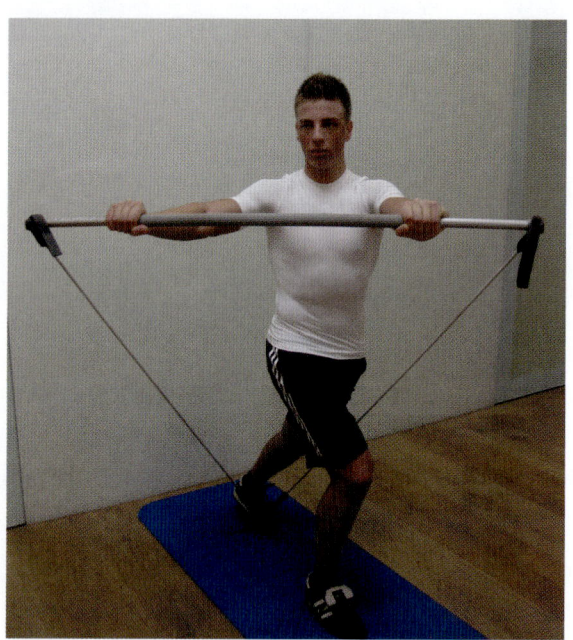

図 15.16　足をずらした状態での骨盤・体幹ローテーションコントロール

図 15.17 と図 15.18　股関節外転筋の活性化に重点を置いたスリングエクササイズによる立体的腰・骨盤の安定化

■ スタミナ

スタミナの高さは一般的な負荷耐性を意味し、そのため激しいトレーニングや試合における成功の前提条件である。スタミナがあれば、例えば対戦スポーツなどにおいてスプリントの実行可能回数が増え、またその間の回復も早くなる（Glaister 2005）。さらに、例えばサッカーなどにおける走行距離（国際的なミッドフィールダーでは12-15km）を左右する重要な要素である。

> **MEMO**
> スタミナの高さはトレーニングや試合における良好な負荷耐性の基礎をなす。

● 疲労の影響

損傷予防の観点から見ると、疲労プロセスが筋損傷の発生に影響を与えるスポーツにおいて、スタミナが特に重要な役割を持つ。このことは特にチームスポーツに当てはまる。例えばサッカーでは、前・後半のそれぞれ終了時間近くに筋損傷の発生率が高まることが知られている（Hawkins & Fuller 1999；第5章「サッカーにおける筋損傷の疫学」を参照）。サッカーのようなスポーツでは各ハーフの終了間際には、多かれ少なかれ選手に疲労が現れる。疲労した筋は力の吸収能力が低下する（Mair et al. 1996）が、これが疲労条件下における損傷リスクの上昇と関連しているのかもしれない。間接的にではあるが、この推測はグレイグとシーグラー（Greig & Siegler 2009）によってもサポートされている。グレイグとシーグラーは、シミュレートされた試合の終盤、疲労が深まるに従い遠心性収縮能が低下することを発見した。つまり、損傷の発生につながる遠心性負荷状況が形成され、損傷リスクが上昇すると考えられる（p. 367を参照）。さらに、疲労時には（例えば大腿二頭筋の二重神経支配などの影響で）ハムストリングス内における筋間協調が乱れ、これが損傷の発生の原因となっている可能性もある（Devlin 2000）。

したがって、疲労を遅延する手段があれば、これは筋損傷リスクの低下に極めて重要な役割を果たすことになると推論することができる。生理学的観点から見れば、疲労することなく試合で長く積極的にプレーするための適切な方法は、スタミナの向上にあると考えられる。例えば、優れたスタミナを持つサッカー選手は、サッカーにおいて特徴的な爆発的なアクション（特にスプリント）を繰り返し行っても、すぐに回復することができる（Glaister 2005）。こうしてこのサッカー選手は次のスプリントでも疲れに影響されず、高いパフォーマンスを示すことができる。このことは当然、繰り返し行われるスプリントにおける筋損傷リスクの低下に対してポジティブな影響を持つことに疑いはない。繰り返し行われるスプリントの合間における良好な回復を可能とする優れたスタミナは、トレーニングではなくむしろ、激しい試合において重要となる。加えて、筋損傷リスクはトレーニング時よりも試合中に多いことも知られている（第5章「サッカーにおける筋損傷の疫学」）。損傷予防の観点から、スタミナは試合の激しさやその最中に必要とされる短時間における回復能を基準にトレーニングされる必要がある。

● スタミナの改善

これまで損傷リスクの低下にどの程度のスタミナが必要であるか具体的な数値はまだ示されていないが、プロサッカーにおける実践経験からスタミナの改善のおおよその基準値を挙げることができる。表15.1にブンデスリーガのプレーヤーにおけるポジションごとの基準値をまとめた。この数値は、ポジションごとに必要とされる走行距離も考慮に入れた上で算出されている。例えば通常国内および国際的なトップレベルのゲームではミッドフィールダーの走行距離が最も長い。表15.1に示したレベルにまでスタミナを向上することで、サッカーにおける筋損傷リスクの低下を期待することができる。

スタミナ向上のためのトレーニングには、継続的な方法と、インターバルトレーニングとがある（Faude et al. 2009）。近年スポーツの世界では、インターバルトレーニングが好んで用いられる傾向にある。古典的な低負荷および高負荷のトレーニングあるいは現代的な断続的インターバルトレーニングは、トレーニング法として直接的なコンディション形成に適している。その一方で、継続的な方法を用いたトレーニングは補助的なトレーニン

表15.1 ブンデスリーガレベルのサッカーにおけるスタミナの基準値（個別無酸素閾値は Stegmann による）

ポジション	個別無酸素閾値 (m／s)
ゴールキーパー	3.7-3.9
センターバック	4.0-4.1
サイドバック	4.1-4.2
セントラルミッドフィールダー	4.2-4.4
サイドミッドフィールダー	4.1-4.3
フォワード	4.0-4.2

グ法として、コンディションを維持しながら（基礎）スタミナを向上させる重要な役割を持つ。

　スタミナトレーニングの方法を選択する際には、間欠的で高負荷なトレーニング法では、総合的なスタミナの向上に必要なトレーニング量をこなすことがほぼ不可能であることに、特に注意しなければならない。そして、ここで必要とされるトレーニング量をこなすことなしに、スタミナの面で高いパフォーマンスを見せることは不可能であることは、典型的なスタミナスポーツからの経験で明白である。したがって、サッカーのようなスポーツでは、インターバルトレーニングと継続的トレーニングの両方の特徴を組み合わせたスタミナトレーニングが理にかなっていると考えることができる。

MEMO
効果的で持続的なスタミナの改善には継続的トレーニングとインターバルトレーニングを組み合わせる必要がある。

　継続的トレーニングは必ずしもランニングトレーニングである必要はなく、ランニングとサッカーテクニックのトレーニングを組み合わせても実行することができる。したがって、スタミナの改善を目的としたトレーニングでは常に、インターバルトレーニングと継続的トレーニングを組み合わせることが推奨される。継続的トレーニングの主な働きは、長期的に安定したスタミナを得ることにある。

MEMO
スタミナの高さはトレーニングや試合における良好な負荷耐性の基礎をなす。スタミナの向上により負荷耐性と疲労抵抗性が高まり、これにより損傷リスクの低下がもたらされる。

HINT
間欠的な負荷を特徴とするスポーツにおいても、継続的な方法を用いたスタミナトレーニングを拒否する必要はない。このようなトレーニング法は瞬発力スポーツにおいても、スタミナの向上を通じて負荷耐性や回復力の改善のための基礎トレーニングとして活用されている。スタミナは例えば格闘技（レスリングや柔道など）における重要なパフォーマンス要件であり、各試合の間、あるいは試合中の爆発的な運動の間の迅速な体力回復の基礎をなす。つまり、スタミナトレーニングは典型的な瞬発力スポーツにおいても重要な能力の1つである。

■ 協調

　予防プログラムにおいて見落とされがちなのが、それぞれのスポーツに特異的な協調運動である。筋の最適な使用、つまり複数の筋間の適切な協働によりスポーツで求められる運動を実現することができる。したがってこの協調能を改善することは非常に重要である（Schlumberger 2009）。ここで言う筋の最適な使用とは、主動筋（主な作動筋）と拮抗筋および安定筋のバランスのとれた協力関係のことを表す。これとは対照的に、最適でない使用とはこれらのうちのどれかで筋活性が上昇し、バランスが崩れた状態を指す。このような過度な筋緊張は筋損傷あるいは関節損傷の発生の可能性を高めることになる。

　スポーツの現場における経験からも、また科学的な調査からも、特殊な協調トレーニングを用いて選手の技能や運動効率を高めることが可能であることが知られている（Schlumberger 2009）。この関連において、ベシエら（Besier et al. 2003）が重要な発見をしている。彼らは、直線的な走行からの方向転換はその方向転換の方向があらかじめ知られている場合、最適に制御されることを発見したのである。逆に、この方向が視覚刺激により方向転換の直前に示された場合、主動筋と安定筋の筋間協力関係に乱れが生じる。厳密には、先の見通しがきかない状況では、共収縮関係にある作動筋の活性が強まり、その一方で安定筋は生理的な活性を示さない。このことから予防にとって重要な3つの結果を導き出すことができる：

1. 主動筋の活性上昇は比較的高い筋負荷を意味し、好ましくない反応であると見なすことができる。この負荷の上昇により筋の疲労が早まる可能性があり、そしてこの疲労により筋損傷リスクが高まる。早期疲労の条件下では負傷しやすい筋（ハムストリングスなど）の活性はいずれにせよ既に高まっているものと考えることができるからである（Greig & Siegler 2009）。
2. このような最適でない収縮パターンは、主動筋内における協調不全（大腿二頭筋の筋頭間における協調不全など：p. 373を参照）の発生を暗示している可能性もある。
3. ベシエら（Besier et al. 2003）の発見から、外部刺激の変動を伴いさまざまな解答（解決方法）を許容する空間・時間的ストレス状況下において、スポーツに固有の運動パターンを規則的にトレーニングすることで、無駄のない効率的な運動能力を養うことができると考えられる。こうして獲得された優れた協調能力と最適化された筋運動は、一般的に負傷を

予防する作用があると推測することができる。

> **HINT**
> 特殊な空間・時間的状況下におけるスポーツに特異的な運動パターンの習得は、過度な筋活性を防止するための重要なトレーニング手段である。

表15.2 サッカーにおける試合前ウォーミングアップの3ステップ

ステップ1	ランニングと控えめな運動
ステップ2	サッカーに典型的な運動パターンにとって重要な筋と関節の準備
ステップ3	サッカーに典型的な運動パターンすべての準備

■ ウォーミングアップの重要性と方法

一般的に、適切なウォーミングアップにより負傷のリスクが低下すると考えられている。筋損傷リスクの低下という観点から見た場合、数多くの生理的機序を「けがの予防に効果的な」ウォーミングアップに応用することができる。例えば、ウォーミングアップの方法が適切でない場合、筋粘性が高い状態のままであり、そのため十分な筋の柔軟性が確保されないと推測されている。これに加えて、不十分なウォーミングアップは（筋内および筋間の）神経筋協調を必要なレベルにまで活性化することができないとも考えられている。いずれの場合でも、その結果として筋損傷リスクが上昇する。協調不全は筋損傷発生の潜在的な影響要因であると見なすことができるため（p.374を参照）、ウォーミングアップの構成要素として協調能の最適化が重要であると考えることができる。したがって、ウォーミングアップではスポーツに特有で重要な運動パターンを短期的に実行し、そこで必要とされる強調プロセスの自動化を呼び出す必要がある。

> **HINT**
> あるスポーツに典型的な運動パターンを準備練習することは、ウォーミングアップを通じた予防において非常に重要な観点である。

予防法としてのウォーミングアップの意味を考える際は、ウォーミングアップの本来の目的は、最適なパフォーマンスを得るために好都合な身体的コンディションを作ることであることを忘れてはならない。したがって、ウォーミングアップの主な内容もこの目標設定に従ったものとなる。しかし詳細なウォーミングアッププランを立てることで、負傷予防のための内容も、有効にまた質を落とすこともなく、「短期間でパフォーマンスを上げる」ためのウォーミングアップに組み込むことができる。パフォーマンスの促進と負傷予防の両方をウォーミングアップトレーニングに採り入れることを前提とした場合、例えばサッカーでは、3つのステップからなる試合前のウォーミングアップが理想的であると考えられる（表15.2）。

● ステップ1：身体中核と筋温度、血行、神経活性の最適化

最初のステップでは、身体中核と筋温度の最適化、血行の促進、そして神経系の効率的な働きに重点が置かれる。主に有酸素エネルギー供給範囲内における控えめな運動を行う。これにはリラックスしたランニングや、ボールを使ったあるいはボールなしのさまざまな運動が適している。特に負傷予防の観点から、このステップでは爆発的な運動や筋長の大きな変化は避ける必要があることに留意する。準備なしのゴールへのシュート練習（ハムストリングスや大腿直筋の損傷）や、ボールの有無にかかわらず、素早い方向転換（内転筋の損傷）などが悪い例である。

● ステップ2：筋と関節の準備

2つめのステップでは、サッカー選手にとって重要な筋と関節の準備に重点が置かれる。関節は大きい運動（最大である必要なない）を通じて活性化され、サッカーで特に重要となる筋が後の試合で必要とされる長さにセッティングされる。この時、筋に関しては局所的な血流の増加が重要な役割を果たす。さらに、意図的な筋長の準備が行われると、最適なα-γ共活性化、つまり筋紡錘系の適切な感度設定がなされると考えられる。そのため筋長の準備は非常に重要な、ウォーミングアップに欠かせない調節要素である。

> **MEMO**
> 筋組織の「長さセッティング」はウォーミングアップの重要な要素である。

これまで筋長の調節には静的なストレッチが用いられてきた。しかし、このようなストレッチ運動は筋トーヌスを低下させる働きを持ち、筋組織における出力速度を低下させることが科学的に証明されている。このような作用は、爆発的で高速な運動を特徴とするサッカーの試

15. 予防法

図 15.19　動的股関節屈曲
図 15.20　動的股関節外旋
図 15.21　動的股関節内旋

図 15.19　　　　　図 15.20　　　　　図 15.21

図 15.22 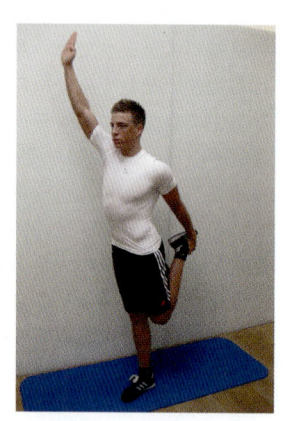　　　　　図 15.23 　　　　　図 15.24 　　　　　図 15.25

図 15.22　ハムストリングスウォーキング（ハムストリングスの動的筋長調節）

図 15.23　大腿四頭筋ウォーキング（大腿四頭筋の動的筋長調節）

図 15.24　歩行からの一本足バランス（軸足のハムストリングスおよび振り上げ足の股関節屈筋の動的筋長調節）

図 15.25　側方開脚（内転筋の動的筋長調節）

合前には適していない。この場合、動的な活性化による準備運動がより適していると思われる。図15.19から図15.25はサッカーの試合前におけるウォーミングアップの第2ステップに行われるべき動的な活性化エクササイズを示している。このようなエクササイズをウォーミングアップに採り入れることで、高速および瞬発的なアクションのための能力を意図的に準備することができる（Little & Williams 2006）。

　この動的エクササイズには古典的な静的ストレッチが持たない利点が2つある：
1. このエクササイズは垂直的な、つまりサッカー選手にとって重要な起立したポジションにおいて実行される。したがって、サッカーに特有な運動と協調に対してより直接的に作用すると考えられる。
2. 同時に、すべてのエクササイズにおいて能動的に腰・骨盤部の安定化が図られる。特に腰椎または胸椎および骨盤の能動的な安定化は、腰部と脚部の筋の活性化および最適な長さの調節にとって、重要な前提条件であると見なすことができる。

　方法的には、これらのエクササイズは基本的に歩行状態から実行する。最適なウォーミングアップ効果を得るには、各エクササイズを5-10回繰り返すのがよい。

　ただし、静的なストレッチ運動がスピードに与える影響は、複合的なウォーミングアップ戦略の枠組み内では、一般的に考えられているほど悪いものではないこと

は、ここに指摘しておく（Little & Williams 2006）。加えて、この動的な活性化エクササイズは技術的に容易ではない。つまり、ウォーミングアップにとって同様に重要である、短時間における可動範囲の増加という目的が達成されない恐れがある。

> **Caution**
> 動的活性化エクササイズは難しく、不慣れな選手では十分な筋の準備ができない場合がある。

[本文]

そのため、トレーニング時間が少ない（週2回など）特に青少年やアマチュアスポーツでは静的なストレッチをウォーミングアップに採り入れることが有益である。なぜならこれは手軽に実行でき、最適な筋長の準備を通じて、短期的な柔軟性の拡大をより容易に確保することができるからである。

> **HINT**
> 静的なストレッチは多くのスポーツ選手にとって容易に実行可能で、効果的な筋の準備方法である。そのためウォーミングアップにおける静的なストレッチを根本から否定する必要はない。

ここではさらに、ウォーミングアップにおいて個人的に実行される静的ストレッチには利点もあることを言及しておく必要がある。例えば、以前に負傷した経験を持つ選手におけるハムストリングスの静的ストレッチにより、関節の可動域の拡大は可能であることが証明されている。同等の効果を動的な活性化エクササイズで得ることは容易ではない（O'Sullivan et al. 2009）。この認識は、生まれつき強度な短縮を持つ選手あるいは筋損傷後の選手においては、本来のウォーミングアップ前に個人的に静的ストレッチを行うことが好ましいとされる、実践経験において培われてきた考えを裏付けるものである。このような選手は、ウォーミングアップの開始前、ロッカールームにおいて個人的なエクササイズを行うことにより、（動的な活性化エクササイズも含めた）チームウォーミングアップ全体を共に実行することができるようになる。

> **HINT**
> 個人的な筋短縮を持つ選手は、ウォーミングアップの前に個人的に静的ストレッチを行うのがよい。

このような戦略を実行し、各選手にとって最適なウォーミングアップを実現するには、メディカルチーム（医師、理学療法士、フィットネストレーナー）の集中的な共同作業が不可欠である。そのため、このような個人的戦略は主にプロサッカーにおいて実行可能である。

● **ステップ3：より集中的な運動によるエクササイズ**

このウォーミングアップの最終段階では、徐々に運動の激しさを増していく（シュートとパス、ダッシュと最高速スプリント、5対5などの形をとったマンツーマンの練習など）。こうして運動の自動化を呼び覚まし、筋組織の協調も最適に準備することができる非常に重要なステップである。

> **HINT**
> 予防という観点から見て、適切なウォーミングアップの計画には外気温も考慮に入れる必要がある。例えば外気温が低い場合には、そうでない場合に比べ、より時間をかけた集中的なウォーミングアップの実行が推奨される（Devlin 2000も参照）。

参考文献

Arnason A, Andersen TE, Holme I et al. Prevention of hamstring strains in elite soccer: an intervention study. Scan J Med Sci Sports 2008; 18(1): 40-48

Askling C, Karlsson J, Thorstensson A. Hamstring injury occurrence in elite soccer players after preseason strength training with eccentric overload. Scand J Med Sci Sports 2003; 13: 244-250

Besier TF, Lloyd DG, Ackland TR. Muscle activation strategies at the knee during running and cutting maneuvres. Med Sci Sports Exerc 2000; 35: 119-127

Bradley PS, Portas MD. The relationship between preseason range of motion and muscle strain injury in elite soccer players. J Strength Cond Res 2007; 21: 1155-1159

Comfort P, Green CM, Matthews M. Training considerations after hamstrings injury in athletes Strength Cond J 2009; 31: 68-74

Croisier JL, Forthomme B, Namurois M et al. Hamstring muscle strain recurrence and strength performance disorders. Am J Sports Med 2002; 30: 199-203

Croisier JL, Ganteaume S, Binet J et al. Strength imbalances and prevention of hamstring injury in professional soccer players. A prospective study. Am J Sports Med 2008; 36: 1469-1475

Dadebo B, White J, George KP. A survey of flexibility training protocols and hamstring strains in professional football clubs in England. Br J Sports Med 2004; 38: 388-394

Devlin L. Recurrent posterior thigh symptoms detrimental to performance in rugby union. Presdisposing factors Sports Med 2000; 29: 273-287

EngebretsenL, Bahr R. Why is injury prevention in sports important? In: Bahr R, Engebretsen L, eds. Sports Injury Prevention. Oxford; Wiley-Blackwell; 2009: 1-6

Faude O, Schnittker R. Müller F et al. Similar effects of high-intensity intervals and continuous endurance runs during the preparation period in high level football. In: Loland S, Bo K, Fasting K et al., eds. 14th Annual Congress of the European College of Sports Science. Book of Abstracts. Oslo 2009: 490

Greig M, Siegler JC. Soccer-specific fatigue and eccentric hamstrings muscle strength. J Athlet Train 2009; 44: 180-184

Glaister M. Multiple sprint work. Physiological responses, mechanisms of fatigue and the influence of aerobic fitness. Sports Med 2005; 35: 757-777

Hawkins RD, Fuller CW. A prospective epidemiological study of injuries in four English professional football clubs. Br J Sports Med 1999; 33: 196-203

Hennessy L, Watson AW. Flexibility and posture assessment in relation to hamstring injury. Br J Sports Med 1993; 27: 243-246

Kuszewski M, Gnat R, Saulicz E. Stability training of the lumbopelvic-hip-complex influence stiffness of the hamstrings: a preliminary study. Scan J Med Sci Sports Exerc 2009; 19: 260-266

LittleT, Williams AG. Effects of differential stretching protocols during warm-ups on high-speed motor capacities in professional soccer players. J Strength Cond Res 2006; 20: 203-207

McGill S. Low back disorders. Champaign: Human Kinetic; 2007

Mair S, Seaber A, Glisson R, Garret Jr WE. The role of fatigue in susceptibility to acute muscle strain. Am J Sports Med 1996, 28: 659-662.72-90.

Orchard J, Marsden J, Lord S et al. Preseason hamstring muscle weakness associated with hamstring injury in Australian footballers. Am J Sports Med 1997; 25: 81-85

O'Sullivan K, Murray E, Sainsbury D. The effect of warm-up, static stretching and dynamic stretching on hamstring flexibility in previously injured subjects. BMC Musculoskelet Disord 2009; 10: 37

Petersen J, Hölmich P. Evidence-based prevention of hamstring injuries in sport. Br J Sports Med 2005; 39: 319-323

Proske U, Morgan DL, Brockett CL et al. Identifying athletes at risk of hamstring strains and how to protect them. Clin Exp Pharmacol Physiol 2004; 31: 546-550

Schlumberger A. Aufbau der sensomotorischen Leistungsfähigkeit nach Verletzungen am Beispiel der Sportart Fußball. In: Laube W. Hrsg. Sensomotorisches System. Stuttgart: Thieme; 2009: 600-617

Sherry M, Best T. A comparison of two rehabilitation programs in the treatment of acute hamstrings strains. J Orthop Sports Phys Ther 2004; 34: 116-125

Sugiura Y, SaitoT, Sakuraba K et al. Strength deficits identified with concentric action of the hip extensors and eccentric action of the hamstrings predispose to hamstring injury in elite Sprinters. J Orthop Sports Phys Ther 2008; 38: 457-464

Thelen DG, Chumanov ES, Sherry MA et al. Neuromuscular models provide insights into the mechanisms and rehabilitation of hamstring strains. Exerc Sport Sci Rev 2006; 34: 135-141

Verall GM, Arnason A, Bennell K. Preventing hamstring injuries. In: Bahr R, Engebretsen L, eds. Sports injury prevention. Oxford: Wiley-Blackwell; 2009: 73-90

Witvrouw E, Danneels L, Asselam P et al. Muscle flexibility as a risk factor for developing muscle injuries in male professional soccer players. A prospective study. Am J Sports Med 2003; 31: 41-46

Witvrouw E, Mahieu N, Roosen P et al. Stretching and injury prevention. An obscure relationship. Sports Med 2004; 34: 443-449

Yeung SS, Suen AM, Yeung EW. A prospective cohort study of hamstring injuries in comeptitice sprinters: preseason muscle imbalance as a possible risk factor. Br J Sports Med 2009; 43: 589-594

Yu B, Queen RM, Abbey AN et al. Hamstring muscle kinematics and activation during overground sprinting. J Biomech 2008; 41: 3121-3126

第16章

トップアスリートにおける特殊症例

P. ユーベルアッカー
L. ヘンゼル
H.-W. ミュラー ‐ ヴォールファート

16. トップアスリートにおける特殊症例

1 序論

　トップアスリートのメディカルチームは連日、スポーツ選手のさまざまな問題に直面している。しかし実際のところ、（前十字靭帯の断裂など）複雑で重篤な障害が問題となることはほとんどない。問題となるのはむしろ、日常的に発生し、選手に痛みや困難をもたらし、彼らを不安に陥れる障害、知覚異常あるいは軽度の損傷の発見と評価である。

　すべての選手に包括的な診察を行うことは不可能であるため、医師あるいは療法士はほとんどの場合問診と確実な臨床検査に頼る必要がある（第6章「既往歴・臨床検査・分類」）。この時、次のことに注意をする必要がある：

- 機械を用いたさらなる検査の必要性
- 選手のトレーニングあるいは試合への復帰の可能性の有無
- 医学的観点から見た負傷の悪化の可能性
- 医学的リスクなくトレーニングや試合を続行することができるか否か

　負傷の状況および上記の点をチームトレーナーに報告するのは、チームドクターの義務である。しかし療法士との相談のもと、選手がプレー続行可能であるかどうかの判断はチームドクターに委ねられる。しかしながら特に筋損傷ではその種類や程度が多岐にわたるため、不慣れなうちは判断するのが困難である場合がある。最善の評価を助けるのは何より豊富な経験と綿密な検査、さらには短い間隔で行われる触診を中心とした定期検診である。

> **MEMO**
> ほかの種類の傷害と同様、筋障害にも時には予想外の経過を示すものがある。必ずしもすべての判断が正しいわけではなく、時には例外もあり、治癒が早まることもあれば長引くこともある。

　プロスポーツや余暇スポーツの区別なく、患者には予想される治癒経過を伝えることが重要である。これが患者自身の指標にもなる。損傷規模の最初の評価は極めて重要である。ここでの評価に誤りがあると、本来なすべき治療で得られるはずの経過と、実際に行われた治療による経過に誤差が生じる。本章以下では、プロスポーツやアマチュアスポーツから厳選した筋損傷の典型的な経過と例外的な経過の例をいくつか紹介する。

2 ケース1

　ブンデスリーガチームに所属する26歳のプロサッカー選手は5カ月前に左大腿直筋の中央部に損傷を受けていた。この損傷はチームドクターでない医師の手によって外科的治療を受けていた。4カ月後、公式戦の試合中に大腿直筋の手術をした場所の近位側に痛みが走った。メディカルチームはしかし、選手に対してトレーニングと試合への参加を許可した。

　しかし近位大腿部腹側の痛みは治まることがなかったため、選手はもう一度診察を受けることにした。触診により、大腿直筋の筋束に部分的に硬直した部分が見つかり、また筋構造に欠陥がありそこに液体がたまっている疑いが持たれた。かつて手術を受けた場所には明確な瘢痕が検知できた。超音波検査と最新式のMRIにより、大規模な筋部分断裂であることが確証された（図16.1）。

　そこで選手には次のような治療が施された。まず水腫が吸引されたが（約30ｍｌの血が混じった漿液）、これに血が混じっていたことから、この選手は古い損傷がまだ完全に治癒していないうちに、トレーニング負荷により新たな断裂を被ったものと推測された。

　その後、脱緊張と治癒の促進を目的として大腿直筋の全長にわたって浸潤療法（第11章「筋損傷の保存療法」を参照）が施された。骨化性筋炎を予防するためにインドメタシンが処方され、さらにこれに加えて亜鉛、マグネシウム、酵素も処方された。圧迫包帯が巻かれ、選手には物理療法も適用された（第11章「筋損傷の保存療法」と第14章「物理・理学療法的処置とリハビリテーション」も参照）。

　2週間後の再検査で既にこのサッカー選手は明確な症状の緩和を報告し、筋組織内の圧迫感は解消したと答えた。超音波検査では非常に小規模な水腫が検出されただけであったが（図16.2）、触診では大腿直筋上にいまだに明確な過緊張があり、部分的には硬結も見られた。患部の大腿の太さは、対側の大腿部に比べて2ｃｍ細くなっていた。

　最初の診断から6週間後のMRI撮影による経過コントロールではかつての断裂部位における筋線維の適応と筋膜下に薄い水腫が発見されただけであった。さらに筋内に目立たない線維化が1カ所だけ見つかった（図16.3）。

　その4週間後、ランニングや筋トレによる集中的なリハビリテーション後の検査では触診により筋トーヌスの明らかな改善が見られ、また構造損傷はもはや確認されなかった。筋の太さも、対側のそれに近づいていた。経

ケース 1

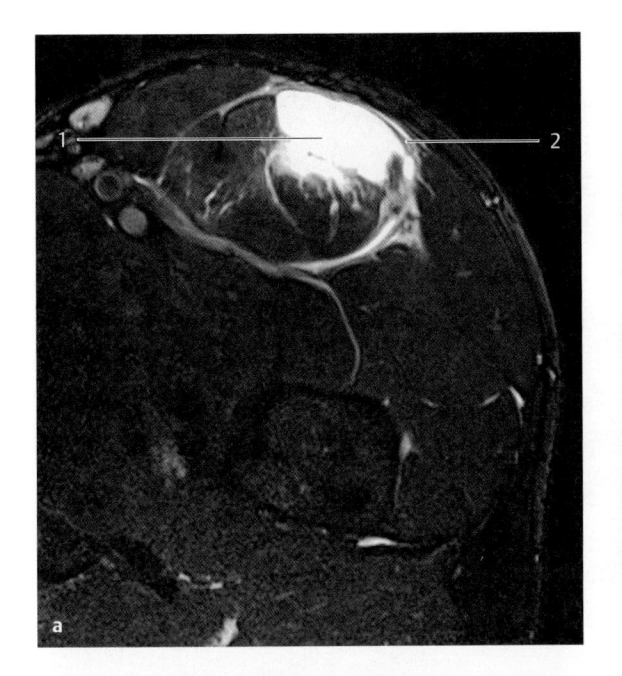

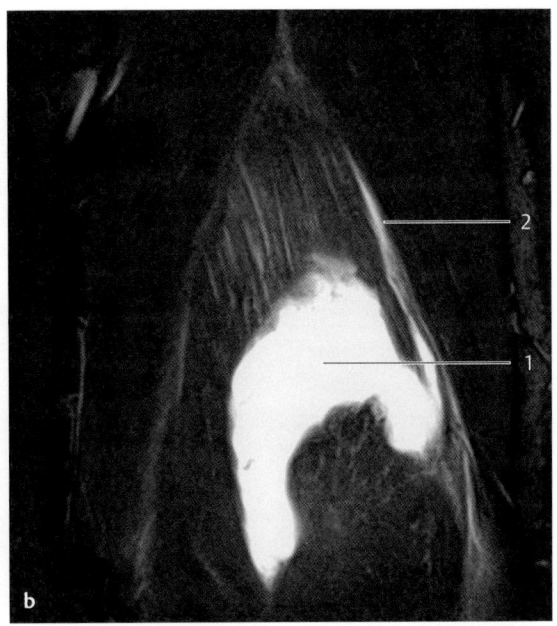

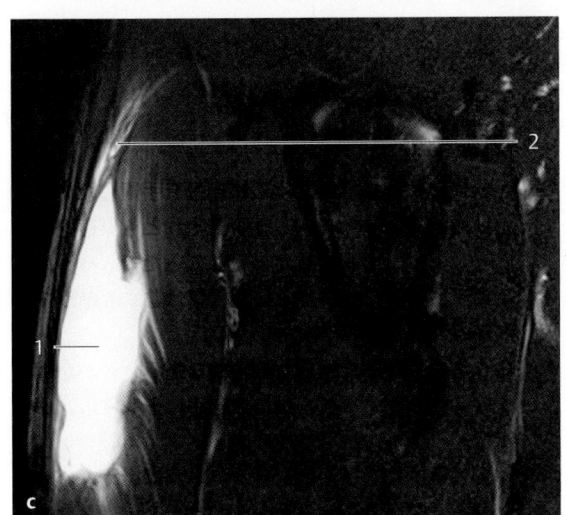

図 16.1a-c **左大腿直筋の高分解能 MRI（初診）** 大腿直筋起始から遠位 6 cm の位置における 5 cm の裂開を持つ大規模な筋部分断裂（断面の 40％）と 65 mm × 44 mm × 16 mm の大きさを持つ顕著な水腫の形成（1）。腹側外側で筋は筋膜から解離している（2）。ここに紹介するのは例として選択した画像のみ。

a 水平面。
b 前頭面。
c 矢状面。

16. トップアスリートにおける特殊症例

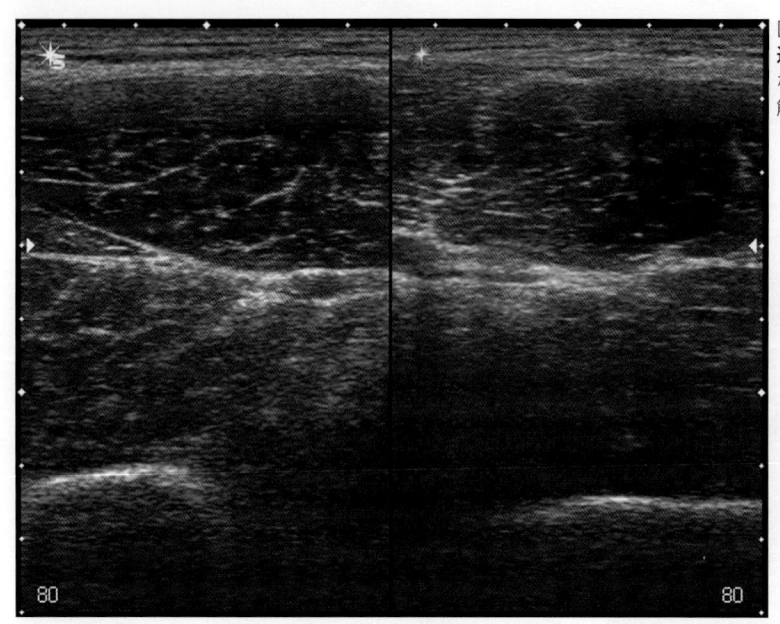

図16.2　**超音波検査、左右比較（初診から2週間後；右が受傷部）**　機械的な障害とはならないわずかな水腫が筋に見られるだけである。筋は弛緩し、瘢痕化が始まっている。

過コントロールにおけるMRI撮影では、かつての断裂部位に小さな浮腫が見つかっただけであり、筋損傷が大規模であった割には瘢痕形成もわずかであった（図16.4）。

この重篤な、部分的には古く、適切に治療されていなかった損傷の治療開始から10週間後、このサッカー選手は再びトレーニングに参加し、それ以降再発や問題もなくブンデスリーガでプレーを続けている。

● **問題点**

- 大腿直筋の中央部における筋疾患を手術したのは正しい判断であったであろうか？それとも保存療法により、より良好な結果が得られていたであろうか？
- 手術部位の近位における後続損傷は防ぐことができなかったのか？
- このように明確な所見と継続的な痛みにもかかわらず、メディカルチームはなぜ選手にトレーニングと試合への参加を許可したのか？
- もっと早く適切な治療を行っていれば、カムバックは早まっていたであろうか？

ケース 1

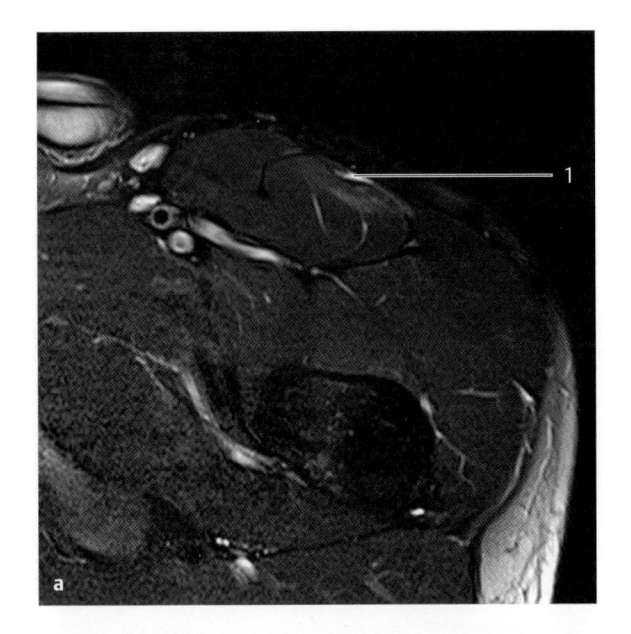

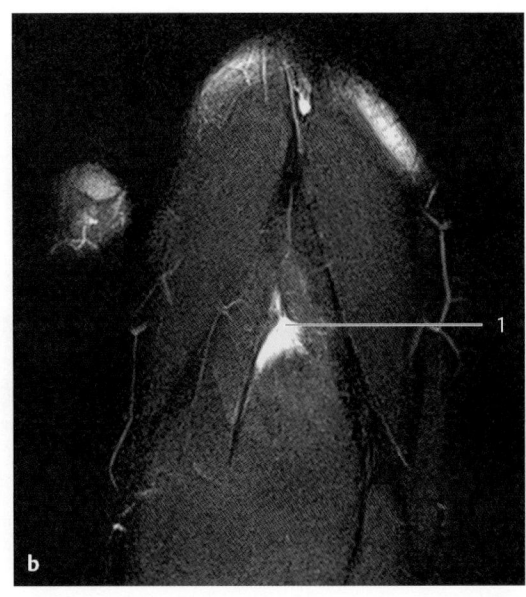

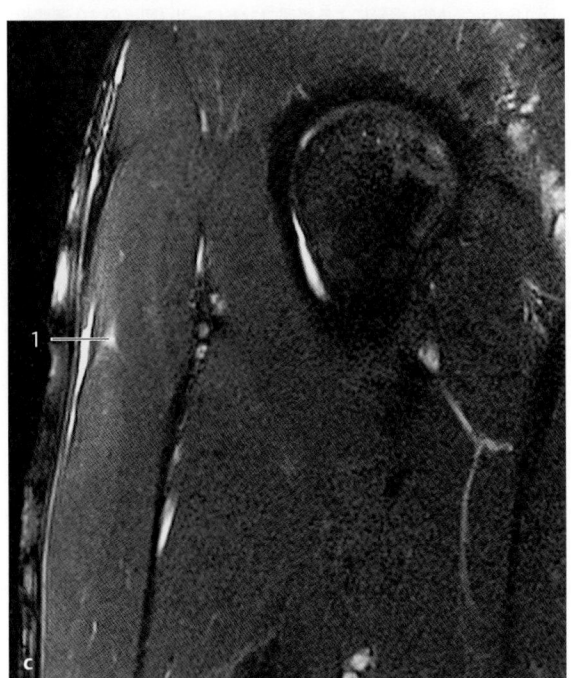

図 16.3a-c　MRI 撮影による経過コントロール（初診の 6 週間後）　ここに紹介するのは例として選択した画像のみ。

a　水平面。
b　前頭面。
c　矢状面。

1 ＝かつての断裂部

383

16. トップアスリートにおける特殊症例

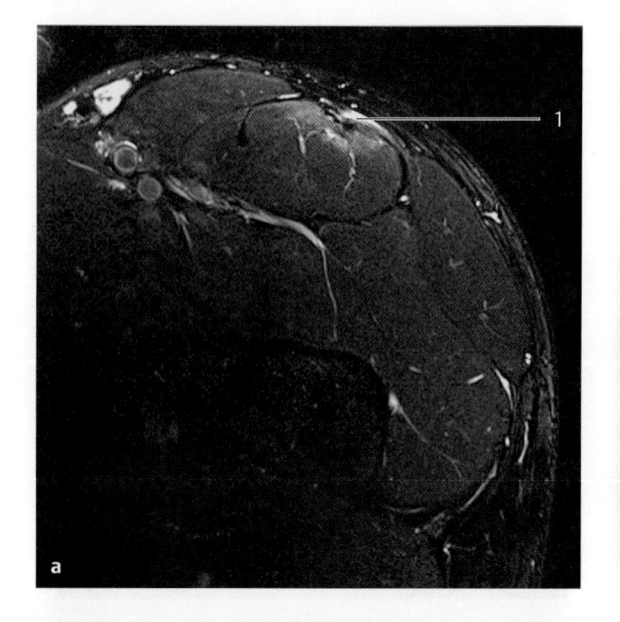

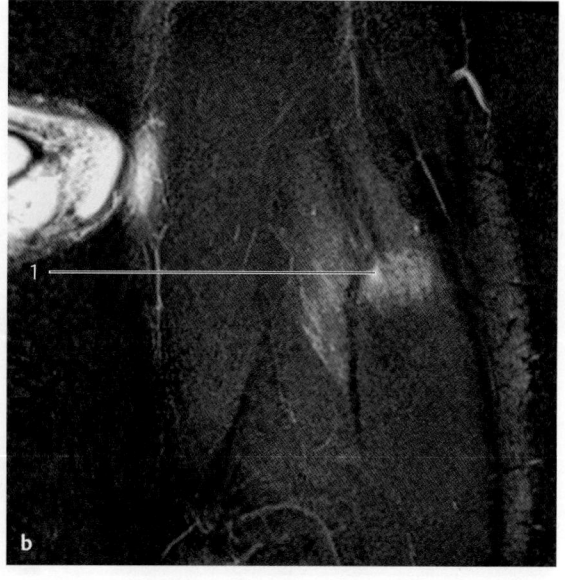

図 16.4a-c　MRI 撮影による経過コントロール（初診の 10 週間後）
ここに紹介するのは例として選択した画像のみ。

a　水平面。
b　前頭面。
c　矢状面。

1 ＝かつての断裂部

384

3 ケース2

イングランドのプレミアリーグに所属する28歳のプロサッカー選手が、我々の医療センターにおける初診の際、6日前に右大腿部に突然の痛みを感じたと報告した。これは試合中60分にほかの選手との接触なしに発生し、この選手は交代を余儀なくされたとのことであった。それ以来トレーニングには参加できず、連日物理療法を受けてはいるが、痛みは存続し回復の兆しは見られなかった。

検査では大腿部腹側、大腿直筋に硬直した部分があり、さらに近位内側に構造破損と腱組織の膨張が確認された。触診を通じて予想されていた通り、MRIを用いた画像化では大腿直筋近位の大規模な筋束断裂が発見され、その縦方向に最も長い部分における大きさは25mm×25mm×60mmであった（図16.5）。

損傷が大規模であったため、即座に適切な治療が開始された。大腿直筋の浸潤療法（第11章「筋損傷の保存療法」を参照）に加えて投薬治療も行われた。

その1週間後、つまり受傷の約2週間後には既に、この選手は主観的な明確な改善を報告している。大腿直筋の硬直はまだ存在していたが、はれは明らかに引いていた。

その後の集中的な治療により、受傷4週間後には触診結果は小さな構造破損が検出された以外、ほぼ正常であった。MRIにより、この改善は確証された。浮腫は極めて小規模であり、破損部も明確に縮小していた（図16.6）。

治癒が早く、受傷後4週間、治療開始後3週間でランニングを開始することができた。受傷後6週間でこの選手はチームトレーニングに復帰し、それ以来痛みや再発なしにプレミアリーグでプレーしている。

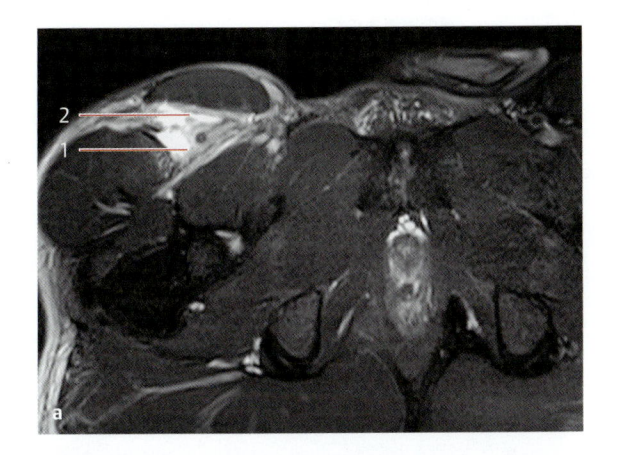

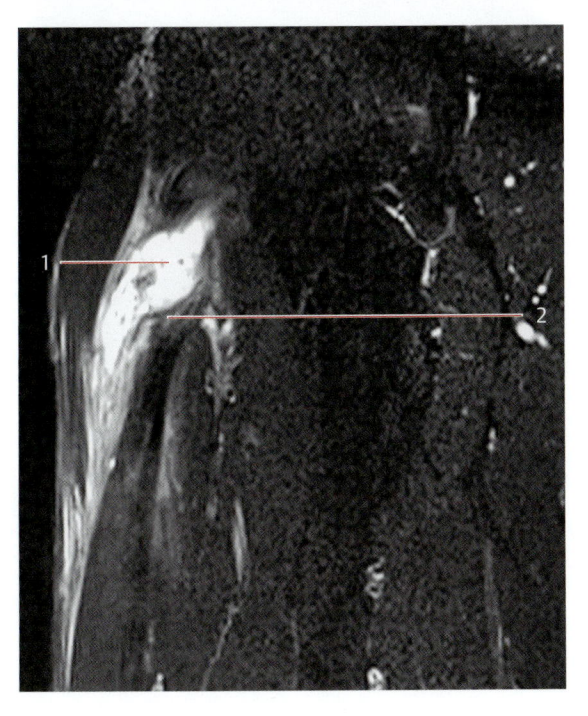

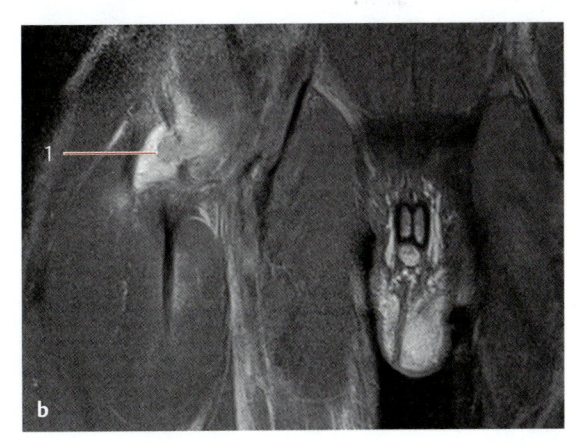

図16.5a-c　**右大腿直筋の高分解能 MRI（初診）**　筋内腱の部分断裂を伴う大腿直筋における大規模な筋束断裂。最大部 25 mm×25 mm×60 mm（1）。これに対応して、縫工筋の背側外側に信号異常が見られる（2）。ここに紹介するのは例として選択した画像のみ。

a　水平面。
b　前頭面。
c　矢状面。

16. トップアスリートにおける特殊症例

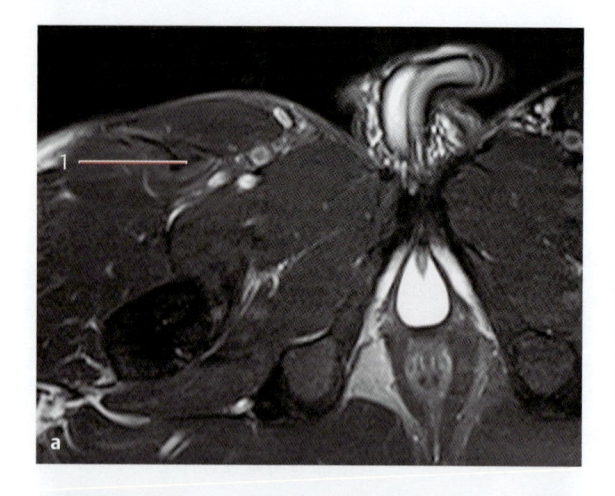

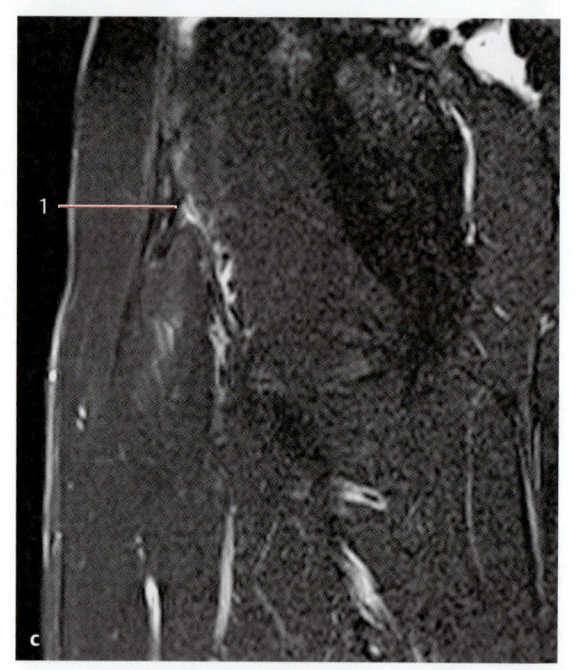

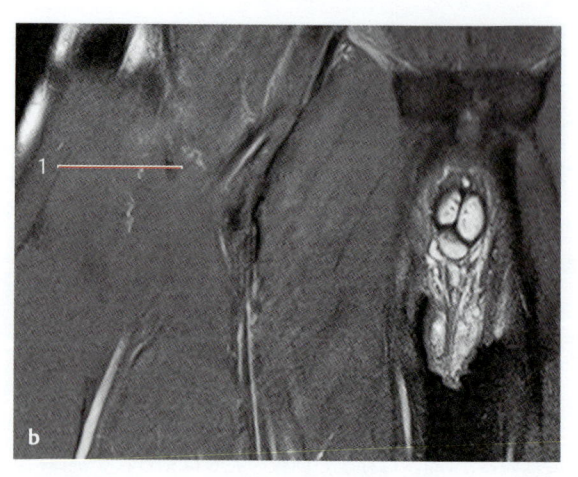

図 16.6a-c　MRI撮影による経過コントロール（初診の3週間後）
ここに紹介するのは例として選択した画像のみ。

a　水平面。
b　前頭面。
c　矢状面。

1＝かつての断裂部

4 ケース3

ブンデスリーガに所属する35歳のサッカー選手がシュートを放った時、突然刺すような痛みを右大腿部の腹側に感じた。次の日、その症状が顕著に悪化したため、この選手は我々の医療センターを訪れた。

触診したところ、大腿直筋に線維構造の明らかな途絶が確認された。その後MRIにより、図16.7に示す負傷が発見された。「右大腿直筋の筋束断裂」と診断が下され、筋の注入浸潤とリンパドレナージュ、徒手療法、そして経口投薬が始められた（第11章「筋損傷の保存療法」を参照）。7日間にわたり、右脚に対するトレーニングは絶対的に禁止された。

1週間後、患者の痛みは解消していた。その2週間後コントロールMRIで広範性の筋内内出血と浮腫がほぼ完全に退行したことが確認された。損傷した筋束には極めて

ケース 3

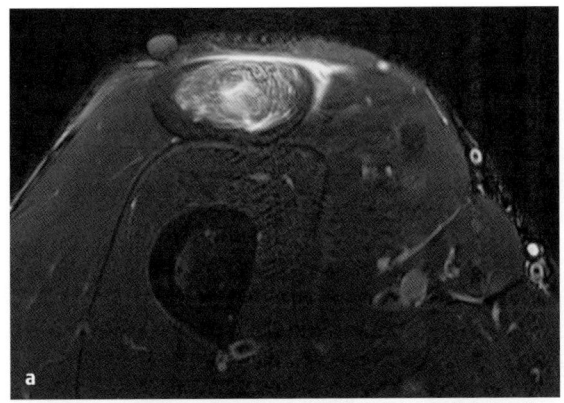

図 16.7a-c　**右大腿直筋の高分解能 MRI（初診）**　筋中央部の筋束断裂の図。特に矢状面で診断しやすい（1）。筋腱移行部は健全。ここに紹介するのは例として選択した画像のみ。

a　水平面。
b　前頭面。
c　矢状面。

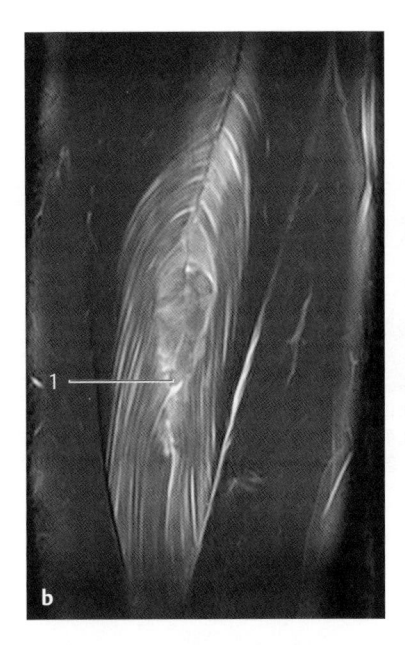

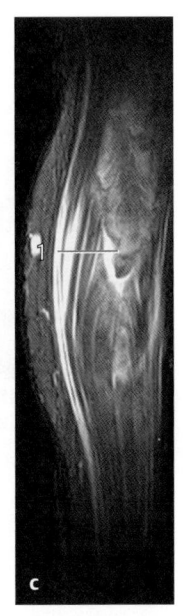

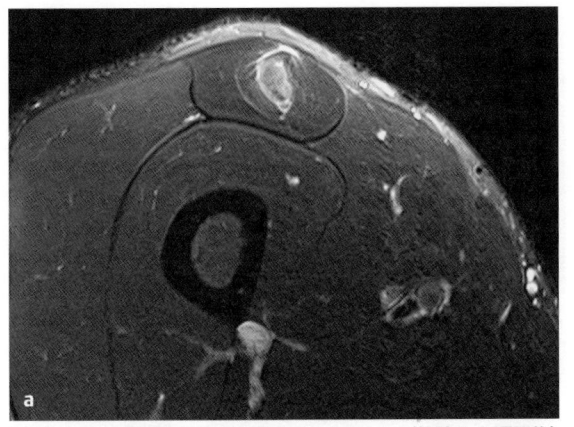

図 16.8a-c　**MRI 撮影による経過コントロール（初診の 3 週間後）**
ここに紹介するのは例として選択した画像のみ。

a　水平面。
b　前頭面。
c　矢状面。

1 ＝かつての断裂部

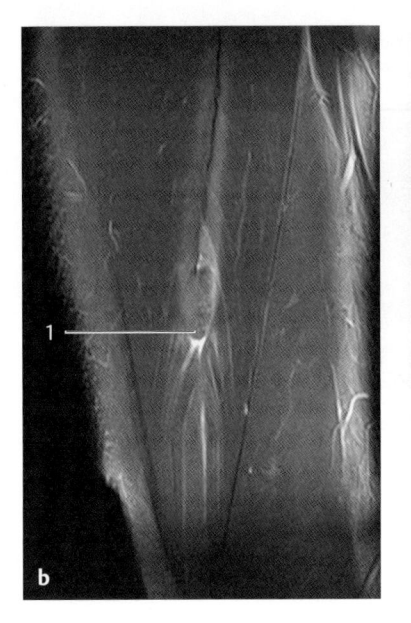

小規模で無視しうる退縮が見られただけであった（図16.8）。

4週間後には持久力トレーニングとしてのランニングの開始が許可された。ボールトレーニング、高速運動、瞬発負荷、あるいは受動的ストレッチはしかし、まだ厳禁されていた。

臨床所見が良好で痛みも全くなかったため、チームのリハビリテーションおよびフィットネススタッフが状況を過小評価し、医師からの指示を無視して、この選手により負担のかかるトレーニングを課した。リハビリテーションの一環として、ウェイトをかけた状態における90度以上の膝屈曲も次第に行われるようになった。

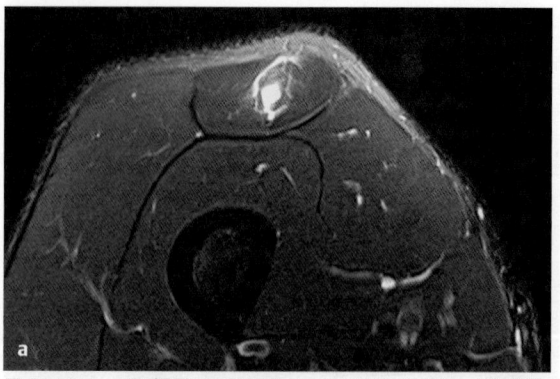

16. トップアスリートにおける特殊症例

図16.9a-c　**MRI撮影による経過コントロール（初診の5週間後、早急に始められた高負荷リハビリテーションの1週間後）** ここに紹介するのは例として選択した画像のみ。
【a】　水平面。
【b】　前頭面。
【c】　矢状面。
1＝かつての断裂部

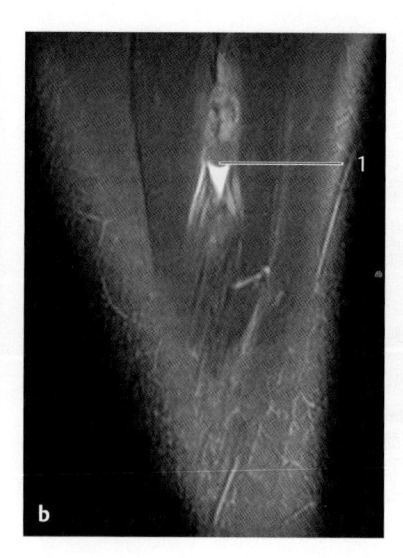

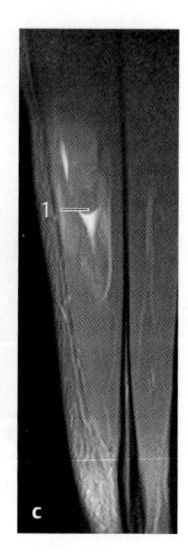

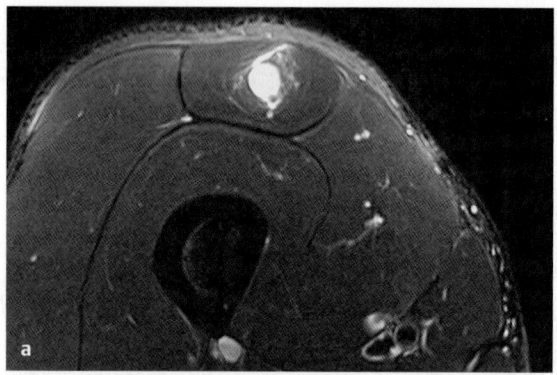

図16.10a-c　**MRI撮影による経過コントロール（初診の7週間後）** ここに紹介するのは例として選択した画像のみ。

a　水平面。
b　前頭面。
c　矢状面。

1＝かつての断裂部

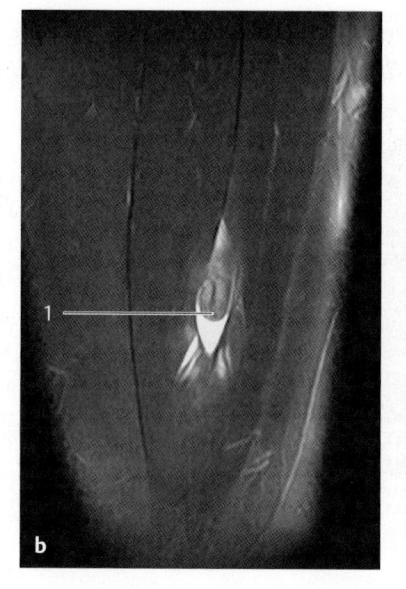

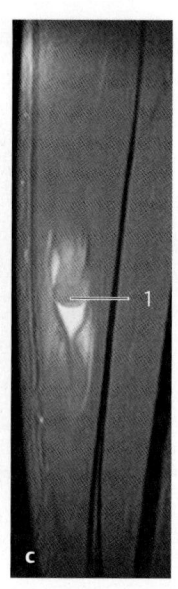

　さらに1週間後、MRI撮影によるコントロールで、筋束の明らかな退縮が確認された。これは損傷部が実行されたトレーニングに対して、まだ十分に安定していなかった証拠である（図16.9）。
　この形態的な増悪はしかし、臨床的な悪化としては現れなかった。しかしながら、この増悪には負荷の軽減をもって対処する必要があった。それから2週間は、大きな負荷を伴わない純粋なランニングのみが許可された。発症した合併症のために、その後毎週、MRI撮影によるコントロールが行われた。このコントロールでは、明らかな筋退縮の後に、約10mm×10mm×12mmの漿液腔が形成されたことが記録されている（図16.10）。
　その後、3週間をかけて次第にスポーツ特有の負荷を増していくことができるようになった。これ以降は所見

が悪化することはなかった。診断の8週間後、この選手はチームトレーニングへの参加制限が解除された。今日まで再発していない。

5 ケース4

● 問題点

- この負傷が悪化したのは、トレーニングの実行と受動的ストレッチが原因であるか？
- 主治医からの明確な指示にもかかわらず、この選手に高い負荷がかけられたのはなぜか？
- この負荷が新たな悪化と治癒の遅延、およびその結果としての不完全治癒の原因であったか？

ブンデスリーガのチームに所属する25歳のプロサッカー選手がチームドクターの紹介でやってきた。約7週間前の公式戦最中にこの選手は左内転筋を負傷し、筋束断裂との診断を受けた。しかし、画像検診は行われていなかった。その治療には理学療法とリハビリテーション、鍼治療、レーザー治療、そしてフロゲンチーム

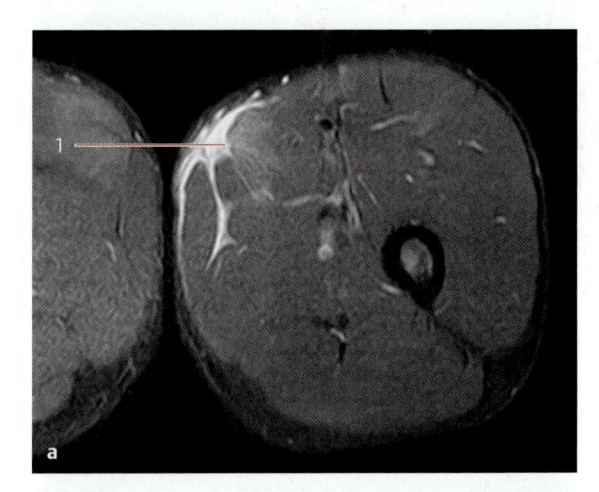

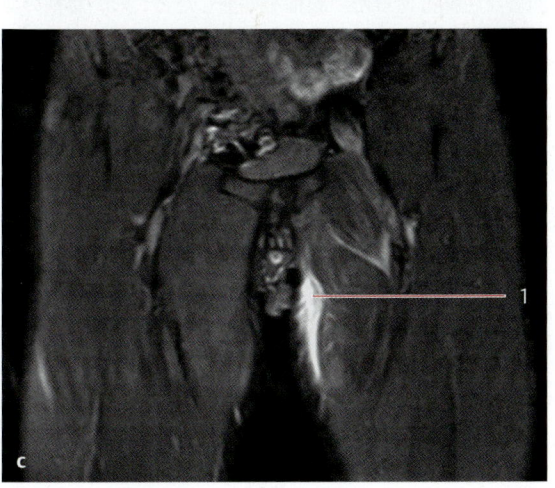

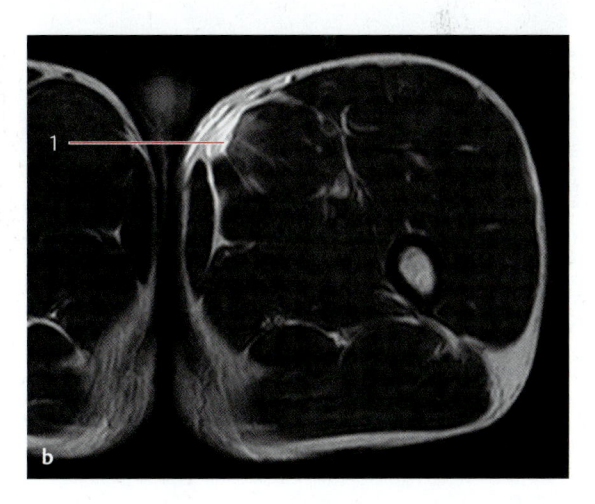

図 16.11a-c 他施設において撮影された低分解能の MRI 画像（受傷4週間後）には内転筋の傷害と局所的な液体凝集が確認できる（1） ここに紹介するのは例として選択した画像のみ。

a 水平面。
b 前頭面。
c 矢状面。

389

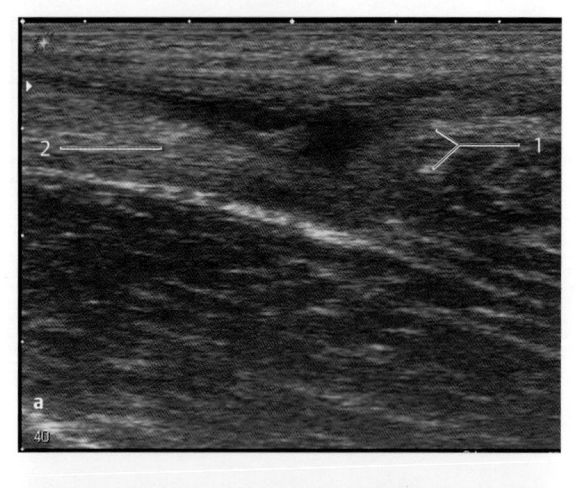

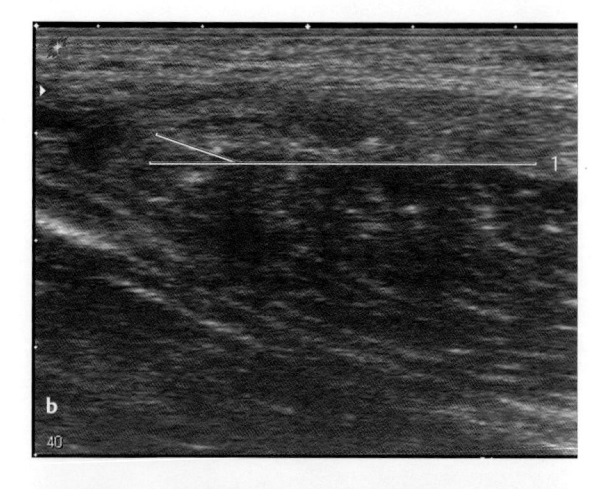

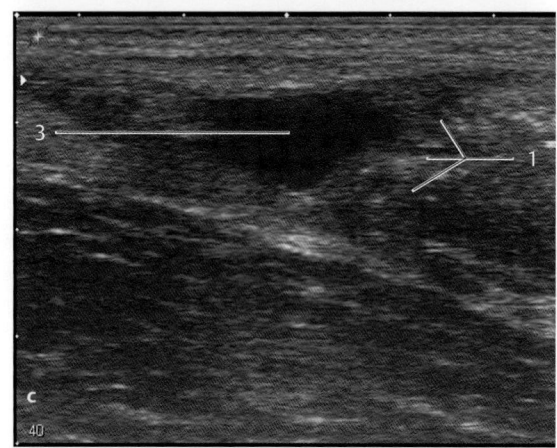

16. トップアスリートにおける特殊症例

図 16.12a-d　長内転筋の超音波画像（初診、受傷4週間後）　部分画像 a-c（縦断面）には近位の断裂筋束が明確に見え、これは遠位に2cm退縮している（1）。画像左端のエコーが強い長い構造が長内転筋の近位腱を表す（2）。部分画像 d は横断面の例。部分画像 c と d には液体（血腫液）で満たされた欠陥腔（3）がはっきりと見える。

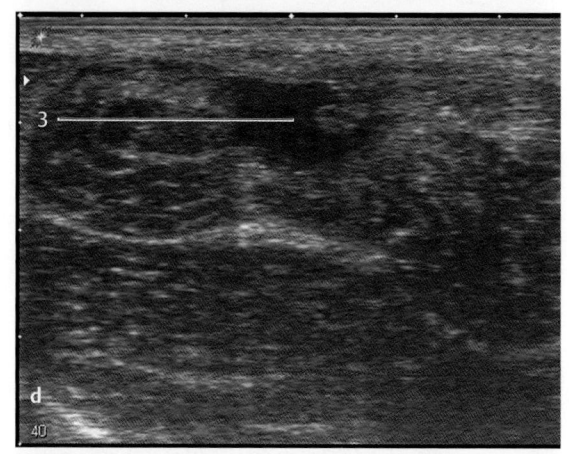

（Phlogenzym）とボルタレン（Voltaren）の経口投薬が行われていた。

4週間後にこの選手はチーム練習への復帰が許されたが、新しい外傷を受けることなく同じ位置に激しい痛みが生じたため、すぐに再び練習を離脱することになった。この時点で撮影されたMRI画像が図16.11である。

彼の既往歴に関しさらに踏み込んだ質問をしたところ、この選手はこれまで既に幾度となく筋に障害を抱えることがあったと判明した。戦線離脱も繰り返され、時には長期に及ぶこともあったという。選手が正確に思い出せなかったこともあり、この過去の筋損傷がどの種類の損傷であったのかは不明であった。筋線維断裂という言葉を何度か耳にしたという。選手自身は、腰部には問題がないと解答した。

触診では、長内転筋の近位に障害があることと、同じ筋の遠位に反応性の過緊張が確認された。また局所的に顕著な圧痛もあった。腰椎を検査したところ、腰椎の側弯を伴う明らかな骨盤傾斜と腰部の屈曲不全、および胸腰弯曲異常が確認できた。さらに両側の腸腰筋が顕著に短縮していた。

しかし、このMRI画像は画質が悪く、特に細部の解読が不十分であったため、著者らはさらに患部の超音波検査を行った（図16.12）。

この検査により損傷の現状規模が明確に判明した。長内転筋に大規模な筋束断裂があり、患部の筋束は明らかに退縮し、患部には液体がたまっていた。明確な像が得られたため、もう一度（高分解能の）MRIをする必要はなかった。

個々の髄節における運動不全を伴う腰部の顕著な異常に対しては、腰椎の立位レントゲン撮影が行われた（図

ケース 4

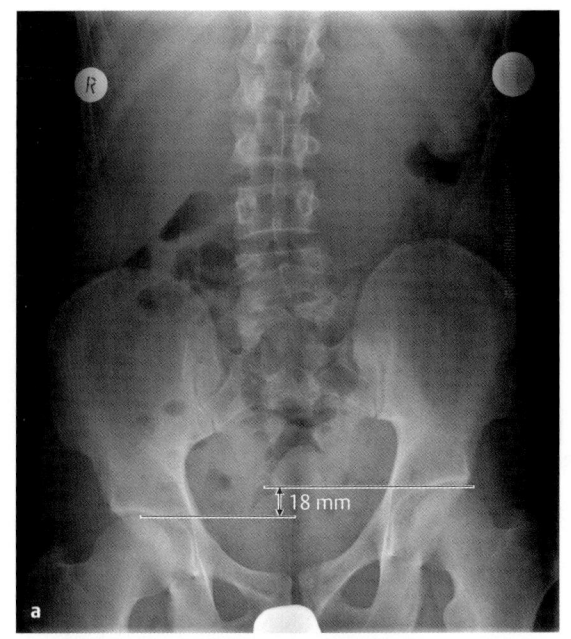

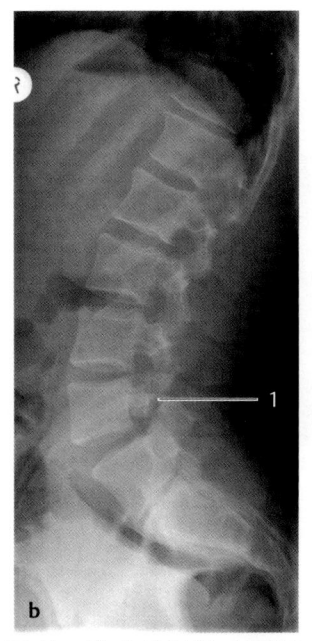

図 16.13a、b　**両膝を完全に伸展させた状態での左右対称の両脚立位における腰椎・骨盤の単純レントゲン画像**　右 -18 mm の脚長差、それに起因する骨盤傾斜、代償としての腰椎の右側弯が明らかである。さらに S1（あるいは S2 も）に脊椎傷害が、すなわち明確な脊椎弓の分断を伴う腰仙移行部 S1 と脊椎分離 L5（1）が、さらに腰椎すべり症の始まり（マイヤーディング式 I 度）も確認できる。脊柱前弯が顕著であり、Th12 の軽度の楔状変形を伴う Th12/L1 の骨軟骨変性も発生していた。

a　単純 X 線、正面。
b　単純 X 線、側面。

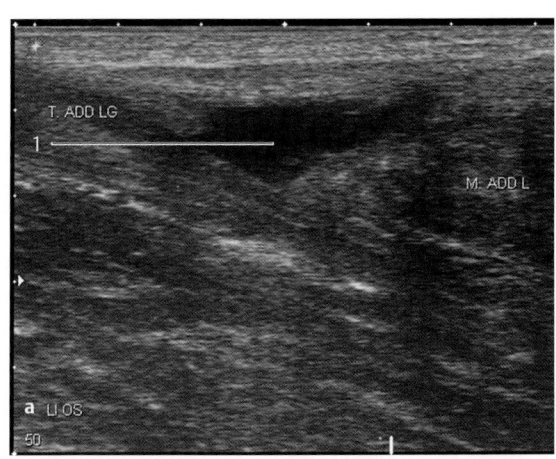

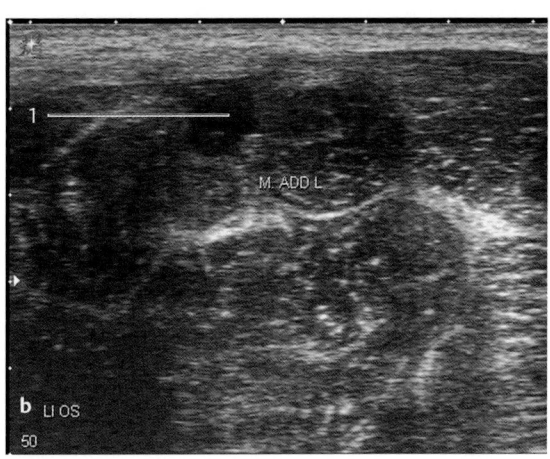

図 16.14a、b　治療開始から 1 週間後、依然として漿液腔（1）が確認できる

a　超音波画像、縦断面。
b　超音波画像、横断面。

391

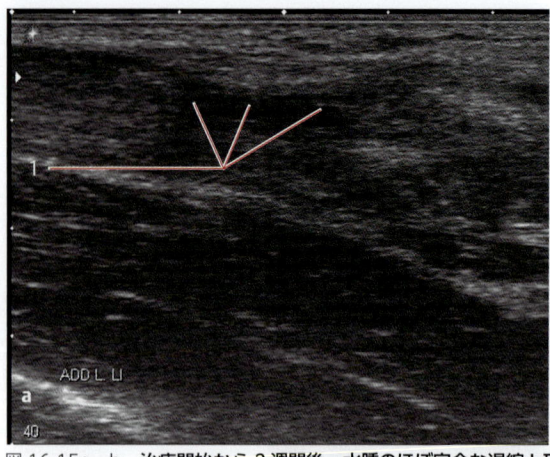

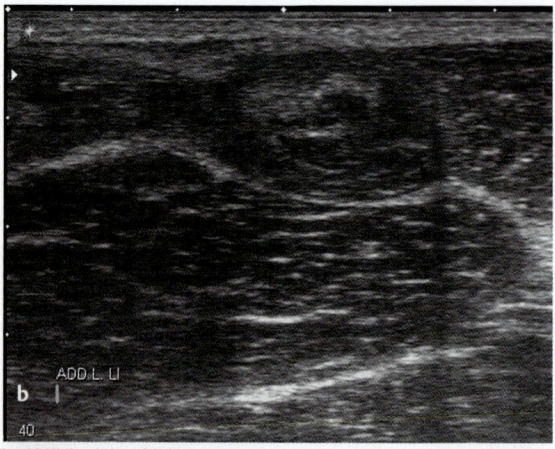

16. トップアスリートにおける特殊症例

図16.15a、b　治療開始から2週間後、水腫のほぼ完全な退縮と破損部の線維化（1）が進行している

a　縦断面。

b　横断面。

16.13：第11章「筋損傷の保存療法」と第12章「筋機能障害および筋損傷時における脊柱の役割」も参照）。これにより、問診では異常がないとされていた腰部に、驚くほど複合的な病変あるいは異常が明らかとなった。

　著者らのもとにおける初診のその日のうちに、複数の髄節にわたる腰椎注入治療が施された（第11章「筋損傷の保存療法」も参照）。これに加えて、左仙腸関節にメピバカインとトラウメールによる局所浸潤療法が（仙腸関節と閉鎖神経支配領域の間の機能的連関）、さらに損傷部と遠位の過緊張を示す筋束に対して7本の針を用いたメピバカインとトラウメールそしてアクトベギンの局所浸潤療法が実行された。この時、血腫液の吸引も行った。この選手にはさらに、マグネシウム、亜鉛、ビタミンBそしてビタミンCが静脈投与された。浸潤療法はその後さらに2度繰り返され、その都度漿液も吸引することができた。（図16.14）。

　治療の開始から2週間後の経過コントロール（図16.15）で漿液のほぼ完全な解消と、破損部の瘢痕化の増加が確認された。

　トレーニングセラピーとして1週間の間、自転車運動だけが許可された。その後、疲労につながらない軽いランニングが開始された。ランニングスピードの増加や変化は、その14日後になって初めて認められた。同時に、第11章「筋損傷の保存療法」に示したような理学療法と物理医学のあらゆる手段が処方された。4週間後、この選手はチームトレーニングに復帰することがかなった。

それ以来、再発も痛みもなくプレーしている。

● 中・長期セラピープラン

- 脚長を調節するために、サッカーシューズや普段のシューズに中敷きを使用：始めは5mm、3カ月後に8mm
- 坐骨大腿部、腸骨大腿筋部、腸骨腰部の筋組織、特に腸腰筋の規則的・自主的なストレッチ体操
- 脊柱弯曲を改善するための規則的・自主的な体幹体操（コアエクササイズ）
- 腰や筋に痛みが現れた場合には、腰椎の複数髄節に対する注入浸潤療法を推奨
- 腰椎すべり症の進行を確認するため、始めは1年ごとの腰椎に対するレントゲンコントロール

6 ケース5

　ブンデスリーガのチームに所属する24歳の攻撃的ミッドフィールダーはチームの中心的存在であり、非常に重要な位置を占めていた。

ケース 5

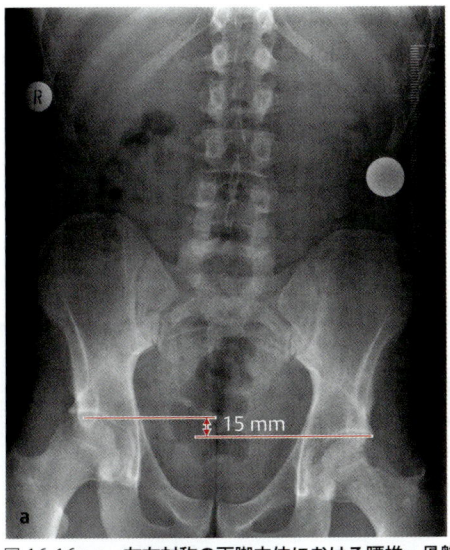

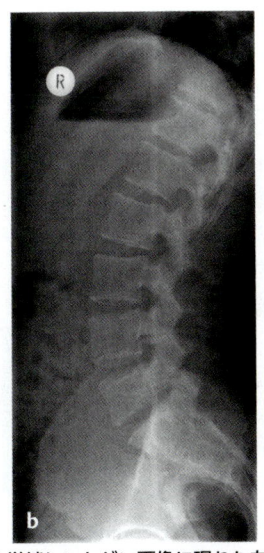

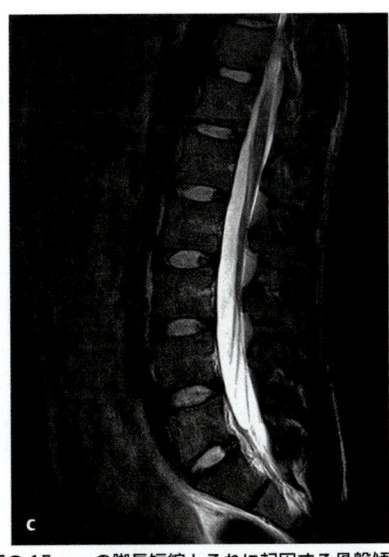

図 16.16a-c　**左右対称の両脚立位における腰椎・骨盤の単純レントゲン画像に現れた左脚の 15 mm の脚長短縮とそれに起因する骨盤傾斜および代償的腰椎側弯**　依然として、脊柱前弯過度と体重心の背側転位が明らかである（a と b）。MRI 画像で椎間板脱出の可能性を排除することができる（c）。

a　単純 X 線、正面。
b　単純 X 線、側面。
c　腰椎、T2、矢状面。

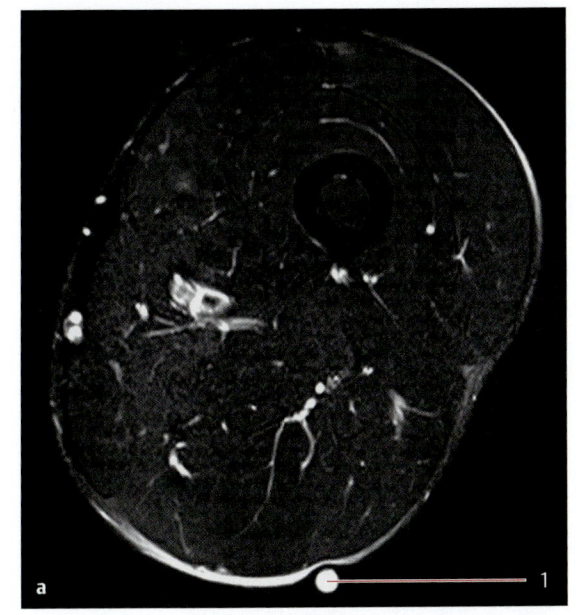

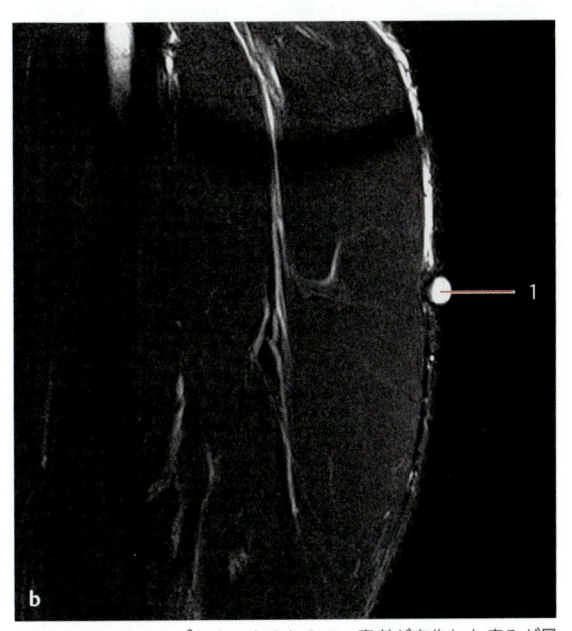

図 16.17 a、b　**左大腿部の MRI 画像例**　表面の明るい点（1）は貼り付けられたニトロカプセルによるもので、患者が申告した痛みが最も強い場所に相当。すべての画像および左右比較においても筋組織の正常所見のみが得られた。

a　水平面。
b　前頭面。

393

16. トップアスリートにおける特殊症例

試合前の最終トレーニングにおいてこの選手は左大腿部背側の中央に引きつりを感じた。しかし、これをメディカルに報告しなかった。彼は土曜日の試合に出場した。主観的には症状の改善を感じていたし、プレー中に痛みが生じることもなかった。しかし、日曜日と月曜日のトレーニングでは再び引きつるような感覚があった。その選手がチームドクターに相談したのはその晩であった。触診検査では大腿部の後方全体が正常な状態であった。構造的な問題は一切見当たらなかった。したがって、痛みは神経に由来するものだと判断され、選手にもそう伝えられた。さほど遠くない過去の入団検診から腰椎における顕著な変性が既に知られていたからである。ただし、椎間板脱出の可能性はMRI検査により排除されていた（図16.16）。腰椎は注入により治療された。

次の日、トレーニング中にセンタリングを上げた際、股関節の回転により同じ位置に痛みが走った。トレーニングを中断し、主任療法士が筋を再検査したが、異常を見つけることはできなかった。そこで、仙腸関節と腰椎下部、そして腰仙移行部に対してカイロプラクティックによるモビリゼーションが施された。

チームはその後、DFBカップ（ドイツの国内カップ戦）に出場するため遠征に出た。遠征先のホテルでも、もう1人のチームドクターが筋を検査したが、ここでもハムストリングスの構造破損を示唆するような異常は見当たらなかったが、この選手の不安が取り払われることはもちろんなかった。チームドクターや療法士も彼の不安をぬぐい去ることができなかった。そのため、メディカルチームは許可したにもかかわらず、この選手は翌日のDFBカップの試合へ出場を自主的に見合わせた。

その翌日、さまざまな機械検査を用いて筋損傷の有無を最終的に確認するために、この選手は我々の医療センターを訪れた。（造影剤と表面コイルを用いた）MRI検査では、左大腿部全体を通じて完全な正常所見が観察された（図16.17）。

筋に異常がないことがもう一度確認された形になり、選手は再びチームトレーニングに参加し、物理療法を続けるよう伝えられた。

上記のカップ戦の3日後、彼は再びトレーニングに参加した。それ以降、筋に異常が現れることはなかった。計画的に負荷を上昇させたが、問題は生じなかった。カップ戦の6日後、この選手は次の重要な公式戦に出場した。ここでも筋に異常が現れることはなかった。

● 問題点

この例からも明らかなように、痛みの発生に関して選手自身が誤った判断を下すこともある。この選手は筋を負傷したと確信し、試合に参加すれば自身の健康を著しく害することになると思い込んでいた。

この例は同時に、担当医にとって判断状況がいかに難しいものとなる可能性があるかも示している。チームに随伴する医師は自身の経験と臨床検査（触診）だけをもとに、判断を迫られる。ここで判断を誤り、選手の試合参加を認めると、本当に選手の健康を損ね、リハビリテーション期間の著しい延長を引き起こしかねない。

7 ケース6

次のケースはプロスポーツからの例ではないが、その経過は非常に劇的であり、極めて参考になる例である。

25歳のアマチュア選手が平素から行っている長時間のジョギングの後、右下腿部に激しい痛みを感じ、ある大学病院を訪れた。臨床検査の結果、前脛骨筋に硬化と圧痛が確認された。血行、運動、および感覚は正常であった。この外来検査では「前脛骨筋のけいれん」と診断が下され、患者にはストレッチと筋弛緩薬の服用が勧められた。

しかし、その後も痛みが持続したため、患者は通院を繰り返すことになる。痛みの発生から8日後、足の背屈が弱まっていることに気がついた。その3日後、患者は大学病院を再び訪れたが、この時には脛骨前方の赤みが増し、足関節に完全な背屈麻痺が確認された。コンパートメント症候群の疑いが持たれたため、前脛骨筋区画および腓骨筋区画の開放手術が即座に実行された。手術中、血行不良により前脛骨筋が灰色がかっているのが発見された。

その後、デブリードマン、筋壊死の切除および前脛骨筋腱の固定（足関節がニュートラルな状態での脛骨における鍵穴手術）のために2度の再建術が行われた。コンパートメント手術から11日後に筋膜が二次的に閉鎖されることができた。前脛骨筋には大規模な壊死が見られたため、その大部分が切除された。その後の経過において腓骨シーネが適用され、患者は歩行が完全に可能となり、集中的な物理療法が実行された。

3カ月後にも背屈麻痺が残っていたが、これは回内機能と部分的には腓骨筋群の働きにより代償されることができた。ふくらはぎの最も太い位置では、その太さは対側に比べ5mm細くなっていた。無感覚性の瘢痕が30cmの長さに走り、部分的には極度に硬直していた。上部足関節の運動範囲は5／0／15°と、対側に比べ低下していた。詳細な評価のために神経検査も行われた。その

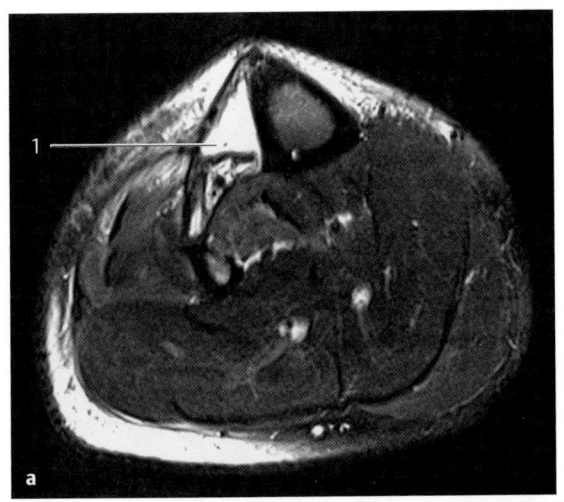

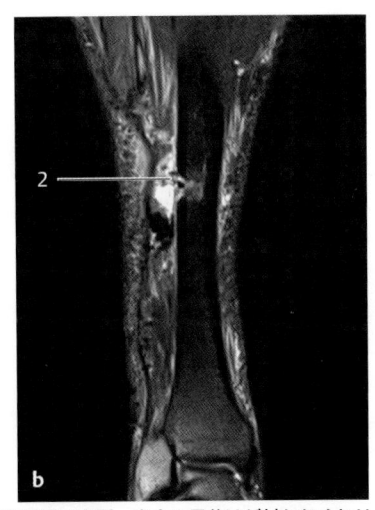

図 16.18a、b　伸筋区画、前脛骨筋、長趾伸筋、および長母趾伸筋の筋組織は実質、完全に見分けが付かなくなり萎縮していた（1）　筋量は極度に低下し、肥厚した筋線維が退縮し、後脛骨筋が前方にそして腓骨筋組織が伸筋区画の方向へ膨らんでいた。前脛骨筋の腱を固定した以前の鍵穴手術の跡を脛骨に見ることができる（2）。

a　水平面。
b　前頭面。

結果は足関節の背屈麻痺を伴う腓骨神経の完全な病変であった。筋電図では、神経刺激に対する運動あるいは感覚応答は、遠位においても近位においても得られなかった。伸筋区画の筋組織を評価するために行ったMRI検査では前脛骨筋、長趾伸筋、そして長母趾伸筋の広範な退化が見られた（図16.18）。

　この重大なそしておそらく避けることができた伸筋区画の筋組織の破損は、機能的にはよく代償されている。そのため物理治療を継続し、足関節の可動性の維持と歩行姿勢の改善に努めることが推奨された。手術介入として腱転位整形術も考えられたが、その利益は不確かであった。

● 問題点

　これは、下腿における機能性コンパートメント症候群の劇的な進行とその重篤な結果の例である。この例は特殊で、外傷を伴わず、単にスポーツにおけるランニング負荷に起因する機能性の原因により発症した。このケースのドラマは後の介入による筋区画の切開にある。この関連において、もう一度コンパートメント症候群の症状をここにまとめる。最初の症状は強い痛みである。ここですぐに治療を開始する必要がある。安静、入院、挙上や冷却によるはれに対する処置、短期定期的な臨床検査、そして悪化の際には手術も考慮に入れなくてはならない。血流、運動、あるいは感覚に障害がある場合、ほとんどの場合は「時既に遅し」である。この時点で筋組織は大きな被害を受け、壊死が始まっている。

8 ケース7

　イタリアサッカーリーグ・セリエAでプレーする34歳のミッドフィルダーが試合中、左ふくらはぎに相手選手のアタックを受けた。2日後腫れが生じ、痛みもあったため、トレーニングが不可能となった。MRI検査により、50×15mmの大きな「穴」が見つかったため、チームドクターはこの選手に8週間程度の静養を言い渡した。

　治療としてまずマッサージが行われたが、これにより腫れが拡大することとなった。受傷後10日がたってから、この選手は我々のセンターを訪れた。臨床検査により、ふくらはぎの特に圧痛が強い受傷部とそこに隣接する筋が硬くなっていることが確認できた。左右を比較したところ問題のふくらはぎが太くなっていることも分かった。

　超音波検査の結果、外側腓腹筋の遠位腱の下の部分にあたるヒラメ筋に（左右比較により）明確な容積の増加が見られた。その原因は古い挫傷の内出血であり、これは大部分がすでにエコーが強く、つまり組織化が進んでいた。ただし、その中心には小規模のエコーが弱く液状の部位があり、また小さな石灰化（背面に音響陰影を示す限局性の高エコー堆積）が広がっていることも確認できた（図16.19）。

　その後実行したMRIでは、ヒラメ筋の側面に53×15×15mmの部分的に組織化および血栓化した血腫が見つかった（図16.20）。

　この結果に基づき、トーヌスの低減と筋治癒の促進を目的とした治療が行われた。まずソノグラフによる監視の下、古い挫傷の中心の液状部を吸引（10ml）し、隣接する筋部にメアベリン（Meaverin）、アクトベギン（Actovegin）およびトラウメール（Traumeel）を用いた浸潤療法を慎重に実行した。その後数日間はマッサージを避け、リンパドレナージュと水中体操を行った。既に石灰化が確認された患部に対しては、骨化予防としてインドメタシンが処方された。

　2日後、この選手は症状の本質的な改善を報告し、痛みもなく、普通に歩くことが可能となっていた。臨床検査では筋硬化の緩和が、超音波検査では血腫の改善が確認された。さらに2日後、上記の治療を継続しながら、持久スピードでのランニングが開始されたが、選手は問題なくこのメニューをこなすことができた。

　当初は「8週間程度」の離脱とされていたにもかかわらず、この選手は適切な治療の開始後わずか8日で支障なく復帰を果たし、ナショナルチームの重要な一戦に参加した。その3日後の試合では90分間のフル出場を果たした。

　15日後の再検査ではふくらはぎにまだある程度の硬さが見られたが、超音波検査ではかつて血腫があった場所にわずかな筋組織の緩みが広がっているのが確認されただけであった（左右比較におけるヒラメ筋のわずかな拡大）。組織化あるいは血栓化は見当たらなかった（図16.21）。骨化も検出されなかった。

　規則的にマッサージを受けることを条件に、この選手には通常通りに練習および試合に参加することが許可され、インドメタシン投与も中止された。それ以来、このミドルフィルダーは再発なくセリエAで活躍している。

● 問題点

- 受傷後まだ新しい血腫を伴う患部は、それが断裂によるものであろうと打撲によるものであろうと、マッサージをしてはならない。マッサージにより石灰化の形成や骨化性筋炎の発症リスクが明らかに高まる。
- 筋損傷の評価に誤りがあり、受傷機序が考慮されることもなかった。MRIで検出された「5ｃｍの大きな穴」の原因は部分的には、血栓化した血腫にあった。これが筋組織を押し広げていた。筋線維は、伸展ではなく挫傷により断裂していた。もし、引き伸ばされた結果断裂していたのであれば、戦線離脱の期間は6週間程度となっていたと思われる。
- このケースは、筋損傷が挫傷に起因するのか伸展によるものなのかを識別することが、いかに重要であるかを示している。挫傷では筋組織が押しつぶされ、縦方向に裂け目が生じることがないため改善も早く、大きなリスクなしに早期に再び負荷を掛けることが可能となる。

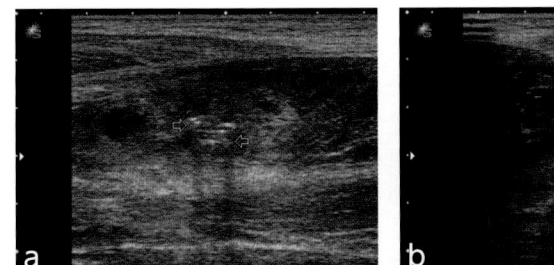

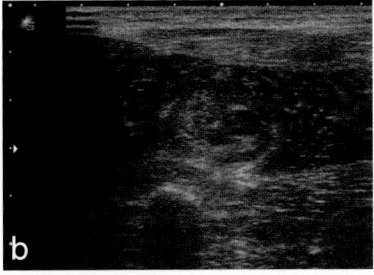

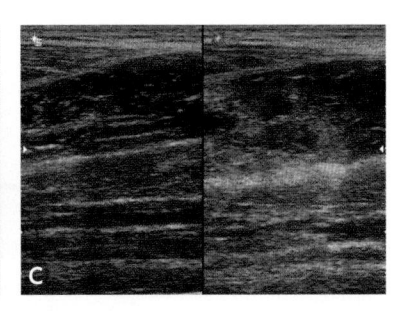

図 16.19a-c　**外側腓腹筋遠位腱膜下のヒラメ筋受傷部の超音波画像**　音響陰影を伴うエコーの強い小さな領域、つまり石灰化が見える（図a 内の矢印）。血腫の大部分は高エコーであるが、組織化が始まっている中心部はエコーが弱い（b）。（左右比較により）ヒラメ筋のサイズの増加も確認された。

a　縦断面。
b　横断面。
c　縦断面（左右比較）。

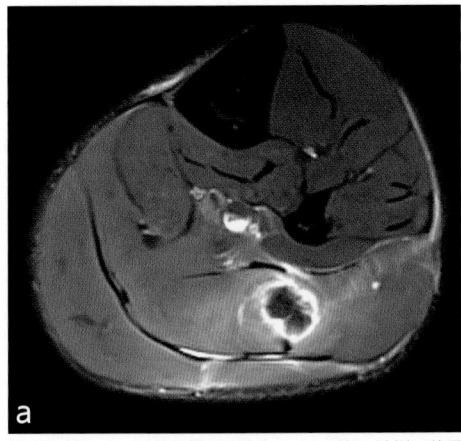

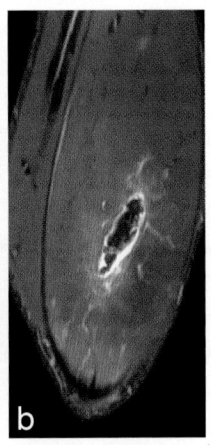

図 16.20a-c　**ヒラメ筋の MRI**　ヒラメ筋の外側に位置する部分的に組織化および血栓化した血腫（53 × 15 × 15 mm）がある。

a　水平面。
b　前頭面。

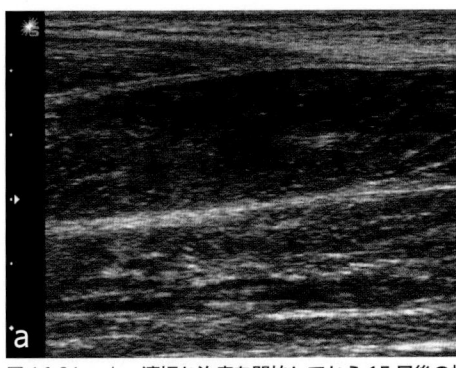

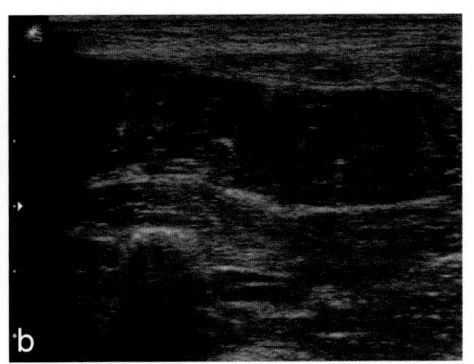

図 16.21a、b　**適切な治療を開始してから 15 日後の検診**　血腫があった場所の筋組織にわずかな広がりが見られる。組織化あるいは血栓化した部位、および骨化はもはや確認できない。

a　縦断面。
b　横断面。

9 ケース8

　ブンデスリーガのあるチームに所属する外国人選手が、祖国の代表選手として参加したある国際選手権に先立った練習試合において、筋に負傷を負った。ナショナルチームのメディカルチームがMRIなどで検査したところ、18mmの規模を持つ構造的損傷が筋内に見つかった（図16.22）。このことは放射線科医により所見として明記されている。

　治療にはナショナルチームのメディカルスタッフに属さないセラピストがあたり、彼自身が記した治療法は「暖めず、代わりに極度のストレッチを行う」というものであった。この治療は選手にとって非常な痛みを伴い、そのため鎮痛剤が繰り返し投与された。

　7日後、この選手はナショナルチームに再び合流した。その後数回にわたり、今度はナショナルチームのメディカルチームにより、大腿の遠位からその都度20mgの血液が吸引された。12日後、選手は国際選手権の試合に途中交代で出場し、その4日後には90分のプレーを果たした。その後も選手権の2試合に出場、そのうち1試合では延長も含めた120分間のプレーとなった。この選手は、この時期のトレーニングや試合に際して、幾度となく鎮痛剤を利用したことを認めている。

　3週間の休暇後、今度はブンデスリーガの所属チームの医師がこの選手を診察した。視診、触診、超音波検査のいずれにおいても、大腿二頭筋の遠位の（亜）完全断裂によるものと思われる明らかな構造変化が確認できた（図16.23）。視診では筋腹が近位側にずれ、遠位側には欠陥が見られ、触診では断裂部のすき間に漿液がたまっていることが知覚された。これは後に超音波検査によっても確認され、そこには縦50mm、横20mmの液体に満たされた空間があることが分かった（図16.24）。続けて行われたMRIによって、5mmほどの太さの筋のスジを残して、大腿二頭筋の長頭がほぼ完全に断裂し、筋腹には頭尾方向に走る50mmのすき間が、さらに筋膜内に漿液腫が形成され、腓骨頭の停止部から約70mm近位の部分でこの筋の遠位腱が剥離していることも確認された（図16.25）。ただし画像上、腱組織の輪郭が途絶している部分はなかった。

　この結果を踏まえてすぐに治療が開始された。たまった漿液を20ml吸引し、大腿部を膝関節までバンテージで圧迫した上で、選手にはトレーニングと試合への参加が禁止された。また適切な薬品も処方された（第11章を参照）。

　治療にはまずリンパドレナージュや圧迫法などの受動的な処置が採り入れられ、その後圧迫したままの状態での水中運動が、そしてしばらく後にはドレナージュの改善を目的とした、つまりトレーニング効果のない自転車運動が開始された。また、2、3日ごとにコントロールとして臨床および超音波検査も行われた。

　漿液がなくなるまでの数週間は吸引を繰り返す必要もあった。吸引後にはその都度、特殊な圧迫バンテージが施された。選手はこれを常に着用する必要があった。

　最初の吸引から3週間後では8mlの漿液のみが（図16.26）、9週間後には2mlほどのわずかな液体の集まりが見られるだけとなり、最終的には瘢痕が形成され治癒に至った。（注：筋損傷に起因する液体凝集は治癒に対する障壁となるため、常に取り除かれる必要がある。「乾燥した状況」においてのみ治癒（瘢痕化）が始まる。）漿液が検出されなくなってから、付随治療として浸潤療法が実施された（第11章を参照）。

　この時期から、筋力の回復を目的とした軽いトレーニングが開始された。また遠位腱の先が硬くなっていたため、マッサージも施された。診断の10週間後にはトレーニングの強化が可能となり、12週間後には持久的ランニングが開始され、痛みがなくまた疲労がたまらない程度に、20分にまで徐々にトレーニング量が増やされた。診断から11週間後における膝蓋から10cm上部の大腿の太さの左右差は1.5cm、膝蓋から20cm上では2.0cmであった。5週間後には、トレーニングのかいもあり5mmとなっていた。

　診断の16週間後には、この選手はスプリントも含むすべてのランニングプログラムが問題なく可能なほどにまで回復していた。そのため、ボールを使った個人練習も許可され、その2週間後にはチームトレーニングへの参加も許された。MRIの最終検査では大腿二頭筋の長頭に瘢痕が形成され、また長頭から短頭の遠位腱にかけての筋腱離断の接続も回復してきていることが確認された。さらに、以前の検査と比較して、長頭における筋内および筋腱シグナル変性が弱まっていることも明らかであった（図16.27）。

　受傷から31週間、診断の訂正および適切な治療の開始から23週間後に、この選手はカムバックを果たした。それ以降は新しい問題の発生もなく、プレーを続けている。復帰から8カ月後に行われたMRIでは、構造損傷や炎症徴候のない、大腿二頭筋腱の完全な瘢痕治癒が確認された（図16.28）。

● 問題点

● 始めから正しい診断が下され、適切な治療がなされていれば、復帰に31週間もかかることはなく、おそ

ケース 8

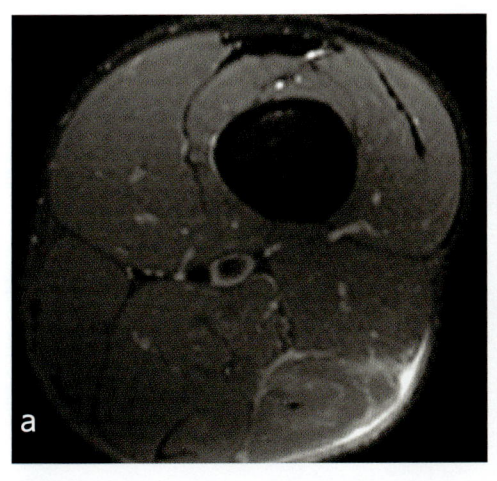

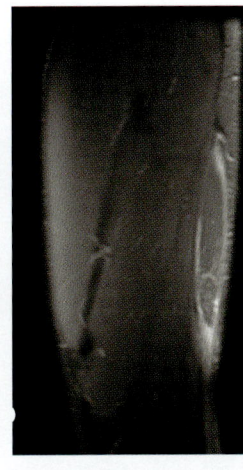

図 16.22a、b　受傷翌日のハムストリングスのMRI（外部施設による撮影）
大腿二頭筋に（検査した放射線科医のレポートによると）18 mmの欠損部からなる中度の部分断裂と、筋全体の筋膜に沿って広がる筋間浮腫が見られる。

a　水平面。
b　矢状面。

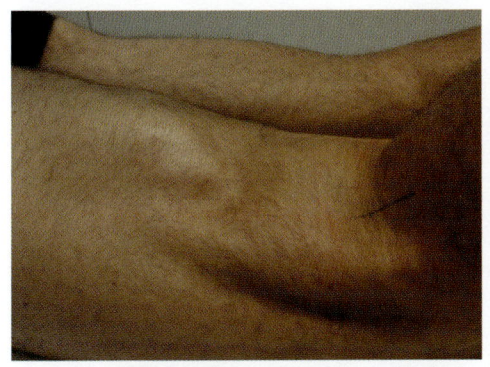

図16.23　受傷の8週間後　筋腹は退縮し近位に寄っている（星印：肩における上腕二頭筋長頭の断裂およびそれに伴う二頭筋の遠位化と同様）。遠位側には損傷した領域が見える（矢印）。

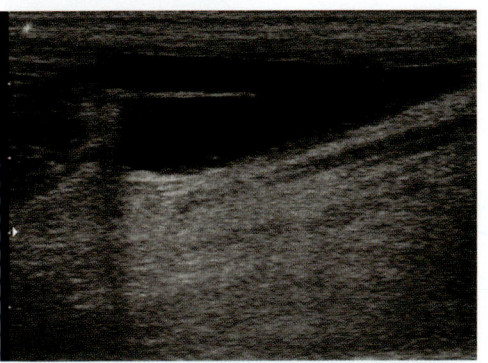

図16.24　受傷から8週間後の左大腿二頭筋の超音波画像　筋の亜完全断裂と近位退縮、および損傷部における50×20 mmの漿液腫が一目で確認できる（縦断面）。

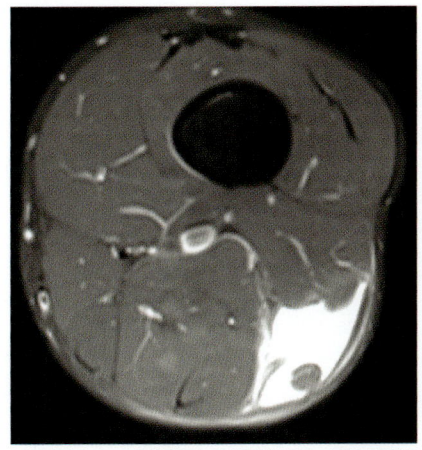

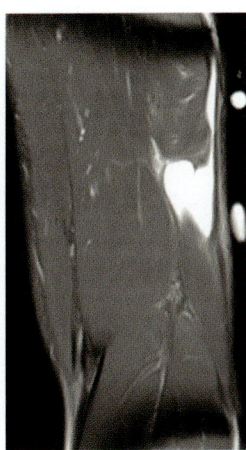

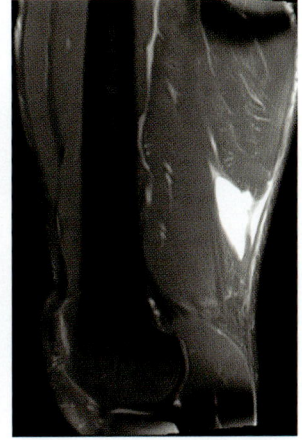

図16.25a-c　受傷から8週間後の左大腿二頭筋のMRI　5 mm幅のひも状の筋のみを残した、大腿二頭筋長頭のほぼ完全な断裂が見える。筋腹における頭尾方向に50 mm、前頭方向に50 mm、矢状方向に26 mmのすき間があり、筋膜内に漿液腫が形成されていること、腓骨停止部から70 mmほど近位部に筋の遠位腱が剝離していることも確認できる。（注：図16.22a-cの最初のMRIと比較すれば、この損傷がいかに悪化したかが明白である。）

a　水平面。
b　前頭面。
c　矢状面。

16. トップアスリートにおける特殊症例

らく6週間程度であったと思われる。
- 治療としての痛みを伴うストレッチ（および鎮痛剤の使用）により、大腿二頭筋の中程度の部分断裂が、（亜）完全断裂へと悪化した。筋がマジックテープのように避けてしまう可能性があるため、断裂性の損傷のような構造破損がある場合、患部の伸張は控える必要がある。
- 鎮痛剤の投与は禁忌である。痛みの感覚は負荷を再開する時に重要な指標となるので、これを抑制してはならない。
- 筋組織からの吸引に血が混ざっている場合、これは比較的大規模な構造損傷が発生している兆候と見なすことができる。
- このような大規模な負傷にもかかわらず、どうしてこの選手は国際選手権のハイレベルな試合に参加することができたのであろうか。この問いの答えとしは、最大限にトレーニングされていた受傷部周囲の筋の働きが大腿二頭筋長頭の破損を補うことができたということ以外に考えられない。では、なぜこの選手は痛みをそれほど感じることがなかったのだろうか。筋がその直径全体を通して断裂し、そのため収縮することができなくなっていたため、大きな痛みが発生することもなかったのだと思われる。つまりこれは、部分断裂では断裂部の周りの筋束が収縮することにより引く力が作用し痛みが発生するが、完全断裂では収縮が起こらないため、部分断裂よりも痛みが少ないことがあり得るということを意味する。
- ただし、正しい治療を受けることなくプレーをそのまま続けていたとしたら、受傷部をかばっていた筋にもやがて限界が訪れ、この選手は引退に追い込まれていたと思われる。その最初の兆候として、おそらく大腿二頭筋の機能の損失に伴い、膝関節外側の安定性が損なわれていたであろう。

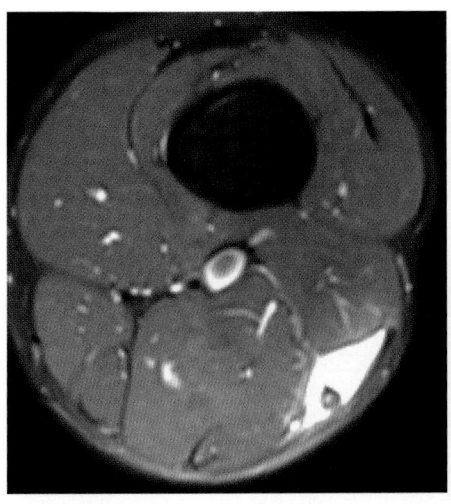

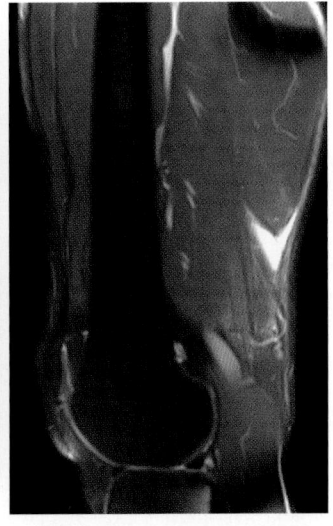

ケース 8

図 16.26a、b
**診断および適切な治療の開始から
3 週間後の MRI**
ここでも筋の退縮と 8 m l 程度の漿液腫が
確認できる。

a 水平面。
b 矢状面。

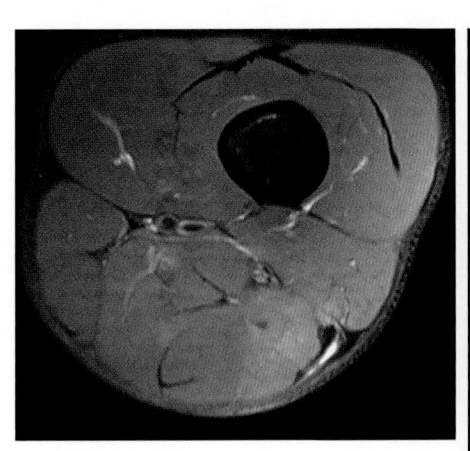

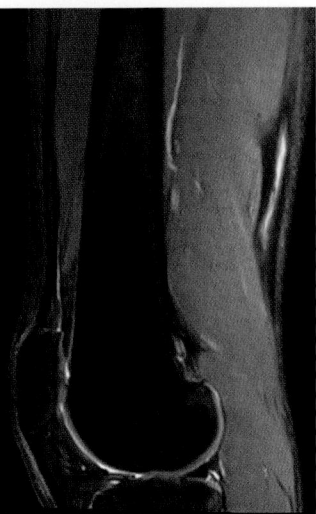

図 16.27a、b
**診断と適切な治療の開始から
18 週間後の MRI**
大腿二頭筋長頭内の瘢痕が確認でき、短頭
遠位腱からの長頭の筋腱分離が閉じられつ
つあるのが分かる。長頭遠位における筋間
および筋腱間のわずかなシグナル変性、な
らびにごくわずかな漿液のみが検出可能。

a 水平面。
b 矢状面。

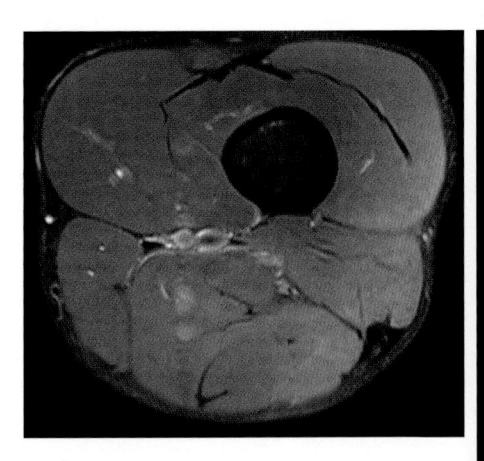

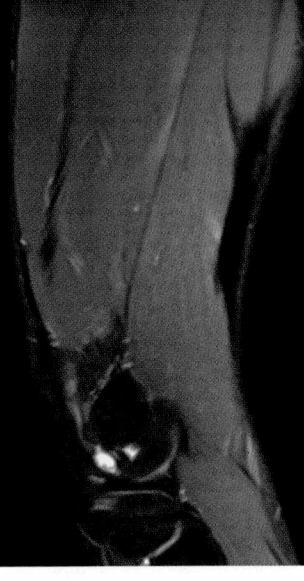

図 16.28a、b
選手がカムバックしてから 8 カ月後の MRI
　二頭筋腱の完全な瘢痕治癒。さらなる構
造損傷や炎症、漿液腫なども確認できない。
（注：MRI 断面が少し異なっているため、
図 16.28b と比較すると膝関節の構造が異
なった様相を呈している。しかしいずれの
図においても、筋腱損傷部は正しく写って
いる。）

a 水平面。
b 矢状面。

401

索引

A〜Z　αβγ

ADP（アデノシン二リン酸）　75, 220
AMP（アデノシン一リン酸）　74-6
AMP 活性化プロテインキナーゼ　84
AMP デアミナーゼ　74
AMP デアミナーゼ不足　80
ATP（アデノシン三リン酸）　74-6, 220
ATP 枯渇　226
ATP 再合成　80
ATP 産生　337
ATP 濃度低下　80
A 帯　28, 30, 56
Ca_2^2ATP アーゼ　57
CPM（持続受動運動）　272
CRPS（複合性局所疼痛症候群）　46
FGF（線維芽細胞増殖因子）　113-4
HGF（肝細胞増殖因子）　113-4
H 帯　56
Ia 型介在ニューロン　70, 72-3
Ia 型求心性神経　70, 72-3
Ia 型損傷　筋硬化、痛み、疲労性を参照
Ib 介在ニューロン　71, 73
Ib 型損傷　筋硬化、痛み、神経性を参照
Ib 脱抑制　73
IGF（インスリン様成長因子）　113
IIa 型筋線維　74
IIIa 型損傷　筋線維断裂を参照
IIIb 型損傷　筋束断裂を参照
III 型損傷　144-8
　　筋筋膜トリガーポイントとの区別　235
IIx 型筋線維　74
II 型求心性神経　70
II 型筋線維　5
　　微小損傷　108
II 型損傷　いわゆる肉離れを参照
IV 型損傷　筋断裂を参照
I 型筋線維　5, 74, 225
I 型損傷　142-3
　　MRI　200
　　検査所見　152
I 帯　28, 56
Jo-1 症候群　228
LIF（インターロイキン 6 ファミリー）　113-4
L-カルノシン　95
L 系　27-8
MRI（磁気共鳴断層撮影）　151, 196-216, 261
　　T1 強調　197
　　T2 強調　197
　　感度　197
　　サッカー負傷　130-1
　　脂肪抑制　197
　　正常所見　197-9

造影剤　209
プロトン密度強調　197
分解能　197-8
Muscle Strain Injury　302-3
M 線　29-30, 56
PECH　123
pH 値（運動の影響）　93
Punctum fixum　5
Punctum mobile　5
RICE　123
SERCA（筋小胞体カルシウム ATP アーゼ）　28
SLUMP テスト　347
TGF-β（トランスフォーミング増殖因子）　113-4, 117
　　阻害因子　116
T 管　27, 29
VEGF　117
Z 板　27-8, 30, 56
　　筋原線維　155
α-γ共活性化　71, 375
αアミノ酸　90-1
α運動ニューロン　41, 43, 47, 70
βアミノ酸　91
β酸化　76, 226
　　障害　226
γ運動ニューロン　43, 70-1
γループ　71

ア

アイスボックス　331
アイソキネティックテストシステム　327-9
アイソキネティックトレーニングシステム　327-9
亜鉛　98-9
亜鉛イオン　262
　　血清中濃度　270
アギ　262
アキレス腱
　　テーピング法　354
　　負荷耐性　36
アキレス腱反射　50
アクアトレーニング　361
アクチンフィラメント　25-6, 28-9, 56-7
アクトベギン　261-2
アクトミオシン ATP アーゼ　74
顎関節　280
足関節　20-21
アシドーシス　80
アセチル CoA　76-7
アセチルコリン　43, 47, 57-8

アセチルコリンエステラーゼ　58
圧受容器　352
圧迫法　123
アミノグラム　270
アミノ酸　276
　　筋活性　90-3
　　筋治癒への作用　119
　　代謝　90, 92
　　タンパク質生成　90, 92
　　必須　90-3
　　補給　94
アラニン補給　93
アルコール性ミオパチー　229
アルニカ　262
アンカータンパク質　36
移行部
　　筋腱　36-7, 71, 196, 302
　　　　筋線維断裂　145, 302
　　　　筋束断裂　145-6, 211
　　　　筋断裂　148
　　　　腱の完全断裂　203
　　　　再発　209
　　　　線維化領域　115
　　　　負傷　116
　　筋靱帯　36
　　腱骨　36, 38
　　腰仙移行部　295
異所性骨化　157-8, 275
　　MRI　208
　　超音波検査　190
痛み（筋痛も参照）
　　感受性　150
　　筋筋膜　224
　　知覚　251
　　低酸素性　144
　　特徴　220
　　ニューロパチー性　224
　　標準化問診　220
　　表象（脳内）　251
　　腰仙部　296
一次筋束　34-5, 144, 196
　　断裂　180
　　超音波検査　166
一本足バランス　376
医療用クレイ　262
いわゆる肉離れ　140, 143-4
因果連鎖　335
インステップキック　318-9
　　筋内負荷　317-8
　　姿勢の個人差　320
インディケーター筋　51, 53
ウイルス感染　227
ウエートトレーニング　6

402

ウォーミングアップ　77-8, 375-7
ウォベンザイム　262
羽状角　23-4
腕立て伏せ　371
腕の屈曲　22
腕の伸展　22
運動器官（神経支配）　47-53
運動筋　5
運動コンポーネント　68
運動終板　41-3, 47, 57-8
運動生理学　74-84
運動単位　41, 57
運動点　41
運動ニューロン　41-3
　　損傷　224
運動の微調節　67
運動肺活量測定　326
運動パターン　67
運動幅　328
運動反射　46
運動皮質　67
運動プール　271
衛星細胞　30-1, 112-4, 119
エスシン　262
エネルビン軟膏　262
エネルギー吸収　303
エネルギー供給
　　無酸素性乳酸性　75
　　無酸素性非乳酸性　74-5
エラスティックテーピング　353-6
エルブ点　48
塩化エチルスプレー　347
塩化ナトリウム補充　83
炎症反応　335
　　局所性　105-6, 108-10, 153
円錐症候群　51
円錐上部症候群　50
横隔膜　32, 52
　　血液供給　32
　　神経支配　48
　　モビリゼーション　341
応急処置　260
横紋筋　26-7
横紋筋融解症　221
　　アルコール過剰　229
　　筋損傷　94
　　原因　223
　　高脂血症治療　230
　　再発性　226
　　脂肪酸酸化障害　226
　　薬物誘発　223
オーバーラップ症候群　228-9
音響陰影　163
　　アーチファクト　164

カ

回外　2-3
外筋周膜　34
回旋　3
外側頭

上腕三頭筋　12
超音波検査　176
腓腹筋　21, 172, 177
外側皮質脊髄路　47
外転　3
解糖　75, 93
回内　3
灰白交通枝　269
外反　3
回復　83
開放運動連鎖　359
解剖学用語　4
化学検査　270
鉤爪趾　18
過緊張　155
　　傍脊椎筋　299
顎骨炎（慢性）　280
核鎖線維　43, 69
学習　242, 246-7
学術理論　239
覚醒　241
核袋線維　43, 69
隔膜
　　機能不全　340
　　呼吸　横隔膜を参照
　　骨盤（筋筋膜リリース）　341-2
下項線　11
下肢
　　筋節神経支配　53
　　筋損傷　142
　　伸筋区画コンパートメント症候群　394-5
　　神経支配　51, 53
　　超音波検査　169-94
過伸長
　　受動的　302
　　能動的収縮時　303
仮性肥大　205
鵞足　165, 172, 175
下腿筋群　18-21
　　コンパートメント
　　　　挫傷　186
　　　　損傷　212
　　下腿区画　7-8
下腿骨間膜　177
下腿三頭筋反射　45
下腿断面図　177
カタラーゼ　95
滑液鞘　38
活性化エクササイズ　376-7
活動筋の肥大　2
活動電位　61, 63
カリウム吸収　83
カルシウムイオン濃度（筋形質内）　58-9
カルシウム恒常性異常　108
カルシウム・リン酸代謝　99-100
カルシオール　100
カルシジオール血清中濃度　100
カルシトリオール　100
　　血清中濃度　100
カルシニューリン　84
カルニチン欠損　226

カルニチン　91-2
カルニチンシャトル　226
カルニチンパルミトイルトランスフェラーゼ　226
　　欠損　226
カルノシン　91-2, 95
　　補給　93
カルミア・ラティフォリア　262
陥凹狭窄症　296
環境と行動の相互作用　239
肝細胞増殖因子　113-4
感情　243-4, 256-7
感情と認知の相互作用　256-7
冠状面　3
関節　2
　　偽性　2
関節受容器　43
関節不全
　　仙腸関節　143, 288, 294
　　腰部　143
感染症　270
完全断裂（筋腱移行部）　203
肝臓／胆のファンクションサークル　282
患部内囊胞形成　279
含硫タンパク質　95
関連痛　231-2
記憶　241-2
　　意味記憶　241
　　エピソード記憶　241
　　陳述記憶　241-2
　　非陳述記憶　242
機械受容器　6, 349-50
機械センサー　44
気功　253
偽根性症候群　299-300
起始腱　3
偽腫瘍　190
基礎調節系　279
基礎フィットネスの最適化　371, 373-5
　　拮抗筋　22, 44
　　活性化　70
　　抑制　70
　　　　相反　350
　　リラクゼーション　350
キネシオテーピング　353-5
機能障害　293
脚長差
　　機能性　294
　　真性　295-7, 391, 393
　　埋め合わせ　296
脚部
　　外旋　13, 14, 17-8
　　外転　13, 14
　　筋無力症　227
　　屈曲　13, 17
　　伸展　14, 17
　　内旋　17
　　内転　14, 17
救急ケース　330
救急バッグ　330
求心性抑制　89

索引

競技前のリラックス法　27
矯正器具　276
協調　374-5
　　筋間　369
協調運動　43
協調能計測法　326
共通筋頭　3
局所単収縮反応　231
局所麻酔浸潤（腰部）　266-8
局所冷却　338
虚血　155
巨細胞動脈炎　230
起立反射　46
キルリアン診断（マンデル式）　282-8
　　画像　286

筋

アブミ骨筋　2
烏口腕筋　10, 12
円回内筋　2
回外筋　2
回旋筋群　11
外側広筋　3, 165, 175, 319
外腹斜筋　8-9
外閉鎖筋　175
下後鋸筋　10
下腿三頭筋　2, 19, 21
下頭斜筋　11
下双子筋　14, 172
関節筋　16
胸筋　52
胸鎖乳突筋　48
棘下筋　52
棘上筋　52
肩甲下筋（テンダーポイント）　353
肩甲舌骨筋　341
咬筋　2
後脛骨筋　19, 21, 52, 177
広背筋　2, 10
骨間筋群（手）　52
最長筋　11
三角筋　2, 52
膝窩筋　18
膝関節筋　175
尺側手根屈筋　52
尺側手根伸筋　52
上後鋸筋　10
小後頭直筋　11
小殿筋　3, 13-4, 172, 175
上頭斜筋　11
小内転筋　175
上双子筋　14, 50, 172
小腰筋　13
上腕筋　2, 10, 12
上腕三頭筋　10, 12, 22, 52
上腕二頭筋　2-3, 10, 12, 22, 52
深指屈筋　2
錐体筋　9
脊柱起立筋　10-1, 51

前鋸筋　2
前脛骨筋　19-20, 52, 177
浅指屈筋　2
前斜角筋　341
僧帽筋　2-3, 10
足底筋　19, 21, 172
大胸筋（断裂）　142
大後頭直筋　11
大腿筋膜張筋　13, 165, 170, 172
大腿四頭筋　2, 5, 15-6, 52, 319
大腿直筋　165, 308
　　MRI　199, 212-6, 381, 383-8
　　関連痛　232
　　起始腱　212
　　筋束断裂　210-1
　　腱　170, 308
　　腱裂離　182
　　骨端剥離　156
　　挫傷　154, 184
　　漿液腫　153
　　触診　150
　　ストレッチ　367
　　損傷　308, 380-9
　　大腿部断面　169
　　超音波検査　165-6, 170-1, 190-1, 382
　　剥離　148
　　部分断裂　153
大腿二頭筋　16, 18, 52, 172
　　MRI　198
　　遠位損傷　304
　　筋束断裂　148, 211
　　腱剥離　212
　　ストレッチ　367
　　大腿部断面　169
　　超音波検査　167, 171, 173
　　テンダーポイント　353
大腿方形筋　14, 172
大殿筋　2-3, 13-4, 52, 172
大内転筋　15-6, 165, 169, 172, 175
　　関連痛　232
　　超音波検査　173-4
大腰筋　13, 165
　　ストレッチ　367
多裂筋　11
短内転筋　15, 169, 175
短腓骨筋　19-20, 177
恥骨筋　15, 165
中間広筋　175
　　挫傷　154
　　大腿部断面　169
　　超音波検査　166, 171
肘筋　10, 12
中殿筋　13-4, 52, 172, 175
虫様筋群（神経支配）　48
腸骨筋　13, 165, 175
長趾屈筋　19, 21, 52, 177
長趾伸筋　19-20, 52, 177
長内転筋　5, 15-6, 165, 169, 175
　　MRI　198
　　関連痛　232
　　筋束断裂　390-2

腱　174
　　損傷　212
　　超音波検査　174, 390-2
長腓骨筋　19-20, 52, 177
長母趾屈筋　19, 21, 177
長母趾伸筋　52, 177
腸腰筋　52, 165, 175
　　超音波検査　170
　　テンダーポイント　352
腸肋筋　11
橈側手根屈筋　2
橈側手根伸筋　5, 52
内側広筋　165, 175, 319
　　関連痛　232
　　大腿部断面　169
　　超音波検査　171
　　トレーニング　15
　　不全（サッカー選手）　319
内腹斜筋　8-9
　　リリース法　345
内閉鎖筋　14, 172
薄筋　2, 15-6, 50, 165
　　大腿部断面　169
　　超音波検査　174
半棘筋　11
半腱様筋　16, 18, 52, 172
　　遠位断裂　304-5
　　腱　173
　　腱切除　304
　　腱剥離　148, 183, 212
　　ストレッチ　367
　　退縮　183
　　大腿部断面　169
　　超音波検査　171, 173-4
板状筋　11
半膜様筋　16, 18, 52, 172
　　筋内腱断裂　215
　　ストレッチ　367
　　大腿部断面　169
　　超音波検査　171, 173
　　部分剥離　154
腓腹筋　19, 21, 52, 61, 172
　　筋束断裂　215
　　挫傷　185
　　浸潤療法　264
　　損傷　212, 273
　　超音波検査　173
　　鎮静的テーピング　354
　　部分剥離　191-2
ヒラメ筋　5, 19, 21, 61, 177
　　けいれん　224
　　超音波検査　176
腹横筋　3, 8-9
腹直筋　8-9
縫工筋　2, 15-6, 50, 165, 175
　　関連痛　232
　　大腿部断面　169
　　超音波検査　165, 170
母指外転筋　5
腰方形筋　8-9
梨状筋　14, 50, 165, 172, 175

404　※「筋」の索引が多いため、項目をたてた

テンダーポイント　352-3
菱形筋　10, 52
肋間筋　2
腕橈骨筋　3, 50, 52

筋萎縮　223
　MRI　208
　アルコール　229
　脂肪浸潤　205
　進行性　226
　脊髄　224
　脱神経　205
　超音波画像　167
　変性ミオパチー　225
　近位ミオパチー症候群　222-3
筋炎
　感染性　227
　骨化性　154, 157, 275
筋炎・強皮症オーバーラップ性筋炎　229
筋温度　375
筋外膜　33
　硬化　33
　修復　303
　超音波画像　166
筋核　27, 30, 33
筋活動（補助食品）　90-101
筋間中隔　22, 33
　後下腿　177
　前下腿　177
　大腿外側　169
　大腿内側　169
　内側上腕　22
筋機能
　遠心性　367-8
　求心性　366-7
筋機能障害　293-9
　機能的　293-5
　構造的　295-9
筋機能テスト　323
筋機能不全
　脊椎　343
　椎間板　343
緊急細胞　衛星細胞を参照
筋強直性ジストロフィー　227
筋筋ジャンクション　36
筋筋膜　33-4
筋筋膜系
　仕組み　323
　傷害　315-22
　ストレス　322
筋筋膜症候群　295
筋筋膜補助　32-3
筋区画
　機能的　6-21
　坐骨大腿　7, 16, 18
　傷害リスク　8
　内圧の上昇（コンパートメント症候群も参照）　156
　内出血　8

筋形質　57
筋腱　33, 35-6
筋腱移行部　移行部、筋腱を参照
筋腱移行部の負傷　196
筋原線維　28-9, 33, 56
　破損　155
筋腱損傷のMRI　200-6
筋硬化　88-9, 104-6, 142-3
　痛み　88
　触診可能　231
　早期モビリゼーション　120-1
筋硬症（傍脊椎）　264
筋骨格系
　スポーツにおける変化　315-22
　能力　327
筋再生　88-90, 109-17
　影響因子　118-24
　栄養素　90
　グルココルチコイド　123
　血管新生　117
　抗酸化剤の作用　96
　コラーゲン形成　115-6
　再構築相　109
　細胞外マトリックス　114-6
　修復相　109, 112-7
　線維化領域　115
　年齢の影響　119-20
　破壊相　109-12, 118
　マーカー　117-8
筋細胞の損傷（構造的）　88
筋挫傷　106, 139, 154
　MRI　203
　超音波検査　182, 184-6
　治療　277
筋弛緩　29, 61
　時間経過　61-2
筋仕事量　66
　アミノ酸　94
筋ジストロフィー　225
　筋生検　221
筋疾患　ミオパチーを参照
筋収縮　56-64
　エネルギー　74
　遠心性（エキセントリック）　25, 66, 155, 365
　活性化　58-9
　求心性（コンセントリック）　24, 66
　強縮　61-2
　筋束　43
　サルコメア構造　29
　時間的経過　61-2
　出力・速度関係　66
　制御　47
　増張力性　64-5
　速度
　　損傷　107-8
　単収縮　61-2
　重畳　61-2, 74
　デスモドロミック　24
　等尺性（アイソメトリック）　24, 64-5
　等速性（アイソキネティック）　24
　等張性（アイソトニック）　24, 64-5

　能動的（過伸長）　303
　負荷・速度グラフ　66
　誘発　58-9
　抑制　59
筋周膜　33
緊縮（結合組織）　340-1
筋受容器　43-4
筋小胞体　28-9, 57, 61
　増大　74
筋靱帯筋膜接続　340
筋伸張　30, 56
筋伸張反射　45-6
筋生検　221-2
筋成長　121
筋脊髄反射　351
筋節　51-2
　下肢神経支配　53
筋線維（骨格筋線維も参照）　34-5, 196
　可塑性　6
　再生　112-4
　走行　23, 190-1
　損傷　34, 94
　タイプ　5-6, 74
筋線維萎縮　303
筋線維鞘　27, 33, 57
筋線維束　34-5
　拘縮　43
筋線維断裂　34, 88, 104-5, 138, 141, 144-5, 302, 323
　MRI　198, 200-1
　悪循環　145
　痛みの特徴　145
　炎症反応　153
　過大評価　201
　機序　302-3
　機能テスト　323
　筋筋膜トリガーポイントの識別　235
　原因　145
　検査所見　152-3
　固定化　121
　再発　156
　超音波検査　178-9
　内出血　152
　プライマリケア　260-1
　理学療法　273-5
筋線維パターンの変化　6
　損傷誘発　94
筋線維膜（脱分極）　58
筋線維束攣縮　220, 223
　良性　223
筋束周辺萎縮　228
筋束断裂　88, 104, 106, 141, 146, 148, 323
　MRI　198-9, 200-2, 210-1, 215-6
　機能テスト　323
　原因　146
　再発　156, 275
　手術　303
　出血量　146
　所見　153
　浸潤療法　264
　超音波検査　180-1

索引

治療 278
内出血 153
内転筋 389-92
理学療法 275
筋組織（超音波検査） 166-93
筋組織学 25-40
筋損傷 88-90
　MRI　MRI（磁気共鳴断層撮影）を参照
　圧痛点 153
　圧力 106
　位置 139-42
　影響 364
　遠心性負荷 107-8, 302-3
　応急処置 330-4
　過伸張 106
　合併症 156-7
　看過 153
　間接的 105
　既往歴 149
　機序 364-5
　機能診断 151
　求心性抑制 89
　急性 104-5
　急性相 335
　虚血 107
　筋筋膜疼痛症候群との区別 235
　検査所見 152-4
　サイトカイン 111-2
　再発（リスク要因） 209
　細胞タイプ 110-1
　細胞レベルでの進行 89
　収縮タイプ 107-8
　重度（サッカー） 127, 130
　傷害相
　触診 137-8, 149-51
　初診 331
　神経再支配 111, 117
　診察 149-52
　診断 332
　心理補助的処置 251
　チームへの影響 251
　超音波検査 151
　長時間負荷 107
　直接的 104-5
　治療 260-8
　等級 104, 138
　トレーニングの影響 120-2
　年齢の影響 129, 142
　脳の反応 251
　負荷 88-90
　物理療法 94, 123-4
　分類 104, 136-7, 138, 323
　慢性 105
　メカニズム 106-9
　薬物療法 122
　予後評価 209
　予防 126, 364
　輪郭の変化 151
筋代謝 74-7
　運動効果 77-8
　温度効果 77

無酸素性・乳酸性 75
無酸素性・非乳酸性 74-5
有酸素性 76
筋断裂 88, 104, 106, 138, 141, 148
　MRI 203
　完全 146
　機能テスト 323
　検査所見 153
　再発 209
　神経損傷 304
　超音波検査 182
筋治癒 104-6
筋長の準備（ハムストリングス組織） 376
筋痛（痛みも参照） 220-2
　位置 220
　免疫原性脈管炎 228
　問診 220
筋テーピング法（鎮静的） 354
筋電図
　運動学的 325
　根性症候群 300
　随意運動 63
筋頭 3
筋トーヌス 44
　エラスティックテーピング 354
　コントロール 47
　触診 149
　調節障害 143
筋内血流 78
筋内膜 33-4
筋　骨格筋も参照
　エネルギー吸収 303
　筋痛 66, 155
　治療 155
　筋のこわばり 224, 226
　負荷 226
　筋のパフォーマンス状況 326
　筋肉疲労 30
　筋反射 44-6
　受容器 44
　筋肥大（超音波画像） 167
　筋フィラメント 5, 27, 105
　筋腹 33
　退縮 276
　筋浮腫 208
　筋不全 40
　筋部分断裂 146, 153
　筋ヘルニア 157
　　MRI 205
　筋紡錘 43-4, 343
　　遠心性神経支配 69
　　筋脊髄反射 351
　　筋長調節 68-9
　　反射 45-6
　　放電 69-70
　　密度 44
　筋膨張（アルコール誘発性） 229
筋膜
　下腿深筋 177
　胸腰筋 10, 22
　後頸筋 10

膝窩 50
大腿筋 22, 50
殿筋（モビリゼーション） 348
筋膜テーピング法 355
筋無力症 225-6
　アルコール性 229
筋量 2
筋力 56
　制御 71
　生成 60
　調節 62-3
筋リリース法 271-2, 350
筋連鎖 22
クーリングダウン 79
屈曲 2-3
　関節、協力筋、筋骨格系のパフォーマンス 328
屈筋区画
　下腿 7-8, 18-9, 21, 50
　上腕 7, 10, 48
　大腿 7
屈筋支帯 38
曇りガラス像 190-1
クラシックマッサージ 272-3
　禁忌 272
グリコーゲン枯渇 82
グリコーゲン分解 75
グリコーゲン量（筋内） 82
グリコサミノグリカン 340
グルコース吸収（負荷後） 83
グルココルチコイド 123
グルタチオン 95
グルタミン 91-2
クレアチン 76, 91-3, 220
クレアチンキナーゼ 76, 220-1
　イソ酵素 220
　高活性 93, 221
　高脂血症治療 230
　識別診断 222
　反応 75
クレアチン置換 75, 93
　筋損傷予防 94
クレアチンリン酸 220
　枯渇 226
クレアチンリン酸分解 75-7
グレディッチ式ファンクションサークル論 281-2
グローバルプレーヤー 15-6
クロスリンク（コラーゲン線維） 340
クロム 98
クロライドチャネル 227
計画 245
頸筋膜 340-1
脛骨粗面 39-40
　腱付着部症 15
脛骨皮質（超音波画像） 167
ケイ酸アルミニウム 262
軽傷 139-45
　トレーニング負荷 122
計測方法
　運動学的 324
　動態的 324

けいれん　97, 220, 224-5
　　高脂血症治療　230
　　識別診断　225
　　特発性　225
　　薬物誘発　225
ゲーティング　73
血液エコー　184
血液検査　270
血液パラメータ　270
血管神経束　31
血管新生（筋再生）　117
血管新生因子　117
結合組織
　　筋　32-3
　　粘弾性　340
　　癒着　340
血腫（内出血）　153-4, 184-6, 191
　　MRI　208-9
　　エコー輝度　184
　　腱剥離　275
　　線維性瘢痕化　191-2
　　容積算出　184
結節腫　39
蹴り足の適応（サッカー選手）　321
ケルニッヒ徴候　227-8
牽引力の生成　60
腱間膜　39
言語　243
腱骨接合部　36, 38
腱周膜　35
腱鞘　38
腱鞘炎　154
減衰（腱の後方）　169
腱線維芽細胞　35-6
肩帯筋組織　3
　　神経支配　50
腱断裂　207
　　MRI　203
　　筋内　141, 203
腱剥離　141, 148, 190, 206, 275, 323
　　MRI　206
　　遠位（完全）　276
　　近位　276-7
　　再発　278
　　所見　153
　　超音波検査　182-3
腱付着部　36
腱付着部症
　　膝蓋骨　15
　　大腿四頭筋　15
　　内転筋　16
腱紡錘　43-4
　　緊張制御　71-2
高エコー組織　163
交感神経幹
　　ダウンレギュレーション　265
　　ブロック　265
高クレアチンキナーゼ　221-2
広頚筋　2
後脛骨筋反射　45
後脛骨静脈　177

後根根糸　269
交叉伸展反射　68
交叉錐体路　47
抗酸化酵素　95
抗酸化剤　82, 94
　　作用
　　補給　95
高脂血症治療薬誘発性ミオパチー　230
高周波電流　338
拘縮　220
　　痛み　226
　　生理的　220
甲状腺機能低下症　229
抗シンテターゼ症候群　228-9
好中球　110-1
行動
　　外的制御　239
　　自己制御　239
　　反応性　239
行動神経学　238
行動と環境の相互作用　239
後負荷収縮　64-5
後腹筋　8
高負傷リスク　142
合胞体　26
　　電気的　26
絞扼性神経障害　205, 345-7, 349
　　段階　346
氷水　260-1
股関節
　　安定化　14
　　外旋　376
　　回旋筋ストレッチ　367
　　筋組織　13
　　屈曲　13, 16-7
　　屈筋区画　13
　　伸筋区画　13
　　伸展　17-8
　　内旋　376
　　内転　17
　　不全　295
呼吸鎖複合体障害　227
腰・骨盤部の安定　369-72
　　予防エクササイズ　370-1
　　立体的　372
腰・骨盤部のコントロール　369-72
誤支配（運動神経）　143
誤操作（神経筋）　108
誇張反応　331, 335
骨格筋（筋も参照）　2-25, 27-40, 74, 136
　　位置　2
　　運動点　41
　　運動パターン　22-5
　　エコー輝度　167-8
　　大きさ　3
　　回復　83
　　可塑性　6
　　活動電位　61-2
　　起始　3
　　基礎代謝　88
　　機能　5

緊張計　44
緊張の制御　71-3
形状　2
血液供給　31-2
血行　78
結合組織　32-3
恒常性　88
構成　33-40
興奮性
　　ウォーミングアップ効果　79
　　疲労　82
　　ミネラル　97
細胞物質の交換　88
収縮力　41
神経経路　41
神経支配　40-7
線維タイプパターン　5
線維方向　3
多関節　2
単関節　2
断面
　　解剖学的　23-4
　　生理学的　24
超音波解剖学　166-93
超音波検査　164-6
　　標準化　166
長さ　39, 63-4
　　α-γ共活性化　71
　　γループ　71
　　計測　43
　　調節　68-9
年齢の影響　167
微小損傷　66
老化　119
骨格筋細胞　骨格筋線維を参照
骨格筋線維（筋線維も参照）　5, 27-30, 33, 34-5, 56, 196
　　赤　61, 74
　　継続的刺激　83-4
　　抗酸化剤の作用　96
　　酵素パターン　74
　　構造　28
　　弛緩　30
　　弛緩速度　74
　　縞模様　27-30
　　収縮　30
　　白　61, 74
　　速筋線維　61, 74
　　損傷　34
　　遅筋線維　61, 74
　　ナトリウムチャネル　74
　　微小損傷　89
　　ミオシン重鎖　74
骨格筋の運動点　41
骨形成
　　シリコン　99
　　ビタミンD　99-100
脊髄レベルのプライミング　73
骨端剥離　156, 203-4, 275
骨突起　36
ゴットロン徴候　227

索引

骨盤安定化　17-8
骨盤？脚軸　320-2, 335
骨盤傾斜　267, 288, 298
　真性　295-6, 391, 393
骨盤・体幹ローテーションコントロール　372
骨盤大転子筋組織　345-6, 348
骨盤突起の腱剥離　190
骨盤のねじれ　321
骨盤ゆがみ　294
骨盤腰椎画像　266-7, 298-9, 391, 393
固定化（初期）　121
コバルト　98
コミュニケーション　243
固有感覚　6, 43
固有反射　45, 68
コラーゲン形成（筋再生）　115-6
コラーゲン線維　340
　クロスリンク　340
コラーゲン線維束　35
コラーゲンタイプ　115
ゴルジ腱器官　43-4
　緊張制御　71-2
ゴルジ腱反射　46
コルチコステロイド局所投与　264
コロナ
　三焦／精神　283-7
　大腸／神経変性　283, 285-6
　胆汁／脂肪変性　283-5, 287
　肺／リンパ　283, 286
混合性疼痛　224
根性症候群　300
コンデンサフィールド　338
コンパートメント症候群
　MRI　208
　外傷性　156
　下腿伸筋区画　394-5
　機能性　155, 277
　超音波検査　190-3

サ

再かん流　107
再構築相　336
最大出力　328, 358
最大出力テスト（等速性）　369
再断裂　176, 209, 275
サイトカイン（筋損傷）　111-2
細胞外液　340
細胞外マトリックス
　筋再生　114-6
　トレーニングの影響　121
　年齢　120
細胞調節セラピー　337
催眠法　254
サウナ　77
作業記憶　241
　感覚運動　242
索状硬結　231
坐骨結節　172

ハムストリングス剥離　305-6
挫傷　106, 139
サスペンション機能　38
サッカー　126-32
　骨格筋系の適応　316
　左右非対称筋変性　318
　神経生理学的変化　318-9
　ペナルティーキック　256-7
　ボール圧　316
　ボールコンタクト　316-7
　予防的ストレッチ　366-71
サッカーにおける大腿部損傷　128-32, 380-92
作動筋　22, 44, 350
　活性化　70
　抑制　70
左右非対称の筋変性　318
サルコメア　骨格筋線維を参照
酸化亜鉛　262
酸化バースト　108
残響　164
三次筋束　196
酸素借　75-7
酸素負債　77, 83
酸素分圧　223
三頭筋長頭　12
ジェイコブソン式プログレッシブリラクゼーション法　253
痔核（慢性炎症性）　281
自家血清剤　263
持久運動　99
持久筋　5
持久力トレーニング　82
持久力の無さ　226
軸足
　重心軸の外側化（サッカー選手）　320-1
　適応（サッカー選手）　321
軸足と蹴り足の変化　319
シグナル鎖
　トレーニング　84
　年齢の影響　119
自原抑制　71-2
思考　242
歯周病　280
矢状軸　3
矢状面　3
姿勢　5
姿勢運動（微調節）　67
姿勢筋　60, 67
姿勢反射　46
持続受動運動　272
肢帯虚弱　222-3
膝窩　50
膝蓋下靱帯　39-40
膝蓋腱反射　45
膝蓋骨　39-40, 165
　機能　39-40
　脱臼（習慣的）　15
膝蓋上靱帯　39
膝蓋靭帯　165
失活歯　280

シナプス（神経筋）　41-2
シナプス間隙　41-2, 57-8
シナプス後膜　41-2
シナプス前膜　41-2, 57
シナプス前抑制　73
シナプスひだ　42, 57-8
ジペプチド　91
脂肪（代謝）　76-7
脂肪酸酸化障害　226
脂肪性変性　208
社会的能力　250
斜角筋隙　48
縦行系　57, 61
十字靭帯　38
収縮　筋収縮を参照
収縮過剰　105, 108
収縮能力　358
重傷　141
　トレーニング負荷　122
集中力　240
柔軟性　365-6
　テスト　369
手根管　39
種子骨　39
シュタイネルト病　227
出血（内出血も参照）
　筋内　148, 153
出力測定　326
受動的伸張　79
腫瘍（悪性）　209
受容器介在性緊張領域　351
受容器官（筋反射）　44
腫瘍形成　209
シュルツ式自律訓練法　253
シュワン細胞　41-2
漿液腫　153, 156
　MRI　207, 310, 381, 388
　超音波検査　183, 187, 382
　治療　279
障害
　仙腸関節　294
　腰部　292
障害源　279-80
　診断　279-81
　生殖器官　281
　定義　279
上顎洞炎（慢性）　288
上肢
　絞扼性神経障害　346
小指球筋群　48, 52
小指筋群　48, 52
上肢テンションテスト　346
上前腸骨棘　165, 172
　腱付着部症　15
踵足　18
衝動　245
情動　243
情報処理　239-40
上腕筋群　10, 12
　コンパートメント
　　後方　10, 12

408

前方　10, 12
上腕区画　7
上腕三頭筋反射　45
上腕二頭筋反射　45
初期出力　328
食事　83
　　筋治癒への影響　118-9
　　サプリメント　83
触診　137-8, 149-52
食物の生理学的価値　91
シリコン　98-9
自律機能　243
侵害受容器　6
伸筋区画
　　下腿　7-8, 18-21
　　上腕　7, 10, 48
伸筋支帯　39
心筋組織　26-7
深筋膜　6
神経
　　横隔神経　48
　　外側足底神経　50
　　外側大腿皮神経　53
　　下殿神経　14
　　筋皮神経　12, 48
　　脛骨神経　16, 18, 48, 50, 177
　　後頭下神経　10-1
　　坐骨神経　48, 50, 53
　　膝窩神経　48
　　尺骨神経　48
　　上殿神経　13-4
　　正中神経　48
　　脊髄神経　49, 269, 343
　　大腿神経　48, 50, 53
　　橈骨神経　10, 12, 48
　　内側足底神経　50
　　腓骨神経
　　副神経　50
　　閉鎖神経　50, 53
　　肋下神経　8-9
深頸筋　10
神経筋規制　68
神経筋協調エクササイズ　358
神経筋刺激伝達　58
神経筋疾患　222-5
神経筋ジャンクション　神経筋終板を参照
神経筋障害（肉離れも参照）　140
神経筋制御　67-8
神経筋療法　350
神経系
　　自律　40
　　中枢　40
神経孔狭窄　296
神経根
　　インディケーター筋　51
　　刺激
　　病変　223, 224
　　腹側　47
深頸神経ワナ　48
神経心理学　238
神経髄膜構造　347

神経叢　48
　　頸神経叢　48-9
　　仙骨神経叢　14
　　腰神経叢　13
　　腰仙骨神経叢　48-51
　　腕神経叢　48-50
神経の損傷　304
神経の退化　205
浸潤療法　261-8, 271-7
　　カプセル周囲　268
　　関節内　268
　　機序　265-6
　　近位腱剥離　276
　　靱帯周囲　268
　　瘢痕形成　276
　　傍脊椎　264-5, 268, 277
　　方法　263-5
　　腰部　266-8
心臓／小腸のファンクションサークル　282
腎臓／膀胱のファンクションサークル　282
伸張センサー　45
伸張速度　66
伸張による痛み　235
伸展　2-3
　　関節、協力筋、筋骨格系のパフォーマンス　328
深動脈
　　上腕　10
　　大腿　16
深部加温　338
腎不全　221
随意運動　46-7
　　階層的カスケード　67
　　筋電図　63
　　筋力の調節　62-3
　　実行　67-8
錘外線維　43-4
髄核ヘルニア　295
髄節　343-4
髄節　269
錐体路　47
錐体路疾患　224
錘内線維　43
水平軸　3
水平面　3
睡眠　243
スーパーオキシドジスムターゼ　95
頭蓋下顎機能障害　280
スタビライザー筋　22-3
スタミナ　373
　　改善　373-4
　　トレーニング法　374
　　疲労　373
スティッフパーソン症候群　224
ステロイド　263
　　フッ化　230
ステロイドミオパチー　230
ストレイン・カウンターストレイン　272-3, 347

ストレス　252
　　体性感情性　343
ストレッチ　77-8, 144, 365-6
　　静的　375-7
　　予防的プログラム　366
スパズム　220
スプリントトレーニング　6
スプレー・アンド・ストレッチ法　347
スポーツ中断　260
スリングエクササイズ　372
スルホン酸　91
静止期細胞　30
静止張力曲線　63-5
生殖器官障害源　281
生殖器病巣　281, 283
成長因子　123
　　筋線維の再生　113-4
　　年齢の影響　120
成長相　335
脊髄　49
　　病変　50-1, 224
脊髄円錐　50
脊髄後角　269
脊髄神経後根　269
脊髄神経根　49, 269
脊髄神経刺激　292
脊髄神経節　49, 269
脊髄神経前根　269
脊髄前角　269
脊柱
　　カプセルの刺激　265
　　筋機能障害との関連　145, 147
　　浸潤療法　264-5, 277
　　靱帯組織の刺激　265
脊柱前弯過度　293-4, 296
脊椎管狭窄症　296
脊椎すべり症　292, 295, 297-9, 391
脊椎と骨格筋の関係　292-300
脊椎分離症　147, 292, 295, 297-9, 391
石灰化（筋内）　189
セレン　98
線維化　156
　　MRI　207
　　超音波検査　187-8
線維芽細胞　115
線維軟骨　38
前角細胞　47
前額軸　3
前額面　3
占拠性病変像（MRI）　208-9
前脛骨静脈　18, 177
仙結節靱帯　172
仙骨（関節靱帯リリース法）　344
仙骨孔S1（浸潤）　266
仙骨のゆがみ　295
前根根糸　269
前縦靱帯　165
全身性筋低緊張　227
全身ネットワーク　281
全身冷却法　338-9
　　禁忌　339

索引

尖足／内反尖足　18
仙腸関節（浸潤療法）　264, 266, 268
仙腸関節不全　143, 288, 294
前庭器　44
前皮質脊髄路　47
旋毛虫症　227
早期モビリゼーション　120-1
増殖相　335
創造性　242
相反抑制　45, 70, 271-2
　　拮抗筋　70
　　阻害　73
増幅　163
側角　269
足根管症候群　18
促通　73
足底隔膜（筋筋膜リリース）　341, 343
側方開脚　376
側方屈曲　9, 13
鼠径靱帯　50, 165
鼠径部の痛み　16
速筋線維　5
足根管　39, 50

タ

体幹回旋　9
体幹の筋　8-10
　　神経支配　48
太極拳　253
代謝
　　不全　93-4
　　無酸素性・非乳酸性　75
　　有酸素性　76
大腿筋群　165
　　コンパートメント
大腿区画　7
大腿骨顆部（内側）　173
大腿骨頭　170
大腿骨皮質（超音波画像）　166
大腿三角　50
大腿膝蓋関節（退行性変化）　319
大腿四頭筋反射　45
大腿静脈　169
大腿部
　　血腫（挫傷）　307
　　超音波検査　169-74
　　背側　171-5
　　腹側　169-71
大腿部断面　169
タウリン　91-2, 95
　　供給　93
多血小板血漿　263
多シナプス反射　45-6, 68
多重反射　164
脱促通　73
多発性筋炎　229
多発ニューロパチー
　　遠位全身性　222-3
探触子　162

圧力　167, 169
　　皮膚との密着　163
炭水化物
　　筋治癒への影響　118-9
　　代謝　76-7
胆嚢炎　281
タンパク質合成　84
タンパク質需要　92-3
タンパク質補給（筋治癒への影響）　119
断裂（筋内）　141, 203, 303-4
チームスポーツ　250-1
チームドクター　315
チオレドキシン　95
知覚　242
遅筋線維　5
恥骨結合　165
知性　242
チチン　29, 56
窒素バランス　92
治癒　116
注意力　240-1
中核体温　82, 375
中間クーリング　339
中間フィラメントタンパク質　36
中耳炎　280
中周波　337
虫垂炎　280
注入（硬膜外）　266, 268
治癒相　335-6
超音波　163
超音波解剖学　166-93
超音波検査　超音波診断を参照
超音波診断　151, 157, 162-93
　　アーチファクト　162-4
　　影響因子　167
　　横断面　169
　　ゲルパッド　164
　　サッカー負傷　130-1
　　実施　168
　　縦断面　169
　　照射角
　　接触不良　163
　　反射アーチファクト　163
　　評価基準　166
　　分解能　162
　　利点　162
超音波治療　124, 272-3, 338
　　作用　338
腸脛靱帯　13, 22, 165, 172
　　大腿部断面　169
腸骨稜　165, 172
長指屈筋腱　38
長趾屈筋腱　39
長指伸筋腱　38
長趾伸筋腱　39
腸真菌症　280
調節タンパク質　28, 56, 58-9
腸内毒素症　280
腸腰靱帯（リリース法）　344
腸腰靱帯装置の浸潤　265

直頭
　　大腿直筋　170, 308
直感　242
治療戦略　330-6
　　複合的　336
治療抵抗性　282-3
鎮痛剤　272
椎間関節浸潤療法（関節周囲）　266
椎間孔　50
椎間板　2, 343
椎間板損傷　292
　　画像診断　297
椎間板脱出　296-7
椎間板突出　296-7
痛覚センサー　6
つま先の写真像　282-3
底屈　20
低血糖症（低ケトン性）　226
停止収縮　64, 66
ディスクス・コンポジトゥム　262, 266, 268
低反射症　222
テーピング　332-4
　　禁忌　334
手関節伸筋　5
適応　315
　　サッカー　316
　　スポーツ特異的　321-4, 334-5
　　トレーニングによる誘発　359
　　保全　359
てこ部分　60
デコリン　116, 123
テタニー　61, 97, 220
　　副甲状腺機能低下　229
鉄分不足　98-9
テネイシン　36
テネイシンC　116
デュシェンヌ型筋ジストロフィー　221
デルマトーム　53
　　下肢神経支配　53
電解質バランス　97
電気収縮連関　58-9
電気療法　124, 271-2, 336-8
殿筋区画　13-4, 50
テンダーポイント　351-3
　　浸潤療法　264, 268
点突出　283, 286
臀部筋　13-4
臀部領域のモビリゼーション　348
銅　98
動機　248
糖原病　226
橈骨神経溝　50
動作の適応　335
疼痛症候群
　　筋筋膜　231-4
　　筋骨格系　224
　　複合性　46
動脈
　　後脛骨　50, 177
　　膝窩　50
　　前脛骨　18, 177

浅腓骨　18
大腿　16, 169
トーヌス上昇
　けいれん性　224
　識別診断　224
ドーピング（精神）　255-6
トラウマナーゼ　262
トラウメールS　263, 266, 268
トリガーポイント　231-4, 351-3
　筋筋膜　41, 43
　区別
　浸潤療法　268
　潜在性　231
　組織病理　233
トリペプチド　91
トルクアングル曲線　329
トレーニング
　運動
　遠心性　367-8
　求心性　366-7
　協調　374-5
　固有感覚　273
　収縮中心　358-61
　順応　83-4
　水中　361
　制御中心　358-61
　精神　255
　戦略（予防的）　365-77
　代謝中心　357-8
　負荷
　筋治癒　120-2
トレーニング刺激の中断　358
トレーニング負荷後の傷害マーカー　93
トレッドミル
　トレーニング　275
　臨床動作分析　325
トロポニン　28-9, 56, 58-61
トロポニン-トロポミオシン複合体　58, 60
トロポミオシン　28-9, 56, 58-61
貪食（年齢の影響）　119

ナ

内出血　152-3
　MRI　203-4
　コンパートメント症候群　208
　挫傷　154, 182, 184
　バンデージ　332
　予防　123
内旋筋区画　7-8, 50
内側頭
　上腕三頭筋　12
　腓腹筋　21, 172-3, 177
内側二頭筋溝　50
内転　3
内転筋　2-3, 52, 175
　MRI　389
　筋束断裂　389-92
　大腿部断面　169

超音波検査　171, 174, 389-92
　長さの準備　376
内転筋区画　7, 15, 17
内転筋腱裂孔　175
内転筋ストレッチ　367
内転筋反射　45
内反尖足　18
内反変形　18
内分泌障害　229
長さセッティング　375-6
ナトリウム・カリウムATPアーゼ　74
ナトリウムチャネル　74
ナトリウムチャネル病　227
軟膏包帯　262
　緩和作用　273
肉芽組織　116
二次筋束を参照
肉離れ　71, 74, 104-6, 138, 140, 143-4
　筋筋膜トリガーポイントとの区別　234
　サッカー　144
二次筋束　34, 144, 196
　MRI　198-9
　損傷　145
　断裂　144, 180
　二頭筋短頭
　上腕　12
　大腿　169, 174
　二頭筋長頭
　上腕　12, 169, 172
　大腿　174
乳酸
　産生　75-7
　測定　326
　脱水素酵素　76
尿素血清中濃度　93
認知と感情の相互作用　256-7
熱ショックタンパク質　96
ネブリン　29
年齢の影響
　筋治癒　119
　超音波画像　167
　貪食　119
脳幹疾患　224
脳機能　239-47
　階層　240, 245-6
　能と筋の相互作用　238-9
脳内神経構造　238
囊胞　156
　MRI　207
　超音波検査　187
膿瘍　209
ノルディックハムストリング　368

ハ

背筋　10
　脊柱起立筋　3, 10-1
肺／大腸のファンクションサークル　282
ハイブリッド線維　6
ハイボルト電流　337

白交通枝　269
爆発力　73, 328
パチニ小体　6
バナジウム　98
馬尾　50
馬尾症候群　51
パフォーマンス（関節、協力筋、筋骨格）　328
パフォーマンスカーブ　248-9
パフォーマンス診断　325-9
　計測法　325-6
　リハビリテーション　326, 356
パフォーマンスの改善
　亜鉛　99
　ウォーミングアップ　77-9
　クレアチン　93
　メンタルトレーニング　255
　冷却　79
パフォーマンスの最適化　248-51
パフォーマンスの創出　248-51
ハムストリングス
　MRI　306
　痛み　298
　過緊張　298
　坐骨結節　305-6
　手術　306-7
　部分断裂　153
ハムストリングス組織　276
　ストレッチ　367
　長さの準備　376
　負傷　365, 368
ハムストリングスウォーキング　376
パラメータ
　運動学的　324
　触診　324
　動態的　324
鍼治療　277
パワードップラー検査　168
パワーの増強　274
半月板　40
　外側　353
瘢痕　116, 121, 156
　MRI　207
　障害源　281
　超音波検査　187-8
瘢痕形成
　過剰　116
　浸潤療法　276
　瘢痕障害源　283
反射アーチファクト　167
反射弓　45-6
　多シナプス　45
　単シナプス　45
反張膝　17
反転頭
　大腿直筋　212, 308
反応性酸素種　94
ヒールパッド　273
腓骨筋区画　7, 18, 20
　開放術　394
腓骨骨折　50

索引

腓骨骨頭　50, 165
　　大腿二頭筋　304
膝隔膜（筋筋膜リリース）　341-2
膝関節
　　運動軸　40
　　神経支配　351
膝関節包　40
膝屈曲　17-8
膝伸筋区画　7, 15-6
膝伸展　16
皮質（超音波画像）　166-7
微小血管　31-2
微小損傷　25, 105-6
　　筋痛　155
非ステロイド性抗炎症剤　122-3, 260, 262
非ステロイド性抗リウマチ薬　122-3, 260, 262
脾臓-膵臓／胃のファンクションサークル　282
ビタミン A　263
ビタミン C　95, 263
　　筋治癒への影響　118-9
ビタミン D　99-101
　　生合成　100
ビタミン D_3　99-100
　　危険　101
　　欠乏　99-100
　　補給　100-1
ビタミン D_3 とカルシウムの同時補給　101
ビタミン E　95, 263
ビタミン類　276
　　用量・効果関係　96
皮膚筋炎　227-9
表情筋　2
病巣（定義）　279
病巣性中毒症　279-81
標的運動　67
微量栄養素　98-9, 276
　　欠乏　98-9
　　補給　99
ピルビン酸　75-6
ピルビン酸デヒドロゲナーゼ　76
疲労（筋）　79
　　スタミナ　373
　　中枢　79, 83
　　末梢　79
貧血　98-9
不安　244
ファンクションサークル論　281-2
フィードバック制御（固有感覚）　43
フィールド　142
フィブロネクチン　36, 116
フェアネス　250
フェルデンクライスメソッド　254
フォームラバープロテクター　331-2
負荷
　　インターバル　374
　　遠心性　274, 302
　　回復期　83
　　関節内（インステップキック時）　317-8
　　左右差　315
　　集中的　80-3

耐性　121
　　典型的　317
　　不耐性　226-7
腹圧　9
複合活動電位　81
複合剤　276
副甲状腺機能低下症　229
腹直筋鞘　22
副鼻腔炎　280
腹壁筋　8-9
ふくらはぎ
　　緊張緩和法　355
　　超音波検査　176-7
　　テーピング　333
　　リンパ法　355-6
不交叉錐体路　47
浮腫
　　MRI　203-4
　　筋間　178
　　筋内　155
不全治癒　116
腹筋組織　8
　　筋筋膜リリース　348
物質不耐性　281
フッ素　98
物理的療法　336-9
　　計測方法　326
ブドウ球菌感染　227
部分腱断裂　203-4
プライマリケア　260-1
フリーラジカル　82
プリン代謝障害　226
プレクーリング　339
プレドニゾン療法　230
フロゲンザイム　262
プロテアーゼの活性化　110
ブロメライン　262
平滑筋　25-6
平滑筋細胞　25-6
閉鎖運動連鎖　359
ベスマンサイクル　76
ペルオキシダーゼ　95
辺縁系　244
扁桃炎　280
縫工筋区画　16
方向の解剖学用語　3
傍脊椎神経節　49
棒高跳び　246-7
歩行距離の制限　296
保護的けいれん　153
母指球筋群　52
　　神経支配　48
母趾伸展　20
補助食品　90-101
ホスホフルクトキナーゼの活性化　75
ポストアイソメトリックリラクゼーション　271
ポストクーリング　339
ホスホクレアチンシャトル　76
補体系の活性化　108, 110
ホットアイスバンデージ　260-1, 271-3

マ

マーキュリアス・プラエシピタタス・ルバー　262
マイクロアンペア治療　337
マグネシウム　262
　　補給　98
マクロクレアチンキナーゼ　221
マクロファージ　110-1
マッカードル病　226
マッサージ　124
末梢神経障害　222-5
マンガン　98
慢性腱炎　207
マンデル式キルリアン診断　282-8
ミエリン　42
ミオアデニル酸デアミナーゼ欠損症　226
ミオキナーゼ反応　74
ミオキミア　220, 224
ミオクローヌス　224
ミオグロビンの血中濃度　93
ミオシン重鎖　74
ミオシン重鎖タンパク質　5
ミオシンタイプ　60
ミオシン頭部　28-9, 56, 60
　　結合部位　58-61
ミオシンフィラメント　25-6, 28-30, 56-7
ミオスタチン阻害剤　123
ミオトニー　220
　　ジストロフィー性　227
　　非ジストロフィー性　227
ミオパチー
　　遺伝性　225-7
　　壊死性アルコール性　229
　　エチル中毒性　229-30
　　炎症性　222-3
　　横紋筋融解症　223
　　筋強直性　227
　　空胞性　226
　　後天性　227-34
　　先天性　222-3
　　代謝性　226-7
　　中毒性　229
　　内分泌性　229
　　変性　225
　　ミトコンドリア　227
　　免疫原性炎症性　227
　　薬物中毒性　229
岬角　165
密閉性を損なった終板　43
ミネラル　96-9, 276
　　役割　96-7
ミラーアーチファクト　164
無機物質
　　不均衡　97
　　補給　97-8
無酸素閾値　373
　　サッカー選手　373
　　代謝中心のトレーニング　357
無酸素出力　358
無反射症　222

瞑想　253-4
メカノグラム　61-2
メディカルチーム　314-5
メディカルトレーニングセラピー　274, 325-9, 356-61
　　エクササイズの順序　359-60
　　器具　360
　　禁忌　356
　　効果の評価　356-7
　　構成要素　357
　　セラピーコントロール　357
　　パフォーマンスコントロール　357
　　分類　358
メピバカイン　262, 266
毛細血管　31-2
毛細血管・筋線維比率　31
目的選択　245
モチベーション　248
　　外因性　248
　　内因性　248
モニタリング　245
モビライザー筋　22-3
モビリゼーション（受動的）　275
モリブデン　98

ヤ

ヤークス・ドドソン曲線　248-9
有酸素閾値　357
遊離脂肪酸　77
床　142
指先写真像　282-3
陽　284-5
腰仙靱帯　299
ヨウ素　98
腰椎
　　局所的障害要因　265
　　構造変化　266
　　浸潤療法
　　変化　292
腰椎管狭窄症　296
腰椎・骨盤の撮影　266-7
腰椎コントロール　372
腰痛　344
腰部過伸展　297
ヨガ　253
予測　244-5, 250
四つんばい　371
予防　364-77

ラ

ライラック病　227-8
ラクトプルム　262
ランドルサイクル　77
ランニングトレーニング　271-5
リウマチ性多発筋痛症　230-1
　　診断　231
　　発生部位　230

理学療法　271-5, 339-52
　　計測方法　326
　　戦略　322-5
　　メディカルチーム　314-5
リコイルテクニック　352
梨状筋下孔　50
立位姿勢の保持　15
リバーゼ　76
リハビリテーション
　　運動連鎖　359
　　パフォーマンス診断　326-7
リラクゼーション法　252-4
　　競技前　27
　　適用　254-5
リリース法
　　関節靱帯　343-7
　　自発的（ポジショニング）　347
リン酸作用（疲労）　80
輪状靱帯　38
臨床・治療的検査　323-4
臨床動作分析　324
リンパドレナージュ
　　機械的　275
　　徒手　273, 275
リンパ波　275
リンパ法　355-6
冷却空気　338-9
冷却療法　123, 338-9
冷湿布　331-2
裂傷（MRI）　205
レパリル　262
レンショウ抑制（反回抑制）　69-71
ロイシン補給　91-2
ローテーターカフ　142
肋骨　2

ワ

腕神経叢神経束　48
腕橈骨筋反射　45

編集・執筆・日本語版監訳者

編集者（執筆兼務）

Hans-Wilhelm Müller-Wohlfahrt
ハンス - ヴィルヘルム・ミュラー - ヴォールファート

　整形外科とスポーツ医学を修めた医学博士。キール大学およびインスブルック大学にて医学を専攻。1971年キール大学にて博士号取得。1971-1977年ベルリン・ヴィルヒョウ病院にて整形外科医としての継続教育を受ける。1975-1977年ブンデスリーガ・ヘルタ BSC ベルリンのチームドクター。1977年ミュンヘンにて整形外科およびスポーツ医学の専門医として開業。1977年以降、FC バイエルン・ミュンヘンのチームドクター、1995年以降、ドイツ代表チームのチームドクター。数多くの国内および国際的な選手をサポートする。2008年、MW-Zentrums für Orthopädie und Sportmedizin（整形外科とスポーツ医学のための MW センター）を設立。

Peter Ueblacker
ペーター・ユーベルアッカー

　整形外科と災害外科、およびスポーツ医学とカイロプラクティックの専門医。准教授・医学博士。ルートヴィヒ・マクシミリアン大学ミュンヘンおよびミュンヘン工科大学にて医学を専攻。2000年レヒツ・デア・イーザー大学病院にて博士号取得。2000-2004年レヒツ・デア・イーザー大学病院の整形外科とスポーツ整形外科病棟における継続教育。2004-2008年ハンブルク・エッペンドルフ大学病院の災害外科における継続教育。2007年整形外科と災害外科の専門医となる。2007-2008年、整形外科および災害外科分野において大学教授資格取得。2008年以降、MW-Zentrums für Orthopädie und Sportmedizin のパートナー。2009年より FC バイエルン・ミュンヘンのチームドクター。

Lutz Hänsel
ルッツ・ヘンゼル

　整形外科、災害外科、スポーツ医学の専門医。医学博士。ミュンヘン工科大学にて医学を専攻。1998年ルートヴィヒ・マクシミリアン大学ミュンヘンにて博士号取得。1998-2003年ミュンヘン・ボーゲンハウゼン市立病院の一般および災害外科において継続教育。2003年外科専門医となる。2003-2006年ミュンヘン・ボーゲンハウゼン市立病院の整形外科およびスポーツ整形外科において継続教育。2006年整形外科と災害外科の専門医となる。2007-2008年ミュラー - ヴォールファート／ヘンゼル共同診療所開業。2008年以降、MW-Zentrums für Orthopädie und Sportmedizin のパートナー。2009年以降、FC バイエルン・ミュンヘンのチームドクター。

日本語版監訳者

福林　徹（ふくばやし　とおる）

　1946年生まれ。東京大学医学部卒業。東京大学医学部整形外科助手、Hospital for Special Surgeryで研修、筑波大学臨床医学系整形外科助教授、東京大学総合文化研究科教授を経て、早稲田大学スポーツ科学学術院教授。日本学術会議連携会員、第19回臨床スポーツ医学会会長、日本臨床スポーツ医学会理事長、日本整形外科スポーツ医学会理事、JOSKAS理事、ISAKOS communication委員会委員、日本体育協会国体委員会委員、同医事部会長、日本体育協会医科学委員長、日本サッカー協会特任理事・スポーツ医学委員長、サッカーフランスワールドカップ代表チームドクター。主な監修書に『足部スポーツ障害治療の科学的基礎』『足関節捻挫予防プログラムの科学的基礎』（ともにナップ発刊）など多数。

執筆者

Andreas Betthäuser　アンドレアス・ベットホイザー
Lutz Hänsel　ルッツ・ヘンゼル
Alfred Binder　アルフレッド・ビンダー
Helmut Hoffmann　ヘルムート・ホフマン
Wilhelm Bloch　ヴィルヘルム・ブロッホ
J. Michael Hufnagl　J. ミヒャエル・フーフナーゲル
Dieter Blottner　ディーター・ブロットナー
Gerhard Luttke　ゲアハルト・ルトケ
Johannes Böck　ヨハネス・ベック
Norbert Maassen　ノルバート・マーセン
Bernhard Brenner　ベルンハルト・ブレナー

Hans-Wilhelm Müller-Wohlfahrt　ハンス-ヴィルヘルム・ミュラー-ヴォールファート
Klaus Eder　クラウス・エーダー
Peter Mundinger　ペーター・ムンディンガー
Jan Ekstrand　ヤン・エクストラント
Andreas Schlumberger　アンドレアス・シュルムベルガー
Martin Flueck　マルティン・フリュック
Benedikt Schoser　ベネディクト・ショーザー
William E. Garrett, Jr.　ウィリアム・E・ギャレット, Jr.
Peter Ueblacker　ペーター・ユーベルアッカー

「本書によせて」推薦者

Mit einem Geleitwort von Prof. Dr. med. Jiri Dvorák, Zürich
医学博士　ユルジ・ドヴォルザーク教授

ガイアブックスは
　　地球の自然環境を守ると同時に
　　　心と身体の自然を保つべく
　　"ナチュラルライフ"を提唱していきます。

編集者 (執筆兼務):	Hans-Wilhelm Müller-Wohlfahrt （ハンス - ヴィルヘルム・ミュラー - ヴォールファート）
	Peter Ueblacker（ペーター・ユーベルアッカー）
	Lutz Hänsel（ルッツ・ヘンゼル）
執筆者：	Andreas Betthäuser（アンドレアス・ベットホイザー）
	Lutz Hänsel（ルッツ・ヘンゼル）　他18名
監訳者：	福林 徹（ふくばやし とおる）
翻訳協力：	長谷川 圭（はせがわ けい）

Muskelverletzungen im Sport

スポーツ筋損傷 診断と治療法
ペーパーバック普及版

発　　行	2014年11月1日
発 行 者	平野　陽三
発 行 所	株式会社 ガイアブックス
	〒169-0074 東京都新宿区北新宿 3-14-8
	TEL. 03(3366)1411　FAX. 03(3366)3503
	http://www.gaiajapan.co.jp

Copyright GAIABOOKS INC. JAPAN2014
ISBN978-4-88282-851-8 C3047

落丁本・乱丁本はお取り替えいたします。
本書を許可なく複製することは、かたくお断わりします。
Printed in China

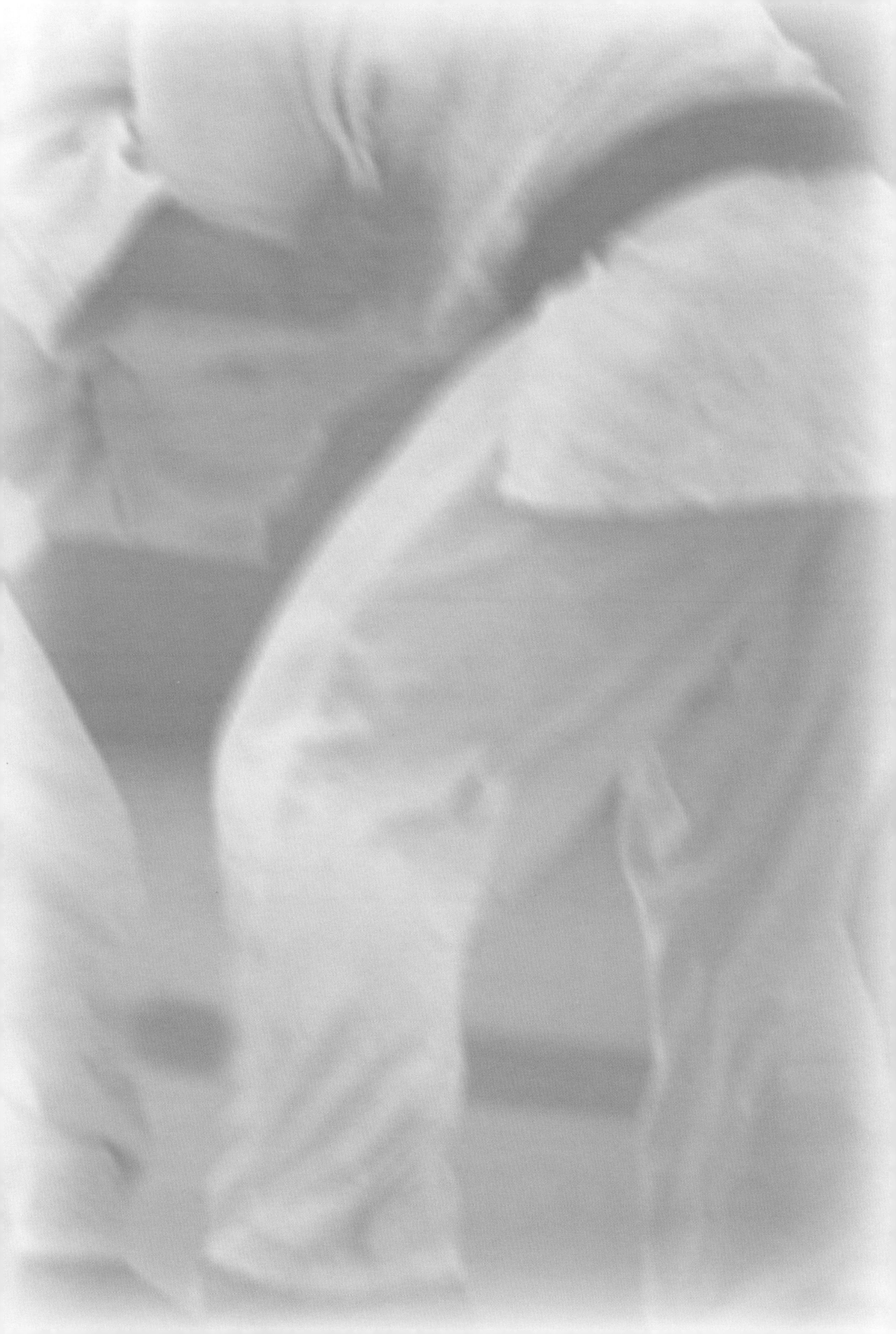

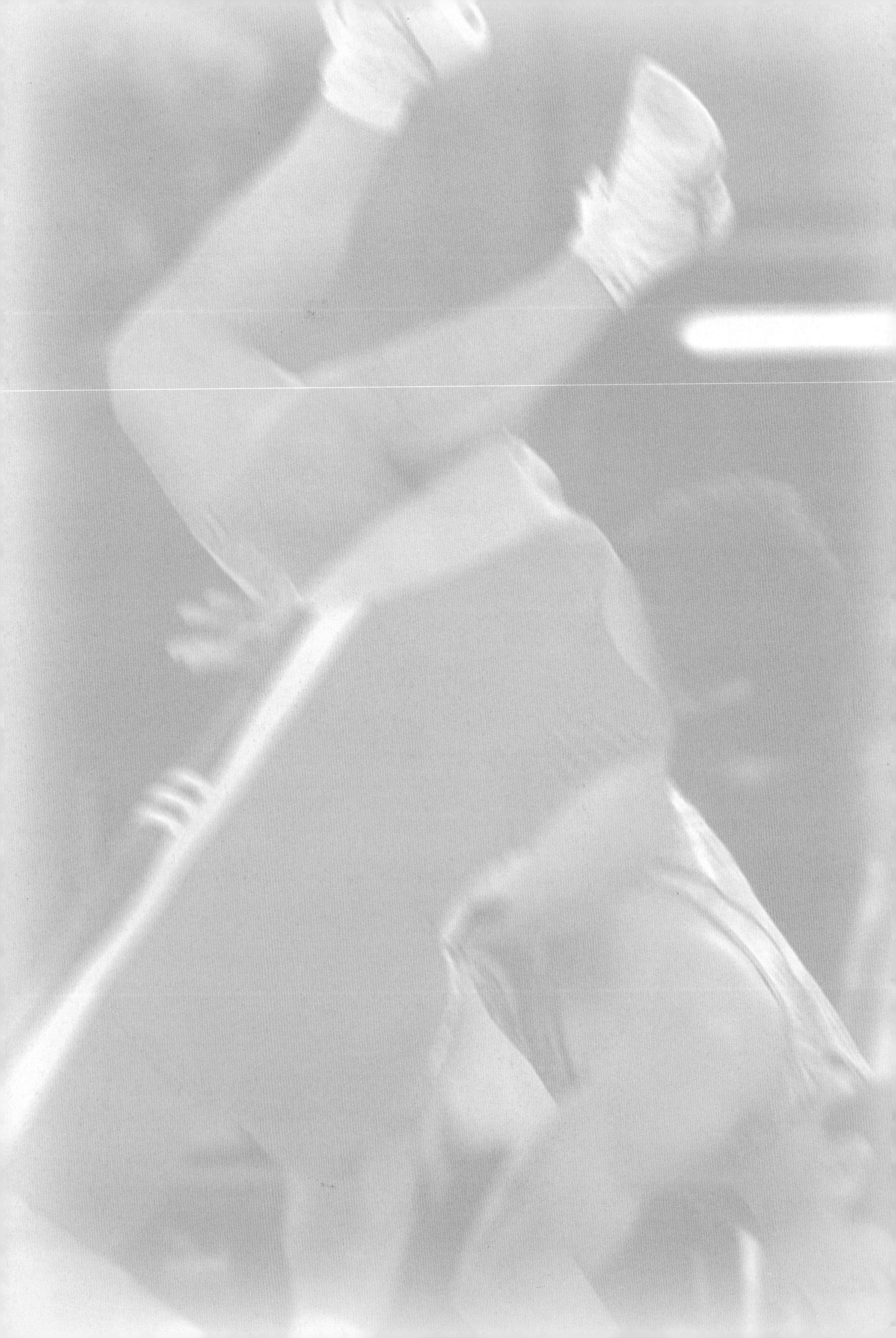